森茂暁著

増補改訂

南北朝期公武関係史の研究

思文閣出版

（表紙及び巻頭裏）　　「制法」（国立歴史民俗博物館蔵）

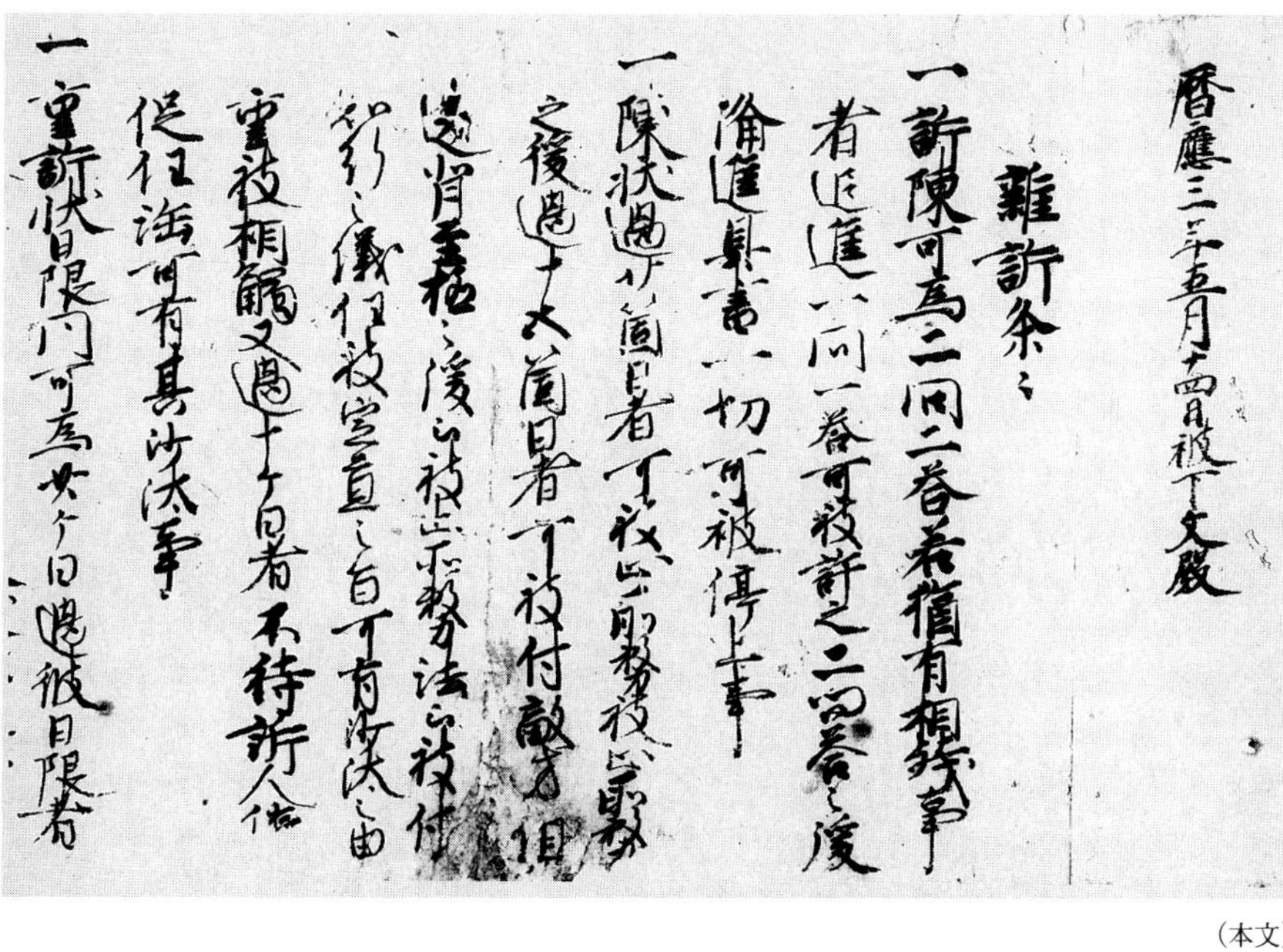

（本文）

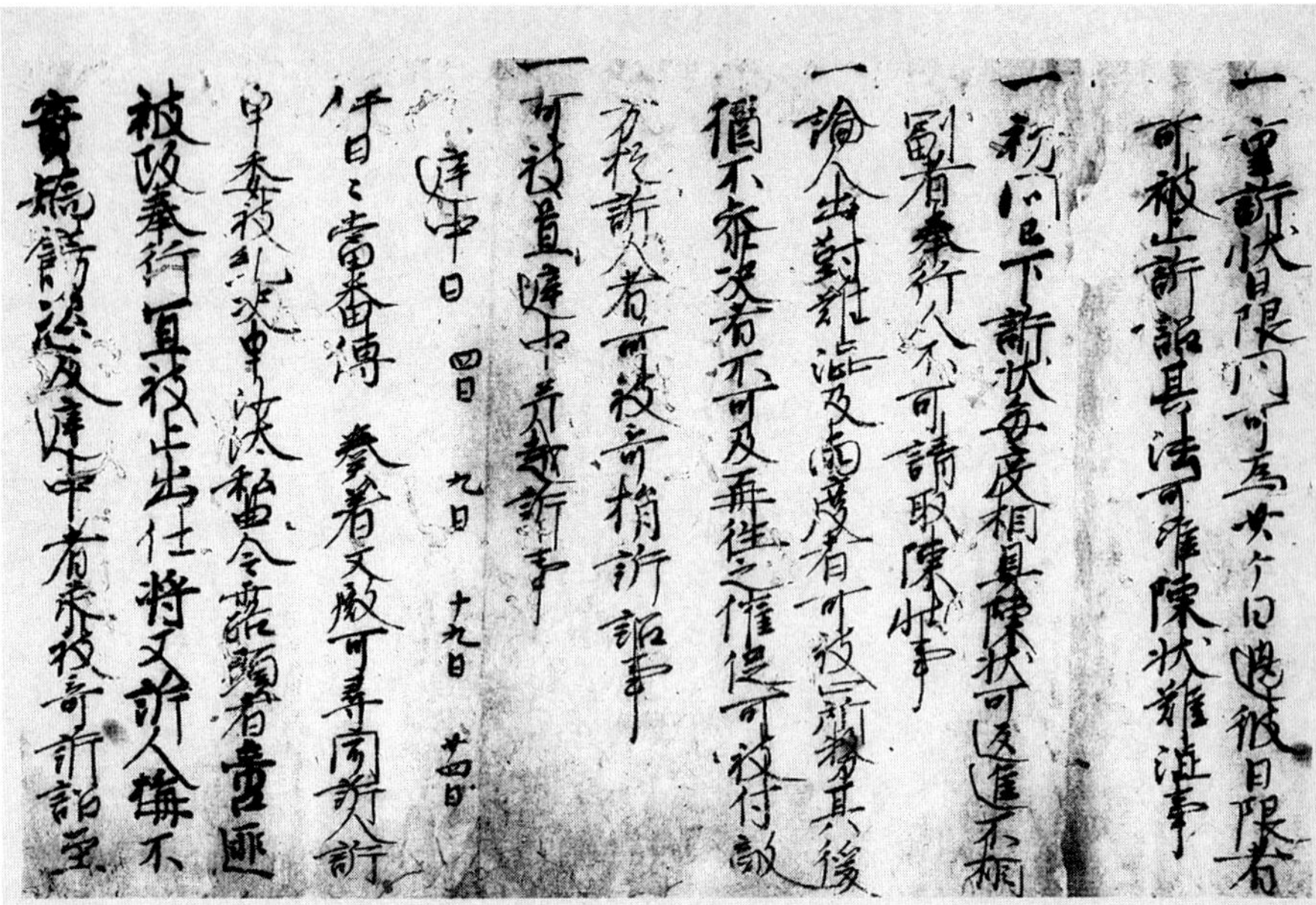

一 當訴状目限門可爲廿ヶ日過彼日限者
可被止訴訟其法可准陳状難渋事
一 於門以下訴状毎度相具陳状可返遣不稱
副者奉行人不可請取陳状事
一 論人出對雖澁及兩度者可被召所務其後
猶不參決者不可及再往之儀從可被付敵
方被訴人者可被召捐訴訟事
一 可被置庭中并越訴事
庭中日　四日　九日　十九日　廿四日
件日ゝ當番傳　參着文殿可尋問訴人訴
申委被糺決事次決[illegible]令露顯者[illegible]
被改奉行直被止出仕將又訴人構不
實搆訴訟及庭中者永被寄訴訟至

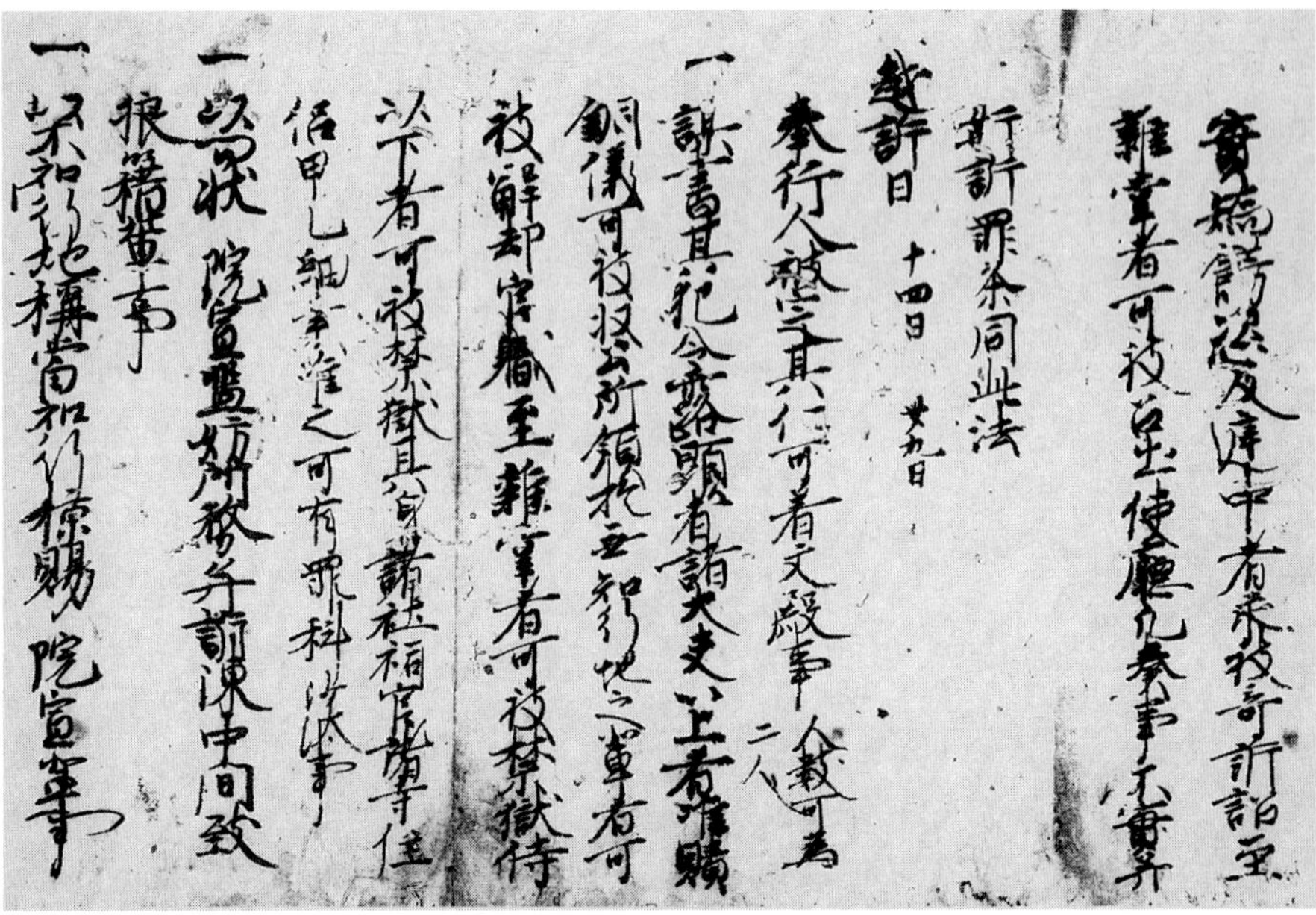

實搆訴訟及庭中者永被寄訴訟至
雜掌者可被召出使廳[illegible]奏事[illegible]
越訴罪科同此法
越訴日　十四日　廿九日
奉行人被[illegible]之其人[illegible]可着文殿事　人數可爲二人
一 謀書其犯令露顯者諸大夫以上者准贓
銅儀可被収公所領於無知行地之輩者可
被解却官職至雜掌者可被禁獄侍
以下者可被禁獄其身[illegible]諸社祠官諸寺住
侶甲乙輩准之可有罪科沙汰事
一 以院宣篇所務并訴陳中同致
狼籍輩事
一 不知行之地稱當知行預賜院宣輩事

一　以不知行地稱當知行掠賜　院宣事
雖爲非據、以錢銅（同）（贖）可被返本所領事

一　國宣不賜　院宣之以前、不知行露顯之時、可又本前是非之由、雖申請詐偽之企、無所遁者、永可被寄置訴訟事

一　獻芳賄賂任代々制禁下知、其沙汰傳（傳）
参以下及文殿衆等、若有受用之圖者、委被尋究、依所犯之實否、永可被召放出仕、
訴論人者縦帶理訴、被停廢彼沙汰事

一　後嵯峨院聖代經沙汰　勅裁當知行無雙
子細者、不可被許訴訟事

一　延慶以來訴訟中、絶地棒往年文書訴申
事、不及沙汰事

一　延慶以來訴訟中、絶地棒往年文書訴申
事、不及沙汰事

一　凡錯乘非一流由緒之所領、不知行及三代
事、不可被許訴訟事

一　不備進自身相傳證文之後、不可及（訴訟）被出下
但如連券悉顯所持文書并他人所帶状
之文證之由訴申之輩、非此限事
神社佛寺受用論人不知行驕辭之寄附
云被訴訟事

一　被下文殿訴陳先三十箇日中、廻文云
對文之後五箇日中可勘奏事

一　御前評定并越訴庭中日、文殿衆皆
参事

一　文殿衆俸禄就忠勤、次第之賞罰

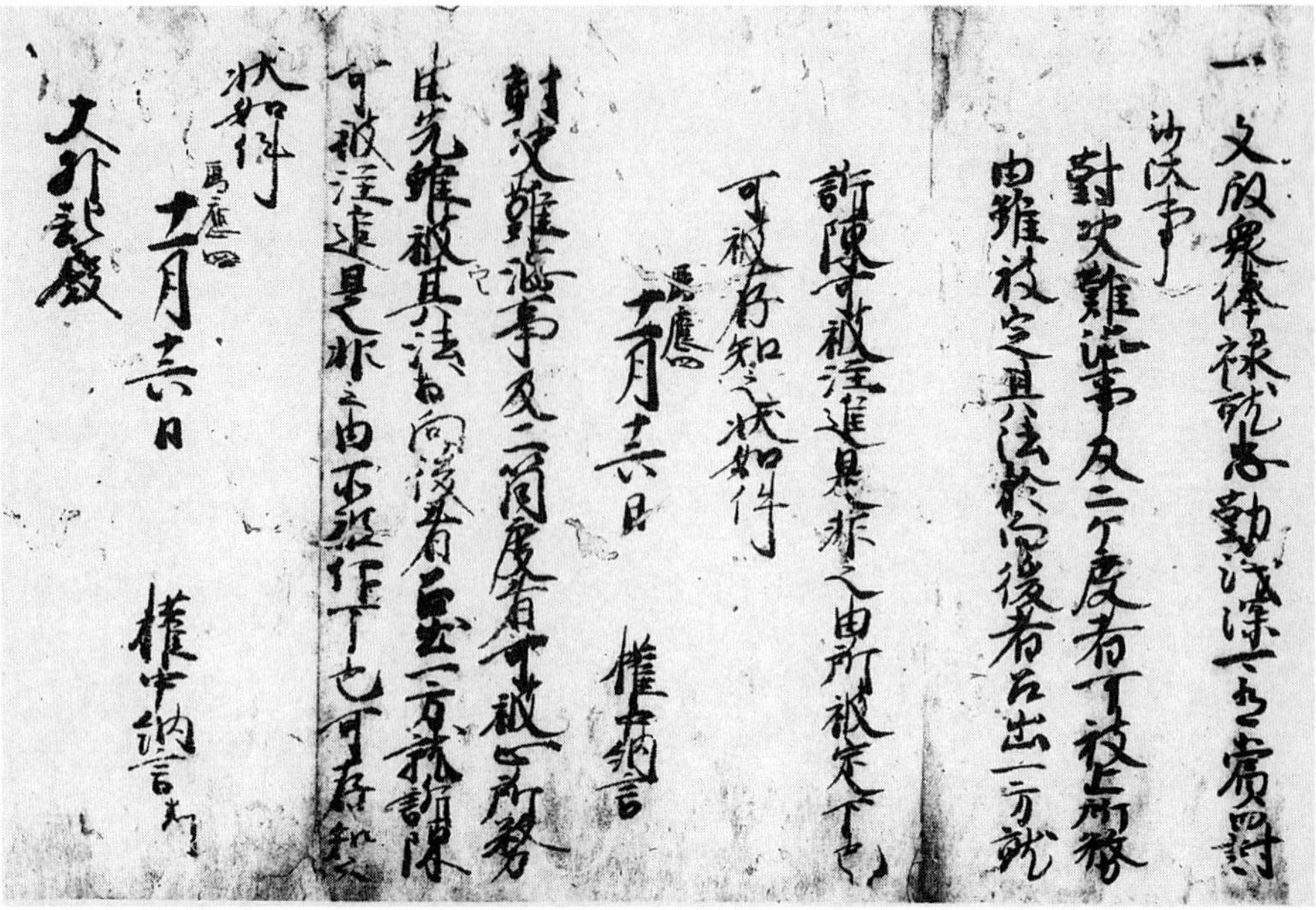

一 文殿衆俸禄就当勤[illegible]十六ヶ度四対
沙汰事
對決雖遂事及二ケ度者可被上所務
由雖被定其法於向後者召出一方就
訴陳可被注進是非之由所被定下也
可被存知之状如件
暦応
十一月十六日　権中納言
對決雖遂事及二箇度者可被召所務
由先雖被其法於向後者召出一方就訴陳
可被注進是非之由所被仰下也可存知之
状如件
暦応四
十一月十六日　権中納言判
大外記殿

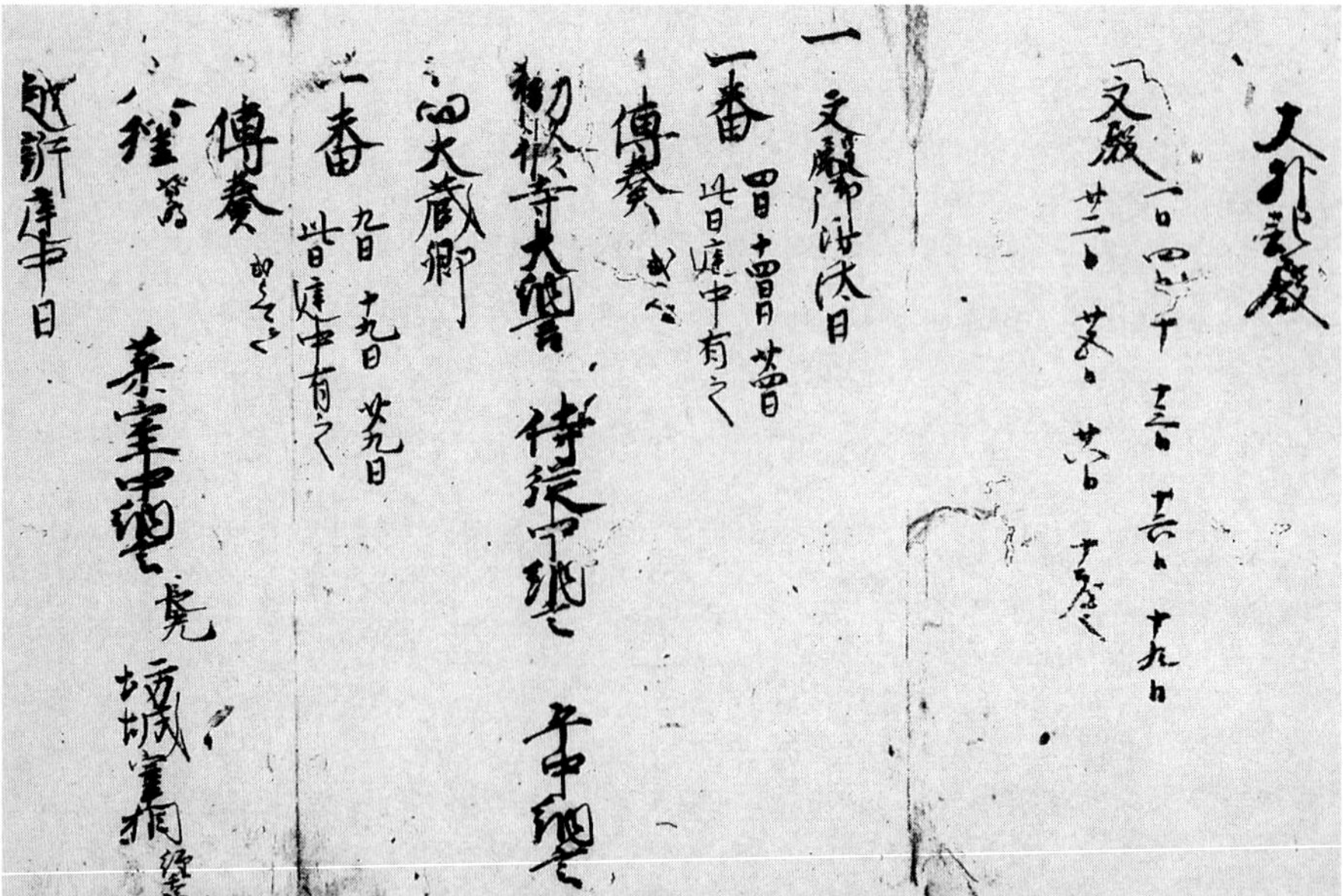

大外記殿
文殿　一日　四日　十一日　十六日　十九日
廿一日　廿四日　廿六日　廿九日
一 文殿御沙汰日
一番　四日　十四日　廿四日
此日庭中有之
傳奏
勧修寺大納言　侍従中納言
大蔵卿　中納言
二番　九日　十九日　廿九日
此日庭中有之
傳奏
[illegible]経　葉室中納言
坊城宰相
越訴　廿日

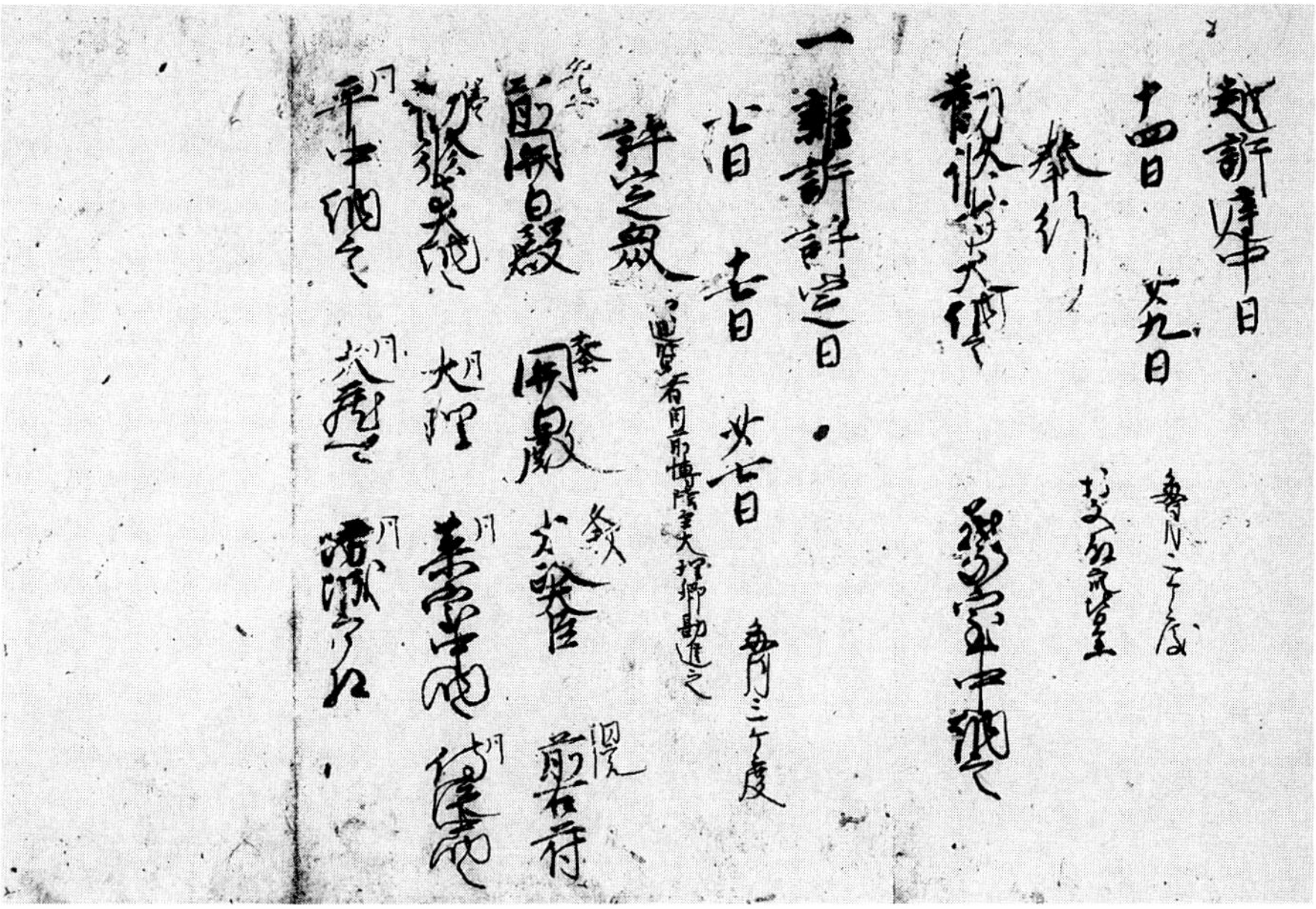

越訴庭中日
十四日　廿九日　毎月二ヶ度
奉行　於文殿沙汰之
勧修寺大納言　葉室中納言

一　雑訴評定日
十日　廿日　廿七日　毎月三ヶ度
近習者内前博陸并大理卿勘進之
評定衆
前関白殿　関白殿　前右府
勧修寺大納言　大理　葉室中納言　坊城中納言
平中納言　大蔵卿　清撰中納言

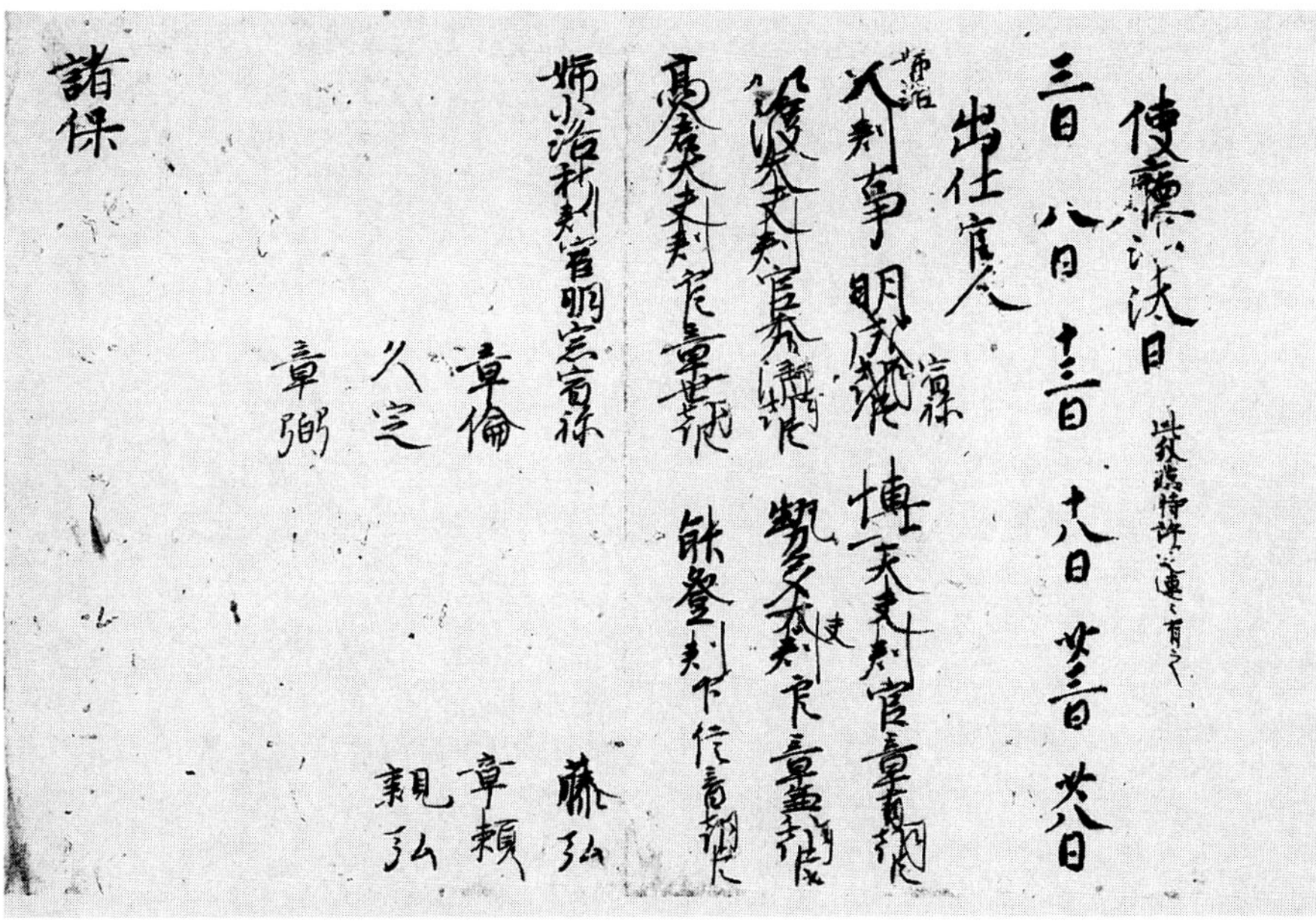

使庁沙汰日
三日　八日　十三日　十八日　廿三日　廿八日　此外臨時評定連々有之
出仕官人
大判事明成朝臣　博士大夫判官章直朝臣
修理大夫判官秀清朝臣　勘解由次官章兼朝臣
高倉大夫判官章世朝臣　能登判官下信清朝臣
坊小路判官明宗宿祢
章倫　藤弘
久定　章頼
章卿　親弘

諸保

諸保

一条以南衛門北　章廣
衛門以北近衛北　章藤
近衛以南土御門北　章頼
土御門以南大炊御門北　章倫
大炊御門以南二条北　章澄
二条以南三条以北　明成宿祢
三条以南四条以北　章有朝臣
四条以南五条以北　秀清朝臣
五条以南六条以北　章直朝臣
六条以北七条以北　章世朝臣
七条以南八条以北　信音
八条以南九条以北　明宗

三条以南四条以北　章有朝臣
四条以南五条以北　秀清朝臣
五条以南六条以北　章直朝臣
六条以北七条以北　章世朝臣
七条以南八条以北　信音
八条以南九条以北　明宗

文殿衆

闕 大外記中原朝臣師右　左大史小槻宿祢達遠
大外記中原朝臣師利　散位中原朝臣師治
助教坂上大宿祢明成　左大史小槻宿祢清澄
法博士中原朝臣章有　右衛門大尉中原朝臣清
左衛門少尉中原朝臣章世

増補改訂 南北朝期公武関係史の研究 目次

目　次

目次

はしがき

戦後、日本史の研究はその範囲の広さと内容の豊かさの両面においていちじるしい進展を遂げた。中世史の分野もその例外でなく、最近の静かな中世史ブームは特定の対象に限られたものとはいえ、これまでの中世史研究の蓄積に支えられた、中世への関心の深まりを背景として生起したとみてよいであろう。

しかしながら、その反面、ほとんど研究の進展からとり残された部分があったことも否定できない。その一つが、本書でとりあげる公家政権ないし公武関係についての考察である。中世国家史の構築のうえでも、その重要な柱となるべきこの面の研究がほとんどなされなかったのは不思議なほどである。

おそらくその理由として、少なくとも次の二つのことがらが考えられよう。一つは戦後たえず論議の的となってきた国家史研究が幕府中心的傾向を脱しえなかったことである。しかしこのことは中世史の展開に占める幕府の地位を低めようとするものでは決してない。関係史料や論点のうえでも、幕府は多大のものを提供してきたし、幕府研究のなかから生み出された成果もまたはかりしれない。けれども、公家政権の問題については相応の重要性をもって目をむけられることが少なかったのも事実といわねばならない。いま一つは、特に南北朝期についていえるのであるが、江戸期以来の南朝重視、北朝軽視の風潮である。明治末年以来の南北朝正閏論の展開がこの傾向を一層助長したことも否めない。

はしがき

概して、関係史料の残存は北朝に厚く南朝に薄いことは誰しもが認めることであるが、その後者において中村直勝氏『南朝の研究』（昭和二年初版、のち『中村直勝著作集第三巻』）をはじめとする研究成果があり（本格的な南朝研究は今後の課題）、その前者においてほとんどみるべきものがないのは、以上のような学問研究をめぐる時代的背景の大いに影響するところであったと考えられる。その意味で、全くフリーな立場からの南北朝史研究が名実共に可能となったのは戦後になってからということができよう。従って中世国家史についての実証的研究の歴史はさほどの星霜を経たとはいいがたく、中世国家史上に占める幕府の比重の重さからみて、まず幕府中心の研究より開始されることになったのも故なきことではない。学界の関心がなかなか公家に向かなかったことがこの面の研究を立ち遅れさせることとなったのである。

むろん、以上のような研究の現状を見直すべきだという声も早くからあった。かつて笠松宏至氏は中世国家論研究についての提言のなかで、中世国家の性格を規定するために、「室町時代における幕府と朝廷、およびもろもろの権門間の対立・依存関係」を特に南北朝時代を中心に分析することの必要性を力説されたうえで、「これまで南北朝時代の公武関係への関心は、もっぱら幕府と南朝との間の軍事的・政治的対立関係のみに集中され、幕府と北朝との関係はほとんどかえりみられることもなかった」と述べておられる（読売新聞社『日本史の発見』一二三頁、昭和四四年）。これは至言である。筆者の北朝および公武関係史への関心もこのようなところに発している。

以下、中世の公家政権ないし公武関係史についての研究状況を略述しておきたい。まず鎌倉期については、最も早期の体系的な研究として三浦周行氏『鎌倉時代史』（日本時代史第五巻、明治四〇年初版、大正五年改版）をあげねばならない。本書は、上横手雅敬氏の評のように、「鎌倉時代政治史に関する限り、体系はほぼ本書で完成され、重要な問題はほとんどとり上げられて」いる点において今日の鎌倉時代政治史理解の骨格をなすとともに、「後年の鎌倉時代史に関する諸書にくらべ、幕府偏重は少なく、むしろこの時代の公家政治史の概説として、本書の右に出る書物がないとさえ思える」（昭和五七年『日本史の研究』新輯一の解説）性格のものである。同氏はのち『日本史の研究』（大正一一年）に収める「鎌倉時代の朝幕関係」（成稿は大正七年）において、承久の乱に至る公武の政治過程、五摂家の成立、皇統の分裂などの問題について詳述された。戦後になって、鎌倉時代前半期に即して、この体系的研究を一層深めたのが、龍粛氏『鎌倉時代』上・下（昭和三二年）であるといえる。同書においては特に関東申次西園寺家の興隆やこのポストを介した朝幕間の交渉、あるいは皇室の文化事情など公家政治・文化史について深く掘り下げられており、公家政権ないし公武関係史の視座はおおよそここでととのえられた。この間、今井林太郎氏「中世の朝幕関係」（『思潮』一巻二号、昭和二一年）、飯田久雄氏「鎌倉時代に於ける公武交渉史の一齣―後嵯峨院政の成立事情―」（『西日本史学』六号、昭和二六年）などの論稿があらわれ、またしばらくの後、飯田氏「鎌倉時代における朝幕関係」（『歴史教育』一一巻六号、昭和三八年）が公にされた。飯田氏の二論文のうちの前者は公家政権を構造的にとらえる手法を早期にうち出した論稿である点でやや異色であったが、この当時の大方の論調は、源頼朝と後白河法皇との政治折衝、承久の乱、皇統の分裂などいくつかの公武関係史上のハイライトとなる事柄を政治史的観点から考究する性格のものであった。

こうしたなかで、特に中世国家史についての論議にいちじるしい刺激を与え、以降の中世史研究に大きな影響をおよぼしたのは黒田俊雄氏「中世の国家と天皇」（『岩波講座日本歴史』6所収、昭和三八年）であった。その内容の詳細についてここではふれないが、以後の活発な国家史研究の出発点となった。このような研究状況をふまえて、戦後初の体系的概説書というべき石井進氏『鎌倉幕府』、黒田俊雄氏『蒙古襲来』（いずれも昭和四〇年、中央公論社刊）があらわされた。

はしがき

昭和四〇年代半ば以降になると、上横手雅敬氏「鎌倉初期の公武関係」・「承久の乱の諸前提」・「承久の乱の成果」（同氏『日本中世政治史研究』第三章第一〜三節、昭和四五年）、「鎌倉幕府と公家政権」（『岩波講座日本歴史5』所収、昭和五〇年）、杉橋隆夫氏「鎌倉初期の公武関係―建久年間を中心に―」（「史林」五四巻六号、昭和四六年）、多賀ゆかり氏「鎌倉初期の公武関係」（「史窓」三三号、昭和五〇年）など従来の政治史的視点に立つ論稿があらわれる一方、工藤敬一氏「鎌倉幕府と公家政権」（『講座日本史』2、昭和四五年）のように公武の支配の内容の相違から鎌倉初期の国家の性格に迫るものもあった。昭和四〇年代の末には、先の中央公論社刊の一連の概説書についで、小学館より同様のシリーズが企画され、鎌倉期を対象としたものとしては大山喬平氏『鎌倉幕府』と網野善彦氏『蒙古襲来』（いずれも昭和四九年）が刊行されている。特に後者は従来の鎌倉時代についての叙述の仕方を大きく変え、新しい視点から再構成している点に特徴があるが、公家政権についての説明も適切になされている。

公家政権の構造的特質への着目がなされるようになったのも、この時期の特色である。この視点は先述の飯田氏の論稿にもめばえていたが、この視点での研究成果として第一にあぐべきはなんといっても橋本義彦氏「院評定制について」（「日本歴史」二六一号、昭和四五年。のち吉川弘文館『平安貴族社会の研究』に収録）であろう。この論文は以降の公家政権研究の指針としての役割を果たし、その分析手法の有効性を発揮した。このほか、以前特に龍粛氏が強調された関東申次を媒介とする朝幕関係に着目した論文も単発的ながらあらわれた。山本博也氏「関東申次と鎌倉幕府」（「史学雑誌」八六編八号、昭和五二年）、梶博行氏「中世における公武関係―関東申次と皇位継承―」（「鎌倉」三二号、昭和五四年）などがそれである。こうした構造的特質にまで目くばりした新しい研究傾向のなかで、鎌倉期の公家政治のあり様を深く掘り下げて論じたのは佐藤進一氏「王朝国家の反応」（同氏『日本の中世国家』第三章、昭和五八年）であろう。同論稿は鎌倉幕府政治の展開に即応した王朝政治の動向を的確に論述したもので、短文ながら珠玉の作である。

一方、政治史・政治過程を叙述するための基礎をなす制度史研究、特に鎌倉期の公家政局を担った諸機関についての研究にはほとんど手がつけられていない。たとえば天皇の親政を支えた記録所については、先掲の橋本義彦氏の論文で触れられているほかは、八代国治氏「記録所考」(『国学院雑誌』一一巻一〜四・六号、明治三八年)・古田正男氏「鎌倉時代の記録所に就て」(『史潮』八年一号、昭和一三年)・佐々木文昭氏「平安・鎌倉初期の記録所について」(『日本歴史』三五一号、昭和五二年)など若干の専論をあげうるにすぎず、この方面の究明は今後の研究に期待される。

いま一つ鎌倉期の公家政権研究の成果として見落せないのが公家新制に即したそれである。この面の研究は三浦周行氏「新制の研究」(『京都大学法学論叢』一四巻六号、一五巻一・二・四・五・六号、一六巻一号、大正一四〜一五年)によって先鞭がつけられ、水戸部正男氏『公家新制の研究』(昭和三六年)へと展開をとげた。この視点での研究は近年においても受けつがれており、佐々木文昭氏「公家新制の一考察—保元元年新制から建久二年新制について—」(『北大史学』一九号、昭和五四年)・同氏「鎌倉期公家新制研究序説」(『日本古代史論考』所収、昭和五五年)・水戸部正男氏「公家新制より見たる鎌倉幕府の成立」(『日本法制史論集』所収、昭和五五年)など、時期的には鎌倉初期にかたよりつつも、その着実な成果を得ている(佐々木氏の新制研究は、のち吉川弘文館『中世公武新制の研究』にまとめられた)。

以上、極めて粗雑ながらも、鎌倉期における公家政権ないし公武関係史研究の現状を概括してみた。これらを参考としつつ、引き続き本書に直接的に関係する南北朝期の場合を略述してみよう。なお、鎌倉期と南北朝期の中間にあらわれた公家一統体制としての建武政権についての研究状況は小著『建武政権』(昭和五五年)の「研究の手引」においてあらかた述べたので、ここでは省略する。

はしがき

南北朝期を対象とする研究の現状は鎌倉期のそれとかなり趣を異にしている。まず古典的概説書に目を向けるならば、田中義成氏『南北朝時代史』（大正一一年）・久米邦武氏『南北朝時代史』（日本時代史第六巻、大正一六年）・魚澄惣五郎氏『綜合日本史大系第六巻南北朝』（昭和二年）などがあり（魚澄氏は昭和八年、国史講座の一冊として『南北朝室町時代史』をあらわされた）、なかでも田中氏のそれは「南北朝時代史研究の土台をなす」「不朽の古典的名著」（昭和五四年復刊の際の今枝愛真氏の解説）とたたえられているが、いずれも体系的にして、南北朝時代の政治史をバランスよく描き上げている。当時としては画期的著作であったこと疑ないが、今日の目でみればあくまで概説書にとどまるものである。公武関係史に即していえば、先に引用した笠松氏の言は、これ以降の研究がさほどの進展をみせなかったことを衝いたものとみなしてよいであろう。いわば公武関係についての掘り下げは研究史上の次の段階に託された課題であったが、この課題は永く放置された。

昭和三〇年代も終りころになってあらわされた佐藤進一氏「室町幕府論」（『岩波講座 日本歴史』7所収、昭和三八年）によって、「室町幕府の王朝権力吸収の過程」（同氏『日本の中世国家』はしがき）が考察されて以来（佐藤氏はこの観点をすでに昭和二四年「幕府論」〈『新日本史講座』封建時代前期〉で指摘）、幕府への関心はもとより公家政権ないし公武関係史への関心も深まった。しかし佐藤氏が室町幕府による王朝権力の吸収の過程をうかがうために示された具体的事例は主として王朝の京都支配の制度的拠点たる検非違使庁についてのものであったため、その最終的段階での状況はよく知ることができたものの、使庁の職権以外の、王朝のまさに一般的な権限と幕府との関係までもは照らし出されなかった。爾来、幕府と王朝との関係の推移はこの京都支配をめぐる一連の事実をもって事足れりとする傾向が生まれた（小川信氏の『岩波講座日本歴史』6所収「南北朝内乱」〈昭和五〇年〉では、先の佐藤氏の示された事例を中心にしつつ、他の観点もとり入れて、ややふくらみを持たせて論じられている）。

佐藤氏の南北朝史研究は『南北朝の動乱』（昭和四〇年、のち中公文庫）に結実した。名著の誉がたかい。佐藤氏のこれらの論著によって高められた公家政権ないし公武関係史への関心は、やがて従来手薄だったこの方面の研究に転機をもたらした。

一方、昭和五〇年代に入っての、「東寺百合文書」の整理の進行を直接的な背景とする中世古文書学の飛躍的発展は特に南北朝期の諸権力の性格解明に有力な手掛りを付与することとなった。ことに上島有・橋本初子・富田正弘三氏のよきチームワークに支えられた一連の研究成果にはめざましいものがあり、中世国家史についての議論にもその具体的材料が提供された。特に公家政権ないし公武関係史に即した研究に限れば、富田氏「中世東寺の祈禱文書について」（『古文書研究』一一号、昭和五二年）・同氏「室町時代における祈禱と公武統一政権」（『中世日本の歴史像』昭和五三年）、橋本氏「公家訴訟における文書の機能論的考察」（『古文書研究』一四号、昭和五四年）・同氏「中世の検非違使庁関係文書について」（『古文書研究』一六号、昭和五六年）をあげうる。また富田氏には口宣・口宣案についての古文書学的考察をとおして王朝政治のしくみを解明しようとした「口宣・口宣案の成立と変遷」㈠㈡（『古文書研究』一四、一五号、昭和五四、五五年）、および公家文書の発給経路と機能に着目した「中世公家政治文書の再検討」①〜③（『歴史公論』四巻一〇〜一二号、昭和五三年）がある。これらはいずれも古文書の機能論を政治史研究のための新しい手法として応用したもので、斬新なすぐれた成果といいえる。

これらのうち特に南北朝期の公家政権の構造にかかわるものは橋本氏の労作である。同氏の論文はその表題の示すように、公家訴訟の手続きを関係文書の動きと役割に注目しつつ機能論的に考察し、公家政治機構の特質を論じようとするものであるが、訴訟関係の文書おのおのの性格付けについてはまことに的確な指摘がなされている反面、公家政権の制度・機構についての説明は必ずしも充分といいえないと思われる。いま少しこの面に即した、しかも南北朝期全体をとおした究明の要求されるところである。

また南北朝期ないし室町初期の公武関係史についての研究はいまだ本格的なものをみない。この方面での比較的早い時期の業績として伊藤喜良氏「応永初期における王朝勢力の動向―伝奏を中心として―」(『日本歴史』三〇七号、昭和四八年)があり、特に足利義満政権の確立過程における伝奏の役割について詳述した。伊藤氏は主として応永初期を分析対象として「伝奏制度の成立はまた義満政権内部に従来の王朝権力が取り込まれていく過程でもあった」(同論文七七頁)とみて、伝奏は義満政権を支える重要な柱であったと結論付けられた。義満政権の構造を、伝奏の役割をとおして考えようとする伊藤氏の着眼はすぐれたものであるが、伝奏の役割についての評価には、その後、先述の富田正弘氏「室町時代における祈禱と公武統一政権」や小川信氏「伝奏の活動と義満政権」(同氏『足利一門守護発展史の研究』所収、昭和五五年)などにおいて異論が出され、目下積極的評価とやや消極的評価とが相対立している状況であり、今後の議論の進展が期待される。ここで少なくとも言えることは、これらの伝奏についての諸見解はいずれも伝奏の活動が顕著となる応永初年以降を主たる研究対象としており、南北朝末期の伝奏の活動についてはほとんど触れるところがないことである。すなわち、伝奏の役割の評価のための前提は、南北朝末期の伝奏の動向を、ことに武家執奏西園寺家の執奏機能の衰退との関係においてとらえることであろう。このことによって、武家執奏より「武家」伝奏という朝廷側の窓口の変化に伴って朝幕関係がどのように変動したかを推測する手がかりが得られるからである。

伊藤氏にはいま一つ「室町幕府と武家執奏」(『日本史研究』一四五号、昭和四九年)がある。この論文は、室町幕府と北朝との関係を具体的事実に即して広い視野でみとおすもので、特に幕府が執奏の手段によって王朝権力内にくいいる様相を描き出すなど、注目すべき見解を盛りこんでいる。少し欲をいえば、今少し多くの材料を整理・採用することによって、朝幕関係の諸側面をもっと構造的に把握できるのではあるまいか。

一方、南北朝期の朝幕関係を、特にその交渉の窓口に着目し、所領をめぐる相論についての王朝の裁許がどのような手続きをとおして幕府の執行機構の上にのせられるかという観点から論じたものに、岩元修一氏「所務相論を通してみたる南北朝期の朝幕関係について—足利尊氏・義詮期を中心に—」(「九州史学」七二号、昭和五六年)がある。対象への迫り方が即物的かつ具体的であるだけに、朝幕関係の核心に肉薄する強みを持つが、明らかとなった個々の事実を朝幕関係の特質と推移の中にどのように位置付けるかというところまではふみこんでいない。また時期的にも南北朝初期にとどまらず、南北朝期全体に亘る調査が要される。さらに同氏には、前掲論文の成果をふまえた第二作「開創期の室町幕府政治史についての一考察—北朝との関係を中心に—」(「古文書研究」二〇号、昭和五八年)がある。観応擾乱以前の室町幕府初期の政局がすこぶる不安定であったことはよく知られている。同論文はその幕府政局の推移と北朝の動向とを関連付けることによって当時の中央政治史の理解に資そうとする意欲的なものであるが、必ずしも論点をしぼりきれていないむきが感じられる。

以上のような鎌倉—南北朝期の公家政権および公武関係史についての研究史をふりかえれば、一体どのようにしたらそれら先行の業績を発展的に継承し、新たな知見を加えて、体系的な公武関係史を叙述できるか、そのおおよその輪郭をつかむことは可能であろう。そのための柱となることがらはさしあたり、公家政権を構成する諸権力の構造を明らかにすること、そしてそのうえで、まさに笠松氏の言われるように「幕府と朝廷、およびもろもろの権門間の対立・依存関係」を具体的に分析すること、であろう。

もとより本書で取り扱ったのは主として南北朝期の公家政局の構造、および朝廷と幕府との関係であり、「もろもろの権門間の対立・依存関係」にまでは及ばなかった。残された問題は今後の研究に期したく思うが、やはり公武関係の中核は朝廷と幕府との関係にあると考えられるので、主題の設定と考察の方法に大過はないであろう。

本書の構成について一言いえば、南北朝分立の一つの大きな誘因が鎌倉後期の文保和談にあると考えられるため、この事件をめぐる朝幕間の交渉についての一文をまず本書の冒頭に置いた。これを出発点として、後醍醐天皇前期親政→建武新政→北朝の順で展開する公家政治史の流れを追ってみた。そうすることによって、いわゆる足利義満政権の完成に至るまでの公武関係史の展開を具体的に跡づけようと試みたのである。

昭和五十八年八月六日　　森　茂　暁

（補訂にさいして）

元版「はしがき」に記したような問題意識のもとに本書は執筆されたが、平成二十年のこんにちまでの四半世紀の間に、南北朝期の公武関係史の研究がどのように展開してきたか、概略述べておこう。

明徳三年（一三九二）閏十月の南北朝合一を経て確立する足利義満の政権は、武家の主導によって編成された「公武統一政権」とする富田正弘氏の見解が大方の支持をあつめ、通説の地位を得たように思われる（同氏「室町殿と天皇」「日本史研究」三一九、平成元年）。またこれを受けて、足利義満の政権構想の性格については、義満が天皇の地位（王権）を簒奪しようと目論んだとする今谷明氏『室町の王権——足利義満の王権簒奪計画——』（中公新書、平成二年）が刊行されるに及び、おりしも「昭和」から「平成」への年号の移行にともなう天皇制度への社会的な関心の高まりもあって、一大センセーションを巻き起こした。昨今にあっては、この今谷説に対しては批判的な意見も強い。それほど関心の高い足利義満政権であるが、その政権の性格についての本格的な新研究はいまだ出ていない。

近年台頭してきた新しい南北朝史研究の方法的な特徴は、この時代の顕著な属性である内乱・戦争がもつ歴史の推進力としての性格を積極的に評価する点である。公武関係史の研究もその例にもれない。室町幕府も北朝も、ともに南北朝の内乱の中から生まれ、内乱によって自らの性格を規定したという観点からの論究であるといえよう。この考え方は、たとえば松永和浩氏「南北朝・室町期における公家と武家――権限吸収論の克服――」（中世後期研究会編『室町・戦国期研究を読みなおす』思文閣出版、平成十九年）に詳しく示されている。これまでの公武関係についての研究に、内乱・戦争という一大契機を媒介項として設定し、これまでのどちらかといえば静態的な研究方法に加えて、動態的な側面を重視しようというその視点は、新しい研究の方向として評価できよう。

さきに述べた公武統一政権についての議論は、目下、早島大祐氏「公武統一政権論」（同『首都の経済と室町幕府』第一部第一節、吉川弘文館、平成十八年）まで高められているし、さらに南北朝期をうけた室町時代の公武関係については、水野智之氏『室町時代公武関係の研究』（吉川弘文館、平成十七年）において議論が展開された。当該分野の研究は着実に進展しているとみてよい。

さらに、公武統一政権の成立にとってのキーワードの一つというべき「伝奏（てんそう）」についての論議は、最近、桃崎有一郎氏「室町殿の朝廷支配と伝奏論――〈公武統一政権〉論の再考に向けて――」（前掲『室町・戦国期研究を読み直す』所収）において整理が試みられ、新しい視野が切り開かれた。

とはいえ、そうした新しい視点を導入した研究にしても、南北朝時代の公武関係の実態究明としての制度史的な基盤研究をぬきにしては、真に実りある成果を生み出すことはできまい。元版に補訂をほどこし、『増補改訂 南北朝期公武関係史の研究』と題して再登場させる所以である。

例言

一、本書は、昭和五十九年（一九八四）六月、文献出版より刊行された同名書の復刊である。

一、復刊にあたって、左記の要領で補訂を加えた。

1　元版の誤記・誤植・脱落を訂正した。

2　元版の文意を変えない限度において、若干個所の表現を改めた。

3　本文あるいは註の記述の訂正、各種表に追加すべき事例およびそれにともなう記述の変更、新たな付記事項など元版にほどこす補訂は、新補注あつかいとし巻末に一括してこれをおいた。

4　引用した雑誌論文のうち、のち著書に収められたものについては、適宜、その書名を付記した。

第一章　南北朝成立前史

第一節　鎌倉後期の朝幕関係──皇位継承をめぐって──

一　はじめに

鎌倉時代の政治史に関する研究の現状は、中期以前に厚く、後期に薄いと言ってよい。その理由の一つに、編年式での史料刊行はどうしても活字化の遅速を伴うことがあげられよう。しかし近来の県・市史類刊行の盛況は史料の活字化を急速に促進しており、また『鎌倉遺文』の刊行がまもなく鎌倉後期分にさしかかるので、いずれそれらの史料を用いた研究が盛んになるであろうことは言うまでもない。

鎌倉時代後期の政治史は、皇統の対立（持明院統・大覚寺統）を一つの重要な軸として展開すると言ってよい。皇位をめぐる争いは基本的には京都朝廷内部のことがらではあったが、鎌倉幕府は両統（両勢力）の調停者としての立場に据えられてしまったため、この問題にいやおうなく対処せざるをえなかった。

この時期の朝幕関係の展開は、南北朝の対立を惹起させる一要因となったから、それはまた南北朝期の朝幕関係のありようを規定したと言えよう。両統対立の様相については多くの鎌倉時代の概説書の等しくふれるところであるが、本節では紹介する史料の内容に即しながら、朝幕関係を理解する上で重要と思われる二、三の論点に焦点をあてて具体的に考えてゆくことにしたい。

二 「御事書并目安案」

宮内庁書陵部には「御事書並(マヽ)目安案 嘉暦三年 量仁親王践祚事」なる題簽をもつ、一巻の古文書が所蔵されている（天地三二・三センチメートル）。書陵部の『和漢図書分類目録』によると伏見宮本として分類されている（伏四〇五）。この題簽は「御事書并目安案嘉暦三年□月[1]十六日」なる端裏書に拠る。本文は六枚の料紙（楮紙）を貼りついで記されたかなりの長文であるが、その内容は、いわゆる文保御和談など、鎌倉後期の朝幕関係の枢要にわたっており、当該期の皇位継承をめぐる両統の争い、またこれに対する幕府のかかわり、後醍醐天皇親政の実態などを具体的、かつあざやかに描き出している点で今後大いに注目すべき重要史料と言ってよい。

また書陵部の同目録は、本文書について南北朝期の写としるしているが、原本を披見するに、字体・筆致・紙質などからみて、従うべき推定と思われる。したがってこの写の成立時期が正文の成立時点とさほどへだたっていないから、史料価値はきわめて高い。筆者は寡聞にしてこの史料を使用した論稿を知らない。おそらく未紹介の史料と思われるので、(新補注1)以上述べたような史料価値の高さにかんがみ、まず以下に文書の全文をしるそう。

（題簽）

「御事書並目安案 嘉暦三年 量仁親王践祚事」

（端裏書）
「御事書并目安案嘉暦三年□（十カ）月十六日」

春宮践祚事、去年（嘉暦二年）資明（日野）参向之時、委細被申畢、如彼御返事者自　禁裏直可被申談之由、被仰下之間、可被申　禁裏云々、仍去春以関白（二条道平）被○（申）彼御方之処、御返事如此之上、可為如何様乎、如今度勅答者、都鄙之御沙汰、尤令参差、於今者無処（マヽ）御問答、関東不被計申者、譲国更不可有其期之条顕然也、凡当御流　皇統不可断絶之由被定申之上者、不可有用捨、次彼御流、有何子細被任治天於　叡慮、当御流、有何科怠、被抑理運之御先途乎、当代併被興行承久以往之古事之間、挙世称聖代歟、然而近年風塵易動干戈不修（戢歟）、都鄙之物忩、寺社之魔滅連綿而不断絶、何必称堯舜無為之世哉、於此御方者、後深草院以来末代之風儀堅被守株之間、文保譲国事、偏依関東之形勢及其沙汰畢、加之　後宇多

…………………………………（紙継目）…………………………………

院御契約分明之処、忽令忘彼芳恩給、背　先□（院カ）御約諾、被抑留理運之践祚之条、理豈可□（叶カ）君子之道乎、竜楼今年十六歳、未被成通天之冠礼、御沈淪之至、先規頗稀、御一流之滅亡関東争不被哀憐申哉、且　当代在位十一ヶ廻、於今者強不可有御執心、但猶脱屣（屣）之遅速、可被任　禁裏之叡慮歟、将又譲国時分未至之間、関東不被計申歟、就両様分明為被聞食、定重所被差進御使也、徒雖疲持節之往還未被申一篇之左右之間、頻被悩　叡襟之条、尤可被察申歟、任道理被計申者、　天照太神・正八幡宮・日月星宿・堅牢地神盍垂玄応、所詮随今度御返事、向後御進退可被思食定之間、不申披御所存者、無左右不可帰参之由被仰含資明（日野）者也、

（一行分程の余白）

禁裏御返事、関白(二条道平)被書進之、嘉暦三年二月十七日
重事問事、　勅答先度被申畢、
（二〜三行分程の余白）

（紙継目）

嘉厂(マヽ)三年十月廿一日伊賀入道善久内々申請之間、書遣之、其外方々同書遣了、

春宮践祚事条々簡要

一① 文保御和談事、　後宇多院御契約及数問数答之御事書等載而分明也、而今背御約諸御抑留理運之践祚之条、御不義之至歟、一方已御違変之上者、関東被計申之条、尤可叶道理矣、

一② 同御和談事、　叡慮強雖不庶幾、関東任被申之旨、所有譲国也、其故者御和談不落居之儀治定者、未来立坊事可進此御事書之由、兼被仰含之旨、使節令申之間、依被驚思食、閣是非、新内裏遷幸之後即被申談畢、於此御方者只依被重関東之形勢、任時議所(被)避進也、但為後証以御契約御事書等、被申談関東畢、而彼御方御抑留之時、被計申之条何可有豫儀哉、

一③ 去文保元年関東以使節如被申者、践祚・立坊事、自大覚寺殿被仰下之趣、雖非無子細、共為継躰之主、皇統不可断絶、可有御和談云々、彼文保元年者、新院在位十廻之歳也、当今在位今年十一ヶ廻、譲国時分已過文保被計申之年紀、何(可)有用捨哉、何況徳治　後二条院御事出来之間、新院践祚者天之所授也、対関東不可有

（紙継目）

被立申之理、然者大覚寺殿所被申者、只践祚遅□(引カ)無御心元之分許歟、是猶文保以専使被計申御和談一途畢、今度此

御方所被申者、文保関東被計申之上、　後宇多院有慇懃之御契約之間、被避申治世・践祚・立坊三ヶ重事之処、依有一方御拘惜御沈淪之時、関東争不被綺申哉、

一④禁裏去年　綸旨、春宮去年去嘉暦元年立坊不可謂遅引之趣被申歟、此条如去文保御契約者、春宮于時親王践祚不無心本之様可被計申之旨、自他被尽御詞畢、其上立坊已後即位例、或一両年或両三年、若立坊同日践祚又直践祚共以多先規、何可依在坊之年紀哉、只就文保御契約之文章、可有時分到否之沙汰哉、且此条旧冬委細令申畢、凡　当今・前坊依有御不和之子細、前坊践祚遅ゝ之間、此御方立坊又令遅引畢、依彼不慮之儀、難被改文保御和談之旨趣哉、

一⑤　春宮御元服御年齢事、

今年十六歳御晩達之至、更無先規、　醍醐天皇以来十五歳已前皆所有御元服也、　後嵯峨院御事者、不足為例、依践祚遅引未及冠礼之御沙汰、天齢已過成人給、旁被歎思食之次第、関東尤可被察申之、春宮御元服者可

（紙継目）

啓　内裏之間、為難義之子細先ゝ被申畢、践祚無其期者御進退可為如何様乎、

一⑥　当代何因偏可被任　叡慮哉事、

承久以後関東代天、被計申重事之条、綷起自冥慮、已為公私之佳例、至于末代被改此儀者不可叶天意、殆似被軽武威歟、而頻被称聖賢之誉問、被恐申之由有其聞、但聖人非可背信之上者、文保御和談何有違変哉、次冥慮可有其恐之条、古典之所載、人倫之所慎也、然而向不言之蒼天非可被閣理致之上者、任道理被計申之条、定可叶天命矣、

一⑦可被任冥慮者、此御方者遠　神武天皇、近　後深草院以降、為皇統之嫡嗣、両上皇久卜姑射之洞、春宮又為紹運之儲君、共在長生殿、至彼御方者、　後二条院御流已中絶、当代又可令為一代主給之由、先年被定申畢、彼是不叶天

命之条顕然也、而被閣三ヶ所之御愁吟、偏被重　当今之御執心之条、何是何非冥慮頗難測者歟、

……………………………（紙継目）……………………………

一⑧当代御在位已十一ヶ年也、此上可被任　叡慮者謙譲之期可為何時哉、文保御和談已後就立坊・践祚事、自此御方雖有被申之旨、毎度不及一途被申談、剰被処聊尓(軽)輊忽之間、向後有何面可被申彼御方哉、今度不計申者、御一流滅亡之期出来歟之間、殊可被添御愁歎也、皇統不可断絶之由、度ゝ被申之上者、就理途急速可有其沙汰矣、

一⑨元亨以来都鄙之物忩、寺社之魔滅連綿而不断絶、強難被称聖代歟、於此御方者偏被重関東貴命之故、代ゝ治天無為無事也、任理運有践祚者、君臣合体之道、都鄙静謐之基、何事如之哉、

（以下余白）

〈①〜⑨の番号は筆者が便宜的に付けた〉

一見するところ、この文書は三つの部分から成っていることがわかる（行論の都合上、これらをⅠ、Ⅱ、Ⅲとする）。Ⅰは第一紙の冒頭「春宮践祚事」から第二紙終り近くの「被仰含資明者也」までの部分、Ⅱは第二紙の残り一行「重事間事」云々。Ⅲは第三紙以下の「春宮践祚事」条々である。各々についてその記事の性格を簡単にみておこう。

Ⅰは、「於㆑今者無㆑処㆓御問答㆒、関東不㆑被㆓計申㆒者、譲国更不㆑可㆑有㆓其期㆒之条顕然也」とか「竜楼今年十六歳、未㆑被㆑成㆓通天之冠礼㆒、御沈淪之至、先規頗稀、御一流之滅亡関東争不㆑被㆓哀憐申㆒哉」などの文章からわかるように、嘉暦三年になって未だ践祚の日をみない春宮量仁を早く践祚させるよう、つまり当今（後醍醐天皇）に譲位を勧めるよう、鎌倉幕府に懇願したものである。去年も持明院統ゆかりの公家、日野資明が東下して交渉したが幕府の態度が煮えきら

なかったため、今年再び資明は使節として東下し、「猶脱屣之遅速、可レ被レ任二 禁裏之叡慮一歟、将又譲国時分未レ到之間、関東不レ被二計申一歟」、つまり幕府は皇位交替の時期については天皇の意志に任せるのか、まだ交替の時期ではないという判断から持明院統の要請にもかかわらず調停にのり出さないのか、についてはっきりさせることになったのである。今回の遣使には、「所詮随二今度御返事一、向後御進退可レ被二思食定一之間、不レ申二披御所存一者、無二左右一不レ可二帰参一之由被レ仰二含資明一者也」という文言から察せられるように、関東の返事次第では後伏見上皇の「御進退」（落飾のことか）がかかっており、資明の任務は重大であった。彼は成果なしでは帰洛してはならぬという厳命を受けていた。

Ⅱは傍注にみるように、嘉暦三年二月一七日に関白二条道平が書き進めた「禁裏御返事」、つまり後醍醐天皇の返答である。この部分はⅠのはじめの方にみえる「仍去春以二関白一被レ〇（申）二彼御方一之処、御返事如レ此之上、可レ為二如レ何様一乎」の文章中の「御返事」に相当すると考えてよい。嘉暦二年に資明が東下して得た幕府の返事、「自二 禁裏一直可レ被二申談一之由、被二仰下一之間、可レ被レ申二 禁裏一云々」という言葉にもとづいて翌年（嘉暦三年）春、後醍醐天皇に通じたところ、Ⅱの返事がかえってきたというのである。その返事の具体的内容ははっきりしないが、要するに禁裏よりじかに返答をするようになっているから禁裏に申し上げよ、という幕府の指示を承けた上での交渉であるのに、後醍醐天皇はうけあわなかったのである。「如二今度勅答一者、都鄙之御沙汰、尤令二参差一」、つまり話がちがうではないかと持明院統側が言うのも当然なのである。重大な任務を負って再東下した日野資明は、このような実情を幕府に嘆願するために、Ⅱを物証として関東へ持参したと考えられる。

Ⅲは本文書の圧巻部分である。九ケ条から成っているが、各条はいずれも春宮量仁の践祚の正当なることをいくつかの点から主張する。具体的内容についてはのち関連個所において述べるが、Ⅲの最も大きな価値は、いわゆる文保の和談の直接史料として、重要な新知見を得させる点にある。Ⅲの論調はⅠと共通しているから、Ⅰを総論とすればⅢは各論に相当しよう。傍注に「嘉𠂆三年十月廿一日伊賀入道善久内々申請之間、書遣之、其外方々同書遣了」とあるから、Ⅲは幕府にもたらされたほか、方々に書き遣わされて量仁践祚のアピールに用いられたらしい。またⅢが誰によってしたためられたかを考えれば、まず当時の持明院統の支柱と言うべき後伏見・花園両上皇でないことははっきりしている。結論的に言って、幕府に対して制度上の発言力を持つ、持明院統側の重鎮としてまず想定されるのは、時の関東申次西園寺公宗であろう。(4)(新補注2)またⅠもⅢと同じ論調であるから、同人の文章とみてさしつかえあるまい。

ちなみに端裏書に言う「御事書并目安案」と本文とを対応させれば、Ⅰが目安、Ⅲが事書ということになろうか。

三 朝幕関係の基調

中世の朝幕関係のあり方を決定付けたのは承久の乱における幕府の勝利、朝廷の敗北という冷厳な歴史事実であると言ってよい。「承久義時(北条)朝臣𢁉₌呑天下₋」(『建武式目』)や「承久ニ義時世ヲトリヲコナヒ」(『神皇正統記』)などの史料表現に象徴されるように、この事件は中世政治史を時期区分する上での一大画期となっている。乱後の幕府勢力の伸張はめざましく、朝幕関係にも大きな影響をおよぼした。

文保二年より第二回目の院政を開いていた後宇多法皇は政務を後醍醐天皇に譲る交渉のため、元亨元年に吉田定房を関東へ遣わした。『増鏡』はこのことを次のように評している。

おほかたは、いとあさましうなりはてたる世にこそあめれ。かばかりの事は、父御門の御心にいとやすく任せぬべき物をと、めざまし。されど、昨日今日はじまりたるにもあらず。承久よりこなたは、かくのみなりもてゆきければなめり（「秋のみ山」）。

父の法皇が子の天皇に政務を譲る程度のことがらでも、いちいち幕府に伺いをたてねばならない時世を嘆き、しかもこのような事態は承久以来のことだと言っている。この『増鏡』の叙述はおおむね正鵠を射ていると言えよう。承久の乱を経て、幕府は執権政治体制を確立させ、やがて得宗専制へとその性格を変貌させてゆくが、幕府に対する往時の対抗力を失った朝廷にとってみれば、いかに幕府と協調して自らの展開をとげるかに最大の努力が払われたのも当然と言わねばならない。[5] 鎌倉中期に皇統が二つに分裂し、しかも皇位を自らの手中に収めるべく幕府に働きかけることが始まり、次第にこの運動が激化してゆく状況の中では、両統共に幕府の歓心を買うのに汲々とし、公家勢力を集結して幕府を討とうなどという思想は生まれにくい。中世における公家政権の諸問題は以上述べたようなことがらを前提にして考えるべきであろう。

春宮量仁は嘉暦三年当時一六歳に達していた。文保二年叔父の花園天皇が後宇多法皇に譲位を迫られた時、後伏見上皇は六歳の量仁親王を立坊させれば応じようという構えをみせたが、同法皇におしきられて、皇位も春宮をも大覚寺統に占められて以来、持明院統は沈淪を余儀なくされた。この間に出番待ちの量仁親王は齢を重ねざるをえなかったのである。[6] 同親王は、正中三年三月春宮邦良が急逝したのち、同年七月に一四歳で立坊するのであるが、ここまでこぎつける迄の父後伏見上皇の並々ならぬ努力をみのがすわけにはゆかない。「競馬」と冷笑された、両統からの度をすぎた幕府への働きかけについては『花園天皇宸記』のしるすところであるが、[7] いま少し、後伏見上皇の涙ぐましいまでの神仏への祈願についてみておこう。

「後伏見院御文類」[8] には量仁践祚・立坊を祈願した父後伏見上皇の願文の草案が数通収められている。このうち嘉暦元年五月二九日の日付をもつ一通と、年紀を欠く二通の計三通が量仁の立坊を祈る内容のものであるが、その中には、「為二一流正統之身一、如二当時一者正流已似二断絶一、再栄在二何時一、下愚生前之愁緒也、先皇没後之怨念也、凡思二眇身之体一、深知二真影之思一」などといった悲痛な表現がとられている。量仁の立坊はこのような努力の結実に他ならなかった。

幕府に対する意識が大覚寺、持明院両統で全く同じだとは言えないが、その置かれた立場からして基本的にはさほど異なるものでもない。では公家の幕府に対する意識とは具体的にいかなるものであったかについて、持明院統側の史料によって考えてみよう。

すでに紹介した「御事書并目安案」は、やっと立坊にこぎつけた量仁を践祚させようという目的のもとにしたためれたものである。この中で、持明院統の幕府に対する意識をあざやかに示す個所として、Ⅲの第六条の、

承久以後関東代レ天、被レ計二申重事一之条、綷起レ自二冥慮一、已為二公私之佳例一、至レ于二末代一被レ改二此儀一者不レ可レ叶二天意一、殆似レ被レ軽二武威一欤、

というくだりが注目される。承久以後、幕府が重事を計らい申すことは、神仏の深いおぼしめしから生じたものであり、それはまた「公私之佳例」となっており、以後この方式を改めたりするのは天意にかなわない、というのだから、全く幕府追随の考え方である。もちろん幕府に嘆願して量仁を帝位につけることを意図しているため必ずしも文面どおりに受けとれまいが、第九条に述べられた、

於二此御方(持明院統)一者偏被レ重二関東貴命一之故、代〻治天無為無事也、任二理運一有二践祚一者、君臣合体之道、都鄙静謐之基、何事如レ之哉、

という心情は政務の権の奪回を目前にした持明院統の、幕府に対する本心の吐露であったとみる方が実体に即している。

それは紛れもなく、幕府主導の公武融和体制の構想である。

ここで今一つの史料に注目しよう。先述の「後伏見院御文類」に収める、後伏見上皇の石清水八幡宮に納めた願文の草案である。

維嘉暦三年歳次戊辰十二月朔己丑三日辛卯、太上天皇（後伏見上皇）掛毛畏支石清水尓坐世る八幡大菩薩乃宝前尓恐美恐美毛申給波久と申須、夫大菩薩波皇家継嗣乃祖宗、武門鎮護乃霊神なり、然間皇家乃安全波武門之安全也、皇家殊尓武威を憑み、武門又皇統を立、若非東国之輔佐波、争致中都之静謐佐年、（中略）就中、当流殊尓武関乃推挙尓依天、継乃聖運を開、是宿念無私之故なり、陰徳道顕之至なり、都鄙合体は吾賀所祈なり、天統継体は世乃所推なり、神道は人道尓決須、皇家は武家越憑故、百王理乱者偏武門乃盛衰尓懸理、四海乃安危は専兵家之興廃尓依倍志、（中略）武関之栄昌弥新尓天志致一朝之静謐佐年、（下略）〈傍線筆者〉

この願文は「御事書并目安案」と同時期の作成である。特に傍線で示した個所からうかがわれる後伏見上皇の対幕府意識は「御事書并目安案」のそれと共通するばかりか、より一層の深まりをみせている。

持明院統側が残した史料に即して、公家の武家に対する意識を垣間みたが、この意識はまさに「承久以後」その端を発したと考えてよい。幕府権力の伸張は次第にその意識を増幅させ、嘉暦段階では以上のような状態にまで達している。後伏見上皇の願文は、つまり承久以来の朝幕関係の推移を回顧し総括したもので、願文を納めるきっかけが自流の「再栄」をはかることにあったとはいえ、公家政権の武家政権への積極的な傾斜・追随を合理化したものと言えよう。持明院統側のこのような態度に対する大覚寺統側の反応はのちにみるが、ここで注意されるのは、のちの南北朝期以降の公武（北朝―室町幕府）関係の大わくがすでにこの願文などの中に出つくしていることである。

四 文保御和談

鎌倉後期政治史の研究にとって『花園天皇宸記』の史料的価値はきわめて高い。花園院は伏見院の皇子。後伏見院は異母兄にあたる。この日記には、鎌倉後期の宮廷政治の実態、幕府との交渉、六波羅探題や京都・奈良の寺社勢力の動向など、じつに豊富な内容が盛られている。その上、花園院が朝政の動きを正確にとらえうる立場にいたこと、その識見が高く、決して一党一派に偏しない人格に支えられていたことが、同日記の史料的価値をこのうえもなく高いものにしている。しかし残念なことには、散佚部分も少なくない。たとえば嘉暦元年正月～元弘元年九月の間の約六年間が最も大きな散佚部である。したがって、嘉暦三年の「御事書并目安案」は同日記の欠落部分を補い、新知見を提供する点で大きな力を発揮する。

鎌倉後期政治史の展開にとって、文保の和談をめぐる公武の動きは一つの画期的意味を持つと言ってよい。鎌倉幕府の倒壊から南北朝の対立へと展開する激動の時代への幕あけ役を演じた後醍醐天皇の登場に道を開く契機となったのが「文保御和談」(9)であったからである。従来この和談についての知見は全くと言ってよいほど『花園天皇宸記』に依拠している。同日記の記事はまさに和談の一方の当事者のものだけに基本史料たる地位を失わないが、「御事書并目安案」の記事も和談関係史料としてこれに勝るとも劣らない深い内容をもっている。いま両史料を併用することによって、文保の和談の内実について考えたい。

文保の和談については多くの論者がひときわ力を入れて叙述するところであるが、この和談の問題点を究明する前提として、基本的事項を整理しておこう。

(一) 文保の和談の端緒は、文保元年四月九日東使中原親鑑が「践祚・立坊事、可レ有二御和与儀一云々、然而近日非下可レ有二譲位一之由上云々」(『花園天皇宸記』)と幕府の皇位継承に関する意向を伝えてきたところにある。皇位をめぐる両統の争いは幕府を調停者とする形で、後嵯峨院没後まもなく芽ばえた。正安三年一一月に、幕府が皇位問題へのかかわりを避けるため「先々依下被レ下二御使一被上レ申二子細一、恐悚不レ少、両御流践祚不レ可二依違一、遅速可レ在二叡慮一」(『吉續記』同二五日条)と申し入れをした事実は幕府が皇位継承をめぐる両統の争いを朝廷内部で解決すべき問題とみなし、それへの不介入を原則としたことを示している。文保元年の和談も本来はこの原則を再確認し、幕府への使者派遣をとどめさせることを目的とした。

(二) 公武の交渉は関東申次西園寺家を通してなされた。この任務を媒介として同家は廟堂に強大な権勢を築いた。また両統が皇位をめぐって幕府へ働きかける場合、関東申次の意向が大きく反映した。

(三) 文保の和談はきびしく対立していた両統の容れるところではなく失敗に帰した。しかし同年九月、持明院統の主柱伏見上皇が崩じたことが、この問題を急転回させた。翌年二月の花園天皇譲位・後醍醐天皇践祚には、大覚寺統に接近していた関東申次西園寺実兼の力が大いにあずかった。

以上みるように、幕府による和談の提案は意外な形でひとつの結着をみたのである。しかしその手段がおよそ和談と言うにふさわしくない政略的なものであっただけに、持明院統の不満は強く残った。(10) その不満は「御事書并目安案」にみるように、後醍醐天皇の退位と春宮量仁の践祚を幕府に強く訴える原動力となっている。

以上のことがらをふまえた上で、「御事書并目安案」は文保和談の問題についてどのような新知見を提供するか。まず文保和談の発端となった文保元年四月の関東よりの提案として、

去文保元年関東以二使節一如レ被レ申者、践祚・立坊事、自二大覚寺殿一被二仰下一之趣、雖レ非レ無二子細一、共為二継体之主一、

皇統不レ可レ有二断絶一、可レ有二御和談一云々、

としるしている（Ⅲの第三条）。内容自体は『花園天皇宸記』の伝えるところ[11]と大差ないが、ただこの度の東使派遣の火つけ役が大覚寺統であることを明記している点が注目される。

さて続いて和談の経過についてみよう。関係史料をつきあわせてみると、和談の経過は決して単調ではなく、種々の問題を内包していることがわかる。文保二年二月の花園天皇退位に至るまで、関東の調停案をめぐって、大覚寺統と持明院統の利害がぶつかりあい、交渉は難航した。三者の対応の仕方をみるとき、持明院統の抵抗によって、文保元年半ば頃[12]に一旦「関東無二申旨一之間、譲国事不二沙汰一而止了」という状況になっているから、和談の経過は、この頃を境に大体二つの時期に分けて考えてみる方が理解しやすい。

まず文保元年四月～六月の時期。この時期には、持明院統は伏見上皇を中心にして、容易に和談に応じない構えをみせている。「御事書并目安案」のⅢの第二条にみる、

同御和談事、　叡慮強雖レ不二庶幾一、関東任二被レ申之旨一、所レ有二譲国一也、其故者御和談不落居之儀治定者、未来立坊事可レ進二此御事書一之由、兼被二仰含一之旨、使節令レ申之間、依レ被二驚思食一、閣二是非一、新内裏遷幸之後、即被二申談一畢、

に注目しよう。この個所で述べられるのは、持明院統が結果的に譲位へと傾斜せざるをえなかった理由である。譲位は花園天皇の望むところではなかったが、「御和談」が結着をみぬ場合は、未来立坊についての「此御事書」を進めるようにと（幕府から）かねて仰せ含められていたことを使節（中原親鑑）が申したので、持明院統では仰天して「新内裏遷幸之後」、すぐ申し談じた、という内容である。ここでの最大の問題は、「此御事書」の内容である。すぐ前の第一条に、

文保御和談事、　後宇多院御契約及数問数答之御事書等載而分明也、

とあることから、「此御事書」は「数問数答之御事書」をうけているとみてよかろう。(13) しかしその具体的内容がはっきりしない。しかし、『花園天皇宸記』元亨元年一〇月一三日条裏書をみると、

又進二事書一云、春宮(尊治)践祚後、後二条院一宮(邦良)可レ有二立坊一、其後新院(後伏見)一宮(量仁)可レ有二立坊一云々、此事諸人不審、内々以二禎覚一被レ尋二親鑑(中原)一之処、所詮御和談不二事行一之間、春宮(尊治)(今禁裏也)践祚似レ無二其期一、仍為レ慰二法皇(後宇多)御意一、申二未来立坊事一云々、

とある。この記事から、和談が頓挫し後宇多法皇が落胆しているので、東使は未来立坊についての事書（まず法皇の嫡孫邦良、次いで量仁の順で立坊させるという内容）を進めたことが知られる。「此事書」とはここにいう事書と同一のものとみてさしつかえあるまい。しかも時間的にみてこの事書は「新内裏遷幸」の以前、つまり文保元年四月一九日(14)以前に持明院統側に示されている。東使中原親鑑の入京が同月九日であったから、交渉を始めて一〇日程のちの事書と言える。宸記の記事にみるように、この措置は後宇多法皇を慰撫しようとするものであったが、その事書が進められると言うので、持明院統側は驚いたのであろう。しかしその後、理由ははっきりしないが、譲国の事は沙汰やみになってしまった。

いま一つは翌二年に入って譲位までの期間。大覚寺統の攻勢と持明院統の譲歩を特徴とする。宸記、元亨元年一〇月一三日条裏書に、

而先院(伏見)崩御以後、文保二年正月、自二法皇(後宇多)一被レ申二譲国事一、

とみえる。文保元年九月三日の持明院統の主柱伏見上皇の崩御は同統にとってこの上もない痛手であった。ここにさきの和談をめぐる問題は新局面をむかえることになった。文保二年正月、関東申次西園寺実兼に通じた後宇多法皇が再び

譲位を迫ってきたのである。持明院統側は、量仁親王を立坊させるならば退位に応じようと大幅な譲歩をみせたが、認められぬまま花園天皇は同年二月に後醍醐天皇と交替する。

さて、ここで「御事書并目安案」にみえる「後宇多院御契約」に注目せねばならない。これは後伏見上皇が量仁の践祚を祈願して嘉暦四年四月、清滝権現に奉納した願文(15)の中の「後宇多院先途殊有二懇懃会盟一」という記事と照応している。他の個所では「御約諾」「文保御契約」などと表現されているこの契約は、一体どのような内容と性格のものであったか。

後宇多院の契約の内容を知る上で注目すべきは、Ⅲの第四条の、

如二去文保御契約一者、春宮于レ時親王践祚不レ無二心本一之様、可レ被二計申一之旨、自他被レ尽二御詞一畢、

というくだりである。要するにこの契約とは、持明院統にとって肝心な量仁践祚を約諾する内容のものだったことが知られる。(16)また契約が結ばれた時点については明証がないが、その内容から推しておそらく文保二年に入ってからの、和談の最終段階においてであろう。つまり後宇多法皇の攻勢の前に圧倒された持明院統は、この契約を得られたからこそ将来に一縷の望みを託して譲位に応じた、と言うことができよう。(新補注3)

元亨四年六月の後宇多法皇の崩御はこの契約を半ば空手形化した。契約自体の性格からみて、後醍醐天皇がその履行に関心を示さなくなるのは当然と言えよう。しかし花園天皇譲位の際、持明院統は「為二後証一、以二御契約御事書等一、被レ中二談関東一」ていた。「御事書并目安案」において持明院統が、父法皇の契約に背き「抑二留理運之践祚一」している後醍醐天皇を幕府に訴えて譲位させようとしているのは、そのような事情からである。

文保の和談といえば、ふつう東使中原親鑑を介しての皇位問題の調停を言い、これは失敗したと理解されている。し

かし歴史的にみた場合、この和談は成立しているのであるから、東使が帰ったのちの、主として後宇多法皇の政治力に主導された両統の交渉過程をも「文保御和談」に含めて考えねばならない。ここで指摘しておきたいのは、「文保御和談」の最終段階で決定的役割を果たしたのは「後宇多院御契約」であったと考えられること、その契約は究極的にみて、大覚寺統嫡流の安泰を願う後宇多法皇の心情に発したものと推測されること、である。

五　後醍醐天皇親政

元亨元年十二月、後宇多法皇は院政を廃した。ここに後醍醐天皇の親政が開始される。その親政の内容については、種々論じられているが、ここでは一々とりあげず、もっぱら「御事書并目安案」にあらわれた親政の具体相を垣間みておこう。まずⅠにみえる次の記事に注目しよう。

次彼御流、有二何子細一被レ任二治天於叡慮一、当御流、[17]有二何科怠一、被レ抑二理運之御先途一乎、当代併被レ興二行承久以往之古事一之間、挙レ世称二聖代一歟、然而近年風塵易レ動干戈不レ戢、都鄙之物忩、寺社之魔滅連綿而不二断絶一、何必称二尭舜無為之世一哉、於二此御方一者、後深草院以来末代之風儀堅被二守株一之間、（下略）

後醍醐親政の様相を、持明院統と対比して実にくっきりと映し出している。両者の政治的姿勢の相違をこれほど明瞭に示す史料は他にない。同天皇が「承久以往之古事」を興行し、世人がこれを聖代と賞賛したという事実は、『神皇正統記』の「公家ノフルキ御政ニカヘルベキ世ニコソト、タカキモイヤシキモカネテウタヒ侍キ」という記述によって支えられる。「承久以往之古事」が具体的にいかなるものであったか、後醍醐朝の朝儀全体の中で考える必要がある。[17] 一方、持明院統では「後深草院以来末代之風儀堅被二守株一」というのであるから、後醍醐天皇の旺盛な政治意欲は、持明院統のそれと比べて対照的であったと言わねばなるまい。特に持明院統の幕府依存の意識は、先にみた後伏見上皇の願文の中に集約されていると言ってよい。もとよりこのような対幕府意識は承久以来の公家社会の中で、いわば歴史的必然性をもって譲成される性質のものではあった。しかし鎌倉後期の皇位をめぐるきびしい政治状況の中で、持明院統が大幅に幕府へ接近したため、今一方の後醍醐朝が相対的な意味において幕府との間隔を広げることになった。加うるに後醍醐天皇自身の置かれた立場の問題も大きく影響したと言える。

徳治思想を根幹とする当時の政道論をよりどころとして、持明院統側は後醍醐親政に対してきびしい批判をあびせている。「元亨以来都鄙之物忩、寺社之魔滅連錦而不二断絶一、強難レ被レ称二聖代一歟」の一行は、『増鏡』（「春の別れ」）の「故院（後宇多）おはしましゝ程は、世ものどかにめでたかりしを、いつしか、かやうのことも出で来ぬるよ、と人の口安からざるべし」の叙述とあわせみるとき、後醍醐親政下の社会状況を集約的に表現していると言ってよい(18)。

後醍醐天皇の譲位を主張する持明院統側のいま一つの力点は皇統としての嫡庶の問題である。たとえ『梅松論』の言うように、後嵯峨院の遺勅に、亀山流の正統たることが明言されていたとしても(19)、幕府の皇位継承に対する考え方は両統の存続を大原則としたため(20)、皇統の正閏は問題とならず、むしろ嫡庶に重大な関心が払われたのである。以上のような視点からⅢの第七条にみえる次の記事に注目しよう。

此御方（持明院統）者遠　神武天皇、近　後深草院以降、為二皇統之嫡嗣一、両上皇（後伏見・花園）久卜二姑射之洞一、春宮（量仁）又為二紹運之儲君一、共在二長生殿一、至二彼御方（大覚寺統）一者　後二条院御流已中絶、当代又可下令レ為二一代主一給上之由、先年 被二定申一畢、

持明院統は後深草院以来皇統の嫡流で、いま春宮を出しているが、大覚寺統ではすでに正嫡たる後二条流は中絶し、しかも当今は「一代主(21)」と定められた身上ではないか、というのが概要である。後宇多法皇にとって後醍醐天皇の即位

は、嫡孫邦良親王の成長を待つ間の暫定的措置であり、先にみた「後宇多院御契約」もそのための手段であったが、しかし、当の邦良親王の早逝は後宇多法皇の遺志を狂わせてしまった。今や大覚寺統内における同天皇の周辺状況は即位当時に比べて大きく変わっていた。「一代主」たる制約からの脱却の道は、両統迭立の原則を堅持する幕府の関与を排除するより他になかったであろうことは推測に難くない。そのためには何よりもまず政道を興行し、政権担当者としての実力を養うことが先決であった。

さて「御事書并目安案」にみる関東への愁訴がなされた当時、後醍醐天皇の治世は一一年目に入っていたが、この愁訴をうけて関東が調停にのり出した形跡はない。これほど痛切に関東追随の姿勢を顕著にした中立も幕府を積極的に動かすことができなかったのである。(新補注4) このことについては実は当の幕府の側から考えないと十分な理解は得られないが、要するに当時の幕府の内部事情は、厄介な皇位継承問題への対処を忌避させていた。後醍醐天皇が元弘の変に際して京都を出奔したのち、元弘元年九月に量仁親王は践祚して光厳天皇となるが、後醍醐天皇の在位はこの時点までに限ってみても、一三年七ヵ月に及んでいるのである。

六　おわりに

本節では、「御事書并目安案」の史料的性格を明らかにし、そこに述べられた持明院統の皇位継承についての主張をとおして、鎌倉後期の宮廷政治のいくつかの側面について考えてみた。特に後醍醐天皇の登場を実現させた「文保御和談」の進行過程に注目し、後宇多院が後伏見院と取り交した契約が和談の成立に重要な役割を果したことを述べた。また和談の成立によって政権を委譲させられて沈淪を余儀なくされた持明院統は積極的に幕府へ接近し、公武の融和を強く主張してくるが、これに対し大覚寺統をくむ後醍醐親政は対照的な展開をみせた。公家政権におけるこの二つの方向のうち前者はのちの南北朝期における北朝の基本的性格へと発展するし、また後者は言うまでもなく建武新政を誕生させる。こう考えてくるとき、いわゆる「文保御和談」の中世政治史の展開のなかで持つ意味の重さをあらためて痛感せざるをえないのである。

註

（1）残念ながら、□の文字は摩滅のため読みとれない。しかし本文の記事内容から推して一〇月前後であったとみてよかろう。

（2）竜楼量仁は正和二年（一三一三）の生まれであるから、嘉暦三年（一三二八）当時かぞえ年で一六歳であった。このことは本文書の年紀が嘉暦三年であることの挙証である。

（3）伊賀入道善久の何人たるかをいま明らめえないが、名乗りからみておそらく武家側の人物と思われる。しかも持明院統側に「内々申請」した点から考えて、六波羅探題の関係者と推定してよいと思う。そうだとすれば、量仁践祚のことについて六波羅探題も当然ながら、重大な関心を示していたことが知られよう（本稿発表後、湯山学氏より、伊賀入道善久の姓が矢野たることを若干の所見史料とともに御教示頂いた。同氏の御好意に感謝する）。

（4）第三条に、花園上皇が「新院」と表記され、また第七条では、後伏見・花園両上皇を「両上皇」としるし、また第五条では、春宮量仁のことについて「天齢已過二成人一給」としるしていること、それに文保の和談の際に公宗の曾祖父実兼が大覚寺統側に立って決定的な役割を演じたことが『花園天皇宸記』にみえ、花園院は実兼を激しく非難しているのであるが、この史料の中では当然論議のまととなるべき実兼の策略について全くふれるところがなく、いわば父祖の非に故意にふれない態度がうかがわれること、などの諸点からの推測である。ちなみに量仁の母、広義門院寧子は西園寺公衡の女であるから、量仁と公宗とはいとこ関係にある。

（5）『増鏡』は弘安度の蒙古襲来について述べるくだりで、

其比、蒙古起るとかやいひて、世の中騒ぎたちぬ。色々さまぐに恐ろしう聞こゆれば、「本院（後深草）・新院（亀山）は東へ御下あるべし、内(後宇多)・春宮(伏見)は京にわたらせ給て、東の武士ども上りてさぶらふべし」など沙汰ありて、山々寺々に御祈り、数知らず

(「老のなみ」)、

としるしている。異国の襲来という危機的局面にのぞんでの公武の関係がここには象徴的にあらわれていると言ってよい。

(6) 『花園天皇宸記』元亨三年一一月一七日条に、「此日量仁十一歳、景仁九歳、両親王有着袴事、先例多三歳五歳也、及十一歳更無先例、而彼年々有障及今年也」とみえ、量仁親王が一一歳で着袴の儀をとり行ったのは異例であったことがしるされている。

(7) 同右、正中二年正月一三日条裏書。

(8) 東京大学史料編纂所架蔵写本「伏見宮記録廿一」。

(9) 当時この事件はどう呼ばれたかをみておこう。『花園天皇宸記』文保元年四月九日条によれば、この日東使中原親鑑は関東申次西園寺実兼の北山第に入ったが、幕府からの申入の内容について関白二条道平の報告を受けた花園院は「東使申云、践祚・立坊事、可有御和与儀云々」と書きとめている。「文保御和談」という表現が使用されるのは、これより四年あまり後になってからである。同宸記元亨元年一〇月一一日、一三日の条にその事例をみる。

(10) 『花園天皇宸記』元亨元年一〇月一一日条、同一三日裏書参照。

(11) 同右、文保元年四月九日条、元亨元年一〇月一三日条裏書。

(12) 同右、元亨元年一〇月一三日条裏書では「関東云々」の文章の前に「此後」という文字が付いている。これは同記事の前後を読めばわかるが、未来立坊についての事書の真意を花園天皇が禎覚を内々に遣わして問いただしたのち、という意味である。明確な時間関係を示す字句がないので、「此後」についてはおそらく東使中原親鑑が東下した、文保元年五月二〇日をさほど過ぎぬ頃が状況的に妥当だと考え、同年半ば頃という時期を想定してみた。

(13) 「後宇多院御契約及数問数答之御事書等」という表現について、最後に「等」が付いていること、Iの中に「後宇多院御契約」という表現がみえることから、二つのものを「及」でつないだ表現と判断した。

(14) ここで言う新内裏とは二条富小路内裏である。この内裏の工事が完成し、花園天皇の遷幸が行われたのはこの日である(川上貢氏『日本中世住宅の研究』六三頁参照、のち中央公論美術出版より新訂版)。

(15) 「伏見宮記録廿一」の「後伏見院御願文類」。

(16) 和談の一条項として、一代の在位年数を一〇年とすることがあったとする説もある。『梅松論』の記述がその例である。

しかし、「御事書并目安案」には、

彼文保元年者、新院(花園)在位十廻之歳也、当今(後醍醐)在位今年十一ケ廻、譲国時分已過文保被計申之年紀、何可有用捨哉、

とみえ明確にとりきめられたか否か判然としないが、あるいは一代一〇年程度という線が暗黙のうちに了解されていたのかもしれない。また「文保被計申之年紀」という表現から考えて、この線は文保の和談の際に、しかも花園天皇の譲位を迫る後宇多法皇側が言い出したものであろう。ちなみに後醍醐天皇以前の数代の在位状況を示しておこう。

天皇	系統	期間		天皇	系統	期間	
後宇多	大覚寺	文永11・1～弘安10・10	13年9ヵ月	後二条	大覚寺	正安3・1～延慶1・8	7年7ヵ月
伏見	持明院	弘安10・10～永仁6・7	10年9ヵ月	花園	持明院	延慶1・8～文保2・2	9年6ヵ月
後伏見	〃	永仁6・7～正安3・1	2年6ヵ月				

この表をみても、花園天皇以前に在位一〇年を限って両統から順番に立てる方式などは行われていないことがわかる。

(17) 宮廷行事における天皇の主導権の問題は、後醍醐親政の特質を解明する一つの鍵となる。承久の乱を機にいかなる朝儀が廃退したか今後検討せねばならぬ課題であるが、後醍醐天皇の宸作といわれる「建武年中行事」に即した研究成果としては、武光誠氏「建武年中行事に記された朝儀の特質」(『風俗』一八―二、昭和五五年二月)がある。(新補注5)

(18) ちなみに明徳五年七月の改元定で、万里小路嗣房は「後醍醐院御代元字相続」を例にあげて「今度徳字又被用者可相似彼例歟、可謂不快」と主張した。「元」字使用の年号とは元応・元亨・元徳・元弘のことである(『経嗣公記』同五日条)。

(19) 「爰に後嵯峨院、(中略)二の御子亀山院御即位ありて、御治世は累代敢不可有断絶、子細有に依てなりと御遺命あり」。

(20) (19)とも関係するが、『神皇正統記』(伏見)に、「関東ノ輩モ亀山ノ正流ヲウケタマヘルコトハシリ侍リシカド、近頃トナリテ、世ヲウタガハシク思ケレバニヤ、両皇ノ御流ヲカハル〳〵スヱ申サント相計ケリトナン」とみえるのが注目される。

(21) 後醍醐天皇が「可令為一代主給之由、先年被定申」たというのは、後宇多上皇が出家によって所領を尊治親王に譲ったとき(徳治三年閏八月)、「尊治親王の一期の後は悉く邦良親王に譲与せよ。尊治親王の子孫においては、賢明の器・済世の才ある者は親王として朝に仕へ、君を輔けよ」と規定されたことを指すであろう。龍粛氏『鎌倉時代』下(昭和三二年一二月)二四六頁参照。

第二節　後醍醐天皇前期親政期の記録所

一　はじめに

建武政権の性格を評価するための第一の基礎作業は中央政府を構成した政治機構の構造に即した具体的研究であろう。この面の研究は従来等閑視され、中世官制史を総体的に理解する上での一ブロックが欠落したままになっている。この期間の公家政治の実態を窺うに足る史料（特に記録の類）が決して豊富でないことにもよろうが、ただなかでも比較的多くの史料を残した雑訴決断所に関する研究論文が二、三あるにすぎない。

本節では、建武政権の政治機関研究の第一段階として、後醍醐天皇前期親政期の記録所をとりあげる。後醍醐天皇の践祚は文保二年二月二六日であるが、同時に父後宇多上皇による院政が開始されたため、院政停止の元亨元年一二月九日まで、後醍醐天皇は政治の表面にあらわれない。後醍醐親政が開始されるこの日より光厳天皇践祚・後伏見院政開始の元弘元年九月二〇日までの一〇年間を後醍醐天皇前期親政期とし、この間における記録所の活動をみる。この時期は、鎌倉幕府が朝政に対しなおも依然として強い影響力を保持したことはいうまでもないが、鎌倉後期の公武交渉史上極めて重要な問題点を数多く含んでいる。後醍醐天皇前期親政の諸問題については、川添昭二氏「鎌倉時代の対外関係と文物の移入」（『岩波講座日本歴史』6）において、幅広い視点のもとにまことに的確な整理がなされている。本節の主題に即して言えば、それは建武政権成立史の前提的部分を占める。

二 後醍醐天皇前期親政期の記録所

1 伏見天皇親政正応六年の機構改革

記録所の制度は、その構成・機能の両面において長い歴史を持つが、伏見親政の正応六年に行われた記録所庭中の開設と雑訴沙汰の整備（『勘仲記』正応六年六月一日条）は公家訴訟制度史上の一画期であり、以降の記録所の運営の仕方を大きく規定した。記録所庭中では、上卿・弁を各一名ずつ六番に、寄人を二名ずつ八番に編成し、日を分ちて訴訟に当らせ、一方では議定衆・寄人より成る三番制の雑訴沙汰を併置した。(1) 記録所庭中の評議事項は議定衆の会議（雑訴評定）に提出され、勅裁を仰いで最終的決定をみた。(2)（新補注1）記録所の構造はこの時点で定型化し、後醍醐天皇の記録所もその延長線上に置くことができる。この伏見天皇による改革は記録所の文書発給の上にいかなる変化をもたらしたか、この点にまず注目する必要がある。

宮内庁書陵部には、「記録所文書・文殿注進状」と題する一巻に成巻された古文書が所蔵されている。内容は表題どおり鎌倉後期・南北朝期の記録所・文殿の関係文書、特に注進状・廻文を中心とする。伝来の経緯については別途考察の余地を残すが、本文書の中に五点の伏見親政下の記録所注進状が収められており、就中、伏見天皇による改革と対応する史料である点で特に注目すべきものである。いまその五点の注進状の概要を示そう（表I）。

いずれも畿内近国における寺社権門間の所務相論を記録所が勘申したものであるが、注目すべき点は、㈠、(1)—(3)の署名者が外記・明法家等の法曹吏僚のみ三～四名であるのに対し、(5)に至ると彼らの他に「右少弁平朝臣」「左中弁藤

表I　書陵部所蔵「記録所文書・文殿注進状」中の記録所注進状

	年月日	事書	評議の結論	署名者
(1)	正応五年閏六月二九日	注進、高倉院法華堂禅衆与同寺領山城国音羽庄住人為満相論公文職并殺害事、	為禅衆之沙汰、尋究為満相伝実否、可　奏聞之由可被仰下歟、	西市正中原朝臣章名 前壹岐守清原真人良英 助教中原朝臣師淳
(2)	正応五年七月三日	高倉院法華堂禅衆与音羽庄住人為元相論公文職并殺害実否事、	禅衆之所申、非無其謂歟、	隼人正中原朝臣章文 助教清原良枝 左大史小槻顕衡 大外記中原師宗
(3)	正応五年七月三日	注申、僧宗命与尼尊妙相論伊勢国昼生庄内長野郷并小栗栖山庄等事、	父阿証（宗命の父）之所為宗命輙難違犯之上者、尊妙之領掌可無其妨乎、	隼人正中原朝臣章文 助教清原真人良枝 （追筆）「左大史小槻宿禰顕（衡）―」 大外記中原朝臣師宗
(4)	永仁二年六月一日（仮に端裏書の日付を採用した）	注進、権律師教玄与山門東法華堂禅衆等相論当堂領伊勢国草生庄預所職事、	後半部欠落により不明	不明
(5)	永仁三年四月二三日	注進、兼淳宿禰与実種朝臣相論粟田宮領美作国江見庄内世戸村事、	弘安譲状有無早被尋下兼顕、其証不詳者、兼佐譲与孫女㝵、輙難悔返乎、	明法博士中原朝臣（花押） 明法博士中原朝臣（花押） 直講清原真人（花押） 左大史小槻宿禰（花押） 大外記中原朝臣（花押） 中務権大輔中原朝臣（花押）

右少弁平朝臣
左中弁藤原朝臣（花押）

原朝臣」の弁官が加判していること（この現象はすでに⑷においてあらわれたとみてよい）、㈡、⑷の注進状の端裏書に「永仁二六一申上了、付蔵人大輔」とみえること、である。㈠について言えば、この署判様式の変化は明らかに正応六年の記録所改編の結果生じたものとみられ、伏見親政が講じた新しい措置の眼目は庭中評定における弁官級公家の参画に存したことが明瞭となる。この形式は南北朝期、記録所が終焉するまで継続する。㈡について推せば、「蔵人大輔」が五位蔵人藤原雅俊と考えられる(3)ことから、上級審（おそらく雑訴沙汰）への勘申は五位蔵人を通してなされたであろうことが知られる。

次に記録所注進状の作成の仕方について一言しよう。⑸の署判者八名のうち、「左中弁藤原朝臣」は四条顕家、「右少弁平朝臣」は平仲親、「大外記中原朝臣」は中原師宗、「左大史小槻宿禰」は小槻顕衡、「明法博士」二名のうち一方は中原章保と判断されること、正応六年の結番交名を、それより二年の歳月を経ている⑸の注進状の署名者にあてはめるにはやや問題を残すが、少なくとも伏見親政下の記録所の結番方式は正応六年の交名を基本にしたと思われることから推して、注進状は訴訟を受理した特定の一番内で作成するものではなく、各番の枠をはずした形で、弁・寄人八名程度が評議し、その結果をまとめたものだと考えられる。又、上級審との関係を想起すれば、庭中において裁決不可能の事案について、記録所内で注進状を作成し、上部機関（雑訴沙汰）にはかり上裁を仰ぐ方式の存在を推測できよう。つまり、庭中での評議に弁官の参画を命じた伏見天皇の目的は、庭中段階での訴訟処理を可能にし、相論の迅速化を図る点にあったと思われる。

以上の伏見親政の記録所の構造は、後醍醐親政のそれに大変強い影響を与えている。後醍醐親政を支えた記録所の構造を包括的に知りうる史料はないが、各番の上卿・弁に天皇側近を据えるなど、伏見親政の施策の中にはのちの後醍醐親政の政治形態の重要な一側面がすでにあらわれている点に留意せねばならない。

2 記録所の構成

南北朝期初頭に成立した北畠親房の「職原鈔」によれば次の記載がみられる。

記録所。上卿・弁・開闔・寄人已上、依宣旨行其事、但於上卿・弁者、可令行記録所事由被宣下也、[4]

この記事はどの段階について言ったものか検討を要するが、記録所の構成は上卿・弁・開闔・寄人であることがわかる。[5][6]開闔は評議の進行役を務める寄人の上首であろう。それらの沿革を具体的にとらえるために当該期に限って記録類における所見をひとまず整理しよう（表Ⅱ）。

表Ⅱ　記録所構成員の所見（新補注2）

（＊印は当時蔵人）

氏名	役職	補任年月日	当時の官位	出典
近衛経忠	記録所上卿	嘉暦二・七・九	正二位、右大臣・皇太子傅	『公卿補任』二　五〇九頁
万里小路季房*	記録所勾当	正中二・二・三〇	正五位下、左中弁	『諸家伝』七　五八〇頁
菅公時	記録所寄人	元亨二・正・九	従四位上、文章博士	『公卿補任』二　五七〇頁
万里小路季房*	〃	元亨三・八・二九	正五位下、権右少弁	『諸家伝』七　五八〇頁
葉室長光*	〃	嘉暦元・八・三	正五位下、右少弁	『公卿補任』二　五五二頁
中御門宗兼*	〃	元弘元・二・二一	正五位上、左少弁	『公卿補任』二　五六一頁

この表から知りうることは、㈠上卿は公卿であること、㈡勾当は中弁を帯びており、弁の別称はこのためであろうこと、㈢少弁・文章博士クラスは寄人に配属されていること（南北朝期の事例でいえば、後述のように、寄人は中弁までに限られ、大弁になると寄人とは称さない）、である。

一方、当該期の記録所注進状（詳しくは後述）の署名者についてみよう。管見に及んだ元亨二年・嘉暦元年の計三通（四三頁参照）の注進状の署名者は、ⓐ中原・小槻など法曹吏僚、ⓑ参議・弁官級公家、の二つに分類できる。ⓑに属する者には左中弁平成輔・参議左大弁藤原（三条）公明・左中弁藤原（三条）実治・左大弁藤原（清閑寺）資房がいる。ⓐは寄人、(7)ⓑのうち参議藤原公明は上卿、その他は勾当・弁、ということになろう。(8)後醍醐親政全期を通じて三条一門（公明・実治・実任・実忠）の活躍にはめざましいものがある。(9)

『増鏡』（「むら時雨」）に、元弘の討幕計画が失敗した様子が次のように描かれている。

廿五日（元弘元年八月）のあけぼのに、武士どもみちくて、御門の親しく召し使いし人々の家々へ押し入く捕りもて行さま、獄卒とかやのあらはれたるかと、いと恐ろし。万里小路の大納言宣房・侍従中納言（三条）公明・別当（洞院）実世・平宰相成輔、一度に皆六波羅へ率て行ぬ。

この時、六波羅へ逮捕・連行された「御門の親しく召し使ひし人々」の中に記録所勾当・上卿の経歴者が二人もみられるように、記録所は討幕を企図する後醍醐天皇の政治志向を鋭く体現する近臣たちが結集する場でもあった。(10)

吏僚系寄人は中原・小槻・清原といった明法・明経家の独占するところで、すでに世襲化され、彼らの有する法知識は家学化する傾向さえみせ、王朝裁判機構の基底部を担っていた。就中、中原氏は検非違使庁（以下、使庁と称す）の機構にも深くかかわっており、法曹吏僚家として不動の地位を誇っていた。使庁における中原氏については後述。

以上を要するに、記録所は公卿たる上卿を首班に、中弁（勾当）・少弁・法曹吏僚級の寄人によって構成された。おそらく、結番制がしかれ、七弁（大・中・少弁各二名、権官一名）全員が基本的には記録所の構成員であったろう。その意味で記録所は太政官の実務機構に深く広く根をおろした機関と考えられる。一方、天皇の側近という共通の立場から記録所活動に深くかかわったのが蔵人頭・五位蔵人である。弁官で蔵人を兼務した事例は多い。

3　綸旨とその奉者

㈠

平安期の蔵人所については渡辺直彦氏の詳細な研究があり[11]、中世における天皇の経済基盤を支えた供御人を直轄する蔵人所の実態が網野善彦氏によって究明された[12]。まず両氏の研究成果を参考にしつつ、特に後醍醐体制下における蔵人所の実態について簡単にみておこう。

後醍醐体制下の蔵人所の構成・機能を知るための史料として次のものがある。

①「職事補任」後醍醐院[13]、『公卿補任』等の補任史料

②「職原鈔」蔵人所[14]

③　建武元年四月日蔵人所牒写[15]（「東寺百合文書」ヱ）

①は人的構成、②は構造・機能を窺うことができ、又③によってこれらを立体的に組み立てることができる。②によれば、蔵人所の沿革は「公卿第一人」＝別当を頂点とし、四位殿上人中から「清撰」された弁方・近衛司方各々一人を補するを常例とする頭二人、五位殿上人から「名家譜第殊撰其器用」ぶ五位蔵人三人を中枢部分とし、他に六位蔵人四人、非蔵人、出納、雑色、所衆などから構成された。頭・五位蔵人の補任状況を子細にみれば、頭の改替は五位蔵人のそれ

に比して激しいことが判り、[16]公卿への登竜門と言うべき蔵人頭任用がいかに強い政治性を伴っていたかを察することができる。家別の検討は弁官について論ずる際にあわせて行う。

この時期の蔵人所の活動を窺いうる史料は皆無に近く、③はほとんど唯一のものと言ってよい（但し、前期親政期のものではない）。この史料は蔵人所が「牒ヲ北陸道七国ニ移シテ旧規ニ遵ヒ、貢蘇ヲ備進セシ」[17]めたもので、網野氏が整理された発給目的の中で「諸国召物」[18]に相当しよう。一方、この牒に署判を加えているのは、別当二条道平、頭中御門経季をはじめ、五位蔵人岡崎範国・冷泉定親・甘露寺藤長から出納まで全一四名である。このうち下段の「内舎人式部丞兼兵庫助左兵衛少尉藤原」から「兵部少兼左近将監藤原」まで四人は六位蔵人、「左近衛将監藤原」から「蔵人左衛門権少尉大江」まで三人は非蔵人と思われ、この牒には蔵人所の職員全部が加判している。

次に文書伝達の経過についてみよう。この牒は次の後醍醐天皇綸旨[19]をうけて出された。

（裏書）
「貢蘇役御状案等也」

蔵人所申北陸道貢蘇事、解状経奏聞返献之候、早任例可成牒之由、可被下知之旨、被仰下状如件、

建武元四月十二日　宮内卿（中御門経季）御判

蔵人判官殿

蔵人所が申請していた北陸道貢蘇備進の勅許がおりたことを告げ、その旨を命ずる牒を発せよとの叡慮を伝えたものであるが、奉者の宮内卿は蔵人頭中御門経季、宛所の蔵人判官はおそらく六位蔵人[20]の上首を指すと思われる[21]（新補注3）。ここで問題となるのは、①綸旨発給と蔵人との関係、②六位蔵人の役割、である。この綸旨を奉じた事実から考えて、頭の立場はむしろ後醍醐天皇側近たるに引きつけて考えた方が妥当と思われるから、蔵人所解状の作成提出は充所を支証として、

六位蔵人によってなされた可能性が高い。又この綸旨をうけた牒の発給も実質的には彼らによってなされたと考えられ、蔵人所の運営の実質は、その機能縮小化に伴い、「奉行禁中細々公事、朝夕御膳等事」（「職原鈔」）を職掌とする六位蔵人を中心とする下級職員に委ねられたのではあるまいか。

以上の蔵人所運営の実態をふまえた上で、蔵人所上級職員＝頭・五位蔵人の政治的役割を、弁官と抱き合わせつつ、後醍醐天皇綸旨の奉者としての観点から考えたい。

(二)

次に後醍醐前期親政一〇年の間に発給された綸旨を内容と奉者に即して考えよう。(22)

綸旨の機能は裁決文書たるを基本とするが、一方裁決を他者に伝達するのみの手続き文書としても数多くの実例が存する。内容の面から分類整理すれば、寺社権門を対象にした、(イ)所務相論裁許、(ロ)所領安堵、(ハ)寺官職補任・解却、(ニ)祈禱命令（所謂「祈禱綸旨」(23)）、(ホ)国家的諸課役の賦課・免除、(ヘ)関東・六波羅への執進、(ト)訴訟進行のための手続き（所謂「問状綸旨」(24)など）、といった具合に多方面に亘る。記録所の評議活動は主に(イ)(ロ)に関するものであり、(ト)を必然的に伴うと考えられる。

奉者に即してみれば、(A)蔵人である者（頭・五位蔵人）、(B)蔵人でない者、(25)に区分される。(A)は大蔵卿・中宮亮・少納言・中将（以上頭）、春宮大進・木工頭・民部大輔・勘解由次官・右衛門権佐・兵部少輔・右少将（以上五位蔵人）などの官職を兼帯するが、同時に弁官を兼ねた場合が枚挙に暇ない（頭は左・右大弁、左・右中弁、五位蔵人は左・右少弁）。一方、(B)についてみれば、わずかの例外のほか全部弁官である。その例外とは鷹司宗平(26)・三条実治(27)で、この二例は、当時参議であること、後醍醐天皇の意をうけて関東に仰せ遣わすべく関東申次西園寺氏に宛てた綸旨の奉者である点で共通する。

参議が奉じた事例としてこの外に、三条公明[28]・平惟継[29]（いずれも左大弁）が検出される。

次に内容と奉者とを比較検討すれば、明瞭な区分はなしがたいけれども、おおよその傾向はつかめよう。

㈠ 蔵人でない弁官が奉ずる綸旨は主に内容区分(イ)(ロ)に対応する（(ト)も基本的には含まれよう）。これは弁官によって構成される訴訟機関＝記録所機能との本来的関係に起因すると考えられる。おそらく(ホ)もこれに含まれよう。

㈡ 蔵人の奉ずる綸旨が、(イ)(ロ)を含めてほぼすべてに亘っているのは、弁官を兼帯する蔵人が多いため、本来の蔵人としての役割と、㈠で述べた弁官＝記録所寄人としてのそれとが混然一体化したためで、むしろこの形が親政運営の人的構成の上で一般的であるといえよう。

以上によって、蔵人所の上級職員たる蔵人頭・五位蔵人と記録所構成員たる弁官とを天皇側近という形で包含し、これを基盤に運営された後醍醐前期親政の重要な一側面を窺うことができる。先に述べた、綸旨を奉じた参議たちは、記録所上卿とみられ、その立場から奉者としての事例を残したと理解される。記録所ではこの上卿と弁官とで番を結び、提訴された相論の評議を行い、一方、蔵人所の頭・五位蔵人は或いは弁官を兼帯する形で記録所に参画し、上卿・弁・寄人いずれも天皇側近としての立場から綸旨を奉ずる機能を具有したと結論付けられる。親政とは「太政官を経ず天皇が直接に政務を執る形態[30]」であるが、従前国政の中枢を担った太政官機構は、弁官という運営の基幹部を親政機構に吸収される格好で、機能の形骸化が進行した。

次に院政の場合と比較してみよう。中世の公家文書を機能論的に考察し、注目すべき指摘を随所に示された富田正弘氏は、院宣の内容と奉者との関係について、(イ)弁官の奉ずる院宣（蔵人を兼ねる弁官の奉ずる院宣も含め）は段銭などの国家租税の賦課・免除、皇室領の諸役の催促・給付・免除に関するものが多く、(ロ)伝奏（現任・散位の公卿や蔵人頭）の奉ずる院宣は、訴訟の問状・裁許、所領の安堵・返付・寄付に関するものが多いこと、又、これに関連して綸旨を検討された箇所で、最勝光院（御願寺）の所領に関する処分を内容とする、左中弁三条実治の奉じた「嘉暦元」十月九日後醍醐天皇綸旨（「東寺文書」御五）をあげて、これが蔵人を兼任しない弁官が奉じた綸旨の一例であること、そして弁官の奉ずる院宣（イ）と共通性があること、を指摘された。(31)

これらの指摘は氏の見解の一部にすぎないと思われるが、それらを参考にしつゝ、行論の都合上必要事項のみについてまとめよう。内容の面で比較すれば、先に示した後醍醐天皇綸旨の(イ)(ロ)(ト)は院宣の(ロ)に、又同綸旨の(ホ)は院宣の(イ)に対応しよう。即ち、弁官奉の綸旨は伝奏奉の院宣に対応し、又国家的課役賦課・免除に関しては、綸旨・院宣いずれの場合でも弁官が奉ずるのを常例とすることが判明する。これは記録所と文殿の構成上の相違に起因することと考えられ、後段について言えば、国家的課役賦課・免除が本来的に太政官機構を通して決定されるべき事柄であったからであろう。要するに訴訟機構の中枢的位置に、院政では評定衆クラスの公卿が、又親政では弁官が配置される点に、親政・院政の構造的相違の一つがある。ちなみに蔵人にあらずして綸旨を奉じた三条実治は記録所構成員（おそらく上卿）として綸旨を奉じたのであろう。綸旨の奉者は必ずしも蔵人とは限らないとする富田氏の指摘は注意されてよい。このような綸旨がいつから出はじめるかは今後の調査に待たねばならないが、親政における政治のあり方と密接な関係を有することは明らかであろう。

後醍醐前期親政を支える中枢部分を以上のように確定できるならば、次の問題は彼等の出身家門と階層の面から構成上の特質を探ることである。そこで元亨元年一二月九日〜元弘元年九月二〇日の一〇年間を限って弁官と蔵人（頭・五位蔵人）を家別に整理すれば表Ⅲのようになる。この表によって判明することを要約する。

㈠ 弁官は三条・洞院・中院などの上流家門と中御門・勧修寺・吉田・葉室・冷泉・万里小路・清閑寺など所謂勧修寺流、桓武平氏などの中流家門から輩出している。

㈡ 蔵人も弁官とほぼ同様の分布状況を呈している。但し、御子左・鷹司・大炊御門・五辻・四条・岡崎は蔵人のみしか出していない。

㈢ 上流家門出身者はほとんど左大弁・頭を帯びるが、中流家門の場合は中・少弁、五位蔵人を多く占めており、出身の階層的序列が構成の上に多分に反映している。

㈣ 家別にみれば、弁官の場合、勧修寺流が全体の過半（五三％）を占め、日野一門（一三％）、桓武平氏（一二％）、三条・洞院の公季流（八％）がこれに次ぎ、その他に頼宗流中御門、坊門、村上源氏などが加わっている。一方、蔵人についてみれば、勧修寺流が約半分（四一％）を占め、桓武平氏（一七％）、村上源氏（一〇％）、三条・洞院の公季流（七％）、鷹司・大炊御門・五辻の師実流（七％）、日野一門（七％）と続いている。蔵人における村上源氏の進出を除けば、家門別にみて弁官と蔵人の構成内容は全くと言ってよい程類似している。

勧修寺流が朝政におけるかかる部局を大幅に占める現象は後醍醐親政に始まるのではないが、正中の変で日野資朝・同俊基、元弘の変で「御門の親しく召し使ひし人々」（『増鏡』）万里小路宣房・三条公明・洞院実世・平成輔が主犯格として捕縛された事実に鑑みれば、後醍醐天皇の討幕の意図は彼らを媒介にして、弁官・蔵人のポストに幅広く根付いた一門の官僚群に強く波及したと考えられる。弁官と蔵人の補任状況をみれば、同一人が双方を兼ねたり、相互に入れ替った例がみられ、出身家門のみならず役職の面でも、両者は緊密な有機性を持っている。

以上を要するに、後醍醐親政体制は勧修寺流弁官・蔵人を主たる人的基盤としたこと、又、制度的側面からみれば、

表Ⅲ　弁官・蔵人の出身別一覧（「弁官補任」・「職事補任」による）

家門		左大弁	右大弁	左中弁	権左中弁	右中弁	権右中弁	左少弁	権左少弁	右少弁	権右少弁	計	（割合）	蔵人頭Ⅰ	〃Ⅱ	五位蔵人Ⅰ	〃Ⅱ	〃Ⅲ	計	（割合）
三　条	公季公孫	2		1								3	（8%）	1					1	（7%）
洞　院	公季公孫	1	1		1							3		1		1			2	
中御門	高藤公孫勧修寺流						1	2	1	1		5	（53%）			1	1		2	（41%）
勧修寺	高藤公孫勧修寺流														1				1	
吉　田	高藤公孫勧修寺流	1	1	1			2	2	1	2		10		1	1	1		1	4	
葉　室	高藤公孫勧修寺流			1		2	2	2		2		9		1	1	1	1		4	
冷　泉	高藤公孫勧修寺流																1		1	
万里小路	高藤公孫勧修寺流	1	2	1		1		1		1	1	8		1	1			1	3	
清閑寺	高藤公孫勧修寺流	1	1	1		1	1	1				6			1				1	
堀河（藤原）	高藤公孫勧修寺流			1		1						2			1（光経）				1	
日　野	内麿孫日野流					1		1		2		4	（13%）			1	1		2	（7%）
柳　原	内麿孫日野流	1	1				1					3								
藤　原	内麿孫日野流									2	1	3				1（正経）			1	
中御門（頼宗公孫）		1				1		1		1		4				1			1	
平　（桓武）		1	1	2	1	3					1	9	（12%）→	1	3		1	2	7	（17%）→
菅		1										1								
坊　門			1	1		1						3								
源　（村上，中院・北畠等）				1	1							2		1	2			1	4	（10%）→
御子左														1					1	
鷹　司	師実公孫													1					1	（7%）
大炊御門	師実公孫													1					1	
五　辻	師実公孫														1				1	
四　条														1					1	
岡　崎（貞嗣卿孫）																		1	1	
		10	8	10	3	11	7	10	2	11	3	75		11	12	7	5	6	41	

同様の基調のもとに編成された弁官グループが構成する記録所と、天皇側近の蔵人をだきこんだ形で運営されたと考えられる。ちなみに、後醍醐天皇の討幕運動の進展とこれを支える廷臣の上階・進出とは無関係ではない。固定化した門閥秩序を一定度無視した人材登用の道を開いた後醍醐天皇の政治志向に添う形での、勧修寺流を中心とする上昇運動が討幕への傾斜を推進した点を否めまい。たとえば万里小路宣房の位階昇進もこの動きの上に置くことができよう。

㈢

所務沙汰関係の裁許を内容とする綸旨は記録所の評議を基礎にして発給されるが、今その手続きと経路について検討しよう。

延慶四年二月二四日炎上した肥後藤崎宮を造営するため翌正和元年三月二七日、伏見上皇は院宣を下し肥後一国を同宮造営料所に充てた。[33] 伏見上皇の措置を継承した後宇多上皇は文保三年になって朝清法印を国司に任命し造営の功を励ましむ旨を知行国主六条有房に伝えた。[34] ところが後宇多上皇と代った後醍醐天皇は、元亨二年九月、肥後国を六条有房から召し上げ藤原実前に与えた。国司には大夫律師が補されたが、前国司朝清法印が押妨を続けたため、訴訟が起こる。この時の朝清の請文（元亨二年一二月一〇日付）[35]が残っている。朝清はこの請文のなかで「造藤崎宮料所肥後国吏務間事、為前司之身致押妨之由、被仰下候之条、殊以驚存候、御改替事、不存知候之処、去比始承及候」と陳述、即ち国司改替の事を知らなかったと弁明し、承服の意を表した。この請文を承けて元亨二年一二月二八日、肥後国吏務の領掌を確認する藤原実前あて後醍醐天皇綸旨[36]（勘解由次官万里小路季房奉）が下された。

ここで注目すべきは、朝清濫妨のことが藤原実前によって記録所に提訴されたことは疑いないこと、記録所からの事情聴取（或いは濫妨停止。おそらく綸旨）に対し、朝清は「蔵人大輔」あてに請文を提出したことから考えて、それが訴の受理を行う記録所の窓口とみなされること、[37]以上二点である。ここで「蔵人大輔」が誰かが問題となるが、結論的に言って筆者は、元亨元年四月六日から正中元年四月二七日までの三年間五位蔵人に在任した平忠望を比定したい。[38]他のいくつかの事例を傍証として、[39]記録所における訴の受理は五位蔵人の手を通して行われる方式がおそらく存在したと思われる。ちなみに、この事例でみる様に、訴の受理者が当該案件の処置を命ずる綸旨の奉者になるとは限らない。

受理された訴は記録所庭中の式日、当番の上卿・弁・寄人が評議・裁定する。おそらく裁決事案については即時綸旨を書き下したであろう。一等史料とはいえないが、『太平記』巻一の、後醍醐前期親政の様子を描写するくだりに、

訴訟ノ人出来ノ時、若下情上ニ達セザル事モヤアラントテ、[40]記録所へ出御成テ、直ニ訴ヲ聞召明メ、理非ヲ決断セラレシカバ、(下略)

とある。庭中で裁決できない場合は注進状を作成し、[41]雑訴評定にかけ、[42]裁決は綸旨の形で下されたと考えられる。又『増鏡』(「むら時雨」)に、

(上略)かくいふは元弘元年八月廿四日也、雑務の日なれば、記録所におはしまして、人の争ひうれうる事どもを行ないくらさせ給て、(下略)

とみえる。時期は元弘の変直前、後醍醐前期親政の最末期にあたるが、おそらくこれは庭中の場に後醍醐天皇が臨席したことを言ったものであろう。「雑務の日」とあるところから推測すれば、あるいは伏見親政下庭中において「上旬神事、中旬仏事、下旬雑訴」とみえるような審理の方式がとられていたのかもしれない。

4 記録所の機能

次に後醍醐前期親政期の記録所の機能の面について検討しよう。

(a)　新日吉神人兄部則安申詞案（内閣文庫所蔵「押小路文書八〇」）

「新日吉神人則安申□(詞)［　　］記　執筆明清(43)」

酒鑪役事

新日吉神人兄部則重代同兄部則安申云、件酒鑪役被付本司事相触之所ゝ者、所随　勅裁也、今被仰下之　勅裁之所ゝ、日来不相触之間、不令存知者也、向後早可相従　勅定、於造営粁所者、追可申子細土申、

元亨二年四月十三日　　則安判

被召出記六(録)所、厳密御沙汰、解却神職、可被禁獄之由被仰下之処、如此承伏了、正文　奏聞、開闔預置之、

この史料は、網野善彦氏が室町幕府の酒屋役研究(44)の中で「元亨の洛中酒鑪役」という一節を設け、後醍醐天皇による洛中酒鑪役賦課が室町幕府の酒屋役賦課の先蹤となった事実を跡付ける作業の中ではじめて紹介・使用された一連の史料の中の一つである。これは網野氏の指摘のとおり、後醍醐天皇の記録所の活動を示す、おそらく最も早い事例である。洛中酒鑪役の徴収に関する勅裁(45)に違背した新日吉神人兄部則重は、記録所に召し出され神職解却・禁獄処分を受けようとしたが、代人の則安に庭中言上させ、勅裁を知らなかったという理由で許されたことを史料は伝えている(46)。この史料は公家訴訟における申詞(47)の制度を知る上で貴重なものでもある。

次の史料をみよう。増補続史料大成『八坂神社記録一』正平七年二月一八日条（「社家記録三」）である。

(b)　一、安居神人小袖座商人所役事、自吉野殿号被免諸商人公事、難渋之間、今日予帯康永元二両年　院宣案、今日向姉小路大夫判官明宗商人公事、為此輩奉行不可沙汰之由相触云々尋子細之処、任　先朝御代例、被免除公事之由、被下　綸旨於洞院殿、仍

明宗可相触之由承之間、先日下知了云々、就之予申云、如　先朝御沙汰者、現在神役者可其沙汰之由、被出記録所事書了、仍日吉当社等神人社役無相違、就中当神人所役無子細上、康永年中社役難渋之時、度々被下厳密院宣之由申之処、明日可参洞院殿可給状云々、

この史料は後村天皇による正平一統（正平六年一一月〜同七年閏二月）に際し、安居神人が吉野殿（後村上）より諸商人公事を免ぜられたと号し難渋するに対し、往時よりその徴収権を保持してきた祇園社の執行顕詮は「如先朝（後醍醐）御沙汰者、現在神役者可其沙汰之由、被出記録所事書了」（傍点筆者）という事実、更にこのことを確認した康永元・二年の光厳上皇院宣に依拠して、安居神人に論駁し神人公事徴収の巻き返しを図ったことを伝えている。この史料について網野善彦氏は、後醍醐天皇による強硬な寺社と神人の分断策に対する寺社側の反撃、後醍醐天皇の政策の譲歩・後退を明示するものとされている(48)。「任先朝御代例、被免除公事之由、被下綸旨於洞院殿」など事態は極めて顕詮に不利であったが、最も注目すべきは、顕詮の論駁の中で、先朝の御沙汰として神役徴収の認可が「記録所事書」の形をとってなされた点(49)（新補注4）である。

(a)(b)の史料から、記録所は酒鑪役などの賦課に関する機能、更に言えば洛中の商業・流通統制をその役割の一つとして担っていたことが判明する。このことは次の「東寺執行日記」(50)の記事によって一層明瞭となる。

(c)記録所

洛中米穀和市事

右米穀者民之元、国之本也、頃年豊饒之処、近日依和市之不足、有衆廃（庶カ）之飢饉云々、太不可然、所詮新穀出現之程、任払（弘）安之例、以宣旨一斗宛（イ充）銭百文、可交易者也、今度之此難（イ法字アリ）（イナシ）、不可准弘安例、以寛宥之儀、如此所被定下也、於違

犯之輩者、可有厳衆儀（イ厳密沙汰者）候也、
元徳二年五月廿一日（イ二）
左衛門少尉中原朝臣秀清　明法博士中原朝臣章香（イ春）
大判事坂上宿禰明清　大外記中原朝臣師有
左大夫（史小）少槻宿禰匡遠　左衛門大尉中原朝臣章敏

この史料は書写を重ねたため字句の上でやや不自然さを残すが（追筆は正確であるから、これを採用することによって全体を正しく復原できる）、形式・発給時期からみても、これを記録所発給の文書としてさし支えない。[51] 同日記同年六月一一日条に「世間依飢饉米穀商人以外和市高云々、仍　勅裁トシテ去月被定其法」とみえるから、(c)は後醍醐天皇の命を受けて出されたことが明白である。

内容は、後醍醐天皇の政府が洛中米穀価の高騰を抑制するために相場を宣旨一斗＝銭百文と公定し、交易の円滑化を飢饉対策として打ち出した、というものである。この法令は主に洛中の米穀商人を対象としたとみられる。注目すべきは記録所が「民之元、国之本」と認識された洛中米穀の流通に関する政令を出したこと、つまり先述したように、記録所の機能の一つに洛中商業・流通の統制を挙げうること、である。

では後醍醐親政の記録所のこの機能は一体どこに淵源を持つか、次にこの点について検討しよう。大石直正氏は文治記録所の管掌事項を、①諸司・諸国・諸人の訴訟および荘園券契の理非を勘決すること、②年中式日公事用途の式数の勘申、の二つに整理され、特に②についてはこれを「王朝国家の流通政策の立案ともいうべきこと」とし、記録所に付与された新しい機能として評価された。[52] ここでみた後醍醐親政の記録所の機能が、文治記録所の②に淵源することは明らかであろう。対洛中政策は後醍醐天皇の施政の中で最も重い比重を占めているので、この面の研究は親政の性格を評

価する上で重要性を持つ。記録所の商業・流通統制の機能は、関所の停止、あるいは、おそくとも元亨二年から賦課されたことが確認される地口銭(53)の問題などと関連させて今後研究を推し進める必要があろう。

(二)

次に寺官職をめぐる相論を記録所で取り扱った事例をあげよう。「東寺執行日記」一は融円・厳増と東寺執行職を争った忠救の、別当大僧都信意に充てた一書状（元徳二年八月一三日付）を載せる。その中で忠救は自らの相伝の正当性と融円・厳増の非理とをあげつらっているが、論点を訴訟の経過に従って整理すれば次のようになる。

① 於記録所被召両方雑掌、重々御沙汰之刻、（中略）被弃捐融円法印謀訴、可有計成敗之由、被成遣　綸旨於寺務勧修寺(教覚)僧正坊之間、任道理当方令安堵了、

② 又東南院御寺務之時、融円捧同篇之申状之間、被整両方事書、内々被任　奏聞、任重代之次第、忠救同預安堵之御下知了、

③ 去正安之比、勧修寺(教覚)御寺務之時、雖掠申号手継者為堅固之謀書、於其身者、還俗放埓道路乞者之間、被弃捨謀訴ヽヽヽ、掠賜　勅裁之間、寺家就申子細、則被召返　院宣了、

④ 三宝院(賢助)僧正坊寺務之時、被補厳増之由、有其聞之間、於記録所申子細之処、被弃置厳増姧訴、如元可補忠救之由、被成　綸旨於寺務早、

①②は忠救の融円に対する論駁、③④は厳増に対するそれである。この史料の解釈についてはすでに網野氏の研究(54)の中で示されているが、行論上の必要事項をかいつまんで言えば、①は「寺務勧修寺僧正坊」教覚の時、即ち元亨三年一一月三〇日～正中二年八月二二日の間のもの、④は「三宝院(賢助)僧正坊寺務之時」、即ち嘉暦三年一二月晦日～同四年三月

七日の間のものであること、(55) 以上二点を確認すればよい。少なくとも上に示した二時点において記録所は寺官職の相伝に関する訴訟を審理したことは事実である。

(三)

寺社権門間の所務相論の審理・勘奏は、記録所の最も基本的な機能であるから、この種の史料が記録所関係史料の中で中心をなす。まず管見に及んだ三通の記録所注進状の概要を整理しよう（表Ⅳ）。

(1)について。近江国成安保は祇園社感神院領であるが、この保に関する史料は『八坂神社記録』・『八坂神社文書』に多く収められている。両書によれば、最古の関係文書は「支証年記次第」(56)にみえる「成安事」に関する正和二年の綸旨であるが、本文は残っていない。内容を知りうるものの中では、弘安二年九月一二日亀山天皇綸旨(57)が最も古く、その中に「任相伝之道理令保務、於有限之神供者、不可懈怠」とみえるように、すでにこの時点で感神院領として安堵されていた。(1)の注進状以前に祇園社に下された文書に、

ⓐ　〔元亨〕六月七日兵部大輔某奉綸旨案(58)

ⓑ元亨元年五月二八日後宇多上皇院宣案(59)

がみえており、いずれも祇園社の当知行を安堵する内容である。注進状の「為　勅施入神領、難被聴非族伝領」なる文言は、ⓐの「非社僧之輩、不可致□知行」、ⓑの「為勅施入之神領」の部分をふまえている。前回の勅裁ⓑを支持し、頼房の押妨停止・祇園社の当知行と議決した記録所の注進を受けた後醍醐天皇は、翌年七月綸旨(60)を執行教晴法眼に下して、祇園社側の勝訴を伝えると共に、知行の保全を再確認した。(61) なお左衛門尉頼房は佐々木氏とも思われるが不明。

(2)は備中国新見荘領家職をめぐる官務小槻匡遠と前侍従信親との相論を審理した記録所が議決内容を上申したもので

表Ⅳ　記録所注進状の概要

	年月日	事書	評議の結論	署名者	出典
(1)	元亨二年十月廿四日	注進、左衛門尉頼房越訴申、近江国成安保事、	付社務、可致知行之由、去年勅裁無相違矣、	中原明清 中原師枝 小槻千宣 中原章敦 中原師緒 左中弁平成輔 参議左大弁藤原公明	国立国会図書館所蔵「瀬多文書」（『八坂神社記録』下、一二〇一頁にも）なお正文の裏中央に小槻匡遠の花押あり、
(2)	嘉暦元年八月九日	左大史匡遠（小槻）与前侍従信親相論備中国新見庄事、	匡遠帯国宗譲状、就継家奉公、可被宛行之由、所申似有其寄哉、此上事須在時議矣、	中原章香 中原師右 清原頼元 左中弁藤原実治	「東寺百合文書」ゐ、『備中国新見庄史料』一一一～二頁
(3)	嘉暦元年八月廿七日	山城国石垣庄与同国円提寺相論堺事、	石垣庄所訴申、難被弃捐矣、	小槻匡遠 中原師右 左大弁藤原資房	筑波大学所蔵「北野神社文書」三

ある。信親の主張を斥け、匡遠の領掌を認めた議決内容は、一〇日余り後、綸旨の形で実体化するのであるが(62)、そこには明確に「任記録所注進」としるされている。信親はまもなく越訴に持ち込んだが裁決はくつがえらなかった(63)。

(3)は北野社領山城国石垣荘と北隣の円提寺との間の堺相論を審議・勘申したもの。未活字の文書と思われるので、以下全文を掲出しておく(新補注5)。

記録所

山城国（綴喜郡）石垣庄与同国円提寺相論堺事、

右件堺事、石垣庄者承保二年左大臣（藤原師実）下文・永久二年十一月廿七日当庄検注帳・承安二年九月日庄解案等四至堺分明之上者、北堺限井手谷、彼水無河者自此谷流出河也、東西之名雖異更非各別堺之由訴申之、円提寺者帯永暦二年四月日院庁御下文并建久三年八月十一日　宣旨等、専可為寺領之旨論之、爰如彼永暦庁下文者、四至任寛徳検注帳云々、而称紛失不備進件検注帳之上、石垣庄所進承安庄解者、信実朝臣所書置之、筆跡無相違哉、如載彼庄解者、寛徳検注帳云円提寺堺南限水無河云々、全無赤穂谷已下之詞、随而山河共石垣庄管領之、仍年々沙汰送井新之条、円提寺沙汰人并執行道仁書状等似有其証歟、然者石垣庄所訴申難被弃捐矣、仍言上如件、

嘉暦元年八月廿七日

左大史小槻宿禰匡遠

兵庫頭中原朝臣師右

左大弁藤原（清閑寺）朝臣資房

この史料についてはごく簡単ではあるが先学によってふれられている。(64) この注進を受けて綸旨が下されたであろう。

しかし、間もなく今度は東隣の和束杣との間で堺相論が持ちあがる。関係史料をあげよう。

ⓐ山城国（相楽郡）石垣庄申和束杣（同上）住人狼藉事、右府（近衛経忠）消息副解状具書如此、子細見状候歟、為被尋決、来十三日可被召進彼輩於記録所之由、可被仰遣一乗院僧正之旨被仰下候也、以此旨可令申沙汰給、仍上啓如件、

嘉暦三　四月五日　勘解由次官（吉田）冬長

謹上　右大弁宰相（坊門清忠）殿

ⓑ山城国石垣庄申和束杣人狼藉由事、綸旨副右大臣消息具書如此之由、長者（二条道平）宣所候也、仍執達如件、

嘉暦三
四月九日　　右大弁（坊門）清忠

謹上　東林院法印御房

謹上　修学院法印御房

ⓒ山城国石垣庄堺（申カ）和束杣濫妨事、随　綸旨到来、即施行両院家候了、案文事続此奥候、他事期面拝候、恐々謹言、

嘉暦三
四月十一日　　（坊門）清忠

ⓐⓑⓒはいずれも「北野神社文書」(65)に収められ、ⓒⓐⓑの順で連券を成し、更にその奥に(3)の記録所注進状が継がれている。ⓐは後醍醐天皇の召文綸旨、ⓑは家司坊門清忠が奉じた藤氏長者二条道平宣、ⓒは充所がなく判断に苦しむが、内容から考えて、おそらく坊門清忠がⓑを発給した旨を長者側に伝達した書状とみられる。ⓐは和束杣の狼藉輩を記録所での対決に召喚することを、藤氏長者の家司を通して一乗院に命じ、これを承けた家司坊門清忠はⓑを発給していることから、㈠和束杣は南都一乗院領と考えられ、㈡ⓑの名宛人東林院法印・修学院法印は一乗院の僧で、和束杣の経営に何らかのかかわりを持っており、㈢つまりこの一件は北野社と一乗院の間の堺相論、以上三点が指摘できよう。

以上の記録所注進状に加えて、今一つその活動を示す重要史料を引用しよう。『花園天皇宸記』元亨三年八月二二日条である。

此日藤房（万里小路）参、証誠寺（伊勢国）事、以隆有卿（四条）問答、雖非伝奏之仁、祇候之間為使　此事、室町院御遺領内、被分進旧院（伏見）御分也、而於記録所有沙汰之由伝聞之間、先日為問答召藤房也、可奏聞之由申之退出、

これは両統迭立下における後醍醐天皇の所領政策、より実態に即した言い方をすれば、持明院統に対する大覚寺統に

よる所領収公行為に関するものである。室町院（後堀河天皇第一皇女暉子内親王）領の伝領の過程と、これに伴う政治情勢については早く中村直勝氏の専論がある。[66] 伊勢国証誠寺は伏見院から花園院に伝えられた室町院領の一であった。[67] 後醍醐天皇のかかる行為は、父後宇多法皇の方策の延長線上に理解されるべきものであるが、さしあたり後醍醐天皇がそのような伝領経緯をもつ証誠寺の奪取を、記録所の制度を通すことによって正当化しようと企図した点に注目せねばならない。つまり後醍醐天皇の記録所は持明院統を統合する形で皇統を一本化し、ひいては独裁体制を構築する目的のもとに機能する官衙となる可能性を有していた。[68]

5　議定衆・伝奏

当該時期の公家社会の動向や政務の実態をうかがうための記録類が皆無に近いため、院政にあって評定衆に相当する議定衆についても知りうる事実は少ない。『師守記』康永四年四月二二日条に載せる次の記事は稀有な事例である。

九月一日（嘉暦二年）、禁裏議定、関白殿下（二条道平）・吉田前大納言定房・源大納言親房（北畠）・万里小路前大納言宣房・侍従中納言公明（三条）等卿参入、

同七日議定、関白殿下以下参入、

ここにみる議定衆は上流廷臣（道平・定房・親房・宣房）と中流廷臣（公明）とによって構成されるが、いずれも後醍醐天皇の信任厚き者たちばかりである。勧修寺流出身の吉田定房・万里小路宣房が破格の進出をみせている点は注目される。定房は天皇の乳父であった。[69] このほか、嘉暦三年正月一七日の議定始に「太宰帥世良親王[70]（初参、兼日参入議定事有議）関白道平已下公卿参入」（『続史愚抄』）とみえるなど、関係史料が散見する。[71]

議定の機能として、「東寺百合文書」ひ所収（貞治四年）閏九月二四日小槻匡遠申状にみえる、次の記述に注目したい。

（上略）去嘉暦元年訴申子細之時、番訴陳、及記録所注進、被逢議定、究御沙汰之淵底、任道理、匡遠(小槻)預勅裁候訖、

（下略、傍点筆者）

つまり匡遠の訴は、記録所注進→議定→勅裁の順で進行しており、議定に即して言えば、それは記録所の上級審たる位置にあるとみてよい。ここに参集する審議官が先述の議定衆である。

議定衆の構成は全体としてみたとき、従来の方式を踏襲したものと思われるが、一歩立ち入れば、先にみた様に後醍醐天皇の近臣が破格の待遇で参画しており、内々に漂う極めて強い政治性を感じ取ることができる。

伝奏については、親政開始直後の元亨元年一二月一五日、「左大臣実泰(洞院)・吉田前大納言定房等為伝奏」という記事がみえている（『続史愚抄』）。鎌倉時代の院評定衆のメンバーは上流廷臣と中流廷臣とに区分され、そのうち伝奏は後者に属するという橋本義彦氏の研究[72]を参看すれば、この記事は異例の措置と言わねばならないが、残念ながらこれ以上は不明である。[73]

6　法曹吏僚の存在形態

公家政治において法律関係の専門家として政務の重要な部分を担う家々には、局務家中原氏と官務家小槻氏を中心に、清原・坂上氏など[74]があった。就中、伝統と実績を誇る中原・小槻両氏の家学は王朝の法知識の源泉であった。これら法曹吏僚についての専論には、布施弥平治氏の『明法道の研究』[75]と今江広道氏の「法家中原氏系図考証」[76]が挙げられる。両研究は諸史料を博捜し、殊に個々人に即した事績・系譜を網羅的に調べ上げた労作で、拠るべきところが多い。ここではそれらの成果を参照しつつ、法曹吏僚団としての彼らがいかなる政務へのかかわりと存在形態を呈していたかについて検討したい。

結論的に言って、これら法曹吏僚の活動の場は記録所（文殿）と検非違使庁の二つである。なかでも両機構にまたがる吏僚を輩出したのは明法家中原・坂上氏に限られ、清原・小槻両氏は前者へのかかわりのみしか残していない。この二つの現象は、法曹吏僚家の政務へのかかわりの相違と一族の分化が生んだ結果と考えられるが、行論の都合上、具体的事例を示そう。記録所（文殿）注進状と使庁諸官評定文の署名者を比較検討することがそのための最も有効な手法である。使庁諸官評定文とは、洛中訴訟に関して、使庁官人が評議した結論を使別当に上申する文書であり、これを受けて判決・執行文書と言うべき別当宣・使庁下文（或いは官人施行状）が発給される。[77] 記録所注進状の概要については、本項の1（伏見親政）、4（後醍醐親政）の個所で表示したので、ここでは使庁諸官評定文を同様の形で整理する（表V）。

(1)は後伏見院政下、(2)は後宇多院政下、(3)〜(10)は後醍醐親政下の使庁諸官評定文である。使庁の構造についてはのちに詳しく検討する予定であるから、ここでは立ち入らず、記録所注進状と比較した使庁評定文の特徴について次の二点を指摘するにとどめる。

(一)　書式について。記録所注進状は冒頭に「記録所（注進）」と書き出し、次に事書、評議内容、年月日、署名（官途・実名）の順であるのに対し、使庁諸官評定文は「年月日評定」と書き出し、次に事書、評議内容、最後に署名（実名）の順になっている。後者の場合、署名者は「参仕官人」と記されている。

(二)　使庁諸官評定文における評議の内容は洛中の所務関係の訴訟を中心とする。

本論に戻り、両者の署名者を手がかりにして、法曹吏僚の存在形態をみよう。小槻・清原氏は記録所とのかかわりしか有しないので、問題は中原一族（坂上氏を含めて）に限定される。その署名の仕方は、(A)記録所注進状のみ、(B)使庁諸官評定文のみ、(C)両者、の三つに区分できる。(A)に属するのは、師枝・師緒・師右・師有、(B)は章隆・章任・章躬・章

表V　使庁諸官評定文の概要（新補注6）

	年月日	事書	評議の結論	署名者	出典
(1)	正和五年三月廿七日	尼勝智与字加古女相論浄円妙円遺跡資財等事、	加古女所帯之両通譲状、勝智固加謀書之難、被決彼真偽之後、可有左右矣、	章任・章躬・章方・章右・章房・章敏・明清・章香・章有・章仲	瀬多文書
(2)	元亨元年五月十五日	千鶴丸与松鶴丸相論北小路大宮地事、	執憲履縄務従折中、千鶴丸令糺返千五百疋直銭於松鶴丸、全領掌之条、不可乖物宜哉、	章敦・章躬・章方・章経・章房・明清・章香・明成・章有・章勝	大徳寺文書一
(3)	元亨二年六月廿七日	加子女申、綾小路高倉屋地土倉等事、	任被定置之法、可被弃置勝智□（新訟哉）、	章敦・章房・章躬・章敏・章香・明成・章有・職政・章緒	瀬多文書
(4)	元亨二年十二月十六日	尼勝智越訴申、綾小路高倉屋地土倉事、	非沙汰之限矣、	章敦・章房・章敏・明清・章香・章有・職政・章緒・章明	瀬多文書
(5)	元亨三年八月二日	尼勝智与加子女相論綾小路高倉屋地土倉等事、	綾小路町紺座事、被尋勝智千福沽却之真偽、且又被召出戒蓮了円所得譲状等、可被比校加子女所進浄円妙円等譲状哉、	章敦・章房・章躬・章方・明清・秀清	瀬多文書
(6)	元亨三年八月十七日	尼勝智申、綾小路高倉屋地土倉以下事、	勝智之訴、旁可謂髣髴矣、	章房・章躬・章方・明清・秀清	瀬多文書
(7)	元亨三年十月十日	豪遍申、長楽寺閼伽井坊地間事、	所詮来十七日以前不弁者、任被定置之法、可有其沙汰之由、厳密可被相	章敦・章房・章躬・章方・明清	勝尾寺文書

			触穢、		
(8)	元亨四年三月四日	尼道禅代藤原知久与沙弥浄阿相論高辻東洞院地事、	就券契受領、被裁許道禅之条、不背理致哉、	章敦・章房・章方・明清・章香・秀清・章隆	東寺百合文書ゐ
(9)	元亨四年十二月五日	尼勝智越訴申、綾小路高倉屋地土倉等事、	同篇之訴、頗非許容之限、且向後不可及沙汰矣、	章敦・章房・章躬・章方・明清・章有・章緒・章明・章隆	瀬多文書
(10)	嘉暦二年七月十二日	山僧賀運与同頼以相論六角油小路地事、	賀運止訴訟之由、令申請之上者、被聞食之旨、被下別当宣之条、但事有之哉、	章敦・章房・章方・章香・明成・章有・章緒・章隆・重行・章村	東寺百合文書よ

方・章有・章右・章房・章仲・章経・章勝・職政・章緒・章明・章村・重行、[78][新補注7] 坂上明成、(C)は章香・章敦・章敏・秀清・坂上明清[79]である。中原氏一族の分化と家学をめぐる同族内の対抗意識を念頭にしつつ、個々人を系図の上に置いてみれば、興味深い、いくつかの事実が明らかになる。

(一) おおまかにみて、中原氏は致時以後、貞清・師任・俊光の三流に分化するが、(A)はすべて師任流（この一流は〝師〟を通字とする）に属し、(B)(C)はほとんど俊光流、より細かく言えば俊光の孫範光流（〝章〟を通字とする）と明兼流（〝明〟を通字とする）から輩出している。なかでも範光の五代後の章澄流[80]が隆盛を極めている。

(二) 当時の記録類の中で「官人」と称された者は、(B)(C)に属していることから、この称は使庁官人の謂だと考えられる。

以上のことから、王朝の法曹吏僚は記録所（文殿）と使庁という二大訴訟機関へのかかわり方のちがいによって、二つのグループを形成していたことが判明する。小槻氏・清原氏・〝師〟流中原氏は前者に専属、一方、〝明〟流中原氏・

〝章〟流中原氏・坂上氏は両者にまたがっている。この現象の起点については別途考察する必要があるが、記録所評議の参画者を当面の問題とする本節では、記録所の評議活動がこのような二つの制度的立脚基盤を異にする法曹吏僚群によって運営されたことを確認するだけでよい。

ちなみに、降って応安四年閏三月二八日、後光厳上皇は文殿始を行ったが、勧盃の時、左大史小槻兼治・同光夏は上首官人坂上明宗の盃を無骨として受けず早々に退出、ために両人は文殿衆を除かれんとする事件が持ち上った（『師守記』『後愚昧記』『愚管記』）。これを契機に兼治・光夏ら「両局輩」（「官外記輩」）と明宗ら「法曹輩」とは両派対立の事態となった。両派の性格と系譜に即してみれば、「両局輩」が(A)、「法曹輩」が(B)(C)グループに連結しよう。つまり、(A)は太政官の外記局を、一方(B)(C)は使庁を制度的基盤とする法曹吏僚であったことが明瞭となる。

三　おわりに

以上の考察をふまえて、後醍醐天皇前期親政期の記録所の特質を要約すれば次のようになろう。

公家社会における政道興行の基調とその実体化は弘安の役後、亀山院政において本格的着手をみ、伏見親政に至って一層の整備がなされた。両統迭立という政治情況の中で、この方向性は大覚寺側によって力強く承け継がれ、後宇多上皇の後事を託される形で後醍醐親政が開始される。この経緯から判断されるように、後醍醐親政の政治運営の仕方とそのための機構は、伏見親政下のそれを発展的に継承するものであった。

後醍醐親政を支えた記録所もまた伏見親政の産物を継承するという基本的性格を持っていた。弁官・蔵人を人的中枢に据え、寺社権門の所務相論処理を主たる機能とする記録所の基本的構造は変わらずとも、後醍醐親政下の記録所にはいくつかの特色がみられた。家格を無視してまでの人材登用、洛中の商業・流通統制の強化がそれである。天皇との間に密接な関係をとり結んだ近臣を組織することによって、強固な官僚団を作り上げ、これを人的基盤とした洛中支配が前期親政の眼目だったのである。記録所はまさにそういう近臣の結集する政治舞台であった。洛中支配の強化は、そこに密集する諸権門の制圧を意味し、更には鎌倉幕府の討伐まで行き着く性格のものであった。

註

(1) 橋本義彦氏「院評定制について」(『日本歴史』二六一号、昭和四五年二月)一四頁。同氏『平安貴族社会の研究』所収。
(2) 古田正男氏「鎌倉時代の記録所に就て」(『史潮』八年一号、昭和十三年三月)八七~九一頁。
(3) 「職事補任」伏見院の項。『群書類従』第四輯、一四五頁。
(4) 『群書類従』第五輯、六二八頁。
(5) 土田直鎮氏「平安時代の政務と儀式」(『国学院大学日本文化研究所紀要』三三輯、昭和四九年三月)、同氏「上卿について」(『日本古代史論集』下、昭和三七年九月)参照。
(6) 和田英松氏『官職要解』によれば、弁は執権・勾当と呼ばれるとある(同書一七八頁)。
(7) 表Ⅱにみるように、寄人には二つの性格の異なるグループがある。一つは明法・文章道などの家の出身者で、法知識をもって仕える法曹吏僚グループ(これを吏僚系寄人と称す)、いま一つは万里小路季房・葉室長光・中御門宗兼といった中流廷臣(これを弁官系寄人と称す。後述の様に勧修寺流出身者が圧倒的に多い)である。後者は同時に蔵人を兼ねる場合が多く、親政体制における官人制の特質の一端をあらわしている。
(8) ちなみに、上卿・勾当・弁官系寄人在任者の極官についてみれば、三条公明・葉室長光→権大納言、三条実治→権中納言、万里小路季房・平成輔・清閑寺資房・中御門宗兼→参議である。但し、南北朝対立の事情をあわせて考慮する必要がある。
(9) 後述のとおり、後醍醐天皇の綸旨を奉じた参議の鷹司宗平・三条実治・同公明・平惟継はいずれも当該時点で記録所上卿とみられる。なお蔵人頭は参議への捷径で(「有参議闕、必任之」「是常例也」『職原鈔』)、惟継を除いていずれもそのコースをたどっている。参議へ昇任すれば、蔵人頭を辞したのが通例のようである。
ちなみに、勾当・寄人の中で中宮職関係の官職を帯びた者が目だち(季房=中宮権大進、資房=中宮亮、長光=中宮権大進、宗兼＝中宮大進）、時の中宮が西園寺実兼（元亨二年一〇月九日薨）の女禧子であることを併考すれば、親政に対する関東申次西園寺氏の関わりの一端が間接的にではあれ窺えよう。

（10）『公卿補任二』元弘元・二年条によれば、元弘元年八月二四日の後醍醐天皇笠置出奔の翌日、宣房・公明・実世は六波羅へ拘引され、宣房・公明は翌年四月まで捕囚、実世は鎌倉幕府によって出仕を止められている。

（11）『古代官位制度の基礎的研究』昭和四七年一〇月、第五篇「蔵人所の研究」。

（12）「中世における天皇支配権の一考察—供御人・作手を中心として—」（「史学雑誌」八一編八号、昭和四七年八月。のち岩波書店『日本中世の非農業民と天皇』に収録）。

（13）『群書類従』第四輯所収。蔵人頭・五位蔵人の姓名を包括的に記載。本書は、後醍醐親政期に頭三五名、五位二八名を挙げているが、他の文書・記録上の所見と照合して、これらは正確な記載とみてよい。

（14）『群書類従』第五輯。

（15）『大日本史料』第六編之一、五一八〜五一九頁。

（16）後醍醐天皇の践祚（文保二年二月二六日）から光厳天皇践祚（元弘元年九月二〇日）までの一三年半に限れば、頭が一六人／一五人であるのに比べ、五位蔵人は九人／七人／八人と少ない。頭一人の在任期間は最も長くて三年、短かいものは一年にも満たない。一方五位蔵人は十二年を最高に五〜六年が普通である。註(9)参照。

（17）註（15）に同じ。

（18）註（12）論文　一四〜一五頁。

（19）「東寺百合文書」は、『大日本史料』第六編之一、五一九頁。

（20）蔵人所の構成に四等官制の区分をあてはめると、三等官の判官には六位蔵人が相当しよう。文保二年中、平行高の「蔵人次官」在任の事実があり（『公卿補任』第二編、元徳二年条、『花園天皇宸記』文保元年二月一五日条、同年四月八日条参照）、『職事補任』はこれを五位蔵人に入れている。この事例から判官についての推考も許されよう。

（21）同牒に署判した四名の六位蔵人のうち、加判の位置・順序から推して「内舎人式部丞兼兵庫助左兵衛少尉藤原」が上首とみなされ、おそらくこの綸旨はこの人物に充てられたと思われる。

（22）管見に及んだ綸旨は、元亨元年三月一二日付（「春日神社文書」、『大和古文書聚英』一二頁、『春日神社文書』一—三二六

頁）から、元弘元年九月二三日付（「高野山文書宝簡集四十」、『高野山文書』一―五二三頁、存疑）まで一四〇余通である。史料の残存・収集上の問題を残すことはいうまでもないが、ひとまず、これらを素材として検討をすすめてゆく。

なお、「南禅寺文書」「元徳三年」（追筆）一一月二一日付（右少尉奉）三通（うち一通には追筆なし）について、日置謙氏編『加能古文書』はいずれも追筆を採用したが（同書、一二七〜八頁）、桜井景雄・藤井学氏共編『南禅寺文書』上はこれらを元徳二年のものと推測した（同書、一〇六〜七頁）。おそらく後者が正しい。又、「東寺百合文書」元弘元年一〇月二四日付を『備中国新見庄史料』は後醍醐天皇綸旨とするが（同書一一三頁）、これは後伏見上皇院宣とみるべきものである。今一つ、『早稲田大学所蔵文書』上巻にのせる元弘二年二月廿〔十九〕日付のもの（同書七八頁）も同様である。

ちなみに、綸旨の料紙（宿紙・白紙）や紙型の問題は、奉者や内容と関連すると思われるが、今これを全面的に論ずる余裕はないので後日に期したい。

(23) 『教王護国寺文書』巻二一、四七九号文書に係る包紙上書に「祈禱綸旨等」とみゆ。
(24) 「勝尾寺文書」正中三二月二九日後醍醐天皇綸旨に「……帯問状　綸旨、濫妨地下之条……」とみゆ（『箕面市史』史料編一、三二三頁）。
(25) 綸旨を奉ずる者は必ずしも蔵人とは限らないことが富田正弘氏によって指摘されている（「中世公家政治文書の再検討②『御教書』―院宣・綸旨など」「歴史公論」四巻一一号、昭和五三年一一月）。
(26) 「薩藩旧記」（正中二年）五月一二日綸旨（『鹿児島県史料旧記雑録前編』一―五三四頁）。
(27) 「藤崎八幡宮文書」「元徳二」三月一二日綸旨（『熊本県史料』中世編三―六四頁）。
(28) 「東大寺文書」「元亨三」一二月一七日綸旨（『大日本古文書 東大寺文書之三』三一五頁）。
(29) 同右、「嘉暦三」七月五日綸旨（同右　二九二頁）。
(30) 前掲富田氏論文。
(31) 同右。
(32) 「藤崎八幡宮文書」正和元年七月日藤崎宮御神体注文案（『熊本県史料』中世編三―五九頁）。
(33) 同右。
(34) 「文保三」三月一二日後宇多上皇院宣案（同右　六一頁）。

(35) 同右　六三頁。

(36) 同右。

(37) 本節第二項の1でふれるところがあったが、年欠記録所注進状（書陵部所蔵「記録所文書・文殿注進状」）の端裏書に「永仁二六一申上了、付蔵人大輔」とみえたことがここで想起される。

(38) 『花園天皇宸記』元亨二年二月一三日条裏書に「蔵人大輔忠望」の所見がある。

(39) ①「薩藩旧記」巻一四　正中二年二月晦日菅原長宣副状（蔵人次官あて、『鹿児島県史料旧記雑録前編』一―五三〇頁）、②「東寺百合文書」サ、元徳三年七月二八日（マヽ）権大僧都潤恵書状案（蔵人弁あて、『九州荘園史料叢書 肥後国神蔵・守富・八代荘史料』四七頁）。なおこの文書の日付は二一日が正しい（『東寺百合文書目録』第三、三六頁）。①の充所蔵人次官とは五位蔵人のこと、②の蔵人弁には左少弁中御門宣明と右少弁冷泉定親の二名が該当するが、いずれも五位蔵人である。

(40) この部分は正応六年六月一日、伏見親政の時、記録所庭中を置く理由として述べられた個所「衆庶訴人、奉行職事緩怠、下情不上通之間、徒疲訴訟、尤可謂不便」（『勘仲記』、傍点筆者）に酷似している。

(41) 記録所注進状が最終判決をどの程度規定したかは、機関としての記録所の地位を測る尺度となりうる。文治記録所以来その注進状は重要性を帯びてゆくが、当該時期の綸旨の中に「任記録所注進」なる文言を容易にみいだしえることからも、その地位の重さを推し測ることができる。

(42) 雑訴沙汰は庭中の上級審と考えられ、「於記録所（正中元年三月一四日）、有雑訴沙汰」（『園太暦』追、貞和二年四月二六日条）などの関係記事を残している。北朝の雑訴沙汰の事例についてみれば、参加者は、評定衆・伝奏クラスの公卿と弁官・職事であるが、当該時期においてははっきりしない。

(43) 明清は元亨二年一〇月二四日記録所注進状（「瀬多文書」・「八坂神社文書」）にみえる様に、この時点では中原を称した。ところが正中二年になって本姓坂上に復し、花園院を不思議がらせている（『花園天皇宸記』正中二年閏正月一日条）。

(44) 「造酒司酒麴役の成立について―室町幕府酒屋役の前提―」（『続荘園制と武家社会』所収、昭和五三年一月。のち法政大学出版局『悪党と海賊』に収録）。

(45) 元亨二年二月一九日後醍醐天皇綸旨（内閣文庫所蔵「押小路文書八〇」）。

(46) ちなみに神人禁獄のことは、『花園天皇宸記』元応二年一〇月五日条にみえ、ここでは山門は神人禁獄にかかわった使別当中御門経宣以下官人章房・重頼、法師等を配流に追い込む如き横暴行為をみせている。この事例と比較すれば、後醍醐天皇は親政開始の当初から寺社権門に厳しい姿勢で対処し、次第にその実績をあげつつあったと考えられる。

(47) 申詞の作成は『勘仲記』正応六年八月二日条の記事によって明らかにすることができる。ここでは庭中日、記録所へ参訴した訴人の言上の内容を書きしるしたものを申詞と称しているらしい。更にこの申詞は当番の記録所上卿から内侍を通して天皇に奏聞されている。

(48) 「元亨の神人公事停止令について―後醍醐親政初期の政策をめぐって―」(『年報中世史研究』第二号、昭和五二年五月)五八頁。のち『悪党と海賊』に収録。

(49) ここに引用した(b)の史料は、一時的とはいえ南朝による京都制圧当時における、北朝系社官・法曹吏僚の置かれた立場の変動を活写している。祇園社執行顕詮が神役徴収の事を尋ねた坂上明宗は「商人公事、為此輩奉行不可沙汰之由、相触」れられていた。何故坂上明宗が奉行をはずされたのか明証を得ないが、明宗の父であると考えられる明成(布施弥平治氏『明法道の研究』二八七頁)は北朝に仕え、明成の父明澄のいとこ明清は南朝に走ったことに起因するらしい。つまり、南朝による正平一統の際には「南山武家合体治定、(中略)又云明清振彼方威、欲奪明成管領鴻臚館」(『園太暦』正平六年一一月八日条)という情況で、南軍の権威をかりた明清は明成の利権を剝奪せんとし、その子明宗の奉行職も同様に停止されたのであろう。顕詮が洞院殿(おそらく前太政大臣公賢)を介して事態を打開しようとしたのは、このとき両朝交渉の窓口に洞院公賢がいたからであろう。

(50) 内閣文庫所蔵「東寺執行日記」一、元徳二年。なお同文庫には同名の写本が二種所蔵されている。一つは二〇冊本、今一つは一二冊本である。内容は全く同じであるが、筆致・装丁からみて前者がより古いとみられ、後者は前者(或いはその同系統本)を書写したものと考えられる。

(51) この史料にふれた論文としては、中村直勝氏「後醍醐天皇の一綸旨」(『歴史と地理』一一―六、大正一二年)、平泉澄氏「建武中興以前に於ける後醍醐天皇の御政」(『歴史教育』九―一、昭和九年)、赤松俊秀氏「後醍醐天皇聖蹟に関する一私見」(『史蹟名勝天然記念物』第一五、昭和一五年)などがあり、更に量制として宣旨斗が用いられたことについては宝月圭吾氏『中世量制史の研究』(昭和三六年三月)九一~二頁に詳しい。なお、岡見正雄氏校注『太平記』(一)二六七~九頁参照。また史料中の「弘安例」については、石井進氏「金沢文庫古文書にあらわれた鎌倉幕府下の武蔵国衙」(『金沢文庫研究』一一―四、昭和四〇年四月)四頁参照。

(52)「鎌倉幕府体制の成立」(『日本史を学ぶ2　中世』、昭和五〇年一〇月）七〇～七一頁。
(53) 馬田綾子氏「洛中の土地支配と地口銭」(「史林」第六〇巻四号、昭和五二年七月)。
(54)『中世東寺と東寺領荘園』(昭和五三年一一月）一七六～七頁及び一九二頁。
(55)「東寺長者補任」(『続々群書類従第二史伝部』)。
(56)『八坂神社文書』下、一五二九号文書。この「支証年記次第」の作成時期は記載事項から推して、明応四年と考えられる。
(57)『八坂神社記録』下、五九頁。
(58) 同右。貼紙に元亨とあるけれども、奉者の兵部大輔の官途について検索すれば、おそらく後醍醐親政期のものではあるまい。
(59) 同右六〇頁。
(60) 元亨三年七月二三日後醍醐天皇綸旨案（民部大輔奉）。同右五九～六〇頁。『八坂神社文書』下、三四八頁。
(61) ちなみに、この後、近江国成安保のことが後光厳天皇の記録所に持ち込まれた事実がある（『師守記』貞治二年二月一六日条）。
(62) 嘉暦元年八月二一日後醍醐天皇綸旨（「東寺百合文書」ゐ、『備中国新見庄史料』一一二頁）。なお、この綸旨の奉者が記録所注進状に署名した三条実治であることは注意される。
(63) 嘉暦二年一二月一四日後醍醐天皇綸旨（「東寺百合文書」ユ、同右史料一一三頁）。
(64) 黒田俊雄氏『蒙古襲来』(昭和四〇年九月）四二四～五頁。『京都の歴史』2（昭和四六年五月）四七六頁。後者においては、記録所の活動の初見を当注進状と記しているが、先に述べた網野氏の指摘のとおりそれは元亨二年四月に遡る（「押小路文書」)。
(65) 東大史料編纂所架蔵影写本に拠った（のち『鎌倉遺文』や史料纂集古文書編『北野神社文書』で活字化)。
(66)「室町院領」(上)、(中)、(下)（「歴史と地理」三三巻一、二、三号、昭和九年)。特に(中)参照。のち同氏『南朝の研究』(昭和二年六月初版、昭和五三年復刊）に収録。
　皇室領に関する包括的な研究書としては、帝室林野局『御料地史稿』がすぐれている。同書第四章「両統迭立時代の御料地」参照。

(67)　『花園天皇宸記』元応元年閏七月二日条に「室町院御遺領内伊勢国証誠寺、故院(伏見)御管領内也、仍朕(花園)管領之処、自法皇(後宇多)無故被召之」とみえる。同宸記における証誠寺の所見はこの箇所と本文引用分の二箇所のみである。ちなみに、同寺は「正安四年室町院御領目録」(『御料地史稿』三五五頁)に見え、伏見院に伝領されている。

(68)　しかし、この一件は持明院統側から関東へ愁訴されたらしく、後醍醐天皇の計略は幕府の介入によって頓挫の余儀なきに至る。中村氏註(66)論文㈩一五九〜一六〇頁参照。

(69)　『増鏡』(「秋のみ山」)に「内の御めのとの吉田の前大納言定房」とみゆ。

(70)　この箇所は、『増鏡』(「むら時雨」)にみえる「(世良は)一の御子(尊良)よりも御才などもいとかしこく、よろづきやうざくに物し給へれば、今より記録所へも御供にも出でさせ給、議定などいふ事にもまいり給べしときこえつる」という記載と対応する。ちなみに、院政下での評定に天皇が臨席した例は後嵯峨上皇のときの亀山天皇、亀山上皇のときの後宇多天皇が知られている(龍粛氏『鎌倉時代』下、二二七、二三五頁)。世良の場合はこれに準じてよく、同親王に対する父帝の期待の程がうかがわれよう。

(71)　元亨四年正月九日議定始、同一三日議定、同五月一六日議定延引、同八月一九日議定、正中元年一二月二一日議定(以上『続史愚抄』)、正中二年正月一六日議定始(『花園天皇宸記』)、嘉暦二年正月二六日議定(『続史愚抄』)。

(72)　註(1)橋本氏論文参照。

(73)　建武政権成立後の建武二年、四番制二〇名からなる伝奏結番が整備される(「建武記」)。これについては、建武政権の機構について考察するときふれたい。

(74)　布施弥平治・今江広道両氏が指摘されたように「本姓」坂上氏は一時期中原姓を称しているが、中原明清は正中二年閏正月一日に本姓坂上に復帰(『花園天皇宸記』)するなど、家系の面で検討すべき問題を残している。

(75)　昭和四一年九月、新生社刊。

(76)　「書陵部紀要」第二七号、昭和五一年二月。

(77)　「職原鈔」検非違使の項に「別当宣者即庁宣也、古来被准勅宣、仍天下重之、違背庁宣者可准違勅云々」とみえる。

(78)　⑽に署名した重行の姓は不明であるが、ひとまず中原氏に含めておく。

(79)　註(43)(74)参照。

(80)　ちなみに中原章澄は「明法条々勘録」の著者。

第二章　建武政権

第一節　建武政権の法制—内閣文庫本「建武記」を素材として—

一　はじめに

建武政権の評価は日本中世史をトータルに理解する上で避けて通りえない重要性を持っているが、その存続期間がみじかく、関係史料が乏少かつ類型的であるため、どの研究書を繙いても書かれた内容はさほどちがわない。しかし、近来、ようやく建武政権の政策、後醍醐天皇の政治志向の問題に照準を合わせた研究があらわれ、新しい視座が築かれた感がある。筆者は、この政権の性格を充分に理解するには、政策・理念・実態に即した具体的事実の究明作業がまだ不足していると考える。(新補注1)

「建武記」は、まさに質・量ともに建武政権研究のための根本史料にして、特にその法制関係の部分は他の追随を許さない一等史料といってよい。本節は以上の視点から、「建武記」の史料的特質を明らかにすることによって、政治政策の立案・施行を通した政治過程を具体的に分析することを主眼とする。『群書解題』十九に載せられた上横手雅敬氏の解説文以外本書を対象とした本格的研究は皆無である。(新補注2)

二 「建武記」の成立・伝来

『国書総目録』第三巻・「建武記」の項によれば、別称（「建武二・三年記」「建武二年記」「建武年間記」）を含めて十余種を掲出している。(1) 活字本は『改定史籍集覧』・『群書類従雑部』・『大日本史料』第六編に収録されている。「建武二年記」は「建武記」の摘録（建武元年三月、改銭詔・同年五月七日、武者所可存知条々、恩賞方番文、記録所寄人交名、二条河原落書）であるが、外題どおり建武二年の記事のみを含むものではない。諸本の系統としては、内閣文庫本（旧甘露寺家本）、上野図書館所蔵本（屋代弘賢の輪池叢書本、『大日本史料』はこれを採用）があり、『改定史籍集覧』所収「建武二年記」は後者を底本とする。(2)

諸本の語句の異同や伝来の経緯とかいった厳密な意味での書誌学的研究は後日の課題として残し、本節では、先年披見する機会を得た内閣文庫本をもとに考察を進めていきたい。内閣文庫には、それぞれ「建武記全」（30センチ×21センチ、墨付36丁）、「建武二年記」（27・5センチ×19・2センチ、墨付同）と墨書された二冊の写本が架蔵されている。この二本を比較すれば、全く同内容で、ただ、前者の本文・奥書のあとに、

　或人秘蔵之舊本被許借之間、如形敷写了、

という一行が付されている点が相違するのみである。筆は似ていて異なるがいずれも近世の書写と思われ、この一行によって、前者は『或人秘蔵の旧本』を借りて、形の如く「敷き写」したものであることがわかる。

本書の奥書に(新補注3)よれば、本書は本来、町野淳康が太田氏より相伝し来った類跡の中の一冊であること、応仁兵乱の時、それらを預け置いた一条猪熊の禅住坊の文庫で少々の冊数が紛失したが、平数秀が思いがけず得た一本が本書であること、清原元定はこれを借りて書写したが、山城朝議大夫判官政行が切望したので、やむなく手放し、再び書写したこと、

などが知られる。

これに付随して、若干の点を補足しよう。

(一) 町野と太田はともに三善氏の一族で、室町期、両氏は幕府の問注所執事に任じたが、次第に町野が優勢となった。太田康有・時連（法名道大）父子はそれぞれ鎌倉幕府の公務日記「建治三年記」・「永仁三年記」を書き残した。奥書にみえる町野淳康は、寛正二（一四六一）年頃の町野家当主であった。(3)

(二) 対馬守平数秀は松田氏で、寛正六（一四六五）年～明応三（一四九四）年にかけて室町幕府奉行人として活動している。(4)

(三) 朝議大夫（正五位下の唐名）山城判官政行は文明末～長享頃の史料にみえる奉行人二階堂政行と考えられる。(5)

(四) 朝散大夫（従五位下の唐名）清原元定は宝徳二（一四五〇）年～明応八（一四九九）年にかけて奉行人であり、(6) また「永仁三年記」（筑波大学所蔵）を文明年間に書写した人物である。その奥書は次のとおりである。(7)

右記録者、太田累代之家記也、而町野加賀前司淳康相伝之、此一冊其内也、竊令借用書写畢、

文明壬寅（十四年）二月念己未之日功訖自正朔至八廿五、十八枚也、

朝議大夫元定

この奥書は「建武記」の成立を考える上で参考になる。おそらく、清原元定が同僚の松田数秀から借りて「建武記」を書写したのも文明年間であったろう。

(五) いまひとつ、付け加えるべきものは、『続群書類従』三一輯下に収める「雑訴決断所結番交名」（建武元年八月）の奥書である。

建武元年八月文書者、建武年間記之奥書所謂禅住坊之蔵、散失之内歟、今年於江州民家購得之、(下略)

文政三年春三月

大和前司経徳

即ち、この交名は本来、「建武記」と出所を同じくする同系統の文書かと記している。この言は、おそらく妥当な推測であろう。従って当交名の書写と「建武記」の編纂は、おそらく同一人の手によってなされた可能性が高い。

以上の伝来の経緯をふまえて、「建武記」原本の成立と編者の問題に移ろう。推定の手懸りの一つは、本書最末尾に載せられた雑訴決断所牒写である。

雑訴決断所牒　安芸国衙

松田平内左衛門入道性秀申志道村事、

右、近隣悪党并土民等令押領云々、早可沙汰居性秀代官者、以牒、

建武元年四月七日

明法博士中原朝臣判(花押影)

左少弁藤原朝臣判(花押影)

押紙云、奉行津戸出羽権守入道々元此押紙貞秀筆也、

近隣の悪党・土民の濫妨を停止し、安芸国志道村を松田性秀の代官に渡付せよという内容である。松田性秀(8)は室町期に活躍する松田氏、上判の左少弁藤原朝臣は当時の他の正確な史料から推して、高倉光守であろう。又、押紙の津戸道元は鎌倉幕府以来の奉行人(9)、貞秀とは松田貞秀(10)をいったものであろう。

上横手氏は、前掲解題の中で、

（これが）最後に置かれているのは、この決断所牒が、松田性秀なり、安芸国志道村なりの特定のものに関係する点で、自余と異なる故であって、あるいは本書の編者と、この牒の伝来所有者とは、何等かの関係があったのかもしれない。

と指摘された。本書は日記でなく、編纂物であることが、作者の推定を困難にしているが、結論的に筆者は、「永仁三年記」の記主太田道大（時連）あたりが妥当ではないかと考える。その理由は第一に、本書が「自太田流、相伝類跡」（奥書）、つまり、鎌倉期より幕府の問注所執事として、文筆系吏僚の誉高く、その実績と伝統を誇る太田家の蔵書であったこと、第二に、本書記載記事の中で雑訴決断所関係のものがひときわ重い比重を占めていること、従って編者は、それらの材料を収集しうる立場から考えて決断所衆であった可能性が高いこと、[11]（新補注4）第三に、本書の編纂は「武家宿老、故実者」（『園太暦』康永四年二月一〇日没年条）と讃えられた太田道大にふさわしい事績であること、などである。道大の享年七七歳（『師守記』同日条の頭書）から逆算すると、室町幕府に仕え始めた時期は七十歳前後という、まさに武家の宿老というべき高齢であった。このためか、現存史料の上には、ほとんど姿をあらわさない。[12] 又あえて編纂の契機について憶測を加えて、室町幕府開創期に幕府の裁判機構を掌握した足利直義の求めに応じたと考えるのはうがちすぎであろうか。（新補注5）

ここで先の本書所収決断所牒について考える。まず、この牒原本の所蔵者が松田氏であることは疑いない。次に、松田氏と本書編纂を関連づけることができるか。この場合、松田貞秀あたりが考えられるが、貞秀の活動時期からみて、無理であるし、松田数秀が本書を入手したのは文明年間であった。また、決断所衆百余名の中に松田一族は一人として見い出せないのも事実である。ましてや松田の編纂とすれば、「自太田流、相伝類跡」の語句が理解できなくなる。以上のことから状況判断すれば、おそらく太田道大が同僚奉行人津戸道元との関係において、[13] 決断所内に伝存されていたこの牒の案文を入手し、「建武記」に採録したと考えられ、牒の所有者松田氏と編纂との直接的関係は想定しがたい。

押紙は本書成立後の追加であろう。

以上を要するに、文筆の家として鳴る太田氏出身の道大が、自家の立場と地位を活用して、建武政権に関する文書・記録（特に法制関係）を収集し、南北朝初期に本書を編纂したが、同家の零落後は同族の町野氏に相伝された、と結論する。

三　雑訴決断所の条規

「建武記」の活字本は『群書類従』に収められ、利用に供されているが、誤脱が多く、『大日本史料』採録のものが比較的よい。本稿では、内閣文庫本と校合を行ったものを用いた。(補註)

本書は「建武記」と題するが、収載記事は建武元年から延元元年に亘っている。記事はほぼ年代順に配列されているが、錯簡がみられるため、まず正しい配列に直す作業が必要なことは言うまでもない。行論の都合上、上横手氏の分類に従って記載記事の概要を掲出する。

	年紀	事項	備考
(イ)	「建武二」と注記	条々	「本領安堵事」以下十ケ条。
(ロ)		於決断所可有沙汰条々	八ケ条。うち二ケ条は関東成敗のこと。
(ハ)		奥州式評定衆・引付・諸奉行交名	二十七名。兼帯あり。
(ニ)	元弘四年（正月ヵ）	関東廂結番事	三十九名。六番構成。
(ホ)	建武元年三月十六日	建武元三十六月蝕事	亮禅あて後醍醐天皇綸旨と亮禅の請文。

(ヘ)	建武元年三月十七日	官宣旨	諸国諸庄園の検注を停む。
(ト)	建武元年三月二十八日	改銭事	乾坤通宝
(チ)	建武元年五月七日	武者所輩可存知条々	十一ケ条。うち「諸国一二宮事」「同国分寺事」の二ケ条は決断所条規か。年紀はこの二ケ条のみにかかるか。
(リ)		恩賞方番文	四番構成。十七名。
(ヌ)		記録所寄人交名	十一名。(ツ)参照。
(ル)	建武元年五月十八日	雑訴決断所条規	十ケ条。訴訟の手続き・細則。
(ヲ)	建武元年十月九日	後醍醐天皇宣命・任槐節会参仕人	
(ワ)	建武元年十月十四日	北山殿御笠懸射手交名	十名。
(カ)	建武元年十月　日	諸国庄園郷保地頭職以下所領等御年貢事・雑訴決断所牒	「員数事」以下四ケ条は事書。
(ヨ)	「建武二三二」と注記	大番条々	七ケ条
(タ)		陣中法条々	五ケ条
(レ)		於陣中可加制止条々	十ケ条
(ソ)		伝奏結番	四番構成。二十名。
(ツ)	建武二年三月十七日	記録所被定下寄人結番事	五番構成。二十一名。
(ネ)	「建武二年二月日」と注記	決断所条々	五ケ条
(ナ)	建武三年二月　日	請被加大将軍号状	延元々年四月二十六日鎮守大将軍御教書（相馬文書二）は「大」字認可後の比較的早い実例である。

(ラ)	建武三年二月　日	定窪所番事	四番構成。十三名。
(ム)	「元年歟」と追記	二条河原落書	おそらくは、建武二年の成立ならん。
(ウ)	延元々年四月　日	武者所結番事	六番構成。六十五名。建武三年二月二十九日、延元改元。
(キ)	建武元年四月七日	雑訴決断所牒	安芸国衙あて。同国志道村を松田性秀に渡付。
(ノ)		清原元定の奥書	文明年間か。

全体を通して、記事の特徴として挙げられることは、ほぼ編年に並べられていること、建武元年〜三年の建武政権下の諸法令と結番交名が主たる内容であることである。法令はそのほとんどが雑訴決断所に関する条規であり、それらの検討を通して、政権下で最も重い役割を果した決断所の機構的整備の進展過程をたどりうる。又、決断所の条規が、建武政権の施政の法的側面での屋台骨であってみれば、それは政権そのものの展開の経緯にまでおし及ぼされる性質のものといえる。

個々の記事は、末尾に年次を持つものが多いが、全くこれを欠くもの（(ロ)・(ハ)・(リ)・(ヌ)・(タ)・(レ)・(ソ)）、記事の冒頭に年次を追記したもの（(イ)・(ヨ)・(ネ)・(ム)）も混在しており、後二者については追記にまどわされることなく、内部徴証や他の関係史料によって、年次を推定するしかない。

決断所の条規に係るものは、(イ)・(ロ)・(チ)の中の二ヵ条・(ル)・(ネ)である。従来の研究では、まず、決断所の構成と機能について初めて比較的まとまった専論を披瀝された阿部猛氏は、『大日本史料』の配列（これは追記の年次をそのまま採用）に従って、三つの発展段階の形でとらえ、次のように整理された。[14]

(a) 建武元年正月の条規（(ロ)、及び(イ)の一ヶ条「諸国諸庄園狼藉国司・守護注進事」）[15]

(b) 建武元年五月の条規[16]（(ル)）

(c) 建武二年の条規（(イ)・(ネ)）

以下、(イ)・(ロ)・(ネ)・(チ)・(ル)の順（実はこれが成立順序）に、個別的に考証を加え、成立時期を推定してゆきたい。この条規を考える前に確認しなければならぬのは、個々の条規の制定の時期は、本来「綸旨万能」を建前とする後醍醐天皇の親裁権に属した権限の、決断所への委譲の時期を意味するということである。

(一)

(イ)と(ロ)は、内容面からみて同一に論じてよいと考えられるので、一括して論ずる。

(イ)　条々　建武二

(1) 一、本領安堵事

開発餘流并累代相伝之仁、無故被収公者、被尋究文書道理、可有　勅裁、雖帯根本券契、相承不分明者、不可及沙汰、文治・建久以来恩賞地、知行令中絶者、同非沙汰之限、但其人若為要須者、宜在臨時　聖断、

(2) 一、当知行地安堵事（本文略）

(3) 一、非罪科輩当知行地、被充行他人事（本文略）

(4) 一、今度没官地代官職安堵事（本文略）

(5) 一、没官地等内、以一村一名、或寄附寺社、或譲与諸人、称各別相伝事、

高時法師一族以下、朝敵之輩知行之地、悉没官之上者、不可依与奪之遠近、可為没官之内、但件族相伝以前之領

主子孫、帯各別相承之所見者、同本領安堵之法、

(6)一、朝恩地等混乱事(本文略)

(7)一、領家・地頭所務事(本文略)

(8)一、綸旨遵行事、

於建武以後 綸旨者、輙不可有改動之儀、若有子細可被改者、被載其趣於 綸旨、可被仰国司・守護等、(下略)

(9)一、不遵行 勅裁、致濫妨事(本文略)

(10)諸国諸庄園狼藉国司・守護注進事(本文略)

(ロ) 於決断所可有沙汰条々

(1)一、所務濫妨事、

(2)一、領家・地頭所務相論并年貢難済以下事、

(3)一、下職以下開発餘流并帯代々上裁欝訴事、

自余者可為本所成敗、

(4)一、本領安堵事 当所并記録所可任訴人之心

(5)一、諸国々司・守護注進事、

関東十ヶ国成敗事

(6)一、所務相論并年貢以下沙汰一向可有成敗事、

(7)一、所領并遺跡相論異重事者、執整訴陳、可為注進事、

(8)一、訴論人或在京或在国者、就訴人之在所、可有沙汰事、

　已上被押決断所也、

(ロ)に含まれる「関東十ヶ国成敗」＝鎌倉府の所轄事項[17]（第六・七条）を除けば、両者は内容的に対応していることから(ロ)は(イ)の諸条がすべて成立した時点で、事書をまとめ、付随事項を加えて、決断所に布告したものと思われる。

(イ)の第一条について、佐藤進一氏は建武元年三月ごろの成立とみておられる。[18]これより先、笠松宏至氏は、「文治・建久以来云々」の部分に関連して、建武元年四月の一注進状に「如今御事書者、文治建久以来武家恩給之地、知行中絶者不可及沙汰云々」（「東寺百合文書」ゑ）なる文言があることに着目し、(イ)の条々がすべて建武元年の立法であるか、少くとも二年以前の法規を含めて集成したものであるとの意見を提出された。[19]これはよい着眼であり、「建武記」の記事に付された付年号が全く信頼できぬことが明らかとなり、改めて、各々の記事の年次比定が基本的問題として提起されることになった。

(イ)の第二条は、先に一同宣旨（元弘三年七月末発布）によって、高時法師党類以下朝敵与同の輩を除く士卒民庶の当知行地を安堵しているので、決断所では重ねてその沙汰に及ばない、つまり、地頭御家人層の安堵は国衙レベルで行うが、本文中にみる如く、「依非分之妨、不全管領之由、愁申」す者に対しては、特別に決断所でも行うというものである。当知行地安堵を内容とする牒は、管見のところ、建武元年三月二五日付（「詫摩文書」）のものが最も早い。この事実は本条成立の時期を考える際、ひとつのめやすとなる。

(イ)の第五条は、北条高時与同人の知行地没収と没収領の本主への返付についての規定である。笠松氏はつとに第一・五条に着目し、闕所地に対する本主権について論じられた。[20]発布の時期を考える上で、「相良家文書」元弘四年正月日

相良長氏代同頼広申状案が参考となる。その事書に、

欲早被経御　奏聞、依本領安堵法、任証文理、如元被返付、肥後国球磨郡人吉庄半分地頭職、相州禅門（北条高時）押領地事、

とあり、この申請が「本領安堵法」、つまり(イ)の第一条に依拠した事実は、第一条及び二条の成立の時期を建武元年正月まで遡らせうることを示している。

(イ)の第八条は、建武以後に出された綸旨は、たやすく改動してはならない。もし改める場合は、その理由を綸旨に載せて管国の国司・守護に仰せよ、という規定である。この条について、佐藤氏は、(一)建武政権自身が元弘三年の綸旨には誤の多いことを認めた、(二)「大徳寺文書」建武元年四月一一日綸旨（同年二月七日に、誤って大徳寺領信濃国伴野荘内臼田原郷を恩地に宛てた綸旨を召し返し、同寺に返付するという内容）を、この法令の適用とみなし、制定の時期を建武元年三月ごろ、とされた。[21] 妥当な見解であろう。

何よりも注目すべきは、この法令が、建武政権成立以来の政策の混乱を部分的にではあれ、収拾する意図に発したと思われる点である。この傾向は(ネ)の第五条「蒙　勅裁輩事」にも表われるが、この条については後述。

(ロ)の中で興味深いのは、第四条「本領安堵事 当所并記録所 可任訴人之心」、つまり本領安堵に関する申請先は、訴人の意志に任せて、決断所・記録所いずれでもよいという規定である。この規定は通常建武政権機関の所轄区分の不明確性を論ずる時、ひきあいに出される。牒の実例についてみれば、本条は当知行地安堵を主体としたこと、安堵の対象はすべて地頭御家人層であることが知られる。一方、記録所を制度的基盤として発給される綸旨による所領安堵の場合を検索すれば、主に本所・領家層（寺社権門）を対象とし、又、地頭御家人層を対象とする分を含んでいる。つまり、地頭御家人層の当知行地安堵の側面で、両機関は重複する機能を果している。[22] しかし、実例に即して子細にみれば、この重複した部分は、

建武元年五月頃を境として一元化され、綸旨による安堵は、本所・領家層を当事者とする場合に限られる傾向を呈している。このことは機関の管轄区分の変動を考える上で注意される。

(二)

続いて(ネ)に移る。全文は次のとおりである。

決断所条々　建武二年二月日

(1)一、文書支配事、
紕明方々訢訴并前後転変、為目録部類、所定国奉行也、可渡遣文書於一所也、

(2)一、召整訴陳状、擬及対決事付、散状到来難渋至極事、
為止訴人之煩、留置文書、本奉行可令申沙汰、経一決是非之後、可付渡国奉行方、但於篇目者、先一国分悉載目六、可注進子細、

(3)一、牒状事、
先日遵行分、本新領主所領之名字、書副目録、可付渡之、国奉行請取之、勅裁之有無、施行旨趣、云以前、云向後、可注置之、

(4)一、国奉行退座事、
有其憚者、引付目録之後、可渡他人、

(5)一、蒙　勅裁輩事、
縦雖賜　綸旨、未帯当所牒状者、相触子細於国奉行、可被書入彼目六、於向後者、　勅裁日限過三十ヶ日、無左右

不可成牒状、宜経 奏聞、又無牒者、不可遵行之、不可沙汰付下地之旨、可仰国司・守護哉、
此条々不被施行之、訴人違於(乱カ)歟、不可説〳〵、

この条々で問題となるのは、㈠成立年次、㈡末尾の一文の吟味、㈢国奉行、の三点であろう。成立年次として、付年号「建武二年二月日」が正しいか否かは、内部徴証によって自ら判明するので㈡の点から論じよう。この一文は用字に誤脱があり、又、原史料にあったにしては記載の仕方が不自然である。おそらく、後筆であろう。㈥を建武二年二月是月条に配列した『大日本史料』は、頭注に「此条々ハ施行セラレズ」と標出した。(23) ところがまさに施行された形跡が存する。

第五条は、たとえ勅裁(綸旨)を蒙っていても、決断所牒を帯びざれば、下地を遵行してはならないことを国司・守護に命じたもので、あわせて牒発給の手続きを定めている。建武政権の政治過程において、この規定のもつ意味は大きいと言わねばならない。まず制定時期を推定しよう。

「円覚寺文書」年月日欠円覚寺雑掌智契申状案(24)は、このことに迫りうる稀有の史料である。今、行論上必要な事書のみをあげる。

円覚寺雑掌僧契智申、
欲早任 綸旨・国宣、如元可沙汰付寺家雑掌旨、可被成施行由、雖申守護新田左馬権頭(義助)、可申成牒旨、返答上者、
為御沙汰被仰下、当寺領越前国山本庄事、(傍線筆者)

円覚寺雑掌契智が、綸旨(建武元年二月二六日付)・越前国宣(同二八日付)を副えて、下地の遵行を当国守護新田義助に要請したところ、守護方からは決断所牒を得なければ遵行できないと返答してきたので、決断所に対して牒の下付を申

請したものである。この契智の申請は明らかに、本法令の適用と言い得、又、申請の時期についてみれば、これに対して建武元年三月二四日決断所牒(25)が下付された事実から推して、建武元年三月はじめごろということが判明する。同時に(ネ)全体に付された「建武二年二月日」の注記は全く信頼できないことが確認された。(26)

次に決断所の訴訟審理における「国奉行」の存在が問題となるが、これは今のべた第五条と密接な関係にある。建武政権関係史料のなかで「国奉行」なるものの所見はここのみで、職制の特質や活動の実態を他の史料によって比較検討できないうらみを残すが、一応ここの個所の規定に従って機能を要約しよう。

「国奉行」は何の目的で、どこに設置され、どのような役割を果たし、更には建武政権の政策史上、いかなる意味を持ったか。まず設置の目的は、「糺明方々紆訴并前後転変、為目録部類」、即ち、訴論人の紆訴や訴訟内容の変転を糺明して、目録部類を作成するためである(第一条)。設置場所は、やはり決断所内部とみる方が自然であろう。決断所沙汰終了後、「国奉行」は訴陳状を受け取る。篇目については、先に一国ごとに目録に載せ、子細を「国奉行」に対して注進する(第二条)。以前に決断所で審理をし、牒を下付して遵行した分については、決断所の本奉行人が本新領主所領の名字を目録に書き副え、これを「国奉行」に渡す。「国奉行」は、当該件について勅裁の有無、施行の状況を注し置く(第三条)。要するに「国奉行」は進行中の訴訟のために、或いは将来起るべき訴訟に備えて過誤なき様、関係文書を整理審理した。又、対決の場に参画することもあったらしく(第四条)、役割の上から言えば、決断所の奉行人の中から選任されたと思われる。「国奉行」という職称は、職務内容が国単位である点によるものであろうか。(27)

綸旨を受けていても、牒を得ないと遵行できないとする第五条の規定は、施行はされたが、在地の情勢は必ずしもその受容を許さなかった。(28)条規の政治性については後述。

(三)

次に(チ)の第一〇・一一条について。これは「武者所輩可存知条々」一一ヶ条の中に含まれており、年次は建武元年五月七日としるされている。この二ヶ条について『大日本史料』の編者は「恐ラクハ、決断所ニ係レル制ナルベシ」と注記している。[29] 研究論文としては黒田俊雄氏の専論があり、建武政権の宗教政策の観点から、注目すべき分析が加えられている。[30] しかし、なぜ西日本（主に九州）に諸国一・二宮本所・領家停廃の実例が集中しているのかなどの問題を残しているが、ここでは成立時期を確認するのみにとどめたい。

建武政権によって本所・領家の号を停止された諸社の一つ、阿蘇社の文書に次の史料が収められている。

① 後醍醐天皇綸旨

肥後国甲佐・健軍・郡浦等三社、止本家・領家之号、付本社、可令管領者、天気如此、悉之、以状、

元弘三年十月二日　式部少輔（岡崎範国）（花押）

阿蘇大宮司（宇治惟直）館

② 宇治惟平契状（建武元年七月一九日）

ひこのくに（肥後国）もりとみ（守富荘）のしやうの事、

（中略）いま神明そうきやう（崇敬）の御よに、一二のミや（宮）御こうきやう（興行）のあいた、かうさのミや（甲佐宮）ハ、たうこく（当国）の二のミやにて御わたり候へハ、しやけ（社家）の御ちうち（重事）として、御そうもん（奏聞）候て、御あんと（安堵）のときハ、さねすミ（実澄）のけいやくにまかせて、もりとみのしやうのそたう（所当米）まい、まいねんニはんふん（半分）お、けたい（懈怠）なく、えいたいをかきりて、しやけにさたをいたし候へく候、（下略）

①は、後醍醐天皇が甲佐・健軍・郡浦三社の本所・領家職を停め、社家の管領に移すことを阿蘇大宮司惟直に伝えたもの、②は、肥後国守富荘の伝領の経緯を述べ、「一二のミや御こうきやう」令に任せて、天皇に奏聞し、甲佐社領として安堵を得ようというものである（ともに大日本古文書『阿蘇家文書一』所収）。①で綸旨を受けながら、九ケ月後②で安堵を請うのは一見不整合のようにみうけられるが、この安堵申請は、直接的には黒田氏のいう、本所停廃策の二段階のうち後の「一般的な諸国一・二宮本所停廃の方針」(31)（即ち本条「諸国一・二宮事」）に触発されたものであろう。従って、本条を建武元年五月七日の制定とみて不自然ではない。又、この二ヶ条が「武者所輩可存知条々」の中に収められたのは、本来別個に出された法令が何らかの事情(32)で一括記載されたのであろう。

㈣

最後に㈷の建武元年五月一八日条規一〇ヶ条について述べる。これには年次が記されており、内容はいずれも決断所の訴訟に関する手続き法である。条規の解釈は阿部・笠松両氏が試みているので、それらを参考にして特質を論じたい。

〇第二条「出対難渋輩事」

阿部氏は「在京のもので廻文三ヶ度に及んでも訴人と対決しない論人がある場合は文書のみで審理する」と解釈し、(33)笠松氏はもしこれに従うならば、「召文難渋に対して理非に拘わらず訴人の申請に任せて成敗すべしとする鎌倉幕府法（追加法二六〇）の原則と大きな隔りがある」(34)と述べ、阿部氏の「決断所の訴訟法は、多く鎌倉幕府のそれを継承したもの」という結論に疑義を挟んだ。笠松氏の批判はつまるところ、建武以前の公家訴訟法との関係をも吟味せよという点にあるが、これには全く同感である。

出対難渋について、本条と比較検討できる建武以前の公家法は残念ながら管見に及んでいない。しかし、時期的にやや下った暦応三年五月一四日制定の雑訴法条々[35]（「仁和寺文書」）の中に、かろうじて参考記事をみいだせる。

一、論人出対難渋及両度者、（此事被改直歟、）可被止所務、（以一方尋聞、可注進之歟、）其後猶不参決者、不可及再往之催促、可被付敵方、於訴人者、可被弃捐訴訟事、

これは、論人が二度出対を渋った場合、まず所務を止める（この部分は傍書のように、「一方の尋聞をもって注進すべし」と改められた）。その後なおも参決しなければ、もはや催促は行わず、係争地を訴人に付ける。訴人が難渋したら訴訟を棄捐する、というものである。傍書の改正事項「以一方尋聞可注進歟」は本条の「不参決者、就奉行人之注進、有評定」の部分と対応する点に注意せねばならない。

本条の規定では、奉行人の注進について評定を行った後、召次（これは決断所の雑仕であろう）と両奉行人の使者を当該人の許に派遣し、その注進状をもって「重経評議、可有裁定」とある様に、いま一つのステップを踏むやり方である。北朝文殿雑訴法への継受の事実から推測すれば、本条は公家法の流れを汲むものといえよう。

なお、「在国輩」については、国司・守護に牒を下し、論人を召喚した。参洛しない場合は、評定日に国司・守護代官を決断所に召し、事情を聴取した[36]。

又、召決に関連して、第一〇条に「諸国行程事」を規定し[37]、あわせて「判待日数」を定めた。「判待日数」とは、おそらく最終回（第三回目）の召喚の際上洛した訴人が、論人の参対を待つ日限のことであろう。つまり、「諸国行程」（参洛に要する日数）をすぎて、「判待之日数」の期間に、決断所では先にのべた訴訟手続きを経て、裁定を下したのであろう。「判待」に関しては関係史料が残存している。「市河文書」建武二年八月一四日決断所牒（信濃国守護所宛）に、

（上略）就所司等之訴、欲被召決両方之処、如意寺僧正雑掌令遁避数箇度出対、終以不及参決、此上判待之法頗似無

盡期歟、早可點置論所、（下略）（傍線筆者）

とみえる。ここでは「判待之法」と表現している。「判待日数」は論人にとってみれば実質的な参洛の最終的なタイム・リミットでもあった（このことは論人の在所の遠近によって日数に差があることによってもうかがわれる）。日限を過ぎたら論所を點置する。おそらく第二条の「可有裁定」（在京輩の場合）・「可有沙汰」（在国輩の場合）とは具体的には、この論所點置を意味するであろう（ちなみに、「東寺百合文書」ヒ、貞和三年一一月七日検非違使庁諸官評定文に「判待之法」みゆ）。

〇第三条「訴陳日数事」

本条はやや重要であるから全文をあげる。

不可及訴陳之由、先度雖被定其法、対問之時、或互帯証験可審察事理之煩、或事渉疑似、旁區（叵）断後訴之輩、於雑務者、召整訴陳、可有沙汰、』尋下訴状之後、十五ヶ日不弁申者、可被點置論所、其後難渋及十箇日者、可被裁許訴人、々々又遁避重申状過十ヶ日者、可被弃捐訴訟、至于糺断事者、召置両方同時事書、可被断定矣、

この条は、訴陳状の提出についての規定で、内容的には二つの事柄を含んでいる（区切れ目に』印を付して示した）。即ち、(一)訴陳を終え対決に及んでもなお訴陳状を提出する輩について、(二)訴陳状提出の日限についてである。この条の大綱は、北朝訴訟法に継受される。

(二)については、少しく比較検討できる史料が残存しているので、年代順に列挙する。

① 雑訴陳状日数事、

仰、不可過三十ヶ日之由、厳制先訖、動送居諸、徒費帋筆、自今以後於如此之輩者、可被止知行事、（弘安八年一一月）(39)

② 陳状日限過廿箇日者、可止所務事、(正応五年七月)(40)

③ 陳状廿ヶ日中可被進候、若過廿ヶ日者、可被止所務之由、被仰下候也、(正安三年三月)(41)

④ 陳状過廿ヶ日者、可被止所務、被止所務之後、過十五日者、可被付敵方事、(延慶二年四月)(42)

⑤ 応定訴陳日限

右、同宣奉 勅、下訴状之後、廿箇日中不進陳状者、可被止所務、止所務之後、過十五箇日猶不及陳答者、可被裁許、訴人重訴状、過三十箇日者、可停止訴訟、(元亨元年四月)(43)

⑥ 訴陳日数可為廿ヶ日旨、可令存知給也、(元徳二年七月)(44)

⑦ □(陳カ)状過廿箇日者、可被止所務、被止所務之後、過十五箇日者、可被付敵方、(暦応三年五月)(45)(傍線筆者)

石井良助氏は、「問状違背」の制は公家法独自のもので、これが室町初期になってから武家に伝来したことを指摘された。(46)⑥と⑦の間に本条の記事を入れて年代順に一瞥すれば、公家法において訴陳日数制が漸次整備され、しかも日限が短くなっていることがわかる。この傾向は建武政権に至って極点に達し、続いて北朝にあっては、元の形態に戻っている。これら一連の史料は中世公家政権の政治に対する意欲と姿勢の変遷を如実にあらわしている。

本条の、訴状を尋ね下した後、十五日以内に陳状を提出しなければ、論所を點置し、その後十日間、猶も難渋すれば、訴人の勝訴とする、という規定を実際の施行例に即して見よう。「到津文書」建武元年一〇月日宇佐公右目安案(47)に次の記載がある。

(上略)

右、公連(到津)文書抑留之段、度々言上畢、而先御奉行正親町大夫判官章有之時、去七月四日乍請取本解状、迄于数月不及散陳之間、以違背之篇、可有御沙汰之旨、捧小申状之処、如去月八日御廻文者、来十八日以前不進陳状者、任被定置之法、可有其沙汰云々、雖然公連尚以違背之条招其咎歟、(下略)

建武元年十月　日

宇佐公右は同公連の文書抑留を決断所へ提訴した。論人の公連は訴状を(建武元年)七月四日に請け取ったのに、陳状提出を数月間難渋したので公右は申状を捧げたところ、九月八日決断所は、一〇日以内に陳状を提出せよという廻文を公連に発した。ところが一〇月になっても公連は一向に陳状を提出する気配はなく、公右はこの月再び申状をしたためる。この申状を受けた決断所は、建武元年一〇月二四日再び陳状提出を公連に命ずる。この一連の訴訟手続きから判明することは、㈠訴状を請け取って規定の一五ヶ日をはるかに越す難渋咎を犯しても、論所が點置された形跡はない。(48) ㈡廻文では規定どおり一〇日の日限が遵守されている。㈢論人に対しての決断所廻文の発給は、規定によって決断所が自動的に出すものではなく、訴人自らが申状を提出することによって引き出す性格のものであった。㈣条文には廻文に関する規定はみえないのに、実際は三度に亘って廻文が発給されている、等々である。陳状提出の廻文発給が(ハ)の第二条にみえる出対難渋の規定に準じたと思われ、更に決断所の沙汰は訴人の在所についてなされる(ロの第八条)ことからして、この一件は訴人公右が在京していたため、「在京輩」に関する規定が適用されたのであろう。従って、本条の規定はおそらく「在京輩」に関するものであり、「在国輩」の場合はこれと自ずから異なる規定が存在したであろう。

○第八条「当所論人無左右、不可直訴記録所事」

云記録所、云当所、可有沙汰条々、已被定其法畢、若有参差事者、当所庭中并越訴之時、可申所存、沙汰未断之最中、於令直訴之輩者、注置訴人之名字於当所、雖為理訴、三ヶ月不可及其沙汰乎、

阿部氏は「一事件について訴えが出された場合、「沙汰未断」のうちに論人が記録所に訴えることは禁止される」[49]と解釈された。これは文意から考えて訴人に関する規定であろう。先に(ロ)の「本領安堵事」を論じた際、建武元年五月頃を境として、記録所と決断所は各々管轄区分を明瞭にし、地頭御家人層の所領安堵は専ら決断所の所轄となったことを述べた。本条もこの機構改革に端を発するものと考えられる。地頭御家人層の所領・所務に関する係争一般は決断所内で処理する方針がここで明らかに打ち出されている。『梅松論』延宝本にいう「大儀においては記録所において裁許あ」りとは、主としてこの時期以降の記録所の所轄を意味するものであろう。「遠野南部文書」建武元年四月日南部師行申状案にみる「(上略)仍被経決断所御沙汰之後、於記録所被召決、任面々当知行可令安堵由、被仰下了、(下略)」(『岩手県中世文書(上)』)のようなケースは、機構改革前における最後の一例といえよう。

四　所領安堵・遵行の方式

鎌倉幕府を倒壊に追い込み、「明王聖主御代」現出の原動力となった諸勢力はそれぞれの要求をかかげ新政権の法廷に雲霞のごとく参訴した。誕生まもない新政権はこれらの要求に対応しつつ、新たな支配体制を構築する課題を負っていた。

ここで、所謂「所領個別安堵法」と「諸国平均知行安堵法」(「一同の法」、元弘三年七月末発布)の二法令が問題となる。解釈の仕方によって建武政権の性格評価に大いにかかわってくるこの二つの法令は、まさに後述の第一期＝混乱期に属する。法令の性格については、すでに黒田俊雄氏が従来の研究を的確に整理し、新たな視角から注目すべき見解を提出された(「建武政権の所領安堵政策について—一同の法および徳政令の解釈を中心に—」『赤松俊秀教授退官記念　国史論集』所収、昭和四七年　一二月）。詳細は黒田論文を参照されたいが、黒田氏の所論の一つの柱は、「一同の法」の中にみえる、閣かるべき「此法」を「個別安堵法」や「旧領回復令」などの法令とはみなさず、「過日の便宜的ないし慣例的な方式」と解した点である。同氏はそこに、建武政権に一貫する当知行保護の基本的立場を確認した。筆者もこの説に賛同するものであるが、気付いたことを一つだけ付加したい。

黒田氏は元弘三年一〇月五日陸奥国検断事書（「結城文書有造館本」）に依り、『金剛寺文書』同年六月一五日宣旨が禁じているのは「護良親王の令旨による濫妨等々のことを指す」と説く。このことは『高野山文書』宝簡集十九年月日欠丹生社神主恒信申状によって更に裏付けられる。これは、恒信が社領和泉国麻生郷を安堵する綸旨を申請したものだが、その年次については、文中に「去閏二月」とみえ、又裏に「奏聞畢」と証判を加えた高倉光守は蔵人と考えられる（『職事補任』によれば光守の蔵人在任期間は元弘三年月日〜同年一〇月六日）から、元弘三年と判明する。最も注目すべきは、恒信が当郷知行の由緒を語るくだりに、

当郷者、（中略）為社領知行無相違之処、去年三月頃、竹院慶性房号賜　宮令旨、致乱妨狼藉、（中略）就中於宮令旨者、可被寄（弃）破之由、被定仰出上者、何限当郷、可及乱妨哉、（傍線筆者）

とあることである。つまり、護良親王の令旨はこれを破棄することが、後醍醐天皇によって定め仰せ出されていたことが知られる。後醍醐天皇の隠岐配流中、倒幕運動の中心的存在であった護良親王は、元弘二年中に限ってみれば、主に軍勢催促・祈禱命令を内容とする令旨を多数発給している。とりわけ後醍醐天皇が破棄したのは、所務関係の令旨であろう。この史料所見は、記載内容といい年次といい、元弘三年六月一五日宣旨の性格についての黒田氏の見解を支えるにふさわしいものである。

本節の主題に即していえば、黒田氏が明らかにされた建武政権の当知行保護の方針の具体的実行はその大部分を「一同の法」によって地方行政単位=国衙機構に負荷した。諸国地頭御家人層の当知行地を安堵する国司の証判や国宣の発給はこの法に基づく。しかし、尚も天皇の親裁権の内にとどめられた一部分は、やがて決断所に持ち込まれるのである(建武元年三月以前)。

建武政権の支配機構の構造的特質の一つは、裁決事項の執行の仕方にあらわれている。ここで、当時の実例に即してそのことを考えたい。

建武政権下において、所領の安堵・遵行の目的で発給される文書を、その機能の上から整理すれば、次の四つの組み合わせができる。

① 後醍醐天皇綸旨
② 一同の法
③ 雑訴決断所牒
④ 後醍醐天皇綸旨+雑訴決断所牒

（①〜④）＋国宣・守護施行状

後醍醐天皇の当初の目算では①のみで事足りたはずで、これは又、同天皇の目指す体制を象徴するものであったが、やがて②、そして③・④の方式を許さざるを得なかったところに専制体制樹立の限界と、地頭御家人層の諸要求とが端的に表われている。綸旨の機能は勅裁という名のみで、遵行の実を伴うものではなく、牒もこの点では綸旨と同様である。遵行のためには、いずれも国宣を申請・獲得せねばならなかった。[50] 綸旨遵行のためには牒を帯びよという規定(ネ)の第五条)の意図するところは、乱発された綸旨を整理するにあったことが、ここで一層はっきりする。むろん牒は裁決文書としての綸旨の権威を大幅に削減した。

いずれにせよ、政権の存続は国衙・守護の遵行機能に負うところが大きく、国衙・守護機構の再編に多大の努力が払われたことは言うまでもない。

五　おわりに

以上繁雑な考証を重ねたが、最後に条規の配列についてまとめ、あわせて法制定の上からみた建武政権の政治過程を概括したい。

鎌倉幕府が未解決のままに残した寺社権門から士卒民庶に至る所領問題は、元弘三年六月に成立した建武政権の上に重くのしかかってきた。専制体制の樹立に心血を注いだ後醍醐天皇は所務濫妨の停止、本領・当知行地安堵を基本方針としつつ、王朝の伝統的訴訟機関＝記録所にその処理を命じ、自らも懸命の努力を傾けたが、到底処理できるものではなく、誤審が続出する中、ついに元弘三年九月雑訴決断所を新設するに至る。決断所のこうした成立のいきさつは同時に決断所の性格を規定した。決断所条規(イ)・(ロ)・(チ)の二ヵ条・(ル)・(ネ)の制定の順序はまさに決断所の機関としての整備の段階を示すものと言ってよい。結論として、(イ)・(ロ)・(ネ)は一括して建武元年三月以前の成立、(チ)・(ル)は同年五月の制定と、大きく二つのグループに分類できる。しかし、この二つのグループの間を截然と分つ理由と必然性は見いだせないので、これらは決断所の機構整備に伴った一連の条規とみるべきであろう。即ち、決断所の本格的整備は建武元年に入ってから開始され、同年五月に一応の確立をむかえたといえよう。

このことを所轄内容の面からより具体的にまとめれば次のようになろう。所務濫妨の管轄機関として成立した決断所は、建武元年に入って、地頭御家人層の本領・当知行地安堵の権限を獲得し、同時に訴訟手続きの面においても急速な整備をみる。「綸旨万能」を建前として出発した後醍醐体制の上からみれば、まさにその建前が招いた政策の混乱を収拾し、体制を維持する使命を帯びて、決断所は拡大・発展を遂げるのである。綸旨の効力とその発給母体＝記録所の所轄範囲は逆に大幅削減され、体制内の中心的地位に決断所が据えられてゆく。

この延命策は一応の成功を収め、以後しばらくの間、政権は安定期をむかえる。建武政権の政治過程を決断所の活動状況をめやすとして、大まかに区分するならば、元弘三年六月の成立より同年末までが混乱期、建武元年に入って同年五月頃までが混乱の収拾期、それ以降が相対的安定期の三段階に区分できよう。

第三期は相対的安定期と述べたが、あくまでも相対的にであり、一皮むけば、政権の本質に根ざす難題が伏在していた。いまそのことを象徴する一例をあげよう。『大徳寺文書』一に収められた建武二年八月二八日決断所牒（紀伊国衙と同守護所あて）に次の記述がみられる。

（上略）盛順捧去年（建武元年）三月廿八日　綸旨、依申子細、先度雖被成当所牒、大徳寺帯同年九月十五日　綸旨之上者、於当庄（紀伊国高家庄）内千住名者、止盛順違乱、如元可被沙汰居寺家雑掌於当名、（下略）

武蔵房盛順は千住名の知行に係わる建武元年三月二八日綸旨をもって、決断所牒の下付を申請しこれを得た（つまり㈭の第五条「蒙　勅裁輩事」の適用）。その後の大徳寺との当名をめぐる相論で、盛順はこの綸旨と牒を提出し、応訴したが、大徳寺側は建武元年九月一五日綸旨を所持していたため、盛順の主張は斥けられた。大徳寺側が、綸旨遵行の牒を受けた形跡がないのに勝訴したのは、おそらく、「両方綸旨を帯すれば後日綸旨を守る」(51)という、ある面では慣習性を持つ論理をごり押し的に貫徹したためであろう。これは明らかに裁許する側の自己矛盾としか他に言いようがなく、不首尾はもとより自らが規定した法を無視してまで寺社権門を擁護する立場を固執した建武政権の基本的体質を如実にあらわしている。

註

（1）東大史料編纂所架蔵の写本に「建武記并暦不審事」と題する一本があるが、ここにいう「建武記」は「建武式目」のことである。

（2）『群書解題』十九の「建武年間記」の項（上横手雅敬氏の解説）。

（3）龍粛氏「建治三年記考」（同氏『鎌倉時代』上、昭和三二年八月、に収む）。なお、川副博氏「永仁三年記考証」（『史潮』50、昭和二九年一月）参照。

（4）『京都の歴史』10所収の「京都便覧」六九頁。文明年間の松田数秀の史料所見をあげれば、①文明一四九月二日室町幕府奉行人連署奉書案（『東寺文書』二）②文明一八年一二月一四日同前（『河合正治郎氏所蔵文書』『大和古文書聚英』所収）③室町幕府法二九三〜三〇二条、政所方沙汰条目の端裏書（文明一八年一二月）などがある。

（5）①文明一八五月二九日二階堂政行書状案（『東寺文書』一）②文明一八六月二六日室町幕府奉行人連署奉書（『多田神社文書』『川西市史』第四巻所収）。『宣胤卿記』文明13・7・21、長享2・12・2、同3・2・23、同3・3・11、文亀2・3・23の各条にも所見。なお、『朽木家文書』文明一八年二月一三日室町幕府奉行人連署奉書の署名者「左衛門大尉」について、同文書の包紙ウハ書に「左衛門大尉政行」としるされているし、『九条家文書』五に（無年次）一一月二日政行書状（『図書寮叢刊』の編者は松田と判断）があるが、いずれも花押の形状、官途に問題がある。

（6）前掲「京都便覧」。文明期の活動の徴証は『斎藤親基日記』にみえる。

（7）『続史料大成』10、「永仁三年記」。

（8）「筑前住吉神社文書」所収の次の文書は、現時点で管見に及んだ松田性秀に関する唯一の史料であるから掲出する。尚、内容についての考証は略す。

豊前国高来村松田□（平内カ）左衛門入道性秀跡、任綸旨・御牒・国宣之□□（旨可）被知行候也、仍執達如件、

建武二年七月十三日　　加賀大掾□

謹上　住吉神主殿（政忠）

(9) 群書類従本が道光に作るは誤り。彼は建武政権崩壊後は室町幕府引付奉行人となり、観応年間に奉行を更迭される（「田代文書」観応二年三月日田代顕綱申状、これは足利直義の失脚に伴うものではあるまいか）まで活動の跡を残している。

(10) 松田貞秀も室町幕府の奉行人で、貞治五年〜明徳三年の在職が確認されている（「京都便覧」）。さきの松田性秀との系譜関係は不明であるが、性秀は貞秀の父あたりに位置付けられるのではあるまいか。

(11) 太田道大は、元弘三年結番交名（「比志島文書」）で二番に、建武元年結番交名（『続群書類従』三一輯下）では六番に属する決断所衆であった。「建武記」は道大の名を載せないが、建武元年交名の奥書の記述を考慮すれば、「建武記」が道大と関係することが判明する。ちなみに、元弘三年結番交名三番にみえる「貞連（信濃左近大夫）」は太田道大の子である。

(12) 幕府内において、同族の町野が太田を完全に凌駕するのは、残存史料からみて、貞治年間に入ってからと覚しい。

(13) 元弘三年結番交名に太田道大はみえるが（二番、東山道・北陸道担当）、津戸道元はみえない。建武元年結番交名には、両人ともに四番（山陽道担当）に配置されている。決断所の運営状況を実例に即してみれば、建武元年八月の交名が成立するまでは、必ずしも結番どおり動いているわけではなく、あるいは、同年四月七日のこの時の発給に、道大と道元両人が何らかのかかわりを持ったことも考えられる。

(14) 阿部猛氏「雑訴決断所の構成と機能」（「ヒストリア」二五、昭和三四年九月）。

(15) この一ヶ条について、上横手氏は前条「一、不遵行　勅裁、致濫妨事」と一括しており、笠松宏至氏は明確に(イ)の一ヶ条と見る方がよいとする（「阿部猛『雑訴決断所の構成と機能』を読む」・「中世の窓」4、昭和三五年二月）。記事の内容からみれば前条の補足規定とも考えられるが、記載の形式からみて、筆者は笠松氏の見解を採った。

(16) (チ)の中の二ヶ条「諸国一・二宮事」・「同国分寺事」も建武元年五月の制定であるが、これについては、阿部氏も笠松氏もふれていない。

(17) (ロ)の体裁については議論がある。「関東十ケ国成敗事」をも決断所の一ヶ条とみなし、全条（即ち九ケ条）を決断所の条規とみる説、いま一つは、これを鎌倉府の権限をいえるものとし、以下の第六・七・八条の三ヶ条を鎌倉府の所轄とみる説である。詳細は省略するが、筆者は後説に従いたい。ただ第八条は、京都の決断所の条規とみる方がよかろう。鎌倉府の権限規定が、決断所のものと一緒に布告されたのは、指摘されている如く、鎌倉府が制度的には決断所の出先機関的な形態をとっているからである。

(18) 『南北朝の動乱』(中央公論社『日本の歴史』9、昭和四〇年一〇月)五六頁。氏はその論拠を明示しておられないが、(イ)の第八条をも同時期とみなされる(同書五八頁)点から推測すれば、(イ)の成立を建武元年三月におかれたものと思われる。

(19) 註(15)所引の笠松氏論文三八～九頁。

(20) 「中世闕所地給与に関する一考察」(『中世の法と国家』所収、昭和三五年三月)。

(21) 佐藤氏前掲書五八頁。

(22) たとえば、詫磨宗直は当知行地肥後国神蔵庄地頭職の安堵を両方で受けている(建武元年三月二五日決断所牒・同年四月一八日綸旨、「詫摩文書」)。

(23) 『大日本史料』第六編之一、二九七頁。

(24) 『鎌倉市史』史料編第二 一三七頁。

(25) 同前一三六頁。ここで一つ問題が生じる。この建武元年三月二四日決断所牒は、明らかに同年二月二六日綸旨を受けて発給されたのに、文面には「止彼押領、可沙汰居雑掌於庄家者、以牒」とするだけで、施行形式をとっていない。一方文字どおり綸旨を施行した形式を具備する牒の初見は、管見の限り、下野国衙あて建武元年五月八日付のもの(「茂木文書」)であり、同年半ばをすぎるとこの種の牒が頻出してくる。結論的にいえば、(ネ)の第五条を法的前提として、決断所は綸旨の施行機関たる一性格を濃厚に帯びてゆくが、この二現象はその度合に照応すると思われる。

(26) 上横手氏は、根拠は示しておられないが、この注記を恐らくは錯簡、もしくは誤記であるとつとに指摘された。綸旨を副えて、決断所牒の下付を申請する行為は、その後、頻繁にみられた。具体例をいくつか示そう。①「九条家文書」建武元年四月日摂津国輪田荘雑掌重申状案、②「伊勢結城文書」建武元年八月日結城宗広代惟秀申状、③「薩藩旧記」建武元年一二月日島津道恵申状案、④「東寺百合文書」ッ建武元年三月日若狭国太良荘雑掌申状案。④については一言付言しよう。これは太良荘雑掌が、二通の綸旨案と一通の国宣を副えて、同庄における若狭直阿等の濫妨を停止するために、重ねての綸旨を請うたものである。果して、この申状に対し綸旨は下されず、若狭国衙と同守護所にあてて、建武元年三月二七日決断所牒が下った(同文書ゐ)。この事実は、所務濫妨所轄の中心的機関としての位置に、決断所が据えられたことを示唆している。

(27) 決断所での訴訟に関与する奉行には、「国奉行」の他に、「合奉行人」（「山田文書」建武元年六月一七日谷山覚信代教信請文の裏に「合奉行人頼連（飯尾）」・「合奉行人章有（中原）」・「奉行人明成（坂上）」の判が据えられている。但し、これらは注記である点に問題を残す）、「別奉行人」（(ル)の第二条）が存在した。「合奉行」といえば、武家訴訟制度において「訴訟手続に非違なからんが為に之を監査」（石井良助氏『中世武家不動産訴訟法の研究』八〇頁）した合奉行を想起するけれども、これら三者について論じるための史料が皆無に近く、それぞれ別個のものか、あるいは異称か、全く不明というしかない。

(28) 『師守記』暦応二年秋冬記裏書 建武二年二月日湯浅宗元申状に「(上略) 貞茂掠賜綸旨、令違背所被定置之法、不帯御牒、相語成真等、追出宗元代官等（下略）」（傍線筆者）とみえている。本条の規定に違反したと湯浅宗元は述べている。

(29) 『大日本史料』第六編之二、五六二頁。なお、上横手氏は先の解題の中で、この説を踏襲し、萩原龍夫氏は、他からの混入とみた（同氏「中世における天皇親政の問題」「史潮」42、昭和二四年三月）。

(30) 「建武政権の宗教政策―諸国一・二宮本所停廃に関連して―」（時野谷勝教授退官記念会編『日本史論集』昭和五〇年五月）。

(31) 同右、二四六頁。

(32) 黒田氏は「秩序・儀礼感覚という点で共通するものがあ」り、「中世の諸国の一宮と武士との神事奉仕の関係を意識したものとも考えられる」と説明した（同右、二四七頁）。

(33) 阿部氏前掲論文七頁。

(34) 笠松氏前掲論文三九頁。

(35) この条々の制定時期について、石井良助氏は『中世武家不動産訴訟法の研究』（四四六頁）において、暦応三年五月一四日と推定し、更に佐藤進一氏は『鎌倉幕府訴訟制度の研究』（一九二頁。のち同書名で岩波書店より復刊）において、これを確認した。いまひとつこれを支える史料所見として、年月日欠八条院院町訴訟陳状写（『教王護国寺文書』巻一、五七七〜八頁）にみえる、

一、如暦応三季五月十五（四）日被定置雑訴法事、延慶以来訴訟中絶地、捧往季文書、訴申輩、不可及沙汰云々（下略）

という記事をあげることができる。

(36) 「大悲王院文書」に次の文書が収められている。（新補注6）

島津上総入道々鑑

雑訴決断所　八番

右、有可被仰下事、来廿日可被召進代官於決断所之状如件、

建武二年八月十二日

雑訴決断所召文とでも名付くべき珍しい文書である。雷山大悲王院の造営用途を期限内に究済しなかった島津道鑑（貞久）に対し、その代官の召喚を命じている。手続きの面における決断所の活動を知る一史料といえる。

(37) 「大悲王院文書」建武二年閏一〇月二九日決断所牒は、遠国五〇日の実例である。

(38) 訴陳回数に関する規定は、管見に入らないけれども、おそらく、公家法の伝統といえる二問二答制を採用したであろう。「仁和寺文書」暦応三年五月十四日雑訴法第一条に、「一、□（訴カ）陳可為二問二答、若猶有相残事者、追進一問一答可被許之、二問答之後、備進具書、一切可被停止事」とみえる。正応五年七月新制第五条参照。

(39) 弘安八年一一月一三日後宇多天皇宣旨（『大日本古文書石清水文書』㈠五四九頁）。

(40) 伏見天皇の正応五年七月新制第三条。なお三浦周行氏「新制の研究第六回」（「京都大学法学論叢」第一五巻六号・大正一五年六月）五〇〜二頁、水戸部正男氏『公家新制の研究』（昭和三六年一一月）二四一〜四頁参照。

(41) 正安三年三月一三日坊城俊定奉後宇多上皇院宣案の追而書。『菅浦文書』（上）一一九頁。

(42) 環翠軒貞永式目諺解巻五、第三五条、「延慶二四十六被下文殿条々」。石井良助氏前掲書四五一頁参照。

(43) 「京都大学所蔵文書」元亨元年四月一七日官宣旨第三条。なお、『八坂神社記録』下、二五六〜八頁に収む（これには読みの誤りがある）。

(44) 「東寺執行日記」（元徳二年）七月二八日東寺長者御教書。

(45) 「仁和寺文書」暦応三年五月一四日雑訴法第二条。

(46) 石井氏前掲書四五一〜二頁。

(47) 『大分県史料』(1)、一五三〜四頁。

(48) 事実、問状違背の咎で論所を點置せよと命じた事例も存在する（『菅浦文書』近江国衙あて建武元年一二月一三日決断所牒）。

(49)　阿部氏前掲論文八頁。

(50)　裁許の後、これを遵行する国宣はどのような手続きで発給されたか。このことを具体的に知りえる史料は乏しいが、『熊谷家文書』にみえる次の事例を挙げよう。

①　建武元年六月一〇日決断所牒案（熊谷直経に安芸国三入本荘地頭職等を安堵）

②　建武元年七月日熊谷直経申状（決断所牒①に任せて、国宣を下し賜わることを申請）

③　建武元　七月二三日安芸国宣（安芸国目代あて。②を認可）

決断所牒①を得た熊谷直経は、これを副えて国宣下付の申請②をし、認可③されている。つまり、一旦牒を受け取り、改めて当人が国衙に対し、国宣を請うた事例である。ちなみに、①②は③の副進文書であるが、③に据えた袖判と、①と②を継いだ継目裏花押の形状は同一で、安芸国司中御門宣明の花押と思われる。この種の国宣発給における国司のかかわりを知る史料として興味深い。

(51)　「香取文書」年欠事書の中に「（上略）両方雖帯綸旨、守後日綸旨、国司正守護施行（下略）」とみえる。先日・後日文書の効力を考える上で興味深い文言である。当件とは直接関係がないが参考までに、次の史料をあげておく。

（上略）爰依為先日沙汰無拠、後日再往有其沙汰被直下之時、被賞翫後日下知御下文者、政道之法也、（下略）（元弘三年一二月日南部郷以下所領訴訟目安状「遠野南部文書」『岩手県中世文書』上、三五～六頁）

（六四頁補註）『中世政治社会思想』下（日本思想大系22、昭和五六年）の中の「建武新政の法」は多く「建武記」から採用されている。

第二節　建武政権の構成と機能

一　雑訴決断所

1　はじめに

本項は建武政権の歴史的評価のための前提として、中央機構、特に雑訴決断所の構造的解明に焦点をあてたものである。記録所・恩賞方・武者所・窪所・検非違使庁についても順次検討してゆく。これらの中で決断所関係の残存史料は比較的多く、研究論文もいくつかを数えることができる。(1)その論点は、㈠成立の契機と時期、㈡構成と機能、㈢運営の規範たる条規、に整理されよう。しかしそれらは決断所関係史料の網羅的収集の上に立つ立論とは言いがたく、決断所の輪郭を明らかにした点では評価できるが、まだ多くの問題を残している。その最大のものは、決断所に関する個々の研究成果をふまえた上で、政権自体に占める位置と役割を総体的に評価することであり、そのためには他の諸機関との比較検討を通さねばならない。(新補注1)

2　「雑訴乎決断」

鎌倉時代の院評定制の変遷を分析された橋本義彦氏の研究(2)によって、院評定の議題となったものは、㋑所領に関する訴訟、㋺宿曜道相承事や社司・僧職の補任など、いわば人事に関する訴訟、㋩神事・公事の振興策、或は用途調達法の如き案件、であり、㋑㋺を「甲乙訴訟」とか「雑訴」と称したこと、亀山上皇は弘安九年一二月、院評定を徳政沙汰と雑訴沙汰との二つに分化するなど、院評定制に重要な改革を加え、雑訴に対処する本格的姿勢を示したことが明らかとなった。

　雑訴に対する公家界の思潮を更に推し下げてたどろう。正応六年六月記録所機構を大幅に改変した伏見天皇に至ると(『勘仲記』)、政治・社会状勢を反映して、雑訴は一層強く意識されている。同七月、同天皇が伊勢神宮に納めた宸筆宣命案の中に「雑訴決断」の言葉が出現している点にまず注目せねばならない。(新補注2)

　因玆天近日徳政乎興行志雑訴乎決断須留古止志乃所及呂無疎簡之思久、理乃所推呂無私曲之儀支処仁、(前後略、傍点筆者)(3)

一方「決断」の言葉はいつ、どこで、いかなる政治・社会的背景のもとに生起したか別に検討を要するが、実例を検索すればすでに『吾妻鏡』正治元年には見えており、(4)(新補注3)以下「理非決断」(5)・「令決断触穢不浄」(6)などが散見する。くだって南北朝期、北畠親房が『神皇正統記』の中で、

　を(お)よそ政道と云ことは所々にしるしはべれど、正直慈悲を本として決断の力あるべきなり。これ天照太神のあきらかなる御をしへなり。決断と云にとりてあまたの道あり。(7)

と述べた一節も参考となる。結論的に言って決断とは政道興行の最大要件とみなされ、衆庶の諍論を理に従い裁定することを意味する言葉と考えられる。その諍論の大部分は土地関係の訴訟であったことは言うまでもなく、この問題の解決は直接的に政道の興行につながった。文永役以降の公家界の政道刷新への力強い歩みはここに「雑訴決断」の言葉を生み落したのである。

建武政権の雑訴決断所の成立はこのような政治・社会的かつ思想的背景と連繫することをまず念頭に置くべきであろう。決断所は建武政権の政道論を実現する使命を帯びて成立したわけで、大局的にみてそれが中興政府の中枢的地位を占めるに至る所以はまさにここにあると言ってよい。

3 成立時期

決断所の成立時期の推定は建武政権の展開過程を考える上で必須事項である。決断所研究に先鞭をつけた細川亀市氏は元弘三年一〇月九日決断所牒（『三宝院文書』）を初見としてかかげ、この頃の設置というおおまかな理解を示された。[9]成立時点を追求する試みはその後、阿部猛氏によってなされた。[10]同氏は「比志島文書」四所収雑訴決断所結番交名の制定時点の推定を通して、決断所の成立を考察された（同交名の制定時点については、いちはやくこれに着目された佐藤進一氏によって、元弘三年六月〜九月の間と推定されたが、その根拠は不明）[11]。交名の成立は元弘三年九月一〇日〜同一六日の間、決断所の成立は元弘三年八月一一日〜九月一六日の間とするのが阿部氏の結論である。一方阿部論文を批判された笠松宏至氏は新田義貞の上洛を決断所開設の契機とはみなせぬこと、交名の小書注記を論証の手掛りとすることはできないことを述べられたが、結局交名成立の下限を元弘三年九月一〇日に置くにとどまった。[12]決断所の成立時期をめぐる究明は管見の限りこれ以上進展していない。

筆者はこの交名について次のように考える。まず仮りに注記を考証の手段に用いず地の大字部分[13]のみで判断するとき、元弘三年九月一〇日の下限しか導けないか。この点二番の「按察大納言」（万里小路宣房）に着目すれば、宣房が按察使に補されるのは元弘三年六月一二日[14]であるから、これを上限とし、これより九月一〇日の間を交名成立の時期とみなすことができる。次に小書注記は全く信頼できぬものか。笠松氏は注記が信頼に足らぬことを示すために、三番の「葉室前中納言右佐」に着目し、葉室長隆の「右佐」即ち右衛門佐在任期間が他の正確な史料と齟齬する点を指摘された。しかし、結論的に言って筆者はこの小書注記は信頼できると考える。その理由は、第一にこの交名における決断所衆の記載様式からみれば、「葉室前中納言」に付された「右佐」は官名ではなく、実名を意味するはずのものであり、おそらく「長隆」とあったものが転写を重ねるうちに「右佐」と誤記された可能性が強いこと、第二にこの交名中に官名を略記した例はみられないこと、である。

以上によって、注記部分も捨て去るべきではないことが判明したので、これを採用することによって更に時期を限定すれば、九月一〇日という一点がクローズアップされる。この場合三番の「忠顕朝臣頭中将」と四番の「経季朝臣頭宮内卿・当職事」の各々の注記内容が問題となる。経季は九月一〇日に蔵人頭・宮内卿に任じ、忠顕も同日従三位・弾正大弼に補されたのに、後者ではなぜ前官途を注記したか。その理由を明示するのは困難に近いが、かかる錯誤はこの種の交名に注記を施す際起こりやすい記入者の不手際だと考えられるので、交名成立をこの日に置く上でさほどの支障にはなるまい。その上この日は除目に当っており、交名は除目と平行して作成された可能性が強い。交名成立は決断所の実質的開設を意味すると考えてよいから、決断所の成立時点については元弘三年九月一〇日をめやすとしてよいと思う。

4 構成

決断所は四番制（「比志島文書」四、以下この交名をA交名と称す）から八番制（『続群書類従』第三一輯下、以下B交名と称す）へと整備・拡大される。決断所の構成上の特質と変化を把握するためには、上層公家のみならず下級職員まで含めた全

〈A交名〉（読み取れるものに限定して掲出）

番	一	二	三	
(a)	欠	万里小路宣房		
(b)	欠	中御門冬定 洞院実世 葉室長光	葉室長隆 万里小路藤房 中御門経宣 堀河光継	三条公明
(c) Ⅰ	中御門宣明 甘露寺藤長	藤原清藤	千種忠顕	中御門経季
(c) Ⅱ	小槻冬直 小槻清澄 中原師言 中原章方 坂上明清	清原頼元 中原章兼 中原師治	小槻匡遠 中原師右 中原師香 中原章有	中原師利
(d)	富部信連 三宮道守	斎藤基夏 小田時知 太田道大 長井宗衡 能登前司知藤 上野前司宣通	長井挙冬 伊賀兼光 二階堂道要 太田貞連 上杉道勲 楠木正成 藤原信重	佐々木時信 飯尾頼連

構成員の出身階層に即して、時間的経過を考慮しつつ類別することが必要となる。

前節において元弘三年九月の成立とみたA交名にはかなりの欠損部がある。第一番は最も欠失が著しく、読み取れるのは九名にすぎず、A交名で拾うことができるのは全部で五七名である。(補註) 一方B交名は総員一〇七名をかかえている。以下彼らを階層によって分類しよう。分類基準は現任・散位を問わず、(a)上流廷臣（大納言以上）、(b)中流廷臣（中納言・参議）、(c)下流廷臣（Ⅰ弁官級廷臣、Ⅱ法曹吏僚）、(d)武家関係者、の四類型とする。

A・Bの構成表を特に(a)〜(c)ランクについてみれば、Aでは(a)のブランクが目立ち、中・下流廷臣が偏在しているのに比べ、Bでは各層ほぼ均等に配置されて

番	(a)	(b)	(c) Ⅰ	(c) Ⅱ	(d)
四		平惟継 吉田資房 葉室光顕	岡崎範国 藤原貞有	坂上明成 中原秀清 小槻言春	小田貞知 二階堂道儀 結城親光 高師泰 安威資□（脩カ）
計	1	11	7	16	22

〈B交名〉

番	(a)	(b)	(c) Ⅰ	(c) Ⅱ	(d)
一	今出川兼季	万里小路藤房 源国資	中御門経季	清原頼元 清原康基 中原章有 中原秀清	宇都宮公綱 伊賀兼光 富部信連 楠木正成 飯尾覚民 三宮道守
二	久我長通	洞院実世 坊門清忠	中御門宣明 冷泉定親	小槻冬直 中原師利 中原章世 中原（是円）道昭(15)	小田時知 上杉道勲 町野信宗 藤原長家 布施道乗
					長井高広

いる。しかも出身家門別にみて、勧修寺流廷臣を主体にした配置方式は後醍醐前期親政の構成上の特質が継承されたことを示していよう。(c)のⅡでは範光流中原氏がBに至って大幅に進出している。

この決断所の機構整備の背景には、管轄権の強化と規模の拡大とによって、所務沙汰に集約される士卒民庶の諸要求に対処するという現実的かつ切実な重大課題が横たわっていた。(d)に新しいメンバーを加えたのもそのための積極的理由からであった。決断所の構造的特質の一つはこの点を掘り下げることによって明らかにされよう。この階層に属する者たちの出身について分類・整理する。(16)

(i) 旧幕府系吏僚

富部信連・太田道大・同貞連・二階

番	頭人	上卿・弁官	寄人（公家）	寄人（官人）	奉行人（武家）
三	洞院公賢・堀河具親	中御門冬定・三条実治	中御門宗兼・藤原宗成（新補注4）	小槻匡遠・中原章興	佐々木如覚・高師直・斎藤基夏・諏方円忠
四	吉田定房	三条実任・日野資明	甘露寺藤長・藤原清藤	小槻言春・中原師右・中原章方・中原重尚	二階堂道蘊・佐々木高貞・飯尾貞兼・藤原維則・飯河光瑜
五	万里小路宣房	勧修寺経顕・平範高・葉室長光	藤原正経	中原師治・中原章兼・中原真恵・坂上明成	二階堂道要・二階堂成藤・名和長年・藤原信重・雑賀西阿
六	葉室長隆	平惟継・平宗経		菅原在登・中原章香・中原師香・中原章顕・安倍盛宣	太田道大・結城親光・津戸道元・大江貞重・門真寂意
七		九条光経・中御門経宣・吉田資房	高倉光守	坂上明清・藤原康綱・泰尚	佐々木時信・長井宗衡・後藤行重・三須倫篤

堂道蘊・同道儀（推定）・安威資脩・宇都宮公綱・長井挙冬（推定）・町野信宗（同）・明石行連（同）

(ii) 旧六波羅探題系吏僚

三宮道守・飯尾覚民・同頼連・同貞兼（推定）・斎藤基夏・長井高広・同宗衡（推定）・大江貞重・小田時知・同貞知・伊賀兼光・二階堂道要・雑賀西阿・津戸道元（推定）・藤原信重

(iii) 旧鎮西探題系吏僚

飯河光瑜・門真寂意（もと六波羅奉行人）

(iv) 守護級在地武士

楠木正成・結城親光・名和長年・佐々木氏

(v) 足利尊氏被官

上杉道勲・高師直・同師泰

計	八	
7		
19	三条公明 四条隆資 堀河光継	
10	岡崎範国	
29	中原職政 中原章緒 高橋俊春	
42	小田貞知 佐々木道誉 明石行連 飯尾頼連 引田妙玄	行円 国年

鎌倉幕府の奉行人機構における彼らの特殊性と建武政権への参画の契機については別途考察を要するが、ここで何よりも注目すべきは、建武政権の決断所運営の実質的担当者は旧幕府の奉行人を大幅にとりこむ形で組織されている点である。更に以上の分類によって、決断所の武士系吏僚は当初（A段階）は旧六波羅系を主体とし、次いで（B段階）鎌倉から流入してきた旧関東系を編入するという二段階の展開過程を経ていること、京都の背後を扼する近江の伝統的守護家佐々木氏はその実力を背景にして次第に政治勢力を増強したこと、また(iv)(v)から窺われるように、公武対立の政治状況は決断所の成立当初より内部に露呈しており、運営の行手に大きな影を落していること、などをみちびけよう。彼ら武士系吏僚の具体的な行動様式は、鎌倉末期に備後国大田荘大田方山中郷地頭であり、幕府の引付奉行人としての足跡を残す富部信連を通して、ある程度明らかにしうるが割愛する（小著『建武政権』教育社、一五六～七頁参照）。

ここで前掲交名の(a)(b)級廷臣に関連して、「建武記」に載せる伝奏結番交名にふれておく必要がある（本文は省略）。この結番交名は四番構成で、総員二〇名を数える。一瞥すれば、各人の位階は正三位以上であること、勧修寺流が過半数を占めていることが知られる。しかもB交名と比較していずれも(a)(b)にランクされた上・中流廷臣である事実から、この伝奏結番が決断所の運営と大いにかかわっている点に注目せねばならない。

「建武記」はこの伝奏結番交名を建武二年三月にかけているが、この点から検討しよう。この交名の成立はBの成立、つまり建武元年八月以降であることは明瞭であるが、Bにその名を載せない唯一の人物、三条実忠に着目すれば今少しの時間的限定が可能である。実忠は建武政権下で史料所見の多い人物ではないが、建武二年一〇月二三日決断所牒（「東寺文書」射、二番担当）に署判を加えている。遡って、建武二年三月一二日決断所牒（「三島神社文書」、同）では実忠の署判はみられない。つまり実忠は少くとも建武二年三月～同一〇月の間に決断所(a)級職員として参画したことが知られる。更に「小槻匡遠記」[17]建武二年六月一三日条に「伝奏大弐卿（勧修寺経顕）」とみえることにより、伝奏結番成立の時間的範囲を建武二年三月～六月にせばめることができる。従って「建武記」の配列はおおむね正しい。この結番は実忠が決断所に加わったこの間のいずれかの時点において作成されたはずであり、その作成の契機について推測を加えれば、すぐ後にかかげられた五番制記録所結番交名（建武二年三月一七日）と軌を一にする蓋然性が大きい。この推測が許されれば、伝奏結番は記録所の再編とともに成立し、伝奏の機能は決断所機構を後醍醐天皇の側に引き寄せる、いわば結節的役割にあったと考えることができよう[18]（伝奏の具体的機能については後にもふれる）。ちなみに、以上のことがらは、建武二年三月以前における伝奏の存在を否定するものではない。この点については別途詳しい検討を必要とするが、『続史愚抄』、『太平記』などの記事は史料的にはやや問題を残しつつも、建武元年中における伝奏の存在を示唆している。

5 機能

(イ) 雑訴決断所評定文

牒・下文の形式をとる決断所の判決は、決断所衆が評議内容を注進した決断所評定文をふまえて下される。[19] この評定文の検討を通して、決断所機構についてのいくつかの興味深い事実が明らかになる。以下、管見に及んだ四通の決断所評定文について内容をまとめて表示する。

	年月日	事書	評議の結論	署名者		出典
①	元弘三年十二月十八日	勝尾寺々僧等与浄土寺僧正坊雑掌相論、摂津国外院・高山・直河原等荘事	於彼外院以下三ヶ所者、浄土寺僧正坊雑掌、帯承平以後代々証文等、当知行不可依違矣、	(中原)章方 (坂上)明清 (中原)章緒 (中原)是円	(長井)高広 (富部)信連 (飯尾)覚民 (門真)寂意	勝尾寺文書
②	建武元年十月十七日	御室庁雑掌与南勝院雑掌相論但馬国新井庄事	御室庁者根本為御室領之由数通証文備進之、南勝院方者為根本院家領之旨支証不分明歟、然者御室庁所申有其謂哉、両方訴陳具書等進上之、	(坂上)明成 (中原)章兼 (中原)真恵	(二階堂)成藤 (雑賀)西阿 専光	仁和寺文書
③	建武元(二カ)年六月一日	多聞丸・并多聞丸・松夜叉丸与快乗・道行等相論山城国葛原荘并菊末貞宗事	快乗・道行等帯度々勅裁以下文契上者、止方々之妨、可全領掌之旨、可被裁許哉、	(中原)章有 (楠木)正成 (富部)信連	(清原)康基 (飯尾)覚民	東寺百合文書め
④	建武二年九月十二日	陶清法印与全成朝臣相論河内国楠葉弥勒寺事	□□(早止カ)全成朝臣之妨、可全所務之由、可被裁許矣、	(小槻)匡遠 (中原)章有 (富部)信連	(飯尾)覚民 宗繁 (関)道日	田中文書

これらの決断所評定文のうち、①は四番制下、②③④は八番制下の訴訟にかかる。(新補注5)これらを比較検討すれば次の事柄が知られる。

㈠　決断所の管轄は洛中以外の広範囲に亘った。ここで上掲四例はいずれも寺社権門の所務相論に関すること、つまり本来記録所の所轄に属した事柄である点に注意せねばならない。断言はさしひかえるが、地頭御家人層に関する決断所評定文、或いは後醍醐前期親政期にみられた様な記録所注進状をみいだしえない点から考えれば、建武政権下の決断所の評定は従来の記録所の評定機能を継承するものとみてよいのではあるまいか。

㈡　署名者即ち評議を行ったメンバーは法曹吏僚以下の下級職員のみ五～八人に限られ、弁官級廷臣は含まれない。この種の事案の裁許において下級職員は勘奏機能のみしか果さなかったことによろう。決断所の裁許のシステムを考える上で示唆するものがある。

㈢　決断所評定文の署名者の所属を両交名の結番に即して検索すれば、①③④は一番での、また②は五番での評議にかかるものであること疑いない。[20]

㈣　決断所評定文の書式はどこに淵源するか。常識的に考えて、文殿・記録所注進状、或いは使庁諸官評定文あたりを模したと思われるが、特に書き出し、事書、評議内容、年月日、署名のしるし方に留意しつつ、これらと上掲四例の決断所評定文とを比較しよう。署名においては(c)―Ⅱ、(d)クラスの奉行人の実名書きである点は四例とも使庁諸官評定文に似るが、その他の点では①②③が使庁諸官評定文の書式をとり、④は文殿・記録所注進状の書式をとっている。両者の書式の区別が従来厳守されてきた事実を思えば全く異例と言える。王朝の訴訟機構を基底において支えた法曹吏僚の存在形態は文殿・記録所、使庁の二大訴訟機関へのかかわり方の相違によって二つのグループをなしていたことをすでに指摘した。[21] そのことを念頭に置き①～④の署名者の顔ぶれをみれば、①②③は使庁関係（章方・明成・章緒・章有）、④では記録所・文殿関係（匡遠）の吏僚がかかわる点が相違している。おそらく書式のちがいは、評定文作成に主導的役割を果した吏僚自身の制度的立脚基盤の相違を反映するものと考えられる。しかしいずれの書式が基本型であったかは広く具体例を収集した上でなければ断言できない。以上のことは、決断所が系譜的にみて従来の記録所・文殿と使庁双方の機構を二本の支柱にすることによって成立したことを示唆しよう。

㈤　評定文の署名者が下級職員のみであることは決断所運営の構造的特質によろう。対をなす評定文と牒との署名者を比較することによって、決断所の運営においては法曹系吏僚による評議と、これをうけて上卿以下上級職員を加えたメンバーによる裁許という二段階のシステムが採用されたことが考えられる。

最後に記録所との関係について簡単に述べよう。①③④の注進状の結論はいずれも決断所牒・下文という形で実体化した。注進が判決を規定した点とともに、この種の寺社権門の訴訟は元来記録所の所轄であった点に着目する必要がある。また②については、この決断所評定文をふまえて綸旨が発給されたこと、[22]記録所は別個の機関として設置されてはいたが、構成メンバーの上で決断所と重複していること、記録所自体が独自の積極的活動を示した徴証がみうけられないこと、などを考え合わせれば、記録所の機能は漸次決断所に吸収されつつあったことを想定できまいか。記録所が固執した所謂「大議」にしても同様であろう。

㈺　雑訴決断所牒・下文

管見に及んだ決断所発給文書＝牒・下文は元弘三年一〇月八日付（「島田文書」）より建武二年一二月一〇日付（「松浦山代文書」）まで約二年余の間に亘る一二五通である。文書形式からみれば、一一七通が牒、八通が下文、充所からみれば、国衙あて五三、守護所あて二七、国衙并守護所あて四（和泉・播磨・越前）、国上使あて二（出雲・丹波）、その他（個人・寺社・衆中）三四、不明五である。[新補注6]牒と下文との発給区分は用途・充所両面からみても、通説のように不明確であると言う他はない。文書の効力や受給者側の意識の面での検討を深める必要は残されているが、決断所の牒・下文に限って言えば、牒に比べて下文は私的対象にあてられ、しかも地域的には九州における係争に対し発給された実例が多いという傾向を指摘できる程度にとどまる。

㈠

次にA交名からB交名への移行に象徴される決断所機構改革の意義についてふれねばならない。四番制から八番制への改組の時期は牒の署判形式の変化に徴して、建武元年七月二二日〜八月二六日の間と考えられ[23]、おそらく八番制交名の冒頭の注記「建武元八」、つまり八月に入ってからの改組と認めてよいと思われる。

まず四番制期の運営状況をみよう。この期の牒の外見上の特徴は中・少弁一名の上判、史・外記級一名（稀に二名）の日下という連署形式にあるが、先に掲出したA交名の階層別構成表を参照すれば、この形式をとる限り(a)(b)に属する上・中流廷臣は文書の表面にあらわれない。しかも上判の弁官は中御門宣明・甘露寺藤長・高倉光守・藤原正経の四名に限られ、日下には中原・坂上・小槻・高橋などの吏僚が署判を加えている。交名の規定と実際の運営の仕方とはいかなる関係にあるか。このことは四番制決断所の構造的特質と深くかかわっている。

決断所の担当番に持ち込まれた訴訟は当番内吏僚の評議を経ることを前述した。この評議内容を上申した評定文は実例にみる限り、一番に名を連ねる中・少弁を責任者とする形で判決（牒・下文）となる手順をふんでいる。このとき明らかにこの様な弁官を含まない番の方が多い事実は、判決が当該番内部で、しかもその責任において下される原則がないことを意味しよう。つまり各番の機能は判決のための準備手続きを行うにすぎなかった。そこで一番を判決の専掌部局とみる可能性が生まれてくるが、やはり一番もやや重いウェイトを占めつつも四番制下の一局にすぎぬから採用できまい。従って牒・下文の発給は交名各番の枠からはずれた格好でなされたと考えた方が実体に即している。結論的に言って、この現象は新設の決断所の運営の中枢部分が中・少弁級廷臣即ち記録所機構の実質的荷担者に掌握されており、四番制決断所がその成立の母体ともいえる記録所の影響を強く受けた結果生じたと考えられる。(a)(b)級廷臣が決断所の運営にさほどのかかわりを有しないのは、彼らの活動の主舞台が記録所であったからであろう。

一方、この時期(a)(b)級廷臣と決断所との間の明瞭なかかわりを窺い得るのは、数ヶ国に亘るような散在所領を一括安堵する場合の牒に加えられた裏判を通してである。[24] 地頭御家人層を対象にした所領安堵権は、建武元年に入って間もなく決断所に付与されたと考えられるが、この措置はこの階層における所領問題を解決する新政策として打ち出されたものであった。(a)(b)級廷臣が裏判を加えたのは、牒の効力を補強するためであろう。成立して間もない牒は効力の面で安堵の用途に耐えなかったと思われる。この裏判の実効力は、たとえば建武元年六月三日決断所牒を別の文書の中で「吉田一位御牒」と称した点に垣間みることができる。[25]

次に八番制の場合を同様に考えよう。各構成員について交名上の所属と牒・下文への署判の仕方とを遂一検討することによって、この時期の決断所運営の仕組みを構造的に把握することができる。以下その結果を整理する。

㈠　四番制の時期とは異なり、各番内で判決を下すに足る陣容と権限を整備した。しかし全番に中・少弁が置かれたわけではない。

㈡　交名と署判例を照合すれば、数例の新加[26]と転番[27]が認められるが、ほとんどの場合結番が守られている。

㈢　兼番したのは中・少弁クラスのみに限られ、他は単一番に属したとみられる。今それを残存する牒・下文によって具体的に示そう。

(i) 中御門宣明（左中弁、二番所属）

〈一番〉↑建武元・九・五――建武二・九・二五↓

〈二番〉建武元・八（交名）――建武二・閏一〇・二六↓

(ii) 甘露寺藤長（右少弁のち左少弁、四番所属）

〈三番〉↑建武元・九・四――建武二・九・二九↓

〈四番〉建武元・八（交名）――建武二・九・五↓

(iii) 藤原正経（右中弁、五番所属）

〈五番〉建武元・八（交名）――建武元・八・二七↓

〈六番〉↑建武元・八・二八――建武二・五・一七↓

(iv) 高倉光守（左少弁のち右中弁、七番所属）

〈七番〉建武元・八（交名）――建武二・八・二八↓

〈八番〉↑建武元・八・二九――建武二・一〇・二一↓

以上によって、八番制が維持されたのはこの四人の弁官が各々の所属番とともに、今一つ隣接する番をかけ持ったためということができる。

(四) 個々の牒・下文の署判者には必ず中・少弁クラスの弁官一名と若干名の吏僚が含まれることから知られる様に、八番制となっても構造の本質部分は四番制のそれと変わるところはない。つまり八番制の牒は四番制の牒をもととして、これに(a)(b)級の上・中流廷臣が位署を加えた形式をとる。従って署名者の数が多くはなっても、牒発給のための主体的役割がこの様な弁官と訴訟の審理機構を担う法曹吏僚によって果された点では従来とかわらないとみてよい。

以上を要するに、八番制への改組は構造の基本型においては何らの変化をもたらさなかったが、上・中流廷臣を分番配置し、訴訟機関としての陣容を整備し権限を強化することによって、各番内部で評定を経たうえで最終的判決を下し得るシステムが成立した点を第一に評価せねばならない。訴訟の迅速化と機能的処理を図るべく拡張を遂げた決断所は陣容・権限の両面において政権の中心的位置に据えられてゆく（後醍醐天皇とのかかわりについては後述）。

㈡

決断所の発給文書の内容を通して、決断所の機能を考えよう。私は決断所牒・下文の用途を次の四つに分類したい。

㋑　所務相論の裁許（主に寺社権門領に対する濫妨）

㋺　所領安堵（地頭御家人層を対象）

㋩　綸旨の施行

㋥　訴訟進行上の手続き（召喚、論所點置、事情聴取）

決断所の所轄事項は所謂大議を裁許する記録所とは異なり、「諸国の名主武士層が切実な生活問題とし」た「在地の所領所務の問題」[28]であったが、決断所の権限の推移を軸に機能面での発展過程を要約すれば次のようになろう。所務濫妨の管轄機関として成立した決断所は建武元年に入って地頭御家人層の所領安堵の権限を獲得し、同時に訴訟手続きの上においても急速な整備をみる。[29]決断所の機能は㋑㋺を基調とし（㋥はこれに随伴する）、権限の拡大とともに㋩がこれに付加された。㋥に含まれる論人召喚は規定により、守護・国司を通じてなされた（「建武記」）が、手続き文書であるためふつうの牒と比べてやや略式であったとみえ、頭人以下上層部を含まぬ中・少弁の署判をもって発給されている。その他、罪科人捕致、苅田狼藉、笛材護養、沽却并質券地、神殿汚穢・神事闕怠についての命令を、(イ)(ロ)と並記した事例もみえている。ここで武家訴訟制度の対象区分によれば、雑務・検断沙汰に含まれる事柄をも所轄した点に注意せねばならない。鎌倉幕府下で整備された所務・検断・雑務といった訴訟対象に準拠した訴訟法は武家社会に広くかつ深く定着したが、王朝の伝統を濃厚に継承する建武政権の制度的受け皿は、それらを個別に所轄する能力を欠き、結局決断所に持ちこまれたのであろう。この問題は使庁との関係をも考慮せねばならない。

次にあげる牒(30)は管見の限りでの最後の実例であるが、まさに決断所の終焉の間近さを如実に示すものと言ってよい。

雑訴決断所牒　肥前国守護所
松浦山代亀鶴丸申、当国宇野御厨内山代多久島・船木・東島等地頭職(父源正領知分)事、
　副下　解状具書
牒、任去十月七日官符、宜沙汰居亀鶴丸於下地之状、牒送如件、以牒、
　建武二年十二月十日　　大蔵少丞兼左少史左京権少進高橋朝臣［在判］(高橋俊春)
従一位藤原(今出川兼季)　　前筑後守藤原朝臣(小田貞知)
中納言兼大蔵卿左京大夫(大脱カ)判事侍従藤原朝臣［在判］(三条公明)　　明法博士兼左衛門権少尉左京大進中原朝臣［在判］(中原職政)
正三位藤原朝臣(堀河光継)　　右少弁藤原朝臣(岡崎範国)
従三位平朝臣(平宗経)　　参議右兵衛督兼大宰大弐加賀権守藤原朝臣(勧修寺経顕)

この牒は、(一)太政官符(地頭職を渡付せよという内容)を施行したこと、(二)署名者が錯綜していること、以上二点において他の牒と著しく異なる。(一)について言えば、綸旨は牒によって補完されることで遵行の実を果しており、その意味

で牒は綸旨を施行する固有の用途を獲得したが、亀鶴丸はあえて綸旨をとらず太政官符を選択している。これは、この時点では公式様文書である太政官符が御教書の系譜を引く綸旨より実効性を持つと意識せられたためと考えられ、政治体制の上からみれば、綸旨万能に象徴される後醍醐天皇の親政体制の敗北を意味するのではあるまいか。次に(二)についてみよう。当該件が西海道担当の八番内部で所轄されるべきにかかわらず、その署名者には他番の今出川兼季（一番）、平宗経（六番）、勧修寺経顕（五番）が混入している。(一)についての推定をふまえ、署判者の錯綜から決断所機構の混乱と動揺を推し測ることは容易であろう。（新補注7）

決断所機構の混乱と動揺は直接的には足利尊氏の離脱（建武二年一一月）によって引き起こされたと考えられる。最近網野善彦氏は尊氏が建武政権下において鎮西軍事指揮権を公的に認められていたことを論証されたが、[31] この面での研究をさらに推し進め、建武政権下の尊氏の地位と役割を総体的に評価することは政権自体の性格究明のためにも必須事項といえる。尊氏の離脱と決断所機構の衰退との関係について、筆者は尊氏の決断所奉行人層に対する強い影響力に着目し、一年後には室町幕府の政治大綱＝建武式目を起草させる様な、奉行人層の掌握に実績をあげつつあった事情を想定したい。

(ハ)　伝奏の位置

伝奏が決断所の(a)(b)級廷臣から選任されたことについては前述したが、次にあげる年月日欠奏事目録案（『九条家文書』七）は、建武政権の主催者後醍醐天皇と決断所との政務関係の一端を窺い得る稀有の史料である。

［　　］（首欠）年中分下知之村々者、先早可成遵行牒之由、於決断所、本所雑掌訴申之刻、当庄南方地頭職一位拝領、件分有混乱之子細、無左右不可遵行之由、令申□間、欲召決両方雑掌於決断所之処、彼雑掌不出対之間、以当所奉行人

俊春（高橋）相尋子細於一位之処、尋問故実雑掌可注進之由、令申云々、而於支申所々者、急可被尋旧跡、無其儀之地等被抑牒之条、尤不便、先早可被遵行之由、雑掌令申之間、任関東下知、可遂中分節之間、成牒之称、両方内支申村々者、急速可尋決、不帯中分□□之南北両方者、各尋究子細、可注進之由、決断所令申云々、然者急速可致其沙汰之旨、可被□（仰カ）彼所哉、

仰同前、

（傍点筆者）

この文書は首欠のため、年紀、固有名詞など文意をたどる上で重要な点が不明であるが、大意は次のようになろう。本所雑掌は「□□年中分下知之村々」について遵行のための決断所牒を申請しているから、この村々はこれより以前に後醍醐天皇の綸旨によって中分が認められていたと考えられる。本所雑掌がこの訴を決断所に起こした時、今一方の南方地頭職を（同じく綸旨によって）拝領した一位の分については「混乱之子細」があるから、左右なく遵行してはならないと言上したので、決断所では鎌倉幕府による地頭職中分の節を守るべく今一度双方の領掌の上での支障と中分の境界についての調査・究明をおそらく当該地の国衙、或いは守護所に命じたものであろう。このとき決断所がとろうとした措置の内容は伝奏を通して天皇に奏聞され、裁可を得たのである。この文書の年紀は建武元〜二年であろう。

何よりもまず確認すべきは、本文書が奏事目録、つまり伝奏某が後醍醐天皇に裁可を求めるため事案を伝奏したものであること、その伝奏の内容は決断所からの奏事であること、である。つまりこの事例は本所と一位との間（寺社権門間）の訴訟、しかも遵行牒を下す際の在地における支障尋究に関する一例であるが、後醍醐天皇が伝奏を介して決断所の運営に重要なかかわりを有する点に注目せねばならない。決断所が多分に独立官衙としての実質を備えていることは事実であろうが、政務系統上、天皇と全く無関係とは考えられない。現に「建武記」冒頭の「条々」の中に、「諸国諸庄園

狼藉国司・守護注進事」についての規定があり、そこでは「注進状到来者、則可伺決断所、彼所上卿差定奉行人、急速加評定、経　奏聞、任　勅答之趣、可召仰国司・守護（下略、傍点筆者）」から窺われるように、奏聞方式が採用されている。

この一例をもって天皇と決断所との政務関係を推測する場合、どこまで敷衍することができるかという問題を残すが、少なくとも寺社権門間の訴訟を決断所が取り扱う時、天皇の裁断を仰ぐ方式が存在したことぐらいは言えよう。

6　おわりに

建武政権の支配機構の特質は従来王朝の管轄下に属した公家社会と、鎌倉幕府の倒壊によって移管された武家社会とをいかなる理念・政策・機構によって統一的に支配するかという空前絶後の大課題に則応した。しかし王朝はこれに対応するだけの制度的基盤を持ち合わせず、旧来の伝統的機構に加えて新しい機関を設置した。雑訴決断所には特に旧幕府体制下の吏僚、中興の殊勲者たる武士系の者たちを積極的に編入することによって全国統治の体制を構築した。その体制の基調はやはり後醍醐前期親政以来の、勧修寺一門を中枢に配置する方式を採用しており、いわば前期親政の構造的特質を濃厚に継承するものであった。武家出身者は政権に参画しつつも、地位の上では機関の末端部分を担当するにすぎず、また政権の外郭を守護する武力機構を出るものではなかった。

制度の面からみれば、政権樹立後、まず記録所、ついで恩賞方が設置される。王朝の伝統をひく記録所は当初所務関係を中心とする上下の訴訟を担当したが、処理し尽せるものではなく、やがて雑訴決断所を新設するなど打開策を打ち出してゆく。地頭御家人層を対象とする訴訟を主たる所轄事項とする決断所は、当時の社会状勢を反映して、政権下随一の大規模な機関へと発展をとげる。しかし後醍醐天皇は決断所の権限を強化させつつも、その独走を許さず、伝奏を通した間接的掌握を怠らなかった。記録所・決断所に限らず、使庁へも掌握の手が延びており、建武政権全期を通じて、後醍醐天皇の独裁制は直接・間接的に維持されたとみられる。

註

（1）①細川亀市氏「建武中興における雑訴決断所」（「法学志林」三八―六）②阿部猛氏「雑訴決断所の構成と機能」（「ヒストリア」二五）③笠松宏至氏「阿部猛『雑訴決断所の構成と機能』を読む」（「中世の窓」四）④安藤公一氏「雑訴決断所の研究」（「中今」一）。

（2）「院評定制について」（「日本歴史」二六一）。

（3）『宸翰英華』第一冊一五六頁。飯田久雄氏「万一記にみえる政道論」（「史学研究」77・78・79合併増大号）一〇四頁参照。

（4）国史大系本『吾妻鏡』第二―五五六頁。正治元年四月一二日条。但し吉川本では「聴断」に作る。

（5）貞永式目の起請文（『中世法制史料集』第一巻二九頁）、文永一〇年七月日小槻有家起請案（『壬生家文書』一）、なお『太平記』巻一には「理非ヲ決断」とみゆ。

（6）「文保記」所載文保二年二月一七日庁宣（『群書類従』第二九輯四八一頁）。

（7）岩波文庫本（岩佐正氏校注）一七三頁。

（8）周知のとおり、現時点での初見は、元弘三年一〇月八日河内国あて（マヽ）のものとされている（「島田文書」二、相田二郎氏『日本の古文書』下、三九頁）。

（9）註（1）所掲①論文。

（10）註（1）所掲②論文。

（11）『鎌倉幕府訴訟制度の研究』二二八頁（のち岩波書店より増補復刊）。

（12）註（1）所掲③論文。

（13）地の文にも誤りがある。二番の「左大弁宰相（葉室）長光」の「左大弁」は「前左大弁」とあるべきところ。

(14)『師守記』康永三年六月二二日条裏書にみえる「元亨四年□(以)来按察使事」。

(15) 今江広道氏「建武式目の署名者、是円・真恵の出自」(『日本歴史』三五七号)によって両人が中原氏出身であることが明確となった。

(16)『尊卑分脈』、佐藤氏『鎌倉幕府訴訟制度の研究』二〇七～九頁、二二八頁、同氏『南北朝の動乱』二八頁、小泉宜右氏「御家人長井氏について」(『高橋隆三先生喜寿記念論集 古記録の研究』所収)、更に鎮西関係分では、川添昭二氏「鎮西評定衆及び同引付衆・引付奉行人」(『九州中世史研究』第一輯所収)二一四～五頁、二二四～五頁参照。なお佐藤氏はAの三番の「貞連」(信濃左近大夫)を六波羅引付奉行飯尾貞連と解されたが、名乗りから考えて筆者は、龍粛氏が『鎌倉時代』上、二二九頁においてふれられた、太田道大の嗣子貞連とみた。

(17) 橋本義彦氏『平安貴族社会の研究』所収。

(18) 鎌倉期の伝奏は階層的にみて弁官家勧修寺流を主体とする中流廷臣によって構成されることが橋本氏によって明らかにされたが、建武期についてみれば、決断所構成の上層部を編成する方策がとられたため、上流廷臣も伝奏に含まれたものと推察される。なお二番「修理大夫」(隆資)の注記は「四条前中納言」、四番「日野宰相」(資明)は「前宰相」とあるべきところ。

(19) 決断所評定文に拠って綸旨が下された事例も存在する。「仁和寺文書」建武元年一〇月一七日後醍醐天皇綸旨(岡崎範国奉・大教院法印禅隆あて)に「但馬国新井庄、任決断所注進、御管領不可有相違之由、天気所候也」とみえる。この綸旨は以下の表の中で、②の決断所評定文に対応するものである。この評定文の裏には岡崎範国の花押が据えられている(至文堂『日本の美術』一七四号所載第五三図の解説では四条隆資の花押とされているが、これは岡崎範国のものと思われる)点から考えて、この評定文は一件の担当奉行岡崎範国に対して提出されたとみられる。このことにより、寺社権門を対象とする所領安堵も審理だけは決断所で行われるケースがあったことを想定できる。決断所機構が記録所機能を包摂しつつあった状況を示している。

(20) ②は、田中稔氏が先掲『日本の美術』一七四号において初めて紹介された文書である。④の小槻匡遠はB交名(建武元年八月成立)では三番に配属されたが、建武二年九月にはすでに一番に移っている。また②の専光、④の宗繁・道日は新加である。

(21) 本書第一章第二節第二項参照。

(22) 註(19)参照。

(23) 阿部氏は弁官一名上判形式の牒の下限は建武元年七月九日付名和長年あてのもの(「京都博覧会社所蔵文書」)、八番制下の初見が建武元年八月二七日付丹波国上使あてのもの(「仁和寺文書」三)であることから、改組の時期を建武元年七月一〇日〜八月二六日の間と推定され、更に建武元年七月二二日付使庁諸官評定文によって四番構成の下限を七月二二日までおし下げようとされたが、笠松氏の批判の様にこの史料は使用できない(註(1)所掲②論文四〜五頁、③論文三八頁)。弁官一名署判形式の下限を示す牒には、建武元年七月二一日付薩摩国衙あてのものが存在する(「薩藩旧記」、本文書の年紀〝建武六年〟は〝元年〟の誤記であること明らか)。従って改組の時期を建武元年七月二二日〜八月二六日の間に置くことが可能となる。

(24) 管見に及んだこの種の裏封は次の五例である。紙数の都合で具体的内容を省く。①建武元年五月一二日牒(「萩藩閥閲録」)、②建武元年六月三日牒(「薩藩旧記」)、③建武元年六月一〇日牒(「萩藩閥閲録」)、④建武元年六月一六日牒二通(「禰寝文書」)、⑤建武元年六月一六日牒(「真玉氏系譜」)。

(25) 「薩藩旧記」建武元年一二月一九日渋谷定円外六名連署和与状。同牒は上判左中弁中御門宣明、日下署判少判事中原の連署形式であるが、以上のことによってこの牒の裏に吉田定房の花押があったことが判明する。定房はこのとき前大納言従一位、同年九月九日に内大臣となる。

(26) 平宗経、日野行氏、三条実忠。

(27) 平惟継、洞院実世、小槻匡遠、清原頼元。

(28) 佐藤進一氏「幕府論」三〇頁(『新日本史講座〔封建時代前期〕』)。

(29) 本章第一節。

(30) 「松浦山代文書」。しかし「勧修寺文書」暦応三年九月一一日文殿注進状によれば、「建武三年決断所牒」の存在が認められるので、決断所は建武三年に入ってからもしばらくは活動を続けたとみられる。

(31) 「建武新政府における足利尊氏」(「年報中世史研究」第三号。のち『悪党と海賊』に収録)。

(九五頁補註)

一番の職員については、当初、「勝尾寺文書」元弘三年一二月一八日雑訴決断所評定文によって、中原章緒以下五名を加えたが、小林保夫氏の批判のように（同氏「『雑訴決断所牒』小考」七〜八頁、「堺女子短期大学紀要」一五）、これは適切ではなかった。本書再録においては、「比志島文書」四の交名において読み取れるものに限って示すことにした。なお、一番所属の職員名について一つ付言するならば、小林氏が判読された「覚□(民)」は「三宮孫四郎入道」なる注記にひきつけて、「道守」と読む方が妥当と考えられる。

〈付記〉

本稿発表後、数篇の建武政権関係論文があらわされた。参考のためその外題のみをあげる。

小林保夫氏『「雑訴決断所牒」小考』（「堺女子短期大学紀要」一五、昭和五五年）

飯倉晴武氏「建武政権文書」（『日本古文書学講座』4、昭和五五年）

同氏「建武政権の所領安堵文書の変遷」（「法政史学」三二、昭和五五年）

同氏「後醍醐天皇と綸旨」（『日本中世の政治と文化』所収、昭和五五年）

二　その他の官衙

1　はじめに

本項では鎌倉幕府倒壊を経て成立した建武政権の政治機関の構造的分析を主眼とする。雑訴決断所については別途に述べたので（本節第一項）、記録所・恩賞方・窪所・武者所・検非違使庁（以下、使庁と略す）の順で個別に考察し、使庁については、後醍醐前期親政期を含めて論じることとする。なお、建武政権の実質的な存続期間は、元弘三年六月〜建武二年一一月とみなしたい。(1)

2　記　録　所

記録所は雑訴決断所と密接な関係を有する。第一に決断所は主に本来記録所に持ち込まれた士卒民庶を対象とする所務沙汰を所轄したし、第二に構成メンバーの上でも類似性が強い。建武二年一一月までの期間は名実共なる天皇親政体制が維持されたから、政権は多岐に亘る政務を担当した。記録所の運営は決断所の成立・展開と並行して考えねばならない。(2)

(一)

後醍醐天皇の帰京後、記録所がいつ設置されたかは明証を欠く。『紀伊続風土記』に収める年月日欠熊野山新宮神官等申状案(3)は、熊野社回禄後の様相を述べ、造営のための料国として安房・遠江国吏務職を得ようとしたものであるが、この文書の中に、

(上略)随而仮殿朽損之趣、度々言上之処、無分明　勅□(答カ)、去年七月廿三日、於記録所庭中言上之刻、急速可有御沙汰□□(之由カ)、被仰出、則為三条中納言公明卿御奉行、被経御沙汰之間、待　天裁之処、于今令停滞之条、歎而有余哉、
(下略)

とみえる。この文書の年紀は建武元年と推測されるので、元弘三年七月にはすでに記録所庭中が設置されていたこと、神官による熊野社造営のための「料国之吏務」申請をそこで取り扱ったことが知られる。

この史料では、いま一つ記録所評議に三条公明が奉行としてかかわっている点に注目する必要がある。公明は後醍醐前期親政下にあっては、その子実治と共に上卿として後醍醐天皇の政治志向を支持・推進し、ために元弘の変で捕縛されるなど討幕運動に大きな傾斜を示した人物である。この史料にみえる公明の活動は時期的にみて元弘三年七月と思わ

れるが、おそらく記録所上卿としての立場にいたとみてよい。このことは前期親政期の記録所と比較するとき、連続面を端的に示す事実といえる。

次に「宇佐到津文書」年月日欠宇佐公右目安案[4]についてみよう。この文書は、宇佐宮社務職をめぐる同族宮成公右と到津公連の相論にかかるが、本文中に元弘三年を去年と記していることから、建武元年のものであることが知られる。相論は本来公右に宛てられるべき二綸旨（元弘三年四月二八日、同年六月一五日付）以下公験証文を公連が抑留したという点にしぼられる。以下、公右の陳べるところを聞こう。

> （上略）不日被召出之、被糺明之日、云公連姧謀之次第、云公右理運之篇、立所可令露顕者哉、(a)是等之趣、載庭中状捧記録所之処、如　上卿同御奉行御問答者、或時者以越訴式日可令言上、或時者西海道御沙汰日可捧之云々、仍不闕彼式日、(b)雖令言上不被入目六、送数月之条、愁訴無極次第也、(c)凡為被休諸人之愁訴、毎日有出御、被経簾直御沙汰之処、限于公右一人之理訴、争無御沙汰哉、是併不達上聞故也、縦先日雖被究渕底、為訴人相貽所存之由、就歎申之、重被経御沙汰者定法也、何況於未尽御沙汰哉、是等次第重欲令言上記録所者、(d)無召而推参之輩可被処其咎之由、被定法畢、憚彼法不令参者、云公右嫡々理運之段、云公連姧謀之篇、何日何時可申披哉、適奉逢　明時御代、無咎被改当職之、公右被閣嫡々一流条不便之次第也、然早被垂御哀憐、急速可被経御沙汰之由、欲預御意見矣、(e)綸旨官符以下公験等者、相副庭中状、所令備進記録所也、嫡々相承之系図一本為御不審進上之、仍目安言上如件、（傍線筆者）

この個所は少なくとも、元弘三年六月〜建武元年七月のものと考えられる。[5]従って、建武政権の記録所の比較的早い時期の活動を示している点で注目できる。まず(a)から知り得るのは、公右の提訴に対し記録所の上卿・奉行は「越訴」や「西海道御沙汰」の式日に言上せよと述べていること、つまり記録所には庭中と並んで越訴が設置され、しかも庭中には地域ごとに訴の受理日が規定されていたことである。(6) そうだとすれば、記録所の運営の上での管轄地域の分割は、「建武記」中の「記録所被定下寄人結番事」（建武二年三月一七日成立、これについては後述）の末尾に付された一文、

記録所庭中事、五畿七道被置式日了、一道三ヶ日也、

を待つまでもなく、おそくとも建武元年半ばにはすでに実施されていることが判明する。更に、(b)からは訴が受理され成立するためには、「目六」に入れられる必要があったこと、(c)からは、後醍醐天皇は庭中に臨席し、上聞を経て沙汰が下されたこと、(d)からは、記録所からの召喚なく推参してはならないという法令が出されたこと、などが知られる。公右に対する記録所衆の対処の仕方から考えて、果して(d)の如き法令が実際発布されたか徴証を得ない。しかし、当時の記録所の運営状況からみてありうることで、しかも次に掲げる「建武記」中の「陣中法条々」（同書の配列によれば建武二年三月）に規定された一ヶ条、

一、訴論人参内事

記録所決断所沙汰、已被定其道々畢、諸国輩猥不可参　禁中、（下略）

と内容的につながりを持つと考えられる。この条は、記録所と決断所の所轄区分を明確にし、同時に運営の円滑化を図ったものである。つまり(d)は、決断所の開設以前、あるいは開設後その機能が本格化する以前の時期において、訴訟の急激な増加に伴い、記録所機構がこれに対応しきれず、審理すべき訴訟の順序を整理、更には限定せざるを得なかった状況の中でおこった現象であったとみたい。この状況は決断所開設、機能の本格化を促進する原動力となった。(e)にみえるように、記録所に提訴されたこの訴訟が実は決断所で取り扱われた事実は、そのことを裏付けよう。(7)

以上を要するに、建武政権成立後、記録所は極めて早い時期に復活し、庭中・越訴のシステムはもとより、五畿七道

を区域分割して訴の受理日を規定するなど、全国統治の態勢を構えた。

(二)

次に綸旨の実例に即して内容と奉者の問題を検討しよう。元弘三年閏二月の隠岐脱出以降の綸旨のうち、年紀・内容・奉者の確かな、管見に及んだ最も早い事例は、杵築社をして王道再興を祈らせた元弘三年三月一四日付のものである(「千家文書」二)[8]。これより足利尊氏離脱の建武二年一一月までに限り、綸旨の奉者を整理する。

(A) 蔵人頭・五位蔵人

千種忠顕[9]・中御門経季[10](以上頭)[11]、高倉光守[12](左少弁)・中御門宣明[13](左中弁)・岡崎範国[14](右少弁)・甘露寺藤長[15](右少弁)・冷泉定親・源具光(中院)(以上五位蔵人)

(B) 蔵人ではない者

二条師基[16](権大納言・大宰帥)・葉室長光[17](参議・右兵衛督)・三条公明[18](中納言)・甘露寺藤長[19](右少弁・皇大后宮権大進)・坊門清忠[20](参議・右大弁)・三条実治[21](参議・左大弁)・中御門宣明[22](左中弁)・式部大丞[23](新補注1)

以上は、言わば後醍醐天皇の側近層で、(B)はすべて記録所構成員とみてよい。参議以上は上卿、中弁クラスは弁・勾当、少弁クラスは寄人となろう。蔵人で記録所寄人を兼任した者も少なくない。具体的に細かくみれば、中御門宣明・三条公明・同実治など前期親政の中心的役割を果したメンバーが並んでいるし、しかも出身家門についてみても勧修寺一門が圧倒的に多い。これらの事柄はそのまま前期親政記録所の構成的特質を承け継ぐものである。従って、建武政権の記録所は基本的には、前期親政期のそれの復活とみてよい。政権の相対的安定度を象徴するかの様に、弁官の交代は前期親政期にみるほどのめまぐるしさはない。

筆者が収集し得た後醍醐天皇綸旨の内容は、㋑所務濫妨停止、㋺所領安堵、㋩所領付与（勲功地宛行を含む）、㋥軍勢催促、㋭守護職補任、㋬寺官職任免、㋣寺格指定、㋠勅願寺・祈願所指定、㋷祈禱命令、㋦寄進、㋸特定氏族内部の惣庶問題への介入、など多岐に亘っている。それぞれの支配の対象からみれば、全国政権を樹立した後醍醐天皇は、まさに主従制的、統治権的両面における支配権を一身に集中させたことが知られよう。記録所の機能はこのうち、㋑㋺とかかわろう。更に、㋬〜㋷については、建武政権の宗教政策の側面から研究を進める必要があろう。因に、綸旨の奉者の立場（蔵人か弁官か）の相違による内容面での類型化は、両職を兼ねる場合が多いことなどから困難である。概して内容にかかわらず蔵人が奉じた事例が多く残存している。

建武政権の記録所構成員を法曹吏僚クラスまで含めて包括的に窺い得る交名が「建武記」(24)中に二種収められている。この二交名は記録所の構成に関するめぼしい史料が他に見当らない限り、極めて重要な研究素材である。ひとまず、これらを引用しよう。

(A) 記録所寄人（本来は二段書き）

四位左大史冬直宿禰　清大外記頼元　弼大外記師利　新大外記師治
大判事明清　主計大夫判官明成　近衛大夫判官職政（兵衛）　佐渡大夫判官秀清
土左守兼光　河内大夫判官正成　伯耆守長年

(B) 記録所被定下寄人結番事

一番　一日　二日　十一日　十二日　廿一日　廿二日

（中カ）「右少弁」正経朝臣　「左大史」冬直宿禰　「新大外記」師治　「佐渡判官代」秀清　「六位史」清原康基

二番　三日　四日　十三日　十四日　廿三日　廿四日
（権右中弁）実夏朝臣　「清大外記」頼元　「大夫判官」明成　時知

三番　五、六、十五、十六、廿五、廿六、
（左中弁）宣明朝臣　匡遠　（マヽ）「兵衛大夫判官」職政　「土左守」兼光

四番　七、八、十六、七歟　十七、八カ　廿七、廿八、
（左少弁）光守朝臣　「大外記」師利　章香　正成

五番　九、十、十九、廿、廿九、卅日
「蔵人右少弁」藤長　「大外記」師右　「大判事」明清　「伯耆守」長年

右各守結番、毎日無懈怠、可祗候当所、於評定　一日　七日　十一、十七、庭中　三、十三、越訴　八、十八、対決　廿一、廿六、廿三、廿八、
九、十九、廿九、等日者可皆参之由所被定也、各可被存知之状如件、

建武二年三月十七日

記録所庭中事、五畿七道被置式日了、一道三ヶ日也、

まず問題となるのは、(A)(B)両交名の成立時期についての検討である。「建武記」所載の記事はおおよそ編年に並べられているが、(A)はその中で固有の年紀を持っておらず、同記の配列では建武元年五月にかけられている。この配列の当

否についてはこれを判断しうる材料がなく、はっきりしないが、記録所と決断所の管轄区分が建武元年五月頃に行われたふしがあることに関連づけて推測すれば[25]、同交名がこの時作成された可能性が高い。一方、(B)が持つ建武二年三月一七日の年紀の信憑性を考える上で、二番所属の洞院実夏が同年三月一六日に記録所寄人に補された事実[26]がこの上もない傍証となる。従って(B)は同時期の制定とみてよい。

次に人的構成上の特質についてみよう。(A)の一一名はすべて法曹吏僚などの下級職員とみなされるが、その内訳は中原六、小槻・清原・伊賀・名和・楠木各一である。このうち王朝の法曹家中原氏についてみれば、師任流二、明兼流二、範光流一、不明一（秀清）である。小槻・清原も代々記録所に基盤を置く吏僚である。ここまでは前期親政期における法曹吏僚の配置方式と異なるところはない。特筆すべきは伊賀兼光・名和長年・楠木正成の三名である。兼光は旧幕府下では六波羅評定衆[27]、他二名は言うまでもなく中興政府樹立の殊勲者である。(A)は記録所関係者の交名のうち法曹吏僚系寄人の分のみで、勾当（弁）以上については別途に作成されたと思われる。建武元年二月二三日左中弁となった中御門宣明が同年三月十七日記録所勾当に補された事実（『公卿補任』、『諸家伝』）はそのことを裏付けている。

次に(B)について同様にみよう。編成方式の側面からみれば、(A)は結番制をとっていないが、(B)は(A)に記載された一一名のほか、新たに清原康基・小田時知・小槻匡遠・中原章香・中原師右、そして各番の筆頭に中・少弁クラスの公家五名を加えた、五番制二一名から成る。他の史料から推定すれば、洞院実夏は権右中弁[28]、中御門宣明は左中弁[29]、高倉光守は左少弁と考えられるからである[30]。五人の弁官のうち、宣明・光守・藤長は勧修寺流出身、法曹吏僚についてみれば、中原八（師任流三・明兼流二・範光流二・不明一）を最多とし、小槻二、清原二である。その他、新加の小田時知は旧六波羅引付頭人[31]、伊賀兼光・楠木正成・名和長年は(A)においてもあらわれた。建武政権は(B)の時点（建武二年三月一七日）で記録所の再編成を実施したのであろう。

(A)・(B)二交名はむろん建武政権全期に亘る記録所構成員を網羅したものではない。[32][新補注2] 建武政権の記録所の構成上の特徴の一つは、中原・小槻・清原など王朝の伝統的吏僚の他に、伊賀兼光・小田時知・楠木正成・名和長年らの旧六波羅探題関係職員・在地武士を新たに加えた点にあり、この新現象はすでに述べたように雑訴決断所の構成において一層強くあらわれている。まさに政権の構造的特質に根ざしたこの現象は、政権自体の展開の仕方を究明する上で重要問題を含むと言わねばならない。前述のように記録所は建武元年五月頃より、新設（元弘三年九月頃設置）の雑訴決断所との所轄区分をやや明瞭にする傾向をみせるが、「現実の下地所務から浮き上った単なる庄園貢租取得者、すなわち既に加地子領主的存在にすぎなくなっている庄園本所領家層を当事者とする事件」[33]＝「大議」の審理にまで、以上の様な武士層を参画せしめた点に前代未聞の新局面をみのがすわけにはゆかない。ちなみに、足利氏との関係で言えば、決断所へは高師直・同師泰・上杉道勲といった足利系武士を送り込んだが、記録所へはその形跡がない点にも注意を払わねばならない。また二交名の編成は、上述の武士系新メンバーを除けば、前期親政の場合と本質的に異なるところはない。[34]

続いて運営面についてみよう。(B)では各番ごとに六日づつ一カ月すべての日付が注記され、更に交名に続けて、評定・庭中・越訴・対決の式日がかきつけられ、これらについては寄人の皆参を規定している。各番の下に記された各々六日の日付は、笠松宏至氏の解釈の様に、訴の受理日と考えられる。[35] これら記録所寄人はすべて決断所にも配属されており、その間に執務の上で何らかの調整がなくてはなるまい。そのことを考える際、次の「小槻匡遠記」[36]の記事は参考となろう。

①　（建武二年四月）十五日、参着記録所、

②（同右）十六日、参着記録所、

③（同右）十八日、参着記録所、先参殿下（鷹司冬教）、造内裏事、条々申入□（了カ）、

④（同右）廿五日、参着記録所、

⑤（建武二年六月）廿一日、先参右府（洞院公賢）条々申入之後、参着決断所、有沙汰、其後着□（記カ）録所、

⑥（同右）廿二日、参決断所了、

この日記の記主官務小槻宿禰匡遠（壬生流）の鎌倉末期の動向をみれば、管見のところ嘉暦元年より記録所に参画している。(37) また交名(B)では三番に配置、同時に決断所衆を兼ねた。(38) 上掲史料の①〜⑤より匡遠は一五・一六・一八・二一・二五日の各日に記録所へ参着したことが知られ、これらを(B)交名及びその付帯記事と比較・対応させれば、一五・一六・二五日が訴の受理、一八日が越訴、二一日が評定のために、それぞれ記録所へ出仕したものと推定されよう。このうち⑤は審理・裁決する側の手順を示唆する史料として、尚検討の余地を残しつつも、(39) 興味深いものがある。ここでは決断所に参仕し、沙汰があった後、記録所へ出仕した点に着目したい。「建武記」にみえる建武元年五月一八日制定の決断所条規一〇ヶ条の第一条に、

沙汰刻限事

春夏自辰刻至于午刻　秋冬自巳刻至于未刻

とあり、決断所での沙汰は午後さほど遅くない時刻には終了したことが知られることから、記録所評定はその後行われたのではあるまいか。また⑥は建武二年六月二二日決断所へ出仕したことをいうが、決断所交名によればこの日は第一番（五畿内担当）の式日に当っている。これは匡遠がこの時すでに第三番（東山道担当）より第一番へと転番していたこと

による。[40]

㈢

建武政権の記録所の機能に関して、今一つ述べておこう。佐藤進一氏は畿内の紛失状証判の事を記録所が取り扱ったと説かれた。[41] 根拠とされるところは、「金峯山文書」建武元年二月日大和金峯山吉水院々主真遍紛失状[42]の奥に加えられた建武元年九月四日中原章香以下九名の証判を記録所官人のものとみなされた点にある。「大友文書」建武二年三月日山城三聖寺嘉祥庵院主処英紛失状に加えられた中原章有以下一三名の証判も同種の事例として注目する必要がある。筆者はこれらの証判は記録所官人ではなく、使庁官人のものと考える。その理由は、これら署判者はすべて中原氏、しかも範光流・明兼流によって占められ、記録所を唯一の基盤とする師任流中原氏や小槻・清原氏がみえないこと、言わばこの署判の仕方は使庁諸官評定文のそれと同一であること、つまり、「預諸官御署判」の「諸官」とは使庁の諸官と考えられるからである。従って紛失状証判の取り扱いを記録所の所轄とみることはできない。[43]

記録所の機能の面からは、前記の「大友文書」処英紛失状にみえる次の記事が注目に値する。

（上略）彼文書等者、為諸国平均之法、為洞院左衛門督家（実世）御奉行、被下安堵綸旨於諸国寺院之間、属正親町新判官章英之手、為下賜安堵之綸旨間、処英進上件公験文書等之処、達天聴、去々年（元弘三）既被降綸旨畢、（下略）

元弘三年七月末に発布された一同宣旨（諸国平均知行安堵法）は士卒民庶に対する当知行地安堵を国衙機構（国宣）を通して行なうものと理解されているが、建武政権の当知行地安堵の基本方針はこの事例にみるように寺院にも及ぼされた。この点については早く石井良助氏が「寺院だけに就ては『諸国平均之法』として各別に安堵綸旨が下されたらしい」[44]と指摘された。ここではその安堵の仕方に着目したい。文中にみえる、洞院実世を奉行とし、中原章英の手に属したこの安堵綸旨下付の申請は、記録所に対してなされたとみてまずまちがいない。時に権中納言洞院実世は記録所上卿の立場にあったと考えられる。記録所機構を通した、綸旨による安堵方式は寺院に対する場合に限定されず、寺社権門一般にまで敷衍できよう。つまり、諸国平均知行安堵法の実施は安堵を受ける側の身分階層によって所轄機関を異にしたこと、基本的には士卒民庶に対しては国衙・決断所で行ない、(45) 寺社権門に対しては記録所で取り扱ったことが知られる。

3 恩賞方

恩賞方は建武政権の論功行賞のための審理機関であるが、この部局には、所領相論担当の決断所と同様、士卒民庶の利害が厳しく相克した。恩賞方は恩賞給付を通して軍勢の帰趨を決する制度的結節点の位置に立つ重要部局であったから、『太平記』に描かれたように、運営の責任者=上卿の苦悩にはひときわ濃いものがあった。

恩賞方に関する史料はほとんど残存せず、従ってその実態はほとんどわかっていない。少ない関係史料のなかで、最も大きな比重を占めるのは「建武記」に収められた次の結番交名である。

恩賞方番文（本来は二段書き）

一番子（辰カ）申　東海道　東山道

吉田一位定房卿　経季朝臣頭・宮内卿　良定朝臣中院中将　兼光土左守　親光太田判官

二番丑巳酉　北陸道

民部卿光経卿　藤長蔵人・右少弁　職政兵衛（近カ）大夫判官　秀清佐渡大夫判官

三番寅午戌　畿内　山陽道　山陰道

別当藤房卿　宗兼朝臣頭中将　長年伯耆守　正成河内大夫判官
四番卯未亥　南海道　西海道
四条中納言隆資卿　範国左衛門権佐　頼元五条大外記　清原重基六位史

この交名の成立時期の推定から始めよう。「建武記」の配列によれば、交名は建武元年五月に掛けられている。一方内部徴証から判断すれば次のようになろう。三番の「別当藤房卿」(46)の記載を満たす時期は、元弘三年五月一七日に任ぜられた洞院実世が退いた(47)ある時点から、これに代った藤房が罷める建武元年一〇月五日以前の期間である。更に「比志島文書」交名（元弘三年九月頃の成立と推定）には二番に「別当実世」とみえるから、この交名成立の時点以降であること疑いない。以上のことから本交名の成立はまず、元弘三年九月頃～建武元年一〇月の間となる。又、本交名の注記は極めて正しく、信頼するに足るので、この注記によってさらに限定できる。三番の「宗兼朝臣頭中将」に着目すれば、中御門宗兼が頭中将となるのは建武元年二月二三日であるから(48)交名の成立は、建武元年二月～同一〇月の間と推定される。従って「建武記」の配列はたとえあたらずとも遠からずと判断される（この番文のメンバーは、中院良定を除いてすべて決断所八番制交名にみえている）。

『太平記』巻十二にも恩賞方関係の記載がある。これによれば、「同（元弘三年）八月三日ヨリ、可有軍勢恩賞沙汰トテ、洞院左衛門督実世卿ヲ被定上卿」たのをはじめ、万里小路中納言藤房、九条民部卿を次々に審理に当らせたことを描いている。この記事によって、恩賞関係の事務主管者が、㈠洞院実世（元弘三年八月三日より）、㈡万里小路藤房、㈢九条光経、の三段階を経たことが知られる。「大友文書」元弘三年八月二八日綸旨は(49)、一般武士層に対する行賞の事例としては比較的早い時期のものである。この綸旨の発給は時期的にみておそらく㈠に対応しよう。また先の交名についてはどうか。『太平記』の記事は結番制の存在を明記していないが、順次上卿が意を得ずして交代している点から考えれば、㈠～㈢の段階までは結番制を想定するに否定的である。つまり一番制最後の上卿が㈢の九条光経であって、その後光経をも含んだ四番制結番が採用されたと考えたい。仮に交名の成立を「建武記」の配列に従って建武元年五月とすれば、元弘三年八月の設置以降、四番制成立までに三人の上卿が前後して恩賞方の運営にたずさわったことになる。

四番制交名成立以前、上卿の下にいかなる職員が参画したか知るすべもないが、本交名に即して人的面での構成の特質を考えよう。「建武記」所収の二種の記録所寄人結番交名（建武元年五月と同二年三月のもの）と比較すると、奉行人クラスではほとんど重なっているが、上層部をみれば記録所交名が中・少弁クラスを筆頭とするに対し、恩賞方では納言級公家が含まれる。政務系統の上からみても、恩賞方は恩賞綸旨発給の準備機能を分担するなど記録所との関係が深く、記録所内部に設置された一部局たる性格を強く持つことを否めない。また恩賞方一番に結城親光が、三番に名和長年・楠木正成が配置されているのは、彼らの有する地域的特性を生かすことを考慮したためであろう。

阿部猛氏は元弘三年七月日山田忠能・同亀三郎丸申状に付された追記を恩賞方奉行人岡崎範国に関するものとみなし、『太平記』に記された同八月三日の恩賞沙汰開始の挙証とされたが、[50] これに対し笠松氏は申状の内容が当知行地の安堵申請であることからこれをむしろ記録所活動とみるべきとされた。[51] 結論的に言って、この申状は恩賞方の活動開始を窺うための確実な史料として極めて重要なものと考える。今、関係個所を引用する。

島津大隅式部諸三郎忠能（忠経）・同舎弟亀三郎丸（友久）等謹言上、
[a] 欲早任当知行旨、下賜安堵　綸旨、備将来亀鏡、薩摩国谷山郡内山田・上別府両村地頭職、同国散在名田畠相伝所領等事、
（中略）

忠能父子共懸先、令生捕、抽軍忠之間、(b)可浴恩賞之旨、以別紙言上、(c)至当知行所領等者、早下賜安堵　綸旨、欲備将来亀鏡矣、仍恐々言上如件、

　元弘三年七月　日

「右書ノロニ如此有之」

「奉行人蔵人式部少輔（岡崎範国）」　「彼宛所ハ、おしこうち（押小路）、までのこうち（万里小路）、三条はうもん（坊門）の中ほと、までのこうちをもてむね門也、
(d)此申状八月三日上、同六日安堵りんし給はる、(e)彼申状案文、同清書、(f)少輔殿充書之」(52)

この申状は次の二つの申請内容をもつ。

㈠　(a)からわかるように、「任当知行旨」せ、表記の所領・所職を安堵されたいこと（つまり(d)の申状）。(a)は文脈上、(c)と関連する。なお建武政権は早期より当知行地安堵の基本的政策をとっており、この場合軍忠の有無とは直接的に関係がない。

㈡　(b)から知られる様に、忠能・亀三郎丸は前記の当知行地安堵の申請とは別に、「別紙言上」の形で軍忠に対する恩賞を要求している（つまり(e)の申状）。恩賞沙汰はまさにここにかかわっている。

㈠に対しては注記で「同六日安堵りんし（綸旨）給はる」と書かれているが、実際には元弘三年八月五日両人あて後醍醐天皇綸旨が下され、当知行地が安堵された(53)。奉者は式部少輔岡崎範国である。次に㈡に対して綸旨下付の明証を得ないが、申請は(f)の「少輔殿充書之」という文言から明らかなように岡崎範国あてに出された。従って(e)の「彼申状」の提出先は終局的には恩賞方であったはずである。ただ前述した様に、機関の性格からみて恩賞申請の受理窓口が記録所であった可能性もないわけではない。

次になぜ申状の口に「奉行人蔵人式部少輔」としるされたか。おそらくこれは両通の申状が式部少輔岡崎範国に充てられ、しかも(d)の申状に対する綸旨が彼の奉ずるところであったことによろう。(d)は明らかに記録所に対して提出されたと思われるが、この頃の記録所の構成は不明である。前記の二つの記録所交名にも範国の名をみいだせない。しかし前期親政期、記録所における訴の受理が五位蔵人の手を通してなされたことから推せば、(54)(d)の申状が五位蔵人範国(55)にあてられたことは充分に考えられる。問題は(e)の申状が恩賞方にあてられたか否かにある。(e)が提出された頃の恩賞方の構成は先述のとおり、洞院実世が上卿であったことが『太平記』によって窺われる他は全く不明であるが、恩賞方が記録所の付属機関とみなされること、範国は記録所の事務にかかわりを有したという以上の推測から、(新補注3)おそらく(e)は恩賞方の事務を担当していた範国にあてられたとみてさしつかえあるまい。

以上を要するに恩賞方の活動は元弘三年八月に開始され、上卿は洞院実世、万里小路藤房、九条光経と続き、建武元年五月頃に「建武記」所載の四番編成をみたと考えたい。恩賞方の審理内容は上奏され、綸旨によって恩賞地が宛行われた。元弘三年八月末にはすでにこの種の綸旨が発給された。

4 窪所・武者所

建武政権は治安・警察機構として窪所と武者所を置いた。主な関係史料は次の五つに尽きる。(新補注4)

(A) (上略)窪所(56)と号して、土佐守兼光(伊賀)・大田大夫判官親光(結城)・富部大舎人頭(信連)・参河守師直(高)等を衆中として御出有て聞食す。むかしのごとく武者所をおかる。新田の人々をもて頭人として諸家の輩を結番せらる(「梅松論」)。

(B) 武者所輩可存知条々

一、内々宿直之時、可用布水干葛袴、

一、総鞦常不可用、細々警固之時、正員一人之外停止之、

建武元年五月七日

（「建武記」、全九ケ条のうち二ケ条を掲出）

(C) 十月廿二日の夜、(建武元年)親王(護良)御参内の次をもて、武者所に居籠奉て、翌朝に常盤井殿へ遷し奉り、武家の輩警固し奉る。宮の御内の輩をば、武者の番衆兼日勅命を蒙て、南部・工藤を始として数十人、召預けられける。同十一月親王をば細川陸奥守顕氏請取奉て関東へ御下向あり（「梅松論」、なお『太平記』巻十二に対応記事あり）。

(D) 定窪所番事

一番　道光　義高　広栄　平保平

二番　重如　正季　大江貞重

三番　光貞　信連　藤原重朝

四番　菊夜叉丸　康政　源知義

右番守次第、無懈怠可令勤仕、番衆之外、無左右不可参当所之状如件、

建武三年二月　日

（「建武記」）

(E) 定武者所結番事（延元々年四月日、「建武記」[57]、本文略之）

(A)の前段と(D)が窪所関係、(A)の後段と(B)、(C)、(E)が武者所関係の史料である。(A)の記事は「梅松論」の叙述順序からみて元弘三年中のものと判断され、衆中の顔ぶれから考えてもそのころに置いてよい。[58]

(D)の窪所交名が成立した建武三年二月は建武政権を離脱した足利尊氏が京都での戦いに敗れ西走を開始する時期であ

ることに注意せねばならない。この中に足利方がみえず、名和義高（長年の子）に象徴されるように、反足利的性格が強いのはこのためである。

武者所に関する(A)の後段はまさに延元元年四月成立の(E)と内容的に合致する。このことは却って(A)の後段の記事の信憑性を他の史料によって検討する必要を生ぜしめる。(E)は六番構成、全六五名を擁するが、これ以外にも武者所の構成員に関する所見が散在している。それらをひとまず整理しよう（表Ⅰ）。

(E)にみえる内で、他史料に所見する分もあげよう（表Ⅱ）。

これらの所見は(E)の欠落部分か、或いは別の時期のものか明瞭ではない。しかし「建武元武者所」とある一本を信頼すれば、(E)交名編成以前の状態を断片的に示すものと考えられる。この推測が許されれば、武者所の構成は(E)では新田一門の占める比重が大きいこと明白であるが、この状態は足利尊氏離反の結果と考えられ、表Ⅰに足利一門の一色頼行（道猷の兄）が加わっている点に示される様に、当初から新田色の強いものとみなすには問題があろう。

武者所は円融院の寛和元年に、上皇の御所を警衛する武士として初見する[59]が、以降も継続して置かれ、建武政権、更には北朝の後光厳期にも所見がある。[60]建武政権の武者所には武家歌人が多かった。[61]

構成者の面において窪所と武者所はいかなる関係にあったか。(D)と(E)を比較すれば窪所全十三名のうち名和義高・富部信連・某光貞[62]・金持（かなじ）広栄[63]の四名は武者所にも所属していることがわかる。(D)と(E)の時間差はわずか二ヶ月程度であること、後述のように両者の任務は基本的には相異なることから推して、窪所と武者所は別個のものであるが、構成の上では重複する一面を持ったと考えたい。

次に機能の面を検討しよう。まず武者所からみよう。(C)は明らかに武者所の機能の一側面をあらわしている。即ち謀

表Ⅰ 「建武記」以外にみえる武者所

氏	氏名	所見	出典	備考
源氏	新田義助	建武元(イナシ)武者所	『尊卑分脈』	
	一色頼行	〃	〃	「建武記」関東廂番四番所属
	大島義政	〃	〃	
	加古信氏	建武々者所	〃	
	武田貞信	〃	〃	
	小笠原貞宗	〃	〃	「建武記」射手交名にみゆ
	大原時重	〃	〃	〃
平氏	平氏村	後醍醐院御時、武者所に侍りけるに……	「新千載和歌集」巻三（『校註国歌大系』第七巻）	
	〃	奉後醍醐天皇寵遇、候武者所……	『系図纂要』八	
藤原氏	児玉長家	元弘三年十一月廿日、如元可為藤原氏之由、被宣下、武者所祗候之時者、被書藤原長家畢	「諸家系図纂」	

表Ⅱ

氏	氏名	所見	出典	備考
源氏	武田信貞	建武々者所	『尊卑分脈』	Ⓔ六番所属
	源知行	後醍醐院の御時、武者所にさぶらひけるに…	「新千載和歌集」巻八（『校註国歌大系』第七巻）	〃

叛人の逮捕である。『太平記』巻十二によれば、護良親王を捕えたのは、結城判官親光と伯耆守名和長年である。これに類する所見として建武二年六月二二日の次の史料は注目される。

今日西園寺大納言公宗卿・日野中納言入道資名卿父子三人被召置云々、各武士相向云々、以外事歟、又於建仁寺前

召捕隠謀輩了、正成(楠木)・師直(高)相向云々、於所々猶多召捕云々、(64)

北条高時の遺子時行と呼応した西園寺公宗の陰謀失敗に関する記事である。この事件は中先代の乱勃発の口火を切ることになる。この時「隠謀輩」の逮捕に向った楠木正成・高師直の行動はおそらく武者所としてであったと考えられる。更に次の史料をみよう。

(上略)爰去建武元年、為紀州飯盛城凶徒追伐、亡父信連(富部)為勅使、楠木河内大夫判官正成相共発向之時、(65)(下略)

建武元年一〇月、紀伊飯盛山に拠った北条氏残党討伐に向った富部信連・楠木正成の行動も同じく武者所の立場からであったとみられる。以上のことから、武者所の機能は洛中警衛を中核として、近国における反乱鎮圧を含むと考えられる。また建武元年後半期、結城親光・楠木正成・富部信連、また建武二年半ばには高師直が武者所に所属したこと、(A)では親光・師直・信連が窪所に属していることから推して、彼らは両属したものらしく、先述した両者の関係はすでにあらわれていることが知られる。

一方窪所はどうか。和田英松氏は、その呼称は「官衙がくぼまって、他より低い処にあった」ことによると推測された。(66)窪所に関する乏しい史料を総合して言えることは、武者所に比べて規模が小さく、(D)に「番衆之外、無左右不可参当所」と規定されたことから窺われるように部外者の参画を排除する、他とは異なる特別の任務を負ったのではあるまいか。たとえば内裏の特定の要所警備などが考えられよう。

窪所と武者所の機能上の関係をみよう。(A)の「御出有て聞食す」の文言は、窪所と天皇の近い関係を示唆しているし、天皇の寵遇を得て武者所に候した平氏村にみるように、武者所も又、天皇と近い位置にあることが窺える。武者所に歌人が多かった事実もかかる事情を背景としていよう。従って両所ともに天皇の親衛隊的性格を持つ点においては共通するが、先述のとおり、武者所には洛中とその近辺の治安・警察機能が付され、これが武者所の主任務である点において、両所の機能上の相違を看取できよう。

建武政権下の足利氏に即して言えば、かかる重要部署に譜代被官の高師直を送り込んだこと自体に尊氏の隠然たる勢力を認めないわけにはゆかない。(D)・(E)の交名は尊氏が離脱したため新田色に染まったものと考える。(E)はもはや本来の武者所の枠をはずし、西国で勢力を挽回し、ほどなく攻め上るであろう足利軍に対する後醍醐天皇軍の臨戦態勢であったとみてよい。

5　検非違使庁

中世の使庁の研究は近年めざましい進展を遂げ、王朝の洛中支配の仕方、室町幕府との関係など堅実な研究成果を積み重ねてきた。ここでは特に建武政権の使庁に焦点をあて、その特質を検討したい。しかしそれは後醍醐前期親政以来の政治のあり方と不可分の関係にあるので、前期親政期の使庁をも含めて論ずることにする。(新補注5)

(1)　後醍醐天皇前期親政期の使庁

後醍醐天皇前期親政の眼目が洛中支配に存したことについては記録所の活動を通して若干ふれるところがあったが、洛中の治安・警察・訴訟を所轄する使庁が後醍醐天皇の政治路線と無関係であったはずはない。現にこの間の使別当の補任状況をみても蔵人・弁官として記録所機構を支え、後醍醐天皇の手足となって活動した勧修寺流を中心に北畠、日野、洞院氏が名を連ねている。(67) 個々の別当がどの程度後醍醐天皇の政治志向に傾倒をみせたかを具体的に把握することは困難であるが、任免の状況、例えば後宇多院政期以来使庁別当であった中御門経宣が「無別罪科」く「被召職」(68)、代って北畠親房が、続いて日野資朝が別当に補された事実にも間接的ながら討幕志向の高まりが窺われるし、正中の変が失敗し別当日野資朝が捕縛された後しばらくの間、別当を置かず廷尉平忠望が五位蔵人のままで庁務を代行したと覚しきことも、(69)幕府に対する配慮、即ち討幕志向の裏返しとみてよい。(70)

一方、使庁官人の動きについては、下部一〇数名を率いて現地へ向い、犯科人を搦め取るなど、殺害人・盗人・放火人の逮捕・禁獄、博奕禁止・内裏警衛といった治安・警察行為が当時の史料に散見しているが、(71)この側面での使庁の機能は中原章房・章方兄弟の行動を通してある程度明らかにすることができる。次の史料に注目しよう。

今日、去夜刃傷人事委相尋、油商買人宅地給番匠了、如此近辺狼藉不可然之間、可令召出使庁之由仰了、(『花園天皇宸記』元亨三年七月一日条)

油商買男は前日、持明院保藤の中間男五郎と共に尼一人女一人に対し打擲・刃傷に及び、ために使庁官人に捕縛された者である。右にみる加筆部分の文言から知られるように、油商買男の宅地は没収され、番匠に給された。この油商買男の私宅点定は彼の属する本所(離宮八幡或いは大乗院か)に対する政治的措置とみなされ、さらには当時の寺社権門一般に対する後醍醐天皇の統制策の一環ととらえることも可能となる。このことは使庁と後醍醐天皇の政治路線との密接なつながりを想定する上での一支証となろう。

使庁官人はまた使庁における民事訴訟にもかかわりを有した。この側面についてはすでに、管見に及んだ前期親政期の使庁諸官評定文一〇通を表示し、評定文における評議内容は洛中訴訟に限られること、評議参加者は中原氏、しかも師任流は含まず範光流・明兼流に限られること、その現象は法曹吏僚家の制度的立脚基盤の相違に起因すると考えられること、などを指摘した。(72)

更に使庁は謀書・(73)文書抑留を(74)取り締った。正中元年一二月、諸国年貢の遅済のため明年正月をもって閏一二月とし、閏正月をもって明年正月とするという奇怪な内容の、万里小路季房（五位蔵人）奉ずる綸旨が下されたという流言が飛び交った。[75] 程なくこれが中原章緒の謀作ということが判明したが、[76] 使庁官人章緒がかかる綸旨を謀作したのも、まさに彼が文書謀作を取り締る公的立場にいたからに他なるまい。

(2)　建武政権の使庁

建武政権の使庁を究明するための史料は乏少である。従って諸側面についての解明は期しがたいので、重要と思われる問題にしぼった考察を行いたい。

(一)

管見に及んだ一通の諸官評定文は次のものである（署名は本来横一列に記されている）。

（上書）諸官評定文

建武元年七月廿二日評定、

　東寺雑掌与小野氏女相論梅小路室町敷地事、

件地事、（中略）両方立申之趣、非無由緒歟、然者有御　奏聞、可被一決哉、

章方　　章香
明成　　章有
秀清　　章緒
章興　　章世
章顕

この評定文について、㈠書式・所轄内容は従来と変わらない、㈡署名者のうち章方〜章緒[77]は決断所衆を兼ね、章興以下三名は使庁専属であること、が指摘される。しかし何よりも注目すべきは、この評定文の書止めが「有御奏聞、可被一決哉」とあること、つまり使庁官人の評議では一定の結論を出さず、「御奏聞」に委ねた点である。概して諸官評定文は、例えば山僧賀運と同頼以が六角油小路地を争った時、「賀運止訴訟之由、令申請之上者、被聞食之旨、被下別当宣之条、何事有之哉」(「東寺百合文書」よ嘉暦二年七月一二日諸官評定文)とみえるように、検非違使別当宣を発給するための手続き機能を併有していた。[78]諸官評定文は一定の結論を提出するのが通例で、そこにまた評定機構の存在意義があったわけである。現に鎌倉末期〜南北朝期の諸官評定文についてみても、管見の限り「有御奏聞、可被一決哉」などと書き止めた実例はほとんど見い出せない。そうだとすれば、前掲評定文は建武政権の使庁運営の特質を示唆する事例として注目される。そこで「御奏聞」の相手を使庁別当とみなすには役不足で、やはり後醍醐天皇の存在を想定せざるを得ない。しかしこの評定文をふまえて下されたのは後醍醐天皇の綸旨か使庁別当宣か、いずれも管見に及ばず判断に迷う[補註]が、洛中訴訟に関する後醍醐天皇綸旨は全親政期を通じてみいだせないことから考えて、おそらく後醍醐天皇に伺いを立て、聖断を仰いだ上で、別当宣が下されたとみるのが妥当であろう。この解釈が許されれば、建武期の使庁を天皇に引き寄せて考える上で興味深いものがある。

㈡

建武政権の使庁の活動のなかで従来最も研究者の関心を集めたのは、建武元年五月の徳政令の発布であろう。この徳政令については、原史料の復元と先行諸学説の批判的整理を試みた黒田俊雄氏によって、厳密な解釈が提示され、建武政権の所領政策の一環として位置付けられた。[79]結論として氏は「この徳政令は永仁の徳政令とは異って、基本的には

『負物并本銭返質券田畠』に限られており、沽却地については一部特定条件のものに結果として徳政的効果を生む処置があったにすぎない」[80]と限定的評価を下された。法文とその解釈については黒田氏の所説に従い、ここでは主に同法令の在地への適用という側面についてみよう。[81] 本徳政令適用の徴証は主に九州関係の史料に散見している。

(A)　比志島義範申上状[82]

薩摩国満家院内比志島彦太郎義範謹言上、

欲早達天聴、任善政糺賜本物返地事、

右壱所者、義範重代相伝之所領也、而此内山口田壱町并竹内屋敷壱ヶ所、為同国伊集院大隅助三郎忠国（童名犬一丸）去正□□□（月之比カ）為本物返、令入置于弐拾貫文之処、既過半倍送□之上者、早任証例（マヽ）、可知行之旨、下預御牒、為備向後亀鏡、恐々言上如件、

建武元年五月　日

（裏面に中原章有の花押あり）

(B)　検非違使庁下文[83]

検非違使庁下　薩摩国衙

当国満家院内比志島彦太郎義範申、山口田壱町并竹中屋敷壱所本物返事、

右訴状如此、早令尋成敗、有子細者、可被注進者、

建武元年五月六日　　　左衛門権少尉中原朝臣（中原章有）（花押）

(A)は比志島義範が伊集院忠国に対し、山口田一町、竹内屋敷一ヶ所を二〇貫文で本物返地として入れ置いたが、今そ

の半分を返済したから徳政令に任せ、同地を返付するように申請したものである。裏判の存在はこの訴が使庁官人の手を経たことを示す。(B)はこの義範の申状を受けた使庁がその処分を薩摩国衙に命じたものである。この徳政令の実質的な執行機関は「香取文書」建武元年五月三日検非違使庁牒に「於国任格制、令計成敗」と規定されたように国衙であった。次の史料をみよう。

庁宣

草野孫次郎入道円真申、質券(地脱)筑後国竹野東郷総公文職事、

右就今年五月三日検非違使庁牒・同六日国宣、以使節八町嶋四郎入道道西尋下之処、如道西八月十五日請文者、宇土唯覚房女子不応催促云々、起請詞略之者、此上令違背国命之条、其科叵遁(難)、然則於彼職者、可被返付于円真之状如件、以宣、

建武元年九月二日

目代源(84)(花押)

この文書は草野円真が質券に入れ置いた筑後国竹野東郷総公文職を宇土唯覚房女子から取り戻そうとする訴を受けて出された筑後国庁宣である。(85)この文書が発給されるまでの経路について、前述の「比志島文書」の事例を参考にして推測すれば次のようになろう。まず草野円真は徳政令に任せて、同公文職の返付を使庁に訴えた。これを受けた使庁は尋成敗を命ずる下文を在京の筑後国主に下した。次いで筑後国主は徳政令に任せて現地で処置せよとの国宣(建武元年五月六日付)を目代あてに発する。この国宣を受けた目代源某は、使節を立てて事実関係を調査しようとしたが宇土唯覚房女子が催促に応じないので、円真に対し同公文職返付を決定したのである。

以上の事例において、徳政令に依拠した処置は国衙（或いは守護）レベルで進行し決定をみたこと、沙汰の内容は本物返・質券地に限られていることに注意する必要がある。

今少し、徳政令の範囲についての検討を行う。次の史料に着目しよう。

①　雑訴決断所牒　薩摩国守護所

当国一宮八幡新田宮所司神官等申、沽却并質券地等事、

解状具書

牒、為糺決、来十月十日以前、可参洛之旨、相触東郷三郎左衛門入道已下交名人等、可執進面々散状者、牒送如件、以牒、

建武二年八月十一日　（署名者四名略）(86)

②　薩摩国一宮八幡新田宮所司神官等申、沽却并質券□□（之事カ）、決断所御牒副訴状具書并御奉書如此、早任被仰下旨、可被申散状候、仍執達如件、

建武二年後十月一日　沙弥覚□(87)

権執印御房

①の決断所牒は新田八幡宮所司神官の訴える沽却并質券地について、東郷三郎左衛門入道已下（買人）の出廷と請文の提出を命じたものである。しかし②にみるように出廷を難渋したため、沙弥覚□（「御奉書」を国宣とみなせば、目代か）を通して請文提出が再度命じられた。②があてられた権執印（良暹）は当該地の債権者、つまり①にいう「東郷三郎左

衛門入道已下交名人」中の一人であったと考えられる。

この沽却并質券地とは具体的にどこを指したか。次の史料をみよう。

③「(端裏書)土穴免田、楠本免田売券案 東郷被上候譲状書之遣之」

奉売渡

薩摩国八幡新田宮常見免田代引田、永利名内土穴壱町、并入来院内楠本免田五段事、

右、件免田等者、知行無相違者也、而依有要用、代銭参拾五貫文、限永代、東郷尼御前奉売渡早、然者為一円不輸之地、可有知行候、仍為後日之売券状如件、

嘉暦弐年七月卅日

惟宗友雄在判

(執印重友)沙弥道厳在判(88)

④「(端裏書)東郷ニ遣ス宇曾越売券状案」

売渡

薩摩国新田宮執印職知行内、同国入来院中村内、字宇曾越壱町事、

右田地之事、為重代相伝□(道恵)也知行無相違者也、而依有要用、代銭肆拾貫文仁、限永代、東郷尼御前仁所奉売渡也、但彼水田事、聊依有子細、舎兄執印入道々教(厳)并子息友里法名教忍等両方出契状者也、随而教忍令同心、令沽却于同心候間、加判形於彼状早、且為不審、(執印重兼)親父道教譲状并道厳・教忍相伝之状等、於正文者、為連券之間、案文仁封裏所副渡也、任彼状等可被知行也、此田地者、迄于万雑公事臨時役、自元不相懸之上者、為一円不輸之地、可被知行之、若又此田地不慮之外相違出来時者、本銭以一倍可令糺返也、仍為後日、売券之状如件、

嘉暦二年十月廿八日

沙弥教忍（友里）
沙弥道恵（忠兼）[89]

③は惟宗重友・友雄が新田宮常見免田代引田、永利名内土穴壱町并入来院内楠本免田五段を、④は惟宗忠兼・友里が執印職知行内入来院中村内字宇曾越壱町を、それぞれ東郷尼御前に売り渡した売券である。④では「若又此田地不慮之外相違出来時者、本銭以一倍可令糺返也」と併記しているが、③④ともに対象地は請け戻しを前提とした所謂本物返地ではなく、永代沽却地だと考えられる。買主の東郷尼御前と、①の決断所牒にみえた東郷三郎左衛門入道[90]とは近親関係にあるとみてよい。この推定が許されれば、建武二年八月になって、新田宮所司神官は惟宗氏が八年前に東郷尼御前に売り渡した地を、尼の買得地を承け継いだ東郷三郎左衛門入道から取り戻す訴訟を起こしたと考えられよう。この提訴の直接的契機は、本節で問題とする建武元年五月の徳政令中の「沽却地」に関する規定であろう。

沽却地事

承久以来沽却、不可依御下文（海本ナシ）、買主滅亡者、本主可進退之、両方共参御方、致軍忠者、且可有其沙汰、元徳三年以後、殊以本主可進退之、

黒田氏はこの規定を「単なる徳政令の一項というよりはむしろ北条氏の権威を否定して天皇方の軍忠の者を優遇するための政治的措置であることを本旨とする」[91]ものとされた。つまり元弘の乱の行賞措置の一策として考案された「闕所地給与の処置法」ととらえ、この規定の徳政的意味の限定性を強調されたわけである。しかし、在地における対応という面では、以上の事例にみる様に八年前の沽却地回復の訴訟がこの法令に触発されたと考えられることと、この訴訟を決断所が取り扱ったことに注意を要する。当時の史料をみれば、本物返・質券地に関して国衙・守護機構が作動した徴

証はあるが、沽却地に関してはみいだせない。おそらく検非違使庁牒によって諸国衙に対し布告された格制は、黒田氏の指摘のように、「負物并本銭返質券田畠」に限られており、問題の「沽却地事」はこの格制に含まれないばかりか、決断所の所轄事項であったと考えられる。しかもこの規定は在地の複雑な売買関係に一定度の波紋をよびおこしたことをみのがせない。

この後、建武元年の徳政令に依拠したこの種の本物返地訴訟は、建武二年をすぎる頃には姿を消してしまう。逆に売券・質券の文中に徳政文言が目立つようになる。(新補注6)

㈢

建武政権の使庁が紛失証判のことを取り扱ったことについては前述したから、ここではくりかえさない。

最後に謀書を通して、使庁権限の変化を考えよう。前期親政期、謀書人に対する処罰は前述のとおり使庁が取り扱った。元亨四年六月日豪遍訴状案[92]に、

欲早被停止宰相法印坊無道押妨、且有度々別当宣、且不叙用御評定文、経三ケ年渉廿四ケ月、不出三答状上者、任証文道理、以違背篇、預庁裁、至法印坊者、被処謀書罪科子細事、(下略)(傍点筆者)

としるされていることによってそのことが知られる。史料は長楽寺閼伽井坊地をめぐる豪遍と宰相法印定真との間の相論に関するもので、豪遍が定真の押妨停止、同地の安堵とあわせて、謀書人定真の処罰を使庁に提訴したことを示している。

これと比較しながら、次の建武政権成立後の史料をみよう。

雑訴決断(所脱カ)牒　出雲国上使盛倫所

三刀屋郷地頭諏方部三郎祐重申当国牛蔵寺住僧栄空・朝豪令謀作綸旨、濫妨三刀屋郷事、
右、止彼輩濫妨、沙汰居祐重代於三刀屋郷、至謀書人栄空・朝豪者、為有尋沙汰、不日可令召進其身者、以牒、

建武元年五月十三日

主税頭中原朝臣(師右)（花押）

左少弁藤原朝臣(高倉光守)(93)

この決断所牒は㈠出雲国三刀屋郷を諏方部祐重に渡付し、㈡綸旨を謀作した栄空・朝豪を召喚することを上使に命じたものである。㈠は決断所機能の典型であるが㈡については、(イ)決断所のかかわりは召喚のみで、処罰は使庁の所轄、(ロ)召喚も処罰も決断所が所轄、の二とおりの解釈ができるが、おそらく(イ)が妥当であろう。たとえ召喚機能に限ってみても、使庁の運営が決断所に依存する状況が生まれていたことを想定できよう。

以上を要するに、建武政権の使庁の、洛中訴訟を所轄する主機能は従来と変わりなかったが、その運営の上に後醍醐天皇の影が大きく映り出したこと、決断所をベースにした後醍醐天皇の諸機構掌握策に伴い、使庁は決断所に依存する傾向を呈したことなどに特異点をみいだせた。建武元年五月、使庁は国衙機構を通して徳政令を布告したが、黒田氏の見解のとおり半倍取り戻しは負物并本物返・質券地に限定されており、適用範囲も狭く、一部を除けば当時の広範な売買関係一般に強い波紋を投げかけたわけではなかった。この徳政令に関しては、その発布に至らしめた社会的背景、実施を負った国衙機構の再編への企図などの面で今後検討すべき問題を残している。

6 おわりに

以上の考察を整理しよう。

(1) 記録所の設置は早く、元弘三年七月にはその活動の確証を得た。その人的構成は、勧修寺流廷臣と王朝の法曹家を基幹に据え、これに武士系吏僚を編入する仕方をとった。前者は後醍醐前期親政の特質を継承するもので、後者は前代未聞の新現象である。

(2) 再設当初の記録所は、旧来その所轄とした寺社権門のみならず士卒民庶の訴訟を担当したと考えられるが、元弘三年九月頃に雑訴決断所が創設されると、次第に地頭御家人層の訴訟をこの新機関に移管していった。すでに指摘した様に、寺社権門の所務相論が決断所の評定を経て、決断所発給の文書によって裁許されたこと、決断所評定をふまえた綸旨が存在することを併考すれば、決断所の拡大は記録所の所轄事項を大幅に吸収したと推測される。記録所自体の積極的活動がみられないのはこのためであろう。

(3) 恩賞方は元弘三年八月に活動を開始したと考えられる。これは記録所機能と関係が深く、恩賞綸旨発給の審理を担当したと推測される。

(4) 建武政権の官僚制は次第に決断所機構にその基盤が置かれ、機能の効率化と即応性をはかり、官僚団を強固に統括する政治目的のもとに編成されたと思われる。

(5) 武者所と窪所は天皇の親衛隊であるが、機能面において武者所は洛中とその近辺の治安警察をその任務とし、また窪所はこれに対し、朝廷の要所の警備を主任務としたと考えられる。天皇に近仕する両所の構成員は両属する者もおり、また政治的にも一派に偏した編成ではなかったが、足利尊氏の離脱後は新田色に染まった。

(6) 使庁は洛中の治安・警察・民事訴訟を所轄したが、紛失証判も又使庁の所轄に属した。民事訴訟を評議する使庁の評定に、後醍醐天皇の影が大きく映り出したのも建武期の使庁活動の一つの特色であった。

(7) 建武元年五月の徳政令は沽却地を含む在地の売買関係に一定度の波紋を引き起こした。

(8) 綸旨謀作人の召喚を決断所が行ったことは、使庁の機能が決断所の補完を得て維持されはじめたことの一証左となろう。

註

(1) 伯耆を発した後醍醐天皇の車駕が二条富小路殿に還御したのが、元弘三年六月五日、建武政権樹立に大きな功績をなした足利尊氏が政権から離脱したのが、建武二年一一月中であった。

(2) 建武政権の記録所に関説したものに次の論文がある。
八代国治氏「記録所考」(続)(『国学院雑誌』一一―六、明治三八年六月)
細川亀市氏「中世における朝廷の民事裁判所―記録所について―」(『法曹会雑誌』一四―一、昭和一一年一月)
古田正男氏「鎌倉時代の記録所に就て」(『史潮』八―一、昭和一三年三月)
佐藤進一氏「幕府論」(『新日本史講座』〔封建時代前期〕昭和二四年一〇月。のち岩波書店『日本中世史論集』に収録)

(3) 『熊野速玉大社古文書古記録』一二~三頁。本書の編者は本文書の年紀を文和三(一三五四)年と推定したが(一四頁)、これは当らない。その理由は「去年七月廿三日」に記録所庭中で言上した時の奉行三条中納言公明の中納言在任は、元徳二年二月二六日~元弘元年八月二五日、元弘二年六月八日~延元元年五月二五日の二時期に限られ、延元元年中に権大納言で没していること(『公卿補任』)、文和三(一三五四)年は「建治(一二七五~一二七七)以来五十余年」の表記にふさわしくないこと、が挙げられる。筆者は「偏仰□威光之善政、弥奉祈 聖運之長□(久カ)」の表現が、おそらく建武政権の成立という歴史事実をふまえていると考えられる点に着目し、また三条公明の活動について現存史料を検索すれば、記録所へのかかわりは、元弘三年九月の決断所開設以前と考えられること(即ち決断所開設後はこれに専従)から、文中の「去年」を元弘三年とみなし、結論的にはこの申状の年紀を建武元年と推測する。

(4) 『大分県史料』(1)、一五〇~二頁。

(5) 本文書中に、元弘三年六月一五日綸旨がみえており、又、同文書建武元年一〇月日宇佐公右目安案(『大分県史料』(1)、一五三頁）によって、公連が公右の本解状（本目安）を請け取ったのは建武元年七月四日であることが判る。この個所は時間的にみて両時点の間にはさまれる。

（6）この個所にみえる「西海道沙汰日」を記録所ではなく、決断所のものとみなすことも不可能ではないが、文脈から考えて管轄機関の変更を指示したとは想定しがたい。

（7）「宇佐到津文書」建武元年一〇月日宇佐宮成公右重申状案（『大分県史料』(1)、一五三頁）に、

八幡宇佐宮前太（マゝ）宮司公敦（宮成）嫡孫公右重言上、

（中略）

副進

二通　御廻文案　一通先進畢、

右、公連（到津）文書抑留之段、度々言上畢、而先御奉行正親町大夫判官章有之時、去（建武元年）七月四日令請取本解状、迄于数月不及散陳之間、以違背之篇、可有御沙汰之旨、捧小申状之処、如去月（九月）八日御廻文者、来十八日以前不進陳状者、任被定置之法、可有其沙汰云々、（下略）

とみえる。副進した二通の廻文のうち先に進めた一通は、公右が本解状を提出した際に発された決断所廻文と考えられる。

（8）これに先行する「薩藩旧記」巻十七　元弘三年二月三日付綸旨（島津貞久を日向国守護職に補任するという内容）は日付に疑点を残している。

（9）千種忠顕は元弘二年中に蔵人頭に補され（「職事補任」）、後醍醐天皇の隠岐配流に同行した（佐藤進一氏『南北朝の動乱』七三頁参照）。伯耆において開始される後醍醐天皇の討幕運動に早くから深いかかわりを有するのはこのためである。

（10）中御門経季は元弘三年九月一〇日〜建武三年三月一日の二年半、蔵人頭に在任（「職事補任」）。

（11）建武元年二月〜同三年三月まで頭に在任した中御門宗兼の事例は管見に及ばなかった。

（12）高倉は勧修寺一門で、光守の父経守と吉田定房の父経長とは従兄弟の関係にある。光守が後醍醐天皇綸旨の奉者としてその名をみせるもののうち、元弘三年四月一日付（結城宗広をして、北条高時討伐の軍を挙げしむ。「白河証古文書」）が管見の範囲における初見である。光守がどの時点で、いかなる経路で後醍醐天皇と接触を持ったか明証を欠くが、後醍醐天皇の入洛までに限れば、高倉光守と千種忠顕の二人がほぼすべての綸旨を奉じている。

(13)　中御門宣明は元弘元年三月一八日に蔵人に補され、光厳天皇践祚とともに解官、従って元弘三年五月一七日をもって復官されたと思われる（「大徳寺文書」元弘三年六月七日綸旨の奉者としてみゆ）。彼は蔵人のポストを冷泉定親と交代するが（「職事補任」）、その時期は元弘三年末～建武元年初頭と考えられる。宣明が奉じた綸旨はこれ以降も存在するがそれらは蔵人としてのものではない。なお宣明は建武三年三月二日に蔵人頭となる。

(14)　岡崎範国も中御門宣明と同様、元弘の変で解官、元弘三年幕府滅亡とともに復官した。遅くとも元弘三年六月九日綸旨（「西大寺文書」）の奉者として既に現われており、蔵人在任期間は長い。

(15)　甘露寺藤長は元弘三年一〇月六日、高倉光守に代って蔵人となり、建武元年五月一〇日まで在任。管見の限り藤長は元弘三年八～九月中に八通の綸旨を奉じているが、これらは記録所を構成する右少弁としての立場からなしたものである（『公卿補任』・「職事補任」）。

(16)『熊谷家文書』元弘三年五月二五日付綸旨、熊谷直経あて。白紙。

(17)『公卿補任』に拠る限り、葉室長光の右兵衛督在任は元弘元年二月二一日～同年一〇月五日である。おそらく長光は建武政権成立とともに復官し、建武元年一二月一七日に西園寺公重と交代するまで、右兵衛督に在任したものであろう。

(18)『大徳寺文書』（元弘三年）七月三日付綸旨、宗峯上人あて。

(19)　註（15）と同じ。

(20)『高野山文書』元弘三年一一月二四日付綸旨、「神護寺文書」（建武二年ヵ）一一月二〇日付綸旨。

(21)『東大寺文書』（建武二年ヵ）一〇月一五日付綸旨。

(22)　註（13）に同じ。

(23)　式部大丞は管見の限り、元弘三年一一月九日綸旨（「入来院文書」）より建武元年一二月七日綸旨（「吉川家譜」）まで頻出する。その内容上の特色は地頭御家人層の所領安堵にあるが、実名は明らかでない。あえて憶測を加えれば、式部省関係の官職には多く菅氏が任じ、又他の活動の徴証から、記録所寄人の所見（元亨二年正月九日、『公卿補任』二、五七〇頁）を持つ文章博士菅公時がこれに該当するのではないかと考えている。

(24)　活字本は『群書類従』第二五輯に収めるが、本稿では、内閣文庫所蔵の写本に拠った。

(25)　本書第二章第一節。

(26)『公卿補任』第二篇五六七頁。

(27) 太田亮氏『姓氏家系大辞典』によれば、伊賀氏は秀卿流藤原氏とされている（第一巻二六四頁。又、『系図纂要』三、伊賀氏の項によれば、「兼光六郎土佐守図書頭引付頭人」とみゆ（五四八頁）。なお佐藤氏『南北朝の動乱』二八頁参照。

(28)「小槻匡遠記」建武二年四月八（カ）日条に「平野祭也、上卿不参、権右中弁実夏朝臣（下略）」とみゆ（橋本義彦氏『平安貴族社会の研究』所収「小槻匡遠記の紹介」四六三頁）。

(29) 同右、建武二年四月二〇日条に「左中弁宣明朝臣」みゆ（右同書、四六二頁）。

(30) 同右、建武二年四月二〇日条に「左少弁光守朝臣」みゆ（右同書、四六四頁）。

(31) 佐藤進一氏『鎌倉幕府訴訟制度の研究』二〇五～九頁参照。

(32) これらはあくまでも二つの時点における断面にすぎず、たとえば、「神氏系図」中の諏方円忠の尻付に「公家一統之時者、為記録所寄人」とみえ（『大日本史料』六編之一、七五九頁）、のち室町幕府奉行人として活躍する諏方円忠も建武政権のある時点では記録所寄人に加わったことが知られる。ちなみに「円覚寺文書」元亨三年北条貞時十三年忌供養記に「建長寺塔供養方山内殿御沙汰之間、諏方大進請取之」とみえ（『鎌倉市史』史料編第二、一一三頁）、もしここにみえる「諏方大進」が円忠であるならば、その出身を得宗被官に引きつけて考えることが可能となるが、断定はさけたい。

(33) 佐藤氏「幕府論」三〇頁。

(34) 交名にみえる法曹吏僚の、前期親政における執務状況をみれば、管見の限り、中原（坂上）明清・同章香・同秀清は記録所・使庁両方に、同師右・五条頼元・小槻匡遠は記録所のみ、また中原職政・坂上明成は使庁のみにかかわりを残している。小槻冬直・清原康基・中原師利・同師治は建武政権成立後、新たに加わった者とみられる。

(35)「阿部猛『雑訴決断所の構成と機能』を読む」（『中世の窓』四、昭和三五年二月）四一頁。

(36) 橋本義彦氏『平安貴族社会の研究』四六〇～七九頁。

(37)「北野神社文書」嘉暦元年八月二七日記録所注進状。本書四三～四四頁参照。

(38)「比志島文書」四番制交名第三番、『続群書類従』第三一輯下所収八番制交名第三番。管見に及んだ決断所牒の実例によれば、小槻匡遠は第三番職員としての足跡を残しているが、建武二年二月一一日決断所牒（『師守記』第一、五七頁）より以降、第一番関係の牒のみに署判を加えている。残存史料から考えて匡遠はおそらく建武元年末～二年初頭頃に三番から一番へ移ったものとみられる。

(39) ここで問題となるのは、㈠匡遠が何のために右府洞院公賢のもとへ参じたか、㈡二一日は匡遠の属する一番五畿内担当の参仕日ではないのに、なぜ決断所へ参着したか、の二点である。㈠について言えば、当時公賢は三番東山道担当の頭人であった。またこの日の沙汰は交名に照らして八番西海道関係であったことは疑いない。従ってこの日の沙汰と公賢の所轄番、さらには匡遠が申し入れた条々との関係は想定できない。考えられることは、匡遠が一番へ移る前は公賢の三番職員であった事実、また同僚の富部信連の事例から窺われる様に、新旧両番所属者同士の事務的連携が存在したことなどから推して、匡遠はこの日、三番関係の条々について公賢に対し何らかを申し入れるところがあったのであろう。㈡については今これを明らかにしえないが、何らかの事情と理由のため参着したのであろう。

(40) 註(38)に同じ。

(41) 『古文書学入門』二一一頁。

(42) 『大日本史料』六編之一、四六五～九頁。

(43) 以上二通の紛失状に関連して、「播磨正明寺文書」元弘三年七月日紛失状とその奥に加えた八名の証判が存在する(『大日本史料』六編之一、一五一～三頁)。この証判は前二者とは全く様相が異なる。出身別にみれば、紀氏四・惟宗氏二・中原氏一・平氏一となり、全員散位である。注記にこれら八名を八史としるしているが、小槻氏を含まず全員散位であることからして、これは当らない。おそらく太政官に詰める法曹吏僚と考えられ、建武政権成立当初における、この種の所轄面の実態を呈している。

(44) 『中世武家不動産訴訟法の研究』五二五頁。

(45) 「建武記」所載「条々」第二条「当知行地安堵事」。私はこの条の成立を建武元年正月以前と考えている。一方、「任一同宣旨」せて、地頭御家人層の当知行地を綸旨によって安堵した事例が元弘三年八月末～九月に散見している。残存文書に拠れば、この権限は漸次、決断所に吸収されている。

(46) この別当には万里小路藤房が比定される。

(47) 『公卿補任』二、五四七頁。なお、武雄安知は「四十余年当知行無相違」き、蒙古合戦恩賞地神埼庄内加摩多村田畠等を「依洞院家御計」り、召し上げられた(「武雄神社文書」建武三年三月日武雄安知申状、『佐賀県史料集成』古文書編二、一三四頁)。

この一件は洞院実世の恩賞方上卿としての活動の一端を示すものと思われる。
(48) 『公卿補任』・「職事補任」。
(49) 『大日本史料』六編之一、一九五頁。
(50) 阿部氏「雑訴決断所の構成と機能」(「ヒストリア」二五、昭和三四年)。
(51) 笠松氏前掲論文四〇頁。
(52) 『鹿児島県史料旧記雑録前編』一―六一四頁。
(53) 同右六一七頁。
(54) 本書第一章第二節。
(55) 岡崎範国は管見の限り、元弘三年六月九日綸旨(「西大寺文書」)より綸旨の奉者としてあらわれる。彼は元弘三年一一月ころ左衛門権佐となり、建武二年五月二三日右少弁に転ずるが、この間、同時に五位蔵人であったと考えられる。
(56) 新撰日本古典文庫3『梅松論』の補注(二〇五頁)には、群書類従本と宮内庁書陵部本は「窪所」を「侍所」に作る、とされているが、後者についてはこれを実見するに「窪所」でよい。
(57) 活字本『群書類従』第二五輯は二番の平政秀・平時勝を欠落させている。
(58) 「梅松論」の成立年代は、現在のところ正平七年~嘉慶年間とされている(新撰古典文庫解題)。因みに、この種の史料としてはふつうなのかもしれないが、記事中の官途は正確ではない。たとえば高師直の三河権守任官は建武元年中であり(「武家年代記」)、富部信連について「比志島文書」決断所交名(元弘三年九月頃の成立と推定)では「近江権守」の注記が施されている。
(59) 『角川日本史辞典』八三五頁。
(60) 『尊卑分脈』第三編五三頁に「(源)康豊後光厳武者所」とみゆ。
(61) 井上宗雄氏『中世歌壇史の研究南北朝期』(昭和四〇年一一月)三六八~九頁。前表にあげた武者所員のうち、源知行と平氏村についてはすでに同書において指摘されている。
(62) 代表的な系図類を繙けば、二階堂光貞(『続群書類従』六輯下所収二階堂系図)、伊賀光貞(『尊卑分脈』二篇、伊賀兼光の同族)、曽我光貞(津軽平賀郡岩楯郷給主、「斎藤文書」『大日本史料』六編之二、二五六頁)などがあげられるが、隼人正光貞に該当するか否かは不明。

(63)　金持広栄は「通法寺及壺井八幡宮文書」興国元年八月二五日武者所牒（南朝武者所、牒を河内国に移し、金持大和権守広栄に同国坂田福正名を付して兵粮料所に充てしむ）に所見（『大日本史料』六編之六、三二八頁）。また正安元年正月二七日関東下知状にみえる紀伊国勢多半分地頭金持広親（「林氏文書」『史料綜覧』巻五、四四九頁）、正安三年正月一一日薬勝寺沙汰次第注文にみえる金持右衛門尉広近（『紀伊続風土記』巻四、九六頁。おそらく広親のことか）も同族であろう。『姓氏家系大辞典』一によれば、金持氏は伯耆国の豪族にして、日野郡金持邑より起こると記されている（一五九九頁）。

(64)　「小槻匡遠記」建武二年六月二三日条。

(65)　『高野山文書宝簡集三』延元二年一二月二四日三善資連寄進状（『大日本史料』六編之二、五八頁）。

(66)　『官職要解』（大正一五年一月）二六七頁。

(67)　中御門経宣（元応二・三・二四～元亨二・四・五）　北畠親房（元亨二・四・五～元亨三・三・一二）
日野資朝（元亨三・三・一一～同三・一一・五）　吉田冬方（正中一・四・二七～　？　）
九条光経（嘉暦一・五・八～同二・七カ）　万里小路藤房（嘉暦二・七・一六～元徳二・五・二二）
四条隆資（元徳二・五・二二～同・一二・一四）　洞院実世（元徳二・一二・一四～元弘一・一〇カ）

(68)　『花園天皇宸記』元亨二年四月七日条。

(69)　平忠望は元亨三年九月晦日、廷尉に任ぜられた（『花園天皇宸記』同日条）。

(70)　『花園天皇宸記』元亨三年一一月五日条。

(71)　『花園天皇宸記』元亨二年正月二三日、同六月四日、同三年六月晦日、同七月一日、正中二年九月四日の各条、『続史愚抄』元徳二年四月一日条。

(72)　第一章第二節第二項。

(73)　「勝尾寺文書」元亨四年六月日越後助僧都坊代豪遍重訴状案（『箕面市史』史料編一―三一九頁）。

(74)　暦応四年一二月日左衛門尉康種（童名玉熊丸）申状案（『東寺文書』二、八二九頁）に嘉暦二年、使庁において対馬判官重行を奉行として沙汰があったとしるされている。なお、清田善樹氏「検非違使の支配地域と裁判管轄」（「年報中世史研究」創刊号、昭和五一年五月）六〇頁参照。

(75)『花園天皇宸記』正中元年一二月二二日条。
(76)同右、同二九日条。
(77)章方から秀清までの五名は「比志島文書」所収決断所交名にその名を載せる。章緒についてはその名をみいだせないが、「勝尾寺文書」元弘三年一二月一八日決断所評定文に署名している。
(78)この評定文をうけ、同日使別当宣、使庁下文が発給されている(「東寺百合文書」よ)。
(79)「建武政権の所領安堵政策について—一同の法および徳政令の解釈を中心に—」(『赤松俊秀教授退官記念国史論集』昭和四七年一二月。のち岩波書店『日本中世の国家と宗教』に収録)。
(80)同右六一一頁。
(81)永島福太郎氏が紹介された次の史料はこの徳政令の関係史料として注目される(「興福寺旧蔵抄物の紙背文書」、「人文論究」二一—三、昭和四六年九月)。この史料は網野善彦氏「鎌倉幕府の海賊禁圧について」(「日本歴史」二九九号)においてふれられている。
一、本銭返并年(紀)記沽却地事、如近日被宣下者、以挙銭半倍之法、相当于所出之土貢、被返本主由有其聞、当庄分事、悉可令注進事、(建武二年一二月日三面僧坊年預所下文)
(82)「比志島文書」(『鹿児島県史料旧記雑録前編』一—六二三頁)。東京大学史料編纂所架蔵影写本により補訂。裏判の存在も影写本にて確認。
(83)同右。
(84)「草野文書」(『大日本史料』六編之一、七七一頁、『福岡県史資料』四、一三三〜四頁)。なお、筑後国山本郷内山渋田畠屋敷等の返付に関する同日付筑後国庁宣が存在する(同資料一三四頁)。
(85)現地の目代が発給した点で興味深い。
(86)「新田神社文書」(『鹿児島県史料旧記雑録前編』一—六三六頁)。
(87)同右、六三八頁。
(88)「水引執印文書」同右、五五〇頁。
(89)同右、五五三頁。

(90)　東郷三郎左衛門入道は嘉暦三年新田宮沙汰証人交名注文案にみえる（「水引権執印文書」、同右、五五五頁）。
(91)　黒田氏前掲論文六〇九頁。
(92)　註（73）に同じ。
(93)　「三刀屋文書」（『大日本史料』六編之一、五六九〜五七〇頁）。

（一三七頁補註）

のち、上島有氏は関西学院大学図書館所蔵東寺文書一六通を紹介・解説されたが（「関西学院大学図書館所蔵東寺文書について」、「古文書研究」16、昭和五六年）、その中に含まれる「検非違使庁官人中原章方挙状」の関連文書三通の一つとして次の文書を紹介された（「東寺百合文書」ヒ）。

（端裏銘）
「院町地相論事」

東寺与小野氏女相論梅小路室町地事、官人章方状副諸官評定文如此、子細見于状歟、得其意、可令　奏聞給、仍執達如件、

（建武元年）
七月廿二日　　　（万里小路）右衛門督藤房

この文書は上島氏の指摘のとおり、先の諸官評定文の旨を雑訴奉行に伝えた、使別当の直状形式の検非違使別当宣だと考えられる。この文書の存在によって、一件が使別当を経て天皇に奏聞され、その決裁を仰いだこと、また建武元年七月当時の使別当が後醍醐天皇の寵臣万里小路藤房であったこと、が知られる。

第三章　北朝の政務運営

第一節　光厳上皇院政

一　はじめに

近年、中世の王朝制度についての関心が高まり、公家法や行政機構の分析をとおして次第にその姿が明らかになってきている。本節で考察を試みようとする南北朝期の王朝政治・制度史については室町幕府の成立・展開を究明するなかですでにおおまかなみとおしがつけられている。(1)しかしながら王朝制度の変遷を概括するとき、南北朝期のもつ意味は大きいと思われるので、一体この時代にどのような制度があり、どのように運用されたかについて、いま少し具体的な検討を加えることも、王朝自体の歴史的役割を評価するための一作業として無意味ではあるまい。幕府との関係などについては順をおって考えてゆくことにして、本節では、北朝における初代の院政を開いた光厳上皇の政務の実態を素描し、その構造面での特質を検討することとしたい。

二　院政の成立

中世は院政の時代といわれるように、上皇を治天の君と仰ぐ政治の形態が一般的であった。そこではまず天皇が践祚・即位したのち、父や兄が上皇として政務を執ることになっていた。

光厳上皇は後伏見上皇の第一皇子。元弘の変で後醍醐天皇が笠置に出奔すると鎌倉幕府の支持を得て践祚したが（元徳三年九月二〇日）、一年にも満たずして幕府の倒壊とともに廃された。光厳上皇については立坊や践祚に至るまでにも種々検討すべきことがらが残されているが、ここでは鎌倉期の同上皇については論じないし、伝記的事柄についても先学の研究[2][新補注1]に委ねることとしたい。

光厳上皇の波瀾に富む生涯は変動する中世社会の様相を集約的に表現するものといえよう。同上皇がなかなか立坊・践祚できなかった事情、後醍醐天皇による帝位の剝奪、さらには「軍ノ一度ヲモシ給ハズシテ、将軍ヨリ王位ヲ給ラセ給」うた「大果報ノ人」（『太平記巻一九』）と称せられるに至ったのも、時代の波のなせるわざであった。後醍醐天皇と政治的に厳しく対立した足利尊氏と、同天皇から廃位に追いこまれ政権奪還の機会を失っていた持明院統との接近は必然的といえよう。「をよそ合戦には旗をもて本とす。（中略）急て院宣を申くだされて、錦の御はたを先立らるべき」（『梅松論』）尊氏側の要請は持明院統の利害と合致したため、「早々凶徒ヲ退テ君ヲ本位ニ奉付ルベシ」（『保暦間記』）という内容の院宣が尊氏のもとへ下されたのである。[3]

建武三年八月一五日、足利尊氏は光厳上皇の弟豊仁親王を践祚させた。[4]光明天皇である。剣璽は南山に持ち去られていたので神器を伴わぬ異例の践祚であった。こうして光厳上皇は「政務ヲバ院中ニテ行」（『保暦間記』）い、「万機悉仙洞ノ法襟ヨリソ出」[5]（『太平記天正本』）ることとなった。同上皇の命を奉じて出された院宣は筆者の収集するところ、現在までに、年次が明記されたものと無年号でも推定可能なるものとを合せて三五〇通くらいに及んでいる。従って年次不明のものを加えれば院宣の総数はこれを上回る。この数は後醍醐天皇綸旨の比ではないが、一五年間に出された数にしては歴代天皇・上皇の中でも上位にランクされよう。このことは同上皇の政治運営が種々の制約を受けながらも比較的活況を呈した証左とみてよかろう。同上皇の院宣の分析は別の機会にゆずるとして、以上のことがらを前置きした上で、光厳院政のしくみと運営の実態について考えてみたい。(6)

三 院政の陣容

国立歴史民俗博物館（以下、歴博と略称）所蔵広橋家記録の「制法」(7)（全一巻、本書巻頭口絵写真参照）の後半部に書きつけられた次の記事は、光厳院政の政務機構全体をいわば輪切りにしたものといえる。未活字の史料でもあるので行論の都合上、個々のまとまりに(イ)～(ホ)の符号をつけたうえで全文をまず掲出しておこう。(新補注2)

(イ) 一 文殿御沙汰日

文殿一日 四日 十（七日脱カ） 十三日（日脱） 十六日 十九日 廿二日 廿五日 廿八日 十度也

一番四日 十四日 廿四日 此日庭中有之

伝奏 「或上卿」

勧修寺大納言(経顕) 侍従中納言(四条隆蔭) 平中納言(宗経) 高大蔵卿(高階雅仲)

二番九日 十九日 廿九日 此日庭中有之

伝奏 「或上卿云々」

大理(日野)資明 葉室中納言長光 坊城宰相(中御門)経季

越訴庭中日

十四日 廿九日 毎月二ケ度 於文殿衆皆参

奉行

勧修寺大納言(経顕) 葉室中納言(長光)

(ロ) 一 雑訴評定日

七日 十七日 廿七日 毎月三ケ度

評定衆 (於カ)□廻覧者自前博陸(近衛基嗣)至大理卿(日野資明)勘進之

(近衛)□□前関白殿(基嗣) 九条関白殿(道教) 久我太政大臣(長通) 洞院前右府(公賢)

(伝)□奏勧修寺大納言(経顕) 同大理(日野資明) 同葉室中納言(長光) 同侍従中納言(四条隆蔭)

同平中納言(宗経) 同大蔵卿(高階雅仲) 同坊城宰相(中御門経季)

(ハ) 使庁沙汰日此外臨時評定連々有之

三日 八日 十三日 十八日 廿三日 廿八日

出仕官人

姉小路大判事明成(坂上)朝臣宿禰 博士大夫判官章有(中原)朝臣

佐渡大夫判官秀清(中原)朝臣 勢多大。判官章兼(中原)夫朝臣

高倉大夫判官章世(中原)朝臣 能登判官信音朝臣

姉小路新判官明宗(坂上)宿禰 藤 弘

章（中原）倫　章（中原）頼
久定　親弘
章（中原）弼

(ニ) 諸保

一条以南土御門以北　章（中原）廉
土御門以南近衛以北　章（中原）藤
近衛以南中御門以北　章頼
中御門以南大炊御門以北　章倫
大炊門以南二条以北　章弼
二条以南三条以北　明成宿禰
三条以南四条以北　章有朝臣
四条以南五条以北　秀清朝臣
五条以南五（六）条以北　章兼朝臣
六条以南七条以北　章世朝臣
七条以南八条以北　信音
八条以南九条以北　明宗

(ホ) 文殿衆

大外記中原朝臣師右　　左大史小槻宿禰匡遠「タヽ」
（開闔）
「闔閤」
大外記中原朝臣師利「ヨリ」　　散位中原朝臣師治
大判事坂上大宿禰明成　　左大史小槻宿禰清澄
明法博士中原朝臣章有　　右衛門大夫中原朝臣秀清
左衛門少尉中原朝臣章世

これは「制法」にのせられている記事の中で、いわゆる「暦応雑訴法」(8)（暦応三年五月一四日制定）一九ヶ条とそのあとに付せられた「暦応四」一一月一六日権中納言副状二通の次に続くものである。この史料の存在については早く佐藤進一氏が着目され、その史料価値については、「何れも吉野時代の公家政治組織を窺ふべき絶好史料たるを失はない」と高く評価された。(9)

(イ)〜(ホ)の内容をかいつまんでいえば、「(イ)(ロ)(ハ)はそれぞれの定日及び出席職員名を列記したもの。(ニ)は京都市政上の単位たる各保と、それぞれの擔當官人名とを列記したもの(10)」。(ホ)は文殿衆の列記である。要するに、(イ)(ホ)が文殿関係、(ロ)が雑訴評定、(ハ)(ニ)が検非違使庁関係の史料ということができる。なおこの史料の劈頭にみえる、月十度の式日の記事が何を意味するのかは不明。

ではこの結番編成がいつなされたか。このことを確定する手段としては各グループの構成員の官職に着目して、すべての条件を満たす期間をしぼればよいが、(イ)〜(ホ)が一時期のものであるか、つまりすべてをひとまとめにして成立時期を考えてよいかという問題は残る。しかしこの編成表はある時点における服務の規定として作られたと考えられること、

(イ)(ロ)の比較から一見してわかるように各人の官職名は同時期のものであることから推測して、おそらく(イ)〜(ホ)はある一つの時点での役職者を書き出したものと考えてよいと思われる。そこでひとまず(ロ)の評定衆一一名の官職在任を満たす時期として、暦応三年一二月〜同四年一二月を割り出すことができる。(11) この推定が許されるならば、いま一歩推定を進めて、この編成が「暦応四」一一月一六日権中納言（日野資明カ）副状とほぼ時を同じくして出来上った可能性も多分にある。(ハ)の使庁官人や(ホ)の文殿衆についてもおおよそこの線で矛盾が生じない。(12)(新補注3)

以上を要するに、上掲史料は暦応四年一一月の時点における評定衆・伝奏・文殿衆・使庁官人・諸保官人の名前を書き出しており、いわば光厳院政の中枢を支えるメンバーを鳥瞰するものである。つまりは光厳院政の陣容一覧というべ

光厳院政下の評定衆・伝奏・文殿衆

(一) 評定衆（＊は伝奏併任）

人名	官位	備考
近衛基嗣	従一位 前関白	(ロ)にみゆ
一条経通	〃	(ロ)にみゆ 出仕の形跡みえず
久我長通	従一位 前太政大臣	(ロ)にみゆ
洞院公賢	〃	(ロ)にみゆ
＊勧修寺経顕	正二位 前権大納言	(イ)(ロ)にみゆ
＊日野資明	〃	(イ)(ロ)にみゆ
＊葉室長光	正二位 権中納言	(イ)(ロ)にみゆ
＊四条隆蔭	正二位 前権大納言	(イ)(ロ)にみゆ
＊平宗経	従二位 権中納言	(イ)(ロ)にみゆ 貞和5・2・13没
＊高階雅仲	従二位 非参議	(イ)(ロ)にみゆ
＊中御門経季	正三位 前参議	(イ)(ロ)にみゆ 貞和2・9・2出家
＊中御門宣明	従二位 前権中納言	貞和5・5・1任
二条良基	従一位 関白	貞和3・1・14の御前評定より出仕
徳大寺公清	正二位 前内大臣	貞和5・5・1任
洞院実夏	従二位 権大納言	貞和5・5・1任

(二)　伝奏

人名	官位	備考	人名	官位	備考
勧修寺経顕	正二位　前権大納言	文殿一番伝奏	高階雅仲	従二位　非参議	文殿一番伝奏
日野資明	〃	文殿二番伝奏	中御門経季	正三位　前参議	文殿二番伝奏 貞和2・9・2出家
葉室長光	正二位　前権大納言	文殿二番伝奏	中御門宣明	従二位　前権中納言	康永3・4・19庭中より出仕
四条隆蔭	正二位　前権大納言	文殿一番伝奏	吉田国俊	従三位　前権中納言	貞和5・4・11召加伝奏
平宗経	従二位　権中納言	文殿一番伝奏 貞和5・2・13没	甘露寺藤長	〃	貞和5・4・11召加伝奏

（評定衆・伝奏の官位は同院政末期のもの）

(三)　文殿衆

人名	備考	人名	備考	人名	備考
清原頼元	(建武4)8・3 建武4・8・13文殿注進状	中原章有	(ホ)にみゆ	坂上明清	康永3・4・19庭中より出仕
中原師右	(ホ)にみゆ 貞和1・2・6没	〃章香	(建武4)8・3 建武4・8・13文殿注進状	〃明宗	貞和3・1・14御前評定より出仕
〃師利	(ホ)にみゆ	〃章世	(ホ)にみゆ	小槻匡遠	(ホ)にみゆ
〃師治	(ホ)にみゆ	〃秀清	(ホ)にみゆ	〃文明	暦応3～康永4の間参仕の所見あり
〃師香	康永4・2・24庭中より出仕	坂上明成	(ホ)にみゆ	清原宗枝	貞和5・12・19召加
〃師茂	貞和2・5・1庭中より出仕	〃清澄	暦応2・10・26文殿初参 (ホ)にみゆ		

きものであるから、まさに当時の公家政治組織を窺うための絶好史料なのである。なお文殿の庭中・越訴の式日について、(イ)と暦応三年五月の雑訴法の規定とを比較すれば、(イ)が成立した暦応四年一一月の段階で文殿の制度が編成しなお

されたであろうことが窺える。ここで院評定制を担う評定衆・伝奏・文殿衆を一覧表の形でひとまず整理しておこう(前表)。各々の出身階層や役割などについては後述する。

以下この史料の内容にそって逐次検討を加え、もって光厳院政の実態と特質とを考えてみたいが、検非違使庁についてはのちにのべるのでここではふれない。従って(八)(ニ)の検討はその場にゆずる。

四　政務の機構

1　訴の受理

政務の基幹は訴訟の円滑な処理といっても過言ではない。では当該期の公家訴訟はどのように進行したのであるか。すでに橋本初子氏は、訴人による出訴から政務担当者による裁許に至るまでの訴訟関係文書の動きをとおして公家訴訟のしくみを克明に考察されている。(13) 橋本氏の明らかにされた新知見は多いが、いま本項との関連において次の三点に注目したい。

(一)　訴が成立するためには訴人の申状が雑訴沙汰でとりあげられることを第一要件とした。これは史料の上では「逢雑訴沙汰」と表現された。この機能を果たす文書がしかるべき人物の挙状である。提訴が文殿に対してなされることは厳密にはありえない。

(二)　この挙状の宛所になっているのはかならず雑訴の評定衆の一人であり、彼はその訴訟の担当奉行として動き、問状院宣や裁許院宣の奉者となる。

(三)　問状院宣が下されると担当奉行は文殿を指揮し、雑訴法の規定に従い訴訟事務の進行役をつとめる。文殿が審理結果たる注進状を提出すると、これをいま一度雑訴評定より伝奏を通して上皇に奏上して裁許を得る。

以上の諸点から公家訴訟の進行過程とその各々の段階で機能する文書の特質が明らかとなった。いまそれらを参考にして次の史料に注目したい。

（端裏銘カ）
「□（盛）祐法眼」

法勝寺領美□（濃国船木庄内只越郷）領家□（法眼）盛祐重言上、

欲早先奉行右中弁（平）親□（名）朝□（臣）重服上者、自当御奉行被下重院宣於坊門侍従信春朝臣、被召出請文、任相伝道理預安堵勅裁、全知行当郷間事、

副進

一巻　先進訴状并具書等案

五通　相伝証文案

一通　院宣案暦応二年六月九日被尋下信春朝臣事

右当郷者盛祐相伝知行之子細載本解状先度具言上畢、爰坊門三位清房卿令造意　朝敵人清定清房養子構出無躰作名菅原氏幸増女、雖掠賜　院宣、清定致郷務之間、守護人（土岐頼貞、法名存孝）召捕之召預当郷於軍□（勢カ）畢、依之去（暦応二年）三月四日盛祐庭中之処、可令越訴言上之由御沙汰之間、同九日越訴之処、如上卿日野中納言家（資明カ）御返答者、非庭中不可有越訴、書顕本理非之次第、可付行事弁云云、仍同十一日雖付申本解状於頭卿（中御門）為治朝臣、不及御披露、被与奪親名朝臣（平）、去六月九日雖被下問状　院宣於信春朝臣、不及陳状経両月之処、親名朝臣重服之上者、自当御奉行重被尋下之、任相伝之道理盛祐預安堵　勅裁為全知行、重

言上如件、

暦応二年八月　日

（以下具書文書一五点略之、傍線筆者）

（継目裏花押）

これは宮内庁書陵部所蔵「法勝寺領美濃国船木荘訴訟文書」（一巻、後欠）に収められた全一六点の文書のうち冒頭のものである。この文書は法勝寺領美濃国船木荘内只越（ただこし）郷の領家、法眼盛祐が同領家職の還付を求めて北朝に提訴した、訴訟関係文書一結であるが、中世前半期における船木荘の伝領過程を知るためのみならず、一在地領主の軍事行動や所領争いをとおして南北朝動乱の様相を具体的に窺うことのできる貴重な史料といえる。[14][15]（新補注4）しかしここではそれらのことにはふれず、もっぱら北朝の訴訟制度に即してみてゆきたい。

右に掲出した暦応二年八月日法眼盛祐申状の内容理解を容易にするため、盛祐が提出した副進文書によって知られる限りにおいて只越郷をめぐる所領問題について簡単にふれておこう（次頁系図参照）。只越郷は本主基実より静全へと相伝されたが、静全は当郷を二つに分割し、一方を嫡男経意に、今一方を次男盛祐に譲与した。静全はこのとき「若於妨此旨輩者、可付知行於一方」と戒めた。ところが正慶元年四月経意が没すると、その一男在定（のち清定と改名）が「悪行」をなしたため、正慶二年後二月一六日後伏見上皇は院宣を下して盛祐息説光の当郷一円知行を認めた。光厳上皇の院政下で建武四年二月一八日、説光は院宣により従前の知行を安堵されたが、坊門三位清房の養子となりその権威を背景にして盛祐に対抗してきた在定は菅原幸増と「作名」（変名）するなどの術策を弄して、建武四年八月一八日知行安堵の院宣を獲得した。この後在定は暦応元年二月に鎮守府将軍北畠顕家の軍勢が上洛した時、この軍勢に加わり一旦吉野

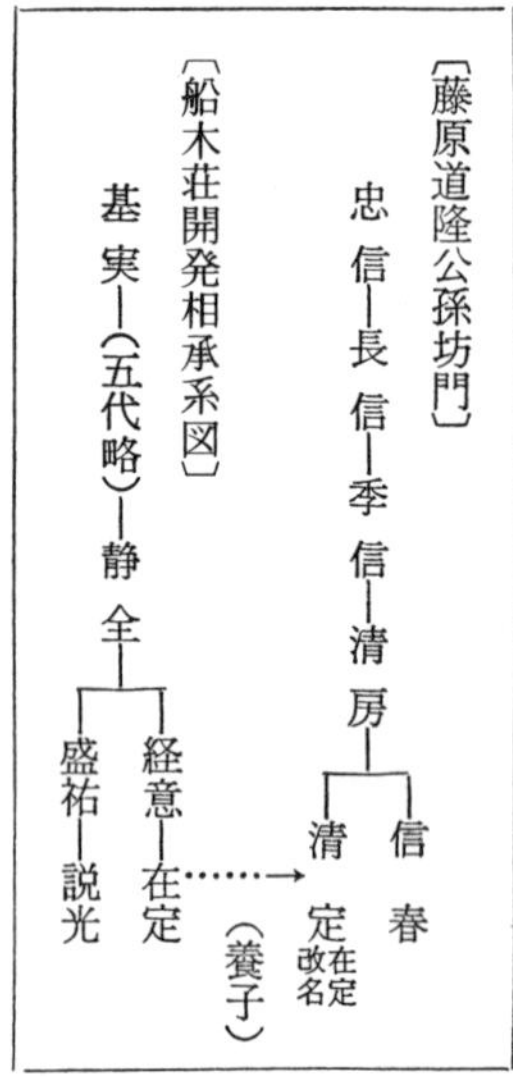

に参じたこともあったが、旗色が悪く只越郷内に隠居しているところを同年八月「眼前朝敵」として美濃守護土岐頼貞に召し捕られ、在定が知行していた只越郷は捕手三人に預け置かれた。盛祐が上掲申状を提出した暦応二年当時、同郷は闕所地として三人の守護配下の武士に預けられたままになっていたのである。そこで盛祐は在定の義理の兄弟に当る坊門信春を相手どり只越郷の還付を求めて朝廷に訴えた。当該訴訟の概要は次のとおりである。

㈠　只越郷が闕所地化したことを知った盛祐は暦応二年三月四日に「庭中」したが、「越訴言上」せよとの沙汰があったので同九日「越訴」した。

㈡　ところが越訴上卿の日野資明の返答は、「非庭中不可有越訴」、申状を行事弁に付けよ、というものであった。

㈢　そこで盛祐は同一一日、申状を蔵人頭中御門為治に付けたが、為治はこの訴を披露することをせず、右少弁平親名に係属させた。かくして暦応二年六月九日に坊門信春に対して親名の奉ずる「問状院宣」が下された。

㈣　「問状院宣」を受けた信春は六月一五日に「此事曾不存知」、つまりいっこうにあずかり知らぬと返答しただけで、二カ月も陳状を提出せず、しかもこの件の担当奉行平親名は重服中であるため、盛祐は「当御奉行」より再び院宣を信春に下してほしいと申し出た。

盛祐の訴はどのように受理されたか。その経過を通して当時のどのような訴訟手続きの存在を確認できるか。この問題を考える前提として、右の盛祐の訴が現に受理されている事実が確かめられねばならないが、盛祐申状及び具書の六ヶ所の紙継目裏に担当奉行と考えられる人物の花押[16]がいちいち据えられていること、申状の端裏に墨書された「□（盛）祐法眼」の文字は、いわゆる端裏銘と考えられること、などからみて、訴はまちがいなく受理されたと思われる[17]。

特に傍線部に注目すると、まず訴訟の手続きとして庭中と越訴とが存在したことが知られる。武家法の場合、庭中とは訴訟手続きの過誤に対する救済手続き、越訴とは本案判決の過誤に対する救済手続きを各々意味するのであるが[18]、公家法の場合これと全く同じか否か速断はできない。ただこの当時の公家法での庭中はおそらく武家法での意味と同じと思われるが[19]、越訴については明証を得ない[20]。では盛祐が庭中言上に及んだ理由はいかなることであったか。盛祐が副え進めた同年三月日付の「先進訴状」（前掲史料にいう「本解状」）には、盛祐の子息説光が建武四年二月一八日光厳上皇院宣（具書文書中にあり）によって一旦只越郷の安堵を得てのち、執拗な謀訴を続ける清定（在定）によって同郷を奪い返されるまでのいきさつが次のように記されている。

（上略）同（建武）四年二月十八日為日野中納言（資明）家御奉行、下賜安堵　院宣、弥全知行之処、同七月三日号菅原氏女（幸増）代定家中子細云々、就之同十三日盛祐雑掌彼定家者清定年来家人也、於幸増者清定所変無躰作名仁也、下賜訴状、可捧巨細陳状之由、再三言上之処、不及下賜謀訴状、同八月十八日被下　勅裁於作名幸増云々、（下略）

これによってみれば、盛祐の庭中の理由は清定の謀訴にもかかわらず、担当奉行がその訴状を盛祐に示すことをせず、陳状提出の手続きを怠ったまま敵方の勝訴とした点にあったと考えてさしつかえあるまい。しかし盛祐の申立ては越訴にまわされ、結局ここでも受理されなかったのである。「非庭中不可有越訴」というのが越訴方上卿の却下理由であった。この言が当時の法規定なのか否か、いま少し当時の訴訟の実態に即して検討する余地を残している。

ともあれ盛祐の訴は庭中・越訴で却下され（ここでは訴は成立していないが、庭中・越訴の窓口がどのような形で訴人に向けて開かれていたかを考える一材料にはなりえよう）、行事弁に申状を付けることで受理のはこびとなった。ところが盛祐は申状を中御門為治(21)に付けている。盛祐の意図としては為治を介して雑訴沙汰において披露してほしかったものと思われるが、期待に反して披露されず、一件は行事弁平親名の担当するところとなった。つまり最初の指示に従わせたことになる。以上のことがらは次の二つのことを想定させる。一つは、訴の受理は必ずしも提訴者の希望どおりにははこばなかったこと。いま一つは、訴は橋本初子氏がいわれるような、挙状をもって評定衆の一人に申状を付けることによって成立する場合もあるが、これとは別に行事弁におそらく直接に申状を付けることによっても成立したであろうと考えられること、以上の二つである。現存の院宣の奉者から判断すれば、前者のケースが当時大勢をしめる、一般的な提訴の仕方であったと思われる。

2 雑訴沙汰

次に検討すべきは雑訴沙汰である。橋本初子氏は雑訴沙汰においては挙状を介して評定衆に付された申状を受理し、評定すると述べておられる(22)。この用語自体は『園太暦』や『師守記』などの記録類に頻出するのであるが、その概念はつかみにくい。御前（院）評定との関係についてもおさえておく必要があろう。以下関係史料を掲示し、それに即して雑訴沙汰の実体を考えてゆくことにする。

(a) 『園太暦』康永三年二月二七日条

今日雑訴沙汰也、仍参院（烏帽直衣）、於東面評定所先聊有奏事、其後召人々有沙汰、勧修寺前大納言（経顕）・別当（四条隆蔭）・前平中納言（宗経）・大蔵卿（高階雅仲）・坊城前宰相（経季）・中御門前宰相（宣明）等候之、又藤長朝臣（甘露寺）・仲房（万里小路）依召参其席、申条々（頭弁於座末板申之、此間此式也、仲房同之、）及昏黒退出、

(b) 『園太暦』貞和四年九月二九日条

抑今日雑訴沙汰有其催、仍参仕、於対代西面有沙汰、寝殿為東宮昼御座之間、於此処被行之、予烏帽直衣、其外平中納言（宗経）布衣参也、先予奏事、其後四条大納言（隆蔭）奏親王元服事、次日野前大納言（資明）申践祚事、其後予以下参入、雑訴沙汰也、

(c)『園太暦』観応元年九月二七日条

今日雑訴沙汰有其催、仍参院、大夫同車、及申斜出御、四条前大納言（隆蔭）・春宮大夫（洞院実夏）・葉室前中納言（長光）・中御門前中納言（宣明）・吉田中納言（国俊）・甘露寺中納言（藤長）等参著、先仲房朝臣（万里小路）・兼綱朝臣（広橋）・時経（平）・時光（日野）・俊藤（坊城）等有披露事、于時例及昏黒、仍伝奏等各一ヶ条之外不披露、巳及子刻退出、

右の記事によって知られることは、第一に雑訴沙汰の参加者は評定衆・伝奏と弁官・職事とであること。前者には、洞院公賢・勧修寺経顕・四条隆蔭・平宗経・高階雅仲・坊城（中御門）経季・中御門宣明・日野資明・洞院実夏・葉室長光・吉田国俊・甘露寺藤長（c）らが、また後者には甘露寺藤長（a）・万里小路仲房・広橋兼綱・平時経・日野時光・坊城俊藤らが属する。文殿衆は一人として加わっていない。第二に雑訴沙汰の日、まず奏事を済ませたのち、雑訴沙汰の内容に入ることが多く、またその雑訴沙汰では参加者が「申条々」したり「披露」をした。これはおそらく自らに付された申状について全体会議にはかったことや具体的に評議を行ったことを意味するのであろう。第三に雑訴沙汰の式日は毎月七・一七・二七の三日であったであろうこと。式日のくり上げや延引が常時なされたことを考慮すれば当時の日記の記事によっても第三の事項を裏付けることができる。先に掲げた「制法」の(ロ)には「雑訴評定日　七日　十七日　廿七日　毎月三ヶ度」と明記されてもいる。では雑訴沙汰の評議内容を具体的にとらえるために次の史料をみよう。[23]

(d)—①

康永三年七月廿七日

一　按察典侍局与覚勇相論野田御厨預所職事、
人々申云、於下職者先々不帯　勅裁之地不可有上裁之由、雖被定其法、就歎申可和睦之由、先度被仰之処、覚勇堅申子細之上者、可為領主進止之由、被仰之条有何事哉、

参仕人々
「公賢公」左府　「資明卿」藤中納言
「宗経卿」前平中納言　「雅仲卿」大蔵卿
「経季卿」坊城前宰相　(中御門)宣明

(d)—②

尾張国野田御厨預所職の事、宜為領主進止よし仰下され候、あなかしこ〳〵、
「康永三年」七月廿八日　(坊城経季)経する
按察典侍とのゝ御局へ

(e)

貞和三年十二月七日
恵鎮上人申出雲国横田庄(新補注5)内岩屋寺院主弘円申寺田事、
同申云、(日野カ)基種朝臣雖召進雑掌請文、無遵行実之上者、可全管領之由被下　院宣之条何事有哉、

参仕人々
(洞院公賢)前左府　「奉行日野前大納言殿」(資明)御参

四条大納言(隆蔭)　平中納言(宗経)
葉室前中納言(長光)　大蔵卿(高階雅仲)
宣明「中御門前宰相殿」

(d)—①、(e)は評定目録であり、しかも雑訴評定日のそれであることから、その内容は雑訴沙汰における評議を指し示すものに他ならない。「人々申云」の文言から知られるように評定参仕者全員の総意をかきしるしている。しかも(d)—②の光厳上皇院宣によって知られるように雑訴評定の結論は上皇に奏聞された上で、当事者に裁許としての院宣が下されている。①②をあわせみれば②の奉者坊城(中御門)経季は①の評定の担当奉行であったとみてよい。まさに橋本初子氏の指摘はこれによっても支えられる。

ここで最下判の中御門宣明に注目しよう。彼が伝奏になった時点は明らかでないが、康永三年四月一九日の文殿庭中にはすでに伝奏として評議に参加しており(『師守記』)、貞和五年五月一日には評定衆に召し加えられている(同書、貞和五年五月七日条)。一方、雑訴沙汰への参加について検索すると、貞和元年八月一八日の事例をみいだすことができる(『園太暦』)。中御門宣明が伝奏として雑訴沙汰や文殿庭中に参加しながらも、評定衆になるまでは御前評定に加わっていない事実は次の二つのことを想定させる。一つは雑訴沙汰は評定衆と伝奏とを基本的な構成メンバーとしたこと、いま一つは御前評定に参加するのは文字どおり評定衆に限られ、伝奏の立場からはかかわれなかったこと、である。先に雑訴沙汰への参加者は評定衆・伝奏と弁官・職事と述べておいたが、雑訴沙汰での主導的役割は伝奏に握られていたと考えられる。橋本初子氏は挙状の宛所となり、その一件訴事の担当奉行として活躍するのは「かならず雑訴の評定衆の一人」(24)であったと述べておられるが、少なくとも光厳院政期に限っていえば、評定衆のうち近衛基嗣・一条経通・久我長通・洞院公賢・同実夏・二条良基・徳大寺公清の七名（前掲評定衆一覧参照）についてはその可能性がないので、対象となるのはそれ以外の評定衆、つまりは伝奏だということになる[25]（但し中御門宣明の場合は評定衆になるのがやや遅れるが、雑訴沙汰に参加しているから、挙状の宛所などになる資格は持ったと考えられる）。

次に弁官・職事に即してみておこう。光厳上皇の院宣の奉者はほとんどの場合が伝奏である。しかし弁官や蔵人が奉じた院宣も散見し、これこそまさに弁官・職事が担当奉行となった事例といえる[26]。

奏事には職事が行う蔵人方奏事と弁官が行う弁官方奏事、それに伝奏自身が行う奏事があるといわれている。従って上皇の仰を実行に移す奉行とはそのような蔵人・弁官・伝奏たちということができる[27]。その中で伝奏が圧倒的な比重を占めてはいるが、蔵人方奏事と弁官方奏事にも注意せねばならない。それは太政官制を院政につなぎとめる役割を果たしているからである。富田正弘氏は「一般に弁官の奉ずる院宣は、段銭などの国家租税の賦課・免除、皇室領の諸役の催促・給付・免除に関するものが多く」「伝奏の奉ずる院宣は、訴訟の問状・裁許、所領の安堵・返付・寄付に関するものが多い」と指摘されている[28]。先にみた只越郷をめぐる法眼盛祐と坊門信春との相論の過程で下された（暦応二年）六月九日の問状院宣は右少弁平親名の奉ずるところであったけれども、一般的な傾向としてならばこれは妥当な見解であろう。しかしこのことは当時の国家のしくみとの関連でもっと深く考えてみる必要があろう。

評定衆・伝奏といういわば朝政の枢要を占める公卿をメンバーとする雑訴評定（沙汰）は、北朝の訴訟制度の基幹的役割を果したと言ってよい。先にみた二通の評定目録は、雑訴評定で訴訟審理を行った明証である。その訴陳・対決の手続きについては「暦応雑訴法」に定めるところである。担当奉行人は雑訴評定で治定できない案件については文殿の意見を聴いた。雑訴の勘奏機関たる文殿の存在理由はここにある。

3 文殿

文殿は本来文書を蔵納する施設を意味するものにすぎなかったが、特に院の文殿は院評定制の展開とともに訴訟に一定のかかわりを持つようになった。文殿庭中とは畢竟「着座公卿と文殿衆によって構成される、院文殿に開設された法廷」と規定されるが、この形での文殿庭中はすでに正和四年八月三日には史料の上にその姿をあらわしている。(29) この文殿の活動は漸次活況を呈し、南北朝期にはそのピークを迎える。ここで述べようとする文殿の制度はいうならば完成期のそれである。

光厳院政下の文殿がどの時点から活動を開始したかについては明証を欠くが、(建武四年)八月三日付の文殿注進状(「報恩院文書」三)が残っているので、おおよその見当はつこう。

この文殿の結番交名が(イ)である。これによって「文殿御沙汰」(文殿庭中)と「越訴庭中」の結番規定を知ることができるが、『師守記』など当時の日記に示された文殿関係記事をあわせみれば、(イ)に定められた式日と担当番は実によく守られていることがわかる。つまり北朝の文殿の制度は、暦応三年五月の雑訴法制定を経て、翌年一一月に結番方式など若干の修正を施すことによってほぼ整備されたものとみることができる。(30)

雑訴評定と文殿との関係は、「暦応雑訴法」に定められた次の一条によく示されている。

一、被下文殿訴陳、先三十箇日中、廻覧文書、対決之後、五箇日中可勘　奏事、

つまり、文殿の任務は一件の担当奉行人(伝奏である場合が多い)から下された訴陳についての審理・勘奏であった。担当奉行人は訴状・陳状など関係文書を一括して文殿に送り「注進是非」することを求めたと考えられる。(31) 文殿衆が文書の回覧を終えると、文殿廻文によって当事者に対決の日を知らせる。(32) 対決は庭中日に、担当番において行われた。(33)

対決が終ると文殿衆は五日以内に合議結果をまとめて文殿注進状（勘状）を提出することになっていた。（補註）光厳院政下に限れば一〇通をあつめることができた。別表のとおりである。文殿注進状の作成過程はよくわからない。(34) ただ表中の6の注進状のうしろに次のような付箋がついている。

已上勘進、官人大判事明成書出之、但於手跡者、子息新大夫判官明宗筆也、明成老體之間、依勅免近年代父勘状等悉所書之也云々

文殿注進状（勘状）一覧（新補注6）

	年月日	事書	評議の結論	署名者	出典
1	（建武四）八・三	大学寺（覚）宮庁与隆舜僧正相論大智院当知行実否事、	暗難一決、然者被召出文書正文、可存知哉、	清原頼元・中原師右・小槻匡遠・中原章香・坂上明成・中原章有	報恩院文書三
2	建武四・八・一三	同右	宮庁所申似有其謂矣、	同右	同右
3	暦応三・九・一一	山科小野雑掌与勧修寺所司等相論当寺田地事	小野庄雑掌訴申之趣、可謂髣髴歟、然者元徳聖断猶無相違矣、	中原師右・小槻匡遠・中原師利・中原師治・坂上明成・中原章有・中原秀清・中原章世	勧修寺文書二
4	暦応四・二・四	良耀僧正与道意僧正相論自性院門跡事、	良耀僧正所申非無其謂矣、	中原師右・小槻匡遠・坂上明成・中原章有・中原秀清・中原章世	仁和寺文書第二回採訪
5	暦応四・四・四	経厳僧正坊雑掌与大覚寺宮庁相論讃岐国善通寺事、	経厳僧正坊之訴、非無其謂哉、	中原師右・小槻匡遠・中原師治・坂上明成・中原章有・中原章世	善通寺文書坤
6	暦応四・九・一九	教令院与良暁僧正相論大和国檜牧庄領家職事	教令院之訴、非無其謂哉、	中原師右・小槻匡遠・中原師治・坂上明成・中原章有	東寺百合文書ウ

7	暦応四・一二・四	陶清法印与幸賢朝臣相論河内国楠葉弥勒寺事	陶清法印所申非無其謂哉、此上事須在時議矣、	中原師右・小槻匡遠・中原師利 中原師治・坂上明清・中原章有 中原秀清・中原章世	田中文書
8	康永三・六・二四	俊覚僧正与道賢僧都相論東安寺田以下事、	道賢僧都執論難被許容哉、	中原師右・小槻匡遠・中原師利 中原師治・坂上明清・坂上明成 小槻清澄・中原章有・小槻文明 中原章世	理性院文書乾
9	貞和一・一〇・二四	随心院僧正経厳雑掌与道仁上人相論讃岐国善通寺事、	任先度勅裁、経厳僧正雑掌知行可無其妨矣、	小槻匡遠・中原師利・中原師治 坂上明清・坂上明成・中原章有 小槻文明・中原師香・中原章世	善通寺文書坤
10	貞和四・一・二四	右大弁宰相（甘露寺）藤長卿与右大臣（九条経教）家政所相論伊勢国和田荘事、	右大弁宰相所愁申、似難被棄捐矣、此上事須在時議哉、	小槻匡遠・中原師利・中原師治 坂上明成・中原章有・小槻文明 中原師香・中原章世・坂上明宗	園太暦貞和五年二月廿五日条

これによってみれば、注進状を執筆する者はきまっていたようである。坂上明成や父に代った明宗[35]もその一人であったことは明らかである。

今まであまり注意されなかったが、文殿注進状に裏花押が据えられている事実も訴訟進行の過程を考える上でみのがすことはできない。先にあげた文殿注進状一覧の中で少なくとも4・5・7・8には各々裏花押を確認できる。その形状からみて4・7は四条隆蔭、5は勧修寺経顕、8は日野資明の花押と認められる。[36]たとえば5についてみればこの注進状をうけて暦応四年五月二八日光厳上皇院宣が出されており（『善通寺文書』坤）、その奉者はまさしく権大納言勧修寺経顕であることが知られる。しかも四条隆蔭・勧修寺経顕・日野資明がいずれも評定衆・伝奏であることをあわせ考えれば、各人は当該案件の担当奉行人としての立場から文殿注進状を受けとり、これに裏花押を据えて訴訟文書としての効力を与えたものと判断される。担当奉行人は、この注進状を副えて上皇に奏聞し、裁許を仰いだ。(37)当該案件の裁許文書たる院宣はこのような経路を通して注進状とともに下付された。(38)院宣の中に「任文殿注進(状)」なる文言のみえる所以である。文殿注進状は実質的に裁許院宣の内容を規定した。その実例は多く残っている。

ここで光厳院政の文殿がいつまで活動を続けたかをおさえておきたいが確定するための史料がない。『師守記』は観応年間の記事を欠くばかりか、貞和三年以降の記事にしてもきわめて簡略なことがらしか載せていない。記事の簡略化の背景にはやはり文殿活動の衰退を想定せねばなるまい。『園太暦』観応二年六月九日には「今日文殿沙汰云々」とみえるので少なくともこの時点までは活動していたものと思われる。しかしすでにいわゆる観応の擾乱はいよいよ激化の度を加えてきており、同年七月三〇日には足利直義は自派を率いて北国へ走り、南朝軍はこの幕府の内訌に乗じて京都奪回をねらっていた。足利尊氏が直義を討つため一時的に南朝に下ったのもこの年の一一月であった。こういう状況の中で文殿の活動が順調に行われるはずはないであろう。『師守記』延文元年三月二〇日条に次の記事がみえる。

今日中御門兵部禅門尋申、観応元年六月九日文殿参仕人数并観応二年十月廿五日被止文殿沙汰時分也、院宣被成否事也、被注遣了、

文意は、中御門兵部禅門が、観応元年六月九日に催された庭中での(39)参加人数、観応二年一〇月二五日に院宣が成されたか否かについて尋問したというものであろう。「被止文殿沙汰時分也」の個所を観応二年一〇月二五日の時点における文殿の運営状況を説明した註記とみなしたわけである。(40)「院宣」がいかなる内容のものかは判然としない。以上の解釈の上に立てば、文殿は観応二年一〇月末にはすでに活動を停止していたことが知られる。要するに光厳院政下の文殿は

観応二年の半ばをさほど過ぎない時期にその活動を止めていたと考えられるのである。

4　御前（院）評定

御前評定は上皇の臨席のもと、毎月一の日を式日として開催された。この評定はいわば北朝の最高議決機関であり、評定衆が参加した。前述したように伝奏の立場からは参加できなかった。また文殿衆には発言権はなかったが、皆参を命じられていた（「暦応雑訴法」）。ここでは所領関係の訴訟や神事関係のことなどが議題となっているが、特に訴訟については文殿との関係が深い。ここでは御前評定と文殿との関係について考えることにする。

『師守記』貞和五年九月条の紙背に残された文殿廻文の中に康永三年二月二六日付のものが二通ある。一つは金原法華堂以下事について円満院宮庁と中務卿宮庁とを召喚するもの、いま一つは備前国児林荘内槇石嶋事について熊野長床衆と南滝院僧正雑掌を召喚するもので、いずれも「右来月（閏二月）一日御前評定可有其沙汰、両方帯文書正文、可令参対文殿状、依仰所廻如件」と告げられている。(41) 一方『園太暦』康永三年閏二月一日条にはまさに当該案件についての御前評定の内容が克明にしるされている。いま関係個所を引用しよう。

> 今日仙洞評定也、美和庄・金原法花堂以下并槇石嶋等事可有沙汰云々、（中略）金原法花堂已下事、勧修寺前大納言申出之、藤中納言（日野資明）・葉室前中納言（長光）等依門跡（円満院）奉公退座了、仍前関白（近衛基嗣）・予（洞院公賢）・前大納言（勧修寺経顕）三人候之、文殿注進前大納言謙申之次第議奏、所詮為承明門院御余流、中書王次第相承、当知行不可有相違之由治定了、（中略）其後槇石嶋事、熊野長床衆与増仁僧正相論也、未決事等有之、追可有其沙汰之由被仰之、（下略）

この日、五人の評定衆が集まったが、金原法華堂以下事については規定により二人が退座したため残り三人で評議し、結局承明門院の御余流として中書王（中務卿）の当知行が確認された。ここで文殿との関係上注意すべきは、「文殿注進前大納言謙申之次第議奏」の個所、つまりこの件についての評議に入る前に前大納言勧修寺経顕（担当奉行人と考えられる）が文殿注進の内容を報告していると思われることである。こう考えることが許されるならば、御前評定での評議も文殿の注進をふまえて行われたことが十分に想定されよう。

また先の廻文でみたとおりこの日、当事者は文殿に出頭しており、文殿衆も皆参していることは明らかである。御前評定はそのようななかで開催されたのである。御前評定の決定事項は上皇の裁可を得て、裁許の院宣が発されたとみてよい。しかしながら、雑訴沙汰→文殿と経由してきた案件がすべて御前評定にかけられたのか、なかには御前評定にかけるまでもなく伝奏を経て上皇に奏聞されて勅裁下付となるケースもあったのか、また文殿を経過せず直接に御前評定にかけられる案件もあったのか、などの問題については必ずしも明らかにすることはできない。

5 勅問

文保元年の制定と伝える「政道条々」（宮内庁書陵部所蔵、本書二五四〜六頁参照）の中に、

一、勅問事、十箇日中可申所存事、

という規定があるが、光厳院政期においても同様の制度が存在していた。(42) 院政下の裁許機構の一端を担っているこの勅問の制度についても一応みておく必要がある。勅問とは上皇が裁許を行う際、特定公卿の意見を聴くことを意味するが、史料的には評定衆・太政大臣洞院公賢、評定衆・前関白近衛基嗣（『愚管記』応安五年九月一七日条）の事例などをみいだせる。『園太暦』貞和五年二月二三日条によれば甘露寺藤長と九条経教とが争う伊勢国和田荘のことについて、また同年四月二〇日条によれば稲荷社神主親経と則時とが争う違勅狼藉のことについて、それぞれ是非を注進すべしと洞院公賢に対して命じられている。このとき担当奉行人によって訴陳文書とともに文殿注進状が付されたことに注意せねばな

らない。公賢は時をおかず返答の請文を提出しているが、その結論は「文殿勘奏之趣、無相違候哉」、「文殿惣勘状之趣、愚意大概無相違也」という史料表現で察せられるように、文殿の注進を支持しているのである。つまりこの事例にみえる勅問は太政大臣クラスの重鎮の意見を聴くという体裁をとったが、その実質は文殿の審理結果の追認であったといえる。かくして公賢の勅答は担当奉行をとおして上皇に奏聞され、聖断たる院宣が下された。[43] 勅問といえども文殿の制度の上に立脚したものであったといわねばなるまい。

五　おわりに

光厳上皇院宣の奉者がほとんど伝奏であるという事実は同院政の特質を端的にあらわしている。伝奏と評定衆はともに上皇を補佐する任務であるが、伝奏はほとんど全員評定衆を兼ねている点に伝奏の性格と役割とを窺うことができる。伝奏が政務の練達者であったことは言うまでもない。『園太暦』観応二年五月二〇日条によれば、前関白近衛基嗣は僧正覚実の一乗院門跡を獲得すべく使者を洞院公賢のもとへつかわし、「当家可管領之由、可被下院宣旨可申入」と要請した。当時公賢自身は出仕しておらず、もっぱら子息実夏を代官に立て朝政に関与していたのであるが、この門跡一件を「随分重事」とみた公賢は実夏を代官に立てることを肯んぜず、伝奏に付くべきことを示した。その理由は「非伝奏、未練者奏聞難治」、つまり伝奏でない非熟練者に奏聞の任はつとまらないというのである。中御門宣明のように伝奏を経て評定衆となるケースもあった。

上皇の裁断にかかるすべての事柄は伝奏を通して奏聞されたから、[44] 伝奏の果たす役割は大きかった。[45] すでに一覧表に示したように光厳院政下において一五名の評定衆、一〇名の伝奏を確認した。橋本義彦氏の研究によって評定衆はその出身別に二つに分類できることが明らかとなったが、当該期に即してみても同様のことがいえる。その一つは摂家出身者（近衛基嗣・一条経通・二条良基）と清華出身者（洞院公賢・同実夏・徳大寺公清・久我長通）で、評定衆の上層に位置する。洞院家の進出は特に注目される。いま一つは勧修寺流（勧修寺経顕・葉室長光・中御門経季・同宣明）と日野・四条・平・高階各家の出身者である。言うまでもなく伝奏は後者のグループに属するが、勧修寺流廷臣の占める圧倒的比重は依然としてかわりがない。(46)

文殿衆（寄人）は訴訟審理の実務を担当する吏僚団であるが、当該期の顔ぶれはすでに示した一覧表のとおりである。暦応四年一一月頃の構成内容と認められる(ホ)にみえる九名の他に八名を検出し、総計一七名を得た。(47)出身家別にみれば、明法家中原氏を中心にして坂上・小槻・清原の各氏から出ていること、また建武政権の雑訴決断所結番交名と比較すれば、北朝下で新たに召し加えられた者を除いてすべて決断所の旧職員であったことが知られる。このことは北朝の文殿の性格を考える上で重要なことがらである。

以上のような人的構成のうえに運営された光厳上皇の院政は大局的にいって旧来の院政の伝統を逸脱したものではなかった。しかし雑訴法の整備に象徴されるように王朝の訴訟制度の展開過程の上からみれば、光厳院政期はいわばそのピークにあたっていたといえる。その運営は、文殿のすぐれた勘奏機能を基盤にして、「上皇の口となり耳となって奏事を円滑に運ぶ」(48)のみならず、訴訟一件の担当奉行として活動する伝奏グループによって担われていたといってよい。彼らは同時に王朝の最高議決機関のメンバー＝評定衆を兼ねることが多かったので、評定と伝奏の二つの任務はきわめて能率的かつ迅速に遂行されたと考えられる。しかし政治機構の効率化は反面では人的構成の固定化を随伴した。

註

（1）佐藤進一氏「室町幕府論」（旧版岩波講座『日本歴史』7　昭和三八年。のち岩波書店『日本中世史論集』に収録）。

（2）光厳上皇についての伝記研究の中でまとまったものとして、中村直勝氏『光厳天皇』（淡交新社、昭和三六年）がある。また京都・常照皇寺『光厳天皇遺芳』（昭和三九年）は「光厳天皇六百年御正宸に当り」編集されたものであるが、同天皇の宸翰・御記・和歌を網羅的に収録しており、いわば同天皇関係の史料集成でもある。同書には赤松俊秀氏による要を得た伝記研究、「光厳天皇の御生涯」が掲載されている（なお同論文は同氏『京都寺史考』〈昭和四七年〉に「光厳天皇について―常照皇寺の開基―」という題にて再録）。

（3）光厳上皇の院宣は尊氏の西走の途中、備後の鞆にて、三宝院賢俊を勅使としてもたらされたとされており、『史料綜覧』は延元元（建武三）年二月一二日にかけて「尊氏、航シテ鎮西ニ赴ク、途ニシテ院宣ヲ拝受シ」としるしている。現存の足利尊氏・同直義の発給文書のなかで、同上皇の院宣拝受のことがみえはじめるのが同年二月一五日（「大友文書」足利尊氏書状）からであるから、『史料綜覧』のかける期日はほぼ妥当といえる。

（4）「建武三年以来記」に「八月十五日（建武三年）、新帝践祚、武家中行之」とみえる。

（5）光厳上皇の落飾は正平七年八月八日である（『園太暦』文和元年八月一二日条）から（時に四〇歳）、『参考太平記』が指摘するように建武三年の院政開始当時の「法襟」とは正確でない。

（6）南北朝期の王朝制度についての研究は、関係文書群の機能論的な考察をとおして最近すぐれた成果を生んでいる（たとえば、富田正弘氏「中世公家政治文書の再検討」①〜③、『歴史公論』四―一〇、一一、一二、昭和五三年、橋本初子氏「別形態の院宣・綸旨」『史林』六二―五、昭和五四年、同氏「公家訴訟における文書の機能論的考察」『古文書研究』一四、昭和五四年、同氏「中世の検非違使庁関係文書について」同一六、昭和五六年）。それらの研究はとりわけ文書の原本に即しているため、往来の古文書学の限界をふみこえまさに古文書研究の新境地を切り開いているといってよい。ともすれば歴史の動的側面を捨象しがちな古文書学は文書の動きを追うという手法をとおして実にいきいきしたものとなった。

　南北朝期の王朝制度を調べる場合、どうしても多くを当時の公家日記たる『園太暦』と『師守記』とによらざるを得ない。『園太暦』の概要については、続群書類従完成会刊の巻一の巻頭の岩橋小弥太氏の解説（もとは『歴史と地理』一六―二、大正一四年、「園太暦について」）参照。言うまでもなく両日記とて完全ではなく欠失した部分も多い。現存の『園太暦』は応長元年二〜三月分以外は全部甘露寺親長の抄録であること、南北朝期の政治史の展開のうえで殊に重要な時期といえる文和三年あたりの部分を著しく欠損させていること、『師守記』についていえば、『園太暦』以上に記事の間断が多く、殊に観応年間以降の記事の残存状況が悪い、といったような史料としての制約は残されてはいるものの、他にまとまった史料がない現在、両日記は文字どおり第一の根本史料たる地位を失わない。北朝の重鎮としての洞院公賢、政務の実際を担当する吏僚としての中原師守という立場の異なる二人の耳目をとおして当該時期の歴史事実を複眼的にとらえることが可能となる。

（7）この名称は巻頭裏に記された「制法」という文字による。巻子は縦二四センチ、横三一・五センチの楮紙一一枚をつないだものであるが、各々の紙面中央に折り目があることからみて、成巻以前は冊子本であったと思われる。

（8）「暦応雑訴法」の写本は二つ伝存している。その一つは「仁和寺文書」に収められた、追加二ケ条を含む全二二ケ条である。これには末尾に「暦応四」一一月一六日副状一通が付せられているが差出書を欠く。いま一つは本文でのべた歴博所蔵のもので、仁和寺本と比べて「一、下職及本所成敗地」以下の一条と追加二ケ条を欠くかわりに（従って全一九ケ条）、先の副状二通を収め、しかも「権中納言」の差出書と「大外記殿」という宛所を具備している。両本の差異は以上のほか字句の異同や追記の有無などが認められるが、史料内容としては全く同種の写本といってよい。活字本では『大日本史料』第六編之六が仁和寺本をのせるが、最近、書写年代の古い仁和寺本（貞和三年九月二〇日に書写したとの奥書あり）を底本とし、歴博本で校正をほどこされたものが岩波・日本思想大系22『中世政治社会思想』下に収められた（笠松宏至氏の校訂）。

（9）『鎌倉幕府訴訟制度の研究』（昭和一八年）第三章註六（同書一九三〜五頁）。なお同氏は歴博本の書写年代について「仁和寺本よりは遥かに後れ、書風より案ずるに恐らく室町初期若しくは中期頃であらう」と述べておられる。傾聴すべき御説と思う。

（10）佐藤氏前掲書一九五頁。

（11）『公卿補任』によって各人の在任期間を概略示せば次のようになる。

前関白　この時期では近衛前関白といえば基嗣と経忠とがいるが、経忠は建武四年四月以来吉野に参入していたと考えられるので（『公卿補任』建武四年条。『園太暦』康永三年一〇月二三日条）、基嗣を比定したい。基嗣は建武五年五月一九日より文和三年四月八日に薨ずるまで前関白であった。

関白　この時期の関白は一条経通である。一条家は九条家の分流であるので、経通に「九条」の肩書註が付けられたのもふしぎではない。経通の関白在任は建武五年五月一九日〜暦応五年正月二六日。（新補注7）

太政大臣　久我長通。暦応三年一二月二七日〜同五年二月二九日。
前右府　洞院公賢。建武四年六月九日〜康永二年四月一〇日。
勧修寺大納言　勧修寺経顕。暦応三年七月一九日〜同五年正月一六日。
大理　日野資明。暦応元年九月一六日〜同五年一二月二六日。
葉室中納言　葉室長光。暦応三年七月一九日〜同五年三月三〇日。
侍従中納言　四条隆蔭。暦応二年一二月一日〜康永元年一二月二九日（『師守記』によれば康永元年七月二四日条まで「侍従中納言」でみえるが、康永三年四月二四日からは「別当」であらわれる。隆蔭は康永元年一二月二九日に使別当となったが、この時に侍従を辞したものと考えられる）。
平中納言　平宗経。暦応三年四月一一日〜同四年一二月二三日。
大蔵卿　高階雅仲。建武四年正月七日〜文和元年三月二〇日。
坊城宰相　中御門経季。但し「宰相」は「前宰相」の誤り。建武四年七月二〇日〜貞和二年九月二日。

(12)　(ハ)(ホ)の全員の官職について確認するすべがあるわけではない。しかし『師守記』暦応四年三月二四日条、康永元年六月四日条などにみえる文殿庭中参仕の面々と比較してみればそれぞれの官職が一致するケースを多く認めることができる。

(13)　同氏「公家訴訟における文書の機能論的考察」二八頁。

(14)　一六点の文書を最初から順に示せば、①暦応二年八月日法眼盛祐申状、②暦応二年三月日法眼盛祐申状、③美濃国船木荘開発相承系図、④朝敵人系図、⑤正応二年九月一〇日静全譲状、⑥正慶二年後二月一六日後伏見上皇院宣、⑦元弘三年五月日法眼盛祐着到状、⑧（建武三年）八月二〇日美濃守護土岐頼貞法名存孝代道忍書状、⑨建武四年二月一八日光厳上皇院宣、⑩文治三年四月一〇日菅原資高譲状、⑪元久元年三月一〇日法勝寺領美濃国船木荘文書紛失状、⑫元久二年一一月九日菅原為俊譲状、⑬正嘉元年一二月七日小野氏・覚俊譲状、⑭弘安六年四月一〇日小野せんしん譲状、⑮（暦応二年）六月九日光厳上皇院宣、⑯（暦応二年）六月一五日坊門信春請文、以上である。①にみえる史料表現でいえば、副え進められた「一巻　先進訴状并具書等案」が②および③〜⑨に、「五通　相伝証文案」が⑩〜⑭に、また「一通　院宣案」が⑮に相当する。ちなみに⑩⑪⑫の三点は『鎌倉遺文』に収録されているが、他はすべて活字史料集に収められていない。

(15)　『岐阜県史通史編中世』（昭和四四年刊）第六章第四節醍醐寺領荘園のなかに船木荘の項が設けられているが、本史料を使用された形跡はないし、同史料編（昭和四八年刊）にも収録されていない。『図書寮典籍解題　歴史編』（一七四頁）に簡単な解説が施されているほかは、ただ田沼睦氏「高師直と室町幕府」（『歴史公論』五―九、昭和五一年）において只越郷をめぐる所領争いが南北朝動乱の具体的な一様相として概括されているにすぎない。

(16) この花押がだれのものかにわかには決めがたい。申状中にみえる中御門為治ではないかと調べてもみたがやはりその花押の形状は相違している。すべては後日の調査にまちたい。

(17) 橋本初子氏の研究によって、出訴の申状が受理されると、担当奉行は申状幷具書案に裏花押（一紙の場合）や紙継目裏花押（二紙以上の場合）を据えることが明らかにされた。この花押の有無は申状の正文と案文を見分けるめやすとなる（同氏、註（13）所引論文三〇〜三二頁）。宮内庁書陵部『和漢図書分類目録』はこの一連の訴訟関係文書を南北朝期の写とするしているが、以上のことがらをふまえれば、これが申状の正文であることがわかる。

(18) 石井良助氏『中世武家不動産訴訟法の研究』（昭和一三年）二八二〜二九四頁。石井氏は庭中について「本奉行の非法に関する訴と云うても差支ないと思ふ」とも述べておられる（同書二九二頁）。

(19) 庭中の意味を考える上で、「東寺百合文書」井一之十五に収める暦応二年四月日東寺供僧学衆等代所司等庭中申状（『大日本史料』六編之九、九〜一二頁）は好史料の一つである。この申状の端には「庭中案」と記されている。東寺供僧等はこの申状のなかで、山城国上桂庄の領有をめぐる源氏女との相論における、氏女と結託した文殿衆の一人中原章有の私曲を論じ立てている。

(20) 『師守記』における越訴の初見個所である暦応三年五月二九日条には「越訴今日初度也、但訴人無之云々」と記されている。この記事は、一六日まえに制定された「暦応雑訴法」の中の「可被置庭中幷越訴事」という一条を承けていることは明らかであろう。つまり越訴は暦応三年五月に式日が定められる以前はさほど頻繁に行われたわけではなかったと推測される。

(21) 中御門為治は暦応二年四月一八日に右大弁を辞しているので、盛祐が申状を付けた時点では「頭卿」＝蔵人頭・宮内卿であった。伝奏ではないにしても雑訴沙汰には召しによって参加できる立場にはいた。

(22) 橋本初子氏前掲論文二八頁。

(23) (d)は宮内庁書陵部所蔵「綸旨・口宣・院宣等」に収める（内閣文庫所蔵「口宣案御教書」にも収めるが、誤脱あり）。(e)は『新修島根県史史料編1古代中世』三八九頁に収められるが翻刻上の問題があるため、東大史料編纂所架蔵影写本「岩屋寺文書」

によった。ここで次のことを一つだけ指摘しておく。それは(d)—①にみえる「於下職者先々不帯　勅裁之地不可有上裁之由、雖被定其法」という個所が、暦応三年五月一四日制定の雑訴法（『仁和寺文書』）の第一六条、

下職及本所成敗地、元弘建武天下擾乱之時、依一同法、任申請雖被下安堵　勅裁、開発寄進之余流、并先々帯　聖断之外、非御沙汰限事、

を承けているという事実である。なお「下職」の解釈として、笠松宏至氏は「下司職。預所職（上司職）など本所の進止権の強い職に対して、相伝性の強い在地領主の代表的な職として下司職をあげたものであろう」と述べておられるが（『中世政治社会思想』下七三頁の頭註）、この場合尾張国野田御厨預所職は文意上「下職」と解せざるをえないのではあるまいか。

(24) 同氏前掲論文二八頁。

(25) 橋本義彦氏は鎌倉時代における評定衆の系統を、関東申次—執事—(A)類評定衆、伝奏—執権—(B)類評定衆の二つに分類された（同氏「院評定制について」『日本歴史』二六一号、昭和四五年。のち吉川弘文館『平安貴族社会の研究』に収録）。本稿に即していえば挙状の宛所となり、一件の奉行となるのは橋本氏のいわれる(B)類評定衆の系譜をひく者ということができる。ちなみに「院司補任」によれば光厳院の執事は「洞院前右大臣家」（公賢）である（『皇室制度史料』太上天皇二—二四七頁）。

(26) 私が現在までに収集しえている光厳上皇院宣は、（建武二年）後一〇月一七日付、宗峯上人宛（『大徳寺文書』）より「観応二」九月二三日付、崇恵上人御房宛（「正伝寺文書」）までのものである。先述のとおり総数三五〇通を上回るが、それらの奉者を官職によって整理すれば下の表のようになる。

院宣の奉者は即ち当該案件の担当奉行であり、訴訟の場合は進行役を果たした。奉者の中には弁官（大弁・中弁・少弁）や蔵人（蔵人頭・五位蔵人）の任にある者も含まれてはいるが、しかし院宣総数の八〜九割は一〇名の伝奏の奉ずるところであるという事実は光厳院政における伝奏の活動の旺盛さをあらためて痛感させる。表では全二五名の奉者を掲出したが、出身別にみれば、勧修寺流藤原氏諸家が一一名を占め、日野・広橋氏四名、平氏四

伝奏	弁官	蔵人（頭）
四条隆蔭	平親名	源重資
高階雅仲	冷泉経隆	藤原清経
日野資明	平行兼	
勧修寺経顕	源雅顕	葉室頼為
平宗経	万里小路仲房	日野保光
吉田国俊	九条朝房	
中御門宣明		
甘露寺藤長	平親明	葉室長顕
中御門経季	広橋兼綱	四条隆持
葉室長光	日野宗光	

名がこれに続いている。この実務官僚の構成はいわば王朝の伝統を踏襲する現象である。

(27) 富田正弘氏「中世公家政治文書の再検討」②一五六頁。

(28) 同右一六〇頁。

(29) 院評定の構造と性格については、橋本義彦氏のすぐれた研究「院評定制について」(『日本歴史』二六一号、昭和四五年)がある。本節はこの研究にみちびかれた、光厳院政についての一事例研究にすぎない。

(30) くだって応安四年九月二六日の後光厳上皇の仙洞評定始において雑訴のことが議されている。(『吉田家日次記』同日条)。

(31) 『壬生家文書』一(五六頁)に次のような文書が収められている。

二条局与河合祝光冬相論山城国蓼倉郷内春日代田并出雲路敷地事、文書一結(在目録)如此、召決両方、可被注進是非之由、被
仰下状、如件

四月廿九日　　　　少弁(花押)

大夫史殿

この文書は鎌倉中期ころのものと考えられる。担当奉行と思われる少弁某が大夫史に対して文書一結を送り、是非を注進せよと要請している。これは南北朝期において担当奉行人がどのようにして一件の審理を文殿に命じたかについて考えるうえで参考となる。また同文書に収める、延文二年九月一〇日今林荘文書出入注文は後光厳天皇の記録所に関係するものではあるが、記録所寄人が訴訟文書をどのように回覧したかを示している。先にみた史料中の「先三十箇日中、廻覧文書」とは、具体的にはそのようなことを意味しているとみてよい。『師守記』貞治元年一一月二〇日条参照。また註(19)でのべた申状の中に「当庄沙汰事、去年(暦応元年)五月於文殿召決訴論人、可進勘状之旨、可仰闔閣之由、被召仰(中原)章有之処、(中略)、不渡文書於闔閣、抑留之儀、勘出未尽注進状之条、前代未聞珍事也」とみえる。この記事によっても、担当奉行は訴陳文書を文殿に渡し、対決を遂げたのち注進状を提出させていたことを知ることができる。

(32) 文殿廻文はいわば召喚状であるが、『師守記』の紙背に康永二〜三年の廻文が多く残っている。『醍醐寺文書』や『雨森善四郎氏所蔵文書』にも収める。文殿廻文は召喚日のだいたい一〇日程まえに出されている。なお御前評定への召喚を内容とするものもある。

(33) 文殿庭中日における対決の実例は、『師守記』暦応3・6・24、康永1・7・19、7・24、康永3・5・24、6・24、8・

24、康永4・7・24、貞和3・9・4などの各条にみることができる。

(34) 記録所注進状の場合はいくつかの史料がある。たとえば『師守記』貞治元年一一〜一二月の条にみえる、「美濃国真桑庄預所職」・「紺年預得分」・「兵庫嶋漏船」・「左女牛烏丸屋」などについての事例である。まず執筆が草案を作成し、これを寄人に回覧させて押紙によって修正してもらい、最後に清書をして、各寄人の署名を得ている。注進状はこうして出来あがるのであるが、それは法の専門家たちの総意であったため他者の意見で容易に内容変更できるものでなかった。『師守記』貞治六年四月二六日条によれば、職事蔵人広橋仲光が注進状の内容にクレームをつけたところ、記録所寄人の一人中原師茂が「諸衆連署注進、依一人異儀書改事、先規不覚語候」と語った事実がある。寄人たちの職業意識と注進状の性格の一端を示すことがらといえよう。

(35) 坂上明成は貞和三年正月四日より病気のため文殿参仕を休んでいたが、同年八月二四日の庭中にやっと出席した(『師守記』同日条)。明成の名のみえる最後の文殿関係の史料は貞和四年正月二四日文殿注進状(前掲文殿注進状一覧の10参照)である。一方子息「大夫判官」明宗は貞和三年正月一四日の御前評定から参仕を始めているが、彼は病気の父明成の代りとして文殿衆に召し加えられたのであろう。明宗が父に代って「大判事」としてみえるのは後光厳天皇の親政下、貞治元年一一月八日記録所廻文(『師守記』同九日条に収める)が最初である。同天皇の親政下で坂上明宗が記録所注進状の草案をしたためた事例は多くみられる。

(36) 1・2・6は各々の端裏書から知られるように案文であるから裏花押があったか否か不明である。また東大史料編纂所架蔵影写本によってみれば、3も関係文書の花押の形などから写だと思われる。7には影写本でみる限り裏花押はないが、『石清水文書』(大日本古文書)によれば、「コノ文書ノ裏ニ四条隆蔭ノ証判アリ」と註記されており、隆蔭は康永二年八月一五日、この文殿注進をうけて光厳上皇の院宣を奉じた(同文書之一—三八九〜三九一頁参照)。9も影写本でみる限り裏花押は認められないがこの文書自体写である可能性が高い。10は洞院公賢の日記に記載されて残ったものであるから、裏花押までしるされてはいない。

(37) 文殿注進状は裁許を待つ間、上皇の手元にとどめられたと思われる。『師守記』貞治三年二月二六日条によれば、前年記録所が提出した美濃国真桑荘預所職についての注進状を御前(後光厳天皇)において引失したためどうしたらよいかを頭宮内卿平信兼が開闔小槻量実にたずねたが、量実はこのことを記録所寄人の面々と談合した。このとき量実が中原師茂に対し「文殿之時何様哉」と質問している点から考えれば、文殿注進状も記録所注進状と同様の扱いであったことが推測されよう。

(38) 裁許の院宣は一旦文殿にもたらされ、文殿において文殿衆の手より勝訴者に渡されたものと考えられる。『師守記』康永三年九月六日裏書によると、伝奏日野資明が中原師茂に「兼又雑訴御教書内、勅裁院宣二通相加候、各雑掌申旨候者、可被下遣候」と言ってきたのに答えて、師茂は「兼又雑訴御教書七通給預候了、今日匡遠（小槻）当番候、急可渡遣候、此内□（勅）裁二通可下給訴人之由、可存知候」とのべている。

(39) この日の文殿庭中の内容については『師守記』延文元年三月一〇日の条にみえる。

(40) 「被止文殿沙汰時分也」の個所を国立国会図書館所蔵『師守記』原本によってみれば、文字の大きさは本文とほとんどかわらないが、やや小さめにみえなくもない。ただ「被」以下は筆をあらためてしるされているので、師守自身はこの個所を注記程度のつもりで書いたものと判断した。

(41) 一般的にいって、文殿廻文には文殿の沙汰日を告げるものと、御前評定日を告げるものとがある。なお山口隼正氏が紹介された「訴陳文書目録」（「京都御所東山御文庫記録」乙二三、『鹿児島中世史研究会報』38）の裏書のなかには、『師守記』紙背文書中にみえる文殿廻文と対応するものが四つ認められる。今後注意してゆかねばならぬ史料である。

(42) 『吉田家日次記』応安四年九月二六日条にのせる評定条目では、勅問は二十ケ日中に所存を申すようにと規定されている。

(43) 『園太暦』貞和五年六月二一、二二、二五日条参照。なお二一日条は院評定が行われたことを記しているが、よくよめば和田荘のことが評定の議題になっているわけではないことは明らかである。公賢としては返事を提出したのちなかなか聖断が下らないので督促したまでのことである。このことは勅問が御前評定を通しての裁許とは別のやり方であったことを示している。

(44) 『園太暦』貞和三年二月一九日条によれば、伝奏は自らが奏聞した奏事の内容をしるした「奏事目録」を提出することになっていたことが知られる。

(45) 鎌倉末期ころより伝奏の制度に事項別担当の方式を採用するようになった。宮内庁書陵部所蔵「政道条々」には、「神宮伝奏」・「諸社諸寺伝奏」を定め置くべきことを定めた箇条がある。このような伝奏についての規定そのものが、伝奏をとおした政道興行の意図を表わしていることは言うまでもない。光厳院政期に限って記録類にみえる伝奏を拾ってみると次表のようなものがある。これらの中には事にあたって一時的に任命されたと思われるものも含まれているが、「山門伝奏」「南都伝奏」「祇園伝奏」になると制度的性格を多分に感じさせる。

(46)「院司補任」（『皇室制度史料』太上天皇二―二四七頁）の光厳院の項には、執事として「洞院前右大臣家（公賢）」が、また執権としては「勧修寺前大納言家 経顕」が掲げられている。執権勧修寺経顕は文殿開闔を通して文殿庭中・越訴や御前評定の開催について文殿衆に報知せしめるなど緊密な関係を保っているが、これは執権が立場上、御前評定と文殿との連絡役であったからであろう。ちなみに、光厳院政下の院司一覧として「院司補任」の記事以上の史料に恵まれない。また『園太暦』貞和四年一一月一日条によると、光明院の院別当に任ぜられた前太政大臣久我長通は執事ではなく別当であることを不面目に思い、子息と交替したいと申し出ている事実が知られる。執事と別当のランクの差についての当時の公家の意識が看取されて興味深い。

種類	人名	所見箇所	出典
山門伝奏	中御門宣明	貞和3・7・20	園太暦
践祚事奉行伝奏	日野資明	貞和4・9・13	〃
立坊伝奏	中御門宣明	貞和4・10・26	〃
御即位伝奏	〃	貞和5・2・2	〃
御禊行幸伝奏	〃	観応1・7・26、10・8 観応2・6・19、6・23	〃
大嘗会伝奏	葉室長光	観応1・9・29、10・8	〃
南都伝奏	甘露寺藤長	観応2・5・22	〃
祇園伝奏	〃	観応1・3・12	祇園執行日記
〃	吉田国俊	〃	〃

(47) このうち清原（五条）頼元は延元三（暦応元）年に後醍醐天皇の皇子懐良親王に随従して鎮西に下向したので公家の日記などにはその名をみせない。また小槻文明についていえば、『師守記』による限り、暦応三年正月一九日の文殿庭中より康永四年七月二四日の文殿庭中までは算博士として断続的に参仕しているので、彼は当然㈭にのせられるべき人物といえる。つまり㈭は小槻文明の名を欠落させていると考えられる。

(48) 橋本義彦氏前掲論文七頁。

（一七四頁補註） 次の文書は文殿開闔中原師香によって9の注進状がまず所轄番の筆頭伝奏日野資明に進められた時のものと思われる（「善通寺文書」坤）。

讃岐国善通寺事、文殿評定文一通并文書一結在目録謹進上候、可有洩御奏聞候哉、師香謹言、

（貞和元年カ）十一月六日　　掃部頭中原（師香）

進上　柳原殿（資明）政所

第二節　後光厳天皇親政

一　はじめに

南北朝政治史上に一つの画期をなす「観応擾乱」[1]は結果的に室町幕府の内訌を鎮静化し、将軍権力の一元化を実現させたが、南朝との関係においてはいわゆる「正平一統」を現出させた。正平六年（観応二年）末より翌年三月にかけて、京都は南朝軍の制圧するところとなった。京都制圧後に後村上天皇が打ち出した諸政策は『園太暦』によって窺うことができるのであるが、「正平一統」の歴史的意義は、このときあらわれた南朝の政治構想などを通して別途考察する余地を残している。

本節で考察の対象とするのは、「正平一統」の破綻後、足利尊氏が擁立した後光厳天皇の親政である。後光厳天皇は光厳院の皇子、[2]「妙法院ノ門跡へ御入室有ベシトテ、已御出家アラント」（『太平記』巻第三二）していたが、足利尊氏が北朝を再興するにあたって「御出家ノ儀ヲ止ラレテ」（同）急遽歴史の表舞台に立つこととなった。[3]光厳・光明・崇光の三上皇は「正平一統」の際南朝軍によって連れ去られ、目下河内東条に幽閉中であった。このため同天皇は「武命之厳密」により祖母広義門院寧子（後伏見院女御。三条公秀娘）の仰せをもって、「継体天皇践祚例」に任せて践祚した。[4]践祚日の観応三年八月一七日は「雨脚滂沱、風力惨烈」であった（『園太暦』）。同天皇の即位が践祚の一年四カ月後であった事実から窺われるように、践祚後の同天皇の周囲はすこぶる不安定であったと思われる。践祚当時、同天皇は一五歳の若年であること、南朝との和睦が決裂した直後、室町幕府の要請で擁立されたという事情、万事儀式を重んずる当時にあって異例の践祚をしたという事実、それらのことがらは王朝政権としての北朝の性格を根底において規定したといえる。

北朝初代の光明天皇は、寿永（後鳥羽）・元弘（光厳）の例にならって、足利尊氏に擁立された光厳上皇の手によって践祚し、建武三年一一月には講和の名のもとに神器を接収した（講和決裂後、南山に拠った後醍醐天皇はこれを偽器と主張した）。この光明天皇や次代の崇光天皇と、以上みた如き践祚のいきさつをもつ後光厳天皇との間には、皇位継承手続きのふみ方という点において相当の差異があったといわねばなるまい。後光厳朝以降の公武関係の展開を考える場合、そのことをまず念頭におく必要があろう。

以上のことがらを前おきしたうえで、本節では後光厳天皇の親政期一八年半（観応三年八月一七日〜応安四年三月二三日）に焦点をあて、その政務の実態と構造面での特質を検討することとしたい。

二　綸旨の概要

親政の運営状況を最も直接的に示す史料は天皇の命をうけて発せられる政務文書たる綸旨である。現在筆者が、『大日本史料』・『大日本古文書』を中心とする刊本史料や、まだ活字化されていない若干の史料によって収集しえている後光厳天皇綸旨は約四百点であるが(5)、いまこの綸旨からみた同親政の一面を概観しておこう。

1　内　容

後光厳天皇綸旨の個々に即して、その内容を分類すれば次のようになろう。

①公家・寺社に対する所領・所職の安堵・宛行、②訴訟の裁許、③訴訟進行上の手続き、④知行国主の任免、⑤寺官・神官の補任、⑥寺社に対する祈禱命令、⑦門跡・家門の管領、法流の相承認可、⑧祈願所の設定、⑨寺院の修造、⑩大嘗会人夫役の賦課、大嘗会米・役夫工米・段米の免除、⑪過所、⑫酒麹役の徴収、⑬武家への伝達（幕府の所轄と係わる場合）⑭その他

これらによってみれば、北朝は、公家・寺社領に対する沙汰（①）、訴訟裁許（②③）、知行国（④）、寺社に対する諸行為（⑤⑥⑦⑧⑨）、諸種の国家的課役の免除（⑩）、諸国通行の許可（⑪）、洛中の商業統制[6]（⑫）など、多岐に亘る権能を有していたことが知られる。⑬にみるように、北朝の訴訟裁許権の行使にあたって、幕府の沙汰権にかかわる案件については、幕府に伝達した。当該期の朝廷と幕府との多面的なかかわりの中で、所領問題をめぐるものこそ、最も重要な側面といえよう。この点を掘り下げることによって中世の朝幕関係の核心に迫ることが可能となろう。最近、そこに焦点をあてた研究がなされている[7]が、南北朝期の公武関係については第四章で考えることにしているので、ここでは言及しない。

ちなみに④に示した知行国のことについて一言しておこう。公卿や寺院に対して知行国を与えるというものは、前代の光厳上皇の院宣のなかにも数例みられたが、後光厳天皇の綸旨のなかには比較的多くの実例が検出される[8]。南北朝期の知行国制度の実態については今後の研究に期さねばならないが、この事実は後光厳親政の広い意味での土地政策の一端を垣間みせている。

2　奉　者

綸旨はふつう蔵人が奉ずるものと理解されているが、厳密にいえばこれは正しくない。蔵人以外の者、つまり公卿や

弁官の奉ずる綸旨も存在するからである。後光厳天皇綸旨の場合、奉者はほとんど弁官であるが、同時に蔵人をも兼任しているケースが多い。蔵人の在任期間については「職事補任」[9]を利用することができるが、ここでは蔵人に補任された事実よりも各々の蔵人の活動の徴証としての綸旨発給の事実を重視して、現存の綸旨をもとに検出した奉者とその活動期間を表示しておこう（一九四〜五頁の表二）。

これによって奉者の出身家門についてみれば、勧修寺流出身者が最も多く、日野家がこれを追い、平・四条家などがこれに続く、という形勢であることがわかる。「弁官家」勧修寺流藤原諸家の廷臣の占める大きな比率は今に始まったことではないが、日野家が特に後光厳親政前半期に大幅な進出を遂げている事実に注目すべきであろう（註27の表参照）。日野家出身者の活躍については後述するが、忠光・時光・兼綱は貞治年間以降、伝奏・議定衆として同親政の中枢を担ったことを併考すれば、彼らにとって奉者としての活動はその前提をなしたとみてよいであろう。おそらく後光厳天皇には日野家出身者を側近に登用し、重用しようとする意図があったのではあるまいか。

3　伝奏奉書

後光厳親政下、伝奏が天皇の命を奉じて文書を発給することがあった。いわゆる伝奏奉書である。[10]伝奏についてはのちに詳しく述べるが、親政期にあらわれる伝奏奉書は広義には綸旨の範疇に含めて考えてよいと思われるので、[11]ひとまずここでその発給手続きに留意しつつ文書としての性格についてふれておこう。[12]

①　東寺申

内閣文庫所蔵「東寺執行日記」二には、稲荷社祭礼のことにかかる次のような一まとまりの文書が収められている。[13]

稲荷大明神祭礼間事、

右考先例祭祀之趣、神輿以有入御于当寺為本、是併明神与大師芳契旲他之子細也、然則夘刻入御当寺中間、終日

表一 後光厳天皇綸旨の奉者

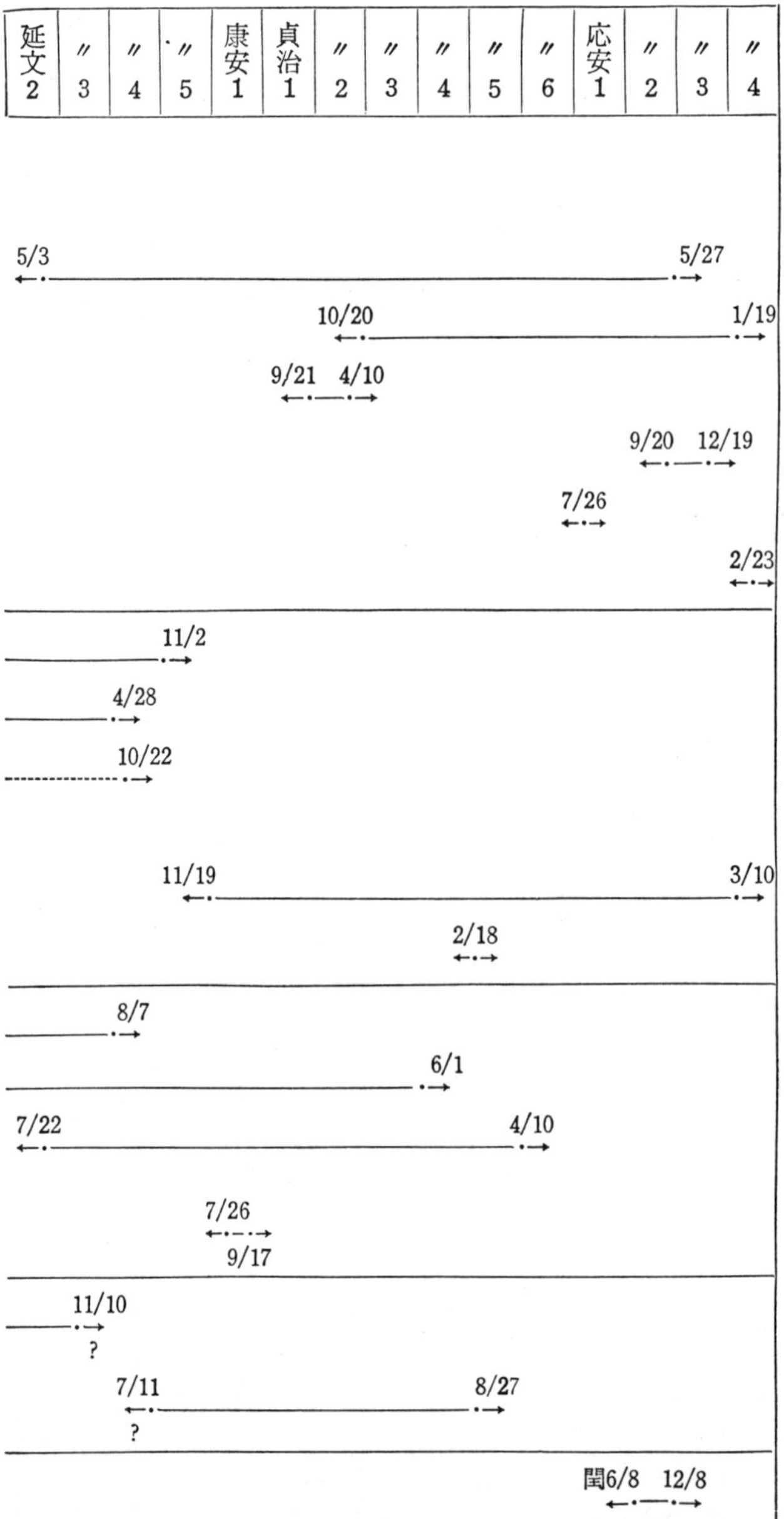

奉者＼年紀		文和1	〃2	〃3	〃4	延文1
勧修寺流藤原	万里小路仲房	9/22 ←・	──	──	──	5/28 ・→
	坊城俊冬	12/19 ←・	──	──	12/23 ・→	
	万里小路嗣房					
	中御門宣方					
	清閑寺資定					
	坊城俊任					
	葉室宗顕					
	中御門宗泰					
日野	柳原忠光		2/10 ←・	──	──	──
	日野時光		9/20 ←・	──	──	──
	日野教光		10/14 ←・	──	12/25 ・	------
	広橋兼綱	12/11 ←・	──	──	5/4 ・→	
	広橋仲光					
	日野資康					
平	平親顕		7/26 ←・	──	9/8 ・------	10/26 ──
	平信兼					5/6 ←・- ?
	平行知					
	平行時					
四条	四条隆家					4/28 ←・-
	四条隆仲					
三条	三条公時					

法会并神供師子已下礼奠不可勝計、而近年神人ホ猥奉入神輿、於申酉時法会師子ホ未終、奉成還御之条言語道断珍事也、理豈可然乎、依之寺官ホ欲奉押神輿之時、神人ホ擬「擬歟」引出喧嘩之条、更非穏便儀、寺官ホ適欲存穏便之時者、祭礼之儀、或忽欲及陵遅者也、所詮為公方無御成敗者、向後狼藉更不可断絶、為寺家為祭礼不可不歎、此上者今月十六日祭礼以前、任先例被定神輿入御於夘刻、法会師子已下事終、而後可奉成還御之由、急速被触仰社家、将又寺家可存知之由、可被成下　勅裁之旨、欲預御　奏達矣、稲荷祭礼間事、寺家事書進上候、子細見状候歟、被成御挙於上卿之様、忩速可有中御沙汰候哉、恐ゝ謹言、

四月三日　　　権律師定伊

謹上　別当大僧都(宗助)御房

②稲荷祭礼間事、〻書一通給了、御挙事即申入候処、只今折節客来之子細候、明後日可被進候、可被逢来六日御沙汰候歟、明後日必〻可被進入由可申旨候也、恐〻謹言、

四月三日　　　宗助

追申

経助間事、為衆中一途可有御沙汰候由、被申候、其後無被申之旨候、何様候哉之由、可申旨候、

此状即遣年預法印真聖方了、正可披露衆中之由返答了、

③「寺務挙状案」

稲荷社祭礼事、寺家事書并定伊律師状如此、子細見状候歟、忩速可有申御沙汰候哉、誠恐謹言、

貞治二
四月五日　　　法務光済

進上　四条殿

④稲荷祭刻限違例事、光済僧正状副具状如此、子細見状候歟、致興行沙汰、任先例可遂行之由、可下知社家之旨可被仰伯二位之由被仰下候也、恐〻謹言、

貞治二
四月七日　　　(四条)隆蔭

(清閑寺資定)頭弁殿

追申

可存其旨之由同可被仰東寺之旨、其沙汰候也、
以寺家使者円良、付頭弁方了、

⑤「頭弁状遣伯二位案」
稲荷祭刻限違例事、光済僧正状副具書如此、子細見状候歟、致興行沙汰、任先例可遂行之由、可令下知社家給之旨、天気所候也、仍執啓如件、
四月十日　右大弁資定(清閑寺)
謹上　伯二位殿

⑥稲荷祭刻限違例事、致興行沙汰、任先例可遂行之由可下知社家之旨被仰伯二位了、可令存知給之由被仰下候也、仍執啓如件、
貞治二
四月十日　右大弁資定(清閑寺)
謹上　東寺長者僧正御房(光済)

①は東寺執行・権律師定伊の手になる東寺申状。古来東寺の鎮守と仰がれていた稲荷社の神輿は、稲荷祭のとき、卯の刻に東寺に入御し、法会・礼奠が終了したのち還御するのを常例とした。しかし近年は稲荷社の神人が猥りに神輿を東寺に入れ、しかも法会などが終了しないうちに早々に神輿とともにひきあげるという「言語道断珍事」を行っていた。

東寺はこの申状によって、かかる狼藉行為は祭礼を廃退させるので、「公方御成敗」によってこれを止め、この年四月一六日の祭礼以前に神輿入寺にあたっての先例を遵守するよう、稲荷社に対して申し入れてほしいと別当大僧都宗助に要請した。申状中の「可被成下　勅裁之旨、欲預御　奏達矣」「被成御挙於上卿之様」などの文言から窺われるように、定伊はこの申状を一大権門の長たる東寺長者に提出することによって、一山を代表する東寺長者の推挙を得て、北朝に提訴しようとはかったのである。

②は別当大僧都宗助の書状。①を受けた宗助が東寺長者に対し、挙状発給の手続きをとろうとしたが、「折節客来之子細」のため挙状の発給は明後日（四月五日）に延期されたことを寺僧側に伝達したものである。特に「可被逢来六日御沙汰候歟」の一文は注意される。「来六日御沙汰」とはおそらく後述する雑訴沙汰を指すと考えられるが、この一文は申状の挙達以前にすでに訴が北朝に受理されるのが確実だと認識されたうえでの言葉であるからである。

③は東寺長者光済の挙状。伝奏四条隆蔭に宛てられている。この挙状をもって当該訴は北朝に提出された。

④は伝奏四条隆蔭奉書。「寺家事書」や①とともに③を受けた伝奏は、当該件について後光厳天皇に奏聞を遂げ、「致興行沙汰、任先例可遂行」きことを社家に下知するよう、神祇伯資継王に命ぜよという仰せを蔵人頭・右大弁清閑寺資定に伝えたものである。④で伝奏奉書の性格を考える上で注意すべきは「以寺家使者円良、付頭弁方了」の一文、つまりこの伝奏奉書は奉行たる頭弁清閑寺資定に直接付けられたのではなく円良という東寺の使者にまず付けられ、円良はこの伝奏奉書を頭弁方に持参したという事実である。円良が頭弁のもとで書いてもらったのが⑤・⑥の後光厳天皇綸旨である。(14) ここに、親政下においても蔵人を指揮して朝政に深く関与する伝奏の役割と、伝奏奉書の文書としての性格を窺うことができる。(15) ちなみに、「稲荷祭刻限違例事」が四条隆蔭の担当するところとなったのは、彼が「神事伝奏」(16)で

あったためとも考えられる。

三　親政の陣容

後光厳天皇の親政の特質はどのような点に認められるか。ここではまず同親政の人的構成上の特質を考えることにしたい。橋本初子氏はすでに雑訴評定のメンバーに四条隆蔭や中御門宣明のような、光厳上皇院政時代から任務を継承している者たちがいること、文殿寄人であった小槻匡遠・中原師茂・坂上明宗がひきつづき記録所寄人になっていることをふまえて、「文和三年（マヽ）より後光厳天皇の親政になっても、雑訴沙汰については、制度的には院政時と大差なかったと考えてよかろう」こと、「記録所についても、文殿と同じように雑訴議定のもとに庭中を構成し、審議の結果は記録所注進状として、雑訴議定のメムバーへ勘進されるところである」ことを述べられた。(17)つまり同氏は、雑訴評定の参加者および記録所寄人における人的構成の連続性に着目して、前代の光厳院政と後光厳親政との構造面での類似性を指摘されたのである。親政と院政との体制的相違がほとんどなくなった当時にあって、橋本氏の指摘はほぼ首肯できるのではあるが、いま少し、後光厳親政の内部に立ち入って、親政を形づくっている諸機関やその構成員について検討することによって親政の実態を把握したい。光厳院政についてはすでに本章第一節にて骨子を示しているので、(18)これと比較する形で後光厳親政の問題を考えてゆく。残存史料の関係で、後光厳親政とは言っても貞治年間が中心となる。

1　伝　奏

後光厳親政下では前代どおり伝奏がおかれた。光厳院政下では、評定・奏事・訴訟処理において著しい活躍をなした者たちである。後光厳親政の伝奏を考える時、まず注目されるのは、『園太暦』文和元年九月五日条の次の記事である。

禁裏御世務之時、伝奏先々清撰、先被召可然之輩、其後名家輩等被加也、而今度不可有其儀、上皇(光厳)之時伝奏悉可候之旨、女院(広義門院)仰、仍去三日初参之由按察使(日野資明)卿語之了、公私只任新意之世也、

要するに、後光厳天皇の祖母広義門院の仰せによって、同天皇の伝奏には、前代の光厳院政下の伝奏が改替されずそのまま継続してその任に就いたことが知られる。このことは同親政の開始時点における、前代との人的構成上の連続性を示している。具体的にいえば、

勧修寺経顕・日野資明・葉室長光・四条隆蔭・中御門宣明・吉田国俊・甘露寺藤長

の七名が伝奏として残ったのである。『園太暦』文和四年一二月一九～二〇日条をみると、関白二条良基の意をうけて、伝奏・議奏、職事・弁官たちが政道の興行を祈願して、連署の告文を別々に諸社へ奉納した事実が知られる。そのうちの、伝奏・議奏の告文には新顔の伝奏万里小路仲房が名を連ねている。(19)(20)

その告文でいまひとつ注目すべきことは、この頃より後光厳親政が政道の興行にとりくむ本格的な姿勢をみせはじめたことである。『園太暦』延文元年五月二六日条によれば、出仕欠怠がちの葉室長光の賀茂社伝奏を止め、代って中御門宣明に務めさせたほか、「其上議奏・伝奏大略被改歟」という事態となったことが知られる。他の史料によって、この時の改替の内容を探ってみれば、勧修寺経顕・中御門宣明をして議定衆を兼ねしめ、あわせて二条良基を議定衆に加え、また吉田国俊・甘露寺藤長、それに先述の葉室長光らの伝奏を止めた、というのが実態のようである。後光厳天皇の政道刷新への意気ごみの具体化と評価される。親政開始当初より広義門院が朝政に隠然たる影響力を及ぼしたことはよく知られている。同院が延文二年に没することを併考すれば、後光厳天皇の政道刷新への意欲は広義門院の影響下からの脱却を同時に意味したとも考えられるであろう。延文三年八月二二日には伝奏四条隆蔭が議定衆を兼ねるので、お(21)

おまかに言って、広義門院没（延文二年）より以降、貞治初年頃までは、伝奏として、少なくとも、勧修寺経顕・中御門宣明・甘露寺藤長（康安元年五月四日没。『後愚昧記』同八日条に「当時才幹之人」とみえる）・四条隆蔭・万里小路仲房の在職が推定される。その顔ぶれを、光厳院政下の伝奏と比べると、平・高階氏が姿を消していること、勧修寺流藤原氏諸家が依然として圧倒的比重を占めていること、が知られる。

しかし貞治末年にもなると、それまでとは異なる現象があらわれている。日野氏一門の進出とこれに押された勧修寺流の退潮である。日野氏一門の進出の背景には、一門の広橋兼綱が後光厳天皇の室に女仲子（崇賢門院）をいれ、仲子は延文三年緒仁親王（次代の後円融天皇）をうんだという事実がある。朝政における日野氏の地位向上はやがて足利将軍家との縁戚関係をとり結ぶ誘因となり、それがまた日野氏の権勢を高めることにもなった。今少し日野氏の周辺をながめておこう。

貞治六年四月三日、伝奏四条隆家は三〇歳の若さで没した。父隆蔭も一貫して持明院統に仕える重臣の一人であったが、すでに貞治三年三月一四日に没しており（『後愚昧記』同日条）、「無相続子息歟」というていたらくで、まさに四条家は廃絶の危機に瀕していた。かりにこの隆家没の貞治六年四月の時点でどのような人が伝奏の任にあったかを垣間みておこう。この時点で確認される伝奏としては、少なくとも、日野時光（彼は貞治二年閏正月七日にはすでに伝奏としての徴証があるが、同三年に辞職した四条隆蔭の神事伝奏をうけついでいる）、柳原忠光、勧修寺一門では勧修寺経顕、万里小路仲房がいる。また広橋兼綱は同年一二月五日に「可参雑訴之由被仰出之」れた。伝奏に召し加えられたものと思われる。一方葉室長顕は兼綱とともに伝奏を所望していたが、「長顕卿者所存聊違　叡慮之故」に当面みおくられたが（『後愚昧記』同日条）、翌応安元年五月二六日に伝奏に召し加えられた(22)（『愚管記』同日条）。つまり貞治末年で、伝奏を出身家門別にみると、勧修寺流と日野流とが相半ばしている。伝統的に圧倒的比重を占めてきた勧修寺流の退潮がめだっている。勧修寺流は、延文三年に吉田国俊、康安元年に甘露寺藤長、貞治四年に中御門宣明・葉室長光を次々になくし、往時の権勢を確実に失いつつあった。日野氏のライバル四条家の凋落ぶりはすでにふれたところである。

以上を要するに、後光厳親政の中枢を担う伝奏について、特にその出身家門に着目して構成面での推移をたどれば、親政の前半期は伝奏のポストに強固な地盤を築いた勧修寺流がなおも優勢を保持しつづけた時期、親政の後半期は、日野一門の進出がめざましく、勧修寺流の独占を切り崩し、伯仲するまでに追いあげた時期、というふうに概括することが許されるであろう。

2　議定衆（議奏）

親政期の議定衆は院政期の評定衆に相当する。議定衆は、殿上で開かれる最高議決機関＝議定を構成するメンバーである。院政期の評定衆が次代の親政期の議定衆にそのまま移行するとは限らない。たとえば光厳院政期に伝奏・評定衆であった四条隆蔭は後光厳親政になると、まず伝奏として仕え、約六年後の延文三年八月二二日に議定衆に召し加えられた（『愚管記』同日条）。

議定衆については、まず伝奏との関係について興味深い次の記事に注目しよう。時期的には後円融親政期のものである。

> 自禁裏被下　勅書、実音卿議奏事令所望之間、今朝可被仰是非、可為何様哉、猶可計申之趣也、余申云、先被仰伝奏之後、次第登庸常吏歟、直被仰議奏之条邂逅候哉之由令申入了、

『愚管記』永和元年七月一二日条にみえる記事である。三条実音（前権大納言・大宰権帥、五五歳）が議奏を所望したの

で、時の後円融天皇が前関白近衛道嗣に対し、その可否を下問したところ、道嗣はまず伝奏を経て、しかるのちに議奏に登庸するのが通例であり、伝奏を経ずに直ちに議奏に任ずるのはまれなことだ、と申し入れたことが知られる。光厳院政下にあっても、中御門宣明のごときは明らかに伝奏↓評定衆の順路をふんだように、おそらくそれがふつうの昇進のコースとみてよかろう。しかし三条実音の場合、彼はすでに後光厳院政下の応安七年五月一九日、同院の殿上で開かれた、石清水社造営の事についての議定に出席した実績をもち（『師守記』同日条）、また皇室との血縁関係の上でも崇光・後光厳院の実母陽禄門院藤原秀子の弟という立場にいたのであるから、特例として扱われなかったことも考慮すべきであろう。[23]近衛道嗣があえて特殊事例として挙申しなかった事実の裏には、当時の公家家門における階層意識を如実に窺えると思う。[24]

光厳院政下においては、伝奏はほとんどの場合評定衆を兼ねた。後光厳親政についてみれば、伝奏・議定衆の任命日が必ずしも明確でないので、在任期間を確定することはできないけれども、各々の伝奏は最終的には議定衆を兼ねたことは事実である。機能的にみて議定衆が評定衆と同じものであったことはこのことによっても裏付けられよう。

さて、議定衆の構成を、特に時期的な変動に注意しながらみておこう。後光厳親政開始後三年ばかりの間、史料の上に議定衆をほとんど検出しえない。史料残存の問題はもとより、政務運営の実情からみてもうなずけることではある。当時はまさに足利軍と南朝軍とが京都争奪戦をくりひろげていた真最中であり、とても北朝が政務を円滑に運営できるような状況ではなかった。洞院公賢は「凡雖有践祚儀、云政道云公務、無人于執行、天下滅亡、不尤乎天、不怨乎人」（『園太暦』文和元年九月二二日条）と嘆き、文和二年八月四日に北野祭がとりおこなえなかったことを評して「無主之朝、毎事此式歟」と述懐している。しかしこの間、議定衆がいたことはまちがいない。所労で不出仕の洞院公賢もその一人

であった。(25)

文和四年ともなると、政局もやや安定したとみえて、議定始の記事がみいだされる。『園太暦』文和四年八月五日、一二月二〇日、延文元年二月一八日、同三年九月四日などの各日条によって、中御門宣明・二条良基・洞院実夏・勧修寺経顕・甘露寺藤長を議定衆として検出できる。『園太暦』延文元年五月二六日条に、「議奏・伝奏大略被改歟」とされたように、後光厳親政はこの時期より陣容を新たにして政務にとりくむ姿勢を示したことについてはすでにのべたが、先掲の五人の議定衆のうち延文三年九月新任の甘露寺藤長を除き、いずれも改替されてはいない。先の『園太暦』の改替記事は議定衆については誇張しすぎの感を免れない。

残存史料の上で確認することのできる議定衆は、貞治三年段階で、四条隆蔭（二月一七日辞）、中御門宣明（翌年六月三日没）、二条良基、久我通相、万里小路仲房、日野時光・勧修寺経顕・近衛道嗣・葉室長光、また貞治六年段階で、二条良基・久我通相・万里小路仲房・日野時光・洞院実夏（六月一日没）、勧修寺経顕、鷹司冬通、二条師良、三条実継、柳原忠光、土御門保光をあげることができる。

議定関係史料は次項において表に整理してみた（後掲表四 後光厳親政期の議定（始）参照）。これらによって、後光厳親政全期をとおして検出される議定衆を出身家門別に分類すれば次のようになる。

摂家（二条・九条・鷹司・近衛）……………五

勧修寺流（勧修寺・中御門・万里小路・葉室・甘露寺）……………五

公季公孫（西園寺・洞院・三条）……………四

日野流（日野・柳原・土御門）……………三

源氏（久我）………一
四条氏………一

議定衆に占める摂家出身者の比重はもとより重い。ここで注意すべきことは、実務型吏僚のうち、勧修寺流が漸減する一方日野流が進出している事実、つまりすでにみた伝奏の場合と同一の現象を看取できることである。

おおまかにいえば、後光厳親政期は王朝政治の枢要を担うメンバーにとって新旧交替の時期にあたっていた。前代の光厳院政下で評定衆・伝奏として縦横の活躍をなした宿老たちがのきなみ没した。しかもそれらの役職を多く占めていたのが他ならぬ勧修寺一門であったから、同一門の勢力の後退はきわだったのである。(26) 一方その間隙をぬってのしあがってきたのが、後光厳天皇との間に縁戚関係をとりむすんだ日野一門であった。

3 記録所構成員

後光厳親政が成立すると光厳院政下の文殿に代って記録所が復活した。記録所の活動を最も詳細にしるすはずの『師守記』が観応元年より貞治元年までの記事をほぼ欠落させているため、後光厳朝の記録所の初期の様相についてはほとんど窺い知ることができない。『師守記』における記録所関係の史料初見は、文和五（延文元）年三月二日条の、

今日召次有末持参記録所廻文、来六日庭中式日之上、可有沙□(汰)事云々、

という記事であるが、来る六日に記録所庭中が開かれるという廻文が、この日記録所寄人のもとへもたらされたことが知られる。のちに述べるように、記録所の活動はおそくとも文和三年には確認されるのであるが、以下の記述は基本史料たる『師守記』の記事の残存状況に規定され、主として貞治年間以降を時期的中心としている。

『師守記』貞治二年閏正月七日、同三年二月一九日、同七年正月一三日の各日条の裏書には各々の日付の記録所吉書

案をのせる。記録所の職務の一としての、公事用途の勘申を具体的に窺わしめる史料であるが、ここに署名した人々（署名するはずの人も含めて）はまさに各々の時点における記録所構成員全員とみてよい。このことは『弁官補任』の当該条と照合することによって裏付けられる。[27]また弁官と記録所寄人との関係についていえば、『師守記』に収める二つの記録所寄人結番交名（①貞治元年九月三〇日付。同年一〇月三日条に収む。②貞治六年五月一九日付。同年五月二六日条裏書）にみえる記録所寄人は当該時期の中弁・少弁全員であることが『弁官補任』によって知られるので、少なくとも当時記録所寄人は弁官の兼務するところであることが明らかとなる。それらの史料をも含めて、諸史料に所見する記録所の構成員は、その出身・役割によって次の三つに分類できよう。

(a)　外記・史・明法博士などを世襲する法曹系吏僚（以下本文では(a)系寄人と称す）

〈中原氏〉　中原師茂・中原師守・中原師連・中原師治・中原師香・中原章世

〈小槻氏〉　小槻匡遠・小槻量実・小槻光夏・小槻兼治（貞治五年七月三日記録所開闔宣下、『後愚昧記』貞治五年五月三〇日条）

〈菅原氏〉　菅原時親・菅原在胤

〈清原氏〉　清原宗季

〈坂上氏〉　坂上明宗、坂上明胤（応安元年一一月二六日任、「柳原家記録」）

〈不明〉　維衡

(b)　少・中弁クラスの廷臣（以下本文では(b)系寄人と称す）

〈勧修寺流〉　勧修寺経方・万里小路嗣房・中御門宣方・清閑寺資定・葉室長宗・葉室宗顕・坊城俊任

〈日野流〉　日野時光[28]・柳原忠光[29]・広橋仲光・裏松資康・武者小路教光・土御門保光

〈平氏〉　平信兼・平行知(30)・平親顕・平行時・平時経

(c)　大弁(31)

〈勧修寺流〉　万里小路仲房・同嗣房(32)・勧修寺経方・坊城俊冬・葉室長宗・清閑寺資定

〈日野流〉　広橋兼綱・日野時光・土御門保光・柳原忠光

〈平氏〉　平親顕

記録所寄人とは、右の分類のうち(a)(b)を指した。そのことは『師守記』貞治六年五月二六日条にみえる次の記事によって知られる。

今日召次有末□□持来番文、左中弁長宗（葉室）朝臣・右少弁（葉室宗顕）蔵人・左大史光夏等今月十九日被召加記録所寄人之後、結改之、又嗣房（万里小路）朝臣転右大弁之間、除番文了、（下略）

ここでいう「番文」とは同日条裏にしるされた、貞治六年五月一九日記録所寄人結番交名のことである。「記録所　定寄人結番事」と書き出されているように、この番文は記録所寄人の一覧である。つまり右にあげた史料から知られることは、万里小路嗣房が貞治六年四月一三日に左中弁より右大弁に昇任したので（『公卿補任』）、その一ヶ月後に公表された寄人の番文から除かれたということ、つまり記録所寄人と称されるのは中弁までであること、である。しかしこのことは大弁が記録所の構成員でないという意味ではない。現に先にみた、貞治七年正月一三日記録所吉書案には「頭右大弁（万里小路）嗣房解服未復任之間、不載之」と注記されているように、右大弁万里小路嗣房も本来この吉書に署名するはずであった。また『師守記』貞治二年正月一七日条にのせる「弁官廻文」（これは(a)系寄人に対してなされる廻文とは別のもの）をみれば、来る一九日の越訴開廷を左大弁宰相（柳原忠光）・頭右大弁（清閑寺資定）・左中弁（平信兼）・蔵人右中弁（平行知）

・蔵人左少弁（万里小路嗣房）、以上五名の弁官たちに通知している。ここにみる柳原忠光、清閑寺資定も記録所にかかわっていることは事実である。しかし中弁以下はいわば実務担当の寄人であるので、大弁クラスの廷臣との間には一線が画されていたといわねばなるまい。要するに、ここでは記録所固有の構成員として、各々出身や役割を異にする三つの階層があったことを確認しておこう。[33]

ここで記録所上卿についてもふれておかねばなるまい。後光厳親政期の記録所庭中・越訴の実態については後述するが、この時期における記録所上卿関係の史料は乏少である。『公卿補任』貞治五年の項をみれば、万里小路仲房にかけて「（貞治六年正月）同廿八日為記録所上卿」とあるほか、『師守記』を検索すれば、少なくとも貞治元年一一月二九日〜同二年二月二九日の間、中御門宣明が越訴上卿として出仕しているが、同三年三月二九日条には越訴上卿宣明は「故障」のため「暫不可有出仕」の体[34]にて越訴が開かれなかったことがしるされている。同記貞治四年六月五日条によれば、宣明は同月三日に没したことが知られ、次のような評伝が書き残されている。

彼亜相当時伝奏・議定衆・記録所上卿也、任大納言両三年、未申拝賀、然而如記録所并雑訴連々出仕、随分重臣也、

この記事は実務型吏僚勧修寺流の一員としての、中御門宣明の生涯を端的に表現している。政務の実際に練達した宣明の面目躍如たるものがある。これによって、記録所上卿には伝奏・議定衆クラスの重臣が任ぜられたことが知られ、評伝中の「記録所上卿」とは先にみた宣明の越訴上卿としての在職をさしたものかもしれない。

四　政務運営の実態

以上、後光厳親政の枢要を担うメンバーをひとわたりみてきたが、次に彼らが執行する政務の内容について具体的に

みることとしよう。ここでも史料残存の関係で、貞治年間あたりが中心となる。

1　雑訴沙汰

光厳院政期にあっては、雑訴沙汰が訴訟制度の中枢であったと考えられる。(35) 後光厳親政について考察する本節においても、まずこの雑訴沙汰について考えよう。宮内庁書陵部所蔵「記録所文書・文殿注進状」に次の文書が収められている。

（端裏書カ）「□貞治四六一」

明日可有雑訴沙汰者、可被存知之由、被仰下之状如件、

（貞治四年）六月一日　（平信兼）宮内卿（花押）

（小槻量実）大夫史殿

これは雑訴沙汰の催しを記録所に告げる綸旨であるが、この種の文書の残存はほとんど他に例をみない。さらに偶然なことには、この綸旨で召集されて開かれた雑訴沙汰についての記事が『師守記』貞治四年六月二日条に残っている。雑訴沙汰の記事としては典型的なものでもあるので、左に掲出しておこう。

今日被行雑訴沙汰、依大方禅尼（赤橋登子）事、雖停止卅ヶ日之処、忩可被始行之旨、武家令申之間、有沙汰、其衆藤中納言時光（日野）卿（割注略之）・四条中納言隆家卿（割注略之）・右衛門督忠光（柳原）卿（割注略之）等参仕、職事頭宮内卿信兼（平）朝臣一人参仕云々、記録所寄人各不参之間、不及伝奏着座也、

この日「其衆」（雑訴衆とでも称したものか）として日野時光・柳原忠光・四条隆家の三名（いずれも当時伝奏）、それに職事頭平信兼が参仕した。先の召集の綸旨を奉じたのはこの平信兼であるし、充所の大夫史は記録所開闔小槻量実である。一方、同記同年六月一日条には「今日召次行包持来記録所廻文、明日可有雑訴沙汰幷庭中云々」とあり、同裏書には(a)系寄人を列記した廻文が残されている。以上のことを総合すると、雑訴沙汰では職事（頭）が担当奉行として、議定衆

・伝奏・記録所寄人を召集して会議を行ったこと（訴が伝奏に付された場合は伝奏自身がこれを行った）、職事（頭）は先にみたような綸旨を発して記録所開闔に催しを告げ、おそらく開闔より(a)系寄人に廻文を出したであろうことが知られる。ちなみに担当奉行たる職事は、先にみた記録所構成員の分類の中で、(b)系寄人に属することもわかる。

職事の役割としては、たとえば『愚管記』応安二年九月二一日条で、中原師茂が「今日雑訴沙汰、面々参集之処、職事無可令披露之題目之由申之、仍不被行御沙汰云々」と語っている事実から知られるように、職事自らに付された雑訴を合議の場で披露することであったと思われる。では、その職事に付された雑訴とは具体的にどのようなものであったか。国立歴史民俗博物館所蔵「広橋家所伝文書雑纂」（一軸、貞応二年二月主殿寮下文外二十通）の中に含まれる次の文書はまさにそのことを語ってくれる史料である。(36)

勘解由小路前中納言家雑掌有賢謹言上、
欲早被経御　奏聞、為別納御拝領上者、且依代々勅裁、且任正慶請文、可停止住吉社濫妨由厳密被成下綸旨、被全御知行摂津国細川庄国方正税事、
副進
一通　綸旨案 貞和三年「治元」十月十一日
三通　院宣案 為別納被停止国衙綺事
一通　住吉神主請文案 正慶元年十二月十六日 可停止国衙妨由事（平信兼）（裏花押）
右正税者、代々為別納之地敢無国衙之綺、若無故実之眼代及違乱之時者、毎度不可混国領可止其妨之由所被成下勅

裁也、案文備右、且正慶社家請文炳焉也、争可及濫妨哉、早可止其妨之由厳密被仰下社家、且又可被全御知行之旨、重為被成下　綸旨、粗言上如件、

貞治三年九月　日

この雑掌有賢申状は、勘解由小路家領摂津国細川荘国方正税を住吉社が濫妨するのを停め、知行を全うせしめられんことを北朝に請うものであるが、申状の裏面中央に平信兼の花押が据えられている。[37]端裏銘はない。この時平信兼は蔵人頭・宮内卿（翌年八月一三日に任参議）。この申状における裏花押の存在は、申状が職事頭平信兼に付けられ、しかもそれが同人によって受理されたことを示している。この行為は、光厳院政について論じた本章第一節で指摘した法勝寺領美濃国船木荘内只越郷領家法眼盛祐の暦応二年八月日申状并具書案の場合と全く同様といえる。[38]おそらく後光厳親政下においては職事が訴をこのように受理し、これを雑訴沙汰で「披露」したとみられる。この職事は当該訴訟一件の担当奉行となり、裁許綸旨の下付まで職務を遂行したと考えられる。光厳院政下の雑訴沙汰で、このような披露を行うのは、ほとんどの場合伝奏であったことを併考すれば、職事は前代の伝奏のそのような役割をうけついだといえよう。

光厳院政下の雑訴沙汰のあり方を参考にすれば、この会議で決着をみた訴は職事の手より伝奏を介して後光厳天皇に奏聞され、当該職事の奉ずる綸旨が下されたであろうし、また要審理とみなされた訴は記録所に移され、その注進状が作成されたであろうことは容易に推測される。『師守記』貞治元年一一月一二日条によれば、紺年預得分をめぐって四座下部宿老と中臈との間で相論がおこったが、この日中原師茂の第を訪れた使庁下部たちは「(上略) 訴申之処、昨日逢雑訴沙汰、来十六日於記録所可有沙汰之由、被仰開闔䒭、任道理可得御意云々」と申し述べた。訴の進行における雑訴沙汰→記録所のルートを窺わしめる記事である。

当該時期における奏事の様子をよく示す史料が残っている。内閣文庫所蔵「忠光卿記」（柳原忠光の日記）に次の記事がある。

（康安二年五月）六日、（中略）、（平）行知以状付奏事、雖為聊尓請取之、次参内、出御台盤所、予候簀子、奏事ホ申入之、先（平）行時朝臣奏事、次（平）行知、次自奏、目録如此、（下略）

ⓐ康安二年三（五）月六日行時　奏、
勘解由三位申右興秀才事、
仰、可宣下、

ⓑ康安二年四（五）月六日行時　奏、
時親朝臣申在時給料所望事、
仰、可尋藤三位・勘解由三位・大蔵卿ホ、

ⓒ康安二年五月六日行知　奏、
①　関白被申細工所訴事、
仰、細工所商人ホ課役対揚不可然、任先例可致沙汰之由可申、
②　寂心上人申亭子院敷地事、
仰、不備進当知行支証之間、難及沙汰之由可仰、
③　照源上人申慈園寺・浄園寺事、
仰、被聞食了、

④（平）信兼朝臣申昇進事、
　仰、
ⓓ康安二年五月六日忠光　奏、
　房仙僧正申房雄天台二会講師事、
　仰、僧事之次可申出、

ⓐ〜ⓓ、①〜④の符号・番号は筆者が便宜的に付けた。この史料は、康安二年五月六日に伝奏柳原忠光が後光厳天皇に対して奏聞した奏事目録である。このうちⓐⓑは平行時の奏事、ⓒは平行知の奏事、ⓓは柳原忠光自身の奏事（即ち「自奏」）を具体的内容とする。平行時は当時蔵人頭・宮内卿、平行知は五位蔵人・右中弁であるから、ⓐⓑは職事奏事だといえるが、ⓒは行知が蔵人と弁官とを兼任しているので、職事奏事か弁官奏事か決めがたい。各々の奏事の内容をみた場合、ⓒの①②③は少なくとも明らかに雑訴の範疇に属すると思われるので、それらは雑訴沙汰における評議の結論を担当奉行たる職事が奏事として伝奏に付けたものとみなしてさしつかえあるまい。なぜなら雑訴を所轄するいま一つの機関＝記録所庭中を経て奏聞される奏事は伝奏自身がこれを担当したからである。なおこの点については後に詳述する。

雑訴沙汰は記録所庭中と同一日に行われたが（庭中より先に行うのが通例(39)）、式日は毎月六の日であった。光厳院政下にあっては、雑訴沙汰と文殿庭中とは別々の式日を設けていたのであるから、これは制度の改変とみなくてはなるまい。先掲の『師守記』貞治四年六月二日条の記事の中で、最後の「記録所寄人各不参之間、不及伝奏着座也」のくだりは、雑訴沙汰と同一日に行われることになっていた記録所庭中についての記事であり、この日は寄人の不参のため庭中が開けず、伝奏も記録所へ参着しなかった、というもの。先掲の（貞治四年）六月一日後光厳天皇綸旨においては「雑訴沙汰」を行うという名目で記録所寄人を召集していること、光厳院政下の雑訴沙汰には文殿寄人は参加しないこと、などを併考すれば、後光厳親政は雑訴沙汰日に記録所庭中をひきよせて制度的改変を行ったものと考えられる。雑訴沙汰と記録所庭中の同一日開催は後光厳親政の制度面での一つの特徴である。ではなぜこのようなしくみを採用したかという問題も生じてこよう。次に記録所の運営についてみてゆくが、その中でこの問題もおのずから解明されるであろう。

2　記録所

後光厳親政当初の記録所の活動は史料が欠けて明らかでないが、管見に及んだ記録所関係史料の初見は次の後光厳天皇綸旨（「記録所文書・文殿注進状」）である。

□事、依寄人不参□延引、殊不可然、所詮来□日可令皆参、於不参輩□（者カ）、可被放記録所衆之由、被仰下候也、

仍執達如件、

「文和三」六月一日　　権右中弁（日野時光）（花押）

四位史殿（小槻匡遠）

冒頭が欠けて確たる文意をつかみにくいが、要するに記録所の催しに際し記録所寄人を召集したところ不参のため延引となった。次回の開催日には皆参せよというきびしい命令である。綸旨の奉者権右中弁日野時光は担当奉行、名充人四位史小槻匡遠は記録所開闔と考えられる。文和三年当時の記録所の活動についての傍証史料を得ず、この綸旨の内容を生かすことはむずかしいが、少なくとも当該日において記録所寄人が重要な役割を果たすことになっていた点だけは確実である。

管見に及んだ後光厳親政の記録所関係文書の中心は、かろうじて残った数通の記録所廻文[40]である。いまそれらを手がかりとして親政初期の記録所を考えてみたいが、まず記録所廻文の一つを例示しておく（後掲表二の2）。

記録所

賀茂社「自件日至来月七日打続神事之間、雑掌令指命、仍不能出対ゝ」

鞍馬寺「奉」

右山堺事、来廿六日議定可有其沙汰、各帯文書正文、如法辰一点可被進雑掌於当所（記録所）之状、所廻如件、

文和三年六月廿三日

賀茂社と鞍馬寺は山堺について長年あらそっていた。この訴訟そのものについては本章第四節でのべるのでここではふれない。この廻文は、係争地の訴訟について来る二六日の議定において沙汰があるので文書正文持参のうえ出頭せよと当事者に伝えている。賀茂社側は神事のために雑掌を出廷させることができない、との事情を付している。以下管見に及んだ当該期の記録所廻文を整理しておこう（表二）。

これらの史料によって当時の記録所の運営状況を垣間みるならば、文和三年段階では対決が議定の場で行われたこと、その議定は毎月一と六の日、つまり計六ヶ度開かれることになっていたことが知られる。庭中・越訴のあり様や参仕者など具体的なことはわからない。後光厳天皇の記録所は貞治元年九月三〇日に結番交名と議定・庭中・越訴の式日とを定めることによって整備されたと考えられるから、先の史料にみた記録所の運営の仕方は正平一統の破綻後まもない頃の、いわば不安定な政局での状況を示すものとみてよい。

『師守記』は観応元年～貞治元年の約一〇年の記事をほぼ欠くが、文和元年九月と延文元年三月の分のみは偶然にも

表二 後光厳天皇親政期の記録所廻文

	年月日	訴論人	内容	出典
1	文和3・6・23	寿成門院庁 大覚寺宮庁	姫江新荘（讃岐国カ）の事につき来る廿六日議定あり。文書正文を帯び出対すべし。	記録所文書・文殿注進状
2	文和3・6・23	賀茂社 鞍馬寺	山堺の事につき来る廿六日議定あり。文書正文を帯び、雑掌を進むべし。	〃
3	文和3・7・5	欠（寿成門院庁カ） 大覚寺宮庁	姫江新荘の事につき明日六日議定あり。文書正文を帯び出対すべし。	古文書雑々
4	欠（文和3・7・6カ）	寿成門院庁 欠（大覚寺宮庁カ）	今日議定延引。来る十一日前たるべし。その旨を存じ、出対すべし。	記録所文書・文殿注進状
5	文和3・7・8	賀茂社 鞍馬寺	山堺の事につき来る十一日議定あり。文書正文を帯び雑掌を進むべし。	古文書雑々
6	文和□（3カ）・7・20	寿成門院庁 大覚寺宮庁	姫江新荘の事につき、明日議定あり。文書正文を帯び出対すべし。	〃
7	文和3・7・20	欠	欠	〃
8	欠（文和3カ）	賢秀法眼雑掌 公覚僧都雑掌	相楽荘の事につき、明後日十一日議定あり。（文書正文を帯び出対すべし）	〃
9	欠	欠	□の事につき明日議定あり。文書正文を帯び出対すべし。	〃
10	貞治□・3・25	左兵衛府駕輿丁俊重 檳榔細工等	房笠葉の事につき、明日その沙汰あり。文書正文を帯び出対すべし。	壬生官務家所職関係文書

残存している。このうち延文元年三月の個所をみれば、庭中が六の日に開かれ、伝奏・職事蔵人・記録所寄人若干名が参仕している事実が知られる。これもいわば初期段階に含めてよいが、文和三年段階と比較すれば、詳細は不明ながら庭中の制度など漸次記録所のしくみが整えられたことを窺うことができる。以上のことを前置きした上で、貞治元年以降の、整備された記録所の運営の実態をみよう。

まず後光厳親政下の記録所の実務に関するごく一般的な記事として、『師守記』貞治二年二月一六日条の関係個所を掲出しておこう。Ⓐ〜Ⓔの符号は筆者が便宜的に付けた。

Ⓐ

寄人四位大外記家君（中原師茂）・大夫史量実（小槻）・主税頭予（中原師守）・大判事明宗（坂上）等参着、（中略）次左大弁宰相忠光卿（柳原）参着、河副里廿一坪田地弐段事、有対決・評定之時、家君・予退座、通雑仕戸屋立東御縁、評定訖□之後、□（如）元参着之、次申剋出御簾中、伝奏四条前大納言隆蔭卿・中御門大納言宣明卿・藤中納言時光卿・左大弁宰相忠光卿参着、但忠光卿自対決時着座也、

Ⓑ

庭中二ヶ条明宗取目六、召次第召之、安成（成安）保事、明宗召置申状、書銘巻目六、起座付四条前大納言、新保庄領主職事、付職事可申旨、四条被問答之了、庭中了還御、伝奏等起座、（中略）小時四条前大納言一身帰着当所、召明宗被仰勅答、明宗帰着座、召訴人仰含 勅答之趣了、其後自上首面々退出了、

Ⓒ

沙汰事、

大外記師茂朝臣与後白河院法華堂禅衆相論山城国紀伊郡河副里廿一坪田地弐段事、

両方雑掌出対、左大弁宰相忠光卿・大夫史量実・大判事明宗等三人評定、勘者明宗、評定時、家君・予退座、伝聞、河副里廿一坪弐段為御稲田之条、延久坪付・建保国検帳載而分明歟、縦以彼田地雖有御寄附之儀、為厳重御稲田之上者、尤可被改正哉、然者師茂朝臣訴非無其謂趣、一同云々、

記録所

貞治二年二月十六日庭中条々、

仰、可申□由、被仰蔵人治部権大輔（広橋仲光）早、

一、栄暁申近江国成安保事、

付職事可申矣、
一、賀茂社氏人重夏申越中国新保庄領主職事、

着座
四条前大納言（隆蔭）
中御門大納言（宣明）
藤中納言（日野時光）
左大弁宰相（柳原忠光）

――――――Ⓓ――――――

┌Ⓔ┐
今日被行雑□（訴）沙汰、四条前大納言・中御門大納言・藤中納言・左大弁宰相等参仕、職事蔵人治部権大輔仲光一人参仕云々、

この日の記事は記録所庭中日の沙汰の内容を実によくあらわしている。光厳院政下の文殿にはこの種の史料は残されていないことから推測すれば、ここにみられる訴訟の進行と処理の仕方は後光厳親政に特徴的なことがらなのかもしれない。まずⒶは山城国紀伊郡河副里廿一坪田地二段をめぐる大炊寮と後白河院法華堂との間の相論に関するもので、すでに前月の閏正月二六日に対決・評定あるべきところ、「□（法）華堂雑掌遠行」のため、この日に延引されたのである。(41) 中原師茂・同師守・小槻量実・坂上明宗がこの日参集した寄人であったが、伝奏ではただ一人柳原忠光が参加している点をみおとしてはならない。この時訴論人の間で対決を遂げたのち評定を行ったが（師茂・師守は大炊寮側として当事者であった

ため、この間退座)、その結論が©なのである。[42] 訴訟自体は師茂側に理ありと衆議が一致した。この種の「対決・評定」は記録所庭中・雑訴沙汰に前後して行われた。[43]

Ⓑはまさに記録所庭中の記事である。後光厳天皇の出御を仰ぎ、四条隆蔭・中御門宣明・日野時光・柳原忠光の四伝奏が参着した。庭中は毎月六の日を式日としたが、この日「庭中二ヶ条」が受理され、まず坂上明宗が「目六」をとった。その目録がⒹであり、これを「庭中目録」と称した。[44] 二ヶ条のうち「成安保事」については明宗が「召置申状、書銘巻目六、起座付四条大納言」、つまり申状を受理し、申状に銘を書き、目録を巻いて、伝奏四条隆蔭に付けた。隆蔭は庭中が終了したのち、これを後光厳天皇に奏聞し、天皇の勅答を明宗に伝えた。記録所庭中に伝奏が出席しない場合、庭中自体が開けないのは、伝奏の庭中でのこうした重要な役割に起因している。明宗はこの勅答を記録所において訴人に伝達しているのである。Ⓓの庭中目録の中の成安保の事の肩に註記された「仰」以下の一文は勅答の内容である。[45] 一方、「新保庄領主職」については奏聞に及ばず、庭中の会議において「付職事可申」きことになった。雑訴沙汰にてとり扱われることになったのであろうか。庭中目録の各々の篇目の肩に註記を加えた者が誰かは明示されていないが、おそらく伝奏だと考えてよいであろう。この庭中目録は庭中の議にかかった訴事の目録であると同時に、本来伝奏の記すところの奏事目録の機能も果たしているといわねばなるまい。[46] 以上みた記録所庭中での訴事の進行過程において注目すべきことは、第一に明宗が申状を召し置き、銘を書いたことから知られるように、庭中において訴の受理を行ったこと、第二に訴は伝奏を介して奏聞され、直ちに訴人に対して勅答が指示されていること、である。光厳院政の場合、このような事実を確認することはできない。後光厳親政下の記録所庭中とは、着座公卿(伝奏)と記録所寄人とによって構成される、朝廷の記録所に開設された法廷といってよい。提訴のための一つの窓口としての機能をもあわせ持っている。

つまり当該期、提訴の仕方は、職事・伝奏に申状を付ける方法と、記録所庭中（越訴も含めて）をとおす方法との二つが存在したことを想定できよう。(47)

Ⓔは先に述べた雑訴沙汰についての記事である。四条隆蔭・中御門宣明・日野時光・柳原忠光（このうち隆蔭と宣明は確実に議奏）の四伝奏と、職事蔵人広橋仲光とが参加している。雑訴沙汰には必ず職事が加わるが、記録所庭中ではそうでない。この点に雑訴沙汰と記録所庭中との構造面での相違を看取することができる。

以上のことをふまえて、後光厳親政の政務機構の特徴を概括すれば、訴訟機関を統合・小規模化することによって（光厳院政下の文殿は二番制）、訴訟処理機能の合理化をはかったものと考えられる。雑訴沙汰と記録所庭中との同一日開催はその基本方針にそった制度的改変とみられる。

ここで記録所越訴について述べておこう。『師守記』貞治元年一一月一六日条によると、去る一一日に落居をみた美濃国真桑荘預所職について敗訴した四条隆郷卿雑掌がここに至って「仁平庁下文」を公験として提出、再審理を求めたが、この日の記録所庭中では「落居以後令申之条、令参差歟、有所存者、可申越訴由、面々加問答返了」、つまりすでに一件落着した事柄であるから、不服があるなら越訴にて申せ、と訴を却下したことが知られる。いうまでもなく越訴とは武家法でいう「本案判決の過誤に対する救済方法」(48)に相当するものである。記録所越訴は毎月九の日を式日とした。実例によってみれば、参加者は一～二名の伝奏（うち一人は越訴上卿中御門宣明。貞治四年六月三日没）と記録所寄人である。記録所庭中における伝奏の出仕人数と比べ、越訴の場合は少なく、官制上における越訴の比重の軽さを如実に示している。越訴については参仕者たちが評定し、越訴成立とみなされた訴事については、明宗が申状に銘を加え、開闔に渡した。越訴の立否はここで決定した。坂上明宗は庭中の場合と同様に「越訴庭中目録」を書いた。篇目の肩には、越訴の評定で出された結論が注記されている。しかし庭中の場合のように「仰」で書き出された肩書註の事例がないことからみれば、越訴の場合はその立否についてまで一々奏聞するわけではなかったであろうことが想定される。

さて記録所についての記述を終えるにあたって、最後には当該期の記録所注進状についてふれておかねばなるまい。これこそまさに記録所構成者の勘奏活動のあらわれである。それは前代の文殿注進状に相当するもので、雑訴沙汰から下された訴陳文書一結を受け、書面審理と対決とを遂げた上で、評議結果を上奏するものである。光厳院政の文殿注進状はすでに本章第一節にて掲出したとおり、管見の範囲において一五年の間に一〇通を検出しえたが(49)、後光厳親政の場合は約二〇年間にほんの二通しかみいだせない。二通の記録所注進状の概要は表三のとおりである(50)。

表三　後光厳天皇親政下の記録所注進状

	年月日	事書	評議の結論	署名者	出典
1	延文四・正・廿六	昌景上人与円昭上人相論門流相承戒法所納細編以下事	然者、円昭上人帯貞和三年恵鎮上人手実等、所争無左右難被棄捐哉、	参議右大弁日野時光 右中弁柳原忠光 左少弁平行時 大外記中原師茂 左大史小槻量実 主税頭中原師守 明法博士坂上明宗	法流相承両門訴陳記
2	延文五・三・十一	東寺灌頂院影供頭役事、	広被尋究、可有其沙汰哉、	右大弁平親顕 左中弁柳原忠光 右少弁平行知 左大史小槻量実 大判事坂上明宗	三宝院文書 大正三年採訪

1は文和五年三月に没した法勝寺恵鎮の遺跡・法流・細編以下をめぐる、昌景・円昭の両遺弟間の訴訟を記録所が評議したものである。これをうけて次の綸旨が出された(51)。

先師恵鎮和上遺跡法流細編以下事、任記録所勘奏、早全相承可致弘通之旨、天気如此、仍執達如件、

延文四年二月五日　　右中弁藤（柳原忠光）判

円昭上人御房

円昭上人の勝訴となったのである。また2は、文和四年以来七ヶ年間中絶していた東寺灌頂院御影供を再興するにあたり、その頭役を法務が勤仕するか、僧綱が勤仕するかについての争いを裁定したものであるが、この注進状をうけて出されたと断定できる綸旨はいまだ管見に及ばない。

記録所注進状の残存例がなぜ少ないかも一つの問題である。勿論橋本初子氏が述べておられるような(52)、時代の趨勢や政務処理機能の停廃も考えられる。しかし制度的な面でその理由の一つをみいだせないであろうか。ほとんど憶測の域を脱しないが、次のように考えることも許されるのではあるまいか。当該期、記録所は訴陳文書を回覧・審理し、対決を遂げて注進状を提出することもあったが、一方では記録所での評議の結論が注進状の形をなすことなしに、伝奏を通して上奏されるというケースも存在したのではあるまいか。先に記録所庭中について考えたとき引用した『師守記』貞治二年二月一六日条の記事のうちの「沙汰事」は、この日庭中以前になされた評議の結論であるが、これは実質的には注進状と同じ機能を具備しているといわねばならない。後光厳親政期における政務機構の縮小化に伴い、訴訟処理の面で、このような方式が採用されたとしても不自然ではない(53)。おそらく注進状の残存が前代と比べて少ない理由の一つはこの辺にもあると考えられよう。ちなみに、「二判問答」（『群書類従』第二七輯）には、後三条院御代より始まった記録所は「至後光厳院時分、有其沙汰歟」としるされている。

3　議　定

貞治元年九月三〇日付と貞治六年五月一九日付の二つの記録所寄人結番交名（いずれも『師守記』）によると、議定は毎月一の日を式日としていた。前代の光厳院政と比較すれば院評定がこれに相当する。議定を構成する議定衆の人的面での特徴についてはすでにのべた。先にみたように、文和三年段階では、議定は毎月一と六の日を式日としていたことから察せられるように、議定にも漸次制度的な改変が加えられている。まず議定関係史料を整理しておこう（表四）。

表四　後光厳親政期の議定（始）（新補注1）

	開催日	内容	参加者	出典
1	文和2・10・28	議定始。中定三ヶ条、一、神宮禰宜代始賞事、一、諸社造営事、一、功銭停止事、	二条良基・近衛道嗣・勧修寺経顕	玉英記抄
2	文和4・8・5	議定始。神事沙汰之後、今度収公所領等事、少々被返付、	二条良基・勧修寺経顕・洞院実夏・中御門宣明	園太暦
3	延文1・2・18	議定始。評議内容についての記載なし、	二条良基・勧修寺経顕・洞院実夏・柳原忠光（奉行）	〃
4	延文2・1・27	議定始。神事三箇条如例沙汰云々、	二条良基・洞院実夏・勧修寺経顕	〃
5	延文3・6・26	議定。評議内容についての記載なし。今年初度か、	二条良基・勧修寺経顕・中御門宣明	愚管記
6	延文4・1・23	議定始。評議内容についての記載なし、	四条隆蔭（初参）の他数名	〃
7	延文4・3・26	議定。東陸（徳イ）上人遺跡・円頓戒法事、	勧修寺経顕・四条隆蔭・葉室長光・洞院実夏・甘露寺藤長	園太暦
8	延文4・6・1	禁裏議定	勧修寺経顕以下	〃
9	延文5・2・29	議定始。評議内容についての記載なし、	二条良基・四条隆蔭	愚管記

10	延文6・3・4	議定始	欠	〃
11	貞治3・2・19	議定始。評議内容についての記載なし、	二条良基・久我通相・万里小路仲房・日野時光（通相以下三名は初参）	〃
	〃	議定。神事三ヶ条議定歟、	右四名の他に、御子左為遠・平信兼の職事二人	師守記
12	貞治3・9・16	議定始。議定。春日社造替事、神宮遷宮事、	二条良基・万里小路仲房・日野時光 広橋仲光（職事）	迎陽記
13	貞治6・1・28	議定始。評議内容についての記載なし、	欠	愚管記
14	貞治6・4・28	異国牒状事、今日於殿上可有議定之由、兼日沙汰云々、而諸卿申子細不参之間、延引云々、	欠	〃
15	貞治6・5・23	異国牒状事、於殿上議定云々、	二条良基・鷹司冬通・二条師良・三条実継・万里小路仲房・柳原忠光・日野保光	〃
	〃	異国高麗牒状事、殿上議定也、	〃	後愚昧記
16	応安4・1・17	今日議定始云々、	欠	愚管記
17	応安4・2・29	（緒仁皇子）「御元服事」二ヶ条	九条経教・近衛道嗣・鷹司冬通・二条師良・久我通相・西園寺実俊・三条公忠・三条実継・勧修寺経顕	後光厳院御記

各々の記事が簡略であるのは、出典たる各日記の記主が議定に参加できる立場にいないためでもある。このため議定の内容を窺うには史料的制約を伴うが、以下のことはいいうるであろう。

㈠ 議定は必ずしも式日に開催されていない。

㈡　議定の参加者は議定衆と職事であること（前掲表の中で職事の参加は『師守記』と「迎陽記」にしかみえないが、これは日記の性格によるもので、おそらく他の事例の場合にも職事の参加があったと思われる）。

㈢　議定の議題となったのは、「神宮禰宜代始賞事」「諸社造営事」「功銭停止事」「神事沙汰」「東陸(徳イ)上人遺跡」「円頓戒法」「神事三ヶ条」「春日社造替事」「神宮遷宮事」「異国牒状事」「（皇子）御元服事」などである（なお後円融親政期には徳政のことが議題となったことがある。『愚管記』永和二年七月一七日、同閏七月二八日条）。議定の議題となった事項には一定度の傾向性が認められる。

以上のことから、議定では議定衆（伝奏が兼任することもある）と職事たちが神事・外交・徳政といった国家的・国政的レベルでの議案その他の重要事項を評議したことが窺われる。一方議定では所領関係の訴訟は取り扱わなかったのであろうか。前掲表四のうち7はおそらくこれに準ずる事例として扱ってよいと思われるが、次の史料によって議定において訴訟を議したことがはっきりと認められる。『園太暦』延文元年六月一〇日条によれば、頭弁（蔵人頭・左中弁）日野時光が前太政大臣洞院公賢に対して議定目録の書様について尋ねた。公賢は次のような返答をした。

抑議定目録事、末さま職事執筆不見及候、大略議定奉行人(令カ)之書候、其人不参之時、或末さま議奏人書之候歟、御右筆勿論之由存候、目六書様無殊事候哉、仙洞評定目六者、端ニ年号月日評定と候て、人々申なと候歟、是は無其儀、大略如陣定文候、仮令某与某相論其国其任(庄イ)事と候て、別行ニ　関白・権大納言藤原朝臣・(権大納言)藤原朝臣夏等申上とて、其趣を可被載候、（下略）

この記事によって、議定の際、議定奉行人不参の場合は末席の議奏が「議定目録」を書くことになっていたこと、[54]「議定目録」の書式は院政下の「評定目録」（この場合、端に評定とまず書き、次に「人々申」として衆議の結論をしるす）とは異なり、だいたい陣定文の形式をとる(たとえば、「某与某相論其国其庄事」と篇目を書いて、別行に議奏公卿の意見を各個に羅列する)ことが知られる。ここで注目すべきことは、第一に議定では所領関係の訴訟をも所轄したこと(先述のとおり、文和三年段階でも議定で訴訟を取り扱った史料所見がある)、第二に議定での各人の意見は一つにまとめられず、個々のままで天皇に報告されるという、公卿議定の伝統的方式を踏襲していること、である。(55)

後光厳天皇親政約二〇年間のうち、その政務運営の実態を『師守記』や『園太暦』などの残存史料で直接的に追えるのは部分的にすぎない。その断片的な史料によってみても、後光厳親政の訴訟機構が円滑に運営されたとは到底いえることではない。伝奏や寄人の懈怠によって開廷できないことも多かったのである。先にみた「文和三」六月一日後光厳天皇綸旨(権右中弁〈日野時光〉奉、四位大夫史〈小槻匡遠〉宛、「記録所文書・文殿注進状」)では、早くも寄人の不参を叱責し、「於不参輩□(者)、可被放記録所衆」と申し渡している。また先述したように、文和四年一二月には、伝奏・議奏連署の告文、職事・弁官連署の告文を諸社に奉り政道の興行を祈った(『園太暦』)。しかし『師守記』にみるように、やはり雑訴沙汰・記録所庭中・同越訴は延引・中止をくりかえした。比較的史料残存度のよい貞治元〜六年あたりをみてもむしろ開廷されないケースが多い。貞治六年五月には記録所の結番を編成しなおし、機構の刷新をはかるとともに、貞治六年七月一二日には、記録所勾当弁が開闔小槻兼治に対し「記録所事、守式日、無懈怠可申沙汰」ときびしく申し付けたが、雑訴沙汰や記録所庭中・越訴はなおもとどこおりがちにて、同年九月一六日には「今日記録所庭中并雑訴沙汰等無之、依無伝奏、今季于今不被行之」というありさまであった(『師守記』)。政道は確実に廃退しつつあった。

五　光厳・崇光両上皇の立場

正平一統の際、南山に連れ去られた三上皇のうち、光厳法皇（正平七年八月八日落飾）・崇光上皇、それに直仁親王が延文二年二月河内金剛寺より京都に帰った。法皇は深草金剛寿院に、上皇は伏見殿に入った(56)。室町幕府の要請で後光厳天皇を践祚させて以降、北朝の朝政に隠然たる権威を保持していた広義門院寧子（後伏見院女御）が同年閏七月に没するので、光厳・崇光両上皇の帰京は広義門院の逝去とほぼ時期を同じくして実現したこととなる。

こうして北朝側には親政を開いていた後光厳天皇をはじめ、その父光厳法皇、叔父光明法皇、兄崇光上皇が揃った。この時点以降の北朝関係文書をあつめてみると後光厳天皇綸旨のほかに院宣が散見する所以である。後光厳親政の性格を知るためにはこれらの上皇との関係をも考慮せねばなるまい。光明法皇は正平六年一二月二八日に落飾、文和四年九月二九日には深草金剛寿院に帰されたが（『園太暦』）、帰京後、政務に対するかかわりは一切断っている。従って院宣は光厳法皇と崇光上皇のものである。まず管見に及んだ範囲での当該期の院宣を整理しておこう（表五）。

表五　後光厳親政期における院宣

	年月日	奉者	宛所	内容	出典
1	「延文2」11・10	四条隆蔭	西園寺実俊	幕府ニ命ジテ、尊重護法寺ニ兵士衆庶ノ狼藉スルヲ停メシム、	願泉寺文書
2	延文2・11・23	〃	綾小路中将	長講堂領丹波国野口荘小河方下司役不断念仏料ノコトニツキ相違ナカラシム、	曇花院殿古文書
3	延文2・11・30	〃（カ）	水無瀬前宰相（具兼）	長講堂領越前国坂北荘長畝郷内宮地郷玄陽名ヲ御影堂造営料所トシテ知行セシム、	水無瀬宮文書
4	延文5・8・27	右中将	晴慶律師	祇園社御祈料所播磨国広峰社・同国弘次別府・備中国武並保等ヲ安堵セシム、	八坂神社文書

5	貞治1・7・22	勧修寺経顕	治部卿（日野経量）	越中国糸岡荘・播磨国餝万津別符・摂津国五百住村金武名等ヲ安堵セシム、	鹿王院文書
6	貞治3・2・23	在判	授翁上人（宗弼）	比丘尼明瑚ノ妙心寺塔頭微笑庵ニ寄進セル長講堂領但馬国七美荘下方ヲ安堵セシム、	妙心寺文書
7	貞治3・6・29	判	春屋上人（妙葩）	光厳院殿ノ播磨国的部南条郷ヲ天龍寺ニ寄付スルヲ聞コシ召ス、	天龍寺重書目録
8	（貞治3カ）9・4	民部大輔	霊山僧正	祇園社大方大座松鶴女申ス摂津国金心寺田畠ノ事ニツキテ陳弁スベキコトヲ萱禅尼ニ伝ヘシム、	八坂神社文書
9	貞治3・11・6	判	天龍寺長老上人（妙葩）	播磨国的部南条半分ヲ光厳院殿御塔頭料所ニ付クコトヲ存知セシム、	天龍寺重書目録
10	貞治3・12・17	判 勧修寺一品経顕卿	大判事（坂上明宗）	長講堂領五条烏丸敷地ヲ元ノ如ク奉行セシム、	師守記
11	（貞治4カ）10・28	（花押）	造宮使	熱田社領尾張国落合郷ニ造皇太神宮料ノ役夫工米ヲ課スルヲ停メシム、	妙興寺文書
12	「貞治6」6・5	日野教光	水無瀬前宰相（具兼）	長講堂領越前国坂北荘長畝郷内宮地郷玄陽名等ノ違乱ヲ停メ知行セシム、	水無瀬宮文書
13	「応安1」8・25	参議（四条隆仲）	顕詮法印	広峰社ヲシテ社僧ヲ相催シ祈禱ヲ致サシム、	祇園社記
14	応安4・3・20	判（日野教光）	円光寺宗興	円光寺ヲシテ熱田大宮司ノ寄進セル鈴置郷ヲ安堵セシム、	妙興寺文書

どの院宣がどちらの院のものかを判別することは簡単ではないが、院宣の奉者や内容によってある程度推定できよう。まず1は奉者四条隆蔭の既往の活動の足跡からみて、おそらく光厳法皇の院宣であろう(57)。2・3は長講堂領にかかわるものであるが、長講堂領は貞治二年頃までは光厳法皇の管領に属していたと考えられていること(58)、四条隆蔭の奉ずると

ころであること、などから両者共に光厳法皇の院宣とみてよい。4・5はいずれとも即座には決めがたい。(59) 6は前述のことから崇光上皇院宣とみられる。7も崇光上皇のものであるが、後光厳天皇や幕府との関係を窺うのに好都合であるので、関連文書と共に引用しておく。(60)

①（光厳院甲一）竊以、達磨一宗、只在修禅定、々々若不修、教外之宗掃地而尽矣、由此曽発小願、将平生一鉢資縁、（播磨国的部南条）減後永寄附天龍寺、用充専好坐禅者粥飯、僧衆宜随収納多少、切莫違我願為幸、

貞治三年六月十五日　（光厳法皇）御判

（春屋妙葩）天龍寺長老

②播磨国的部南条郷、光厳院殿永代御寄附当寺僧堂粥飯料所之由、被聞食之旨、天気所候也、仍執達如件、

貞治三年六月廿九日　（脱アラン）右弁御判

（春屋妙葩）天龍寺長老上人御坊

③（的部院宣　僧堂勧修寺）播磨国的部南条郷事、光厳院殿御寄附天龍寺僧堂粥飯料所由、被聞食了、雖為立錐之要脚、被表如玉之叡願、殊専百丈軌範、須開五葉光華者、院宣如此、仍執達如件、

貞治三年六月廿九日　判

（妙葩）春屋上人御坊

④播磨国的部南条半分所被付光厳院殿御塔頭料所也、可令存知給者、院御気色如此、仍上啓如件、

貞治三年十一月六日　判

⑤播磨国的部南条半分事、為光厳院殿御塔頭料所御寄進之条、去年十一月六日院宣一見了、不可有相違之状如件、
（中御所〔義詮〕）

　　貞治四年七月廿六日　　　　　　　　　　　従二位御判（足利義詮）

謹上　天龍寺長老（妙葩）上人御坊

⑥播磨国的部南条（但後日割分半分、可為光厳院殿御塔頭料所由、被成院宣云々、）事、御寄附貴寺僧堂坐禅僧粥飯之条、光厳院殿宸筆御書並去年六月廿九日綸旨・同日院宣等一見了、不可有相違之状如件、
（中御所）

　　天龍寺長老（妙葩）

　　貞治四年七月廿六日　　　　　　（付箋）「宝篋院殿様」（義詮）従二位在判

　　　天龍寺長老

①は光厳法皇が播磨国的部南条の地を僧堂の粥飯料所として天龍寺に宛てた宸翰。②は後光厳天皇綸旨、③は崇光上皇院宣、いずれも①をうけて出されたものである。①が天皇・上皇双方によって別個に、しかも同時に執行された事実に注目せねばならない。後光厳天皇と崇光上皇との関係についていえば、両院は同腹の兄弟であり、しかも応安三年八月に後光厳天皇の譲位問題がおこったとき、自らの皇子緒仁親王に譲位しようとする同天皇と、栄仁親王を推すその父崇光上皇とが「たちまち御中あしくな」るまでは「御中よくつうぜられ」（『椿葉記』）ていたのであるから、貞治三年段階で同一案件に対して両者の文書が出されたとしても両者の対立関係を想定することはできない。ただ当時治天下として親政を開いていた後光厳天皇の北朝内部の事柄に関する所轄権は唯一絶対でなかったことはいえるであろう。おそらくこのことは同天皇の変則的な践祚・即位に淵源していると考えてよい。いわば当時持明院統では後光厳流と崇光流とが対立の危険をはらみながら併存していた。貞治二年四月光厳法皇が長講堂領・法金剛院領・熱田社領・同別納を崇光

院に譲与したことは註(58)で述べておいたが、これらのいわば持明院統皇室領の主要部分を崇光上皇が獲得したことが同流の発言権を保証したし、一方後光厳天皇にとっては経済基盤の弱さが同天皇の治天の権を不完全なものにしたことは否めない。貞治三年八月二八日、崇光上皇は天龍寺に対して、光厳天皇御塔頭建立をゆるした(「鹿王院文書」同日付、崇光上皇宸翰)。④はその宸翰に次いで出された崇光上皇院宣である。内容からみれば、寺家側が①〜③にみえる播磨国的部南郷の半分を御塔頭建立のための料所としたいと申し出たので、崇光上皇は禁裏(後光厳)の同意を得た上で、そのことをゆるしたものと判断される。④ではむしろ崇光上皇が主導的役割を果している。⑤⑥は将軍足利義詮が④および①②③を一見したことを証する御判御教書である。武家文書による公家文書の保証については別の機会に詳しく検討しなければならない。

光厳法皇の崩御は貞治三年七月七日であるから、前表の8以降はすべて崇光上皇院宣と考えてさしつかえない。以上を要するに、後光厳親政の後半期には、光厳法皇や同法皇から持明院統内における主たる経済基盤を譲られた崇光上皇の存在が重くのしかかり、同天皇親政は北朝の勢力圏全体にその支配権を及ぼせなかった(ちなみに同親政前期にあっては、広義門院の影響力が強かった)。

ではこのような崇光院の独自な支配権の存在は後光厳天皇の政務運営にどのような影響を与えたか。まず次の史料をみよう。

(A)一ヶ条岩蔵姫宮雑掌申唐橋室町地事、為仙洞御管領之間、難及聖断之子細、先度被仰了、同篇庭中非沙汰限之趣、

　中御門亜相問答被返了、(中略)

(裏書)
「記録所

貞治元年十一月十六日庭中
為仙洞御管領之間、難及聖断之子細、先度被仰了、同篇之庭中非沙汰之、(限脱カ)
岩蔵姫宮雑掌申唐橋室町地事、
着座
中御門大納言(宣明)
左大弁宰相(柳原忠光)」
（『師守記』貞治元年一一月一六日条）

(B)(頭書)「今日庭中以前、明宗五条烏丸敷地事、為長講堂寄検非違(使)□□町拝領□本主称賜安堵、可申庭中之由、奉長講堂御領事、不可為聖断之間、不□□□□(可及御沙汰)歟、可得御意云々、院宣面々見申之、（中略）」
(裏書)「長講堂領五条烏丸敷地、如元可被奉行者、院宣如此、悉之以状、
貞治三年十二月十七日　判　勧修寺一品卿経顕
大判事硯下(坂上明宗)　院執権云々」
（『師守記』貞治三年五月二六日条）

(A)は貞治元年一一月一六日の記録所庭中で議された二ヶ条のうちの一つであるが、岩蔵姫宮雑掌による「唐橋室町地」をめぐる訴が「為仙洞御管領之間、難及聖断」という理由で却下されたことを示している。仙洞とは崇光上皇と考えられる。つまり当該訴は対象地が崇光上皇の管領に属しているため、後光厳天皇の記録所の所轄外というのである。

しかも「先度被仰了」の文言から窺われるように、この所轄区分はすでにこの時点以前に定められていたのである。また(B)は一部が欠損しているために文意をとるのに困難が伴うが、使庁官人坂上明宗が長講堂寄検非違使の俸禄として奉行していた「五条烏丸敷地」について、明宗と同地の安堵を受けたと称する本主との間で争いが生じ、一件は庭中にもちこまれようとしたが、同地が長講堂領であるため記録所の所轄外とされた、というのがおおよその内容であろう。裏書の院宣は、崇光上皇の当該件に対する裁許である。これらの事例からあらためて察せられるように、記録所をとおした後光厳天皇の支配権は崇光上皇を本所とする広大な所領には及ぶことがなかったのである。このような統一を欠く皇室領経営の実態が北朝の政治運営のあり方に大きな影響を与えたことはまちがいない。ちなみに、崇光上皇が応永五年正月一三日に崩じたのち、室町幕府はそれまで同上皇が管領していた所領をことごとく召し上げ、これらを後小松天皇に移管した。皇室領支配の一元化をはかったものと解される。

六　おわりに

以上のべてきたことを整理しておこう。後光厳天皇親政の体制的な特質は次のようにまとめられよう。後光厳親政には種々の制約がついた。それはおそらく前代の光厳院政の場合を上まわったであろう。第一に後光厳天皇の践祚・即位の事情、第二に広義門院・光厳法皇・崇光上皇の存在、第三に室町幕府権力の飛躍的な伸長、それらはいずれも後光厳親政の運営に直接的な影響を与えた。このため王朝の政務機構は統合・縮小（たとえば記録所の編成や雑訴沙汰・記録所庭中の同一日開催）を余儀なくされたが、制度的根幹はなおも維持された。その制度の人的構成は依然として勧修寺流藤原諸家を中心とする旧慣を踏襲するものではあったが、同親政後半期においては日野氏のめざましい発展をみた。日野氏をめぐる諸問題はむしろ次の段階で十分論じねばならぬ性格のものである。
すでに所々で述べたように、本節は王朝政治史研究の一環として後光厳天皇親政期に即して論及したものである。室町幕府との関係などの諸問題については別章にてふれる。

註

（1）『師守記』貞治六年五月四日条。
（2）『園太暦』文和元年四月二日条に「三宮（崇光）新院御一腹、公秀卿之孫也」とある。一方『椿葉記』や『太平記』は光厳院二宮とする。
（3）従って『系図纂要』の後光厳天皇の個所に「観応三年八月十七日践祚未立坊親王、先有元服之儀于東小御所」とみえるように（第一冊四二八頁）、同天皇は東宮を経ていない。この点、後嵯峨院と共通している。また『椿葉記』はこの後光厳天皇擁立のさまを次のように描いている。

光厳院第二宮（後光厳）同八月十七日（観応三年）践祚あり。ちゝの御ゆづりにもあらず。ぶしやう（尊氏）のはからひとして申をこなふ。此宮は妙法院の門跡へ入室あるべきにさだめ申さるゝところに。不慮の聖運をひらかせ給て。御しそんまで継躰四代にをよべり。

（4）『園太暦』観応三年六月五日、七月二日、八月一七日条参照。
（5）管見に及んだ後光厳天皇綸旨の初見は、『師守記』文和元年九月二二日条に収める、大炊頭中原師茂に宛てた観応三年九月二二日付のもの二通である。内容は中原師茂の管領する大炊寮に対する違乱を止めるというもの。なお終見は、「応安四年」三月一〇日付、近江石道寺を祈願所となし、天下泰平・宝祚延長を祈らしめたもの（「石道寺々僧等中」あて。「石道寺文書」、『大日本史料』六編之三三）である。
（6）拠るところは次の文書である。内閣文庫所蔵「押小路文書」八十所収。

造酒司酒麹売供御人役、如旧所被付本司也、致其沙汰、可被全課役者、天気如此、仍執達如件、
貞治二年四月十七日　治部権大輔（広橋仲光）在判
大外記殿（中原師連）

なおこの後光厳天皇綸旨をうけて、同年五月二日足利義詮一見状（持明院大外記あて。同文書所収）が出された事実もみのがすことができない。詳細については網野善彦氏「造酒司酒麴役の成立について」（『続荘園制と武家社会』所収、昭和五三年）三七八～三八五頁参照。

（7）岩元修一氏「所務相論を通してみたる南北朝期の朝幕関係について」（「九州史学」七二、昭和五六年）。

（8）南北朝期の知行国関係史料の中で、国主の任免に関するものを、管見の範囲内で参考までに表示しておこう。（新補注2）

国名	国主	史料表現	出典
安芸	東寺	安芸国所被寄附東寺造営料所……	東寺文書、建武3・12・27光厳上皇院宣
〃	泉涌寺長老上人（全皎）	安芸国為東寺修造料所、可被知行者、……	東寺百合文書、貞和4・4・23光厳上皇院宣
常陸	泉涌寺長老上人	常陸国所被付東寺修造料所也、可令知行給者、	東寺百合文書、暦応4・12・8光厳上皇院宣
上野	中院通冬	上野国可令知行給之由……	中院一品記、建武5・7・20光厳上皇院宣
〃	〃	上野国如元可令知行給之由……	中院文書、康安1・9・2後光厳天皇綸旨
〃	中院通氏	上野国如元可令知行給之由……	中院文書、貞治3・12・24後光厳天皇綸旨
甲斐	洞院公賢	今日勧修寺大納言送院宣、甲斐国可令知行給之由、院御気色所候也、……	園太暦、貞和4・4・23条
丹波	〃	……丹州（丹波ならん）分宣旨到来之間、書下庁宣了	園太暦、観応2・6・4条
丹後	洞院実夏	左馬寮・丹後国ホ可為大納言実夏処分云々、但未治定云々、	愚管記、延文5・5・17条
〃	洞院実夏 洞院実守	伝聞、左馬寮・丹後国等各半分云々、被下勅裁於両大納言（実守・実夏）	愚管記、延文5・6・25条
〃	洞院実夏	左馬寮并丹後国一円可令管領給之由……	西園寺文書、康安2・3・3後光厳天皇綸旨
〃	洞院公定	左馬寮・丹後国各半分并尾張国瀬戸御厨・遠江国都田御厨等可令管領給之由、……	後愚昧記、応安4・1・19後光厳天皇綸旨

美濃	西園寺実俊	美濃国可有御知行之由、……	西園寺文書、延文1・12・15後光厳天皇綸旨
美濃国衙	崇賢門院仲子(藤原)	女院御料所美濃国衙事、……	兼宣公記、明徳2・6・29条
因幡	西園寺実俊	因幡国可令知行給之由……	西園寺文書、康暦1・11・6後円融天皇綸旨
尾張	柳原資明	袖に柳原資明の花押あり、	円覚寺文書、暦応1・10・26尾張国宣
〃	醍醐寺三宝院	袖に三宝院僧正光済の花押あり、	妙興寺文書、貞治5・6・21尾張国宣
近江	今出川公直	近江国可令知行給之由……	柳原家記録、応安1・12・6後光厳天皇綸旨
伯耆	大宮実尚	伯耆国可令知行給之由……	柳原家記録、応安1・12・11後光厳天皇綸旨
伊予	西園寺実俊	伊予国雑掌申、在庁以下輩国領濫妨事、	西園寺文書、(文和1)11・27後光厳天皇綸旨
〃	坊門某	河野対馬入道善恵申、伊予国守護職事、為御分国事之上者宜有計沙汰候哉、	古証文、(年未詳)11・22足利尊氏書状
加賀国務	中御門宣明→四条隆家	……去年加賀国務被召放、被□(宛)行大理隆家卿、	師守記、貞治3・2・29条
能登国衙	青蓮院	入道一品尊道親王、第百卅四代座主、同(応安三年)六月廿五日、以能登国衙被付御祈料所、	門葉記

(9) 『群書類従』第四輯、補任部所収。「職事補任」は蔵人頭・五位蔵人の在任期間をかなり正確かつ詳細にしるすが、綸旨の奉者は必ずしも蔵人と限らないため、これをもって綸旨の奉者全員とみなすことはできない。本文後掲の奉者一覧は収集した個々の綸旨によって検出した結果である。「職事補任」にのせているが、この表にはあらわれない蔵人には、勧修寺経方・四条隆家・鷲尾隆右・正親町実綱・園基光(以上蔵人頭)、藤原俊藤(五位蔵人)があげられる。他はすべて両者に名をのせる。蔵人になってもすべての者が奉者として活動するとは限らず、しかも本稿の趣旨からみて実際の活動の明証をもつ者に限った方が好ましいこと、から考えて史料の残存・収集などの問題が残るとはいえ、以上のような手法で作成した奉者一覧に拠って論を進めても大きな誤りをおかすことはなかろうと思う。

(10) 後光厳親政下において、管見に及んだ伝奏奉書は次のとおりである。

	日付	奉者	宛所	書止文言	内容	出典
1	「文和二」七月四日	(四条)隆蔭	兵部法印御房	被仰付候、恐々謹言、	法流事	華頂要略
2	「文和三甲午」二月六日	(勧修寺)経顕	増長院法印御房	被仰下候也、謹言、	御影堂生身供事	東寺文書
3	「文和四」八月二九日	隆蔭	蔵人右少弁	被仰下候也、恐々謹言、	宝荘厳院寺務	東寺百合文書
4	「延文二」七月二一日	〃	長者僧正御房(定憲)	被仰下候也、仍執達如件、	東寺大勧進職事	東寺文書
5	「延文二」八月二五日	(草名)	妙顕寺僧正御房(妙実)	被仰下之状如件、	三千万部法花任説如読誦事	妙顕寺文書
6	(延文三)一〇月二九日	隆蔭	宝持院法印御房	其沙汰候也、以此旨可令申入給、謹言、	東寺学頭事	東寺百合文書
7	「延文四年」八月七日	(万里小路)仲房	田中法印御房	内々被仰下候也、謹言、	六位史秀職俸禄事	壬生家文書
8	「康安二」三月一四日	〃	東寺長者僧正御房	被仰下候也、仍執達如件、	灌頂院影供事	東寺百合文書
9	「貞治二」四月七日	〃	頭弁(資定)	被仰下候也、恐々謹言、	稲荷祭刻限違例事	東寺執行日記
10	「貞治三」三月一五日	(柳原)忠光	蔵人右中弁(嗣房)	〃	僧事	〃
11	(貞治三)五月一一日	(万里小路)仲房	東寺長者僧正御房	内々被仰下候也、恐々謹言、	当寺惣大工職事	〃
12	「貞治三」七月七日	(日野)時光	蔵人弁(嗣房)	被仰下候、恐々謹言、	宝荘厳院散在寺領等事	東寺百合文書

5の草名の横に「洞院大納言実夏」と注記されているが、洞院実夏は伝奏になったことはなく、この註記は信頼できない。

(11) 註(10)所載表のうち、8の伝奏奉書は、「東寺百合文書」マ、康安二年三月二〇日東寺長者御教書において「今月十四日綸旨」と称されており、また「東宝記」五でも「綸旨」と記されている(『大日本史料』六編之二四、七七頁参照)。また11の伝奏奉書は「東寺執行日記」二所収(貞治三年)五月二一日東寺長者御教書において「綸旨」と称されている(『大日本史料』六

―二五、七七二頁参照)。ちなみに内閣文庫所蔵「東寺執行日記」には後者の伝奏奉書の日付五月一一日を五月二一日に作る。

(12) 伝奏奉書について主として古文書学的視点から論じた研究として、富田正弘氏「中世公家政治文書の再検討③『奉書』―伝奏奉書」(『歴史公論』第四巻一一号、昭和五三年)がある。この論稿の中で、富田氏は伝奏奉書の書式、発生・自立とその歴史背景について注目すべき見解を示された。なお『概説古文書学』(昭和五八年)第三「公家様文書」の同氏執筆分参照。

(13) このひとまとまりの文書には本文中にあげたものの他に、(貞治二年)四月一〇日付と四月一四日付の神祇伯資継王書状、(同年)四月十三日付稲荷社神主公憲請文、以上計三通も含まれるが、行論に直接のかかわりをもたないので、これらについてふれることをしなかった。

(14) 富田氏は前掲論文にて「当事者の雑掌が、伝奏の許で奉行宛ての文書の交付を受け、これを奉行の許に持参して『御教書』を書いてもらうことさえおこなわれ」たことを指摘された(一九〇頁)。同氏はこの指摘の依拠するところを明示されなかったが、当該事例もその一つとしてあげることができる。

(15) 富田氏が「伝奏奉書の自立」したものとして指摘されているように、伝奏奉書には奉行への伝達のための手続き文書たるもののほかに、直接当事者に宛てられるものもある。註(10)の表でいえば、1・2・4・5・6・7・8・11がそれにあたる。

(16) 『師守記』貞治三年二月一七日条裏書に、「伝聞、今日四条前大納言隆蔭卿辞退伝奏、聞〻当時同神事伝奏也、付藤中納言時光、所労煩敷之故也、」とみえる。

(17) 橋本初子氏「公家訴訟における文書の機能論的考察」(『古文書研究』一四号、昭和五四年)二九頁。

(18) 本書第三章第一節。

(19) この議奏とは議定衆の異称と考えられる。

(20) 万里小路仲房が伝奏となった時点は明瞭でない。彼は後光厳践祚と同時にその蔵人頭となり、文和二年七月二三日参議となるまで在任した。

(21) 『愚管記』延文三年八月二一日条。

(22) 葉室長顕が伝奏になった時点については、『師守記』貞治六年八月九日条に「伝奏葉前中納言(マヽ)」の文字がみえる。この時期に葉室中納言としては長顕しかいないので、この史料を採用するならば、長顕はすでに貞治六年に伝奏であったことになるが、該当個所は文意必ずしも明瞭でなく、貞治六年一二月にみおくられ、翌年五月に召し加えられたとする『後愚昧記』・『愚管記』の記事の方が史料としての信頼性が高いので、本文記述においては後者を採用した。

(23)『園太暦』文和元年一一月一二日条によれば、藤原秀子はこの日「御悩近日危急之故」、出家したことがしるされ、また「今年四十二歳歟」とかきとめられている。この記事によって逆算すれば、秀子の生年は応長元年（一三一一）と判断される。一方、三条実音は文和元年に三二歳（『公卿補任』巻二―六三七頁）である。

(24) 三条家は崇光・後光厳両院の外戚であったにもかかわらず、必ずしも厚遇されてはいない。実音の父公秀（即ち秀子の実父）が六八歳の高齢でようやく内大臣に昇任したのが秀子の没する前日の文和元年一一月二七日であった。その時の後光厳天皇の宣命には、「正二位行大宰権帥藤原公秀朝臣者、朕之外祖父奈利、齢高久功之厚爾依氏」としるされ、公秀の功績を強調している。おそらくこの任内大臣は、秀子の危篤にのぞんで後光厳天皇が外祖父公秀に対して垂れた恩情であったとみられる。実音の父にしてこのような状況であったから、実音自身についても、おおよその処遇のされ方は想像できよう。

(25)『園太暦』文和元年一〇月八日条によれば、二条良基が公賢に書状を送り、明日の議定始が無人により延引したことを告げ、あわせて公賢自身はいつになったら出仕できるのかを尋ねている。このことによって公賢が議定衆の一人であったことが知られる。

(26) 勧修寺一門の全体的な退潮現象のなかにあって、万里小路家のみは特別であったらしい。後光厳期に限ると万里小路仲房（『師守記』貞治四年六月二九日条に「仲房卿被任大納言、希代朝弊也」とみゆ）・嗣房父子が登場するが、仲房は伝奏・議定衆を、嗣房は記録所寄人などを各々長期に亘って勤めている。一方、嗣房の子時房の日記『建内記』永享一二年正月二九日条には「家領所々彼御宇（後光厳天皇）多拝領、不可忘皇恩事也」とあり、万里小路家は後光厳期に所領を多く拝領した事実が知られる。つまり万里小路家の所領拝領は後光厳天皇による同家重用の結果だとみてまちがいあるまい。

(27)『弁官補任』は最近、飯倉晴武氏によって厳密な校訂を加えられたものが続群書類従完成会より刊行された。これによって王朝政治の中枢において重要な役割を果たす弁官の補任状況を克明に知ることができるようになった。弁官は天皇側近であるだけにその任命の状況をとおして王朝政治の実体を究明するための素材になりうる。本節においては当面、後光厳親政期に限った部分のみで事足りるのではあるが、ある程度の変遷の中で把握する方がより深い理解を得られると考えるので、後醍醐天皇践祚より後光厳親政に至る鎌倉末期〜南北朝前半期の弁官の補任状況を表示しておくことにする。各欄の人名は『弁官補任』より歴任者を拾い出したもので、早い時期のものから順に並べたが、同時期に二度同じ弁官に任じられたものについては初度のみを掲出した。またその表をもとにして弁官の出身家門別の補任状況を知るための表を別に作成した。弁官の家と当時の政治体制との相関関係を考える糸口とするためである。

鎌倉末期〜南北朝前半期の弁官一覧（『弁官補任』より）

時期区分／弁官	①　後宇多院政・後醍醐親政（文保２・２・26〜元弘１・９・20）	②後伏見院政（元弘1・9・20〜元弘3・5・17）
左大弁	花山院師賢、坊城俊実、三条公明、吉田冬方、万里小路藤房、清閑寺資房、中御門冬定、平惟継、洞院実世、日野資明、菅在登、三条実治	葉室長光、平行高
右大弁	坊城俊実、吉田隆長、中御門経宣、吉田冬方、万里小路藤房、平行高、清閑寺資房、坊門清忠、洞院実世、日野資明、万里小路季房	中御門宗兼、菅公時
左中弁	葉室成隆、勘解由小路光業、万里小路藤房、平成輔、平行高、清閑寺資房、坊門清忠、三条実治、堀川光継、万里小路季房、葉室光顕、北畠顕家、吉田冬長	葉室頼教
権左中弁	洞院実世、平範高、北畠顕家	
右中弁	勘解由小路光業、中御門経宣、日野資朝、平成輔、平行高、清閑寺資房、坊門清忠、堀川光継、万里小路季房、平範高、葉室光顕、平宗経、葉室長光、日野俊基、中御門宗兼	中御門経季
権右中弁	堀川光継、日野資朝、吉田冬方、平行高、日野資明、清閑寺資房、高倉経躬、葉室光顕、葉室長光、中御門経季、吉田冬長	
左少弁	日野資朝、吉田冬方、万里小路藤房、平行高、日野資明、清閑寺資房、高倉経躬、万里小路季房、葉室光顕、葉室長光、中御門経季、吉田冬長、日野俊基、中御門宗兼、中御門宣明	中御門宣明、中御門為治、冷泉定親
権左少弁	日野資明、中御門経季、中御門為治	中御門為治、日野房光、高倉光守、冷泉定親
右少弁	吉田冬方、万里小路藤房、平成輔、勧修寺経顕、清閑寺資房、高倉経躬、万里小路季房、藤原有正、藤原正経、葉室光顕、葉室長光、中御門経季、吉田冬長、日野俊基、中御門宗兼、日野房光	日野房光、冷泉定親、吉田国俊
権右少弁	万里小路季房、平忠望、藤原有正	

③後醍醐親政（元弘3・5・17〜建武3・8・15）	④　光厳院政（建武3・8・15〜観応3・8・17）	光厳親政 17〜応安4・3・23）
三条実治	三条実治、坊門清忠、葉室頼教、中御門宣明、冷泉定親、吉田国俊、源雅顕、中御門宗重、菅在成、万里小路仲房	万里小路仲房、勘解由小路兼綱、勧修寺経方、日野時光、土御門保光、柳原忠光、万里小路嗣房
坊門清忠	坊門清忠、中御門宣明、中御門為治、吉田国俊、源雅顕、甘露寺藤長、葉室長顕、万里小路仲房、勘解由小路兼綱、坊城俊冬	坊城俊冬、勧修寺経方、日野時光、土御門保光、平親顕、清閑寺資定、万里小路嗣房
中御門宗兼、中御門宣明	中御門宣明、洞院実夏、中御門為治、冷泉定親、源雅顕、甘露寺藤長、柳原宗光、平行兼、葉室長顕、万里小路仲房、九条朝房、平親明、勘解由小路兼綱、坊城俊冬、武者小路教光	武者小路教光、勧修寺経方、日野時光、土御門保光、平親顕、柳原忠光、平信兼
洞院実夏	吉田国俊、甘露寺藤長、柳原宗光、平信兼	平親顕
中御門宣明、葉室頼教	中御門為治、冷泉定親、源雅顕、甘露寺藤長、柳原宗光、冷泉経隆、葉室長顕、万里小路仲房、九条朝房、平親明、勘解由小路兼綱、坊城俊実、武者小路教光、勧修寺経方	勧修寺経方、日野時光、土御門保光、柳原忠光、平行時、平行知、万里小路嗣房
洞院実夏	冷泉定親、吉田国俊、柳原宗光、平信兼、勘解由小路兼綱、坊城俊冬、武者小路教光、勧修寺経方	日野時光、土御門保光、平親顕、平行時、清閑寺資定、中御門宣方、裏松資康
甘露寺藤長	甘露寺藤長、柳原宗光、葉室長顕、万里小路仲房、九条朝房、平親明、坊城俊冬、武者小路教光、勧修寺経方、平時経	平時経、日野時光、平親顕、柳原忠光、平行時、清閑寺資定、平信兼
	平行知、葉室長顕、勘解由小路兼綱	
甘露寺藤長	吉田国俊、源雅顕、平親名、藤原顕藤、柳原宗光、日野朝光、万里小路仲房、九条朝房、坊城俊冬、武者小路教光、勧修寺経方、平時経、日野時光	日野時光、平行時、平親顕、平信兼、柳原忠光、平行知、万里小路嗣房
	勘解由小路兼綱、平行時	平行時、平親顕、坊城俊任

⑤後(観応3・8・	葉室長宗	平行知 万里小路嗣房 葉室長宗 中御門宣方	中御門宣方 裏松資康	万里小路嗣房 裏松資康 広橋仲光	中御門宣方 広橋仲光 葉室宗顕

弁官の出身別一覧

弁官	時期区分	花山院	坊門	公季公孫(洞院・三条)	高藤公孫※	内麿公孫※※	源	平	菅原	合計
左大弁	①	1		3	5	1		1	1	12
	②				1			1		2
	③			1						1
	④		1	1	6		1		1	10
	⑤				3	4				7
右大弁	①		1	1	7	1		1		11
	②				1				1	2
	③		1							1
	④		1		7	1	1			10
	⑤				5	2		1		8
左中弁	①		1	1	7	1	1	2		13
	②				1					1
	③				2					2
	④			1	8	3	1	2		15
	⑤				4	4		3		11
権左中弁	①			1			1	1		3
	②									
	③			1						1
	④				2	1		1		4
	⑤							1		1

右中弁					権右中弁					左少弁					権左少弁					右少弁					権右少弁		
①	②	③	④	⑤	①	②	③	④	⑤	①	②	③	④	⑤	①	②	③	④	⑤	①	②	③	④	⑤	①	②	③
1																											
							1																				
7	1	2	9	3	8			4	2	11	3	1	6	2	2	3		1		11	2	1	6	3	1		
3			3	4	2			3	3	3			2	4	1	1		1		4	1		4	3	1		
			1																				1				
4			1	2	1			1	2	1			2	4				1		1			2	4	1		
15	1	2	14	9	11		1	8	7	15	3	1	10	10	3	4		3		16	3	1	13	10	3		

	④					1		1		2
	⑤				1			2		3
合　計（縦列での%）	①	1（1%）	3（3%）	6（6%）	59（58%）	17（17%）	2（2%）	13（13%）	1（1%）	102
	②				12（75%）	2（13%）		1（6%）	1（6%）	16
	③		1（10%）	3（30%）	6（60%）					10
	④		2（2%）	2（2%）	49（55%）	19（21%）	5（6%）	11（12%）	1（1%）	89
	⑤				23（35%）	24（36%）		19（19%）		66
	総計	1（0%）	6（2%）	11（4%）	149（53%）	62（22%）	7（2%）	44（16%）	3（1%）	283

※高藤公孫＝坊城・吉田・万里小路・清閑寺・中御門・高倉・勧修寺・甘露寺・冷泉・九条・葉室・堀河
※※内麿公孫＝日野・勘解由小路・柳原・武者小路・土御門・裏松・広橋

(28)　『師守記』延文元年三月一六日条。
(29)　『師守記』延文元年三月一六、二六日条。
(30)　『公卿補任』によれば、平行知の個所に「（延文四年）六月廿六記録所寄人」「（延文六年）同年月日記録所勾当」とある（巻二―六九一頁）。
(31)　左大弁ともなると参議クラスに属し、伝奏となることもある。
(32)　『公卿補任』によれば、万里小路嗣房の個所に「（貞治元年）九月卅日記録所寄人」（巻二―七〇一頁）、「（永和五年）正月卅日記録所上卿事宣下」（巻二―七三〇頁）とある。
(33)　ちなみに記録所寄人は公家社会の中での地位は高いものとはいえなかったし、彼らの中には上級公家の家司として奉公する者も散見する。彼らの立場をより深く理解するために、管見に及んだものを掲出しておく。
平信兼……近衛家の家司か（『愚管記』延文三年六月一五日条）
中原師茂……「奉公陽明（近衛基嗣）」（『師守記』貞和三年九月四日条）
中原師香……「（三条家の）重代家人」（『後愚昧記』応安元年三月一八日条）
小槻量実……「九条殿奉公仁」（『師守記』貞治元年一一月二三日条）
なお、下級公家の奉公関係をとおして公家社会の一側面を究明した研究として、平山敏治郎氏『日本中世家族の研究』（昭和五五年）、石田祐一氏「諸大夫と摂関家」（『日本歴史』三九二号、昭和五六年）などがある。

(34) 中原師守は同日条に、中御門宣明が出仕しないのは、去年加賀国務を召し放たれ、四条隆家に付けられたためか、とかきとめている。

(35) 本章第一節参照。

(36) この文書は『大日本史料』六編之二六、三〇三〜三〇四頁に「広橋家所蔵文書」として収録されているが、裏花押の存在についてはしるすところがない。

(37) この花押は、先にあげた宮内庁書陵部所蔵「記録所文書・文殿注進状」に収められる（貞治四年）六月一日後光厳天皇綸旨の奉者宮内卿（平信兼）の花押や、同部所蔵「西園寺文書」延文元年一二月一五日後光厳天皇綸旨の奉者右少弁平（信兼）の花押と合致する。

(38) 本章第一節参照。

(39) ふつう雑訴沙汰が庭中に先んじて行われたことは、『師守記』の記事を一見すればわかる。たとえば、同記貞治元年一一月一六日条ではことさらに「今日雑訴沙汰、庭中以前被行之」としるされている。

(40) 文殿や記録所の廻文には二種類がある。一つは訴訟の当事者、即ち訴論人に対して開催日を通知し、あわせて出廷の可否を聞くもの。いま一つはいわば裁許者側の内部の回覧用で、開廷日を知らせ、出欠状況を把握するためのものである。後者には弁官に回覧させる「弁官廻文」（『師守記』貞治二年閏正月一七日条）と、(a)系寄人に回覧させる「文殿衆廻文」（「衆廻文」とも。『師守記』康永四年二月二一日条、同二月二三日条。貞和二年四日条。貞治二年二月二三日条。同二月二八日条。貞治三年三月三日条）とがある。『師守記』に即してみれば、光厳院政期には前者が紙背文書にかなり残されている反面、後光厳親政期には後者が多く残っている。中原師守が光厳院政期に「(文殿)衆廻文」を残さなかったのは、師守の文殿衆任官希望（貞和三年二月二八日条、同三月一八日条、貞和五年四月七日条、同四月二四日条、同五月三日条、同八月二九日条）にかかわらず、いまだ文殿衆に召し加えられていなかったことに関係していると考えられる。彼は後光厳親政下において貞治元年九月三〇日付の記録所寄人結番交名（同一〇月三日条に収む）に載せられて以降、記録所寄人として名を連ねる。

(41) 『師守記』貞治二年閏正月二六日、同二月一六日条参照。

(42) 『師守記』にはこの種の「沙汰事」が数個所にみられる。貞治元年一一月一一日、同一一月一六日、一二月一六日、一二月一九日、貞治二年閏正月二六日、貞治三年七月六日の各条がそれであるが、いずれもこのような評議の結論だと考えられる。

(43)『師守記』貞治元年一一月一一日条では、庭中に訴人なく記録所庭中が行われなかったが、この時美濃国真桑荘預所職についての対決・評定が「雑訴沙汰事了之後」に行われた。
(44)『師守記』貞治元年一二月一九日条にのせられた、越訴についての同様の形式の目録を、同二三日条の記事の中で「越訴庭中目六」と称している事実がある。このことより、庭中の場合は庭中目録と称したにちがいあるまい。
(45)『師守記』にはこの種の史料が多く収められている。それらを通覧してみて、一つの例外的事例に気づく。同記、貞治三年七月六日条に「貞治三年七月六日庭中」目録がのせられている。「御房丸申新西宮神主職事」の肩に「仰、可相待上卿出仕□(矣)」と記されているが、同日条にみる「御房丸申新西宮神主職事、越訴上卿中御門(宣明)大納言当時無出仕之間、不及御沙汰、□(急)速可有御沙汰之趣也、明宗取目六、不及奏聞、帥卿加問答被返了、所詮可相尋上卿出仕云々」の記事からわかるように、この庭中一ケ条は奏聞に及ばなかったのである。このような場合目録の肩注記は伝奏の意見であるから「仰」をつけることをしない。しかるに、念のため国立国会図書館所蔵『師守記』原本を披見するに、確かに「仰」で書き出されている。師守の誤写とみるべきなのであろうか。
(46)『師守記』貞治三年三月六日条によれば、この日文殿庭中が行われ、庭中目録が作成されたが、この目録について師守は「件目六、予於当所写取之」と註記している。これによってみれば、庭中目録は記録所に備えられたものかもしれない。
(47)『師守記』貞治元年一〇月二八日条によれば、中原師茂は大炊寮領山城国南山科御稲内小栗栖御田参段大を醍醐釈迦堂僧衆が「押作」するのを訴えた。このとき師茂は「重申状」を蔵人右少弁（平行知）に付けている。これは雑訴沙汰への提出と解される。
(48)石井良助氏『中世武家不動産訴訟法の研究』（昭和一三年）二八二頁。
(49)本章第一節参照（一七四〜七五頁）。
(50)1は『大日本史料』六編之二二、三五二〜三五六頁、2は同史料六編之二四、八二〜八四頁に収録されている。
(51)「来迎寺文書」。『大日本史料』六編之二二、三五一〜三五二頁に収む。一方『園太暦』は延文四年四月五日の記事として、次のことをかきとめている。

抑恵鎮和上遺跡戒法己下事、今日被裁許円縁(昭)上人云々、去月廿六日議定群議了、

これについて『大日本史料』の編者は「園太暦、裁許竝ニ議定ノ月日ヲ異ニセリ、今来迎寺文書ニ拠リテ、是日（延文四年二

月五日条）ニ掲グ」と注記している（六編之二二、三六九頁）。これは従うべき注記であろう。『園太暦』では「四月五日」「去月（三月）廿六日」とあるが、これを二ヶ月ずつ早めると、二月五日、正月二六日となり、先の綸旨と記録所注進状の日付と合致する。「議定群議」という表現も記録所寄人たちの評議を示すものと考えて一向にさしつかえない。

(52) 橋本初子氏註（17）所引論文二九頁。

(53) ちなみに『師守記』貞治六年七月五日条に、次の記事がある。

今日廻覧文書二結、開闔（小槻）兼治以召次有末送進家君、記録所事、可申沙汰之由、上卿万里小路大納言仲房仰開闔云々、

伝奏万里小路仲房は記録所開闔小槻兼治に対して「可申沙汰」（傍点筆者）と指示したことが知られる。

(54)『愚管記』永徳元年正月二六日に開かれた後円融天皇の議定では、「造太神宮山口祭早速可被行之事」「可被発遣春日一社奉幣事」「祇園社・北野神輿忩可被造替事」の三ヶ条が評議されたが、この時万里小路嗣房が「目六」を書いた。彼が末席の議定衆だったからである。

(55) その具体例が表四の17である。これによると、応安四年二月二九日、後光厳天皇は譲位しようとして、皇子御元服などの儀について九条経教以下九名の議定衆に諮問した。このとき鷹司冬通・西園寺実俊は所労と称して所存を申さなかったが、残り七名は各々個別に意見を奏上した。その奏事目録には個々の意見が一つにまとめられることなく、そのままの形で羅列されている（『大日本史料』六編之三三、三一八〜三三一頁）。

(56)『愚管記』延文二年二月一七日条、同二月一九日条、同二月二〇日条、『園太暦』延文二年二月一六日条。

(57)『大日本史料』六編之二一、五一二頁の綱文も、この院宣を光厳法皇のものとして立てられている。この院宣で特に注意されるのは、武家執奏を通して、光厳法皇が直接に幕府と交渉している点である。

(58) 長講堂領の形成や伝領過程などに関する最も包括的な研究としては八代国治氏「長講堂領の研究」（同氏『国史叢説』大正一四年刊）がある。同氏の研究によれば、長講堂領は正平一統の際もそっくり光厳院に安堵されたが、正平七年閏二月、三上皇を八幡に連れ去られてのちは広義門院がこれを管領した。延文二年二月、光厳・崇光両院の帰京が成ると、再び本来の光厳法皇に帰した。そして「正平十八年（〇貞治二）四月に至り、光厳院は、長講堂領・法金剛院領・熱田社領・同別納を崇光院に譲与し給」（同書、九九頁）うたのである。しかし八代氏が、長講堂領が崇光院の管領に帰したとされる貞治二年四月の時点は、少なくとも同氏が依拠された『椿葉記』から読みとれるものではない。同氏の推定はおそらく同氏も引用された貞治二年四月

八日光厳法皇置文（伏見御領を大光明寺領として崇光院子孫別相伝となす）をふまえて、長講堂領の移管をもこれにひきつけて考えられた結果と思われるが、妥当な見解であろう。

(59) 4については、『大日本史料』はこれを収録せず、また『八坂神社文書』は崇光院院宣とする（下、一七九九号文書。五三二頁）が、確たる決め手がない。また5は次のようなものである（東大史料編纂所架蔵写真帳「鹿王院文書」五。のち思文閣出版『鹿王院文書の研究』に収録）。

「後光厳院々宣」

越中国糸岡庄・播磨国餝万津別符・摂津国五百住村金武名等事、右任相伝之旨、不可有知行相違之由、院御気色所候也、

仍執達如件、

貞治元年七月廿二日　権大納言経顕判

治部卿殿

まず端書の「後光厳院々宣」なる文字であるが、勧修寺経顕の奉ずる後光厳上皇院宣は実例をみないことからみて、これは誤記であろう（後光厳天皇の譲位は応安四年）。次に文書の年紀であるが、貞治改元は康安二年九月二十三日であるから、これでは「未来年号」になってしまう。また勧修寺経顕の官歴よりみれば、権大納言在任は暦応三年七月一九日〜康永元年正月一六日の期間。このの ち応安三年三月一六日に内大臣になるまでは前権大納言なのである。従って「貞治元年」を採るならば「前」が付かねばならない。貞治は貞和の誤写とも考えられる。文言にもおちつかぬ点があり、いずれにせよ要検討文書。

(60) いずれも「天龍寺重書目録」甲。①〜③は『大日本史料』六編之二五、八三四〜八三五に、④は同二六、二三七頁に、また⑤⑥は九七三頁に収む。

〈付記〉

二一七〜八頁にのせた表五の4と5の間に次の光厳上皇院宣を付加したい。

康安1・7・28	(四条隆蔭)(花押)	(四条隆家)右兵衛督	日野宰相ニ下サル院宣ヲ召シ返シ、入江姫宮ヲシテ越前国曽々木村ヲ安堵セシム	三時智恩寺文書

第三節　後光厳上皇院政

一　はじめに

応安四年三月二三日、後光厳天皇は皇位を皇子緒仁親王（即ち後円融天皇）に譲り、観応三年八月より一八年半に亘って続いた同天皇の親政は終りを告げた。同天皇の譲位や皇子緒仁の選任、およびそのための費用調達をめぐる幕府との交渉、またこの機をとらえて栄仁親王を践祚させようとする崇光上皇の動向など、応安三年半ばから同年末にかけての時期は、さながら鎌倉時代後期の、持明院・大覚寺両統の確執を思わせるような状況にあった。後光厳天皇は柳原忠光を使者に立て、三宝院光済(1)を介して時の幕政担当者＝管領細川頼之にはたらきかけ、皇位のことは「可為聖断之由已定申了」という幕府の基本方針を確認することによって、万事幕府の指示を仰ぐべきだと主張する崇光上皇側の反対をおしきったのである。(2)

緒仁親王受禅にむけての諸儀式は短期間のうちに挙行された。応安四年三月一五日着袴(3)、同二一日親王宣下、同二三日に元服・受禅、というぐあいである。着袴から受禅まで実に九日間で終了したのであるから、この皇位の交替が予定のものではなく、急遽そのはこびとなったものであることは容易に推測できる。新主後円融天皇はこの日柳原殿（柳原忠光第）から、新たに内裏となった土御門殿へ行幸した。神器も同日中に渡御したが、うち劔璽は紛失したままであった（『大日本史料』六編之三三、四四九頁）。

この時、後円融天皇一四歳。ここに父後光厳上皇による院政が開始された。上皇三四歳。院司の重職として政務の枢要にかかわる執権には権中納言柳原忠光が据えられた。前権大納言万里小路仲光、前権中納言葉室長顕も執権のポストを競望したが許されなかった。(4) 忠光の同院政下における抜群の活躍ぶりは以下にみるとおりであるが、日野一門の権勢はこのような治天下の近臣としての地位のうえに築かれた点にまず注目したい。

本節はこうして成立した後光厳上皇の院政の性格について論ずるものである。同院政はわずか三年ほどしか続かなかった。しかも春日社の神木がそのほとんどの期間在洛したことも同院政の運営にとって大きな障害となった。同院政は種々の制約によって必ずしも本来の展開を遂げることができなかったが、前代の親政の主催者がひきつづき院政を開いた点に特徴の一つがある。それは北朝にとって初めてのことであった。親政と院政の構造上の相違点を考える上でも好個の事例だといえる。本節ではひとまず、後光厳親政を継承する形で成立した同院政がどのような政治の理念と機構のもとで、いかなるメンバーによって運営されたか、という点を明らかにすることによって、その性格に迫ることとしたい。

二 政道の興行

後光厳親政末期の政道廃退の状況は『師守記』貞治六年九月一六日条の、「今日記録所庭中并雑訴沙汰等無之、依無

伝奏、今季于今不被行之」という記事に象徴的に示されている。そこで応安四年三月に院政を開始した同上皇は、このような事態を打開すべく半年後の同年九月二六日に政道興行のための方策を議し、政務の遂行に意欲的な姿勢をみせた。その評議内容はまさに後光厳院政の直面する課題についての対応の仕方を意味するのであるから、そこには同院政の性格を考えるうえで重要な問題が内包されていると言えよう。

後光厳上皇はその親政時代においても政道の興行に意を用いた。応安四年度のものもその延長線上において考えてよい。応安四年の政道興行令についていえば、同年八月はじめころより、執権柳原忠光が命をうけて具体的な準備にとりかかり、議定衆の面々に意見を徴している。(5) まず諮問事項とそれに対する評議の結論とを最も正確に、脱漏なくしるしたものとして、宮内庁書陵部所蔵「応安四年御定書」(壬生本)にみる評定目録を掲出しておこう。(6)(新補注1)

　応安四年九月廿六日評定

①□(一)　□(雑)訴法□(事)

　人ゝ申云、堅可被守暦応法、

②一　任官・叙位・雑訴等、可被停止近習内　奏・女房口入事、

③一　近習男女房於　奏達者、雖恐時議、以私会釈請取訴訟条、一切可被停止事、

④一　任官・叙位等以女房被仰伝　奏・職事条、一切可被停止事、

　同申云、以上堅可被守延慶法、

⑤一　諸人或号闕所、或称無主、掠賜他人知行地事、

　同申云、向後一切可被停止、若不拘此制者、可被断　朝恩之望、

⑥一 諸司領并諸庄園興行 勅裁事、

同申云、無左右不可被下之、

⑦一 屋地并負物事、

同申云、別当未補之時、於文殿可有其沙汰、

⑧一 勅問文書事、

同申云、送年月之間、為訴人有其愁歟、於向後者、廿ヶ日中可申所存、

参仕人〻

二条前関白(良基) 近衛前関白(道嗣)

勧修寺前内大臣(経顕)・按察(万里小路仲房)

忠光(柳原)

一方、『愚管記』と並ぶ南北朝時代の重要な日記である『後愚昧記』にも次のような記事がのせられている。

(一)一 任官・叙位・雑訴等、可被停止近習内奏・女房口入事、

(二)一 近習男女於 奏達者、雖恐時議、以私会釈請取事、

(三)一 任官・叙位等、以女房被伝仰伝 奏・職事条、一切可被停止事、

以上堅可被守延慶法、

㊃一　諸人或号闕所、或称無主、掠賜他人知行地事、向後一切可被停止、若不拘此制(法脱カ)者、可被断朝恩之望、
㊄一　諸司領并諸庄園興行勅裁事、無左右不可被下之、
㊅一　屋地并負物事、別当未補之時、於文殿可有其沙汰、
㊆一(裏書アリ)　勅問文書事、送年月之間、為訴人有其愁欤、於向後者、廿个日可(中脱カ)申所存、已上、

（①〜⑧および㊀〜㊆の番号は筆者が便宜的に付したもの）

こちらは、同年一〇月に入って、中原師茂以下の外記・法家等に対して下された「雑訴条々」で、先の評定目録とは異なり、事書の形式でととのえられている（但し、『後愚昧記』は冒頭の「雑訴法事」を欠落させている反面、『吉田家日次記』に欠く「任官・叙位等」の条をかきとめている）。「応安四年御定書」と『後愚昧記』との記事を比較すれば、仙洞評定での衆議の結論が実際の法規定としての事書に編成された様子がよくわかる。その意味でもこの二つの史料は大変貴重なものといえるが、ここではまず第一に「南北朝時代に於ける公家法の實状の一端を示す好個の史料(7)」である点に注目したい。この法は当時「応安法」と呼ばれた事実が知られ(8)、「暦応法(9)」（「暦応雑訴法」ともいう。暦応三年五月一四日制定。「仁和寺文書」及び国立歴史民俗博物館所蔵「制法」）とともに南北朝時代における重要な成文法であった。

ここでの主たる課題は、「応安法」の内容を検討することによって、後光厳院政の性格に迫ることであるが、その前に、「応安法」の法史的淵源をたどるうえで是非みておかねばならぬ史料がある。宮内庁書陵部所蔵「政道条々(10)」がそれであるが、いまだ活字化されていないとみうけられるし(新補注2)、今後の公家法研究のための基本史料だと考えられるので、以下

にその全文を掲げておく。

（端裏書）
「政道条々 文保元年院御治世（後伏見）」

条々

1 一、神宮伝　奏、可被定置其仁事、
2 一、祭主以下祠官等訴詔、閣奉行職事直付伝　奏可停止事、
3 一、諸社諸寺伝　奏、可被定置其仁事、
4 一、神宮以下諸社諸寺雑訴日来他人奉行事、可渡其寺社伝　奏事、弁官職事　奏事時急事之外〇面々可付其寺社伝　奏事、
5 一、神社仏寺甲乙人訴詔ホ、伝奏以下請取訴状者、急事外十箇日中可奏聞、兼又弁官職事奏事ホ不遁避之、不顧機嫌相逢可　奏聞事、
6 一、毎日伝　奏当番之仁、先可　奏、於非番之輩者、依参仕遅速可　奏聞事、
7 一、弁官職事　奏事、同可依参仕遅速事、
8 一、毎日伝奏已下一人　奏事、不可過十箇条事、
9 一、毎日御身固出御、可被定刻限事、巳刻

10 一、奏事、可被定刻限事、巳午刻

11 一、弁官職事付　奏事於伝　奏時、他人不可交座事、

12 一、弁官職事着宿衣布衣　奏聞、官蔵人方公事可被停止事、

13 一、被聞食　奏事時、可被退女房事、

14 一、評定毎月六箇度、式日其衆雖無催促各可皆参、所労故障時、可相触奉行人、延引時又奉行人可相触其衆事、
可被定刻限事巳刻
細砕事ホ雖不及文書廻覧、又雖無出御、其衆少々参会加了見、可申所存事、

15 一、勅問事、十箇日中可申所存事、

16 一、廻覧文書相副案文者、三ヶ日中可返遣奉行人事、

17 一、諸社諸寺諸院宮以下并使庁成敗事、
訴詔出来時、雖被尋下子細、無左右不可有　勅裁事、

18 一、評定文殿勘決、雖被究渕底、猶為無訴人疑、可置起請事、

19 一、雑訴漏脱堅可被誡事、

20 一、近習男女於　奏達者、雖恐時宜以私会釈請取訴詔条、可停止事、

21 一、任官叙位雑訴ホ、可停止近習内　奏女房口入事、若不拘此制禁者、雖為理訴永可被停止訴詔事、

22 一、任官叙位ホ、以女房被伝仰職事条、可被停止事、

23 一、官禄依稽古勤節可有沙汰事、

24 一、長日不動護摩、毎月北斗法供料已下、奉行人厳蜜可申沙汰事、

（1～24の番号は筆者が便宜的に付けたもの）

「政道条々」二四ヶ条の内容を概括すれば、伝奏や「弁官・職事の奏事の方式、評定や文殿の訴訟手続きをこまかく定め、女房の口入を厳禁して公正な裁判の振興を強調し(11)」、任官・叙位の際の不正行為をいましめたもの、といえよう。またその成立時点については、端裏書の文保元年を採用することに異論はないようである。以下、本節ではこの法を「文保法」と略称することにしたい。

さて当面の問題は「応安法」がどのような先行法を継承し、また新しい面を持っているかについての検討である。まず「応安法」の第一条「雑訴法事」が「暦応法」の規定を再確認したものであることは評定目録に明記されている。「応安法」と「文保法」との関係では、「応安法」の第二、第三、第四条が「文保法」の第一一、第二〇、第二二条を各々踏襲している事実が知られる。また「応安法」第八条の勅問についての規定が「文保法」第一五条を改正した条項であることも明瞭である。

ここで「延慶法」なるものの存在については一考を要するであろう。「応安法」第二～四条の諮問に対する議定衆の奉答、「同申云、以上堅可被守延慶法」の文言から、「延慶法」の存在が知られる。「延慶法」の法文は現存しないが、その名称から推せば、伏見上皇の延慶年間に成立したと考えるのが妥当であろう(新補注3)。同上皇が親政時代の正応六年に記録所庭中を開設し、雑訴沙汰を整備するなど（『勘仲記』正応六年六月一日条）、政道の興行に殊に意を用いた事実を考慮すれば、同上皇が「延慶法」と呼ばれる法を残したと考えても不自然ではない。そのように考えるならば、「文保法」以前

に「延慶法」が成立し、「文保法」の第二〇〜二二条は「延慶法」からの継承条項であることがわかる。[12][新補注4]

以上のことをふまえれば、「応安法」の規定のうち、後光厳院政が独自に打ち出したのは第五、六、七の各条だと考えられ、なかでも、後光厳院政の体制的な性格を窺ううえで検討に値するのは第六、七条だと思われる。両条は同院政の運営の内実を最も集約的にあらわしていると言ってよい。以下で検討してみたい。

第六条について。結論的に言って、この条は公家の所轄権の限定性について規定したものである。内容は「諸司領并諸庄園」の「興行」[13]に関して「無左右」く「勅裁」を下してはならないこと、つまり、王朝を構成する諸官衙の領地や諸荘園における所領・所職をめぐる訴訟（領有権の固定化を意味する点において所領安堵も含めてよい）は公家側で即座に裁許を下すことをしない、というもの。この規定はおそらく、勅裁を施行する幕府の立場を尊重し、また勅裁が「武家執奏」によってくつがえるという事態を回避するためにも、かかる訴訟の処理には慎重を期そうという考えから生まれたものであろう。しかしそれはあくまでたてまえであって、本音は、難しい訴訟の処理は幕府に委ねてしまおうという点にあったと思われる。公家の裁許と幕府の施行との関係や「武家執奏」の実態などを通じて公武関係を考察することは第四章にゆずるが、後光厳院政期についてみても、裁許や安堵の院宣は幕府の手によって実効性を与えられている（具体的には後述）。本来公家の所轄事項であったことがらが、幕府の裁許機構によって取り扱われるという事態はいまにはじまったことではない。しかしこの一ヶ条の意味は、そのような実情を正面からうけとめ、幕府が「諸司領并諸庄園興行」に対して積極的に関与することに道を開いたところに認めるべきであろう。ちなみに前掲の「文保法」第一七条が勅裁の下付に一種のクレームを付す法としての嚆矢である点に着目すれば、それが本条の法史的淵源となったであろうことも推測できよう。文保元年と応安四年との間には五四年という時間的懸隔があり、また時代の様相も異なっていたが、こと訴訟処理をめぐる公武関係においては似かよった状況が存在したことは注意される。

続いて第七条について。この条は、検非違使別当が未補の時、「屋地并質物」についての案件はこれを文殿で取り扱うことができるというもの。この条の意義を論ずる前提として、次の二つのことをあらかじめ考えておかねばならない。第一に、本来使庁の所轄に属していた「屋地并質物」のことを文殿が取り扱った事実は以前になかったか否か。第二には、なにゆえ「別当未補」の事態が生じたのか。まず第一の問題については次の事例を参考としたい。

㈠ 貞治元年一一月二九日、四条宰相隆右雑掌が越訴していた「二条町地」について沙汰が出された。この訴訟の過程は述べる必要がないので省略するが、注目すべきはこの地について「暦応文殿注進」「貞和文殿注進」が存在したことである。つまり当該一件はすでに暦応・貞和の頃、文殿によって評議されていた。貞治元年の越訴も使庁ではなく、文殿と同性格の記録所において受理されたことも注意される（『師守記』貞治元年一一月二九日、一二月一八日、一二月二九日、同二年閏正月七日、二月二九日などの各条）。

㈡ 山門児童虎松丸が提訴した「左女牛烏丸屋」についての訴訟が、貞治元～三年にかけて記録所庭中において取り扱われていること（『師守記』貞治元年一一月一六日、一八日、一二月二三日、同三年三月六日、六月六日などの各条）。

㈢ 四座下部（使庁の下級職員）の宿老と中臈とが争う紺年預得分についての訴訟が貞治元年一一月一二日、記録所にもちこまれた。先の雑訴沙汰において記録所に審理させることがきまったからであるが、そのことを命じた、記録所開闔小槻量実（かずみ）あての綸旨は次のようなものであった。

四座下部相論紺年預得分事、道志明宣状副両方申詞献之、於記録所勘決是非、可被注進之由、被仰下候也、仍執達如件、

（貞治元年）
十一月十二日　　　　　　　　　　　右中弁行知（平）
大夫史殿　量実

文面にみえるように、使庁官人坂上明宣状とともに訴論人の申詞も送付された。当該件は同年一一月二二日、記録所庭中の日に双方が対決、記録所寄人たちは「宿老毎年管領無子細歟」なる結論を出したので、その旨を上申する注進状がまもなく作成された。かくして、この注進状をうけて翌一二月も下旬になって綸旨が下され、さらに使別当四条隆家はこの綸旨にもとずいて官人坂上明宣に対して執行を命じた（『師守記』貞治元年一一月一二日、一四日、一六日、二二日、二六日、二七日、二八日、一二月二一日などの各条）。この紺年預得分についての訴訟では、その提訴の時点で使別当がまさに「未補」(14)であったこともみのがせない。

これらの事例によってみれば、すでに応安四年以前に「屋地」や「紺年預得分」についての訴訟を文殿で扱ったことが知られる。「質物」については直接の明証を得ないが、「紺年預得分」に準じて考えることが許されるならば、応安四年の法規定は既往の文殿・記録所の使庁とのかかわりをふまえて、それを合法化・成文化したものといえよう。その目的とするのは、「京都地事、公家御計也」（『後愚昧記』永徳元年八月一二日条）という基本方針に立つ幕府のもとで、使庁の機能の衰退を文殿によって代替させることであったろう。

次にいま一つの点、別当の「未補」の問題について考えよう。そのためにはまず、柳原忠光が別当を辞した応安元年七月一六日より、万里小路嗣房が後任として補された応安七年一二月一三日までの五年あまりの期間、別当の存在を全く認めることができない事実を確認しておこう。この間、検非違使別当宣など使庁関係の発給文書をみいだせないことも、別当「未補」の状況を推察させる。応安四年に上述のような規定がことさらに明文化された背景にはそのような事情があったとみられる。では何故、別当「未補」の状態が続いたのであろうか。その理由はいくつかが考えられようが、南都・北嶺の嗷訴に伴う洛中の政治的混乱が大きな影をおとしているようである。(15)

以上のことがらをふまえるならば、「応安法」の性格について、まず訴訟手続きの面では光厳院政下で大成した雑訴法の遵守を確認し、一方任官・叙位・雑訴における不正行為の停止については文保元年後伏見院政下でも持ち出された「延慶法」の規定をふまえ、さらに応安四年当時の訴訟管轄をめぐる新しい事態に対処するための事項をも含めた法規定を行うことによって、政道の興行をはかったものである、と概括することができるであろう。

これまで後光厳院政の運営上の重要な規範たる「応安法」の検討をとおして、同院政の性格について考えてみた。では同院政の実態はどうか。この点については、同院政の足跡たる後光厳上皇院宣の収集・分析をとおして考えるのが最も妥当な方法であろう。後光厳上皇の院政は短期間であるため残存する同上皇院宣もさほど多くはない。いま現段階において管見に及んだものを一覧表にまとめ、左に掲出しておく。

後光厳上皇院宣一覧

	年月日	奉者	宛所	内容	出典
1	(応安4)5・17	権右少弁(坊城)俊任	八幡検校法印(梁清)	石清水八幡宮造営事ニ依リ、社務梁清ヲ仙洞ニ召ス、	石清水造営遷宮記
2	応安4・6・1	権中納言(柳原忠光)	三宝院僧正(光済)	三宝院光済ヲシテ、仙洞御新所越前国河北荘半分ヲ知行セシム	三宝院文書
3	応安4・6・9	〃	佐首座禅室	西京宇多院田ヲ臨川寺三会院ニ寄ス	臨川寺重書案文

4	「応安4」6・9	忠光	最勝光院執行	召次幸乙ノ衣服ニツキ仰ストコロアリ	東寺百合文書
5	「応安4」7・5	権右少弁俊任	八幡検校法印	石清水八幡宮外殿御躰並ビニ御正躰等ヲ、悉ク明暁若宮宝殿ニ遷座シ奉ルベキコトヲ命ズ	石清水造営遷宮記
6	(応安4)7・7	右少弁俊任	〃	社家ヲシテ、官使供給ヲ沙汰セシム	〃
7	「応安4」7・8	権右少弁俊任	大夫史	官使ヲ下シテ外殿ヲ実検セシム	〃
8	「応安4」8・4	(広橋)左少弁仲光	民部大輔	西園寺実俊ヲシテ、旨ヲ幕府ニ伝ヘ、松田貞秀ノ左京職領梅小路用水ヲ違乱スルヲ停メシム	京都御所東山御文庫記録
9	応安4・8・23	(柳原忠光)権中納言	大政僧都	□楽院門跡領山城国粟□(田荘内カ)池田一町ヲ寄進スルコトヲ聴シ、コレヲ座主宮ニ伝ヘシム	葛川明王院文書
10	(応安4)10・3	権中納言忠光	(中原師茂)四位大外記	雑訴ノ事、暦応法ヲ守ルベキコトヲ存知セシム	後愚昧記
11	(〃カ)	(〃カ)	〃	雑訴条々一通ヲ示シ、存知セシム	〃
12	「応安3(4カ)」10・5	(万里小路)参議嗣房	蔵人権右少弁(坊城俊任)	坊城俊任ヲシテ、在京職散在巷所梅小路以下ノ用水ヲ安堵セシム	京都御所東山御文庫記録
13	(応安4)11・2	忠光	冷泉大副(兼凞)	冷泉兼凞ヲシテ、神祇官ハ神殿仮殿タルモ由奉幣ヲ発スベキカニツキ注進セシム	吉田家日次記
14	(応安4)11・13	左少弁仲光	伯三位	御即位由奉幣ヲ発遣スルニツキ、使者以下ヲ申沙汰セシム	〃
15	(応安4)11・19	〃	内蔵権頭(兼凞)	由奉幣使ハ上首下臈ニ依ラズ、器用ノ者ヲ充ツベキコトヲ存知セシム	〃

16	応安4・11・25	按察使（万里小路仲房）	三宝院僧正（光済）	尾張国草部・益田両郷ヲ同国々衙ニ付シ、三宝院光済ヲシテ、之ヲ管領セシム	醍醐寺文書
17	（応安4カ）11・27	左少弁仲光	民部大輔	西園寺実俊ヲシテ、旨ヲ幕府ニ伝ヘ、播磨国田原荘有田亀寿丸・黒坂左衛門尉資行ノ濫妨ヲ停メシム	九条家文書
18	（応安4）12・5	（中御門）左中弁宣方	〃	一乗院実玄・大乗院教信、門跡管領ヲ停メラルゝ西園寺実俊ヲシテ旨ヲ幕府ニ伝ヘ、神木帰座ヲ計ラシム	吉田家日次記
19	（応安4）12・6	権中納言忠光	勘解由次官（時盛）	一乗院門主停廃サル、ヨリテ入室沙汰アルベキコトヲ近衛道嗣ニ申シ入レシム	〃
20	（応安4）12・29	左大弁嗣房	㝡勝光院執行	寄検非違使俸禄料所近江国檜物荘ヲ東寺ニ返付セシム	東寺百合文書
21	「応安5」1・20	権中納言忠光	興福寺別当僧正（顕遍）	興福寺別当顕遍ヲシテ、大和国金力名及ビ福井荘ヲ修南院ニ返付ノコトヲ学侶・六方衆徒ニ下知セシム	一乗院文書
22	（応安5）2・6	忠光	安芸法眼	延暦寺衆徒ノ請ニ依リ、前梶井宮承胤法親王ヲ同門跡ニ還住セシム	愚管記
23	（応安5）4・5	権中納言忠光	前宮内卿	二条師良ヲシテ、大和国長田荘ヲ唯識論転読料所トシテ、興福寺東北院ニ管領セシム	岩橋小弥太氏所蔵文書
24	応安5・8・3	権中納言	持地院長老上人	山城国持地院々主ヲシテ、同院領同国小六条敷地ヲ安堵セシム	鹿王院文書
25	応安5・8・29	〃	（久我具通）中院大納言	久我具通ヲシテ、同家領山城国久我荘等ノ管領ヲ全クセシム	久我家文書
26	「応安5」9・16	参議嗣房	長福寺長老上人	大覚寺宮雑掌ノ山城国長福寺領美濃国稲口荘ヲ違乱スルコトヲ停メ同寺ヲシテ其ノ管領ヲ全クセシム	長福寺文書
27	応安5・9・22	権中納言	興福寺別当僧正（顕遍）	興福寺別当顕遍ヲシテ、春日社二季祭礼御戸開料所山城国葛原新荘菊末・貞宗両名ヲ安堵セシム	東寺百合文書

28	(応安5)10・10	権中納言忠光	民部大輔	幕府ノ日吉社神輿造替諸国段銭ヲ三社領・三代御起請地ニ課スルコトヲ許ス	花営三代記
29	(応安5・10・25)	院司蔵人頭右(園)中将基光	(賀茂社)	是ヨリ先、賀茂社、貴布祢社ト地堺ヲ争ヒ、北朝ニ訴フ、是日、其ノ地ヲ賀茂社ニ付セシム	続史愚抄
30	「応安5」12・2	(万里小路)按察使仲房	西園寺(実俊)	西園寺実俊ヲシテ、旨ヲ幕府ニ伝ヘ、垣見宗源等ノ飛驒国江名子・松橋両郷等ヲ押妨スルヲ停メシム	山科家古文書
31	「応安5」12・17	権中納言忠光	民部大輔	西園寺実俊ヲシテ、旨ヲ幕府ニ伝ヘ、塩屋入道某等ノ春日社領山城国葛原新荘菊末・貞宗両名ヲ濫妨スルヲ停メシム	東寺百合文書
32	(応安5カ)12・24	〃	中院(親光)大納言	中院親光ヲシテ、同雑掌某ノ京都三条町地及ビ六条烏丸敷地ヲ違乱スルヲ停メ、管領ヲ全クセシム	久我家文書
33	(応安5)12・29	権中納言忠光	民部大輔	西園寺実俊ヲシテ、実玄禅師ノコトニツキ、僉宣旨ヲ下サルルコトヲ幕府ニ伝ヘシム	寺訴引付日記
34	応安6・2・22	権中納言	内大臣僧都	妙法院門跡ノ訴ニヨリ、近江国仰木荘ヲ青蓮院門跡ヨリ召返シ、元ノ如ク妙法院門跡ヲシテ相伝領掌セシム	妙法院文書
35	応安6・2・23	(万里小路仲房)按察使	(勧修寺経重)左兵衛権佐	勧修寺経顕ノ譲ニ任セテ、播磨国桑原荘・備前国和気荘・但馬国射添荘・北小路南屋地ヲ管領スベキコトヲ藤原氏女(阿賀)ニ伝ヘシム	岡山県立博物館所蔵文書(補註)
36	応安6・5・9	参議嗣房	(正)性通上人	東大寺八幡宮修理料所トシテ、和泉国堺浦泊船目銭ヲ三ケ年ニ限リソノ足ニ付シ、成功ヲ終ハラシム	東大寺文書
37	(応安6)5・16	左中弁宣方	祭主(大中臣忠直)	神祇権大副大中臣忠直ヲシテ造伊勢豊受大神宮使トナス、宣下未到ノ間、コノコトヲ存知セシム	外宮応安遷宮記
38	応安6・6・3	権中納言忠光	(中原師茂)四位大外記	外記下﨟ト法曹上首トノ勧盃献酬ノ前後ハ、ソノ位階ニ依ルベキコトヲ定ム	愚管記
39	応安6・8・3	勘解由小路中納言(兼綱)在判	虎山上人	虎山ニ播磨国寺田村ノ知行ヲ安堵セシム	大徳寺文書

40	応安6・10・21	按察使（万里小路仲房）	施薬院使	施薬院使某ヲシテ、勝蓮花院領三河国宇利本荘ヲ知行セシム	尊経閣古文書纂
41	（応安6）後10・10	権中納言忠光	臨川寺長老上人	若狭国東口御服所関ヲシテ、臨川寺領加賀国大野荘・若狭国耳西郷半分年貢米ヲ勘過セシム	天龍寺文書
42	（応安6）後10・11	右少弁（坊城俊任カ）	祭主神祇権大副（大中臣忠直）	造外宮木造始料材ノ事ニツキ仰ストコロアリ	外宮応安遷宮記
43	「応安6」11・20	左中弁宣方	西大寺長老興泉上人	長門二宮社ノ同国々分寺領ニ違乱スルヲ停メ西大寺ヲシテ管領セシム	正閏史料
44	「応安6」11・23	（万里小路）仲房	三宝院僧正（光済）	東寺伝法会学頭兼長者全海、未ダ拝堂セザルヲ以テ、同寺秋季伝法会談義ヲ其ノ外院ニテ始行セシム	東寺百合文書
45	「応安6」12・9	権中納言忠光	水無瀬法印	摂津国水無瀬・井内両荘ノ造住吉社段米ヲ免除セシム	水無瀬宮文書
46	応安6・12・21	〃	興福寺権別当僧正	興福寺権別当・法雲院権僧正実遍ヲ別当ニ補ス	興福寺三綱補任
47	（応安6）12・29	〃	松洞院僧正	松洞院権僧正印覚ヲ興福寺権別当ニ補ス	〃
48	（応安7）1・3	（中御門宣方）左中弁	（中原師茂）四位大外記	小倉実遠・土御門保光・三条実冬ヲ去年朔旦叙位簿ニ書キ入ルベキコトヲ内記局ニ伝ヘ仰サシム	後愚昧記
49	応安7・1・10	権中納言	長者僧正	北朝、宝荘厳院執務、近江国三村荘内島郷等ヲ東寺ニ還付セシム	東寺百合文書

一覧表に掲出したのは、応安四年五月一七日付（「石清水造営遷宮記」）より応安七年正月一〇日付（「東寺百合文書」）まで都合四九通である。博捜すればもっと検出されることはいうまでもないが、いまはひとまずこれをもとに検討したい。[16]

ちなみに4・13・22・44の四通は厳密にいえば伝奏奉書であるが、伝奏奉書はこの場合広く院宣の中に含まれるので、それらを別扱いしなかった。

まず院宣の書式と奉者についてみれば、書下年号の事例は全体の三割にすぎず、また奉者としては万里小路仲房・同嗣房・中御門宣方[17]・坊城俊任（以上勧修寺流）、柳原忠光・広橋兼綱・同仲光[18]（以上日野流）、園基光の八名が検出される。無年号の文書が書下年号の文書に比べて略式であり、本来的に私文書の系譜をひくこと、上記八名の奉者はいずれも後光厳上皇の院庁の職員＝院司に補された面々であること（同院の院司については後述）、などは、同院政の性格を考える上で注意される。

次に院宣の内容についてみれば、所領の付与や安堵、所領・用水に対する濫妨行為の停止、段米徴収の免除、寺官職の補任など多岐に亘っていることが知られる。各々の勅裁の効力の程はともかくとして、それらの事項はまがりなりにも北朝の所轄範囲内に残っていたことを指摘しておこう。

後光厳院政と室町幕府とのかかわりについては次章において詳述することにしたいが、院宣の問題に限って略述すれば、同上皇の院宣のなかで幕府の力による強制執行を要する案件、たとえば濫妨行為の停止や春日神人の嗷訴への対処などについては、武家執奏西園寺家を通して幕府に伝達された。濫妨停止の場合、幕府の管領細川頼之は綸旨をうけると、幕府側からは施行状を発してこれを当該国の守護に執行させた[19]。勅裁が武家の機構をとおすことによって執行された事実は当時の公武関係の核心をなすものである。また所領安堵の場合は強制執行を要することはないが、院宣の効力を伴わせるため、管領の施行状や一見状を獲得することがふつうに行われた[20]。

種々の制約のもとで、政道の興行に意欲をもやした後光厳上皇の政務運営を壟断したのは興福寺衆徒の嗷訴であった。先述の「応安法」制定後二ヶ月あまりのちの応安四年一二月二日、興福寺衆徒は大乗院門主教信・一乗院門主実玄の悪行をあげつらい、神木を奉じて入京、両人の罷免をせまったのである。この事件のいきさつについては「吉田家日次記」に詳しいがここでは立ち入らない。この嗷訴は「耽一乗院之賄賂、奉掠公家・武家」（「吉田家日次記」応安四年一二月一八日条）ったという理由で、時の権勢僧、光済・宋縁両僧正[21]の遠流を求めるところまで発展した。後光厳上皇の政務運営に最も直接的な支障を及ぼしたのは、神木の在洛にかかわらず一日も早く後円融天皇の即位式を挙行しようとする同上皇の意をうけた執権柳原忠光・左少弁広橋仲光、それに左大弁万里小路嗣房・左中弁中御門宣方らの活動が衆徒の怒りにふれて、放氏されたことである。この四人の院司は同上皇の信頼あつき有能な側近であったため、その放氏処分は同院政の手足をうばうに等しい致命的な痛手であった。

春日神木の在洛は後光厳上皇の院政にとって実に大きな障害となった。応安四年一一月二二日に挙行予定の即位式は延引の余儀なきに至り、ついには同上皇存命中には実現しなかったのである。神木は同上皇没後[23]の応安七年一二月一七日まであしかけ四年に亘って在洛した（『古今最要抄』に「四ケ年御在洛、今度始也」とみゆ）。この神木帰坐を待ちうけて同二八日に後円融天皇は即位式をあげた。同天皇の践祚後、実に三年九ヶ月の歳月が経過していたのである。後光厳院政が本来の展開を遂げえなかった一つの大きな理由は長期に亘るこの春日神木の在洛であったとみてよい。

三　院政の機構と陣容

南北朝期の日記のうち、特に重要なものとしては『園太暦』・『師守記』・『愚管記』・『後愚昧記』があげられよう。これらを時期的にみれば、前二者は主として南北朝前半期、後二者は南北朝後半期の研究のための基本史料といえる。『園太暦』と『師守記』とは、その記主が公家社会の二つのちがった階層に位置したため、両日記の記事を併用することによって歴史事実を複眼的にとらえることを可能にする。一方、『愚管記』と『後愚昧記』はともに上級貴族の日記であるため記事内容が一面的である点は否めない。このため、南北朝後半期の歴史事実を日記によって究明するにはおのずから限界があるといわねばなるまい。しかしこの二つの日記が公家政権の内実を窺うための基本史料たる点はいささかもかわらない。以下、主としてこの二つの日記によって、後光厳院政がどのような機構によって運営され、またどのような人々がこれを担ったか、について考えてみたい。

1　評定・雑訴沙汰

北朝の最高議決機関をふつう親政の場合に議定、院政の場合に評定というが、後光厳院政下では両呼称の区別が史料上必ずしも厳密になされていない。『師守記』応安四年閏三月二八日条によれば、同年三月に院政を開始した後光厳上皇はこの日「議定始」（『愚管記』・『後愚昧記』同日条では「評定始」と表記されている）と「文殿始」とを行った。これが同院政下での評定関係記事の初見である。同上皇は同年五月一九日、殿上において「石清水造営事」五ヶ条についての御前評定を行った。このときの会議における参加者は、

二条良基（大殿）・三条実継（前内大臣）・洞院実守（大納言）・三条実音（大宰権帥・権大納言）・久我具通（権大納言）・柳原忠光（権中納言）・中院通氏（権中納言）・三条公時（宰相中将）・万里小路嗣房（左大弁宰相）

以上九名の公卿。その他職事蔵人・権右少弁坊城俊任が奉行として、清原宗季が召しによって参加した(24)。上記の二条良基以下万里小路嗣房までの九名は後光厳院政下の評定衆とみてよい。また前述した、応安四年九月二六日評定目録の署名者五名も評定衆と考えられるので、上記九名のほかに、近衛道嗣（前関白）・勧修寺経顕（前内大臣）・万里小路仲房（前権大納言）の三名を追加することができる。総計一二名。後光厳院政下での評定関係史料のうち、その議事内容と参

加者を窺いうるものは極端に少なく、おそらく以上の二つに尽きるであろう。このため同院政下の評定については不明な点が多いが、その議事内容が政道興行のための立法や石清水八幡宮の造営といった国政レベルの重要事案であったことを考慮すれば、評定の基本的性格についての理解は容易に得られよう。

次に雑訴沙汰についてみよう。関係の所見は少ない。『愚管記』応安四年八月六日、同五年六月一六日、七月二六日条などに雑訴沙汰の開催をかきとめているので、後光厳院政にあっても毎月六の日を雑訴沙汰日にあてていたことは確実である。後光厳院政の雑訴沙汰を窺ううえで注目に値するのは、『愚管記』応安六年一二月一一、一三日条の、次の記事である。

（一一日）　八幡祠官訴陳一結、被相副勅書被下之、社務(平等王院)曾清非拠条々、常清(田中)以下七八人連署訴申之、此事以二問二答之訴陳、可為何様哉之由、被仰合武家之処、可為聖断申之、返進文書之間、雑訴之次、被経御沙汰之処、群議大略曾清科坐難遁之由申之、然而宗廟重事、無左右難被一決之間、被相尋関白(二条師良)之処、聊申所存云々、可為何様哉可計申之由被仰下、閑加一見可申入所存之由、令申入御返事了、

（一三日）　八幡祠官訴陳文書、相副申詞、以仲光令返進了、

この記事の内容は、石清水八幡社務曾清と常清以下との間の相論について、後光厳上皇が訴陳文書一結を前関白近衛道嗣に示して、その意見を徴したもの、つまり勅問である。訴訟の進行過程において注目されるのは次の三点である。第一に、まず公家において（文殿であろう）「二問二答」の訴陳をとげたのち（「二問二答」は公家の伝統的な訴陳の方式）、関係文書を幕府に示し、幕府の裁断を仰ごうとしていること。第二に、幕府は「可為聖断」として、一件を公家側に差し戻したこと。第三に、公家ではこの件を雑訴沙汰にて評議し、衆議は曾清の咎を認めることでおおよその一致をみたが、

「宗廟重事」たるにより「無左右難一決」として、関白二条師良や前関白近衛道嗣の意見が徴されていること。これらの諸点を総合すれば、幕府の意向とはうらはらに、公家はその重事でさえも幕府に処置を委ねる傾向を強めてきており、反面、公家の訴訟機構は次第に有名無実化への道を歩み始めていること、そのため雑訴沙汰は本来の機能を果たしえず、特定公卿の個人的意見を重視せざるをえなくなったこと、などのことがらを推察することができるであろう。つまり訴訟制度の根幹を維持していた「群議」の原則が後退し、かわって諮問の形をとる「勅問」が重視されている点に、当時の北朝の裁許機構の性格を看取することができよう。

2 勅問

ではその勅問の実体について述べておこう。裁許権者たる治天の君が、訴訟その他の事柄の処置について、特定の公卿の意見を聴く勅問に関しては、前述のとおり、文保元年の成立と伝える「政道条々」および応安四年の院評定にかかる「応安四年御定書」の中に規定がみられる。いずれも勅答の日限を定めたもので、前者が一〇日間、後者は二〇日間となっている。後光厳院政下の勅問の実体は前関白近衛道嗣の日記『愚管記』によって詳しく窺うことができる。(25) それによると、勅問の内容は所領や神官職などをめぐる訴訟、神事関係の事柄などが中心となっており、意見の具申も二〜六日という迅速さでなされている。

勅問と雑訴沙汰との関係については、先にみた八幡祠官の訴訟にかかる『愚管記』応安六年一二月一一日条の記事によってもその一端を窺うことができたが、さらに『後愚昧記』(内閣文庫所蔵本) 応安七年六月三日条の記事に即してみておこう (時期的には後円融天皇の親政下)。

和州等安堵事、既披露哉之由、相尋仲光(広橋)之処、返事云、此事可逢雑訴之処、雑訴未被始行之、仍任傍例可為 勅問

之旨被仰下之云々、（下略）

「和州等安堵事」とは、同日記の記主三条公忠が同年五月二〇日、家領和泉国草部荘・紀伊国方久井浦・安戸荘等についての「安堵綸旨」を獲得するため、「相伝次第事書并具書手継等文等」をそえて蔵人左少弁・広橋仲光に付し、その手続きをとったことを意味している（同記、応安七年五月二〇日条）。申状を提出して一二日後の六月三日、公忠は申請が受理されたか否かについて仲光に問いあわせた。先掲記事はその問答について記したものである。この記事によって、「安堵綸旨」は雑訴沙汰の議を経て下付されるのが通例であったこと、当時まだ雑訴沙汰が開催されておらず、そのために傍例に任せて勅問の方式を経ることによって処置しようとしていること、が知られる。つまり雑訴沙汰が停廃の危機に瀕したことにより、勅問がこれに代替して、しかも「傍例」とまで称されるに至っているのであるから、公家訴訟における合議制は閉却に近い実情にあったであろうことは推測に難くない。いわば、このような公家訴訟制度の変質と簡略化は公家の所轄権およびその範囲の縮小化という歴史的な趨勢に対応する現象であった。

3　文　殿

後光厳院政約三年の間、文殿の活動を知るための史料は極端に少ない。応安四年後三月二八日、院庁では評定始に続けて文殿始がとり行われた（『後愚昧記』・『師守記』など）。これが同院政下での文殿関係記事の初見である。勧盃の順序をめぐって「官外記輩」と「法曹輩」との間で紛糾したのはこのときである。その内容はさておき、この時の文殿始に関する『花営三代記』・『後愚昧記』・『愚管記』の記事を総合すれば、当時文殿衆としての明証ある者では、

中原師茂（四位大外記）・中原師連（前大外記）・中原章世（明法博士）・清原宗季（大外記）・坂上明宗（大判事）・小槻兼治（左大史）・小槻光夏

らが知られる。また清原良賢は応安六年に補任された(『愚管記』応安六年九月一六日条)。以上八名の文殿衆のうち新任の清原良賢を除いて、他は全員後光厳親政下で記録所寄人に任じられた者たちである。

文殿の活動状況については、たとえば『師守記』のごとき実際の担当者の手になる日記などが残っておらず、また文殿の評議の具体例としての注進状(文殿勘状)も一通たりともみいだせないので、これを全く窺い知ることができない。このことはもちろん史料の残存のぐあいにも起因するであろうが、やはり基本的には文殿自体がほとんど活動しなかったためではあるまいか。

先にみた応安四年九月の評定にかかる「応安法」のなかに収められた、

一、屋地并負物事、別当未補之時、於文殿可有其沙汰、

なる一条が当該期の文殿の所轄を知るための唯一の史料所見といえる。この規定は、本来検非違使庁の所轄事項であった「屋地并負物」についての訴訟を、使別当の「未補」の時に限って、文殿においてとりおこなうというものであるが、使庁はもとより、文殿の機能の変質を明示した条項だといえよう。このようにして、文殿は広く公家政権下の雑訴の審議機関たる往時の性格を漸次喪失してゆき、ついには文殿始という儀式の形でその痕跡をとどめるにすぎなくなってゆく。(26)

4 人的構成の特徴

雑訴沙汰を運営するのは主として伝奏であり、光厳院政の場合、伝奏の評定・奏事・奉行という三拍子そろった活躍ぶりはすでに述べたところである。(27) 光厳院政下では一一名の伝奏が検出され、院宣はほとんどすべてといってよいほどこの一一名の伝奏によって奉じられた。伝奏が院政の人的中枢である所以である。では後光厳院政下ではどうであろう

か。当該期の伝奏についての所見は乏少であるが、記録類や文書における所見を拾い上げれば、
　柳原忠光（執権・権中納言）・同兼綱（前権中納言）・万里小路仲房（前権大納言）・同嗣房（参議）・葉室長顕（前権中納言）
の五名を掲出できる。[28]これらの伝奏たちが院宣のほとんどを奉じている点は光厳院政の場合と同じであるが、陣容の小規模性は否定できないであろう。五人の伝奏を出身家門別にみれば、勧修寺流と日野流とがほぼ相半ばしている。要するに、後光厳院政下の伝奏の構成上の特徴は、縮小化しつつも光厳院政の制度的わくぐみを維持し、さらに勧修寺流と日野流を中心として構成された後光厳親政下の伝奏の出身家門上の特色を継承した点に認めることができよう。[29]

一方、弁官・職事も雑訴沙汰に参加することができた。[30]管見に及んだ院宣の実例に即してみれば、坊城俊任（蔵人・権右少弁）・中御門宣方（左中弁）・園基光（頭右中将）・広橋仲光（蔵人・左少弁）が検出されるが、弁官・職事の活動ぶりも光厳院政の場合と異なるところはない。

評定衆の顔ぶれについてはすでに述べた。関係の史料所見が乏少であるため、これで全員なのか、各人がどれほどの実質的な活動をなしたか、などの点は不明のままであるが、判明した一二名についていえば、評定衆の構成は二条良基・近衛基嗣らを筆頭に、久我・洞院・三条・中院の各家の出身者、それに勧修寺流と日野流の出身者が加わるという形をとっている。全体的にみて、評定衆のなかで勧修寺流・日野流の占める割合がやや低くなっている。

後光厳院政を担った廷臣の構成上の特徴を考えるとき、院庁の職員としての院司のポストとの関係をみおとすことはできない。同上皇の院司はすこぶる多い。[31]伝奏や評定衆など院政の中枢の担い手と院司との関係についてみれば、光厳院政の場合、その伝奏・評定衆のうち院司であった者は「執事洞院前右大臣家（公賢）」と「執権勧修寺前大納言家（経顕）」の二名にすぎなかったが、後光厳院政の場合、その伝奏・評定衆はもとより弁官・職事までそのほとんどが院司

となっている事実を知ることができる。[32] この現象は光厳院政にはみられなかったのであるから、後光厳院政の人的構成上の特徴とみなすことができよう。

ちなみにこの院司の構成との関係で、永徳二年四月、後円融院政下において室町将軍足利義満が武家として初めて、しかも院司の最上首たる執事に就任した事実もみのがすことができない。後円融院政において後光厳院政の場合のような構成を採用したか明証はないが、おそらくさほど異なるものでもなかったと思われる。この推定が許されるならば、足利義満は院司の最上首たる執事の地位につくことによって、院政の担い手たちに対する指揮権を制度的な意味において獲得したと考えてよいのではあるまいか。幕府による公家の権限の吸収過程をみるとき、永徳年間あたりを一つの重要な画期とする見解も出されているが、以上のべたことがらはこの見解を院政の制度的側面から支えるものといえよう。義満の子義持もまたこの方式を踏襲して、後小松上皇の執事となった。

四　おわりに

後光厳上皇は親政期における政治を行う上での制約をそのまま院政期に持ち越した。持明院統に伝領された皇室領のうち、長講堂領・法金剛院領・熱田社領・同別納など主要な荘園群は兄崇光上皇の管領するところであった。加うるに、譲位の際、崇光上皇の推す栄仁親王を退けて、緒仁親王を継体の君としたため、「本院（崇光）・新院（後光厳）たちまち御中あしくなりて、近習の臣下も心々に奉公ひきわかる」（『椿葉記』）こととなった。このことは王朝を代表し院政を主催する治天下としての後光厳上皇にとってはまことに不都合なことであり、院政の運営のうえにも大きくひびいたことはまちがいない。

本節では、特に同院政下における法規定の内容と同院政の機構・陣容の特質とをつうじて、同院政の性格について考えてみた。結論のみをいえば、同院政はやや小型化しつつも、光厳上皇以来の院政の伝統をうけつぐ（しかも法制定のうえでは伏見・後伏見院の遺産をうけつぐ）ものであること、伝奏などの人的中枢部を院司のわく内に編成したこと、訴訟処理についての公家の武家への依存態勢を従来以上に鮮明にしていること、などをその特徴として指摘することができよう。

後光厳上皇は応安七年正月八、九日頃より病を得た。病状は好転せず、ついに同二九日崩御（『洞院公定日記』）。この間、注目すべきは、崩御二日前の二七日、西園寺実俊・三条実継・万里小路仲房・柳原忠光、それに三宝院光済が加わり、「御治世事」につき評議、あわせて後光厳上皇の管領する所領を禁裏（後円融天皇）に譲与する旨の院宣を武家に成している事実である（『後愚昧記』同日条。『洞院公定日記』同二八日条にも関係記事がみられるが、そこには三条実継が「御置文」を書いたとも記されている）。この処置が危篤の同上皇自身の指示によったものかどうかは知れたものではない。おそらく上述の重臣らが治天下の地位や皇室領の伝領をめぐっての争いを避ける目的で、先手をうったものと解してよいであろう。そこには当時の王朝における重臣たちの役割とその王朝の背後に確固たる地位を占める幕府の立場とが象徴的に示されているといえよう。

註

（1）　権中納言柳原忠光は当時議定衆と伝奏とを兼任した後光厳天皇の近臣の一人で、他方三宝院僧正光済は東寺一長者の地位にいた。近衛道嗣の日記『愚管記』永和五年閏四月二二日条の、光済の円寂を記したくだりに「当時権勢公家・武家通達、富貴万福」とあるように、光済は公武に通じた当代随一の政僧であった。また忠光と光済とは、三条公忠の日記『後愚昧記』貞治六年九月一六日条に「忠光卿、三宝院僧正(光済)連枝也」とみえるように兄弟の関係にあった(『尊卑分脈』参照)。このとき幕府との交渉の任に柳原忠光がえらばれたのは光済とのこうした血縁関係によるところが大きかったと考えられる。

(2) この辺の事情については「後光厳院御記」に詳しくしるされている(『大日本史料』六編之三二)。

(3) 一四歳での着袴は極めて異例である。一一歳で着袴の儀をとりおこなった量仁親王(光厳天皇)の例が先例に違うものであったことは『花園天皇宸記』元亨三年一一月一七日条の記事によって知られるが、緒仁親王の場合はこの量仁親王の例をしのいでいる。

(4) 『愚管記』応安四年三月二五日条。

(5) 『愚管記』応安四年八月四日条。

(6) 「応安四年御定書」は巻子本仕立で、本文料紙は楮紙。この名称は端裏書などの文字によるものではなく、修補の際に付けられた便宜的名称である。この文書の成立について書陵部の『和漢図書分類目録』は南北朝写としているが、筆致・墨跡・紙質などからみて従うべき推定と思われる。従ってこの文書は評議当時をさほど下らない時期のものとみなすことができる。

一方、『吉田家日次記』応安四年九月二六日条にも同様の記事が掲せられているが(『大日本史料』六編之三四、二七九〜八〇頁)、これは「応安四年御定書」の第四条、「任官・叙位等」にかかる一ケ条を欠いている。「応安四年御定書」の冒頭は破損しており、ために第一条の文字は全くといってよいほど読みとれないが、ここは『吉田家日次記』の記事によって補うことができる。従って本節では、「応安四年御定書」の破損部分を補った評定目録を掲出した。ちなみに、このような法規定がその評議に参加した公家の日記以外に、個別の法書の形で書き写されている事実は当時の法の施行のされ方を考える上でみのがせない。

(7) 宮内庁書陵部編『図書寮典籍解題続歴史編』(昭和二六年刊)二一頁、「応安四年御定書」の解題。

(8) 『愚管記』永和二年閏七月二八日条。

(9) 「暦応法」のテキストの所在については、本章第一節註(8)参照。

(10) この文書は一巻の巻子仕立で、伏見宮本に属している。題簽に「政道条々文保元廿四ケ条」、表紙見返しに「政道条々文保元年院御治世 三枚」、本紙の端裏に「政道条々文保元年院御治世」と各々記されている。『図書寮典籍解題続歴史編』の解説(二一頁)によれば、「花園天皇の文保元年に於ける公家方の評定」にかかるものであること、「その成立は内容に月日の記載がなく、日時を推定し得る徴証はないが、是の年十一月一日禁裏で奏事及び評定始が行われてゐるから、或はこのときのものではなからうかと考へられる」こと、本文書は「鎌倉末期乃至吉野朝初期の書写であ」ること、などが指摘されている。

また網野善彦氏はこれらの規定について、文保元年九月の伏見上皇崩御ののち、政務を担当した後伏見上皇が意欲的な政治を行おうとした事実に着目して、このときに後伏見上皇が制定したものであろうと推定しておられる（同氏『蒙古襲来』、昭和四九年刊、三九八頁）。先の典籍解題の見解を別の角度から補強した意見だといえる。

(11) 網野氏『蒙古襲来』三九八頁。

(12) 「政道条々」を文保元年成立とみなす第一の根拠は端裏書の文字であることは前述のとおりである。従って「延慶法」と「政道条々」との内容面での直接的関連を端裏書の文字の信憑性よりも重視するならば、「延慶法」＝「政道条々」とみる考え方も全くできないわけではない。しかし一応、本節では端裏書を重視して、二つは別個のものとして扱うことにした。

(13) 「興行」の意味内容について、笠松宏至氏は「現にある状態が否定され、本来あった姿に『復古』させること」と解しておられる（日本思想大系22、『中世政治社会思想』下、四一二頁）。

(14) 延文四年四月二一日より別当に在任していた日野時光は康安元年七月某日にこれを辞した。後任の別当四条隆家が就任するのは貞治元年一一月一五日である（『公卿補任』、『師守記』貞治元年一一月一五日条）。

(15) 本書第三章第五節註（12）参照。ちなみに光厳院政以来の別当人事を通覧すれば、別当はふつう三位・中納言の官位にある公卿だということが知られる。また伝奏・評定衆という院政の重職とのかかわりをみれば、光厳院政下の貞和二年まではほぼ評定衆・伝奏の一人が就任するのが例であったが、貞和三年以降、観応三年より始まる後光厳親政下の貞治三年段階までは伝奏・評定衆を兼ねない別当が続き、貞治五年八月、柳原忠光が就任してのちは再び以前の形態に復している。別当と伝奏・評定衆の兼帯は政務運営上の一つの目的のもとになされたとみてよい。

(16) たとえば22の院宣は『愚管記』応安五年二月七日条に収載されたものであるが、同日記の記主近衛道嗣はこの文書を「院宣」と称した事実がある。同様に、天皇親政下の伝奏奉書は「綸旨」と称されることもあった（「東寺百合文書」マ・「東宝記」五・「東寺執行日記」二）。

(17) 中御門宣方は後光厳上皇院宣を奉ずる一方、「長福寺文書」（応安四年）後三月一三日一条経嗣御教書を奉じ（『大日本史料』六編之三四）、「東北院文書」応安五年六月一七日藤氏長者二条師良宣（『大日本史料』六編之三五）を奉ずるなど活動の跡を残している。

(18)『愚管記』応安四年五月一三日条によれば、広橋仲光は近衛道嗣の家司であったことが知られる。

(19) 旨を幕府に伝えて、その強制執行を要請した院宣の事例は8・17・18・28・30・31である。この場合、院宣は「可被仰遣武家」として、武家執奏西園寺実俊、あるいはその家司「民部大輔」にあてられる。院宣を受けた西園寺実俊は自らの「施行状」でもって幕府に伝達する、という手続きがとられた(第四章第一節参照)。たとえば30についてみれば、「応安五」一二月二日後光厳上皇院宣を受けた西園寺実俊は、同年一二月三日将軍足利義満に対して施行状を発した。さらに幕府からはこれを受けて、同月一四日広瀬左近将監と江馬但馬四郎にあてて、飛騨守護土岐頼康の家人垣見左衛門蔵人・同左近蔵人の濫妨を退け、下地を山科家雑掌に付すべきことを命ずる将軍家御教書(管領細川頼之奉)が出されている。ちなみにかかる将軍家御教書は当該国の守護にあてられるのがふつうであるが、この場合は排除さるべき濫妨者が守護の家人であるという特殊事情のため、二人の御家人にあてられたものと推測される。

(20) 2・3・24・41の院宣の場合がそうである。いずれも院宣の宛所は当事者であるが、別に管領の施行状が残っている(2については、応安四年六月五日管領細川頼之施行状のほか、「応安四」七月二日管領細川頼之一見状も残存する)。これはおそらく当事者が幕府に働きかけて獲得したものと考えられる。

(21) 光済・宋縁はともに公武に通じた政僧であった。覚王院僧正宋縁は「武蔵守頼之無双之知音」(『愚管記』貞治七年七月二日条)で、当時の将軍権力の代行者=管領細川頼之との間に親しい関係をとり結んでいた。光済については註(1)で既述。このため衆徒側の強い要求にもかかわらず、幕府は両僧正の配流には難色を示した(「吉田家日次記」応安五年七月三日条)。

(22) このため後光厳上皇は近衛道嗣に託して忠光・仲光の続氏を画策するなど、側近たちの救済に腐心するのであるが、結局衆徒の要求に応じて、教信・実玄以下の流罪を決行するまでは実現しなかった。忠光が最終的に続氏される応安五年三月二九日頃までには他の側近たちも続氏され、政界へ復帰した。

(23)『後愚昧記』応安七年正月二九日条には「今度崩御者、春日神罰」であった由のことがかきしるされている。

(24)『師守記』応安四年五月一九日条。但し、洞院実守の参加については『愚管記』同日条の記事による。

(25)『愚管記』における勅問の事例を後光厳院政期に限って掲出すれば次のとおりである。

応安四年四月二四日条、八幡宮悪党乱入狼藉事、

同年七月九日、石清水八幡宮の事、

同年八月二七日・九月四日、官外記輩与法曹輩勧盃相論事、
同年一一月二〇日、山城円宗寺顛倒材木の処分、
同年一二月五日、即位事、
同五年八月一二日、南都事并日吉神輿造替事等、
同年九月一三日・九月一七日、瑠璃光丸与四辻前大納言相論美濃国々分寺事、
同年九月一四日・九月一九日、賀茂社与鞍馬寺相論堺事、
同年一〇月六日・一〇月一二日、幸寿丸与孫一丸相論奈良社神主職事、
同年一〇月一八日、八幡宮男山奥梓尾社回禄事、
同六年四月一三日、外宮造宮使事、
同年一〇月一九日、神宮事、
同年閏一〇月一六日・閏一〇月二五日、奈良社炎上事、当番祠官以下可被罪科哉否事、新西宮神主職事、
同年一二月一〇日、賀茂社末社司競望の事、
同年一二月一一日、一二月一三日、八幡祠官訴陳の事、

(26)『後愚昧記』（内閣文庫所蔵）永徳三年三月二八日条に、
今日仙洞評定始也、去年譲位之後未被行之、参仕人摂政（二条良基）・近衛前関白（道嗣）・左府（足利義満）・万里小路儀同三司（仲房）・万里小路中納言（嗣房）等云々、
文殿始又被行歟、可尋之、旧院（後光厳）御代評定始同日文殿始有之、
とみえ、後円融上皇は永徳二年四月の譲位以後、まる一年たった翌三年三月まで院評定始を開いていないこと、文殿始についてもいまだその催しがなかったことが知られる。この事例は後円融院政の場合であるが、後光厳院政の場合もさほどこれと異なることはあるまい。

(27)本章第一節。

(28)院宣の奉者としての所見については前掲の後光厳上皇院宣一覧表を参照。また記録類についてみれば、『花営三代記』応安四年後三月二七（二八の誤）日条の「文殿沙汰始」の記事にみえる、万里小路仲房・葉室長顕・柳原忠光・同兼綱・万里小路嗣房の五人の公卿は伝奏と考えてよい。このほか、柳原忠光について『祇園執行日記』応安五年七月二二日条に「就日吉神

輿造替以下大訴、宿老陣参、伝奏（執権忠光）、職事園頭中将出仕（基光）」とみえ、万里小路嗣房については「東寺百合文書」ム学衆方評定引付応安六年癸丑一一月八日条に「万里小路嗣房為伝奏返答于寺務」とみえる。

(29) 前掲の院宣一覧表によってみれば、彼らは全体の七割強の院宣を奉じている。なかでも柳原忠光は一人で全体の半数の院宣を奉じており、院政における執権の立場・役割をよくあらわしている。

(30) 当時の弁官の補任状況については『弁官補任』第二参照。

(31) 後光厳上皇の院司は「院司補任」にも載せるが、最も包括的には『後愚昧記』応安四年三月二三日条に載せられている（同様の記事は「迎陽記」にもみゆ。いずれも『皇室制度史料太上天皇二』に収録）。この日、まず内大臣勧修寺経顕以下六名の別当、坊城俊任以下八名の判官代・蔵人・主典代が補任されたのち、さらに前太政大臣久我通相・前右大臣西園寺実俊以下二〇名の別当、中御門宣方・広橋仲光以下九名の判官代・主典代を二度に分けて加補したのである。つまり同上皇の院司は別当二六人、別当以下一七人、総計四三名にのぼった。通例、院司の数は一〇名内外であったので、光明上皇が貞和四年一一月一日、去る二七日に選任した一五名の院司に加えて新たに一八名の別当・判官代を加補したとき、時の太政大臣洞院公賢が「人数若過先例歟」としるしたのも理由のあることであった（『園太暦』同日条）。後光厳上皇の院司の人数はこれより一〇名も上まわったのである。

(32) 評定衆では先に掲げた一二名のうち、二条良基・近衛道嗣・洞院実守・三条公時を除く八名が院別当になっており（但し、二度目に加補された一五名の院司のうち、「権中納言源朝臣」には源通氏と同定具のいずれかが該当するが、いま通氏とみなしておく）、また伝奏では五名全員が別当に、弁官・職事でも四名全員が判官代などの院司のポストに配されている。つまり二一名の評定衆・伝奏・弁官・職事のうち一七名が院司を兼任したことになる。

（二六三頁補註）

この文書は石田善人氏が「播磨国平位荘・桑原荘について」（『日本宗教社会史論叢』所収、昭和五七年）において紹介されたものであるが、「勧修寺氏文書」（東大史料編纂所々蔵）に収める「知行綸旨之覚書」にかきつけられた次の文書に該当する。

応安六年二月廿三日院宣
新院（後光厳院御事也）　藤原氏女（フチハラウチノニョ）
按察使（前権大納言仲房卿）　左兵衛権佐（曾祖父大納言殿経重卿御事也）

第四節　後円融天皇親政　付、後円融上皇院政

一　はじめに

永享五年、貞成親王（崇光院はその祖父にあたる）の手に成る『椿葉記』は、南北朝時代最末期の朝政の動きを次のように描いている。

かくて応安七年正月、新院（後光厳）は崩御なりぬ。さて禁裏（後円融）は御在位十二年まし〱て、永徳二年四月御譲位ありしかども、今度は伏見殿（崇光）より御微望を出さるゝにをよばねば、あらそふかたなく一の御子（後小松）御位に即ぬ。新院（後円融）は御治世なれども、天下の事は大樹（足利義満）執行はせ給ふ。そのころ伏見殿へ准后（足利義満）つねに御まいりありて、いとときめき給ふ。

この一節には、応安七年正月、後光厳院政に代って後円融親政が開始されたこと、永徳二年からは同上皇による院政がはじまったが第一皇子幹仁親王（のちの後小松天皇）の践祚に際して、崇光院側から異議が出なかったこと、さらに同上皇の院政期には将軍足利義満が「天下の事」を執行したこと、など当時の中央政治史における核心的なことがらが実に冷厳な目をとおして淡々と語られている。公武関係の視点からみた場合、それは永い命脈を保ってきた王朝政権の実質的な終焉と、これにとってかわった武家政権の完成という歴史事実を簡潔に描いた文章といってよい。応安三年八月に後光厳上皇が自らの皇子緒仁親王（即ち後円融天皇）を践祚させようとしたとき、皇位回復の望みを捨てきれぬ崇光上

皇はこのことについて異議を唱え皇子栄仁の立坊を幕府に働きかけたことがあったが（「後光厳院御記」、『大日本史料』六編之三二）、永徳二年四月の譲位に際しては、崇光上皇側はもはや異議をさしはさむことさえできなかった。皇子幹仁の乳父が武家所縁の日野資教であったこと、永徳二年四月一一日、六歳の皇子幹仁の着袴が日野資教第で行われ、しかも左大臣足利義満が「奉結御腰」る役を自ら勤めたこと（いずれも『続史愚抄』）、などから考えれば、皇位を幹仁親王が継承すべきことはむしろ武家の決するところでもあったと推測されるのである。

本節では、応安七年正月より永徳二年四月まで、約八ヶ年に亘る後円融天皇の親政の実態とその性格について考えてみたい。同天皇の年齢でいえば一七歳から二五歳までの時期である。後円融親政の特質をひとことでいいあらわすならば、先にあげた『椿葉記』の記事の言外に読みとれるように、「天下の事」を室町幕府の将軍がとりおこなうようになる直前の王朝政権であること、つまり王朝政権としての北朝がその最後の余光をまがりなりにも放ちえた時期であったこと、をあげられよう。その姿は当然ながら、武家との関係において明瞭となるのであるが、ここではできるだけ同親政の実像を素描することに主眼をおく。

二　親政の構造

後円融親政の内実を窺うための史料としては、古文書を除けば、『愚管記』・『後愚昧記』・「迎陽記」などの記録が残存している。いまこれらの記録を中心にみてゆくことによって、後円融親政の政務運営を支えた議定・雑訴沙汰・勅問・記録所沙汰の各々について、その輪郭を明らかにしておこう。

1　議　定

議定は親政における最高機関であり、参加者・評議内容からみても、そこでは国家的レベルの案件が議題となる。従って議定における評議内容は国政の核心をなすものとみてさしつかえない。管見の限り、後円融親政下の議定（始）の史料所見は、永和元年二月二一日の例（『愚管記』）より永徳元年正月二六日の例（同）までの間に、いくつかをみいだすことができる。[1] ここではまず議定（始）の機能を窺うために、その評議内容についての記載がある事例のみを拾いあげ、年代順に並べてみることにしよう。以下の記事はいずれも『愚管記』のものであるが、そのことは同記の記主前左大臣近衛道嗣が議定衆の一人として議定に参加できる立場にいたことによる。

①『愚管記』永和元年二月二一日

今日鬼間議定始也、（中略）

今夜沙汰条

神宮祠官賞事、

諸社造営事、

公事用途事、

以上三ヶ条、正応・文和等例也、

②『愚管記』永和元年三月一八日条

是日御前議定始也、（中略）、出御議定所、太閤（二条良基）・予（近衛道嗣）・前右大臣（西園寺実俊）・按察（万里小路仲房）・勘解由小路前中納言（兼綱）・藤中納言（広橋仲光）等着座、次大閤諸社造営事可定申之由被示、人々自下﨟次第申所存、次公事用途事、次雑訴法事、人々各所存不及書目六、事了公卿自下﨟次第退出、

③『愚管記』永和二年二月九日条

是日議定始也、（中略）、即有出御、准后（二条良基）・予（近衛道嗣）・万里小路一品（仲房）・葉室（長顕）・日野（忠光）両大納言等着座、次准后伺御気色、神事興行事可定申之由被示、座中自下﨟次第定申了、日野大納言書目六、

外宮遷宮遅怠事　石清水臨時祭興行事　春日臨時祭可有沙汰事

件三ヶ条、准后并予定申之篇目也、（下略）

④『愚管記』永和二年閏七月二八日条

今日徳政議定云々、准后（二条良基）・博陸（九条忠基）・万里小路一品（仲房）・葉室前大納言（長顕）等参入云々、予（近衛道嗣）雖蒙催、依有故障事不参、議定目六如此、後日葉室大納言所注送也、依彗星可被行徳政条々、

一　神事興行事、

准后・関白・前内大臣・従一位藤原朝臣・長顕等定申云、四度祭可有厳密沙汰、就中例幣式月不可延引、幣料可致其沙汰、神祇官八神殿并北庁可令修造、南都衆徒確論可尋沙汰、以上三ヶ条可被仰武家、

一　任官・叙位事、

同定申云、任道理可有沙汰歟、

一　雑訴事、

同定申云、任暦応・応安法可被遵行歟、議定・雑訴沙汰守式日不可有闕怠、奏事　出御剋限可為午一点、且諸人訴訟不依親疎不存私曲、急速可申沙汰之由、可被召仰職事・弁官等哉、

一　洛民新役事、

同定申云、近年新役等被尋究可被停止歟、

一　官外記・蔵人方公人俸禄事、

同定申云、就勤厚可有涯分抽賞哉、

　永和二年後七月廿八日

⑤『愚管記』永和三年正月二三日条（新補注1）

今日議定始云々、伝聞分記裏

裏

議定人数

関白（九条忠基）・万里小路一品（仲房）・葉室大納言（長顕）・按察（広橋兼綱）・日野大納言（忠光）

外宮遷宮事　祈年祭可為式月事　石清水臨時祭可被遂行事

　三ヶ条被載目六云々　以頭左中弁仲（広橋）光朝臣説記之

⑥『愚管記』永和四年三月二日条

是日議定也、（中略）准后（二条良基）・予（近衛道嗣）・関白（九条忠基）・日野大納言（忠光）等着座、神事與行有沙汰、毎事如例被載目六条々、

一　豊受太神宮神宝以下事、早速可有沙汰之由可被仰武家事、

一　八幡臨時祭事、

一　大原野社造営事先被相尋社家可有沙汰云々

⑦『愚管記』永徳元年正月二六日条

是日議定始也、（中略）万里小路(仲房)一品・葉室大納言(長顕)・万里小路中納言(嗣房)等参着、予伺御気色仰可定申神事興行事之由、人人次第定申之、如例嗣房卿書目六、造太神宮山口祭早速可被行之事、可被発遣春日一社奉幣事、祇園北野神輿忩可被造替事、以上三ヶ条載目六了、

上掲の議定（始）の記事のほとんどは目録、つまり評議の題目であり、評議内容の詳細がしるされた事例は少ない。内容のうえでみれば、②と④が他と比べて異なる性格のものを含んではいるが、概していえば、議定の案件の基本的なものは、諸祭の挙行・神社の造営・奉幣などといった「神事興行」にかかわるものである。このことは当該期の議定の内容面での特徴であるが、いま④の、彗星出現に伴って催された「徳政議定」中の三ヶ条の内容に即して検討することによって、後円融親政の政治体制としての性格について考えたい。

第一条「神事興行事」は前述のとおり、当時の議定の基本的性格にかかわる案件であるが、本条では特に、四度祭（祈年祭・月次祭・新嘗祭）の挙行、神祇官八神殿及び北庁の修造、南都の嗷訴の解決への尽力、以上の三ヶ条について武家に仰せ遣わしている。この条は当時の公武関係を考えるための重要史料ともいえる。記録類によって当該期における諸祭の挙行状況をみれば、春日祭・松尾祭・平野祭・吉田祭・梅宮祭などの神事が種々の理由で延引・中止された所見も少なくないし、四度祭にしても、「祈年祭依幣料已下事闕延引」(2)「月次祭停止、幣使通路難叶故也」(3)などの史料所見があり、応安七年度の新嘗祭は「料足不足」のため停止された。(4)またこの「徳政議定」の前年の永和元年は、後円融天皇の大嘗祭の年にあたっており、大嘗祭自体は同年一一月二三日に挙行されたのであるが、大嘗会三社奉幣は「依近例、無沙汰」き実情であった。(5)このような神事の廃退は「大祀（践祚大嘗会のこと）者国家第一之神態也」(6)とか「宗廟祭祀者、奕世不易之恒規、毎年有限之禮奠也」(7)という認識にとらわれた当時の公家たちの目に重大な危機として映ったにちがいない。こ

の一条は、神事の興行によって政道の興行を祈念したもので、しかも武家の力に依存する形で表出されている点に留意すべきであろう。

第三条「雑訴事」について。この条は、雑訴については光厳院政下での「暦応法」、後光厳院政下での「応安法」の規定を遵守せよというもの(第三節で述べたとおり、「応安法」中の雑訴法は「暦応法」を全面的にうけつぐものである)。当該期における雑訴沙汰については次項で述べるが、ここで注意してよいのは、この時点において北朝がいまだ雑訴の処理に少なからざる意欲を持ちあわせていること、制度の面でいえば、雑訴沙汰を基幹とする北朝の訴訟制度が維持されていること、である。すでに述べたように、前代の後光厳院政下において文殿の活動はその足跡をほとんど残さないほど低調であったが、別項で述べるように後円融親政下の記録所は種々の限定付きではあれ、明らかな活動の跡を残すほどに復調していることが知られる。この記録所の動きは、後円融親政における政道興行への意欲の高まりとおそらく無関係ではあるまい。

第四条「洛民新役事」。この一条はこれ単独ではどのように考えればよいか皆目見当もつかぬしろものであるが、室町幕府による酒屋役徴収の制度化に至る道すじを的確に跡づけられた網野善彦氏の研究[8]をふまえると、その意味するところを理解することができる。洛中の酒屋に対する課税としての酒屋役をめぐって、洛中の商工業者を神人として把握してきた寺社権門と朝廷・幕府の間ではげしい攻防戦がくりかえされた。「建武新政崩壊後、北朝の朝廷は酒屋役について寺社権門に対し、つとめて刺激を避ける姿勢をもって臨んだ」[9]が、貞治元年に斯波義将が管領に就任し、幕府財政の拡充に意を用いるに至り、酒屋役の賦課に関して新たな一石が朝廷・幕府の側から投ぜられた。即ち、造酒正中原師連は酒麹売供御人役の徴収を認可する後光厳天皇綸旨を獲得し、足利義詮御判御教書による幕府のあとおしを得ることによって、旧来の造酒司による同役の徴収を復活させるのに成功したのである。こうした措置に対する寺社権門側からの抵抗も強かったが、永和元年五月には後円融天皇の大嘗会に当ってその料足を得るため、酒鑪役を新たに賦課する方式を打ち出し、しかもこれを恒例化するまでにこぎつけたのである。(10)先の「洛民新役事」なる一条は、このような酒屋役をめぐる朝廷・幕府の強硬策とこれに対する寺社権門の抵抗という拮抗した力関係のなかに置いて考えるべきであろう。要するに「近年新役等被尋究可被停止歟」という衆議の内容より明らかなように、この一条は寺社権門の反撃の産物以外の何物でもないのである。

北朝の朝廷の議定（始）において、公家・寺社の真剣な生活問題たる雑訴が議題にのぼったのは、管見の限り先にみた永和二年の事例をもって最後とする。雑訴が議定（始）から放れて、残ったのは神事興行に関する案件にすぎなくなったが、それでさえも永徳元年を最後にして当該期の史料の上に認めることができなくなるのである。

2　雑訴沙汰

雑訴沙汰は本来北朝の中枢部を構成する公卿たちの合議制を基礎にした訴訟制度の基幹的位置を占めるもので、北朝政権の政務運営が比較的活況を呈した光厳院政期などにあってはその機能を発揮したが、後光厳院政期あたりになるとおとろえ、かわって簡略な勅問の方式が重要視されるようになった。

では後円融親政期の雑訴沙汰はどのようであったか。関係史料は極端に少ない。制度の衰退の故であろうが、わかることだけ以下に述べておこう。本来雑訴沙汰は、議定衆（評定衆）・伝奏・職事によって構成されたが、特に重要な役割を果したのは伝奏であった。後円融親政開始直後の応安七年四月一七日に「伝奏之事始」が他に先んじて行われたのも右の理由からであった（『後愚昧記』）。伝奏の構成については後述するのでここではふれない。後円融親政八年に限って、当時の記録類に雑訴沙汰（始）の記事を拾えば、八ヶ所ほどみいだすことができる。[11] 議事の内容は一切記されていないので、これを具体的に知ることはできない。ただ、毎回六の日に開かれていること、伝奏若干名と職事とが参集している事実からみれば、後円融親政下の雑訴沙汰も後光厳親政期以来の方式を踏襲したものと考えられる。訴は前代同様、職事や伝奏に付けられたものと考えられる。次にあげる申状の紙継目裏花押は職事が訴を受理し、一件の担当奉行人として活動した徴証である。係争の当事者・対象についてはもとより、康暦元年の時点における事例である点にも注意する必要があろう。

（元来ハ端裏銘ナラン）

駕輿丁ホ重申状

左右近府駕輿丁等謹重言上、
欲早被経重御　奏聞内蔵寮方被捧初度陳状間、去年十一月駕輿丁等重又就申上所存、十一月廿七日雖被尋申寮家遂以不及披陳上者、所抑留竹十八荷并後日重又抑留分三荷都合二十一荷、不日被返渡当方、至向後者可停止違乱由被成下　綸旨、弥専長日重役竹商売間事、

副進

一通　綸旨案康安元年九月卅日

一通　蔵人方御下知案延文元年七月廿六日

二通　四座竹商人契状案文和五年三月廿八日

以上先進畢、

二通　綸旨案　永和四年九月五日
同年十一月廿七日

右駕輿丁等竹商売事、去年就寮家陳答重捧申状之間、十一月廿七日雖被尋申寮家、遂以不及披陳、無理之至顕然也、此上者所抑留竹両度分廿一荷忩返渡之、於向後者可停止其妨之由、厳密重被成下　綸旨者、弥成奉公之勇欲専長日之公役矣、仍重言上如件、

康暦元年八月　日

……………（継目裏花押）……………

左右近府駕輿丁等申竹商売課役免除事、（小槻）兼治状副具書如此、子細見状候歟、所申無相違者太不隠便、惔（慥カ）可糺返之由可令下知給之旨、被仰下候也、仍執達如件、

永和四年
九月五日　勘解由次官知輔（平）

謹上　内蔵頭殿

左右近府駕輿丁等申竹商売事、兼治状副申状具書如此、子細見状候歟之由可令下知給之旨、被仰下候也、仍執達如件、

永和四年
十一月廿七日　勘解由次官知輔（平）

謹上　内蔵頭殿

（内閣文庫所蔵「山科家古文書」四）

この左右近府駕輿丁等申状は、内蔵寮によって抑留された竹二一荷の返渡を北朝に訴えたもので、しかも文中の表現に

よって知られるように二回目の訴えにかかる。永和四年一一月二七日に朝廷より内蔵寮に対し尋沙汰がなされたが、これに対して内蔵寮は何らの返答をしなかったので、新たに二通の綸旨を支証として備進し、「重言上」に及んだのである。ここでは当該訴訟の内容にたちいる必要はなく、ただこの申状の紙継目裏の花押が当時の五位蔵人平知輔(12)のものであることを確認すればよい。つまり平知輔は職事として、一件の担当奉行であったから、この裏花押を据えたものと解されるのである。平知輔が雑訴沙汰に参加できる資格を有したことはいうまでもない。

この時期の雑訴沙汰関係の史料は乏少であるが次のものは一顧の価値があるかもしれない。「迎陽記」（宮内庁書陵部所蔵）康暦元年三月二六日、同二年五月二六日、八月六日の記事である。

今日雑訴、前藤中納言（保光）・万里小路中納言（嗣房）・中御門宰相（宣方）等伝奏参仕云々、記録所俄被仰下之間、一人其衆不参、
（康暦元年三月二六日条）

今日雑訴沙汰云々、伝奏万里小路中納言（嗣房）・藤中納言（広橋仲光）・中御門宰相（宣方）等参仕、記録所宗季（清原）・兼治（小槻）等云々、
（康暦二年五月二六日条）

今日雑訴、万里小路一位（仲房）・前藤中納言（保光）・藤中納言（仲光）等参仕云々、記録所兼治一人祗候云々、
（同年八月六日条）

極めて簡単な記事であるので、多くを推測するのは危険であろう。これらの記事によって、後円融天皇親政下の雑訴沙汰は後光厳天皇親政期のそれと同様、毎月六の日を式日とし、伝奏と記録所寄人とを構成員とすることで運営されたことが窺われる。おそらく記録所庭中も雑訴沙汰と同一日開催であったろう。しかし雑訴沙汰の具体的内容がほとんど知られず、参仕者も欠怠がちにて、当時の雑訴沙汰に活発な機能を認めることは到底できない。むしろ、雑訴沙汰や記

録所の制度が廃絶の瀬戸際に立っているという情況を想定し、北朝の訴訟制度の衰滅のまじかさを推察すべきなのかもしれない。

3 勅問

後円融親政期の勅問についても、前代同様に議定衆・前関白近衛道嗣の日記『愚管記』に負うところが大きい。このことは近衛道嗣の北朝における枢要な立場を象徴する事実でもあるが、まず関係記事を整理しておこう。

後円融親政期における勅問（注記しない限り『愚管記』による）

年月日	内容	備考
応安7・4・17	鴨社末社司闕所望事	4・18昨日文書相副申詞、付仲光了「後愚昧記」永徳3・3・17条参照
〃・6・28	吉田兼繁以下申改戸事	
永和1・4・11	法勝寺領讃岐国櫛無保事法華堂公文定祐与禅衆相論事	
〃・7・1	賀茂社日供減少事	
〃・7・25	大嘗会用途諸国段米之外御訪事、任代々之例可被仰武家乎	
〃・7・26	前右大将并藤中納言申悠紀・主基国々武家綸旨事	
〃・8・4	絵所行忠申円波国大芋庄一円遵行事、可被仰武家哉否事	
〃	豊受太神宮新宮破損事、造宮司状申被付切可修理之由并官准拠例等有之	
〃・9・2	大嘗会抜穂使事	
〃・9・8	官掌国廉与国豊御禊行幸奉行相論事	
〃・10・11	法勝寺座主職事	
永和2・3・27	賀茂社事	
〃・4・10	鴨社々務職事	
〃・4・16	賀茂社祠官闕所望輩事	
永和3・8・16	(可有議定之文書案一結今西宮神主職事経重送賜之)	

永和4・2・13	賀茂社司末官所望輩事	2・14注意見付奉行、文書一結同返遣之
〃・11・26	鞍馬寺与賀茂社相論貴布祢河堺事	11・28今日申所存了
永和5・3・9	内宮山口祭事	「迎陽記」同日条
〃・閏4・24	内宮祢宜闕経房所望事	
〃・5・4	賀茂社神服錯乱事、神主脩久申之	

この表によってみれば、勅問の内容は、①神官・寺官の人事にかかる案件、②神事の興行にかかる案件、③所領をめぐる訴訟にかかる案件、の三つに分類できよう。他の制度との関係でいえば、その内容上①③は雑訴沙汰との、また②は議定とのかかわりを有することは明瞭であろう。勅問をもって雑訴沙汰に代替させる措置はすでに後光厳院政期にあらわれているが、後円融親政下にあっても同様であろう。さらに②と議定の関係についていえば、神事興行に関する案件でも重要なものについては議定にかけ、またそれ以外の比較的軽微な案件については勅問によって処理するというような方式がとられたのかもしれない。ここでは、合議制に立脚した議定・雑訴沙汰の機能低下に代って勅問の比重が重くなったこと、つまり北朝における議事決定の方式が簡略化の方向へ進む傾向にあったことに注意しておきたい。

4 記録所の活動

後円融天皇親政の開始に伴い、前代の文殿はその機能を記録所に移すことになった。すでに指摘したように、後光厳親政期には、記録所は雑訴沙汰の下での訴訟審理・勘奏の機関であると共に、一定限度内での沙汰権をも付与されていた。では後円融親政下ではどうであったか。

当該期の記録所関係の史料は決して豊富ではないが、注目するに足る史料がないわけでもない。まず記録類に即してみよう。後円融親政の記録所関係記事の初見は、親政開始後一年以上たった永和元年三月一八日、御前評定がまず行われ、夜に入って記録所始が行われたというもの（『愚管記』）。記録所始であるからもとより訴訟を取り扱ってはいない。この儀には後円融天皇が「於簾中有御見物」り、太閤二条良基・前左府近衛道嗣・前右府西園寺実俊が祗候したほか、記録所構成員では頭右大弁葉室長宗・頭左中弁中御門宣方・右中弁裏松資康・権右中弁広橋仲光・蔵人左少弁坊城俊任、大外記中原師茂・左大史小槻兼治・明法博士坂上明宗・少尉中原章忠らが着座した。この記事以外でも、永和五年までに若干の記録所始の記事をみいだすことができるが[13]、記録所沙汰の所見としては次の、「迎陽記」康暦元年一一月二六日条の記事をみておこう。ちなみにこれは後円融親政下での記録所に関する史料のうち最後のものである。

今日記録所沙汰也、伝奏中御門(宣方)宰相一人、寄人宗季(清原宗季・良賢)父子・明宗(坂上)・兼治(小槻)・嗣保・章忠(中原)等、

伝奏と記録所寄人とのくみあわせから知られるように、この記事は記録所庭中を意味すると考えられる。この史料によって、記録所は少なくとも康暦元年まではいちおうの機能を果たしていたものとみることができよう。

次に古文書に即して記録所の活動をみたいが、稀有なことには、国立国会図書館所蔵「瀬多文書」[14]の中に永和年間の記録所注進状とこれをうけて出された綸旨とが残されている。記録所活動の直接的足跡たる注進状は後光厳親政期二〇年の間にも二点しかみいだせないことから知られるように、ほとんど残されていない。後円融親政期の永和年間に、たとえ一点であれ注進状が残存している事実は、この期間に記録所自体がある程度の活動を示したことの支証と考えるべきであろう。「瀬多文書」中のこの記録所注進状はあまり広く知られていないと思われるので、他の二点の後円融天皇綸旨とともに以下に引用しておく（〔　〕内は宮内庁書陵部所蔵「記録所文書元文三年」[15]により補った個所）。

①　記録所注進状案

〔記録所〕□

鞍馬寺住侶等越訴申言□〔状〕

右件堺事、住侶等捧安和二年宣〔官〕符・嘉禎二年官符□〔等寺〕辺五百町為寺領致管領訖、而賀茂社去応安五年掠給 勅載〔裁〕致其妨之条、不可然之由、越訴申之処、社司等備寛仁二年官符・七月十八日院宣・四月廿日（付正嘉二）盛快状・九月三日（付文和元）鞍馬寺執行法印状・文永十一年慶嘉状・六月七日（注弘安四）法眼渕尊状・三月十四日（注建武四）院宣・八月廿三日（注文和三）綸旨・文和四年侍所制札・九月十一日（注応安三）綸旨・同十八日法印兼澄状・十二月廿八日（注応安二）綸旨・同五年四月廿五日院宣・同十一月廿八日（注応安三）・十二月三日両通 院宣等、於貴布祢河以東一鳥居以西者、往昔以来社家進止之旨争之、仍被召決両方之処、如賀茂社所給之応安五年十月廿五日 院宣者、貴布祢河堺事、如官使注進者、一鳥居河以東之条、无相違之上、鞍馬寺就安和・嘉禎官符、雖申所在、或不帯正文、或非堺所見、旁无拠歟、此上者、至貴布祢社東山者、早可致管領云々、爰安和二年鞍馬寺寺辺五百町堺四至可為寺領之由、被裁下哉、如件宣旨者、四至東限天峯、西限貴布祢河、南限松尾山、北限仙滝谷云々、貴布祢河以東之山林寺領之段分明歟、而先々御沙汰之時、不進彼宣旨正文之条、雖有疑殆、今度令出帯之上、安和二年寺辺山地五百町堺四至定露地之段、既被引載嘉禎官符訖、尤可資灼然之証哉、随而彼論所為 勅施入五百町内之条、社家不及異論哉、然則鳥居在所強非執論之要須歟、就中如社家所進之寛仁官符者、鞍馬寺敷地以下雖可為社領四至内、一条以北寺院仏閣伝領之段、傍例繁多之上、作仏地何為神戸哉、或寺社領来処、或公私相伝之地、自歴年紀難輙停止之、彼官符文言載而炳焉歟、而可謂寺家証験哉、加之如格条、占請田地之輩、偏限四至不論町段、是以検四至者、則渉官舎人宅、検町段則不満四至内求之、政途理不合、然望請自今以後、占請之地一定町段、不依四至云々、雖号寛仁奉寄之四至内、難足社領一円之准的哉、将又社家所帯之建長 院宣、雖備領知之公験、任一方申請被成下勅之間、寺家不存知之旨、遁申之哉、次文永快慶

請文、貴布祢社東山畑多出来之間、御在所近辺実其恐候、相尋公人可停止法師原狼藉云々、依為社辺相憚穢悪歟、
且彼請文者、寺家進止之段、弥設還迹哉、次鎰取梅宮白石三社号有御坐、河以東為社領之由、社司頻雖述所存、於
彼在所二瀬者、非寺領内、件鳥居又貞和以来造立之間、旁无其謂之旨、住侶等令捐(指カ)申哉、然者帯安和　宣旨・嘉禎
官符等、貴布祢河以東山林送数廻涼燠領掌来之処、応安五年勅裁社家掠賜之条、未尽之由、鞍馬寺住侶等愁申之趣、
難被弃捐哉、此上事須在時議矣、仍言上如件、

永和二年□(十二)月十九日

左衛門少尉中原朝臣章忠
左大史小槻宿禰兼治
大判事坂上大宿禰明宗
大外記清原真人宗季
散位中原朝臣師連
左少弁藤原朝臣(坊城)俊任
左中弁藤原朝臣(広橋)仲光
右大弁藤原朝臣(裏松)資康

② 後円融天皇綸旨案

当寺与賀茂社相論貴布祢河堺事、任記録所注進、領掌不可有相違者、天気如此、悉之以状、

永和五年正月廿八日　勘解由次官（平知輔）在判

鞍馬寺衆徒御中

③　後円融天皇綸旨案

貴布祢社河堺事、鞍馬寺就安和・嘉禎官符、雖述所存、依不帯正文、旧院御代被付当社之処、彼寺捧官符正文越訴申之趣、非無謂之間、雖被裁許鞍馬寺、武家執奏上者、如元可被管領者、天気如此、悉之以状、

康暦元年九月五日　勘解由次官（平知輔）判

賀茂神主舘

賀茂社と鞍馬寺との堺相論はこのときはじまったものではなく、史料的にはっきりしている限りでも、文和三年に「山堺」をめぐって後光厳天皇の議定において争った事実がある。(16) この「山堺」の内容を詳細に知ることはできないが、あるいは今回の「貴布祢河堺」をめぐる相論と一連のものであるかもしれない。

先掲の永和二年一一月一九日記録所注進状によれば、貴布祢河堺をめぐる争いの最初の判決は応安五年一〇月に下った。寛仁二年官符以下多くの院宣・綸旨などをもって「於貴布祢社以東一鳥居以西者、往昔以来社家進止」と主張する賀茂社は、安和二年官符・嘉禎二年官符を支証として「寺辺五百町」が寺領だと主張する鞍馬寺をおさえ、応安五年一〇月二五日に「至貴布祢社東山者、早可致管領」という後光厳上皇の院宣を獲得したのである。(17) 鞍馬寺が自らの支証たる官符の正文を上覧に達しえず（『愚管記』にみるように奉行人が不正行為をはたらいたらしい）、ために正文不備進と判断されたことが致命的であったといえる。しかるに鞍馬寺はただちに越訴にふみきった。その越訴を受理して、四年ののち

出された記録所の審理結果が、この永和二年の注進状なのである。注進状の末尾の「応安五年勅裁社家掠賜之条、未尽之由、鞍馬寺住侶等愁申之趣、難被弃捐哉」なる結論に明らかな如く、記録所は先の判決をくつがえす判断を出したのである。

この注進状は一件の越訴の担当奉行（のちにみるように平知輔）に渡されたであろう。しかし、判決は直ちには下されなかった。二年後の永和四年一一月に、この件について近衛道嗣は意見を徴された。『愚管記』同月二六日条をみておこう。

　鞍馬寺与賀茂社相論貴布祢河堺事、文書一結到来、奉行蔵人次官（平）知輔、鞍馬寺越訴也（賀茂社応安、五蒙勅裁了）

近衛道嗣は二日後の二八日に一件に対する所存を申し送った。かくして永和五年正月二八日に後円融天皇綸旨（②）が下され、「任記録所注進」[18]せて鞍馬寺の勝訴が決定したのである。ここで注意しなければならないのは、永和五年の判決の下付に近衛道嗣の勅答が決定的役割を果たしたと考えられることである。記録所の審理の結論はすでに永和二年に出ているのであるから、判決がその注進の内容をうけたものであっても、すこぶる長期間放置されたことになる。いわば、近衛道嗣に対する勅問の返答が、この注進状を支持するものであったが故に、注進状は綸旨として実体化したといえるのである。このようにみてくると、記録所の審理結果も勅問のための一つの参考資料にすぎないといわざるをえまい。ちなみに先の『愚管記』の記事によって、当該一件の担当奉行が「蔵人次官知輔」、つまり平知輔であること、また②③の後円融天皇綸旨の奉者「勘解由次官」も同人であることが知られる。

さてこの判決はまたもや逆転する。越訴によって勝訴した鞍馬寺のよろこびもつかのま、永和五年三月二二日に康暦と改元されてまもなくの九月五日、鞍馬寺の先の勝訴をくつがえす後円融天皇綸旨（③）が賀茂社に下されたのである。同綸旨の文言に示されるように、賀茂社が「武家執奏」、つまり幕府の執奏をとおして先の判決を破棄させたからである。南北朝期の武家執奏については別項で詳述するのでここではふれないが、このような形での幕府の介入が北朝の訴訟裁許機構を有名無実化した要因の一つであろうことは否めまい。一方幕府職制における人事面に目を転じ、幼将軍足利義満を輔佐し、幕府の基礎を固めるに功績のあった管領細川頼之が康暦元年閏四月に失脚し、代ってその政敵斯波義将が管領の座に就いた事実をも考慮に入れる必要があろう。つまり、幕府における管領の交替が公武関係に少なからざる影響を及ぼしたことは十分に考えられるからである。

このような措置が一件を落着させるはずはなく、かえって両者の武力衝突をひきおこす直接的な契機となった。康暦元年一〇月一九日、賀茂社と鞍馬寺とが合戦に及んだことを聞いた近衛道嗣は、この訴訟の経過について次のようにしるしている（『愚管記』同日条）。

賀茂与鞍馬相論及合戦云々、此事自旧院御代再往有其沙汰、鞍馬寺寛和宣旨・嘉禎官符(19)等不備進正文之由有沙汰、旧院御代賀茂社得理了、而当御代鞍馬寺立越訴、宣旨・官符等正文寺家雖令所持、奉行引汲賀茂間、不備上覧之由申之間、当御代被裁許鞍馬寺之処、武家忽経奏聞、賀茂社又得理、

さらに同年一一月一日には次のような事態にまで発展した（『続史愚抄』同日条）。

此日貴布祢社神祭後、鞍馬寺僧与賀茂社神人闘争起、鞍馬僧壊貴布祢社掠取神宝等、此後当社神供退転云、(新補注2)

この紛争の根本的な原因は、北朝の伝統的な訴訟制度をとおした非理弁別の論理が公武関係をめぐる政治の論理によって打ち負かされたところにあったといえよう。北朝の訴訟裁許機構は武家の執奏によって、その拠って立つ基盤をほりくずされたといって過言ではあるまい。

前述のとおり、後円融天皇親政下における記録所活動を示す史料所見の最後はこの年、つまり康暦元年一一月二六日

の「迎陽記」の記事であるが、それ以降をも通してみれば、後小松天皇の親政下の応永元年一一月一九日に議定始・記録所始が挙行される予定であったが延期された事実が知られる（広橋兼宣の日記『兼宣公記』同日条）。記録所はすでに衰滅への道を急速にたどっていた。(新補注3) 永享一一年には記録所に接して鞠場が設けられるような事態をむかえ（『建内記』永享一一年六月二二日条。なおこの時、万里小路時房が「政道決断之要枢」たる記録所に接して遊芸の場を構えたことを嘆いている事実は、当時の公家の政道に対する意識を考えるうえで注目に値する）、さらには次のような状態におちいったのである（文安元年一一月日中原師郷申状の一部）。[20]

爰大炊御門東洞院敷地者記録所召次俸禄之地也、而記録所御沙汰久中絶之間、召次於今者無用也、（傍点筆者）

三　親政の陣容

これまで、後円融親政を支えた諸機構の構造に即した検討を行ってきたが、次にそれらの構成メンバーに即して検討することによって同親政の性格を考えるよすがとしたい。

1　議定衆（議奏）

議定衆（議奏）は院政下の評定衆に相当する最高級の議政官グループであるが、その選任の仕方を知るために、今一度次の史料をみておこう。『愚管記』永和元年七月一二日条の記事である。

自禁裏被下　勅書、実音卿(三条)議奏事令所望之間、今朝可被仰是非、可為何様哉、猶可計申之趣也、余申云、先被仰伝奏之後、次第登庸常吏歟、直被仰議奏之条邂逅候哉之由令申入了、

要するに、議奏に任じられるにはまず伝奏を経るのが通例だというのである。[21] この記事は主として摂家以外の家門出

身者に対する議奏選任の慣例を示すものと考えられる点で興味深い。

さて後円融親政八年間における議定衆を当時の古文書・記録類に求め、これを家門・階層別におおまかに分類すれば次のようになろう。

(A)　摂家出身

二条良基（摂政・太政大臣・准后）・二条師良（前関白）・近衛道嗣（前関白）・九条忠基（前関白）

(B)　九条公季公孫西園寺・三条家出身

西園寺実俊（前右大臣）・三条実継（前内大臣）

(C)　勧修寺流藤原氏

万里小路仲房（前権大納言）・同嗣房（権大納言）・葉室長顕（前権大納言）

(D)　日野流藤原氏

柳原忠光（権大納言）・広橋兼綱（前権大納言・准大臣）

以上一一名の議定衆を確認した。摂家四、西園寺・三条家二、勧修寺流三、日野流二という内訳である。議定の実例に即してみれば、ふつう三〜七名が会議に参加している。なお、この家門別の内訳は当時の廟堂における各家の勢力分布をもあらわしている。議定衆の家門別構成の特徴は後光厳親政期以来の伝統をうけつぐものといえるが、少し細かくみれば、(B)クラスにおいて洞院家や、源氏では中院家の出身者がみえなくなっている点が注意されよう。ちなみに(D)の日野流については、柳原忠光が永和五年正月に、また「今上外祖父」（『続史愚抄』）広橋兼綱が永徳元年一〇月に、各々没したことは一門にとって大きな痛手であったろう。

2 伝奏

伝奏は親政期においては院政期ほどの表立った動きはみせないが、綸旨の一形態たる伝奏奉書を発して天皇の命令を伝えたり、雑訴沙汰や記録所沙汰を主導して政務を遂行するなど重要な役割を果たした。議定衆の場合と同様に当該期の伝奏を諸史料に拾い、分類すると次のようになる。

(A) 勧修寺流藤原氏
万里小路仲房(22)・同嗣房(23)・中御門宣方(24)・葉室長顕(25)

(B) 日野流藤原氏
柳原忠光(26)・広橋仲光(27)・裏松資康(28)・土御門保光(29)

(C) 三条家
三条実音(30)

以上は断片的な残存史料の上に名をとどめる者たちであるから、当時の伝奏全員であるとは限らない。しかしおおまかにみて、伝奏のポストは後光厳親政期同様、勧修寺流藤原氏と日野流藤原氏によってほぼ独占されていたことは事実である。なお前述のとおり、柳原忠光は永和五年正月に没。

3 記録所構成員

後円融親政下の記録所はどのような者たちによって構成されていたか。このことを知るための関係史料は、

① 『愚管記』永和元年三月一八日条にみえる記録所始の記事、
② 「瀬多文書」永和二年一一月一九日記録所注進状(前掲)の署名、

③「迎陽記」永和五年三月四日条にみえる記録所始の記事、

④「迎陽記」康暦元年一一月二六日条にみえる記録所沙汰の記事、

⑤「迎陽記」康暦二年五月二六日条にみえる雑訴沙汰の記事（記録所衆の参加あり）、

以上の五つに尽きる。いま以上の五史料をもとに、記録所の構成員を拾い出して整理すれば次のようになる。

(A)　大弁級

葉室長宗（①）・裏松資康（②）

(B)　中弁・少弁級寄人

中御門宣方（①）・坊城俊任（①②）・裏松資康（①）・広橋仲光（①②）・勧修寺経重（③）・万里小路頼房（③）

後円融親政下の弁官一覧

弁官	歴任者（応安7年1月29日～永徳2月4年11日）	計
左大弁	万里小路嗣房・東坊城長綱・中御門宣方・中御門宗泰・裏松資康・日野資教・高辻長衡・坊城俊任	8
右大弁	葉室長宗・裏松資康・広橋仲光・坊城俊任・勧修寺経重	5
左中弁	中御門宣方・広橋仲光・葉室宗顕・勧修寺経重・柳原資衡	5
権左中弁	甘露寺兼長	1
右中弁	裏松資康・葉室宗顕・坊城俊任・柳原資衡・九条氏房・万里小路頼房	6
権右中弁	広橋仲光・坊城俊任・日野資教	3
左少弁	広橋仲光・葉室宗顕・坊城俊任・勧修寺経重・九条氏房・甘露寺兼長・安居院知輔	7
権左少弁	万里小路頼房	1
右少弁	葉室宗顕・坊城俊任・勧修寺経重・日野資教・柳原資衡・甘露寺兼長・安居院知輔・清閑寺家房	8
権右少弁	坊城俊任・日野資教・万里小路頼房	3

(C)　明法博士・外記級寄人

中原師茂（①）・中原師香（③）・中原師連（②）・中原章忠（①②③④）・小槻兼治（①②③④⑤）・小槻光夏（③）・坂上明宗（①②③④）・清原宗季（②③④⑤）・同良賢（③④）・嗣保（④）〈姓不明〉

弁官の出身別一覧

弁官＼出身	高藤公孫勧修寺流	日野流	平	菅原
左大弁	4	2		2
右大弁	3	2		
左中弁	3	2		
権左中弁	1			
右中弁	4	2		
権右中弁	1	2		
左少弁	5	1	1	
権左少弁	1			
右少弁	5	2	1	
権右少弁	2	1		
計	29（62%）	14（30%）	2（4%）	2（4%）

一方、当時弁官は記録所の構成員となっていたことから、(A)(B)については弁官に即した検索によってより正確な人員を把握することが可能である。前掲の表は飯倉晴武氏の校訂に成る『弁官補任』第二（続群書類従完成会）に拠って、応安七年〜永徳二年の同親政関係分に限って、弁官の補任状況を示したものである。また家門別構成比をみるために出身別一覧をも掲載した。

この表によってみれば、勧修寺流が全体の六割の弁官を出しており「弁官家」といわれる同家の面目躍如たるものがある。日野流がこれに次ぎ、平・菅原氏出身者もわずかにいる。この弁官の家門別構成の特徴は後光厳親政期のそれと共通するが、勧修寺流の占める割合では南北朝期を通じてこの時が最も高い。

4　綸旨とその奉者

次に後円融天皇綸旨の実例をとおして同親政のあり様をみよう。現在までに管見に及んだ同天皇綸旨は八〇余点である。(31) 今後の史料検索によって事例数がさらにふえるであろうことはいうまでもないが、ここではとりあえず現時点で収集できた分をもとに以下検討を加えたい。まず綸旨の内容は次のように分類できよう。

① 所領・所職の付与・安堵
② 役夫工米・酒鑪役・棟別銭などの賦課・免除
③ 祈禱命令
④ 所領をめぐる訴訟の裁許
⑤ 幕府への施行依頼

特に⑤について補足しよう。たとえば濫妨停止を目的とする提訴者がまず公家に訴をおこし、勅裁を武家に成し下してもらうことによって、武家の力による強制執行の恩恵に浴する事例は今にはじまったことではないが、永和四年段階においても次のような申状(32)が残存している。

玉鳳院雑掌有成謹言上、
欲早被経御　奏聞、被成　綸旨於武家被仰楠木中務大輔正儀、停止彼家人押妨、任御寄附　綸旨、被沙汰付雑掌於当保和泉国宮里保間事、

副進

一通　綸旨案

右当保者、為入道大蔵卿成房卿家領闕所之地也、仍今年三月廿日所有御寄附　花園院御塔頭玉鳳院也、然早被仰楠木中務大輔正(儀)□停止彼家人之押妨、任御寄附　綸旨之旨、可沙汰付雑掌於当保之旨、被成　勅裁於武家、令全知行為専御追善以下寺用、粗言上如件、

永和四年六月　日

この申状は「花園院御塔頭」玉鳳院雑掌有成が「御寄附　綸旨」に任せて、同院領和泉国宮里保における楠木正儀の家人の押妨を停止するために北朝に提出したものであって、「早被経御　奏聞、被成　綸旨於武家」の文言から知られるように、後円融天皇綸旨を得て、これによって幕府を動かそうとしている点に注意すべきである。つまり、この事例で明らかなように、北朝の天皇の綸旨は幕府の執行装置を発動させるための、重要な手続き文書としての機能を果たしているのである。[33]

次に奉者に即してみておこう。これも前と同様の手法で分類しよう。

(A)　勧修寺流藤原氏

坊城俊任・勧修寺経重・葉室宗顕・九条氏房・清閑寺家房・万里小路頼房

(B)　日野流藤原氏

裏松資康・広橋仲光・日野資教

(C)　平氏

平知輔

(D)　その他

洞院公仲・中山親雅

人によって綸旨を奉じた事例数にひらきがあるが、特に多いのは前半期に日野資教・広橋仲光・裏松資康、後半期に平知輔である。全体としてみた場合、奉者の出身別構成内容は、当然のことながら、先にみた弁官のそれとほぼ同一である。ただ綸旨の奉者には弁官を帯びない蔵人（即ち(D)）も若干名含まれており、弁官と蔵人によって最も直接的に支えられる親政体制の特質の一端があらわれている。

四　おわりに

南北朝時代後半期における公武関係の具体相を最も克明にしるしているのは前内大臣三条公忠の日記『後愚昧記』であるといえるが、この日記により知られる次の事実は、後円融親政最末期の公武の所轄関係についての重要な一面を示している。永徳元年八月一二日、三条公忠は家領支配の不振による「家門窮困迫喉」る実情を足利義満に訴え、「四条坊門町以東、室町以西、四条坊門以南、錦小路以北地一町」を家門に付けてほしいと要請したが、義満は「京都地事、公家御計也、尚如此奉之条、不得其意」と返答した。また同二二日条によれば、後円融天皇もこの件について「所詮京都地事、為公家御沙汰之処、不及申入之、以武家令執奏之条、奇恠之至也」なる勅書を下した。これらの事実から判断すれば、永徳元年の時点でも「京都地」の処分については、幕府がいまだその所轄権を掌握しきるに至っていないことが知られる。先にみた後円融親政が、種々の制限付きではあっても、光厳院政以来の王朝政権としての実質を細々ながら維持してこれたのも、当時の公武の関係が「京都地」の所轄関係に象徴されるような性格のものであったことによるであろう。

すでに足利義満は廷臣たちに対して大きな影響力を持っていた。なかでも日野・万里小路は「武家近習」（『後愚昧記』永徳三年七月二九日条）と称されるほど、義満との間に緊密な関係をとりむすび、権勢をふるった。しかし、義満が王朝権力の接収に本格的にのり出したのは後円融天皇が譲位して院政を開いてからのことであった。「後円融院御記」永徳元〜二年のくだりをみれば、譲位の仕方や費用の調達などについて幕府の細かな指示を迎いでおり、また永徳二年四月一一日に践祚した「去六日着袴、六歳小童」の新主後小松天皇は乳父日野資教亭より皇居土御門内裏へ移るに際して、義満の「此事名家之輩家ヨリ直移皇居之条、猶不可然」という意見により「武家第」(義満の第)を経て皇居に入った。しかも皇居への車には義満も同乗しているのである。天皇の践祚の際、将軍がここまで深くかかわったのは初めてである。この事実は以降の新たな公武関係を示唆するものであった。本節の冒頭にみた『椿葉記』の「新院は御治世なれども、天下の事は大樹執行はせ給ふ」事態はこうして始まる。

ちなみに、崇光上皇の動向について一言しておこう。同上皇は当該時期においても長講堂領以下の皇室領を管領しており、同領の支配に関する院宣若干が残存している。特に「東寺百合文書」ア(応安七年)六月七日崇光上皇院宣(大使の長講堂領播磨国菅生荘役夫工米を乱責するを停めしむ。日野教光奉、民部大輔あて)、応安七年八月六日将軍家御教書(以上を施行せしむ。管領細川頼之奉、赤松蔵人左近将監あて)の二通の文書によって、崇光上皇も後円融天皇とは別個に、武家執奏西園寺家を介して武家と交渉している事実が知られる。これは公家側に即してみれば、二元的な公武関係といえるもので、後円融親政にとってこのような内部分裂的状況は少なからず不都合であったと思われる。

註

(1) 当該期における議定(始)の所見は次のとおりである。『愚管記』では、永和元年二月二一日(「鬼間議定始」)、同年三月一八日(「御前議定始」)、永和二年閏七月二八日、永和三年正月二三日条、永和四年三月二日、永徳元年正月二六日の各条。『後愚昧記』では、永和二年二月九日、永和三年正月二三日条。また「迎陽記」では、永和五年二月七日の条にみえている。このうち『愚管記』の永和二年閏七月二八日、永和四年三月二日の両条を除き、他はすべて議定始の記事である。この時期、議定始はふつう年一回ひらかれていたものと思われる。

(2)『続史愚抄』観応三年二月四日条。

(3)『続史愚抄』観応元年一二月一一日条。

(4)『続史愚抄』応安四年一一月三〇日条。

(5)『続史愚抄』永和元年一一月二三日条所載、同年今年条。

(6)『園太暦』観応元年一〇月五日条、観応元年一〇月四日神祇権大副卜部兼豊注進状。

(7)『師守記』文和五年三月二八日条所載、同日付万里小路仲房定文。

(8)網野氏「造酒司酒麹役の成立について―室町幕府酒屋役の前提―」(『続荘園制と武家社会』所収、昭和五三年一月刊)。特に第四節「永和・永徳の大嘗会酒鑪役」。

(9)同右網野氏論文三七八頁。

(10)同右三七九～三八七頁。

(11)雑訴沙汰(始)の所見個所は次のとおり。『後愚昧記』永和二年八月二六日条、同年九月六日条、永徳元年七月六日条、『愚管記』永和五年二月一六日条、「迎陽記」康暦二年五月二六日条、『続史愚抄』永和四年三月六日条、康暦元年三月二六日条、同二年八月六日条。

このほか雑訴沙汰が延引されたことをしるすのは、『愚管記』永和三年九月一六日条、『続史愚抄』康暦元年一二月六日条(東寺火事による)。

(12)この申状の紙継目裏花押を平知輔のものと判断したのは、「地蔵院文書」康暦二年九月一一日後円融天皇綸旨(摂津国広田位倍荘を地蔵院長老に安堵せしむ)の奉者勘解由次官の花押、「長福寺文書」康暦二年一二月二七日後円融天皇綸旨(左馬寮領山城国梅津大崎寺を梅宮修理別当僧都に安堵せしむ)の奉者右少弁の花押、この二つの花押が先の裏花押と一致すること、また「弁官補任」「職事補任」によって、その勘解由次官、右少弁が平知輔であることが判明すること、以上の二つの理由による。

(13)「後愚昧記」永和二年二月九日条、『愚管記』永和三年二月六日条、「迎陽記」永和五年三月四日条、など。一方、『公卿補任』により記録所関係記事を拾えば、二ケ所みいだせる。一つは永和二年三月、勧修寺経重が記録所寄人に補されたこと(同書、永徳元年条)。『弁官補任』によれば勧修寺経重はこの時右少弁。いま一つは万里小路嗣房が永和五年正月三〇日に記録所上卿となったこと（同書、永和五年条）。万里小路嗣房はこの時権中納言、おそらく伝奏でもあったと思われる（註23に示したように万里小路嗣房の伝奏としての史料上の初見は永和五年三月四日）。

(14)「瀬多文書」は、鎌倉―南北朝期の記録所や検非違使庁など、王朝を支えた重要な政務機構の実体をうかがうに足る文書を多く収めている。全四一点（実は四二点）の文書は現在、全五巻の巻子に仕立てられており、このうち第一〜第四巻に中世文書が含まれている。なお同文書はすでに『国立国会図書館所蔵貴重書解題第六巻古文書の部第二』において翻刻されている。翻刻はおおむね正確であるが、若干の誤植や脱字がある。文書名のつけ方に適切を欠くものもある。即ち、同解題の文書番号4・7・12・15・16・19はいずれも「記録所諸官評定文」とされているが、これらはすべて検非違使庁諸官評定文であり、また24の「記録所諸官評定文」は記録所注進状、もしくは記録所勘状と称すべき文書である。

(15) 以下本文に引用する貴布祢河堺をめぐる賀茂社と鞍馬寺の間の相論にかかる三点の文書（いずれも案）は国立国会図書館所蔵全五巻のうち第四巻に収められる。一方、これと全く同じ文書の写が宮内庁書陵部に所蔵されている。「記録所文書元文三年」と題された一巻の古文書がそれである（『壬生家文書』六で活字化）。国立国会図書館本の記録所注進状には破損のため解読不能の部分があるが、宮内庁書陵部本は完全形を保っている。本文では前者を後者で補訂した上で掲出した。

「記録所文書元文三年」という題簽は「記録所文書」なる端裏書による命名であり、「元文三年」とは本文書が元文三年（一七三八）に書写されたことを意味するのであろう。筆跡はすべて同一である。一方、「瀬多文書」所収のものは、①のみが楷書体、②③は同筆で行書体でしるされている。またこの二本の成立時期についてみれば、国会図書館所蔵「瀬多文書」が書陵部の「記録所文書」に比べてはるかに古いと思われる。

(16) 宮内庁書陵部所蔵「記録所文書・文殿注進状」文和三年六月二三日記録所廻文、同部所蔵「古文書雑々」文和三年七月八日記録所廻文（後者は『壬生家文書』五―二一四頁に収録）。

(17)「賀茂社記」には「賀茂山・貴布祢山地堺争論事、被付別雷社旨、賜新院々宣、院司蔵人頭右中将基光朝臣書之」とするされている（『続史愚抄』応安五年一〇月二五日条）。

(18)「任記録所注進」なる文言をもつ綸旨の事例をいま一つあげておく。歴博所蔵「正応五年十月二十六日綸旨案外二十五通」の中に含まれる後円融天皇綸旨である。これも永和年間のものである点注意される。

山城国衣比須庄事、任記録所注進、可令相伝領掌給之由、天気所候也、仍言上如件、

永和四年九月廿六日　　権右中弁（日野資教）（花押）

進上　按察殿（広橋兼綱カ）

(19)「寛和宣旨・嘉禎官符」は先掲記録所注進状にみえる「安和二年宣符〔官〕・嘉禎二年官符」と対応すること明らかであるが、表記が相違している。

(20) 宮内庁書陵部所蔵「御稲田課役竝所領等関係文書」。

(21) ちなみに、三条実音はこの直後の永和元年七月二六日、まず伝奏となった。『愚管記』同日条に「伝聞、帥卿（三条実音）被仰伝奏事」とみえる。議定衆に任ぜられたか否かは不明。

(22) 万里小路仲房の伝奏としての所見は『続史愚抄』応安七年二月一四日条、永徳二年二月三日条、四月一一日条。「東寺百合文書」永和元 五月一九日伝奏万里小路仲房奉書（『続々図録東寺百合文書』挿図13）、「迎陽記」康暦二年八月六日条、「後円融院御記」永徳二年二月三日条。

(23) 万里小路嗣房の伝奏としての所見は『続史愚抄』永和五年三月四日条、康暦二年五月二六日条、「東寺百合文書」（応安七年）一〇月七日及び（康暦元年カ）六月一一日伝奏万里小路嗣房奉書（いずれも『続々図録東寺百合文書』所載）、「迎陽記」康暦元年三月二六日条、『八坂神社文書』永徳元年奏聞事書案。

(24) 中御門宣方の伝奏としての所見は『愚管記』永和五年一二月二一日条、「迎陽記」康暦元年三月二六日条、一一月二六日条、一二月二七日条、同二年五月二六日条。

(25) 葉室長顕の伝奏としての所見は『続史愚抄』応安七年四月一四日条。

(26) 柳原忠光の伝奏としての所見は『続史愚抄』応安七年一二月二八日条、同八年一月二四日条。一一月二三日条、永和四年一月二五日条および「海蔵院文書」「永和四年」一一月二一日伝奏柳原忠光奉書。

(27) 広橋仲光の伝奏としての所見は「東寺文書」書五（永和二年）三月八日伝奏広橋仲光奉書、「迎陽記」康暦二年五月二六日、八月六日条。

(28) 裏松資康の伝奏としての所見は『続史愚抄』康暦元年一月二九日条。

(29) 土御門保光の伝奏としての所見は『続史愚抄』康暦元年三月二六日条、「迎陽記」康暦元年三月二六日、同二年八月六日条。
(30) 三条実音の伝奏としての所見は『愚管記』永和元年七月二六日条。この日、伝奏に補された。
(31) 管見の範囲での最初のものは、「三宝院文書」応安七年六月四日付、左少弁(広橋仲光)奉、三宝院僧正(光済)御房あて。最後のものは、国立歴史民俗博物館所蔵「正応五年十月二十六日綸旨案外二十五通」永徳二年二月二二日付、右少弁(清閑寺家房)奉、帥中納言(広橋仲光)あて。
(32) 東大史料編纂所架蔵影写本「妙心寺文書」三。なおこの文書は連券の申状のうちの一紙であり、裏面の端には継目裏花押の右半分が残っている。いまにわかに誰の花押かを明らかにできないが、日野資教の花押に似ているようである。
(33) 楠木正儀は元来南朝の武将であったが、応安二年正月以来、管領細川頼之をたよって北朝側に属していた。永徳二年には南朝に復帰。

付、後円融上皇院政

(一)

永徳二年四月一一日、後円融天皇は後小松天皇に譲位、中園第(もと洞院公定第)を仙居として後円融上皇の院政が開始されることとなった(『続史愚抄』永徳二年四月一、九、一一日条)。これより明徳四年五月までの一一年間が同上皇による院政期間である。同上皇の年齢でいえば二五歳から三六歳までの時期である。後円融院政の特質は幕府との関係において顕著であるので、公武関係に主眼を置く後章において詳述することとしたいが、ここでは同院政のしくみと運営の実態についてふれておくことにする。

後円融上皇の院政は、当初将軍足利義満との間に若干のトラブルを生じたが、[2] 永徳三年三月仙居が小川殿に定まって以降、武家の完全な主導権のもとに安定化したとみられる。

一方、足利義満の官歴をみれば、康暦年間以降めざましいものがある。管領が将軍の輔佐役であることを併考すれば、永徳以降における義満の官位昇進は斯波義将の管領就任と不可分の関係にあるようである。義満は応安六年に参議・左中将として公卿の仲間入りをし、永和四年に権大納言・右大将にすすんだ。さらに永徳元年内大臣、同二年左大臣、同三年には奨学院・淳和院別当を兼ね、准三宮となった。朝政へのかかわりでいえば、特に永徳二年閏正月に蔵人所別当、同四月に院執事となったことが注目される。

後円融院政期の政務運営の具体的側面については史料が少なく、ほとんどこれを明らかにすることができない。院評定始については『後愚昧記』永徳三年三月二八日条の次の記事がほぼ唯一のものである。

> 今日仙洞評定始也、去年譲位之後未被行之、参仕人摂政(二条良基)・近衛前関白(道嗣)・左府(足利義満)・万里小路儀同三司(仲房)・万里小路中納言(嗣房)等云々、文殿始又被行歟、可尋之、旧院(後光厳上皇)御代評定始、同日文殿始有之、

この記事で注目すべきは、永徳二年四月の譲位以後初めて開かれた院評定始であること、前年左大臣に昇任した足利義満が参加していること、である。院評定始自体の実質的意味がほとんど喪失していること、その院評定始自体も足利義満に掌握されていたらしいこと、が推測されよう。

雑訴沙汰や文殿の活動についてもほとんど知ることができない。断片的ながら参考のために次の記事をあげておこう。いずれも出典は『後愚昧記』である。

> (永徳三年四月)廿四日、大外記師香(中原)朝臣示送云、前大外記清原宗季朝臣去十六日卒去、仍大外記良賢籠居、文殿開闔事、昨日執権中納言経重(勧修寺)卿以御教書可存知之旨被仰下之云々、凡文殿開闔ハ代々中原家外記所奉行也、而今度被始例被仰良賢(清原)、不可説違例也、
>
> (永徳三年五月)十六日、今日文殿開闔事被仰之後、大外記師香(中原)朝臣初参云々、但無雑訴御沙汰、上卿無出仕之故歟云々、

永徳三年四、五月の時点においては雑訴沙汰も滞りがちで、文殿の活動も不活発ではあるが、文殿開闔のポストに対する中原氏の執念にはすさまじいものがある。[新補注1] 中原師香は前年五月に文殿開闔となった清原良賢(「実冬公記」永徳二年五月一二日条)が服忌のため籠居したのを機に、自らがそのポストに就いたものと思われる。雑訴沙汰を主導するなど幅広い活動をする伝奏の動向も断片的にしか知られない。記録類に史料所見のあるものでは、坊城俊任(御禊伝奏)・万里小路嗣房[3]・勧修寺

経重(4)・西園寺公永・広橋仲光(5)らがいるが、次の史料はこのうちの西園寺公永についてのものである（『兼宣公記』）。

（康応元年二月）廿五日、住吉神主申荒垣功事、任官叙爵等少々付給之間、為伺申入参仙洞、将又座主宮（入道明承親王）被申江州唐崎太明神々階正一位事、同経奏聞者也、頃之退出、抑住吉社奉行事、去比為西園寺大納言（公永）伝奏被仰下之間、所申沙汰也、此奏事付伝奏可申入之処、彼大納言此間籠居之間、経直奏者也、

康応元年当時広橋兼宣は蔵人・左少弁であった。この記事は兼宣の動きとともに伝奏の役割をも明示している。おそらく西園寺公永は住吉社伝奏であったのであろう。

後円融院政の人的構造を知るためには院司の構成に注意せねばならない。「後円融天皇御譲位記」によれば、永徳二年四月一一日の譲位の条に次の記事がある。(6)

於仙洞被補院司、左大臣源朝臣（義満執事）・権大納言藤原朝臣（公永、御厩別当）・権中納言藤原朝臣（按察使資康、執権）・左中将公仲朝臣・右兵衛督氏房朝臣・権左中弁兼長朝臣・左中弁資衡・侍従資国・兵部丞知季・式部丞永俊等也云々、

これによって、同院政開始当初、足利義満（執事）・西園寺公永・裏松資康（執権）(7)らが院別当であったことが知られる。執事が院別当の上首である点にかんがみれば、義満はその立場から西園寺公永・裏松資康（彼も後述のように伝奏だと考えられる）の伝奏としての活動に少なからざる影響力を持ったにちがいない。ここで注目すべきは、義満の執事としての影響力が、それまでのような武門の長たる将軍の立場、つまり外から働くものでなく、院政という公家の権力機構内部から働いた点であろう。やがて後小松天皇の治世に入ると、将軍義満の仰せを奉じた伝奏奉書の本格的な出現をみることが指摘されている。(8)

（二）

次に後円融上皇の院政の直接的足跡たる同上皇の院宣に即して、その政治体制としての特質をみてみよう。管見に及んだ後円融上皇院宣は、『八坂神社文書』永徳二年五月二七日付（按察使（裏松資康）奉、祇園宰相僧都御房あて）より、「盧山寺文書」明徳三年一一月二日付（権大納言資教（日野）奉、盧山寺長老上人あて）までの二〇点たらずである。(9) 史料の収集も充分でないが、残存文書が少ないのも事実である。いまとりあえずこれらの文書をもとに考えることとする。

まず内容の上で分類すると次のようになる。

① 所領・所職の安堵
② 大嘗会酒鑪役・絹糸綿駄別課役の徴納
③ 寺領に対する濫妨停止、訴訟の棄捐
④ 寺官職補任の告知（官符未到のため）

これらによってみれば、北朝の所轄権の範囲と内容がかなり限定されてきていることが知られる。地域的には山城中心であるし、洛中の商工業者に対する課税に関する史料がきわだっている。いわば王朝権力の最後の拠点がどのようなところにあったかをうかがわせている。

奉者についてみれば次のとおりである。

(A) 勧修寺流藤原氏

万里小路嗣房（権中納言）・勧修寺経重（執権・権中納言）中御門宣方（参議）・万里小路頼房（右中弁）・清閑寺家房

(B) 日野流藤原氏
裏松資康（執権・権中納言・按察使）・日野資教（執権・権大納言）
(C) その他
中山親雅（権中納言）・高倉永行（左兵衛権佐）
(D) 不 明
左中将・修理権大夫

院宣を奉じた実例の上では勧修寺流と日野流とが最も多い。光厳上皇院政・後光厳院政の場合をふまえて考えれば、右の奉者たちのうち参議以上は一応伝奏とみてよいと思われるが、全員について傍証史料があるわけではない。万里小路頼房は弁官の立場から院宣を奉じている。しかし清閑寺家房・高倉永行については各々の院宣を奉じた当時、蔵人・弁官在任の徴証がなく、異例といわねばならない。

このような異例の院宣の存在は院宣発給の母体たる北朝政務機構の混乱と動揺に帰してよいと思われる。異例の事態はここばかりではなく次のような場面においても起っている。まず関係史料をあげる（「理性院文書」乾）。

① 足利義満御判御教書
尾張国長幡寺別当職事、任先例可令執務之状如件、
嘉慶二年九月十五日 （足利義満）（花押）
理性院僧正御房

② 後円融上皇院宣（薄墨）

山城国東安寺并尾張国長幡寺別当職、可令管領給之由、新院(後円融上皇)御気色所候也、仍執啓如件、

嘉慶二年九月廿四日　(清閑寺家房カ)(花押)

謹上　理性院僧正御房

③　管領斯波義将施行状

尾張国長幡寺別当職事、任去月十五日御下知之旨、可沙汰居理性院僧正房雑掌之状、依仰執達如件、

嘉慶二年十月三日　左衛門佐(斯波義将)在判

土岐伊豫守(満貞)殿

④　尾張守護土岐満貞遵行状

尾張国長幡寺別当職事、任去月十五日案堵(安)御判并今月三日御教書之旨、可沙汰居理性院僧正房雑掌之状如件、

嘉慶二年十月五日　伊豫守(土岐満貞)(花押)

戸藤左近将監殿

この一連の文書についてはすでに伊藤喜良氏が王朝側の安堵権の形骸化を述べられた際に指摘された(10)。①と②を比べればわかるように、②の後円融上皇院宣は①の足利義満御判御教書を追認しているのである。従来、北朝の勅裁を幕府側が保証する行為はみられたが、このような逆の形は珍しい(11)。①を管国守護へ施行する③の管領施行状にも、④の守護遵行状にも、②はその片鱗をもとどめていない。②の院宣が全く形式的なものであることは明瞭であろう。

（三）

後円融院政の運営の実態をいくつかの側面からながめてみた。おおむね北朝の王朝としての権力の衰退の過程を叙述したにすぎないが、以上においてふれなかった検非違使庁の活動については別項で詳述せねばならない。王朝権力の最後の砦が洛中の支配を主任務とする検非違使庁であったからである。

本節においては、もっぱら北朝側の史料によって王朝の姿を具体的に描こうとした。後節において武家と公家との関係についてふれるが、王朝の歴史的性格はそこで改めて明らかとなるであろう。

註

（1）後円融上皇の仙居は、永徳三年二月上﨟局（三条厳子）・按察局をめぐる上皇と足利義満とのトラブルの最中、一時上皇の生母日野仲子の梅町殿に移り、中園殿は洞院公定に返却された。さらに翌三月には勧修寺経重の小川亭に移った（『後愚昧記』）。梅町殿遷幸が「非御幸之躰云々、是依何篇令幸哉、人皆成不審者也」（同記、永徳三年二月一六日条）と評されたように、この時期の仙居の変転は不安定な公武関係を象徴している。

（2）臼井信義氏はこの時期の後円融上皇と足利義満との関係を次のように述べておられる。長文に亘るが、妥当な意見と思われるので以下引用したい。

当時の後円融上皇は義満と年齢も同じであり、義満に対しては対抗意識もあられたであろうし、いろいろな御不快から神経衰弱気味であったようである。しかも御不快の原因となるものは二条良基・三条公忠・西園寺実永・万里小路嗣房・日野兄弟らの廷臣が悉く義満に阿諛する態度にあるようである。上皇配流の風説もどんなにか上皇の心を傷つけたことであろう。前年御幼少の後小松天皇に譲位されたのも義満とよい三条公忠の女の産んだ皇子に位をゆずり、自由の身となられたいためであったろう。しかも義満に対する不満は内攻してこのようないろいろな事件として現われたのであった（同氏『足利義満』五二〜五三頁）。

（3）「吉田家日次記」永徳三年八月一〇日条。

（4）『続史愚抄』康応元年二月九日条。

（5）『兼宣公記』明徳三年一一月一日条。

(6)『皇室制度史料太上天皇二』一七一頁。

(7) 後円融院政期に執権は三人が交替した。初代の日野資康は永徳三年三月頃には勧修寺経重と交替（『後愚昧記』）、勧修寺経重は康応元年一二月一五日に没したため、日野資教がこれに代った（『兼宣公記』）。ちなみに「院司補任」後円融院の項には執権としてこの三名が列記してある（『皇室制度史料太上天皇二』二四九頁）。

(8) 義満の意を奉じた伝奏奉書は、応永二年六月の義満出家を機会に発給されるようになったと説かれているが（『日本古文書学講座4』一〇四頁）、小川信氏は至徳二年八月三〇日伝奏万里小路嗣房奉書（「師盛記」『歴代残闕日記』15）の存在を指摘しておられ（同氏『足利一門守護発展史の研究』七三四頁註(5)）、また「京都帝国大学所蔵文書」三十一「応永元年」一〇月二八日伝奏万里小路嗣房奉書（一乗院御房あて。『大日本史料』第七編之一、七一五～七一六頁）も義満出家以前の実例である。これらによってみれば、この種の伝奏奉書の出現は必ずしも義満の出家を契機としていないことが知られるであろう。

(9)「妙心寺文書」には明徳四年二月三〇日付の院宣が収められている。『大日本史料』七編之一（一六七～一六八頁）はこの院宣を後円融上皇のものとし、綱文を立てているが、この院宣の内容が長講堂領に関することがらであることから、崇光上皇の院宣とみる方が妥当であると考えられる。奉者の権中納言（四条隆仲）も後円融上皇院宣の奉者としては他に実例がない。ちなみに、『国立国会図書館所蔵貴重書解題　第八巻』所収「高山寺古文書」嘉慶二年一〇月一三日後円融上皇院宣（同解題九頁）も崇光上皇院宣とみられる。

(10) 伊藤氏「室町幕府と武家執奏」（『日本史研究』一四五号、昭和四九年）四三～四四頁。

(11) このようなケースをさかのぼって検索すれば、かろうじて次の事例をみつけることができた。

① 「宝篋院義詮公御教書」

大徳寺并徳禅寺、開山国師（妙超）悉皆遺附之段、云東堂和尚、今徳禅寺住徹翁規矩之篇、任彼行之旨（事脱カ）、今（令）門弟相承、可講（請）器用之門徒、次徳禅寺住持之事、宜被天下安全祈之如件（状脱カ）、

貞治六年九月十三日　正二位（足利義詮）御判

徹翁（義亨）和尚

② 大徳寺・徳禅寺住持職并法度事、武家証状備叡覧候了、被聞食之由其沙汰候也、恐々敬白、

十月七日　（柳原）忠光

（『竜宝山志』一）

祥山（仁禎）和尚禅室　　　　　　　　　　（「徳禅寺文書」二）

①は「義詮、義亨徹翁ヲシテ、大徳寺并ニ徳禅寺ノ住持職ヲ其門弟ニ相承セシ」（『大日本史料』六編之二十八、四三九頁の綱文）めた将軍足利義詮の御判御教書、②は①（「武家証状」）を叡覧に供えたという内容の柳原忠光奉書である。②の年紀については『大日本古文書大徳寺文書之一』が「応安永和頃ノモノナルベシ」と推測したが（一五三頁）、これによれば②は伝奏奉書と考えられる。ここで注目されるのは将軍義詮が独自に発した①を朝廷側が追認していることである。このとき①をうけた後光厳天皇綸旨が下されたか否か明らかではないが、この嘉慶二年のケースがおそらくこのような先蹤をふまえたものであることは疑いあるまい。

第五節　北朝の検非違使庁

一　はじめに

中世の検非違使庁（以下、使庁と記す）についての研究は比較的活況を呈している。[1] 殊に橋本初子氏の使庁発給文書の機能に着目した研究は旧来の使庁研究に新風を吹きこみ、使庁の活動の核心部分をうきぼりにした。使庁の総体についての記述やその研究史についての説明は先学の諸論稿にゆずり、本節ではこれまであまりふれられることのなかった北朝の使庁の二、三の側面について検討したい。

二　構成と機能

使庁機構の沿革については「職原鈔」のしるすところであるが、本節では使庁官人の構成とその役割、および使庁の特に終焉時の状況について言及したい。使庁官人は「職原鈔」のいう尉・志クラスの役人であり、文殿・記録所を固有の制度的足場とする「両局輩」に対して「法曹輩」（法家輩）と称せられたグループを結成し、[2] 王朝の裁判制度において法曹吏僚としての強固な地盤をきずいていた。使庁官人の構成について考えるとき、五味文彦氏の、次の指摘に注目すべきであろう。[3]

使庁官人はほぼ二つの系統によって編成されている。その一つは「追捕官人」で、武力をもって犯人の追捕、騒乱の鎮圧等の治安の維持にあたり、他の一つは「明法道輩」や「文章生」等の文官で、彼等は刑事裁判や洛中行政を担当した。

使庁の追捕機能はその武力装置の衰退にともない武家によって代替されたが、洛中の民事・刑事両面に亘る訴訟機関としての機能は実に文殿・記録所がその活動の跡を断った後までも存続した。そのような使庁の、特に官人の時期的構成や訴訟・行政上の役割について若干のべることにする。

1　諸官評定文を通して

まず北朝の各治世にどのような官人がいたかについてみておこう。使庁官人の構成内容を知りうる史料は決して豊富ではない。文殿や記録所の場合、『師守記』の記主中原師守がこの方面の吏僚としてその実務を担当したこともあって、関係史料に恵まれているといえるが、使庁の場合はこの種の記録が残されていない。むろん『師守記』にも使庁関係記事が乏少ながら載せられているが、知りうる内容には限界がある。そこで使庁官人の構成なり所轄内容なりを最も包括的に把握できる史料は使庁官人の審議内容を注進した文書＝諸官評定文であるといわねばなるまい。使庁の裁許は評定文としての諸官評定文、判決としての使別当宣、施行文書としての使庁下文・官人施行状、以上三点一組の文書をとおして実体化するのであるが、(4) このうちの諸官評定文は使庁官人の衆議をしるしたものであるため各自の署名がみられる。いま管見に及んだ一六点の諸官評定文について整理をしておく。(5)

この表に即して官人の構成についてみよう。諸官評定文にはふつう四〜八名の官人の署名があり、評定にかかわる官人の員数についてはおおよその見当はつく。南北朝末期になると減少する傾向にあるが、それでも四名を割ることはな

南北朝期の検非違使庁諸官評定文一覧

	年月日	事書	評議の結論	署名者	当時の使別当	出典
1	暦応2・4・12	泉涌寺別院二階寺領七条町以下四箇所田地事	寺家管領無相違云々、然者任諸官証判紛失状、被下別当宣之状、有何事哉、	(坂上)明成・(中原)章有・(中原)秀清・(中原)章兼・(中原)章世・信音・(坂上)明宗	柳原資明	泉涌寺文書
2	暦応4・5・12	興福寺雑掌頼英申平五郎男以下輩刃傷狼藉事	被召出彼輩（平五郎男）等、可被尋究矣、	1に同じ	〃	東寺百合文書ト
3	康永1・5・3	尼性阿申唐橋西堀川以西南頬田地三段半并九条西大宮南頬田地参段・西九条坊職以西南頬屋敷等事、	件田地性阿可全管領歟、於苅麦之真偽者、被尋究之後、可有其沙汰哉、	(坂上)明成・(中原)章有・(中原)秀清・(中原)章世・信音・(坂上)明宗	〃	東寺百合文書エ
4	康永1・6・20	中原氏女申四条坊門大宮敷地事、	帯俊茂譲状等、所愁申非無其謂、此上者被成下安堵別当宣条、有何事哉、	(坂上)明成・(中原)章有・(中原)秀清・(中原)章兼・信音・(坂上)明宗	〃	師守記 貞治三年四月廿一―十九日紙背
5	康永2・9・13	教令院雑掌与津村彦次郎重光相論塩小路朱雀田地壱段半事、	勤仕有限職役、教令院領掌可無其妨哉、	(坂上)明清・(坂上)明成・(中原)章有・(中原)章兼・(中原)章世・(坂上)明宗	四条隆蔭	東寺百合文書ヒ

6	康永3・12・13	清我僧都申唐橋猪熊敷地并東寺南田地参段号菖蒲田事、	優御祈禱之労、可被清我僧都管領哉、	(坂上)明清・(坂上)明成 (中原)章有・(中原)章兼 (中原)章世・(坂上)明宗 (中原)章倫	〃	東寺百合文書の
7	貞和3・10・22	東寺申山城国拝師庄内上津鳥里十九坪田地三段半事、	猶以令遁避条太不可然、此上者以違背雖可被裁許、為無後訴、来廿七日評定不参対者、任被定置之法、可有其沙汰之由、以下部等厳密可被触仰道忍哉、	(坂上)明清・(坂上)明成 (中原)章有・(中原)章兼 (中原)章世・(坂上)明宗 (坂上)明景	三条実継	東寺百合文書京
8	貞和3・11・7	7に同じ	道忍猶以令遁避云々、判待之法似無尽期、然者彼田地可被裁許東寺哉、	(坂上)明清・(坂上)明成 (中原)章有・(中原)章兼 (中原)章世・(坂上)明宗 (坂上)明景・(中原)章倫	〃	東寺百合文書ヒ
9	貞治6・9・14	6に同じ	清我領知之段、被聞食之旨、被成下別当宣之条、何事之有哉、	(中原)章世・(坂上)明宗 (中原)章頼・(坂上)明方 (坂上)明胤	柳原忠光	東寺百合文書の
10	康暦1・10・23	義宝僧都申唐橋猪熊敷地并東寺南田地参段号菖蒲田事、	(義宝)領掌之段、被聞食之由、被下別当宣之条、何事之有哉、	(坂上)明宗・(中原)章頼 (中原)章弼・(中原)章忠 (坂上)明胤	日野資教	東寺百合文書の

11	永徳1・5・23	祇園社執行顕深僧都申社領六角町敷地事、	被聞食之旨、被成別当宣之条、何事之有哉、	(坂上)明宗・(中原)章頼・(中原)章弼・(中原)章忠・(坂上)明胤・(坂上)明宣	〃	八坂神社文書
12	永徳1・7・10	天龍寺雑掌申小六条地事、	当寺領掌不可有依違之由、被成別当宣之条、何事之有哉、	(坂上)明宗・(中原)章頼・(中原)章忠・(坂上)明胤	〃	鹿王院文書
13	至徳1・5・13	(麩商人申駕輿丁所業事)	所詮猶不従停止者、就住所可有厳密沙汰之由、可被触仰哉、	(坂上)明宗・(中原)章頼・(中原)章弼・(中原)章忠・(坂上)明宣	裏松資康	京都御所東山御文庫記録甲七十
14	至徳2・6・13	院庁召次国永申庁官盛秀就近江国愛智郡番米所務令謀作院宣間事、	所詮先就筆者盛秀処首罪、於久弘者従刑可科断歟、是則共犯罪者以造意為首随従者、可減一等之由、律条設文之故也、此被経御奏聞、可有左右矣、	(坂上)明宗・(中原)章頼・(中原)章弼・(中原)章忠・(坂上)明宣	〃	京都御所東山御文庫記録甲七十一
15	※康永～貞和ヵ	前欠	然者匡遠宿禰所申非無其謂哉、可有御奏聞哉、	明清・明成・章有・章兼・(章ヵ)□世・明宗	四条隆蔭、或いは三条実継	壬生家文書五
16	※※貞和ヵ	前欠	(前欠)造可専恒例神事之可被仰下歟、早可有御奏聞哉、	明清・明成・章有・章世・明宗・明景・章倫	〃	仁和寺文書九

※署名者の顔ぶれについてみるとき、康永～貞和年間のメンバーを基本としていることによる（5～8の諸官評定文参照）。
※※署名者の顔ぶれを、特に坂上明景、中原章倫に注意してみるとき、貞和年間のメンバーを基本としていることによる（6～8の諸官評定文参照）。

い。以下、先の評定文一覧によりつつ、北朝の各治世ごとにこの種の官人の構成内容を検討する。

光厳上皇院政期（表の1～8、15～16）　光厳上皇院政期（一五年間）における残存例が最も多く一〇例に達する。このことは当該期使庁のこの面における活動が他の時期に比べて活発であった事実を反映するであろう。評定に参加した官人には、中原氏に章有（1～8、15・16）・秀清（1～4）[6]・章兼（1～2、4～8、15・16）・章世（1～3、5～8、15）・章倫（6・8・16）、坂上氏に明成（1～8、15・16）・明宗（1～8、15・16）・明清（5～8、15・16）・明景（7・8・16）がいるが、信音（1～4）についてはその出身を確定することができない。活動の時期に即していえば、中原章有・同章兼・同章世・坂上明成・同明宗の五名は同院政期を一貫しており、他方中原秀清・信音の二名は中途で退き、代って中原章倫・坂上明清・同明景の三名が加わるという形をとっている。また光厳院政期にあっては文殿の活動も活発であったが、[7]前記一〇名の使庁官人のうち、中原章有・同章世・同秀清・坂上明成・同明宗・同明清の六名は文殿衆を兼任したことが知られる。このことは同院政下における文殿・使庁両機関の統一的かつ円滑な運営を推進するうえで有効であったと思われる。

ここで考えあわさるべきは、東洋文庫所蔵「制法」に収められた「使庁沙汰日」で始まる使庁関係記事である。この記事の成立については他の記事と一括して、暦応四年一一月と推定しておいた。[8]（新補注1）この記事も光厳院政期の使庁の構成を考える上での重要史料であるので、以下に再び引用することにする。

使庁沙汰日　此外臨時評定連〻有之

三日　八日　十三日　十八日　廿三日　廿八日

出仕官人

（姉小路）大判事明成朝臣（宿禰）　博士大夫判官章有朝臣

佐渡大夫判官秀清朝臣（〻〻）　勢多大（夫）判官章兼朝臣

高倉大夫判官章世朝臣　能登判官信音朝臣

姉小路新判官明宗宿禰　藤　弘

章　倫　章　頼

久　定　親　弘

章　弼

これは光厳院政下の使庁の「沙汰日」と「出仕官人」についての記事である。「沙汰日」については、当時四の日、九の日が文殿の沙汰日であり、七の日が雑訴沙汰（雑訴評定）日であったことを併考すれば、使庁沙汰日はこれらの式日と重ならないように設定されていたことが知られ、また「出仕官人」については、坂上明成以下同明宗に至る七名の官人の名前を暦応四年五月一二日諸官評定文（前掲表2）の署判と比較すれば、その順序も含めて全く同一であることがわかるが、この事実はこの職員表の成立時期についての先の推定を支えるものである。さらに明成〜明宗の構成が暦応二年四月一二日、康永元年五月三日、同六月二〇日の各諸官評定文（前掲表1・3・4）に共通すると考えられることは、(9) 先掲「出仕官人」＝職員表の官人配置が少なくとも三年以上に亘って維持されたことを示している。

また前掲「出仕官人」のうち官職記載のない藤弘以下六名は評定に実質的にかかわれない、つまり評定文に連署する資格を持たぬ府生などの身分のものたちであったと思われる。この時点での無資格者六名のうち、中原章倫・同章頼・同章弼の三名はのち有資格者に昇格したが、残り三名にはその所見がない。ここで参考となるのは、貞治五年九月二三日の別当柳原忠光の庁始に参勤した府生志範弘・同時弘であって（同二三日内問評定始にもみゆ）[10]、名乗りからみて藤弘・親弘がこの範弘・時弘と同族であることは明瞭であろう。このことは使庁の官人が役割の異なる二つの階層から成っていたことを示しており、またこの秩序が出身家門によって厳格に守られていたことを知ることができる。ちなみに使庁官人の他の機能たる紛失証判については次段で述べるが、そこにも「弘」を通字とする官人名はみいだすことができない。

後光厳天皇親政期・同上皇院政期（表の9）　この期間は二一年半にも亘るが、残存する諸官評定文はわずか一例しかみいだせなかった。このことは当該期における使庁の活動の不活発さを雄弁に語っている。使庁の長官たる別当のポストが応安年間を中心に[11]総計約一〇年間に亘って空席のままで、裁許文書たる別当宣が下せなかった事情がこの面での使庁の活動を麻痺させたものと思われる。本章第三節でみた、応安四年九月の評定にかかる「応安法」中の「屋地并負物事、別当未補之時、於文殿可有其沙汰」なる一ヶ条はこのような事態に対処するための法的措置であったのである。

さて、この時期どのような使庁官人がいたか。9の諸官評定文、および貞治二年後正月七日評定始（『師守記』同日条裏書）、貞治五年九月二三日庁始（同、貞治五年一〇月六日条裏書）、同二三日内問評定始（同）、同二八日内々評定始（同）などいくつかの使庁関係記事によってみれば、中原氏に章世・章頼・章忠が、また坂上氏に明宗・明方・明胤・明宣がいる。光厳院政期に比してかなり小規模化していることが知られる。しかも前代以来の官人は中原章世と坂上明宗の二人にすぎず、他はすべて新任者である。また彼らのうち、当該期記録所・文殿衆を兼ねたのも、中原章世と坂上明宗・明胤の三人にすぎない。

後円融天皇親政期・同上皇院政期（表の10〜14）　この時期も一九年余に及ぶ。使庁の活動は活発とはいえないが、前代の後光厳期に比べればやや関係史料も多く残っている。しかし管見の限り、諸官評定文は康暦〜至徳の間のものに限られ、応安〜永和のものはみられない。このことは永和二年七月から康暦元年六月の時期を中心に別当未補の期間が存在したことと無関係でない。康暦元年に日野資教が使別当に就任し庁例が復活するのであるが、特に日野資教の将軍足利義満との密接な所縁、あるいは幕府の洛中支配への本格的姿勢などを併考すれば、この使庁機能の復活は幕府の動向と深い関係をもつものといわねばなるまい[12]。

表示した当該期の五点の諸官評定文に即して使庁官人を列挙すれば、中原氏に章頼（10〜14）・章弼（10・11・13・14）・章忠（10〜14）が、また坂上氏に明宗（10〜14）・明胤（10〜12）・明宣（11・13・14）がいる。このうち中原章忠と坂上明宗は後円融天皇親政下の記録所衆を兼ねている。同上皇院政下の文殿との関係はそのメンバーを知りうる史料に恵まれないため、窺うことができない。

以上のべた、南北朝期の使庁官人の構成上の特色は次のようにまとめられよう。

(一) 使庁官人はいずれも中原・坂上両氏出身者であること（但し信音のみ不確定）。
(二) 諸官評定文への署名者数は漸次減少の傾向をたどるが、それは使庁の規模の縮少化と関係していること。
(三) 中原氏出身者を一門系図の上においてみれば、鎌倉末期の使庁官人中原氏が多彩な分流から輩出していたのに比べ[13]、南北朝期には、章藤流（章有・章倫・章忠）および章房流（章兼・章頼[14]）・章香流（章世・章弼[15]）など特定の分流によって占められていること。

㈣　彼らによる使庁の評定機能は至徳二年まではたどることができること。

続いて使庁の機能、特にその終焉期の状況について検討したい。中世の使庁の機能の全般については「職原鈔」に、

朝家置此職以来、衛府追捕、弾正糺弾、刑部判断、京職訴訟併皈使庁、

とあるによって窺うことができるが、使庁活動の実例からいえば、洛中の敷地田畠をめぐる民事訴訟、および刃傷狼藉などをめぐる刑事訴訟がほとんどを占め、いわばこれが中世の使庁の基本的な任務であった。

使庁が洛中の敷地田畠の訴訟に当った最後の事例が永徳元年七月一〇日の「小六条地」をめぐる庁例（「鹿王院文書」）であることはすでに指摘されたところである。(16)また羽下徳彦氏の研究をふまえて佐藤進一氏が指摘されたように、侍所が洛中に遵行を行うのが至徳元年からであることから、この時期には洛中の土地についての行政・裁判権が使庁より幕府に移ったと理解するのも妥当な意見である。(17)従来この至徳元年の土地裁判権の委譲をもって、使庁の制度は実質的に解体したかのように考えるむきが強かったのであるが、使庁はなおも次のような活動の跡を残していることに注目せねばなるまい。以下引用する諸官評定文①③は先掲表のなかの13および14である。(新補注2)13については同時に出された②の使別当宣（裏松資康）をもあわせて掲出した。

（見返）
①「諸官評定文」

至徳元年五月十三日評定

於所被下駕輿丁之　綸旨者、被召返訖、而任雅意致其業之条不可然之由、令参訴之間、以下部等可停廢之旨、度々被

触仰之処、募駕輿丁之号、曾以不叙用云々、所存之企太不可然、所詮猶不従停止者、就住所可有厳密沙汰之由、可被触仰哉、

(坂上)明宗
(中原)章頼
(中原)章弼
(中原)章忠
(坂上)明宣

(見返)
②「別当宣」

別当宣

麩商人申駕輿丁所業事、任諸官評定文、可令下知給之由、(裏松資康)別当殿仰所候也、仍執達如件、

至徳元年
五月十三日　若狭守主税

謹上　大判事殿

(以上「京都御所東山御文庫記録」甲七十)

(見返)
③「諸官評定文」

至徳二年六月十三日評定

院庁召次国永申庁官盛秀就近江国愛智郡番米所務令謀作　院宣間事、

件番米事、右将曹久弘謀作両通　院宣、致濫妨条難遁罪条之旨国永訴申之間、被尋下之処、如久弘陳答者、於九月五日（注永徳三）御教書者更不存知、至去年八月　院宣者盛秀称申成相副書状送賜之間、遣地下訖、謀作之段不弁子細云々、因玆被召出盛秀被尋問之刻、如申詞者御公事闕怠之間、為令問答地下属所縁可申帥中納言家（広橋仲光）、先可書給案文之旨久弘申請之間書遣之条無子細、次相副状事、是又　院宣被成下者、不移時刻可遣地下之間、先可書給之旨同依申請書送訖、強無謀之構、次永徳　院宣事者不存云々、所詮謀書両通之内於一通者、久弘・盛秀等堅雖争申之、至去年八月廿二日院宣者無異論哉、而寄縡於彼是、雖遁申、為筆者書出之上者、謀作之濫觴起於盛秀之所為歟、詐偽律云、詐為詔書者遠流、説者云、太上天皇宣亦同、又条云、詐欺官私以取材物者准盗論、称准盗論之類者罪止遠流、方今盛秀設流刑歟、爰久弘称為盛秀所行、雖似令捐（マヽ）陳、兼日談合之上、号　勅裁双帋（帯カ）謀作案文令入部庄家押妨年貢之条、旁可謂勿論歟、然而猶審察詞理為令決首従之狐疑、可参対庁庭之旨、数箇度雖被触仰久弘、或号所労或称在国遁避糺決之構、情状難厚者哉、所詮先就筆者盛秀処首罪、於久弘者従刑可科断歟、是則共犯罪者以造意為首随従者、可減一等之由、律条設文之故也、此被経御　奏聞、可有左右矣、

明宗

章頼

章弼

章忠

明　宣　　（同　甲七十一）

まず至徳元年五月一三日諸官評定文、および同日使別当（裏松資康）宣について。すでに豊田武氏は四府駕輿丁の商業活動についての研究のなかで「麩（ふ）を販賣する商人も駕輿丁の中にあつたが、至徳元年五月十三日、京都の麩商人の訴によつて危く営業を禁止されようとしたため、駕輿丁はその非なることを大に抗辯して居る（御府文書）」(18)と述べておられ、これはおそらく当該諸官評定文をふまえての言と思われる。しかし、当該諸官評定文および使別当宣とによれば、この一件は麩商売に対する駕輿丁の所業を麩商人が使庁に訴えたもので、麩商人の勝訴にもかかわらず駕輿丁は数度の命令を叙用しない、そこでこれ以上叙用しないならば「就住所可有厳密沙汰」きことを衆議一決し、この使庁官人の注進をうけて使別当の判決が下されている。従って先の豊田氏の解釈はやや修正の要がありそうである。最も注目すべきことは、至徳元年に使庁が麩商人と駕輿丁との間の商売上の利権争いを裁く能力を持ちあわせていたこと、換言すれば、至徳元年当時使庁はいまだ洛中をねじろとする商工業者に対する一定の統制権を維持していたと考えられること、である。

次に至徳二年六月一三日諸官評定文について。この諸官評定文は南北朝最末期の、「謀書」についての詐偽律の適用事例であるので律研究の観点からもすこぶる興味をひくが、(19)ここでは立ち入らず、もっぱら使庁の機能的側面に注意したい。この文書を収める「京都御所東山御文庫記録」甲七十一には、関連文書たる至徳元年後九月日院庁召次番頭国永申状が収録されており、この申状をとおして当該訴訟の内容は一層明らかとなる。つまり、この訴訟は院庁召次番頭国永の領知する近江国愛智郡番米を右将曹久弘が掠領しようとして、その領知を認可する内容の二通の院宣（永徳二年一二月九日付、および至徳元年八月二一日付）を謀作したことに起因した。国永申状によれば、それらの院宣を発給したとされる山科侍従、および広橋仲光に問い合わせ、その謀書たるを立証したうえで、久弘を「任被定置之厳法、不日被糺行」んことを訴えている。諸官評定文に登場する庁官盛秀は国永の申状中には出てこない。おそらく使庁における事実関係の審査の過程であらわれたのであろうか。使庁官人たちの評議では、少くとも至徳元年八月二二日院宣の謀作は動かしがたい事実とし、この点から罪を決めようとしている。そして盛秀が謀作院宣の筆者であったところから首犯と認定され、また久弘は使庁へ召喚命令に応じなかったため「共犯罪」として従犯と決し、各々罪科に処すべきだ、という結論が出されたのである。この訴訟において最も注目されるのは、至徳二年段階で使庁が謀書のことを所轄した事実である。(20)

要するに、永徳元年に洛中の敷地田畠に対する裁判権を失った使庁がそれ以降も商業統制や謀書取締りの機能をなおしばらく持ち続けたのであって、幕府の京都支配の完成の道すじを考える際はこの事実に充分に配慮する必要があろう。

2 紛失証判を通して

一方、使庁官人は紛失状に証判を加えて、その土地の所有権を保証することも行った。紛失状とは「文書が紛失し、あるいは効力を失った場合、その文書の無効を宣言するとともに、それに代るべき案文を作製してこれに政治的社会的権威の確認を求め(21)」るものであるが、紛失状のふつう末尾に付される紛失証判は「その土地の権利関係がいかなる権力によって保証されていたか(22)」を教えてくれる。そこでこの使庁官人による紛失証判をとおして南北朝期の使庁の一側面、特にその作成過程および保務の役割について検討しよう。まず最初に管見に及んだ証判の実例を表に整理しておく。倉卒の間に集めたものであるので遺漏が多いであろうことを危惧するが、ひとまずこの表に示した事例に即して考えてみたい。なお使庁官人の証判ということで集めたので、なかには売券・譲状も各一点ずつ含まれている。

検非違使庁官人の証判（新補注3）

	紛失状（或いは売券・譲状）	諸官の証判	出典
1	建武三年八月　日　比丘尼良明文書紛失状	（……依為当社〈祇園社〉寄検非違使、就望申与判而已） 暦応三年十月十日 左衛門少尉中原朝臣 高倉判官章世	東寺百合文書京
2	建武四年三月九日　泉涌寺別院二階方丈文書紛失状	主計助兼明法博士左衛門大尉坂上大宿禰 明法博士兼右衛門大尉□□朝臣 防鴨河判官美作守兼左衛門少尉中原朝臣	泉涌寺文書一
3	建武四年五月十日　紛失状（前欠）	大判事兼明法博士左衛門大尉坂上大宿禰（明成） 少判事兼左衛門大志坂上（明宗） 明法博士兼左衛門大尉中原朝臣（章有） 防鴨河判官美作守兼左衛門少尉中原朝臣	醍醐寺文書之二
4	暦応二年六月一日　藤原藤久地券紛失状	秀清　前佐渡大夫判官 防鴨河判官左衛門尉中原朝臣（保務） 章世　前高倉大夫判官 左衛門少尉中原朝臣 章兼　前勢多大夫判官 修理左宮城判官兼左衛門少尉中原朝臣（章兼カ） 章有　前正親町博士 明法博士兼右衛門大尉尾張権介中原朝臣（章有） 章弼　前正親町志章有子 左衛門少志中原	瀬多文書
5	暦応二年八月十日　権少僧都円宣文書紛失状	（前欠カ） 明法博士兼左衛門大尉尾張権介中原朝臣（章有）	宝鏡寺文書二

		左衛門権少尉中原朝臣 大判事兼明法博士左衛門大尉遠江介坂上大宿禰 少判事兼左衛門権少尉坂上大宿禰	
6	暦応二年九月　日　比丘尼性覚文書紛失状	大判事兼明法博士左衛門大尉坂上大宿禰（明成） 少判事兼左衛門少尉坂上（明宗） 明法博士兼右衛門大尉尾張権介中原朝臣（章有カ）	勧修寺文書
7	暦応五年三月　日　法印俊聖地券紛失状	明法博士兼右衛門大尉尾張権介中原朝臣（章有）（保務） 左衛門大志中原 左衛門少尉中原朝臣（章世） 防鴨河判官右衛門大尉中原朝臣（秀清カ） 修理左宮城判官左衛門少尉中原朝臣（章兼カ） 大判事兼明法博士左衛門大尉遠江介坂上大宿禰（明成）	瀬多文書
8	康永二年六月　日　沙門仙恵文書紛失状	勢多判官章兼 左衛門権少尉中原朝臣（章兼カ）（拒捍使 保務） 姉小路判官明成 大判事兼明法博士左衛門大尉遠江介坂上大宿禰（明成） 高倉判官範世（章） 左衛門少尉（章世カ）□ 勢多判官章有 明法博士兼右衛門大尉尾張権介（章有）□	常不動院領地文書
9	観応元年八月十二日　尼法念私領地売券	左衛門大尉紀伊権介中原朝臣（章有）（保務官人） 高倉博士大夫判官章世 明法博士兼右衛門大尉安芸介中原朝臣（章世）	鹿王院文書

		〔高倉判官章弼〕左衛門権少尉中原 〔正親町大夫判官章有〕右衛門少尉坂上大宿禰	
10	（観応〜文和ヵ）某地券紛失状	大判事兼明法博士左衛門大尉石見介坂上大宿禰（明成） 左衛門大尉紀伊権介中原朝臣（章有） 防鴨河判官左衛門少尉坂上大宿禰（明宗） 右衛門少尉坂上大宿禰 右衛門権少尉中原	瀬多文書
11	文和三年七月　日　金蓮院真聖敷地券契紛失状	〔勢多大夫判官章兼〕左衛門少尉中原朝臣（保務ヵ） 〔正親町大夫判官章有〕左衛門大尉中原朝臣（章有） 〔正親町新判官〕左衛門少志中原 〔大判事姉小路大夫判官明成〕大判事兼明法博士左衛門大尉伯耆権介坂上大宿禰（明成） 〔姉小路新判官明景〕防鴨河判官左衛門少尉坂上大宿禰（明宗） 〔四条坊門判官章世〕明法博士兼右衛門大尉安芸介中原朝臣（章世）	東寺百合文書イ
12	延文三年四月二十日　前山城守義重譲状	（……依為拒捍使、加愚署而已） 右衛門大尉中原朝臣	仁和寺文書
		〔姉小路明宗〕大判事兼左衛門大尉加賀介坂上大宿禰	

13	永和四年三月五日　龍翔寺住持以下 連署文書紛失状	〔高倉章世〕左衛門大尉中原朝臣 〔同子息〕右衛門大尉中原朝臣（章弼） 〔正親町章忠〕防鴨河判官明法博士兼左衛門少尉中原朝臣 少判事兼左衛門少尉坂上大宿禰 〔勢多章願〕山城守兼右衛門大尉中原朝臣	大徳寺文書之一

紛失証判の作成過程　国立国会図書館所蔵「瀬多文書」(23)は使庁官人の家の文書であるだけに、使庁の業務に直接関係した文書を豊富に収めている。その中には南北朝期の使庁官人による紛失証判三通が含まれているが、いまこのうち二点の正文（原本）に即して、紛失証判の作成過程を考えてみたい。まず全文を引用する。前掲表でいえば7と10の事例である。

①　法印俊聖地券紛失状（裏書アリ）

立申　紛失状事

合壱所地 口東西弐丈 奥南北拾参丈　西寄

在左京四条東洞院自東洞院西、北頰地也、

右件地者法印俊聖令相伝知行、于今無相違地也、而於彼券契者、就有事之縁、預置北霊山常楽寺処、去年六月十四日夜令盗人乱入奪取財物等刻、令紛失畢、向後号帯彼地券契、於出来輩者、被処其身於重科、可被責渡券契者也、盗人乱入事被相尋常楽寺居住輩者、不可有其隠、然者申請保務并諸官御証判、欲備向後亀鏡、仍紛失之状如件、

暦応五年三月　日　　　法印俊聖（花押）

（別筆一）
「件地券為霊山常楽寺盗人被奪取之条、無相違之間、加署判而已、

当寺住持祥宝（花押）

源禅（花押）

祖覚（花押）」

……………（継目裏花押）（中原章有）……………

（別筆二）
「此地中納言法印房領主之条、無相違間、加署判而已、

在地人等

清尋（花押）

盛□（定カ）（花押）

道妙（花押）」

（別筆三）
「件地券紛失事、依為奉行保内、以左囚守有沢丸相尋判形仁等之処、云紛失之段、云当知行、無相違之由申之間、加愚署而已、

明法博士兼右衛門大尉尾張権介中原朝臣（章有）（花押）

左衛門大志中原□（草名カ）」

（別筆四）
「彼地券紛失事、保務証判分明之間、並愚署而已、
（継目裏花押）（中原章世）
左衛門少尉中原朝臣（章世）（花押）」

（別筆五）
「件地券紛失事、面々証判分明之間、同所加署判也而已、
防鴨河判官右衛門大尉中原朝臣（秀清カ）（花押）」

（別筆六）
「彼地券紛失事、傍官証判灼然之間、並愚署而已、
修理左宮城判官左衛門権少尉中原朝臣（章兼カ）（花押）」

（別筆七）
「件地券紛失事、面々証判分明之間、加愚署而已、
大判事兼明法博士左衛門大尉遠江介坂上大宿禰（明成）（花押）」

② 某地券紛失状（前欠）

（前欠）
法眼源意（花押）
法眼澄成（花押）
法眼雲水（花押）

（別筆）
「件地券紛失事、面々証判分明之上、性如管領之実否、召出地百姓ホ、被尋問之処、当時之領掌無相違之由申之間、並署判而已、

大判事兼明法博士左衛門大尉石見介坂上大宿禰（明成）（花押）
左衛門大尉紀伊権介中原朝臣（章有）（花押）
防鴨河判官左衛門少尉坂上大宿禰（明宗）（花押）
右衛門少尉坂上大宿禰（花押）
右衛門権少尉中原（花押）」

……（継目裏花押三個アリ）……

①は三紙から成る。前掲史料をみればわかるように、本来の紛失状は第一、第二紙までであり、これに俊聖の紛失状、証人たる霊山常楽寺住持祥宝以下三名、在地人清尋以下三名の証文（別筆一、二）がしるされた。こうして紛失状は所轄官庁＝使庁に提出されたのである。第二紙の末尾の余白に、中原章有が他一名とともに「依為奉行保内」り、紛失証判（別筆三）を加えていることからみれば、この紛失状はまず当該地を担当する保務中原章有のもとに提出されたと考えられる。このとき章有は第一紙と第二紙との継目裏に自身の花押を据えたこともみのがせない。つまり、このような形式の紛失状の場合、受理者たる保務は紛失の実否を調査のうえ、紛失状の紙継目裏を封じ、証判をかきくわえた。保務の役割の一つはここにあり、紛失証判を得るための最も重要な第一手続きがこれで終わる。

さて保務のもとを通過した文書は次の段階に移される。章有はこの文書を使庁官人へ移送したのである。かくして次に証判（別筆四）を加えたのは中原章世であった。また第二紙と第三紙との継目裏に章世の花押が据えられていること

から考えれば、章世は章有より受けとった文書に第三紙をはりつぎ、その継目にかかる形で証判を加え、かつ継目裏を封じたことが知られる。(24)

こののち、第三紙の余白に中原秀清・中原章兼・坂上明成の証判がかき加えられて、現状のような文書が出来あがったのである。紛失証判はこのような手続きを順次ふんでなされた。このとき別筆四〜七の証判文言に明らかなように、使庁官人たちの証判は「保務証判」を全面的に信頼するものであったこと、つまり紛失証判においては担当保務の役割が最も重大であった点に注意したい。ちなみに文和三年七月日法印真聖以下連署紛失状(「東寺百合文書」ィ、前掲表の11)は手続きの上で、以上みた①の事例と全く同じ手順で証判を得ている。

また②はやや特殊な紛失証判の例である。前欠のため紛失状の年紀は不明であるが、紛失証判自体は観応〜文和年間のものと推測される。(25)法眼源意以下三名は証人の一部であろうか。注意されるのは、一つの確認文言のもとに五人の官人が一括連署していること、また紙継目裏には「防鴨河判官左衛門少尉坂上大宿禰」(明宗)以下三官人の花押が、表の署判と同じ順で縦に三個ならんでいることである。このような形式の紛失証判は、まず最初に保務が審査をしたうえで証判を加え、諸官はこれにならって証判を連ねるという定型からはずれるもので、めずらしい。しかし、この場合においても、紛失状を受理し「件地券紛失事」以下の文言をかきつけた当該件の担当者がいたはずであり、おそらくそれは第三番目に署判を加えた坂上明宗であろう。(26)従って明宗はこの紛失状をうけとりその奥に一紙をはりついだうえで、(27)紛失証判と自分を含めた五人の官人の官途名をかきつけたものと考えられる。所定の官途名の下に当人の花押が据えられてこの紛失証判は完了した。この証判方式は先にみた①に比べて略式の感をまぬがれない。

以上、二様の紛失証判に即してその作成手続きを調べてみたが、このような使庁官人による証判の仕方についてはすでに上島有氏が「紛失状の証判にしても、譲与・売買・寄進の証判にしても、保務官人その他が証判を加えるばあいには、申請者の提出した紛失状・譲状・売券などに一紙ないしは二紙つぎたして、それに証判を加えるのが普通であった」(28)と概括しておられる。

保務の役割　次に紛失証判において最も基幹的役割を果たす保務について考えよう。佐藤進一氏は「鎌倉・南北朝期について、使庁の京都市政の運営を見ると、京都の行政単位である保別に担当の検非違使があり、かれは保官人・保務などとよばれて、各管轄保内の治安・警察・裁判その他に責任を負う」(29)とまことに適切な指摘をなされている。ここで考えあわされるのは、東洋文庫所蔵「制法」に収められた次の記事である。先の佐藤氏の指摘はこの史料をふまえたうえでの記述であることはいうまでもないので、いまさらとり出す必要もないとも思われるが、叙述の都合上再引用する。

諸保

一条以南土御門以北	章　廉
土御門以南近衛以北	章　藤
近衛以南中御門以北	章　頼
中御門以南大炊御門以北	章　倫
大炊御門以南二条以北	章　弼
二条以南三条以北	明成宿禰
三条以南四条以北	章有朝臣
四条以南五条以北	秀清朝臣

五条以南五(六)条以北　　章兼朝臣
六条以南七条以北　　章世朝臣
七条以南八条以北　　信　音
八条以南九条以北　　明　宗

この史料は「京都市政上の単位たる各保と、それぞれの担当官人名とを列記したもの(30)」である。同じく「制法」に収められた先掲「出仕官人」に列挙された官人と比較すれば一〇名が重なりあっており、保務のポストと使庁官人のポストとの兼任の状況を窺うことができる。保務の分担区域についてみれば、「一条以南二条以北の地域が五つに分割され、保官人の管轄の比重は内裏・官衙等の公家の支配地域に高い(31)」。

さてこの「諸保」に列挙された保務と、先にみた紛失証判にあらわれる保務と比較検討すればどのようなことを知ることができるか。先に表示した紛失証判にはすべて保務の確認文言が含まれているとは限らず、また前欠のため紛失安堵の対象地が不明で、保務との対応関係を考える条件を満たさない事例もあるが、まず次のような事例を示しておく。

① 暦応二年六月一日藤原藤久は建武三年の「天下動乱」の時、その本券・譲状を紛失した「在五条坊門東洞院高辻以北東頬」の地の保証を願い出た。このときの紛失証判の最初は次のものである（表の4）。

件地券紛失段、相尋覚昭ホ之処、無子細之、且当管領之条、行顕成外題候、仍為保務所加証判也而已、

防鴨河判官左衛門尉中原朝臣（秀清　前佐渡大夫判官） 在判

② 暦応五年三月日法印俊聖紛失状は「在左京四条東洞院自東洞院西、北頬地」の券契を盗まれたというものであるが、その紛失証判冒頭に中原章有他一名の証判が加えられており、しかも当該地が当人の「奉行保内」たるこ

とが明記されている(表の7)。

③ 尼法念は四条町直垂座の私領地一所を竹夜叉に売却した。観応元年八月一二日、子息両人が「売券の正当性を保証するための判形を加えることができなかったので『為後証』に、保務官人らの証判を申請したのである」[32]が、官人証判の最初は次のものである(表の9)。

件地事、依為奉行保内、以右囚守彦沢并彦勝丸等、相尋尼法念并竹夜叉処、売買之条無相違之由各申之云々、

仍加署判而已、

左衛門大尉紀伊権介中原朝臣(章有)(花押)

①〜③の事例はいずれも観応擾乱の終結以前のもので、中原秀清・同章有は各々保務として任務を遂行したものと思われる。これらの事例にみる担当区域と保務との対応関係は、先に挙げた「諸保」の分担と合致しており、このことはおそらく少なくとも暦応〜観応年間、「諸保」の記事内容どおりの保単位の行政が担当保務によって遂行された証左とみてよいであろう。なお、洛中地に限らず諸国に散在する所領を紛失証判の対象とする場合はまた別の方式で処理された[33]。

さて「諸保」に書き出された分担は、おそくとも文和三年以前にその一部が変更された。先掲表の11の事例は七条坊門町東北頬・同坊門町北東頬の両敷地についての紛失状であるが、保務として当該件を担当したのは「諸保」の時点での担当官人中原章世ではなかった[34]。このような保務の分担構成をゆりうごかしたのが観応擾乱、およびこれに連続する正平一統という政治的変動であったと言ってよいであろう。

管見の限り、史料の上で確認できる最後の保務は中原章忠である。『後愚昧記』によれば、永徳元年九月、四条坊門町以東地を所望して果たせなかった三条公忠に対して、四条町地并綾小路町地の二町を知行すべしという綸旨が下され

た。公忠は早速使庁に託して敷地の丈量をとげんとしたが、使庁下部に命じて丈量を指揮したのは中原章忠であった。丈量自体は九月一〇・一一両日で完了したが、その後の段階で事はなかなか進まなかった。同一〇月二日条には、

四条町地事、官人（中原章忠）沙汰緩怠、無尽期之躰也、仍仰侍所（一色詮範カ）、厳密可被相触之旨、示遣内府（足利義満）状令持基統（三善）遣之、

とみえ、公忠はついにたまりかねて幕府侍所の援助を得るべく、将軍足利義満に申し出ている。この記事はふつう、使庁が「洛中敷地の丈量について職権をもっていた」(35)ことを知りうる最後の史料所見とみなされているが、敷地の丈量を指揮した中原章忠の活動に注目すれば、保務の制度の存在は少なくともこの時点まではたどれることになる。

このような保務の活動を基盤とする使庁の紛失安堵はいつまで続くと考えてよいのであろうか。また永徳元年にその跡を史料の上から絶った洛中の敷地田畠に対する裁判権との関係はどうか。このことを考えるうえで次の「海蔵院文書」至徳三年一二月二五日足利義満安堵状(36)は注目される。

東福寺海蔵院領鳥羽田・黙耕庵敷地・畠地・屋地以下所々事、明宗（坂上）等紛失状分明之上、寺家当知行云々、者領掌不可有相違之状如件、

至徳三年十二月廿五日

左大臣［鹿苑院殿］源朝臣（足利義満）（花押）〈公家様〉

実はこの足利義満安堵状には一通の関連文書がある。「海蔵院文書」に至徳三年一二月日海蔵院領屋地并田畠等目録である。この目録は「田地壱段鳥羽」「黙耕庵敷地」以下畠地・屋地、総計一六ヶ所を書き上げたものであるが、端裏に「海蔵院領目録 至徳三 十二 廿五」と記され、また二ヶ所の紙継目裏に幕府奉行人と思われる者の花押が据えられていることから、この目録は海蔵院領の安堵を求める目的で、至徳三年一二月二五日に幕府へ提出された文書であることが知

られる。従って、先掲の足利義満安堵状はまさにこの目録を受けて、即日発給されたもので、文中の「東福寺海蔵院領鳥羽田・黙耕庵敷地・畠地・屋地以下所〻」とは目録にしるされた一六ヶ所を指している。要するに将軍足利義満はこれらの所々を一括して安堵せしめたのであるが、注目すべきは、「明宗(坂上)等紛失状分明之上」の個所である。まず考えられるのは、「明宗等紛失状」とは海蔵院の知行の事実を認定した諸官の紛失証判であること。しかも目録の奥は空いているので、明宗らは従来の紛失証判のように紛失状の奥に証判をかき加えたのではなく、一通の独立した文書を提出したものと思われる。この推測が許されれば、使庁官人による紛失証判は大幅に変化した形をとりつつも至徳三年までは継続されていることになる。義満の安堵はひとえに明宗等の証判に依拠したのであるから、それだけに官人たちの任務もまだ重いといわねばなるまい。またこのことと、先にみた諸官評定文が至徳二年のものまで残存する事実とあわせて考えれば、使庁は一旦永徳年間に大きな痛手をうけつつも、なお至徳以降までしたたかにもその機能の一部を保持していたとみるべきであろう。

紛失証判が使庁官人の手を放れるということは使庁機能の壊滅を意味するであろう。それがいつから幕府の手に完全に握られたか明確な時期はわからない。このことについては今後細かく検討せねばならないが、おそくとも応永三年には幕府の地方頭人によって紛失状の安堵がなされた明証(37)(新補注4)がある。

三　使庁と侍所

使庁は洛中の刑事事件の管轄を主業務の一つとしたため、必然的に室町幕府の侍所と機能の面で接触することとなった。侍所および侍所と使庁との関係については佐藤進一氏や羽下徳彦氏らの研究がある。(38)

使庁の打擲・刃傷などの悪行狼藉を取締る力は、その武力的側面での衰退に伴い弱体化しており、侍所はこの治安維持の役割を補完するようになった。たとえば流人の追却はすでに貞和元年の段階で使庁の手を放れ侍所に帰していた。このことは、「光明院宸記」貞和元年六月二四日条に「近代流人、無検非違使追却之儀、武家召出其身、遣配国而已、仍検非違使只承仰定帰家而已」と記されていることによって知られる。また貞治五年の使別当柳原忠光の初度庁始において「免者囚人」が行われたが、このとき追放された囚人は「任近例」せて侍所から譲り受けたものであった事実[39]、さらに応安二年、三条家下部が殺害されたとき、犯人は捕えられて使庁に送られたが、大判事坂上明宗は「及夜陰之上、下部無之」なる理由で、一旦犯人の請取を拒否した事実[40]、それらはいずれも使庁の追捕・検断能力の著しい低下に起因すると考えてよい。

次に示す史料は、使庁の治安・警察機能を知りうるおそらく最後のものであろう。「吉田家日次記」永徳三年七月一日条の記事である。

於社頭下部男二人有口論事、仍被召於使庁了、非指篇目、

吉田社頭において口論に及んだ二人の下部男が使庁に拘置されたのである。翌二日には、片方の下部の子息の主君が日野重光（資康の嫡子）であった関係から、吉田兼熈に対して重光の書状が遣された[41]。使庁のかかる機能が永徳三年まではたどれることに注目したい。

当時の侍所の活動は、主として刑事事件に関してめざましいものがあるが（特に羽下氏の研究参照）、侍所と使庁との直接的関係を明示する史料は乏少である。その意味で次に示す事実は注意される。

宮内庁書陵部所蔵「御厩領高峯山関係文書」一巻（未刊）は「為御厩領西園寺家代々御管領」（同文書、延文三年一二月

日西園寺家雑掌申状）の高峯山に対する下小野土民（その背後には主殿寮々務小槻匡遠がいた）の「悪行狼藉」「打擲刃傷」を御厩別当(42)西園寺家雑掌が訴えたときの、西園寺家側の文書の写であるが、武家執奏西園寺家の家領経営の一端をのぞかせると共に、北朝の公家同士の相論である点に興味深いものがある。同文書延文二年四月日西園寺家雑掌申状は下小野土民等の「胸憶申状」（胸臆とも。いいかげんなの意）を棄捐し、御厩寄人（公人）に対して打擲刃傷に及んだ犯罪人を禁獄し、あわせて共犯者たる主殿寮々務小槻匡遠を改替することを求めたものである。事件の経過はおおよそ次のようである。「往古以来為御厩領」る高峯山に対して、近年世上擾乱のなかで甲乙人等が違乱に及ぶのでこれを朝廷に訴え、延文二年二月二一日安堵の綸旨を得た。そこで翌三月五日、御厩寄人（公人）等が使節として高峯山に入部したところ、「下小野土民□刑部・同舎弟民部房・同四郎并□熊太郎・得石太郎等」が張本として数百人を率い、使節に対して打擲刃傷に及んだ。この事件への対応のなかで、使庁と侍所、さらに検断方が登場し、各々の立場からのかかわりを史料の上に刻している。いまそのくだりを引用しよう。

「穏便不能、或争悪行狼藉之次第、□(則カ)触申使庁之□(間カ)、手負人等被加検知之上、侍所同遂実検了、将又就是等篇目訴申公方之間、太以不可然、猶早止其妨、□知行之由重被下　綸旨処、如小野人等濫訴□高峯山者帯　宣旨以下代々公験□、然者尤可進覧彼支証之歟、曽不□(備)一紙証状、剰□当方所給之　綸旨致胸憶奸訴之条、比興之至極也、□(猶以カ)非御沙汰限者哉、就中又仰上裁者謹可期　勅断之処、致中間狼藉、結句加打擲刃傷之条、□□(旁カ)為濫吹之間、訴申検断方之□、随見逢欲令□(召)□(進カ)其身等之間、為遁自科、遮而構不□(実)於千本口召捕孫太郎、奪取御炭・松明・薪・馬□旨、企無跡形之枉訴之条、奸謀無比類、（下略。延文二年四月日西園寺家雑掌申状の一部、傍点筆者）

この一節には、西園寺家側が下小野土民の悪行狼藉を再び公方（この場合は朝廷）に訴えたところ三月一一日に、土民たちの「先度綸旨」(二月二一日付)不叙用をいましめ、西園寺家の管領を全くせしむ旨の綸旨が重ねて下されたこと、それでも下小野土民はこの命令に応じようとしていないこと、などがしるされている。要は使庁・侍所・検断方の関係であるが、次の諸点に注意したい。

① 下小野土民等の悪行狼藉のことを「触申」された使庁は手負人(被害者)たちの検知を行っていること、

② 侍所はそのうえで、同じく実検をとげていること、

③ 一方、「早止其妨、可被全御管領」として、西園寺家の高峯山領掌を確認する重ねての綸旨は、悪行狼藉の行われた六日後に早くも西園寺家に下されていること、

④ 西園寺側は「致中間狼藉、結句加打擲刃傷之条、□□(旁カ)為濫吹」として、下小野土民を検断方に「訴申」し、犯過人の「召進」を要請したこと、

まず①②についてみれば、打擲刃傷に対する捜査は最初使庁に「触申」され、使庁の手負人に対する検知を経たうえで、侍所の実検に移るという手順をふんでおり、いわば使庁と侍所とは捜査手続きの上で連携関係にあったことが知られる。また③によって、所領の安堵は刑事事件の取り調べとは切りはなされて朝廷の権限に属していたと考えられる。

④は検断方についての貴重な所見の一つである。検断方については佐藤進一氏が、室町幕府開創期に「検断沙汰の専門機関として検断方が存在したこと」、「侍所の別称か、もしくは侍所の下級機関名であろう」[43]ことを指摘されたが、本史料に即してみた場合、同一文書の中での、ほとんど時間的懸隔のない二つの事実についての記事の中に両方の名称があらわれる。このことは、すでに羽下氏も指摘されたように[44]、検断方を、先の佐藤氏の推測のうち後者、つまり「侍所の下級機関名」と考えた方が妥当であることを示唆するであろう。侍所と検断方が具体的にどのような職権行為をなし

たか、また両者の一件へのかかわりが訴訟の過程にどのような影響を及ぼしたか、そこまで史料は語ってくれないが、少なくとも侍所と検断方との関係については、西園寺家側が「中間狼藉」に伴う「打擲刃傷」を検断方に「訴申」して、犯過人の身柄を「召進」[45]めてもらおうとしたこと（つまり、かかる訴の受理窓口が検断方にあったと考えられる。なお、羽下氏「室町幕府初期検断小考」八六頁参照）、及び先述の、検断方が侍所の下級機関と考えられることなどを勘案すれば、そのおおよそを理解することができる。ここでは先にのべた、刑事事件における使庁と侍所との連携関係を確認できれば十分である。

この事例は延文二年という南北朝前期における使庁と侍所との関係を示すものである。南北朝時代も末期に入り、王朝政権自体の衰退が顕著になれば、この関係はどのように変化するかは自明であろう。そこでは侍所の職権活動が前面にかつ強力にあらわれ、使庁の機能は侍所によって吸収されてしまうことは容易に推測されよう。

最後に二つのことを付言したい。第一は使庁の洛中の諸賦課催促へのかかわり、第二は使庁と「地方」との関係である。

第一。網野善彦氏の研究によって、使庁はその伝統的な洛中の商業・流通統轄権に依拠して、大嘗会酒鑪役の催促に関与していたが、永徳三年の事例を最後として跡を絶ち、代って嘉慶三年には侍所が酒鑪役の催促にあたったことが明らかにされた。[46]

第二。洛中の敷地田畠についての使庁の裁判権行使の徴証は先述のとおり永徳元年までたどることができるが、室町幕府権力の伸長はまもなく使庁のこの権限を接収してしまう。その幕府側機関は、すでに正平七年には史料の上に姿をあらわし、「洛中裁判権に一定程度関与していた」と考えられる「地方」（その責任者が地方頭人）であり、その権限接収の時期は永徳—至徳年間とみなされている。[47][新補注5]

四 おわりに

以上を要約しよう。「王朝国家の本拠である京都の治安・警察・裁判（民事刑事）を担当し、そのことによって王朝権力をもっとも強力かつ直接的に支え」[48]た使庁の南北朝期における活動は、その歴史過程との関係において具体的にみたとき紆余曲折が認められるが、大勢としては、室町幕府の機構の中に吸収される方向で推移した。光厳上皇の院政下における使庁は、まさに公家訴訟における手続き法の集大成ともいうべき「暦応雑訴法」制定に象徴される政道振興への高まりの中で活発に業務を遂行した。使庁での裁判の基礎をなす官人の評定機能にしても、洛中行政の単位たる保を管轄する保務の活動にしても、他の時期にみられぬめざましいものがあった。

しかし、観応擾乱ののち、後光厳天皇の親政期になると、従前の使庁活動は一挙に低調となり、特に使別当の未補の事態は、使庁の裁判機能を麻痺させ、また保務構成の変動は洛中行政に大きな影を落した。

使庁の裁判機能が再び若干の活発さをみせるのは康暦年間以降であるが、これは幕府との間に親密な関係をとり結んだ日野一門公卿が幕府の支持をうけて使別当に就任しえたことに起因するものと思われ、おのずからその活動には限界があったといわねばならない。

使庁の衰滅過程に注目すれば、その裁判権については、永徳元年に洛中敷地田畠に対する裁判権行使の跡を絶つが、商業の統制や文書謀作の取締りの面においては至徳二年までその活動の証跡を認めることができた。これは洛中の土地裁判権を喪失してのちも、使庁がかかる側面での権能をいまだ保持したことを示す事実であり、つとに佐藤進一氏が、幕府の京都市政権獲得について、都市民支配→土地支配→商業支配の順序で進行したと概括されたことの[49]正しさを裏書きする事実でもある。一方、使庁の洛中行政の重要な一環をなす官人による紛失証判行為についてみれば、さらに至徳三年まではその証跡を認めることができた。以上のことがらを総合して、使庁の衰滅時期について推測するならば、それは至徳末年とすべきであろう。(新補注6) 使庁の活動が文殿・記録所の衰滅後なおも維持されたのは、使庁が「王朝国家の本拠」に大きな根を深くおろしていたからにほかならない。

また使庁と侍所との関係については、延文二年の時点で、悪行・狼藉の捜査において両者が連携的な関係にあったと考えられる一事例を検出することができた。

註

(1) 中世の使庁研究の代表的なものとしては、使庁の洛中支配の特質と変遷とをたどった黒田紘一郎氏「中世京都の警察制度」(『京都社会史研究』所収、昭和四六年)、五味文彦氏「使庁の構成と幕府―十二〜十四世紀の洛中支配」(『歴史学研究』三九二、昭和四八年)、使庁文書の機能論的観点から考察を施した橋本初子氏「中世の検非違使庁関係文書について」(『古文書研究』16、昭和五六年)、および幕府による使庁権限の接収という視点から、その経過と画期とをみごとに解明した記述を含む佐藤進一氏「室町幕府論」(『岩波講座日本歴史』7、昭和三八年)などがある。

(2) 『師守記』応安四年閏三月二八日、『愚管記』応安四年七月一八日、八月二七日の各条参照。

(3) 註(1)所引五味氏論文三頁、注⑩。

(4) 註(1)所引橋本氏論文参照。

(5) 諸官評定文を含めて三点一組の使庁文書の残存事例については、橋本氏の整理された表がある(同氏論文二〇頁)。同氏の表示は「評定(諸官評定文)・裁許(別当宣)・執行(官人施行状、あるいは使庁下文)の三通が揃っている場合のみ」(同氏論文二二頁)に限定されている。この表は大変便利なものであって、当該時期における使庁発給文書の動きが一見して知られる。

筆者の作成した表は特に諸官評定文をあつめたものであるから、橋本氏の表示の基準にもれて採取されなかったものも含んでいる。表中の15および16がそうである。なお15については、『壬生家文書』五の編者はこの文書を「文殿ヵ勘奏案」とされたが（同書二二〇頁）、これは署名者の顔ぶれに明らかなように、検非違使庁諸官評定文といわなければならない。

いま一つ付言したいのは使庁発給文書の最後のものについてである。まず佐藤進一氏が「金蓮寺文書」永徳元年五月二三日の庁例をふまえて「一三八一（永徳元）年まで使庁が、洛中の敷地田畠の裁判に当た」ったと述べられた（同氏「室町幕府論」三六頁）。こののち、上島有氏・橋本初子氏によって「鹿王院文書」永徳元年七月一〇日の庁例が新たにみいだされたことにより（上島氏「鹿王院文書について」6、一三九頁、「歴史公論」七巻六号、橋本氏前掲論文三〇、三三頁）、これが中世における使庁裁判の最終の文書とされることになった。しかるに、表の13および14の諸官評定文はこれより以降のものである。もっとも洛中の敷地田畠の裁判にかかるものではないが、使庁の終焉直前の活動・機能を考える上で十分に検討する価値あるものである（内容については本節第二項において述べている）。なお13をうけて出された同日付別当宣も残されている。要するに、管見の限り、中世の使庁関係文書の最後は、これまでいわれていたものより約四年くだった至徳二年六月十三日諸官評定文であるということができる。

（6）秀清の系図上の位置は明らかでない。秀清を中原氏とみたのは、「大友文書」建武二年三月日三聖寺嘉祥庵院主処英文書紛失状における官人の署判「防鴨河判官佐渡守兼左衛門少尉中原朝臣」の個所に「佐渡大夫判官秀清」なる付箋のあること、「瀬多文書」暦応二年六月一日藤原藤久地券紛失状において保務として署名した「防鴨河判官左衛門尉中原朝臣」の肩に「秀清前佐渡大夫判官」と注記されていることによる。

（7）本章第一節参照。

（8）本章第一節第三項参照。

（9）1は全く同じ、3は中原章兼を欠き、4は中原章世を欠くが、3・4の場合当該人が欠席したものと思われる。康永二年九月一三日諸官評定文（前掲表5）ではすでに中原秀清および信音がみられなくなる一方、新たに坂上明清があらわれ、また康永三年一二月一三日諸官評定文（前掲表6）になるとさらに新たに中原章倫が加わっている。康永元年六月以降、漸次官人の新旧世代の交替がすすんだものとみられる。

（10）いずれも『師守記』貞治五年一〇月六日条裏書。

（11）柳原忠光が応安元年七月一六日に使別当を辞して以来、応安七年一二月一三日に万里小路嗣房が後任に就くまで使別当のポストはあいていた。

(12) これは次のようなことがらをふまえての推測である。㈠別当未補は別に応安年間に始まるものではないが、未補の期間はこの時期が最も長く、従って未補の理由も最もそこに明瞭にあらわれていると考えられること。その応安年間とは南禅寺―延暦寺の争い、春日社の嗷訴など大寺社に関する紛争が熾烈を極めた時期であり、朝廷・幕府がこれに対して大変苦慮したことと使別当の空席と関係があると思われること。㈡長期間停止していた庁例が康暦元年六月六日使別当に就任した日野資教、さらにはその後任として使別当となった裏松資康のもとで復活したこと。しかも日野一門の両人は将軍家の縁戚として「武家権威」を借りて強大な権力をふるっていたこと(『後愚昧記』永和五年正月二日条参照)。㈢康暦元年閏四月将軍足利義満のもとで管領細川頼之を失脚させ、管領の地位に就いた斯波義将は寺社権門に対してきびしい態度でのぞんでいること。以上の諸点を勘案すれば、資教・資康は幕府の権威を背景として、寺社権門の利害の錯綜を調停する使別当のポストに就いたものと考えられる。従って別当の未補は寺社権門の攻勢の前にその任務の遂行が困難であったことに起因しよう。幕府の力に支えられた日野一門の別当にしてはじめて庁例の復活にふみきることができたのではあるまいか。

(13) 第一章第二節参照。

(14) 章頼については『地下家伝』九に「章頼 章忠男」とあるが、諸官評定文の署判例をみればわかるように、章頼と章忠は同世代と考えられるので、これは採用できない。一方『師守記』貞和三年五月二六日条に「章兼子息章頼」とあることにより、章頼は章兼の子とみなした。

(15) 章世―章弼の父子関係については、今江広道氏「法家中原氏系図考証」(『書陵部紀要』二七、昭和五一年)二八頁参照。

(16) 本節註(5)参照。

(17) 佐藤氏「室町幕府論」三六頁。

(18) 豊田武氏「四府駕輿丁座の研究」(『史学雑誌』四五巻一号、昭和九年)二四頁。

(19) 律令研究会編『譯註日本律令』三、六九二〜六九四頁参照。律については嵐義人氏の御教示を得た。

(20) 暦応三年五月一四日成立の「暦応雑訴法」第七条参照。

(21) 佐藤進一氏『古文書学入門』一五頁。

(22) 同右二一〇頁。

(23) 第三章第四節註(14)参照。

(24)　原本を披見するに、紙質はいずれも楮紙であるが、注意してみれば、第一紙・第二紙が同一なのに対して、第三紙のみがやや異なる（紙表に楮の繊維が認められ、また厚さも幾分薄いように思える）。このことは第三紙が使庁官人の手によってはりつがれたことを推測させる。

(25)　その根拠は次のとおりである。㈠、坂上明成・坂上明宗の活動の最後の所見が観応・文和年間と考えられること（布施弥平次氏『明法道の研究』二八三～二八五頁、昭和四一年）、㈡、第四番目に署判した「右衛門少尉坂上大宿禰」某の花押が「鹿王院文書」観応元年八月一二日尼法念私領地売券に加えられた諸官の証判のうち最後の「右衛門少尉坂上大宿禰」某の花押と合致すること（尼法念の売券については上島有氏「鹿王院文書について4」「歴史公論」七巻四号掲載写真参照）。

(26)　その根拠は次のとおりである。㈠、この紛失証判の筆跡は、たとえば「石清水文書」暦応四年一二月四日文殿注進状の筆跡と同一であること（この文殿注進状は『日本の美術』一七四号、田中稔氏編「古文書」第五四図として掲載されている。文書の裏中央に担当奉行人四条隆蔭の花押が据えられているから、この注進状は正文とみてよい）、㈡、「東寺百合文書」ゥ暦応四年九月一九日文殿注進状の付箋に「已上勘進、官人大判事明成書出之、但於手跡者、子息新大夫判官明宗筆也、明成老體之間、依勅免近年代父勘状等悉所書之也云々」とあり、当時坂上明宗が父明成に代って文殿注進状等をことごとく執筆していたことが知られること、㈢、㈡をふまえて㈠でのべた暦応四年一二月四日文殿注進状をみれば、これも同注進状中の署判者の一人坂上明成が執筆するべきところを子息明宗が代筆したと思われること（明宗は連署者の中には含まれていない）。

(27)　紛失状の文字は現存第二紙にかかっておらず、第二紙は使庁側ではりついだものと考えたいところであるが、現存第一紙（横40・3センチ）と同第二紙（横10・5センチ）との紙質は同じだと思われる。従って、申請者が当初より白紙を貼付したまま提出した可能性もないわけではないが、縦の長さにおいて第二紙は第一紙よりわずかに短い点を考慮して、ひとまず使庁側で貼り足したものとみなしておく。

(28)　上島氏「鹿王院文書について」4、一三五～一三六頁。

(29)　佐藤氏「室町幕府論」三三頁。

(30)　佐藤氏『鎌倉幕府訴訟制度の研究』一九五頁。

(31)　五味氏前掲論文五頁、注18。

(32)　上島氏「鹿王院文書について」4、一三五頁。

（33）たとえば書陵部所蔵「常不動院領地文書」に次のような事例がある。上北小路猪熊常不動院住持仙恵は、康永二年六月、常不動院敷地房舎や摂州鷺嶋荘内名田畠など計一一ヶ所の敷地田畠について、諸官の紛失証判を得るべく申請した。このときの証判のうち冒頭は次のようなものである。

件文書等紛失事、任被定置之法、以右看督長国延并貞員ホ、云当知行云文書紛失、相尋加判人々之処、仙恵上人令申之趣、無相違云々、仍為拒捍使並愚署而已、

左衛門権少尉中原朝臣（章兼）（花押）

この中原章兼の証判が、続いて書き加えられた坂上明成の証判のなかで「保務証判」と称されていること、章兼が同紛失状の紙継目裏五ヶ所に花押を据えていること、によって当該件が章兼の担当するところであったことが知られるが、紛失証判の対象地がこの事例のように多地域に亘る場合は、保務が拒捍使としての立場から、これを所轄したものと考えられる（表の8）。

（34）文和三年七月日法印真聖以下連署地券紛失状（「東寺百合文書」イ）の影写本を披見するに、官人証判の第一番目に保務としての確認文言を書きつけ、かつ紛失状の第一紙と第二紙との継目裏に花押を据えたのは「左衛門少尉中原朝臣」であるが、その実名は明確でない。『大日本史料』第六編之一九の編者は「勢多大夫判官章兼」なる付箋を採用して章兼とみなしている（五九三頁）。しかしこれを章兼とみる場合、官途名はまずよいとしても、花押の形状がたとえば「瀬多文書」暦応五年三月日法印俊聖地券紛失状や「常不動院領地文書」康永二年六月日沙門仙恵文書紛失状にみえる「修理左宮城判官左衛門権少尉中原朝臣」の花押と相違するという難点がある。けれども、文和三年七月の当該紛失状において諸官の署判の各々に付せられた付箋は、「明宗」を「明景」と誤記したものを除けばほぼ正しく、付箋の信頼度が高いことから、先の中原章兼とする付箋も捨て去るわけにはゆかない。章兼は鎌倉末・建武新政期にはまた別の花押を用いているように、たびたび花押を変える習癖を持っていたようでもあるので、章兼と推測する余地もある。ここでは確定する必要がないので、これ以上深入りしない。

（35）佐藤氏「室町幕府論」三六頁。

（36）同文書、康応元年七月四日室町幕府管領斯波義将奉書に「任至徳三年十二月廿五日安堵」とみえる。

（37）小林保夫氏「地方頭人考」「史林」五八―五、昭和五〇年、一三七～一三八頁参照。「東寺百合文書」ェ応永三年一〇月九日地方頭人摂津能秀下知状は「七条坊門西洞院東南頬地」の地券紛失を安堵する内容のものであるが、その文中には「相伝当知行之旨、証人分明之上者」とはあるが、官人の関与をうかがえるような表現は一切ない。

(38) 佐藤氏「室町幕府論」三〇〜四一頁、羽下氏「室町幕府侍所頭人付、山城守護補任沿革考証稿」(『東洋大学紀要文学部編』第一六、昭和三六年)、同氏「室町幕府侍所考」(『中世の窓』13、昭和三八年、『白山史学』10、昭和三九年、のち『論集日本歴史5 室町政権』に収む)、同氏「室町幕府初期検断小考」(『日本社会経済史研究 中世編』所収、昭和四二年)。

(39) 『師守記』貞治五年一〇月六日条。

(40) 『後愚昧記』応安二年一一月一一日条。

(41) 参考までに「吉田家日次記」永徳三年七月二日条の記事をあげておく。

昨日被出使庁下部男号次郎事、左兵衛佐重光按察中納言資康卿嫡子口入申家君、進状云、

昨日被出明宗候次郎男、召仕候下部之父候間、歎申候、無子細候者本意候、恐惶謹言、

七月二日

進之候

(42) 御厩については『国史大辞典』1(吉川弘文館)「院司」の項に次のように記されている(同項目は橋本義彦氏の執筆)。

御厩は本来院中の牛馬・車輿のことをつかさどり、御幸に供奉するのを任としたが、おのずから上皇の身辺の護衛にも関係する要職とみなされ、後三条院のころから公卿を御厩別当に補するようになり、(中略)鎌倉時代には当時の権門西園寺家の廷臣が代々別当に任ぜられる例となった。

(43) 佐藤氏「室町幕府開創期の官制体系」四五三頁(『中世の法と国家』所収、昭和三五年、のち『日本中世史論集』に収録)。

(44) 羽下氏「室町幕府侍所考」(『室町政権』所収)三〇〜三一頁。

(45) この「召進」の意味について、羽下氏は「実力による犯人の逮捕」と解されている(同氏「『検断沙汰』おぼえがき」㈢、四二頁、「中世の窓」6、昭和三五年)。

(46) 網野氏「造酒司酒麹役の成立について—室町幕府酒屋役の前提—」(『続荘園制と武家社会』所収、昭和五三年)三八八〜三八九頁。

ちなみに、侍所が嘉慶三年に酒鑪役の催促にあたっていることを示す史料は次の後円融上皇院宣である。網野氏はこの院宣の本文までもは紹介されなかったので参考までに掲出しておく。

洛中西京白川以下酒鑪役半分事、師香朝臣(中原)譲補上者、早任傍例令執沙汰、可被全繁多公役、若寄事於左右有難渋輩者、被

仰侍所可有誡沙汰、可被存知之由所被仰下也、仍執達如件、
嘉慶三年正月十六日
左兵衛権佐永行
掃部頭殿

（書陵部「洛中西京白河其他酒屋公役等一件文書」）

(47) 羽下氏「室町幕府侍所考」、小林保夫氏「地方頭人考」（「史林」五八巻五号、昭和五〇年）参照。小林氏は南北朝前半期にその名をあらわす「地方管領」について「その主要な役割は武家の輩に対する洛中屋地（田畠）の闕所地給付にあったと考えられる」と指摘された。これはすぐれた意見であるが、洛中の闕所地給付と政所の関係はいかがなのであろうか。『師守記』貞治三年六月一五日条によれば、政所は「栢原伯耆守執事代之時」（文和～延文頃か）、九条右京職下司職を闕所地注文に入れた事実が知られるからである。

(48) 佐藤氏「室町幕府論」三二頁。

(49) 同右三七頁。

〈付記〉

以下の年欠紛失証判はいまその年紀をにわかに明らめえないが、南北朝期のものと思われるので後考のためしるしておく。

① 『壬生新写古文書』所載（二六六頁）紛失証判（「善通寺文書」）

② 『久我家文書』第一巻所載（一六二頁）紛失証判

第四章　北朝と室町幕府

第一節　公武関係の諸側面

一　はじめに

第三章では、特に北朝の公家政権としての構造に主眼を置いて、その政務運営面での実態を垣間みた。そこでは北朝と室町幕府との関係についてはたちいった記述をさけたが、北朝の性格を一層深く理解するには幕府との関係を考慮せねばならないし、そのことはまた室町幕府についての理解を深めることにもなることは言うまでもない。鎌倉時代以来、特に承久の乱以後の本格的な院政といわれる後嵯峨院政以降、朝廷は幕府の法と制度に強く影響されつつ、独自の訴訟制度を展開させていった。そのことは、皇位継承をめぐる持明院統・大覚寺統の争いに対してそうであったように、幕府が朝政に対して不干渉主義を維持したことと無関係ではない。ちょうど室町幕府の創業期に当った光厳院政は、先にみたように「暦応雑訴法」の制定に象徴される活況ぶりを久々にみせたが、王朝の訴訟制度の展開過程からみれば、光厳院政はその頂点に到達していたとさえいえる。このように王朝政治の運営は幕府権力の性格と密接な関係にあったので、室町幕府の新しい支配は当然、鎌倉時代以来の公武関係に変化をもたらした。

室町幕府は約六十年に亘る南北朝動乱の時代をくぐりぬけて、統一政権としての地位を築き上げた。この政治過程を公家の側からみれば、幕府による王朝権力の接収・吸収と映ったのも事実である。しかしそれは、幕府が、断固抗戦の態度をとる王朝を強圧的に屈伏させるという性格のものとは全く異なり、王朝も自らの延命のために幕府にむしろ積極的に接近し、幕府への依存関係を深めるという側面をも持った事実もまたみおとしてはならない。王朝権力の幕府への委譲は、若干の公家側の反発を随伴しつつも、長期間に亘る公武関係史のなかで、極めて調和的になされたといっても過言ではない。本節では、南北朝時代において、多面的な公武の交渉がどのような経過を示しつつ展開したか、ということを具体的に検討することを目的とする。

北朝と室町幕府とのさまざまな交渉を、その事柄の伝達経路や性質に即してみれば、次の三つに分類することができよう。

㈠朝廷に提出された訴に対し、朝廷がこれを受理・裁許し、その遵行についてはこれを幕府に移管するもの、

㈡朝廷の所轄範囲内の事柄に対して、幕府が口入するもの、

㈢その他、

いま少し付言するならば、㈠は王朝の訴訟制度下で裁許された、主として雑訴（おおざっぱに言えば所領関係の訴訟のこと。武家訴訟制度の範疇では所務沙汰と称した。本文中では個々の事例に即して表記する）について、濫妨行為を排除し下地を当事者に渡付するよう幕府に依頼するもので、いわば勅裁を武家の機構をとおすことによって執行する場合である。㈠はほとんど在地武士による公家・寺社領押領にかかるものである。つまり㈠に即しての公武関係を考えることによって王朝の裁許権がどのようにして幕府に支えられていたかということを具体的に窺うことができる。

㈡は、いわゆる「武家執奏」と称せられる行為である。またこれの伝達を任務とする公卿をも「武家執奏」と称した。幕府による口入の内容は雑訴に限らず、公家々門の相続、官職の推挙など多岐に亘っており、この行為は、幕府が王朝権力を接収するための最も重要な方途であった。

㈢は㈠㈡を除いたすべての公武交渉である。たとえば、幕府の王朝に対する経済的援助、課役の賦課・免除、関所の停廃、仏神事、軍事などへのかかわり、それに王朝の最後の拠点ともいうべき洛中の支配権へのかかわりなど多くのことがらが含まれる。

一体、北朝と室町幕府との関係はどうであったか、また王朝の諸権力はどのようにして幕府に接収されたか。このことが本章の主題であるが、それは先掲㈠〜㈢の諸点に即して、総体的かつ具体的に検討することによって明らかとなるであろう。本節ではまずこの基礎作業を行うこととしたい。

ひとくちに公武関係といってもその包含する内容は広い。その意味するところは公家と武家の関係ということなのであるから、朝廷―幕府の関係のほか、公家や寺社、それに守護などの独自の動きについても十分な目くばりが必要なのであるが、筆者にはいまそこまでふみこむ余裕はない。本章ではあくまで、朝廷と幕府との関係を中心的課題としている。以下、順次検討することとしたい。

二　朝廷より幕府へ―遵行の移管―

㈠の公武交渉は、他者の濫妨を排除し、自らの知行を遂行しようとする訴人の、たとえば「欲早経御奏聞、被成下院宣武家」（「東寺百合文書」ト、貞和二年四月日東寺雑掌光信申状）のような、朝廷への提訴によってひきおこされるものである。そのような訴が北朝に対してなされたのは、北朝の綸旨・院宣が幕府による遵行行為をひきだす機能をもつ重要な文書であったからであり、このことがまた北朝の政治的権威を一定度支えていたといえる。従って、のちに、たとえば「欲早被経厳密御沙汰、仰守護方、被成下御奉書（室町幕府管領の奉書）」（「東寺百合文書」ナ、応安六年九月日東寺雑掌頼意申状）にみるように、訴が北朝をとびこして、直接幕府へなされるようになると、右の意味での北朝の権威は大きくゆらいだ。

濫妨人を排除し、下地を雑掌に渡付せよという勅裁（綸旨・院宣）はどのようにして幕府へ伝えられ、また幕府はどのようにこれに対応したか。このような雑訴をめぐる公武関係の推移をたどるためには、その手続きがどのようであったかを、できるだけ多くの事例をあつめることによって具体的に検討する必要があろう。かかる視点に立つ論稿として、すでに岩元修一氏の二論文がある。[1] 岩元論文は「朝廷にあって室町幕府との交渉にあたった人物の解明、および彼らと幕府側人物との関係をまず明らかに」した「基礎的考察」[2]であり、これをふまえて「室町幕府が成立してから観応の擾乱に至るまでの十数年間に限定して所務相論への対応にみられる室町幕府と北朝の関係を通して、室町幕府政治史の推移を考え[3]」ようとしたところにその主眼がある。同氏の論文は、要するに、特に南北朝前半期における公武交渉史上のいくつかの基礎的事実を提示したものであるといえる。

筆者の視点も岩元氏のそれとほとんどかわるところはない。しかし筆者も年来、中世の公武交渉史研究の一環として、かかる視点での史料収集につとめてきており、また本節では南北朝全期をつうじた検討を意図していること、南北朝前半期に限定した岩元氏の収集・表示したものに、若干の新事例を加えることができたこと、などの理由によって、以下、主に雑訴についての北朝の勅裁が、どのようにして幕府に伝達されたかを筆者流に整理・検討してゆくことにする。[4]

まず、手初めに公家の勅裁が幕府に伝達され、幕府の遵行機構のなかで動いてゆく過程をみとおすことのできる一事例を参考までに例示しておこう。関係文書はふつう三通で一組だということがわかる。本文においてはかかる事例を、治天の君ごとに表に整理して、公武交渉の諸問題を考えるてがかりとした。ちなみに以下に示す事例は、現存するこの種の史料のなかで最も早い時期のものである。(5)

①最勝光院領遠江国村櫛庄本家米事、深源僧都申状副具書如此、子細見状候歟、可被仰武家之由、院御気色所候也、以此旨可令申給、仍言上如件、雅仲誠恐頓首謹言、

(建武四年)九月十六日　大蔵卿雅仲(高階)

進上　前左馬助殿

②最勝光院領遠江国村櫛庄本家米事、大蔵卿奉書副具書如此、子細見状候歟之由、前右大臣(今出川兼季)殿可申之旨候也、恐々謹言、

(建武四年)九月十七日　沙弥宣証

謹(上)言　武蔵権守殿(高師直)

③最勝光院領遠江国村櫛庄雑掌定祐申、寺用米事、院宣并前右大臣家御消息副解状具書如此、早任被仰下之旨、於彼寺用米六十石者、守先例可致沙汰之旨、相触之、載起請之詞、可被注申之状、依仰執達如件、

建武四年九月廿日　沙弥判

守護殿(今川範国)

(「東寺百合文書」ゐ)

これらの文書につき、各々簡単な説明を加えておこう。①は光厳上皇院宣。最勝光院領遠江国村櫛荘本家米について

の訴をうけた朝廷が今出川兼季に命じてその究明を幕府に移管させるもの。当該一件の担当奉行となった、同上皇の伝奏・大蔵卿高階雅仲が奉じ、前左馬助某（今出川兼季の家司）にあてている。このような院宣は、武家に遣わす院宣であるところから「武家院宣」と称された（「東寺百合文書」ア、（応安七年）六月七日崇光上皇院宣案の端書参照）。

②は、①を受けた前右大臣今出川兼季が、院宣の旨を幕府に伝達した手続き文書であり、幕府の執事高師直にあてた奉書形式をとっている。

③は当該一件について「院宣并前右大臣家御消息」（①および②）を示し、当該国の守護今川範国に対してその遵行を命ずる引付頭人奉書である。

①は公家の勅裁であり、親政時は綸旨、院政時は院宣によってなされる（ごく例外的に女房奉書でもって行われることもあったらしい。「長門一宮住吉神社文書」応安三年二月一五日後光厳天皇女房奉書参照）。②はいわば①についての公家側の施行状である。①②いずれも本来無年号の文書である点からみれば、それらが旨を他者に伝達するための手続き文書としての性格が強く感じられる。また③は①②を受けた室町幕府の施行状であるが、こちらは書下し年号となっている。以上のように、この種の案件は勅裁から武家施行に至るまで三種類の文書の上を動いてゆくのである。三種類の文書すべてが残存しているとは限らない。しかし三つのうち一つでも残っておれば、他二者の存在は確定されるから、関係史料の収集を行うに際しては細心の注意を要する。現に特に幕府による施行文書の文中には「任……」という形で、施行される文書の存在を明示することがふつうである。

以上のような観点に立って収集した文書を、ひとまず、勅裁・公家施行・武家施行という三つの類型に分類し、各々内容を要約したうえで、治天下の治世ごとに、表の形に整理してみた。その際、文書の残存の具合によって別々に整理することを避け、すべてを編年に並べることにした。ある状況の推移を読みとりやすくするためである。

1　光厳上皇院政期

光厳上皇の院政期一五年間は、幕府側についてみれば幕府の成立から観応擾乱までの、いわば開創期といえる時期である。それだけに公武の政局は必ずしも安定しておらず、そのことは公武交渉のあり方に大きく影響した。

光厳上皇の院政期に限って、関係史料を整理したものが表一である。建武四年より観応二年までに亘り、三三事例を収集した。

表一　光厳上皇院政期（新補注1）

	光厳上皇院宣				公家施行				武家施行				出典
	日付	奉者	充所		日付	文書名	充所		日付	文書名	充所		
1	(建武4)9・16	大蔵卿雅仲(高階)	前左馬助	旨ヲ武家ニ伝ヘテ、最勝光院領遠江国村櫛荘本家米ヲ究済セシム	(建武4)9・17	今出川兼季消息(沙弥宣証奉)	武蔵権守(高師直)	院宣ヲ武家ニ施行セシム（下ノ引付頭人奉書ニ「前右大臣家御消息」トアリ）	建武4・9・20	引付頭人沙弥奉書	守護	遠江守護今川範国ニ令シテ院宣ヲ施行セシム	東寺百合文書ゐ
2	「建武4」10・13	権中納言隆蔭(四条)	前馬助(左脱カ)	旨ヲ武家ニ伝ヘテ、宣政門院御領讃岐国河津郷ヲ其ノ雑掌ニ交付セシム	「建武4」10・14	今出川兼季消息(沙弥宣証奉)	欠	院宣ヲ武家ニ施行セシム（端書ニ「菊弟(亭)殿御施行案」、下ノ引付頭人奉書ニ「前右大臣殿御消息」トアリ）	建武4・(11・19)	引付頭人沙弥奉書	細川兵部少輔(顕氏)	讃岐守護細川顕氏ニ令シテ院宣ヲ施行セシム（建武4・12・2細川顕氏遵行状に「去月十九日引付奉書」トアリ）	文永四年外記日記裏書
3	「建武4」11・19	大蔵卿雅仲(高階)	前左馬助	旨ヲ武家ニ伝ヘテ、播磨国広峰社ヲ勝喜法印雑掌ニ渡付セシム	欠				欠				中村直勝博士蒐集古文書

4	「建武4」12・4	大蔵卿雅仲(高階)	前左馬助	旨ヲ武家ニ伝ヘテ、近江国吉身荘ニオケル山僧桓雅ノ濫妨ヲ停メ、下地ヲ玄勧上人雑掌ニ渡付セシム	(建武4)12・5	今出川兼季消息(沙弥宣証奉)	武蔵権守(高師直)	院宣ヲ武家ニ施行セシム（端書ニ「菊亭殿御施行案」トアリ）	建武5・5・24	引付頭人散位奉書	佐々木佐渡大夫判官入道(高氏)	近江守護佐々木高氏ニ令シテ院宣ヲ施行セシム（端書ニ「武家執行案同五」トアリ）	高山寺文書一
5	(建武5)後7・11	按察使経顕(勧修寺)	左馬助	旨ヲ武家ニ伝ヘテ、三宝院領越中国太海・院林両郷ノ濫妨ヲ停メシム	(建武5)後7・27	今出川兼季消息(沙弥宣証奉)	武蔵守(高師直)	院宣ヲ武家ニ施行セシム	欠				三宝院文書第三回採訪
6	「暦応1」8・15	権中納言隆蔭(四条)	中務権大輔	旨ヲ武家ニ伝ヘテ、日向国浮田荘内小松方ニオケル濫妨ヲ停メ、下地ヲ雑掌ニ渡付セシム	欠（下ノ引付頭人奉書ニ「菊亭前右大臣家御消息」トアリ）				暦応1・9・8	引付頭人摂津親秀奉書	嶋津上総入道(貞久)	日向守護島津貞久ニ令シテ、院宣ヲ施行セシム（端書ニ「奉書」トアリ）	前田家所蔵文書
7	(建武4〜暦応1)8・27	権中納言隆蔭(四条)	中務権大輔	旨ヲ武家ニ伝ヘテ、醍醐寺報恩院領摂津国野間ニオケル中務左衛門入道以下ノ濫妨ヲ停メ、下地ヲ雑掌ニ渡付セシム	欠				欠				醍醐雑抄
8	「暦応1」9・22	権中納言隆蔭(四条)	中務権大輔	旨ヲ武家ニ伝ヘテ、近江国円城寺領ニ畠山国清ノ濫妨スルヲ停メシム	欠（下ノ引付頭人奉書ノ文言ニ該当スル表現ナシ）				暦応1・9・25	引付頭人摂津親秀奉書	佐々木三郎(氏頼)	近江守護佐々木氏頼ニ令シテ、院宣ヲ施行セシム（端書ニ「武家奉書」トアリ）	東寺百合文書丼
9	(暦応1)12・3	大蔵卿雅仲(高階)	中務権大輔	旨ヲ武家ニ伝ヘテ、尾張国篠木荘内野口・石丸両保ノ年貢ニ関スル同国雑掌幸賢ト円覚寺知事僧契智トノ和与ヲ伝ヘシム	欠（下ノ下知状ノ文言ニ「西園寺前右大臣家同日(暦応1・12・3)御教書」トアリ）				暦応2・2・7	足利直義下知状(奥上署判)		院宣ノ内容ヲ沙汰セシム	円覚寺文書

10	欠	欠	暦応2・3・21　引付頭人沙弥奉書　赤松美作権守(範資)　院宣ヲ摂津守護赤松範資ニ伝ヘテ、同国水無瀬御影堂領ニ兵粮ヲ徴発スルヲ停メシム	水無瀬宮文書一
11	欠	欠(下ノ引付頭人奉書ニ「前右大臣家御消息」トアリ)	暦応2・4・24　引付頭人散位奉書　備中五郎左衛門尉　久我前右大臣家雑掌ノ訴ニ依リ、近江国田根荘内永吉・守恒名領家職ニツキ、「院宣・前右大臣（今出川兼季）家御消息」ヲ示シ、糺明ヲ致サシム	久我家文書
12	「暦応2」11・26　右衛門督(日野)資明　春宮権大夫(今出川実尹)　旨ヲ武家ニ伝ヘテ、諸国関津ヲシテ、高野山金剛三昧院領筑前国粥田荘ノ年貢運送船等ノ勘過ヲ妨グルコトナカラシム	「暦応2」11・28　今出川実尹消息(沙弥宣証奉)　武蔵守(高師直)　院宣ヲ武家ニ施行セシム	暦応2・12・13　足利直義下文　院宣ノ内容ヲ沙汰セシム	高野山文書
13	「暦応3」1・26　大蔵卿(高階)雅仲　春宮権大夫(今出川実尹)　旨ヲ武家ニ伝ヘテ、備中国新見荘ニオケル新見貞直ノ濫妨ヲ停メシム	欠	欠	東寺百合文書ゐ
14	欠	欠(下ノ引付頭人奉書ニ「春宮権大夫家御消息」トアリ)	暦応3・8・18　引付頭人左京大夫奉書　安富右近大夫　山城嘉祥寺ノ訴ニ依リ、安富右近大夫ヲシテ、伯耆国布美荘内長須那村等ノ事ニツキテ、「院宣・春宮権大夫家御消息」ヲ示シ陳弁セシム	前田家所蔵文書
15	(暦応3)7・28　権中納言(四条)隆蔭　春宮権大夫(今出川実尹)　旨ヲ武家ニ伝ヘテ、河内国楠葉関ノ事ニツキ社家中申状ヲ示シ、沙汰セシム	(暦応3)7・28　今出川実尹消息(沙弥宣証奉)　武蔵守(高師直)　院宣ヲ武家ニ施行セシム(端書ニ「菊亭大納言家御消息案」トアリ)	暦応3・8・19　高師直施行状　細川兵部少輔(顕氏)　河内守護細川顕氏ニ令シテ院宣ヲ施行セシム（端書ニ「武家御教書案」トアリ）	春日若宮社記録

16	「暦応4」(1～3カ) 12・9	右衛門督資明(日野)	春宮権大夫(今出川実尹)	旨ヲ武家ニ伝ヘテ、丹波守護代荻野彦六ノ被官等ノ、同国出雲社社領ヲ濫妨スルヲ停メ、下地ヲ同社雑掌ニ渡付セシム	欠	欠	出雲神社文書
17	「暦応4」8・28	大蔵卿雅仲(高階)	春宮大夫(今出川実尹)	法観寺栄元ノ訴ニヨリ、旨ヲ武家ニ伝ヘテ、同寺末寺円福寺領ノ濫妨、及ビ券契等ノ事ヲ実検セシム	(暦応4)9・4　今出川実尹消息(沙弥宣証奉)　武蔵守(高師直)　院宣ヲ武家ニ施行セシム	欠	法観寺文書
18	(暦応4)9・24	権大納言経顕(勧修寺)	春宮大夫(今出川実尹)	旨ヲ武家ニ伝ヘテ、天龍寺ノ造営ニ資サンガタメ成功ヲ寄セシム	欠	欠	天龍寺造営記録
19	「康永2」4・23	宣明(中御門)	勧修寺前大納言(経顕)	東大寺八幡宮神輿造替功人事ニツキ勧修寺宮消息ヲ武家ニ示シ、事情ヲ明ラメシム	欠	欠	東大寺文書九
20	欠				欠	康永3・2・9　高師直施行状　千葉介(貞胤)　下総守護千葉貞胤ニ院宣ヲ伝ヘ、所司ヲ督促シテ速ニ下総香取社正殿以下ノ造営ヲ遂ゲシム	香取文書三
21	「康永3」5・10	中納言資明(日野)	勧修寺前大納言(経顕)	旨ヲ武家ニ伝ヘテ、長講堂領筑前国志賀嶋事ニツキ厳密ニ沙汰ヲ致サシム	欠	欠（引付頭人奉書ならん。本書四七三頁註5参照）	御教書類(東大史料)

22	欠	欠	貞和1・11・26　引付頭人高師直奉書　大内前入道（弘幸）　大内弘幸ニ令シテ、院宣ノ旨ニ任セ、石清水八幡宮領周防国遠石別宮及ビ得善保ニ外宮役夫工米ヲ課スルヲ停メシム	石清水八幡宮記録
23	（貞和1カ）8・3　中納言資明（日野）　勧修寺前大納言（経顕）　山城国保安寺領丹波国葛野荘雑掌ノ訴ニ依リ、旨ヲ武家ニ伝ヘテ、同荘下司季正ノ濫妨ヲ停メシム	欠	貞和2・5・6　禅律方頭人大学頭（日野有範カ）奉書　山名伊豆前司（時氏）　山名時氏ニ令シ、季正ノ院宣ヲ奉ゼザルヲ以テ之ヲ召シ進ゼシム（二度目ノ幕命カ）	東寺百合文書京
24	（貞和2カ）1・19　権大納言資明（日野）　勧修寺前大納言（経顕）　旨ヲ武家ニ伝ヘテ、東大寺八幡宮帰座日ニ東寺警固ヲ致サシム	欠	欠	東寺百合文書ゐ
25	（貞和2）6・11　権大納言資明（日野）　勧修寺前大納言（経顕）　東寺雑掌ノ訴ニ依リ、旨ヲ武家ニ伝ヘテ、阿波国守護細川頼春ノ、宝荘厳院領同国大野荘本家職ヲ押領セルヲ停メシム	（貞和2）7・23　勧修寺経顕消息　左兵衛督（足利直義）　院宣ヲ武家ニ施行セシム	欠	東寺百合文書ト
26	「貞和2」12・23　資明（日野）　勧修寺前大納言（経顕）　東大寺ノ訴ニ依リ、旨ヲ武家ニ伝ヘテ、伊賀国寺領悪党ノ事ニツキ尋究セシム	欠	欠	東南院文書三
27	「貞和4」3・11　権大納言隆蔭（四条）　勧修寺大納言（経顕）言（前脱カ）　旨ヲ武家ニ伝ヘテ、諸陵寮領山城国紀伊郡鳥羽手里内ノ田地ノ事ニツキ尋沙汰セシム	欠	欠	東寺百合文書ヨ

28	(貞和4カ)11・10	(高階)大蔵卿雅仲	勧修寺前大納言(経顕)	河内国下仁和寺荘地頭職彦部七郎ノ濫妨ヲ武家ニ伝ヘテ、尋沙汰セシム	欠				欠				妙心寺文書一
29	「貞和5」3・18	権大納言隆蔭	勧修寺前大納言(経顕)	27ノコトニツキ再ビ伝フ	(貞和5)3・22	勧修寺経顕消息	(足利直義)左兵衛督	院宣ヲ武家ニ施行セシム	欠				東寺百合文書ゐ
30	「貞和5」4・17	(四条)権大納言隆蔭	勧修寺前大納言(経顕)	28ノコトニツキ再ビ伝フ	欠				貞和5・5・9	禅律方頭人治部卿奉書(日野有範カ)	(高師泰)越後守	河内守護高師泰ニ令シテ、彦部七郎ノ濫妨ヲ停メ下地ヲ雑掌ニ渡付セシム(文中ニ「就院宣、所経評議也」トアリ)	妙心寺文書一
31	(貞和5)後6・11	(日野)按察使資明	勧修寺前大納言(経顕)	泉涌寺全皎ノ訴ニ依リ、旨ヲ武家ニ伝ヘテ、同寺管スルトコロノ安芸国諸郷保検注ノ事ニツキ尋沙汰セシム	欠				欠				東寺百合文書ね
32	「同(貞和6)年」2・11	(中御門)宣明	勧修寺前大納言(経顕)	旨ヲ武家ニ伝ヘテ、新見貞直ノ備中国新見荘領家職ヲ濫妨スルヲ停メシム	「同年」2・16	勧修寺経顕消息	(足利義詮)左馬頭	院宣ヲ武家ニ施行セシム(端書ニ「同施行案」トアリ、マタ、下ノ引付頭人奉書ニ「勧修寺前大納言家御文」トアリ)	観応1・3・8	(佐々木導誉カ)引付頭人沙弥奉書	(宗継)南遠江守	備中守護南宗継ニ令シテ、院宣ヲ施行セシム(端書ニ「武家奉書案」トアリ)	東寺百合文書ゐ
33	(観応2)6・27	(広橋)右大弁兼綱	勧修寺(経顕カ)	興福寺衆徒ノ訴ニ依リ、箸尾為英等ノ春日神人ヲ打擲・刃傷スルコトヲ武家ニ伝ヘテ、尋究セシム	欠				欠				兼綱公記

以下、勅裁・公家施行・武家施行の各々につき、順次検討してゆくことにする。

〈勅裁〉

勅裁とはこの場合、光厳上皇院宣である。先述のとおり、これは「被成下院宣於武家」ることによって濫妨者を排除しようとする訴人の要請に応じて、幕府にむけて発されたものである。院宣は、33の（観応二年）六月二七日付のものを除きすべて伝奏によって奉じられ、内容の上でも33以外はすべていわゆる雑訴関係のものである（右大弁広橋兼綱の奉ずる33は打擲・刃傷、いわば刑事事件にかかる）。いずれも本来、無年号の院宣である。(6)

次に表一によって、院宣の充所の変化をみよう。

①前左馬助　建武四年九月一六日～建武五（暦応元）年後七月一一日
②中務権大輔　暦応元年八月一五日～同年一二月三日
③春宮権大夫（今出川実尹）　暦応二年一一月二六日～暦応四年九月二四日
④勧修寺経顕　康永二年四月二三日～観応二年六月二七日

院宣の伝達者自体については次にのべるが、右のうち前左馬助、中務権大輔が「菊亭（西園寺）前右大臣（今出川兼季）家」の家司であること、10・11の事例での勅裁は残存しないが、おそらくいずれも宛所は中務権大輔であり、そして前右大臣（今出川兼季）にもたらされたであろうこと、以上二点を付言しておこう。

〈公家施行〉

公家施行とは、勅裁たる院宣を幕府に伝達する文書をいう。このとき申状も具書とともに幕府側に提出された。このような文書の発給者、つまり院宣の伝達者は光厳上皇院政期に三人あらわれる。

まず最初に今出川兼季。彼の文書は、当時の表現によれば「前右大臣家御消息」「菊亭前右大臣家御消息」、あるいは「菊弟(亭)殿御施行」「西園寺前右大臣家御教書」と称されている。残存文書に徴して彼の活動期間についてみれば、建武四年九月（表一の1）より少なくとも暦応元年一二月（表一の9）までを確定することができる。今出川兼季のこの種の文書がここで途絶えるのは、彼が暦応元年一二月一二日に出家、翌二年正月一六日に没したことによる（『尊卑分脈』）。

今出川兼季ののちに出現するのは彼の子今出川実尹。実尹の、公武交渉の窓口としての活動の徴証は、史料の上では暦応二年一一月より同四年九月の間確認できるにとどまるのであるが、[7]おそらく父の没後直ちにこれを継ぎ、康永元年（暦応五）八月の没まで続けたものと思われる。この間、実尹の官位は従二位権中納言より正二位権大納言へとすすんだ。年齢が二一〜二五歳という若年であったことも注意されよう。

今出川兼季・実尹父子による施行は、岩元氏の指摘のように「本人の署判のある文書によって施行した例がな」く、「奉書形式の施行状とでもいうべきもの」[8]であるが、両人の施行状が家司「沙弥宣証」の奉ずる書式をとったのは当時の書札礼をふまえたためだと考えられる。[9]また今出川家が北朝の成立以来かかるポストに選任された理由については、岩元氏も言及しているが、[10]なんといっても室町幕府が鎌倉期の公武交渉のしくみを踏襲しようとし、もと関東申次西園寺家の嫡子の成長を鶴首して待ったことを第一にあげねばなるまい。つまり西園寺公宗の遺子実俊の成長を待つ間、暫定的措置として一門の者を選任することになったと考えられるのである。この意味において、「西園寺庶子」（『師守記』貞治六年六月三〇日条）今出川家の前右大臣兼季は適任者であったといわねばなるまい。また実尹は二〇歳代の前半という若年ではあったが、父の急逝後を一時的に継ぐだけの任務にすぎなかったため、その就任についてはさほどの支障はなかったであろう。このように考えれば、今出川兼季・実尹父子の公武交渉へのかかわりはさほど積極的に評価することはできまい。

両人がのちの西園寺実俊の場合とは異なり正式に武家執奏と呼ばれた事実を確認できないのも、また賢才の誉高かった洞院公賢がこのポストに据えられなかったのも、その任務に必然的に負わされた性格のためということができよう。

表一にみるように、今出川兼季・実尹が発したこの種の文書七点（兼季四・実尹三）を収集することができた。いずれも「……候欤之由、前右大臣殿（実尹の場合は春宮（権）大夫）可申旨候也、恐々謹言」なる定型文言をもち、沙弥宣証奉、上所は「謹上」、執事・武蔵（権）守高師直充となっている。文書の端書や、この文書を施行した幕府側の文書の中の表現によれば、実尹の文書は「春宮権大夫家御消息」、「菊亭大納言家御消息」（なお「沙汰未練書」には、「消息ト〈ハ〉西園寺以下時人御教書也」とある）などと呼ばれた。これらの文書はまた「御教書」、「御施行」とも称されている。

今出川実尹のあとにあらわれる三人目は勧修寺経顕である（新補注2）。経顕の、光厳上皇院政期における、公武交渉の窓口としての活動の徴証は、正確な直接発給文書による限り、貞和二年七月より観応二年六月の間確認できるにとどまるが、19によってすでに康永二年四月にはこの活動が開始されているし、(11) また特別未補の状況や他者の在任事実も認められないので、勧修寺経顕は今出川実尹没の康永元年八月二一日以後直ちにこの任務をうけついだと考えられる(12)。

勧修寺経顕の伝達文書は光厳上皇院政期に限れば三通を確認できるが、その書式において注目されるのは、いずれも「……子細見状候欤、恐々謹言」でかきとめられ、署名は実名のみ、上所は「謹上」となっている。また充所は「左兵衛督〈足利直義〉」（二例）、「左馬頭〈足利義詮〉」（一例）の二様がある。この書式は、発給者勧修寺経顕が前大納言、名充人足利直義が従三位・非参議・左兵衛督、また足利義詮が従四位下・左馬頭の官位を持っていたことによる。それらは、「弘安礼節」に照らせばいずれも大納言が「参議散二位三位」に遣わす場合の書式に近く、特に従四位下の足利義詮は規定以上の厚礼をもって遇されていることが知られる。このような勧修寺経顕の施行状は「勧修寺前大納言家御文」とも称された（表一の32の事例参照）。

勧修寺経顕も今出川兼季・実尹と同様に暫定的に公武交渉の窓口に据えられたと考えるべきであろうが経顕は正式に武家執奏と呼ばれた形跡がある（「文和元年記」文和元年一一月二八日条に「勧修寺前大納言経顕卿武家執奏」とみゆ）[新補注3]。従って武家執奏のポストは経顕の代になると一つの職制として、より明確に位置付けられるようになったと思われる。

勧修寺経顕の発したこの種の施行状はその書式が直状形式であることはもとより、その充所が従来に比して一変している点でも特徴的である。この経顕施行状の充所が公武交渉における武家側の窓口であることには異論あるまい。つまり武家側の窓口が従来の執事高師直より足利直義へ、さらには足利義詮へと変転しているのである。これはひとえに幕府政局の変動に伴う現象で、いわゆる観応擾乱の進展過程を反映するものといえる。

従って、公家施行状の充所の変転および武家施行のなされ方を通じて、この期の幕府政治の様相を垣間みることが可能となる。まず充所各人について、その史料的におさえることのできる期間を示しておこう[13]。

①高　師直　　建武四年九月一七日～暦応四年九月四日

②足利直義　　貞和二年七月二三日～同五年三月二二日

③足利義詮　　貞和六年二月一六日以降

表一の公家施行欄にみるように、その文書は過半数以上の場合、残存していない。そこでこの空欄の個所を推測によってある程度うめてみたいが、17までの充所はその間の残存例からみてすべて高師直と考えてよいであろうし、25よりその名をあらわす足利直義についていえば、彼は貞和五年八月に師直のクーデター[14]（『園太暦』・『師守記』）で失脚するまでは幕府内部でその地位を維持していたことから考えて[新補注4]、25～31の公家施行の充所はいずれも足利直義とみてよいであ

ろう。そこで問題となるのは、17まで確認される高師直を充所とする方式がいつから25のような足利直義を充所とするものに変わるかということ、つまり表一に即していえば、18〜24の事例の充所をどちらに推定するか、である。このことを考えるために足利直義と高師直との関係に注目しつつ、特に直義の署判形式にみる地位と権限の変動を整理しておこう。

①足利直義の裁許状の署判形式は原則的にみて、暦応四年一〇月二一日付（「臨川寺重書案文」坤）を嚆矢として、「源朝臣（花押）」から「左兵衛督源朝臣（花押）」へと変化する。奥上署判であることには変わりがない。

②訴論人の身分階層のうえから、署判方式の変化をみれば、寺社権門対御家人武士、御家人武士同士の相論裁許の場合、従来ともに奥上署判であったものが、康永三年九月一七日付（『大徳寺文書』四）を嚆矢として、御家人武士同士の場合は袖判形式に変わる。[15]

③康永三年には高師直が引付（内談）頭人に加えられており、観応元年まで在職した形跡がある。[16]

①にみるように、直義が暦応四年一〇月、奥上に正式な官途を記すことを始めた事実の裏に、彼の権威の上昇をみてとることができるし、また②にみるように、康永三年九月の袖判の出現の背後に、一層の地位上昇を想定することができよう。従ってこのことをふまえて18〜24の充所について推測するならば二とおりの理解の仕方が可能であろう。一つは、暦応四年一〇月の署判形式の変化を直義による師直制圧の反映とみなし、19〜24の公家施行の充所をいずれも足利直義と推定すること、二つめは、袖判の出現を重視して、充所の変動はそれ以降のこととみなし、18〜21を師直充、22〜24を直義充と推定すること、である。いずれも推測の域を脱しないものであるが、18と19の間には約一年半の時間的懸隔があり、19以降はそれ以前のものと文書の性格がかなりちがう点がみとめられることを併考すれば、前者の考え方、

つまり19より足利直義充とみなす方が妥当であろうと思われるが確証はない。さらに③の高師直についての知見を考えあわせるならば、足利直義の地位は、その発給文書の形式によって垣間みる限りにおいては、執事高師直を自らの所轄機構内に引き入れることによって一層上昇したと思われるし、[17] そのことはまた幕府政局を一時的に安定させることになったと推測される。[18]

最後に足利義詮について。彼は貞和五年一〇月二二日に鎌倉より帰京、これより、父尊氏の後継者たるべく幕政の中枢にかかわりを持ち始めるのであるが、32の事例が義詮を充所としているのは、義詮が直義の既往の権限を受けついだことを示すであろう。この時期の義詮の権限が所務沙汰権を中心とするものであったことはすでに指摘されている。[19] なお、33の事例の「公家施行」の充所も足利義詮とみなすことができよう。

〈武家施行〉

武家施行とは、上述の公家施行状によって幕府に伝達された勅裁を幕府が施行するときの文書をいう。表一を一見すれば明らかなように、武家側の施行は引付頭人奉書[20]によってなされるのが当初よりの常例で（禅・律宗寺院が一方の当事者である場合は禅律方の所管[21]）、足利直義自身による施行の事例も含めて、直義（およびその権限をうけついだ足利義詮）の掌握したいわゆる統治権的支配権にもとづいてなされたということができる。従って、公家施行をも含めた言い方をすれば、開幕以来暦応三年ころまでの公武交渉は、執事高師直あての公家施行状、足利直義所轄の引付（内談）方の頭人奉書、あるいは直義自身の文書による武家施行状、この二文書を介してなされてきたと言ってよい（表一の1〜14参照）。その意味において、15の事例にみる高師直による武家施行は異例であり、それだけに師直の立場の特異性を感ぜしめる。[22]

ちなみに30の事例にみる、貞和五年五月九日禅律方頭人奉書には「就院宣、所経評議也」とみえ、幕府に伝達された勅裁が幕府の政治機構の中で「評議」された上で施行されることもあったことが窺われる。

2 後光厳天皇親政期

幕府側についてみたとき、後光厳親政期約二〇年は観応擾乱という幕府の危機をたくみにのりきった足利尊氏・義詮父子が幕政の基礎を強化した時期である。幕政の担当者によって示すならば、当初足利尊氏・義詮の二頭政治期、延文年間に入ってからは義詮の親裁期、さらに貞治六年に義詮が没してのちは幼将軍足利義満を補佐する管領細川頼之の施政期である。

後光厳天皇親政期の公武関係において特筆すべきことが二つある。一つは、鎌倉時代最後の関東申次西園寺公宗の遺子実俊が「西園寺ノ跡ヲ継」(『太平記』巻二三)ぎ、文和二年に武家執奏に任命されたこと。[23] 西園寺実俊はこの年一九歳であったが、おそらく元服と同時に武家執奏の拝命となったのであろうか。実俊については、のちにも、たとえば「前右大臣(西園寺実俊)武家執奏」(『後愚昧記』永和五年四月二八日条)などと表記されるのは、おそらく彼が正式な武家執奏であったからであろう。ここに実俊は父祖が世襲した関東申次にかわる武家執奏として、公武交渉の要衝を司ることとなった。[24]

いま一つは、公家施行状の充所が室町幕府を名実ともに代表する将軍に固定化すること。つまり公家施行状は西園寺実俊が将軍足利義詮・義満に対して発するという方式が成立するのである。このことは政治史的観点からみれば、公武関係の安定を反映する現象であろう。

管見に及んだ三七事例を表二に整理してみた。以下この表に即して検討したい。

表二 後光厳天皇親政期(新補注5)

	後光厳天皇綸旨 日付	奉者	充所	内容	公家施行 日付	文書名	充所	内容	武家施行 日付	文書名	充所	内容	出典
1	(文和2)2・30	左大弁仲房(万里小路)	勧修寺前大納言(経顕)	旨ヲ武家ニ伝ヘテ、堀次郎四郎ノ淡路国掃部荘ヲ濫妨スルヲ禁ゼシム	欠				欠				随心院文書
2	?	広橋兼綱	(西園寺実俊)	欠	(文和3)6・15	西園寺実俊施行状	鎌倉宰相中将(足利義詮)	後藤筑後入道ノ離宮八幡宮領播磨国松原荘ヲ押領スルヲ停メシムル旨ノ綸旨(「兼綱朝臣奉書」)ヲ武家ニ施行セシム	文和3・8・4	引付頭人細川清氏奉書	赤松律師御房(則祐)	播磨守護赤松則祐ニ令シテ、綸旨ヲ施行セシム	離宮八幡宮文書
3	(文和3)6・1	左衛門佐忠光(日野)	西園寺大納言(実俊)	東寺ノ訴ニ依リ、旨ヲ武家ニ伝ヘテ、同寺領山城国紀伊郡拝師荘ニオケル濫妨ヲ尋究セシム	[文和3]6・30	西園寺実俊施行状	鎌倉宰相中将(足利義詮)	綸旨ヲ武家ニ施行セシム	欠				東寺百合文書お
4	(文和3〜4)4・21	左衛門権佐忠光	西園寺大納言(実俊)	旨ヲ武家ニ伝ヘテ、近江国麻生荘ニオケル濫妨ヲ停メ、下地ヲ雑掌ニ渡付セシム	欠				欠				山部神社文書
5	(延文1)8・16	左権中将隆家(四条)	西園寺大納言(実俊)	旨ヲ武家ニ伝ヘテ、加賀白山金劔宮神人等ノ、臨川寺領同国大野荘段米升米ヲ濫妨スルヲ停メシム	(延文1)8・18	西園寺実俊施行状	鎌倉宰相中将(足利義詮)	綸旨ヲ武家ニ施行セシム	延文1・8・28	仁木頼章施行状	富樫介(氏春)	加賀守護富樫氏春ニ令シテ、綸旨ヲ施行セシム	臨川寺重書案文 天竜寺文書

6	(延文2)4・28	左権中将隆家	西園寺(実俊)大納言	旨ヲ武家ニ伝ヘテ、山下四郎左衛門尉ノ宝荘厳院敷地ヲ濫妨スルヲ停メシム	(延文2)4・29	西園寺実俊施行状	鎌倉宰相中将(足利義詮)	綸旨ヲ武家ニ施行セシム（「五月一日召次持来了」ト注記アリ）	欠	東寺百合文書た
7	「(延文2)9・18」	左権中将(四条)隆家	西園寺(実俊)大納言	旨ヲ武家ニ伝ヘテ、白子彦六ノ近江国愛智郡散在名々ヲ押妨スルニツキ尋沙汰セシム	欠				欠	京都御所東山御文庫記録甲七十一
8	「(延文2)12・13」	左中弁(日野)時光	西園寺(実俊)大納言	旨ヲ武家ニ伝ヘテ、東寺領播磨国矢野荘例名ニ、伊勢内宮役夫工米ヲ譴責スルヲ停メシム	(延文2)12・20	西園寺実俊施行状	鎌倉宰相中将(足利義詮)	綸旨ヲ武家ニ施行セシム（端書ニ「西園寺施行案」トアリ）	欠	東寺百合文書ヲ
9	(延文3)12・21	権左中弁(平)親顕	西園寺(実俊)大納言	山科教言ノ訴ニ依リ、旨ヲ武家ニ伝ヘ、中御門以南・油小路以東・西洞院以西・春日以北敷地ニオケル藤民部入道聖祐ノ違乱ヲ停メシム	(延文3)12・27	西園寺実俊施行状	鎌倉宰相中将(足利義詮)	綸旨ヲ武家ニ施行セシム	欠	山科家古文書（内閣文庫）
10	(延文5)3・12	左中弁(日野)忠光	西園寺(実俊)大納言	旨ヲ武家ニ伝ヘテ、来ル十六日ノ東大寺八幡宮神輿帰坐ノ際ノ路次警固ヲ致サシム	欠（上ノ綸旨ニ「西薗寺施行在之」トアリ）				欠	東大寺文書
11	(延文5)3・14	左中弁(日野)忠光	西園寺(実俊)大納言	旨ヲ武家ニ伝ヘテ、東大寺八幡宮帰坐日ニ東寺警固ヲ致サシム	(延文5)3・15	西園寺実俊施行状	鎌倉宰相中将(足利義詮)	綸旨ヲ武家ニ施行セシム	欠	東寺文書射、高山寺古文書

12	(康安1〜貞治1)10・18	右中弁平行知	(西園寺実俊)右大将	熊野山新宮申ス造営料所遠江国吏務職ニツキ武家ニ伝ヘシム	(康安1〜貞治1)10・19	西園寺実俊施行状	(足利義詮)鎌倉宰相中将	綸旨ヲ武家ニ施行セシム	欠				熊野速玉大社古文書古記録
13	(康安1〜貞治1)11・19	右中弁平行知	(西園寺実俊)右大将	旨ヲ武家ニ伝ヘテ、蓮華王院領若狭国名田荘内下村ニオケル押妨ヲ停メシム	(康安1〜貞治1)11・7	西園寺実俊施行状	(足利義詮)鎌倉宰相中将	綸旨ヲ武家ニ施行セシム	欠				大徳寺文書
14	(貞治2)5・27	宮内卿信兼(平)	(西園寺実俊)右大将	旨ヲ武家ニ伝ヘテ、蓮華王院領若狭国名田荘内田村ニオケル守護ノ違乱ヲ停メ、下地ヲ雑掌ニ渡付セシム	欠				欠				大徳寺文書
15	「貞治3」9・21	右中弁嗣房(万里小路)	民部大輔	旨ヲ武家ニ伝ヘテ、丹波国神吉氷所ヲ守護代ノ濫妨スルヲ停メシム	(貞治3)9・22	西園寺実俊施行状	(足利義詮)鎌倉大納言	綸旨ヲ武家ニ施行セシム	欠				氷室文書
16	(貞治3)12・6	宮内卿信兼(平)	民部大輔	旨ヲ武家ニ伝ヘテ、蓮華王院領若狭国名田荘内知見村ニオケル濫妨ヲ停メ、下地ヲ雑掌ニ渡付セシム	欠				欠				大徳寺文書
17	欠				欠				貞治3・12・4	引付頭人吉良満貞奉書	(斯波義種)民部少輔	若狭守護斯波義種ニ令シテ、綸旨ニ依リ、新名平次郎ノ、同国名田荘内上村ヲ濫妨スルヲ停メ、雑掌重兼ノ所務ヲ全クセシム	土御門文書

	綸旨 年月日	奉者	宛所	内容	施行 年月日	文書名	宛所	内容	遵行 年月日	文書名	宛所	内容	出典
18	（貞治3）12・7	（万里小路）右中弁嗣房	民部大輔	旨ヲ武家ニ伝ヘテ、林太郎兵衛尉ノ、宝荘厳院領近江国志万郷ヲ濫妨スルヲ停メ、下地ヲ同院雑掌ニ渡付セシム	「貞治3」12・8	西園寺実俊施行状	（足利義詮）鎌倉大納言	綸旨ヲ武家ニ施行セシム（端書ニ「西園寺施行」トアリ）	貞治3・12・14	引付頭人沙弥奉書	（氏頼）佐々木大夫判官入道	近江守護佐々木氏頼ニ令シテ、綸旨ヲ施行セシム（端書ニ「武家文書案」トアリ）	東寺百合文書た 東寺観智院金剛蔵聖教目録20
19	（貞治3〜4カ）4・1	（左カ）右中弁平行知	民部大輔	旨ヲ武家ニ伝ヘテ、蓮華王院領若狭国名田荘内田村下村ニオケル違乱ヲ尋究セシム	欠				欠				大徳寺文書
20	（貞治5）7・12	（平）左京大夫行知	民部大輔	旨ヲ武家ニ伝ヘテ、上野国諸郷保地頭等ノ同国国衙正税ヲ抑留スルヲ停メ、之ヲ中院家雑掌良勝ニ渡付セシム	欠				貞治5・9・14	足利義詮御判御教書	（足利基氏）左兵衛督	鎌倉公方足利基氏ニ令シテ、綸旨ヲ施行セシム	中院文書
21	「貞治5」9・27	左京大夫平行知	民部大輔	近江国円城寺雑掌ノ訴ニ依リ、旨ヲ武家ニ伝ヘ、目賀田入道ノ同寺領ヲ押妨スルヲ停メ、下地ヲ同寺雑掌ニ渡付セシム	「貞治5」11・15	西園寺実俊施行状	（足利義詮）鎌倉前大納言	綸旨ヲ武家ニ施行セシム（端書ニ「西園寺御施行案」トアリ）	欠				東寺百合文書み
22	（貞治6）7・6	（万里小路）右大弁嗣房	民部大輔	大炊寮ノ訴ニ依リ、旨ヲ武家ニ伝ヘ、山城国御稲田ニ対スル吉祥院修造段米ヲ徴収スルヲ停メシム	（貞治6）7・13	西園寺実俊施行状	（足利義詮）鎌倉前大納言	綸旨ヲ武家ニ施行セシム	欠				師守記同年七月六日条及び十三日条裏書
23	「応安1」5・19	（中御門）右中弁宣方	民部大輔	中原師邦ノ訴ニ依リ、旨ヲ武家ニ伝ヘ、春日社住京神人等ノ酒麴売役ヲ対捍スルヲ沙汰セシム	「応安1」5・26	西園寺実俊施行状	（足利義満）左馬頭	綸旨ヲ武家ニ施行セシム（端書ノ「武家一行」、及ビ「御判」ニ付セル「鹿苑院殿」ハ誤リ）	欠				押小路文書（内閣文庫）

24	(応安1)後6・8	左中将公時(三条)	民部大輔	旨ヲ武家ニ伝ヘテ、室田勘解由左衛門某ノ、教令院領塩小路朱雀水田ヲ濫妨スルヲ停メ、東寺西院雑掌頼意ニ渡付セシム	(応安1)後6・14	西園寺実俊施行状	左馬頭(足利義満)	綸旨ヲ武家ニ施行セシム	応安1・9・14	引付頭人山名氏冬奉書	今河中務少輔(国泰)	侍所頭人今川国泰ニ令シテ綸旨ヲ施行セシム(端裏書ニ「引付奉書」トアリ)
												東寺百合文書み
25	(応安1)9・17	左少弁仲光(広橋)	民部大輔	摂津国長興寺雑掌申ス鎌谷濫妨ノ事ヲ武家ニ伝ヘ、濫妨ヲ停メ、下地ヲ雑掌ニ渡付セシム	欠				欠			柳原家記録
26	(応安1)9・27	左少弁仲光	民部大輔	山城国松茸御園中村荘地頭遍照心院濫妨ノ事ヲ武家ニ伝ヘ、下地ヲ雑掌ニ渡付セシム	欠				欠			柳原家記録
27	(応安1)9・27	左少弁仲光	民部大輔	尼了鏡ノ訴ニ依リ、旨ヲ武家ニ伝ヘテ、安東信濃守入道ノ錦小路町西南角敷地ヲ違乱スルヲ糺明セシム	欠				欠			柳原家記録
28	(応安1)10・3	左少弁仲光	民部大輔	旨ヲ武家ニ伝ヘテ、金持弾正ノ来迎院領伯耆国宇多河荘ヲ濫妨スルヲ停メ、下地ヲ寺家雑掌ニ渡付セシム	欠				欠			柳原家記録
29	(応安1)10・13	左少弁仲光	民部大輔	定憲僧正ノ訴ニ依リ、旨ヲ武家ニ伝ヘテ、安芸国々務ニ対スル小早河備後入道以下輩ノ濫妨ヲ停メ、下地ヲ雑掌ニ渡付セシム	応安1 10・19	西園寺実俊施行状	左馬頭(足利義満)	綸旨ヲ武家ニ施行セシム(付箋ニ「西園寺御施行状」トアリ)	応安1・10・7(11カ)	細川頼之施行状	大内介(弘世)	安芸守護大内弘世ニ令シテ、綸旨ヲ施行セシム
												東寺文書数 東寺百合文書セ

30	「応安1」10・22　左少弁仲光　民部大輔　旨ヲ武家ニ伝ヘテ、垣見美濃入道以下輩ノ、飛騨国江名子・松橋以下郷ヲ押妨スルヲ停メ下地ヲ雑掌ニ渡付セシム	「応安1」10・28　西園寺実俊施行状　(足利義満)左馬頭　綸旨ヲ武家ニ施行セシム（端書ニ「西薗寺施行案」トアリ）	欠	山科家古文書(内閣文庫)
31	(応安1)10・29　左少弁仲光　民部大輔　医師但馬道直ノ請ニ依リ、旨ヲ武家ニ伝ヘテ、渡宋船造営料棟別銭ヲ山城国等ニ課セントシ、之ヲ諮ル	欠	欠	柳原家記録
32	(応安1)11・2　左少弁仲光　民部大輔　藤原懐国ノ訴ニ依リ、旨ヲ武家ニ伝ヘテ、鴨町内七屋ノコトヲ糺明セシム	欠	欠	柳原家記録
33	(応安1)12・13　左少弁仲光　民部大輔　坂上明宗ノ訴ニ依リ、旨ヲ武家ニ伝ヘテ、大野光治ノ摂津国平田保領家職ヲ濫妨スルヲ停メシム	欠	欠	柳原家記録
34	(応安1)12・16　左少弁仲光　民部大輔　長講堂寺官并ビニ長講衆等ノ訴ニ依リ、旨ヲ武家ニ伝ヘテ、法勝寺造営料洛中地口役ノ事ヲ沙汰セシム	欠	欠	柳原家記録
35	「応安2」11・16　(中御門)右中弁宣方　民部大輔　旨ヲ武家ニ伝ヘテ、山城国粟田荘下司職屋代源蔵人ノ違乱ヲ停メ、下地ヲ雑掌ニ渡付セシム	欠	欠	葛川明王院史料

36	?	(三条)右中将公時	(民部大輔カ)	欠(下ノ施行状ヲ参照)	(応安1~2)11・30	西園寺実俊施行状	(足利義満)左馬頭	庁鼻和某ノ丹波国隼人保ヲ濫妨スルヲ停メシム旨ノ綸旨(「公時朝臣奉書」)ヲ武家ニ施行セシム	欠	隼人関係文書(書陵部)
37	(応安3)9・22	(中御門宣方)左中弁	民部大輔	旨ヲ武家ニ伝ヘテ、崇徳院御影堂領能登国大屋荘内三井・深見・内浦三ケ保ノ事ヲ究明セシム	「応安3」9・24	西園寺実俊施行状	(足利義満)左馬頭	綸旨ヲ武家ニ施行セシム	欠	門葉記

〈勅裁〉

後光厳天皇親政期の初見事例たる文和二年二月三〇日付綸旨(表二の1)は勧修寺経顕あてで、前代以来の形式を踏襲するものであるが、先述のとおり同年一〇月に西園寺実俊が武家執奏に任ぜられたため、それ以降は実俊あてのものに変わる。表二の2~14がこれに属する。15の、(貞治三年)九月二一日後光厳天皇綸旨より、西園寺実俊の家司民部大輔某充となる。[25] この充所の変化は当時の書札礼(「弘安礼節」)の規定に照らせば、実俊が貞治三年四月一四日に内大臣に昇任したことによるものと考えてよい。この充所はこれ以降、実俊の武家執奏時代を通じて用いられた[26]。

幕府へ伝達される綸旨の内容についてみれば、光厳上皇院政期同様、公家領・寺社領に対する武士の濫妨を停止し、下地を雑掌に渡付せよというものが多いが、なかには、東大寺八幡宮神輿帰坐の際の警固を命ずるもの(表二の10・11)、造酒正中原師邦の訴える酒麹売役対捍に関するもの(23)、渡宋船の建造や法勝寺の造営のための課役賦課に関するもの(31・34)など、前代と異なる一面があらわれている点にも注意せねばなるまい。そこには、王朝の根拠地山城、もっと局限すれば洛中の支配に対する幕府のかかわりがはっきりと映し出されているからである。

〈公家施行〉

後光厳天皇親政期における公家施行、つまり勅裁の幕府への伝達はどのように行われたか。表二の1は例外として、(文和三年)六月一五日付より(応安三年)九月二四日付までの一七点の西園寺実俊施行状に即して検討したい。彼の施行状の書式の特徴は、前代の今出川兼季・同実尹・勧修寺経顕の場合と異なり、「……子細見状候歟、仍執達如件」という直状形式をとっていることである。つまり、これまでの「恐々謹言」で書き止められる文書と比べて格段の公的性格を帯びてきたことである。この実俊の文書は、その端書や付箋においては「西園寺御施行(状)」と表現されている。

後光厳天皇親政期における西園寺実俊施行状一七点は実俊の署判および上所・充所の変化によって、五つの型に分けられる。

①	(署判) 権大納言実俊	(充所) 鎌倉宰相中将(足利義詮)	(上所) 謹上
②	(署判) 右大将実俊	(充所) 鎌倉宰相中将(足利義詮)	(上所) 謹上
③	(署判) 内大臣	(充所) 鎌倉大納言(足利義詮)	(上所) なし
④	(署判) 右大臣	(充所) 鎌倉前大納言(足利義詮)	(上所) なし
⑤	(署判) 花押	(充所) 左馬頭(足利義満)	(上所) なし

表二の事例でいえば、①には2・3・5・8・9・11、②には12・13、③には15、④には21・22、⑤には23・24・29・30・36・37が含まれる。一方、西園寺実俊と足利義詮の官歴は次のようである。

西園寺実俊

権大納言　文和二年一二月二九日〜貞治三年三月一四日〈延文五年一一月一七日〜貞治六年一月一六日、右大将〉
内大臣　貞治三年三月一四日〜貞治五年八月二九日
右大臣　貞治五年八月二九日〜貞治六年九月二九日
前右大臣　貞治六年九月二九日〜康応元年六月八日出家

足利義詮
参議・左中将　観応元年八月二二日〜貞治二年一月二八日
権大納言　貞治二年一月二八日〜貞治四年五月四日
前権大納言　貞治四年五月四日〜貞治六年一二月七日没

また足利義満が正五位下・左馬頭に叙任されるのは貞治六年一二月四日である（『愚管記』同日条）。これらのことをふまえて、実俊施行状における差出人と名充人との官職の関係に着目すれば、先にみた五類型のうち、①②は大納言―参議、③④は大臣―大納言、⑤は大臣―左馬頭（正五位下）という対応関係にあるから、もっと包括的な言い方をすれば、①②の形は文和二年一二月〜貞治二年一月の間（但し、延文五年一一月より実俊の署判は右大将）、③④の形は貞治三年三月〜貞治六年一二月の間（但し、実俊は貞治五年八月まで内大臣、貞治六年九月より前右大臣、一方義詮は貞治四年五月まで権大納言）、⑤の形は貞治六年一二月以降、各々ありえたわけである。こう考えれば、表二の公家施行欄で欠けているもののうち、4・6・7・10は①の形、16〜20は③の形（但し、貞治三年三月一四日〜同五年八月二九日の間、実俊は内大臣であったから、差出人としての署判は「内大臣（花押）」であろう）、また25〜28、31〜35はいずれも⑤の形であったと推定することができる。ただ14の日付、貞治二年五月二七日の時点では、差出人・名充人ともに権大納言であるため、このときの西園寺実俊の施行状がどのような書式をとったか判然としない。

次に西園寺実俊施行状の充所からみた幕府政治の推移について、特に将軍の地位に即してみておこう。まず足利義詮が征夷大将軍に任じられるのは延文三年一二月八日であるから、表二の9〜22の事例は将軍としての足利義詮にあてられたものとみなしてよい。1〜8については、将軍就任前の義詮にあてられているが、これは義詮が父将軍尊氏の下で次代の将軍職を襲う者として、公武交渉の幕府側の窓口を専管していたためである。このように、公家施行状が幕府の将軍（およびその確定者）のみにあてられるようになるのが足利義詮の時期からであるという事実も中世の公武関係の展開を考える上で特筆せねばならない(27)。

また表二の23以降についてみれば、義詮なきあと、家督を相続した幼少の義満にあてられていることも注目される。貞治六年一一月、幕府の管領に就任、幼主足利義満の輔佐を託された細川頼之は義満の成長をまつ間に将軍権力の代行者として、前代未聞の広範かつ強大な権限をふるったのであるが、そういう時期にあっても公家施行状は管領に対してあてられているわけではない。しかも義満の将軍就任は応安元年一二月三〇日であるから、23〜34は将軍になる前の義満にあてられていることになる。そこには義満の輔佐役に徹した細川頼之の幕政運営の基本姿勢がよくあらわれている(新補注6)。

将軍義詮の没する直前、管領細川頼之は嗣子義満を幕府の総帥とすることに成功した。『愚管記』貞治六年一二月三日条には次のような記事がみえる。

伝聞、義満政道施行事、経奏聞之間、昨日被仰勅答、其次可被任左馬頭之由被仰之云々、今日別当為勅使罷向、是政務事為被賀仰也云々、

右の記事は、武家政治の後継者にわずか一〇歳の足利義満を据えることを朝廷がききいれたことを示している。朝廷

の権威を背景としたこの政務の権の委譲は実に巧妙にしくまれていたといえよう。おそらくその黒幕は細川頼之をおいて他には考えられまい。こうして義満は幕府政治の後継者たる地位を保証され、武家政権を代表して公家施行状の充所になりえたといえる。

以上みたような事実によって想定される安定的な公武関係は前代の光厳上皇院政期にはみられぬものであった。後光厳天皇親政期にみる公武関係の安定化が幕府権力の拡大・強化によってもたらされたことはいうまでもあるまい。

〈武家施行〉

表二の最下段に示すように、武家施行状の残存例は少ないが、将軍あるいはその確定者にあてた西園寺実俊の施行状によって幕府に伝達された後光厳天皇綸旨は、執事仁木頼章施行状・引付頭人奉書・将軍足利義詮御判御教書・管領細川頼之施行状などといった幕府文書によって施行されたことが知られる。それらのうちどの文書によって施行されるかは当該期の幕府内部における所轄権の所在をも示すことになる。表中の数多くの空欄に本来あるべき文書を想定するためには、変動する幕政の展開の仕方を、特に将軍親裁権（およびその代行者としての管領の職権）と引付制度とのかかわりに注意しつつ推定してゆかねばならぬが、それは容易なことではない。幕府の引付制度は観応擾乱の最中の観応二年六月以降一旦停止されたが、翌文和元年五月には復活したと説かれている。概して、観応擾乱以降の引付制度は将軍親裁権の拡充とともに、漸次縮小・廃絶の途をたどったといえる。以下表二の事例について、引付制度や執事・管領の動向を考慮しつつ推測を重ねることとする。

まず1～8について。これらの事例は、尊氏が将軍としての権限を次第に嫡子義詮に委譲していった時期に属する。執事には仁木頼章が観応二年一〇月以来在職していた。このうち1については、尊氏・頼章が東下中であったため、これを執事が施行するはずはなく、一方当時引付方の活動も殊更に低調とはいえないので、[28]表一の32と同様に引付頭人奉書によったと考えるのが妥当であろう。2〜6は尊氏・頼章帰京の文和二年九月以降に属するものであるが、これまで所務の遵行に全く関与することのなかった執事仁木頼章の権限にも変化があらわれ、「所務沙汰参与による職権の拡大」が認められ、引付頭人奉書と同じ形式内容を具えた、所務遵行を命ずる奉書を文和二年一〇月一九日付を初見として一通認められることを指摘された小川信氏の研究[29]に照らしてみれば、将軍の執事としての仁木頼章の権限拡大の波及とみなし、3〜6の武家施行状を執事としての頼章の文書と推定できぬこともない。しかし、2の事例や小川氏の指摘のように、この頼章の行為が引付頭人兼帯に起因し、「この権限増大を（頼章の）引付頭人兼帯の結果とも解しうること」[30]を併考すれば、6も引付頭人としての頼章の施行状ともみられるので、2〜6の武家施行は引付頭人奉書によってなされたと推定する方が無難なのかもしれない。但し、7・8については、引付頭人奉書の残存所見が延文二年七月五日付を最後として貞治二年八月までみいだせないことから、この間引付方は停止ないし中絶状態にあったであろうことが指摘されている。[31]この知見に依拠すれば、7・8については引付頭人奉書は発給できないので、おそらく執事仁木頼章の施行状によったであろうが、以下述べる細川清氏の執事時代のように将軍足利義詮が自判の文書を発した可能性もないわけではない。

次に9〜11について。これらは、尊氏の没後将軍義詮の親裁権が確立し、その執事のポストに細川清氏が据えられて（就任は延文三年一〇月）以降のものである。小川氏の研究によれば、発給文書をとおしてみた細川清氏の権限は延文五年八月まではすこぶる制約されたものであって、将軍義詮は清氏を執事に任じてのちも自判の御教書を多く発給して広汎な権限を行使、「延文二年に引付方の活動を停止したまま所務の遵行命令を専ら自判の文書を以て発給し、完全に所務沙汰を親裁していた」ため、この間の執事清氏の発給文書の中に「所務の遵行命令の事例を見出せない[32]」という実情である。9〜11はいずれも延文五年八月の、執事清氏の所務沙汰専管以前のものであるから、その施行は将軍義詮の御判御教書でもってなされた可能性が大である。先にのべた7・8も、あるいはこれらの事例にひきつけて理解した方がよいかもしれない。

続いて12〜19。この時期には足利一門の名族斯波高経が子義将を執事に推し、背後から幕政に関与したとされる（この度の義将の執事在職は貞治元年七月〜同五年八月）。貞治二年八月まで引付方は復活していないこと、執事義将の奉書発給はさほど多くはないが「おそらく高経は当初所務沙汰審理および遵行命令発給を執事の職権として義詮から認められた[33]」であろうこと、他方将軍義詮も御判御教書をもって所務遵行を行っていること、などをふまえれば、12〜14の武家施行は執事施行状、もしくは将軍御判御教書でもってなされたであろうことが想定される。また15〜19は、斯波高経の主導の下に五番制引付が復活してのちのものであり、引付方の活動の活発化が想起され、しかも17・18が引付頭人奉書によっていることから考えれば、15・16・19も17・18と同様であったろうと推測される。

貞治五年八月、執事斯波義将が父高経とともに失脚すると、将軍義詮はしばらく執事を置かず（『後愚昧記』貞治五年八月一九日条）、引付方をその直轄下においた。後任の細川頼之が就任するのが貞治六年一一月であるから、執事未補の状態が一年三ヶ月に亘って続いたことになる。20〜22はそのような時期に属するものである。このうち20の武家施行は将軍の御判御教書でもって行っているが、これは鎌倉公方あてのものであるための特例と考えられること（上野国々衙の事につき「去月二日綸旨」を足利基氏に対して施行した、「中院文書」康安元年一〇月三日足利義詮御判御教書も同様）、貞治二年八月の引付方復活以後、少なくとも貞治年間は比較的多数の引付頭人奉書が残されており[34]、引付方の活発な活動が推測されること、などから考えて少なくとも21は引付頭人奉書をもって施行されたと思われる（22は後述のとおり、幕府によって施行を拒否されたとみられる）。

最も重要な時期であるにもかかわらず推測に大変な困難を伴うのは、次の足利義満の幼少期、つまり管領細川頼之の輔佐時代である。表二にみるように、一五例のなかで武家施行状が残っているのはわずかに二例にすぎない。幕府の幼主義満の判始は応安五年一一月二二日であるから（『愚管記』同日条）、23～37の事例について義満自身が施行状を発することはまずありえない。そうなると、問題は、将軍の全権限を代行する立場にあった管領細川頼之がどの程度引付方の機能を管領の権限の下に掌握しえたかということにかかってくる。かつて羽下徳彦氏は侍所と管領との機能上の関係を究明され、侍所の御家人統制権が応安初年に著しく縮小され、ほぼ符節を合わせた様にして補任された管領細川頼之の権限内に帰したと考えられること、同時に侍所の守護を統轄する権能も管領に帰したと考えられることを指摘された[35]。また小川氏も引付奉書の残存状況をふまえて、応安元年以降引付方の活動が以前よりも低調になったことを指摘された[36]。これらの知見を援用すれば、応安元年半ばに発給されたはずの23の施行状以下はすべて管領の施行によるものと考えたくもなるが、すぐ次の24の事例では明らかに引付頭人奉書でもって施行されているので、以上のように直ちに推断するわけにもゆかない。この時期、「現実の幕府内外の情勢は未だ決して安穏ではなく、幕府内には（中略）斯波派・反斯波派の如き諸将対立が底流し」[37]ていたこと、また応安年間も前半期には引付方の活動の足跡たる引付頭人奉者が若干残存していること[38]、しかし一方、管領が守護・御家人の統制を漸次強化してきたことも事実であること、頼之にとってすべての権限の淵源たる義満が応安元年一二月三〇日、数え年一一歳で征夷大将軍に就任したこと、などの諸事実を総合して推測を加えるならば、応安二年あたりから漸次管領細川頼之がこのような武家施行を主管する傾向をおびてきたと考えることも許されよう。この現象が応安四年に始まる後光厳上皇院政期に一層顕著となることは後掲表三によって一目瞭然である。管領の権限は安定・強化の方向へ進んでいたのである。

後光厳天皇親政期に即した叙述を終えるにあたり、最後に一つ付言したいことがある。それは以上みたような、勅裁・公家施行・武家施行といった一連の文書を手に入れるため当事者がどのように動いたか、ということである。そのことを表二の22の事例に即して具体的にみておくことにする（『師守記』貞治六年六月一一日〜同年八月二〇日条参照）。

貞治六年六月、幕府は吉祥院修造料として山城国に段銭を賦課した。このとき大炊寮領山城国御稲田（みいね）もその対象となったため、大炊寮頭中原師茂はその免除を申請した。この申請が朝廷で受け入れられて、後光厳天皇綸旨と西園寺実俊施行状が発給されたのである。表二の22の事例はこのときのものである。事の起こり、それに展開の様子をもう少しくわしくみよう。

中原師茂は貞治六年六月一五日、武家奉行人依田時朝に一件の次第を糺明し、賦課を聴した勅裁の奉行人と目された柳原忠光にも問い合わせたが、明確なところはわからないまま、結局一八日に賦課の免除を認める綸旨の下付を申請した。『師守記』同年六月一八日条裏書には、貞治六年六月日大炊寮申状および（同年）六月一八日大外記中原師茂挙状（頭右大弁万里小路嗣房あて）が収められている。その結果、七月六日嗣房の奉ずる、民部大輔あての綸旨が出された（このときの綸旨には「吉祥院修造段別」と記されていたため、「文章不足故」に「山城国御稲田」の六文字が翌日書き加えられた）。翌七日条には「武家　綸旨被悦遣了」とあるところからみれば、その綸旨は師茂のもとにもたらされたものと思われる。

かくして次の記事がある。

十一日、今日山城国御稲田段別事、為被申西園寺施行、書替申状被付政所兵部権大輔言衡、明後日可賜取之由、以

詞申返事、

十三日、今朝左近太郎被遣北山政所、一昨日被付施行、今日可給取令申之故也、付使進了、

一一日条の「書替申状」は、先の綸旨の文言に六文字を補ったことに関係しているが、勅裁が出された後の申状の書替行為は当時の訴訟法の上からも興味深い。しかしここでは西園寺実俊の施行状が当事者の手に渡っていることを確認するだけでよい。憶測を加えればこののち当事者はこの西園寺実俊施行状を幕府の窓口に提出して、武家施行状を発給してもらうというしくみであったと考えられる。ただ両日条の記事にみる限り、師茂側から西園寺家政所にもたらされた文書は「書替」えられた申状のみである点からみて、下付された綸旨については、官側で移送・伝達しておいたものであろうか。ちなみに、師茂が得た賦課免除の綸旨は幕府の口入によって停止されたらしい。幕府は七月二一日、この綸旨を停止するよう奏聞、八月二〇日にはこの申出がききいれられた事実があるからである（『師守記』同年七月二六・二七、八月一七・二〇日条参照）。

武家が勅裁の施行を拒否したという事例はめずらしい。従来武家の施行は勅裁をほぼ自動的にうけ入れるものであっただけに、利害関係にもとずく幕府の明確な意志表明である点注目に値する。またこの時の段銭賦課に至る手続き面に不明瞭な点があることや師茂の得た免除勅裁に対して幕府が執拗に反対したことなどは、幕府がこの吉祥院修造一件にことのほか深くかかわっている事実を反映しているとみてよいであろう。

3　後光厳上皇院政期

後光厳上皇院政期は応安四年三月より同七年正月までの三年に満たぬ期間であるが、この間に一〇例を検出することができた。表三に整理したとおりである。(39) 幕府側についてみれば、将軍足利義満の判始（応安五年一一月二二日）前後の

時期ということができる。

表三　後光厳上皇院政期

	後光厳上皇院宣				公家施行			武家施行				出典
	日付	奉者	充所	内容	日付	文書名	充所	日付	文書名	充所	内容	
1	「応安4」8・4	左少弁仲光（広橋）	民部大輔	旨ヲ武家ニ伝ヘテ、松田貞秀ノ左京職領梅小路用水ヲ違乱スルヲ停メシム	欠			欠				京都御所東山御文庫記録甲六十八
2	欠				欠			応安4・9・17	細川頼之施行状	赤松律師（則祐）	播磨守護赤松則祐ニ令シテ、九条前関白家（経教）雑掌申ス播磨国田原荘半済ノコトニツキ、院宣ニ依リテ、濫妨ヲ停メ下地ヲ雑掌ニ渡付セシム	九条家文書二
3	（応安4カ）11・27	左少弁仲光	民部大輔	旨ヲ武家ニ伝ヘテ、播磨国田原荘ニオケル有田亀寿丸等ノ濫妨ヲ停メ、下地ヲ雑掌ニ渡付セシム	欠			欠				九条家文書二
4	（応安4）12・5	左中弁宣方（中御門）	民部大輔	一乗院実玄僧都・大乗院教信禅師ノ門跡管領ヲ停メシコトヲ武家ニ告ゲ、神木帰坐ヲ計ラシム	欠			欠				吉田家日次記

5	(応安5)10・10	権中納言忠光(柳原)	民部大輔	幕府ノ、日吉社神輿造替諸国段銭ヲ三社領・三代御起請符地ニ課スルヲ許ス	欠				欠				花営三代記
6	「応安5」12・2	按察使仲房(万里小路)	西薗寺(実俊)	旨ヲ武家ニ伝ヘテ、垣見宗源等ノ飛驒江名子・松橋両郷等ヲ押妨スルヲ停メシム	「同」12・3	西園寺実俊施行状	左馬頭(足利義満)	院宣ヲ武家ニ施行セシム(端書ニ「西薗寺御施行案」トアリ)	応安5・12・14	細川頼之施行状	広瀬左近将監	広瀬左近将監ニ令シテ、江馬但馬四郎ト相共ニ、院宣ヲ施行セシム(端書ニ「御教書案」トアリ)	山科家古文書(内閣文庫)
7	「応安5」12・17	権中納言忠光(柳原)	民部大輔	旨ヲ武家ニ伝ヘテ、塩屋入道某等ノ春日社領山城国葛原新荘菊末・貞宗両名ヲ濫妨スルヲ停メシム	欠(下ノ細川頼之施行状ニ「西園寺右大臣家御消息」トアリ)				「応安7」4・3	細川頼之施行状	細川右馬助	細川右馬助ニ令シテ、院宣ヲ施行セシム(端書ニ「御教書当御代」トアリ)	東寺百合文書ホ
8	(応安5)12・29	権中納言忠光	民部大輔	一乗院門主実玄禅師ノコトニツキ、衾宣旨ヲ下サル、コトヲ幕府ニ伝ヘシム	(応安5)12・29	西園寺実俊施行状	左馬頭(足利義満)	院宣ヲ武家ニ施行セシム	欠				寺訴引付日記
9	欠				欠(下ノ細川頼之施行状ニ「西園寺前右大臣家(実俊)御文」トアリ)				応安6・閏10・17	細川頼之施行状	一色修理権大夫入道(範光)	若狭守護一色範光ニ令シテ、徳禅寺雑掌申ス若狭国名田荘惣下司職并ビニ同庄内知見村等ニツキ、「院宣・西園寺前右大臣家(実俊)御文」ヲ示シ、下地ヲ雑掌ニ渡付セシム	徳禅寺文書
10	欠				欠				応安6・12・14	引付頭人沙弥奉書(仁木義尹カ)	渋川右兵衛佐入道(満頼)	備中守護渋川満頼ニ令シテ、按察家雑掌重安申ス備中国原上郷領家職ノコトニツキ、院宣ヲナサル、コトヲ示シ、下地ヲ雑掌ニ渡付セシム	九条家文書六

〈勅裁〉

武家に伝達された院宣の内容は、用水違乱の停止、所務濫妨の停止、春日神木帰坐のための折衝、日吉社神輿造替のための諸国段銭賦課、衾宣旨の伝達などであり、係争の地域的範囲は山城にとどまらず、播磨・飛騨・若狭・備中などに亘っている。勅裁の充所が武家執奏西園寺実俊の家司民部大輔であることも貞治三年以来変わらない。6の院宣の充所が「西薗寺殿」となっている理由についてはすでに本節註（26）で述べたところである。

〈公家施行〉

残存するのは6・8の事例のみであるが、すべて西園寺実俊施行状であるとみてよい。6の書式は「……子細見状候歟、仍執達如件、月日、判、左馬頭殿」となっており（8も同様）、前代同様の形式である。足利義満の官位は1～9の間従四位下・左馬頭、応安六年一一月二五日に従四位下のまま参議・左中将に転じたので、義満に遣わされる文書はこれより「鎌倉宰相中将」あてとなり、10はその実例だと推察される。なお、この公家施行状は端書や武家施行状の中では「西薗寺御施行案」（6）、「西園寺前右大臣家御文」（9）と表現されている。

〈武家施行〉

応安初年頃より強まった管領の権限が武家施行状を発する権限をも包摂するという傾向があらわれたことは前述したところであるが、後光厳上皇院政期ともなると、そのことが一層顕著になっている。表三によれば、残存する四例の武家施行状のうち三例が管領細川頼之施行状、残り一例が引付頭人奉書である。(40)

ここで併考せねばならぬのは、武家執奏を介して幕府に伝達される勅裁以外の、つまり当事者あての勅裁を幕府が施行するケースである。表四は、後光厳上皇院政期における、そのような事例を整理したものである（ごくまれであるが、このような事例はこれ以前にもみられる。「伊予国分寺文書」建武四年一〇月一七日禅律方頭人阿波守奉書は、建武三年一二月一二日光厳上皇院宣（極楽寺長老上人あて）を施行した。また「東京国立博物館所蔵文書」文和三年一二月七日足利尊氏御判御教書のように、将軍が管国守護あてに綸旨を施行した例もある。

表四　後光厳上皇院政期における当事者あて勅裁の施行

	後光厳上皇院宣				施行状				出典
	日付	奉者	充所	内容	日付	文書名	充所	内容	
1	応安4・6・1	権中納言（柳原忠光）	三宝院僧正（光済）	三宝院光済ヲシテ、越前国河北荘半分ヲ知行セシム	応安4・6・5	細川頼之施行状	斎藤刑部左衛門入道	斎藤刑部左衛門入道ニ令シテ、雑賀縫殿允入道ト相共ニ越前国河北荘半分ヲ三宝院雑掌ニ渡付セシム（雑賀縫殿允入道アテノモノイマ一通アリ）	三宝院文書
2	（応安5・6・9）	?	（当寺長老カ）	欠	応安5・9・6	細川頼之施行状	当寺長老	当寺長老ヲシテ、「去年六月九日御寄附院宣」ニ任セ、臨川寺三会院領西京宇多院田ヲ永代領掌セシム	臨川寺重書案文
3	応安5・8・3	権中納言（柳原忠光）	持地院長老上人	天龍寺持地院ヲシテ、梶井故二品親王ノ寄付ニ任セ、小六条敷地ヲ領知セシム	応安5・8・7	細川頼之施行状	当寺長老	当寺長老ヲシテ、「去八月三日院宣」ニ任セ知行ヲ安堵セシム	鹿王院文書四
4	（応安6）後10・10	権中納言忠光（柳原）	臨川寺長老上人	若狭東口御服所関ヲシテ、臨川寺領加賀国大野荘・若狭国耳西郷半分土貢米ヲ勘過セシム	応安6・閏10・11	細川頼之施行状	当寺長老	「院宣之趣」ヲ披露セシムルコトヲ伝へ、当寺長老ヲシテ、寺用ヲ全クセシム	天竜寺文書 臨川寺文書

一見すればわかるように、これらの勅裁はその内容の性格上、施行のための実力行使を伴うことが少ないため、武家

執奏を介して幕府に伝達されるものではない。当事者が得た当事者あての勅裁を幕府にもちこみ、その施行を得るというケースである。まず表四の1の事例に即して具体的に検討したい。

①越前国河北庄半分事、可令知行給之由、新院(後光厳上皇)御気色所候也、仍執達如件、

応安四年六月一日　　権中納言(柳原忠光)（花押）

謹上　三宝院僧正(光済)御房

②料所越前国河北庄半分事、早雑賀縫殿允入道相共、沙汰居三宝院雑掌於下地、可執進請取之状、依仰執達如件、

応安四年六月五日　　武蔵守(細川頼之)（花押）

斎藤刑部左衛門入道殿

（雑賀縫殿允入道あての同内容の細川頼之奉書いま一通あり）

③越前国河北庄(号河合)半分事、院宣之趣加一見候了、恐々謹言、

(応安四)七月二日　　頼之（花押）

三宝院僧正御房

①は、後光厳上皇が三宝院光済をして、仙洞料所越前国河北荘半分を知行せしめた院宣、②は、幕府が下地を三宝院雑掌に渡付する様、使節たる二奉行人の一人斎藤刑部左衛門入道に命じた、管領細川頼之の奉ずる将軍家御教書（②をうけて出された応安四年七月八日奉行人連阿・道成連署遵行状において、②は「去月五日御教書」としるされている）、③は、①の「院宣之趣」を一見した旨を院宣の名宛人三宝院光済に対して証したもので、院宣の効力を幕府が認証。文書形式からみれば、細川頼之書状であるが、機能の上からみれば院宣施行状[41]と称すべき文書である。

表四に示した事例は幕府による勅命の施行に関するものであるから、公武交渉関係史料として、先にみてきた武家執奏を介した事例に準じて扱ってよい。そこに示した四事例がいずれも管領細川頼之の手によって施行されている事実も、この時期における公家との交渉にかかる権限が管領細川頼之に握られていたことを傍証するであろう。

4　後円融天皇親政期

後円融天皇の親政は応安七年正月より永徳二年四月までの約八ヶ年に亘る。将軍足利義満は応安五年一一月に判始を行い、将軍親裁のための準備を着々と整えていった。この頃より管領細川頼之の職権内容が大きな変化をとげるのはこのような義満の成長と密接に関係している。発給文書をとおして将軍と管領との権限区分の異動を綿密に究明された小川信氏はこの時期の義満と頼之の関係について次のように結論付けられた。

頼之は義満の成人に伴う判始を起点として、爾後二、三年間に寺社領の寄進・安堵、所領の宛行・安堵、所務相論の裁決、仁政沙汰のごとき将軍の基本的な権限を逐次義満に返還してその親裁下に移し、将軍の権限の代行者としての自己の責務を解くと同時に、それらの将軍の権限を直接承けた施行、所務以下の種々の遵行命令、幕府料所の預置等については、その実施を管領の権限として確保したのである。(42)

一方、引付方の活動に目を転ずれば、将軍親裁権の拡充とは反対に実に寥々たるものがある。(43)小川氏の調査によれば「殊に応安七年以降は、毎年の引付奉書発給数の所見が四通・三通・二通・一通と漸減して、引付方の形骸化が急速に進行している状態が看取される」(44)のである。

後円融天皇親政期における幕府の内情はおおよそ右のようであった。この期間に当該事例を一〇例検出することができた。表五のとおりである。

表五 後円融天皇親政期（新補注7）

	後円融天皇綸旨				公家施行				武家施行				出典
	日付	奉者	充所		日付	文書名	充所		日付	文書名	充所		
1	欠				欠（下ノ細川頼之施行状ニ「西園寺前右大臣家（実俊）御消息」トアリ）				永和2・5・17	細川頼之施行状	細河四郎	伊勢守護細川四郎某ニ令シテ、理性院僧正雑掌申ス伊勢国智積御厨ノコトニツキ、「綸旨・西園寺前右大臣家（実俊）御消息」ヲ示シ、雑掌ヲシテ、所務ヲ全クセシム	口宣案御教書（内閣文庫）
2	欠				（応安7～永和3）4・9	西園寺実俊施行状	（足利義満）鎌倉宰相中将	主水司領丹波国神吉氷室大嘗会米ニツイテノ綸旨ヲ武家ニ施行セシム	欠				氷室文書
3	（応安7）10・11	（広橋）権右中弁仲光	民部大輔	旨ヲ武家ニ伝ヘテ、周防国仁保荘村々地頭職ヲ光源雑掌ニ渡付セシム	（応安7）10・13	西園寺実俊施行状	鎌倉宰相中将	「仲光奉書」（後円融天皇綸旨）ヲ示シ、周防国仁保荘村々ニオケル地頭ノ濫妨ヲ停メシム	欠				三浦家文書 周防国分寺文書一
4	欠				欠				永和3・10・17	細川頼之施行状	畠山尾張入道（義深）	越前守護畠山義深ニ令シテ、「綸旨」ニ任セ、祇園社造営料所越前国杉前三ケ村ニオケル濫妨ヲ停メ、下地ヲ雑掌ニ付セシム	三浦家文書 八坂神社文書二
5	（永和4～康暦2）11・28	勘解由次官平知輔	民部大輔	旨ヲ武家ニ伝ヘテ、大徳寺領播磨国小宅三職ノ違乱ヲ停メ、下地ヲ雑掌ニ渡付セシム	欠				欠				大徳寺文書

6	(康暦2)4・12	(清閑寺)勘解由次官家房	前民部大輔	智覚普明国師ノ僧録タルベキノ由ヲ聞コシ食シ、旨ヲ武家ニ伝ヘシム	欠				欠		鹿王院文書二（東大史料）
7	康暦2 9・12	(勧修寺)左中弁経重	前民部大輔	旨ヲ武家ニ伝ヘテ、隼人司領河内国萱振保ニオケル松賀五郎三郎ノ押領ヲ停メ、下地ヲ雑掌ニ渡付セシム	欠				欠		隼人関係文書（書陵部）
8	「永徳1」5・18	(洞院)左権中将公仲	民部大輔	旨ヲ武家ニ伝ヘテ、内膳司領越前国三国湊廻船交易関所ニ対スル嶋津一族等ノ押妨ヲ停メ、下地ヲ雑掌ニ渡付セシム	「永徳〻」5・22	西園寺実俊施行状	(足利義満)右大将	綸旨ヲ武家ニ施行セシム	欠		綸旨・口宣・院宣等（書陵部）
9	欠				欠（下ノ斯波義将施行状ニ「西園寺前右大臣家（実俊）御消息」トアリ）				永徳1・11・27	斯波義将施行状 / 渋河武蔵次郎 / 摂津守護渋河武蔵次郎ニ令シテ、西山地蔵院雑掌申ス摂津国長町荘内西倉村ノコトニツキ、「綸旨・西園寺前右大臣家(実俊)御消息」ヲ示シ、濫妨ヲ停メ、下地ヲ雑掌ニ付セシム	地蔵院文書
10	(永徳2)2・16	左少弁平知輔	民部大輔	旨ヲ武家ニ伝ヘテ、長門国分寺領ニオケル武士等ノ押妨ヲ停メ、下地ヲ雑掌ニ渡付セシム	欠				欠		長門国分寺文書一

後円融天皇の綸旨が武家執奏西園寺実俊の家司民部大輔にあてられている点は従来どおりである。ただ事例数の上で、八ヶ年の間に一〇事例というのは、前代の光厳院や後光厳院の時期に比べて少ないといわざるをえない。

公家施行では、現存するのは2・3・8にすぎないが、1と9の武家施行状の中に「西園寺前右大臣家御消息」とみえることから、これらも西園寺実俊の施行を伴ったことが確認される。公家施行の充所はいずれも将軍足利義満とみてさしつかえない。8の事例の公家施行たる西園寺実俊施行状は管見の範囲で現存する最後のものであり、また書式も従来に比してやや変化している点も認められるので、綸旨とあわせて以下に掲出しておく。

内膳司領越前国三国湊廻船交易関所、当所住人深町・北村・嶋津一族等押妨事、奉膳清茂状副具書如此、子細見状候歟、早退彼等違乱、可沙汰居雑掌於下地由、可被仰武家之旨、天気所候也、以此旨可令洩申給、仍言上如件、公仲頓首誠恐謹言、

永徳元 五月十八日　　右権中将公仲奉

進上　民部大輔殿

内膳司領越前国三国湊廻船交易関所、当所住人深町・嶋津一族等押妨事、公仲朝臣奉書副具書如此、子細見状候歟、仍執達如件、

永徳〻(元) 五月廿二日　　(西園寺)実俊

謹上　(足利義満)右大将殿

(書陵部所蔵「綸旨・口宣・院宣等」。このうち綸旨のみは奥野高広氏『皇室御経済史の研究』正篇三八二～三八三頁に引用されている)

前者は後円融天皇綸旨案、後者はこの綸旨をうけて出された西園寺実俊施行状案である。これらの文書は南北朝末期の北陸地方における廻船交易の状況や越前島津氏の動向を垣間みせるなど、その内容自体にも興味深いものがあるが今はふれない。特に後者についてみれば、2のようなこれまでの義満あての実俊施行状と比べて署判・充所の記し方が異

なっていることに気付く。この変化は言うまでもなく、義満が永和四年三月二四日に参議から権大納言へ特進し、同八月二七日に右大将を兼ねたことに起因している。従って表五の5～7の公家施行も同様の書式であったろうことが知られる。つまり先に充所はいずれも足利義満と述べておいたが、正確にいえば1～4は「鎌倉宰相中将」、また5～10は「右大将」あてとなる。

前述したとおりここに掲出した実俊施行状がこの種の文書としては現存する最後のものであるが、9・10にみるようにこれ以後に少なくとも二点存在したことが確認される。たとえば9についていえば、その「西園寺前右大臣家御消息」の日付が不明なため、書式も確定できない。推測するに、義満は永徳元年七月二三日に内大臣に昇任したのであるから、もし実俊施行状がこの時点以後の日付を持つのならば、前右大臣から内大臣への互通文書となるから、その書式はまた変化したであろう。一方10についていえば、義満は永徳二年正月に左大臣となるが、この場合の公家施行も9と同様、大臣同士の対等の書式をとったであろう。つまり、勅裁を武家に伝え、武家の力によってこれを遵行した最後の事例は、管見の限り、10ということになる。要するに、武家執奏西園寺実俊を介しての遵行移管はおおよそ永徳年間（実例では永徳二年）をもって終わるとみてよいであろう。

以上のように考えれば、西園寺実俊の武家執奏としての活動期間は文和二年一〇月に補任されてより、少なくとも永徳二年までの約三〇年の長期に及んだということができる。ちなみに、このことに関連して、『満済准后日記』正長二年三月九日条に「応安比マテハ、西園寺未武家執奏也」という記事がみえるが、『後愚昧記』康暦元年四月二八日条に「前右大臣（西園寺実俊）武家執奏」とあることによっても知られるように、実俊の武家執奏職が応安年間以降もなお継続したことは紛れもない事実であるので、先の『満済准后日記』の記事は決して実俊の武家執奏としての活動の終焉を意味するものではなく、あくまで途中経過を述べたにすぎないことが明瞭となる。何故、西園寺実俊の施行が永徳二年にその跡を絶ち、やがて廃絶したのかということについては、公武関係についての総括を行う後節にゆずることとしたい（本書四九三～五〇四頁参照）。

次にこの時期の武家施行はどのようであるか。まず表五に示した個々の事例の年次についてみれば、康暦元年の政変で細川頼之が失脚し、代って同年閏四月斯波義将が管領に就任した事実があるので、1～4は細川頼之の、6～10は斯波義将の管領在任期に属する。5は年次の推定に幅があるためいずれか一方には決めがたい。康暦元年閏四月より明徳二年三月に至る十二年余の第二次管領在任期において、義将は「管領細川頼之時代の後半における将軍・管領間の権限区分をほぼ踏襲し」、「また引付頭人の奉書発給が途絶に近い状態になったのに引換え、管領の遵行命令が頼之時代よりも多くの所見を得る」(45)という知見をふまえれば、6～8および10の武家施行は管領斯波義将が行ったであろうことを推断できよう。このように考えれば、表五の武家施行はすべて管領の行うところであった可能性が高くなる。この種の遵行命令を管領が専掌したであろうことは、前にも少しふれたような公家施行を介さない勅裁の施行のケースを整理した表六によってさらに裏づけられよう。

表六　後円融天皇親政期における当事者あて勅裁の施行

	後円融天皇綸旨			施行状			出典
	日付	奉者	充所	日付	文書名	充所	
1	（応安7・10・10）	?	（冷泉守教カ）	応永（安）7・10・17	細川頼之施行状	細川右馬助（頼元）	勧修寺文書（東大史料）
				侍所頭人細川頼元ニ令シテ、山城国山科小野西荘除			

				欠				半済(ママ)湯河荘司詮光預分ノウチ、勧修寺前内府跡知行分ニ於テハ、「今月十日還補勅裁」ニ任セ、冷泉守教ニ渡付セシム		
2	(永和3・12・21)	?		欠	永和4・4・6	細川頼之施行状	今河入道(範国)	遠江守護今川範国ニ令シテ、「去年十二月廿一日綸旨」ニ任セ、遠江国都田御厨ヲ洞院大納言家雑掌ニ渡付セシム	地蔵院文書(東大史料)
3	(永和4)6・15	権右中弁資教(日野)	祇園執行僧都	越前国杉前三ケ村ニオケル違乱ヲ停メ、造営ヲ専ラニセシム(二通)	永和4・7・2	細川頼之施行状	畠山尾張入道(義深)	越前守護畠山義深ニ令シテ、綸旨ヲ施行セシム	祇園社記御神領部第十四
4	(下ノ斯波義将施行状ニ「勅免綸旨」トアリ)				康暦1・12・5	斯波義将施行状	山名虎石	臨川寺領年貢運送ノ事ニツキ、若狭国小浜津馬足課役ヲ免ズル綸旨ヲ示シ、山名虎石ニ令シテ、煩ナク勘過セシム	臨川寺重書案文
5				欠	永徳1・10・26	斯波義将施行状	欠	桂宮院雑掌申ス、近江国犬上郡安養寺荘内藤内開発田ノコトニツキ、「安堵綸旨」ニ任セ、押妨ヲ停メ雑掌ニ渡付セシム	広隆寺文書
6	(永徳1・11・2)	?		欠	永徳1・12・18	斯波義将施行状	浄阿上人	「任去十一月二日綸旨」セ、金蓮寺并末寺敷地等ヲ安堵セシム	金蓮寺文書

後円融天皇は永徳二年四月に譲位、これより明徳四年五月までの一一年間に亘って院政を開いたが、この間に従来の如き公家施行を介した勅裁の伝達事例を管見の限り全くみいだせず、かろうじて表七の如き公家施行を介さない事例を認めうるにすぎない。

表七　後円融上皇院政期における当事者あて勅裁の施行

	後円融上皇院宣 日付	奉者	充所	施行状 日付	文書名	充所	出典
1	永徳2・9・26 宰相僧都ヲシテ、祇園社開発境内西門前北頬敷地田畠ヲ永代一円ニ門弟相続セシム	按察使(裏松資康)	宰相僧都	永徳2・10・7 侍所頭人一色詮範ニ令シテ、「去九月廿六日院宣」ニ任セテ、祇園社開発境内神領敷地田畠等ノコトニツキ、下地ヲ顕深僧都代ニ渡付セシム	斯波義将施行状	一色右馬頭(詮範)	祇園社記
2	永徳2・9・26 宰相僧都ヲシテ、祇園社長日神供料所近江国成安保ヲ安堵セシム	按察使(裏松資康)	宰相僧都	永徳2・10・7 近江守護佐々木満高ニ令シテ、「九月廿六日院宣」ニ任セテ、祇園社長日御神供料所近江国成安保ニオケル濫妨ヲ停メ、下地ヲ顕深僧都代ニ渡付セシム	斯波義将施行状	佐々木四郎(満高)	祇園社記

関係史料が少なくて問題にもならないようでもあるが、実はこのことは当該期の公武関係を窺うための重要な手がかりなのである。つまり、公家施行を介した勅裁の施行例がみえなくなったことはもとより、勅裁を幕府が施行すること自体が史料的にほとんど認められなくなったことは、要するに王朝の所轄権が極端に狭められたことを反映するものであろう。また特に表七の2は、濫妨人の排除・下地の渡付を内容とするだけに本来ならば、公家施行を介したはずの事例といえる。それにもかかわらず公家施行を伴わず、じかに武家施行がなされているのは、従来の公武交渉のシステム

に大きな変化があらわれたと考えるほかはあるまい。幕府はもはや武家執奏という特定の窓口を通す必要のないほど、王朝を自らの側にひきよせていたのである。しかも勅裁を施行する文書が管領施行状である点に象徴されるように、このような公武関係の変動が管領制の展開と密接な関係を持ったとみてまずまちがいない。

6 その他

以上南北朝全期に亘って、各々の治世ごとに関係史料を表に整理しながら勅裁の幕府への伝達のあり様を検討してきた。最後に今までの表に載せられなかった例外的事例についてふれておかねばならない。その例外的事例とは、治天下以外の院宣を、武家執奏を通して幕府に伝達するケースである。表八に整理してみた。

表八 治天下以外の院宣にかかるもの

	勅裁				公家施行				武家施行				出典
	日付	文書名	充所		日付	文書名	充所		日付	文書名	充所		
1	「延文2」11・10	光厳上皇院宣	西園寺大納言(実俊)	旨ヲ幕府ニ伝ヘテ、尊重護法寺ニ兵士衆庶ノ狼藉ヲ停メシム（奉者・四条隆蔭）	「延文2」11・20	西園寺実俊施行状	鎌倉宰相中将(義詮)	院宣ヲ武家ニ施行セシム（端書ニ「西園寺施行案」トアリ）	欠				願泉寺文書
2	(応安7)6・7	崇光上皇院宣	民部大輔	旨ヲ武家ニ伝ヘテ、長講堂領播磨国菅生荘役夫工米大使乱責ヲ停メシム（奉者・日野教光）	欠				応安7・8・6	細川頼之施行状	赤松蔵人左近将監(義則)	播磨守護赤松義則ニ令シテ、院宣ヲ施行セシム（端書ニ「武家御教書案」トアリ）	東寺百合文書ア

3	2・19	崇光上皇院宣	民部大輔	旨ヲ武家ニ伝ヘテ、播磨国弘次別符ノ事ヲ尋究セシム(奉者・日野教光)	欠	欠	八坂神社文書下
4	6・18	崇光上皇院宣	民部大輔	長講堂領尾張国篠木荘雑掌ノ訴ニ依リ、旨ヲ武家ニ伝ヘテ、太神宮役夫工米大使ノ同荘ヲ譴責スルヲ停メシム(コノ文書、日野教光ノ奉ニカカルコトヨリ崇光上皇院宣ト推定ス)	欠	欠	円覚寺文書

管見の範囲でいえば、後光厳天皇の治世においてその父光厳上皇が、また後円融天皇の治世にその叔父崇光上皇が各々独自に武家執奏西園寺実俊を介して幕府と交渉している事実を検出しえた（表八の3・4については年次不明のためどの治世下になされたものかさだかでないが、充所の書例からみて貞治三年以降のものであることは確実）。1の事例を別とすれば、このような現象は北朝内部における後光厳流と崇光流の対立関係を反映するものといえよう。(46)

以上、北朝の歴代における、朝廷より幕府に向けての交渉のあり様を、特に文書の動きをとおして具体的にみてきた。最後にそれらを総括するにあたり、いま一度、公家施行を介した遵行移管の実例を通覧するため次の表九を作成した。右側に将軍および執事・管領の欄を設けたのは、この公武交渉のあり様と当該時の幕府の主導的人物との間の相関々係を垣間みようとするためである。

表九　朝廷より幕府への遵行の移管の実例一覧（新補注8）

体制	事例数	内訳 年次	内訳 事例数	将軍	執事管領
光厳院政（15年）	33	建武4年	4		高師直
		暦応元年	4	・8/11 足利尊氏	
		〃 2年	3		
		〃 3年	3		
		〃 4年	2		
		康永2年	1		
		康永3年	2		
		貞和元年	2		
		〃 2年	3		
		〃 4年	2		
		〃 5年	3		・閏6/15 ・8/25 高師直
		観応元年	1		
		〃 2年	1		・2/26 ・10/21
		未確定	2		仁木頼章
後光厳親政（18年半）	37	文和2年	1		
		〃 3年	2		
		延文元年	2		
		〃 2年	2	・4/30	・5/
		〃 3年	1	・12/8 足利義詮	10/10・細川清氏
		〃 5年	2		斯波義将
		貞治2年	1		
		〃 3年	3		
		〃 5年	2		8/8・
		〃 6年	1	・12/7	11/25・
		応安元年	12	・12/30 足利義満	細川頼之
		〃 2年	1		
		〃 3年	1		
		未確定	6		
後光厳院政（3年）	10	応安4年	4		
		〃 5年	4		
		〃 6年	2		
後円融親政（8年）	10	永和2年	1		
		〃 3年	1		
		康暦2年	1		斯波義将
		永徳元年	2		
		未確定	5		
総計	90				

すでにみたように、観応擾乱の終結はその後の公武関係のあり方に決定的な影響を与えた。その根源は幕府権力の一元化、換言すれば幕府体制の安定化である。観応擾乱以前の交渉についてみれば、公武の窓口役が便宜的人事でもって選任され、また幕府側の担当者（つまり幕府を代表して勅裁を受けとる人物）も幕府の内訌を反映して二転三転し、幕府の施行も同様であったことなどによって、その不安定ぶりを推察することは容易である。観応擾乱の後はこのような大きな動揺はない。文和二年一〇月に西園寺実俊が武家執奏に任じられてより以降、この種の交渉が史料的に確認される

最後の事例（永徳二年）に至るまで、このポストに変動はない。また公家施行状の名充人が幕府の主催者たる将軍自身となるのも、これ以降のことに属する。それらのことがらは朝幕関係の安定を実によくさし示しているといえよう。

表に示した事例はかかる交渉の全体を網羅するものでは決してないが、おおまかな傾向をあらわすものとして使用することは許されよう。そのおおまかな傾向とは、光厳院政より後光厳院政に至る二〇余年間、年平均二、三例であったものが、後円融親政では年平均約一例に落ち、さらに同院政の時期には事例そのものがみいだせなくなることである。つまり、どうやら後光厳院政のあとの後円融親政の時に交渉の仕方に大きな変化がおきたと考えられる。しかも、この事例の減少と幕府の中枢人事との関係をみると、減少傾向の開始と足利義満の将軍としての実質的活動の開始とが時期的に重なりあっているところから、幕府体制の整備がこのような変化をひきおこしたであろうことを推測するに難くない。（新補注9）また、管領が将軍に近仕し、幕政の運営に強い影響力を持っている点にかんがみれば、康暦元年にこのポストに就いた斯波義将のかかわりを想定するのも妥当な考え方であろう。

表に示した全九〇例（本節新補注8で示したように、増訂時に全一一三例）のうちの多くは所務に関する紛争についてのものである。勅裁を幕府に伝え、幕府の支配権のわく内で執行させる方式はなにも南北朝期になって始まったのではない。南北朝期の公武交渉は鎌倉期以来の伝統的方式を踏襲する形で開始されたこと、南北朝末期になってこの交渉の方式は閉ざされたこと、おおまかにいえば、これが南北朝期の公武交渉のルートの上での特徴である。

特にかかるルートの閉却に関連していえば、これまでのように「欲早経御奏聞、被成下院宣武家」のような文言でもって訴人が朝廷へ積極的に提訴するうちは、幕府権力を背景とした朝廷の権威はある程度保たれていたであろう。しかし訴人が朝廷を素通りして直接に幕府に対して提訴するのが一般化すると（このようなケースはすでに早くからみられる）、朝廷の権威の低下は誰の目にも明らかである。表九に示した事例数の変動はこのような事態の直接的表現といってさしつかえない。

そこで次には、このような訴訟と幕府の引付方との関係について検討せねばならない。

三　幕府への直接的提訴

幕府への直接的提訴先はまず引付方とみてよいであろう。引付方には興廃のプロセスがある。簡単にいえば次のようになろう。引付方の成立時期については建武三～四年といわれているが、観応二年六月以降一旦停止され、翌文和元年五月に復活したと考えられること、延文二年七月以降貞治二年八月までの間停止されたであろうこともすでに指摘されている。これらの期間、足利義詮はその親裁権にもとづく御前沙汰をおしすすめたが、長つづきせず、まもなく引付方を復活させざるをえなかった。以降も引付方は細々ながらもその機能を維持した。

では、公家側より直接に幕府の引付方に提訴する場合どのような方法をとったか。次の『師守記』の記事をみよう。

（貞治六年七月一一日）今日西吉江・石塚両村自苔桃被預置藤懸弾正之間、為申御教書、整申状、被付賦小河了、
則賜雑掌了、賦猶判官入道々誉（佐々木導誉）、
越中国吉積庄内石塚・西吉江両村藤懸弾正押領事、訴状副具書如斯、子細見状候歟、急速停彼妨、全所務候之様、
可有御沙汰候哉、恐ゝ謹言、
七月十一日　大外記中原師茂
謹上　佐ゝ木佐渡大夫判官入道殿（導誉）

(同年八月四日) 今朝越中国吉積庄内石塚・西吉江両村事、引付奉書奉行布施弾正大夫(資連)出之、頭人吉良左兵衛佐満貞也、被仰守護桃井修理大夫(直信)、去月廿八日逢沙汰了、奉公(書カ)正文今日持向預所扶持仁、、入道許、(桃井播磨入道(直常)若党)明旦態可下遣云々、

この記事から次のようなことがらが知られる。

(一)越中国吉積庄内石塚・西吉江両村[47]が藤懸弾正に預け置かれたため、「御教書」[48]を得るための申状が、貞治六年七月一一日中原師茂挙状と共に佐々木導誉に付された。

(二)こうして幕府に受理された訴訟は、引付頭人吉良満貞の部局において奉行布施資連の担当するところとなり、同月二八日の引付会議において披露を遂げ[49]、翌八月四日に当該国の守護桃井直信あての引付頭人奉書が出された。

しかしここで申状と挙状を付された賦佐々木導誉と当番引付頭人吉良満貞の関係が問題となろう。この種の挙状は、たとえば寺領伊勢国大国荘に対する池村七郎左衛門入道等の濫妨を幕府に訴えた東寺雑掌申状を挙達した貞和三年五月四日法務僧忠□(済カ)挙状が引付頭人上杉重能[50]にあてられ(「東寺百合文書」ほ)、また寺領山城国拝師荘に対する小枝道忍等の濫妨を幕府に訴えた、東寺雑掌宗信申状を幕府に挙達した文和三年後一〇月三日権僧正親海挙状が引付頭人石橋和義[51]にあてられている(「東寺百合文書」ム)ように、引付頭人にあてられるのがふつうだとすれば、先の師茂の挙状が引付頭人ではなく賦奉行佐々木導誉にあてられているのはやや異例といわねばなるまい。元来賦奉行とは、鎌倉時代後期の元応・元亨年間の作成とされる「沙汰未練書」に「賦奉行トハ最初本解状上奉行所也、関東・六波羅在之」としるされたように、訴の提出先であった。室町幕府の賦奉行の機能の内実まで知りえないが、基本的役割においては前代と大

差なかったであろう。賦奉行佐々木導誉に付された一件は道誉の手より吉良満貞の部局へ付けられたのである。導誉の権勢は「前代以来之大名」（『愚管記』応安六年八月二七日条）と称されたことによってもおおよそ推察することができよう。

こうして引付会議を経て作成された引付頭人奉書は担当奉行人の手より雑掌に交付された。たとえば、『師守記』貞治三年九月一五、一六日条には、

（一五日）今日善覚（大炊寮雑掌）向斎藤々内右衛門入道許、今安保下司職（丹波天田郡）御教書頭人判形出之、明日可被来取云々、

（一六日）今安保下司職事、引付奉書奉行藤内右衛門入道賜雑掌、

とあり、そのことを明瞭に物語っている。こののち、雑掌はこの引付頭人奉書を持参して当該国の守護と折衝するしくみになっていたと考えられる。

当時、以上みたような形で、幕府方に持ちこまれた公家訴訟が相当数あったと思われる。

四　幕府より朝廷へ──武家執奏──

一体、室町幕府はどのような過程を経て王朝権力を接収したか。そのことは一朝にして成ったのではなく、長期に亘る種々の働きかけの積み重ねを基礎として完成したのである。本項では、そのようなことについて、いくつかの側面に即して、具体的に考えてみたい。室町幕府による王朝権力接収の過程については、従来、室町幕府体制の確立についての叙述の中でふれられてはいるが、それは幕府による洛中支配の完成、つまり王朝権力の最後の拠点たる洛中支配に即した叙述であって、その他の広範な、本来的に王朝に属する諸権限と幕府のかかわりについては、そこまで詳しく踏み

こんだものはみられず、等しく概括するにとどまっているといわざるをえない。

本項では南北朝時代における、幕府の朝廷へのかかわりの諸側面を多面的に考察することを目的とするが、まず文書・記録史料の中から、関係記事を可及的に拾いあつめ、これを事項ごとに整理する作業から始めたいと思う。

幕府（ふつうの場合、その主帥たる将軍）から朝廷に向けてなされるこの種の働きかけは、当時、「執奏」「奏聞」「吹挙」「申入」「執申」「口入」「贔屓」などいくつかに表記された。各々の言葉の語感、ないしは意味が微妙に異なるように、これらの言葉によって表現される行為自体もいくぶんかの質的差異を感じさせるが、それらを厳密に区別するのは困難である。ここでは、個々における史料的表現を尊重しつつも、表記の都合上、「執奏」の言葉をもって代表させた。

幕府より朝廷に対してなされる執奏のなかで、史料の上で最もその形態と方法とを明瞭に知りうるのは、使者を介しての申し入れ、いわゆる「武家申詞」である。まず、この「武家申詞」について考えることから始めよう。管見の範囲で、それらの関係記事を拾いあつめ、整理したのが次表である。

表十　武家申詞（新補注10）

	年月日	内容	使者	典拠
1	暦応1・9・26	諸国大嘗会米事	（斎藤カ）基秀法師 （諏訪カ）円忠	九条家文書二
2	康永3・7・23	一、諸国（寺塔）通号事 一、同塔婆事	二階堂（時綱）行諲	園太暦　康永三年七月二十五日条
3	貞和3・8・8	新日吉社造営料足事	（佐々木貞氏カ）善観	園太暦　貞和三年八月八日条

4	〃	法勝寺大勧進職間事	佐々木導誉	園太暦 貞和三年八月十一日条
5	貞和3・12・2	日野侍従時光進退事	二階堂成藤	園太暦 貞和三年十二月三日条
6	貞和4・1・11	戸津関事	二階堂行直	園太暦 貞和四年正月十二日条
7	貞和4・7・9	(春日社)神木動坐事(具体的ニハ、「清水寺検断事」「廻廊以下料所事」ノ二ケ条)	二階堂成藤	園太暦 貞和四年七月九日条
8	貞和4・9・18	若山荘領家職事	二階堂行諲(時綱)	園太暦 貞和四年九月十八日条
9	観応1・11・16	一、播州敵陣出来之由風聞之間、為退治、要害国領垂水郷住吉已下保可申請事 一、西国寺社本所領事、雖乱国不可自専之旨申入罷立了、而臨期難義非無還迹、若真実難治者可申請也、兼伺時宜云々 一、兵衛督(足利直義)入道有陰謀之企之由有其謂、可追討之旨可被下院宣事	佐々木導誉	園太暦 観応元年十一月十六日条
10	文和1・11・29	陽禄門院(藤原秀子、崇光・後光厳院ノ母)御事	佐々木導誉	園太暦 文和十二月五日条 兼綱公記 同年元年十一月二十九日条
11	文和2	千種町ヲ朝要トシテ返進シ聖断ヲ仰グ、	?	久我家文書

12	延文2・12・19（大乗院日記目録による）	南都回禄事	（斎藤利盛 中沢信綱 小田知春）	園太暦 延文二年十二月二十一日条
13	貞治4・2・21	一、造内裏御在所事 一、同奉行事 一、諸国段別事	二階堂行元	師守記 貞治四年六月五日条
14	貞治4・閏9・9	一、高雄神護寺申寺領丹波国吉富新庄内池上大日寺々僧等向背事 一、同寺内平等心王院事	二階堂行元（奉行斎藤玄観）	京都御所東山御文庫記録甲百八
15	応安2・7・19	山門訴訟事	?	愚管記応安二年七月十九日、後愚昧記同月二十七日条
16	応安6・1・10	両僧正（光済・宋縁）勅勘事、所職等悉被召放、早可被補他人矣	佐々木高秀	寺訴引付日記
17	康暦2・11・20	東寺雑掌祐尊申寄検非違使俸禄并瓱原給事	?	東寺百合文書よ
18	永徳1・8・12	三条公忠、四条坊門町以東地一町ヲ所望ス、幕府、コノコトニツキ折紙ヲ献ジ、相違ナク沙汰アルベキコトヲ申シ入ル	?	後愚昧記
19	永徳元年	祇園社々僧能禅罪科事	奉行松田丹後守貞秀、執筆子息美作守	『八坂神社文書』上、一二二六号「大政所別当職所見文書案」より推定
20	永徳2・後1・29	仙洞事修理之間、可被用経重（勧修寺）卿亭	?	後円融院御記

21	永徳2・5・20	祇園社執行顕深僧都事（顕詮ニ執行職・六月番仕一公文以下所職・所帯等ヲ安堵セシメラレンコトヲ請フ）	奉行松田丹後守貞秀	八坂神社文書
22	永徳2・9・18	祇園社僧都顕深申開発境内西門前北頬敷地事長日神供新所近江国成安保事	奉行松田丹後守貞秀、執筆松田左衛門大夫	『八坂神社文書』下、一三三四号「社務執行宝寿院顕深事書案」

この表によって、当時の「武家申詞」の一角が明らかとなるが、そのうち次の三点に注目したいと思う。第一に、「武家申詞」は内容的にみたとき、ⓐ大嘗会米・寺院造営料足の催徴、ⓑ幕府の寺院政策、ⓒ寺院の造営、ⓓ公家々門、ⓔ関所、ⓕ南都・北嶺問題、ⓖ公家訴訟、ⓗ軍事、ⓘ儀式料足の調達（ⓐと関連）、ⓙ造内裏、ⓚ荘園内での違乱停止、ⓛ寄検非違使俸禄、ⓜ僧職の安堵、ⓝ京都地、など多岐に亘ること、つまり、武家執奏の具体的内容についてはのちに詳しくみてゆくが、結論から先にいえば、この「武家申詞」にみる内容がその武家執奏の内容と共通していることからみて、「武家申詞」が公武交渉の総体を集約的に表現するものであること。第二に、申し入れの仕方についてみれば、たとえば表十の9および10が勧修寺経顕を、また13および15が西園寺実俊を経由して申し入れられたことから知られるように、「武家申詞」は前項でみた、朝廷から武家への伝達のルートの逆方向をたどっていること。第三に、使者に立った者についてみれば、いずれも鎌倉時代以来の御家人の出身であり、なかでも二階堂・佐々木両氏の活動が目立っていること。

このように考えてくれば、鎌倉時代の関東使の活動が想起される。南北朝時代の「武家申詞」は、朝幕関係の変化を反映して、鎌倉時代の関東使を通じての申し入れと比べて、内容の上でやや趣を異にしてはいるが、その方法や使者の身分階層などの点において類似するところも大きく、この面からみても、南北朝時代の公武交渉の仕方は鎌倉期のそれの発展延長線の上に置いて考えてよいことがわかる。ちなみに、これらの幕府の申し入れについて、表十の5では「武家執申」、6では「武家奏聞」、14では「当御代御執奏」（朱書）と表記されていることも、「武家申詞」が武家執奏の一つの形態であることの支証である。また永徳年間以降、このような申詞の記事が公家の日記などから消えることも、公武関係の展開を考える上で注意してよい。

以上のことがらを前置きとして、武家執奏の内実を個別・具体的に検討してゆきたいと思うが、その作業を通すことによって、武家執奏が王朝の内奥までいかに深く、またいかに広く及んだかを窺うことができよう。[52]（新補注11）

1　訴　訟

延文二年閏七月、梶井宮尊胤法親王の、北野社別当職を掠領するを停め、自らを還補せられんことを幕府に訴えた同社前別当慈昭はその目安の中で次のようにのべている（「曼殊院文書」延文二年後七月日北野社前別当慈昭目安）。

凡公家御沙汰、被乱理之時、愁申武□（家）豪御吹挙者、古今之流例也、

つまり「王朝が誤った裁判をおこなったばあい（当事者が誤判と考えた場合）、幕府に願い出て、幕府から王朝に再審を要求してもらうのは古今の例[53]」だと主張しているのである。このような論理がいつ、どのようにして芽ばえたかについては別途詳しい検討を要するが、王朝訴訟制度の衰退と武家訴訟制度の充実がその底流にあることはまちがいあるまい。そのようなことを考えるとき、鎌倉幕府が残した次の法令はその淵源をたどるための手がかりを与えてくれる。追加法二六四条[54]である。

御家人輩、依本所成敗職、致訴訟事、於本所遂対決、被裁許之時、有非勘者、就御家人愁、尤可申子細、可被存其

旨之状、依仰執達如件、

宝治二年七月廿九日

左近将監（北条時頼）判

相模守（北条重時）判

相模左近大夫将監（北条長時）殿

この法令について、佐藤進一氏は「御家人が本所進止の所職について他の者と本所の法廷で争って敗れたのち、本所の誤判を主張して、幕府に愁訴してきた時は、幕府はこれを本所に取次ぎ、誤判の救済を求めることを定めた」(55)ものと解釈されている。

本法令の法意と、先の延文二年慈昭目安における主張とを比較すれば、一脈の論理が相通じていることをみのがすわけにゆかない。つまり、鎌倉期、本所の裁判において不当な扱いを受けた御家人を救済するために発令(56)した本追加法は、南北朝期における武家訴訟制度の充実をふまえ、論理のくみかえを遂げた上で、このようなところに新たな芽をふき出しているのである。

慈昭が「古今之流例」とまで言い切った武家の執奏とは特に訴訟にかかるものであるが、この種の執奏は、南北朝期、どのようになされていたであろうか。まずこの種の関係記事を拾い集め、表に整理しておく。

表十一　訴訟

	時期	執奏の内容	備考	典拠
1	暦応年間カ	備中国新見荘領家職ヲメグル東寺ト小槻氏トノ相論。康永年中、小槻匡遠、仏陀施入之地ヲ掠メ申シ、人物ニナサントス。「依寺家支	コノ幕府ノ執奏ヲ承ケ、「重預安堵勅裁」（康永元年五月一日光厳上皇院	東寺百合文書ひ 応安二年四月日東寺雑掌申状

		申之、武家被経執奏」	宣）	同文書る 康永元年五月一日光厳上皇院宣
2	康永三年	山城国葛野郡上桂荘ニツキ源氏女ニ賜リシ院宣ヲ召シ返スコトヲ請フ暦応二年十月日東寺僧綱大法師等申状ヲ受ケ、暦応三年四月、摂津親秀、使者トシテ菊亭家（実尹）ニ参申。勅許ヲ得テノチ、「寺家理運之子細」ヲ執奏ス	コノ幕府ノ執奏ヲ承ケ、康永四年五月十八日光厳上皇院宣、東寺ニ下サル	東寺百合文書ト 暦応二年十月日東寺僧綱大法師等申状 同文書ヒ 貞和四年七月日東寺雑掌光信申状 同文書ホ 康永四年五月十八日光厳上皇院宣 東寺文書乙 延文二年閏七月日西寺別当深源申状 東寺百合文書な 観応元年三月日東寺雑掌申状
3	貞和四年九月	幕府、能登国若山荘領家職ヲメグル九条経教ト日野時光トノ相論ニツキ「勅問」ニ預カルニヨリ執奏ス	コノ幕府ノ執奏ヲ承ケテ、貞和四年九月十九日、時光ニ院宣下サル、	九条家文書二 貞和四年九月十九日足利尊氏返事 貞和四年九月廿四日光厳院仰詞 園太暦 貞和四年九月十九日条
4	観応二年六月十三日	観応二年、小槻匡遠、新見荘ヲ以テ礼服倉料所トシテ知行セシムル旨ノ勅裁ヲ掠メ賜フ。東寺ノ歎申ニ依リ、同年六月十三日、二階堂行珍ヲ使節トシ、勧修寺経顕ニ属シテ、「武家又執奏」	コノ幕府ノ執奏ヲ承ケ、翌日（六月十四日）「止彼料所之儀、被返付東寺」（観応二年六月十四日光厳上皇院宣）	東寺百合文書ホ 応安二年五月日東寺雑掌申状 同文書る 観応二年六月十四日光厳上皇院宣 教王護国寺文書一—三九二

5	延文二年以前	幕府、備中国新見荘并丹波国野口荘内大師生身供料所ノ事ニツキ、二階堂行珍ヲ使者トシテ、北朝ニ執奏ス	新見荘ニカヽル執奏ハ、2及ビ4ト関連	東寺文書乙 延文二年閏七月日西寺別当深源申状
6	応安元年	土岐頼康家人景実入道(大江)、「武家挙達」ヲ以テ、修理職領丹州山国荘ニツキ、勅裁ニ預ル		後愚昧記 応安二年正月十六日条
7	応安初カ	「当荘(能登菅原荘)被返付在敏(菅原)之処、猶可被返社家之由、武家重奏聞」	「先度朝議無依違之次第、可仰武家之由兼仰之」	後光厳院御記 応安三年九月廿四日条
8	応安七年正月(十日)	北朝、執奏ニヨリ、宝庄厳院執務并敷地、近江国三村荘内嶋郷已下寺領ヲ東寺ニ返付ス	コレヲ証スル足利義満ノ書状ニ「就執奏被返付当寺」トアリ、	東寺百合文書イ 応安七年正月十日後光厳上皇院宣 「応安七」五月二日足利義満書状
9	康暦元年九月(五日)	北朝、「武家執奏」ニヨリテ、同年正月廿八日綸旨ヲ棄破シ、貴布祢河堺ヲ賀茂社ニ付ス		瀬多文書 康暦元年九月十五日後円融天皇綸旨 愚管記 康暦元年十月十九日条

管見に及んだ、訴訟に関係する武家執奏の事例のなかで時期的に最も早いものは、表十一の1に示した、備中国新見庄領家職をめぐる東寺と小槻氏との相論にかかるもので、関係史料は次に示す応安二年四月日東寺雑掌申状（「東寺百合文書」ひ）の一節である。

加之康永年中、匡遠宿禰(小槻)雖掠申仏陀勅施入之地、不可被成人物之旨、依寺家支申之、武家被経執奏、重預安堵勅裁之条、院宣分明也、

意味するところは、建武三年に光厳上皇によって東寺に安堵された新見荘領家職を小槻匡遠が掠領したため、東寺は幕府に提訴し朝廷への執奏を依頼したこと、この幕府の執奏の結果、東寺に対して「安堵勅裁」が下されたこと、である。この「安堵勅裁」が康永元年五月一日光厳上皇院宣（「東寺百合文書」る）であること明白であるから、引用史料冒頭の「康永年中」とは東寺の幕府への出訴、あるいはこれを受けた武家執奏の時期ではなく、他でもない勅裁（院宣）の下された康永元年を意識した表現だと考えられる。このことによって、武家執奏のなされた時期については、次にみる山城国上桂荘の場合をふまえて推測して、おそらく暦応年間と考えてよいであろう。このように推定すれば、これが管見の範囲における最も早い訴訟関係の武家執奏の実例となる。

次の、表十一の2に示した山城国上桂荘をめぐる東寺と源氏女との相論にかかる事例は、観応擾乱以前における武家執奏の手続きを実によく示してくれる。この荘園の伝領過程と相論の進行については早くから研究者の注目をあつめ、数篇の研究論文もあらわされた[58]。なかでも、伊藤喜良氏の論文は本論と同様の視点から、この相論における朝廷と幕府のかかわりについて、たちいった論究をしており、学ぶべき点が少なくない。本論では、かかる訴訟への幕府の関与の仕方をみておけばよいのであるから、相論の進行過程のいちいちにはふれない。南北朝期以降に限っていえば、伊藤氏は、東寺による建武四年八月の提訴から、源氏女の一旦勝訴、さらに康永元年五月に逆転判決が出されるまでの訴訟の進行過程について、次のように概括した。

上桂荘をめぐる所務相論の経過を整理すると、文殿勘奏→院宣→（当事者不満のため）幕府に出訴→幕府が審理することにつき院より授権→幕府審理→院宣という形態であった[59]。

これに加えて、伊藤氏の次の二つの指摘にも注意しておきたい。一つは武家執奏が行われるのは武家関係者がかかわる相論の場合とは限らぬこと、(60)いま一つは武家の執奏を法的に許す「蒙勅許」＝授権は少なくとも観応擾乱以後はみいだせぬこと。

以上の伊藤氏の指摘を念頭におきつつ、この相論における、敗訴した東寺が再審請求を幕府にもちこんだ暦応二年一〇月以降の幕府のかかわりをやや子細にみるため、適宜必要個所を掲出したい。まず次の史料は延文二年閏七月日西寺別当深源申状（「東寺文書」乙）の一節である。

暦応年中、以掃部頭親秀(摂津)為御使、東寺愁訴事蒙勅免、可執奏之由、被申請之間、不可有子細之由、則勅答之後、山城国上桂庄事、為明石因幡入道法隼奉行、糺決訴論人之是非、被執奏畢、

同様のことがらは他の文書（典拠欄参照）の中でも述べられている。先の記事を補完する内容を持っているので、いまひとつだけ、貞和四年七月日東寺雑掌光信申状（「東寺百合文書」ヒ）の一節を引用する。

寺家愁訴之篇目蒙勅許、可有御執奏之旨、去暦応三年四月、摂津掃部頭親秀、為御使被申菊亭家之処、被経奏聞、不可有子細之由勅答畢、仍当庄事就被経御執奏、寺家理運之子細被聞食披之、被成下勅裁畢、

両記事をあわせ読めば、室町幕府の奉行人摂津親秀（鎌倉期に東使として活躍した摂津親鑑の弟）が暦応三年四月、使者として菊亭家（今出川実尹）を訪れ、執奏許可の勅許を得てのち、一件は明石法隼を奉行として幕府引付方にて審理された。その後、幕府は「寺家理運」の審議結果を北朝に執奏、北朝はこれを受けて康永四年五月一八日、源氏女の勝訴を取り消し、東寺の主張を認める旨の院宣を下したのである。ここで、東寺理運の執奏を幕府が行った時期についてみれば、観応元年三月日東寺雑掌申状（「東寺百合文書」な）に、

自暦応二(三)年至康永三年、五箇年之間、為明石因幡入道法隼奉行、被究御沙汰之淵底之処、寺家理運至極之間、被経

御執奏、康永四年五月十八日、就被成下勅裁於寺家、貞和四年八月十一日、武家御施行畢、

とあることにより、それが康永三年のことであることが明らかとなる。[61]つまり訴訟の進行をかいつまんでいえば、暦応二年一〇月に幕府への出訴、暦応三年三月に勅許、これより四年後の康永三年に幕府の執奏、翌年に勅裁、という順序となる。この事例については最後に次の三点を確認しておきたい。

㈠このときの武家執奏が、当時の公武交渉の窓口、今出川実尹を経由していること。

㈡幕府から使者に立った者は摂津親秀のごとき、鎌倉期以来の有力御家人の出身であること。

㈢武家の執奏から勅裁の下付までかなりの日数を要していること。

表十一に整理した事例のうち、早期の二つに即してみたが、全事例を通してみた場合いかがであろうか。まずこの種の武家執奏は、管見の限りにおいても、暦応年間より康暦元年までほぼ間断なくみいだせること。時期的にみたとき、この史料所見の上下の幅は前項で検討した朝廷より幕府への遵行移管の事例の残存期間とほぼ重なりあっている事実によっても、この武家執奏が遵行移管のルートを逆方向に通過するものであることを推察することができる。また幕府側の使者や公家側の窓口についてみれば、使者には二階堂行珍（4・5。2では摂津親秀）が立ち、窓口には勧修寺経顕（4。2では今出川実尹）がいた。これらの例から考えれば、表十一に示した武家執奏はいずれも武家申詞の場合と同様に公武交渉の正式ルートを経たものと思われる。[62]

いまひとつ注意すべきは、表に示した3の事例以降、武家の執奏ののち勅裁がまもなく下されるようになっている事実である。このことはのちにみる朝廷による、武家執奏の無条件うけいれの傾向と無関係ではないであろう。

2　所領・所職の安堵・給付・返付

次に王朝の土地処分権に対する幕府のかかわりを調べるため、この面における武家執奏の事例を同様に整理しておく。

表十二　所領・所職の安堵・給付・返付（新補注12）

	時期	執奏の内容	備考	典拠
1	文和四年	今度所領収公ノ人々ノ内、徳大寺公清・花山院兼定・小槻匡遠等ニツキ、幕府、赦免ヲ執奏ス	文和四年四月、後光厳天皇近江行宮不参者ヲ罰セラル。所領収公モコノコトニカカルモノナラン	園太暦 文和四年五月廿二日条
		諸家ノ収公所領ニツキ、幕府執奏ストノ説アリ		園太暦 文和四年六月廿六日条
		徳大寺公清、収公所領ノ「安堵綸旨」ヲ賜ハル、コノコト「武家執奏」ニヨル		園太暦 文和四年八月三日条
		「今度収公所領等少々被返付、是依武命云々」		園太暦 文和四年八月五日条
2	貞治三年	幕府、北朝ニ奏シテ、観心院・理性院・報恩院ノ門跡管領ヲ止メシメ、尋デ又奏シテ之ヲ復ス		三宝院文書十七
3	貞治四年	幕府、播磨国越部下荘領家職ニツキ、旧領タルニヨリ冷泉為秀ニ安堵セラレンコトヲ北朝ニ執奏、勅裁ニ預カル		大森新蔵氏所蔵文書 貞治四年十二月廿一日足利義詮御判御教書
4	貞治末〜応安三年	北朝、武家ノ奏聞ニヨリ、嵯峨善入寺ニ寺領周防国多仁荘内麻合郷ノ「安堵綸旨」ヲ下ス		古文書集八 応安三年十月十三日管領細川頼之奉書
5	康暦元年十二月（廿九日）	北朝、「武家奏聞」ニヨリテ、祇園社ニ越前国杉前三ケ村ヲ安堵セシム	「……武家奏聞之上者……」	祇園社記 康暦元年十二月廿九日後円融天皇綸旨

6	永徳元年八月	幕府、三条公忠ノ請ニヨリ、四条坊門町以東地一町ヲ其ノ家門ニ付セラレンコトヲ北朝ニ執リ申ス		後愚昧記　永徳元年八月十二日条
7	永徳元年十月	幕府、北朝ニ執奏シテ、小野荘半分ヲ割分シテ御子左為重ノ管領トナサシム		愚管記　永徳元年十月廿九日条
8	応安七〜永徳二年	北朝、「鹿苑院殿御執奏」ニヨリ、播磨国都多村ヲ闕所トシテ山科教遠ニ付ス	「後円融院代（在位時）、忝為鹿苑院殿御執奏、依為闕所被補教遠畢」	山科家古文書　正長元年十二月日山科教尚目安

まず次の前大僧正賢俊申状案（「三宝院文書」二）をみよう（『大日本史料』六編之一八、九三頁）。

（端裏書）「闕所申状案文和二年三七　付奉行斎入」

前大僧正賢（俊）ー申、

醍醐寺々僧小野僧正文観（弘真）・理性院僧都顕円等跡事、為寺務之上、為本知行之地之間、故申下　綸旨之処、今度闕所事、武家未無被申旨之間、無左右難被下　綸旨之由、公家有御斟酌之上者、可申公家之由、給御返事、欲令申入矣、

この史料は、本文及び端裏書から知られるように、三宝院賢俊が小野僧正文観・理性院僧都顕円跡を知行しようと幕府に請うたものである。(63) 賢俊はこれ以前闕所地給付の綸旨を朝廷に要請していたが、幕府からの申し入れがまだないので直ちに綸旨を下すわけにはゆかないとの朝廷よりの返事を受けたので、その旨を幕府に伝えるべく幕府奉行人斎藤入道某に申状を付した。つまり賢俊はこの申状によって幕府より公家への執奏を依頼したのである。「今度闕所事、武家未無被申旨之間、無左右難被下綸旨」という朝廷よりの返答によって知られるのは、かかる大寺院の門跡改替は朝廷独自

の裁量権によってとり行えるものでなく、幕府の指示（つまり執奏）を得た上でなされていたことである。しかし文観・顕円の場合については、両人の登場が正平一統という政治的事件の産物であり、また両人の失脚も幕府と南朝との訣別によってひきおこされたから、その門跡の処分について幕府の指示を仰がねばならぬ事情があったのかもしれない。

表十二の2に示した貞治三年の事例も醍醐寺の門跡改替についてのものである。事件は醍醐寺僧徒が同寺住人江左衛門入道を処罰したことに端を発したが、幕府は朝廷に執奏して醍醐寺の三門跡管領を止めた。このとき幕府よりの執奏に対して朝廷側は、「糺明之沙汰」に及ばず直ちにこれを受け入れた事実も注意される。この門跡管領停止はまもなく同様の手続きでもって解除された。この処置について寺家は「楚忽之御沙汰」と評したが、最も注目すべきは、門跡の改替権は実質的に幕府の掌握するところであったこと、しかも先にみた文和二年度のような政変の余波といった理由でなく、ごくふつうの罪科によって改替させられている点に幕府の権限の一層の強まりを窺えること、であろう。

一方、所領・所職の安堵・給付・返付についてみよう。1は勅勘を蒙った公家の赦免をとりもつ体裁をとっているけれども、実は天皇の北朝公家領の処分権を一定度制約する効果をあげている。3〜5は、公家・寺社に対する所領安堵に、また6・8は公家に対する闕所地の給付に各々かかわる執奏である（7の小野荘半分は闕所地か否か不明）。

管見の限りにおいて、この種の武家執奏は文和〜永徳年間にかけてみいだされた。その文和年間とは、観応擾乱をきりぬけた幕府の体制が足利尊氏より子息義詮の主導へと大きく転換をはじめ、やがて完了した時期にあたる。この種の武家執奏がこのような時期にあらわれているのも決して偶然とはいいがたく、むしろ幕府体制の充実と深く関係している。ちなみに、1の事例において武家執奏が佐々木導誉を使者とし、西園寺実俊を経てなされていることを付言しておこう。(64)

3　家門・家督

南北両朝に分かれての戦乱は公家の家にも同族間の内部分裂を引き起こし、その経済基盤となる家領の経営を大変むずかしいものにした。(65)また半済令の施行などを通して公家経済が幕府の所領政策に大きく左右されるようになったこと、(66)公家の内部に身分階層やライバル意識からくる対立(67)があったことなどは、公家を幕府に傾斜・接近させる力として作用した。こういった事情を背景にして武家の執奏は公家政権の中枢に深く及んだものと考えられる。

まず公家の家門・家督に武家執奏がかかわった事例を整理しておこう。

表十三　家門・家督

	時期	執奏の内容	備考	典拠
1	観応三年九月（八日）	北朝、武家ノ申行ニヨリ、西園寺公重ノ所領備前国鳥取荘・能登国一青荘・伊予国宇摩荘等ヲ公重ニ安堵シ、鳥羽殿領ヲ西園寺実俊ニ与フ、	公重ハ実俊ノ叔父	園太暦　観応三年九月八日条
2	延文五年九月（十一日）	幕府、洞院実夏ヲ家督トナサンコトヲ北朝ニ執奏ス、	九月廿九日勅裁下ル、	愚管記　延文五年九月十三日条
		幕府、洞院実夏ノ愁申スニヨリ、実夏ヲ家門管領トナサントシ、押シテ北朝ニ奏聞ス、	「相模清氏朝臣（守脱）管領之時分」	愚管記　応安元年三月六日条裏書
3	貞治元年冬ころ	是ヨリ先故洞院公賢、正親町実綱ニ家門ヲ割分シテ譲与ス、北朝、武家ヨリノ執奏ニヨリテ、洞院実夏ノ家門ヲ割分セシム、	公賢ハ延文五年没	後愚昧記　貞治二年正月一日条
4	応安三年	幕府、洞院家門ノ事、洞院公定理運ノ由ヲ北朝ニ執奏ス、	応安四年正月十九日勅裁下ル、	愚管記　応安四年正月十九日条

このような武家執奏が行われた背景には前述のとおり、公家のお家の事情があった。いま必要な範囲で、いくかの家に即して当時の家門の様子を具体的にみておくことにするが、この時期家門をめぐる問題をかかえていた家として史料の上で確認できるのは、摂家の近衛・一条・鷹司[68]、清華の西園寺・洞院などの家であり、その他名家にもその例がある。おそらく家門の分裂はこの時期公家社会において広範にみられた現象であったと思われる。

(イ) 近衛家門

近衛家の分裂は、いとこ同士の基嗣と経忠とが南北に分かれたことに端を発した。『公卿補任』によれば、経忠は建武四年四月南朝に参じた。観応二年二月、近衛家門は京都を制圧した幕府の下で基嗣に付されたが(『園太暦』同月二日条)、覚実僧正頓滅後の興福寺一乗院門跡を先取したのは経忠の子実玄であった(同書、同五月二〇・二三・二九日および六月五日の各条)。さらには、南朝主導の下にいわゆる正平一統が実現すると、当然ながら近衛家門は南朝祗候の経忠に移ることとなったが(『園太暦』正平七年正月一五日条)、この一統も正平七年三月には破れ、再び幕府が京都をおさえるに及び同家門は基嗣に帰した。経忠は正平七年八月に没し、また基嗣も文和三年四月に没したので、家門をめぐる争いは経忠の子経家と基嗣の子道嗣との間でひきつがれることとなった(経家は北朝にとどまった)。また延文元年七月には、経家は幕府の命と称して旧領を収めんとしたが失敗した(『愚管記』同年七月二二日条、『園太暦』同七月一三日条)。幕府と近衛家領との関係についていえば、すでに観応二年に足利直義が同家門のことにつき基嗣を支持したこともあるが(『園太暦』観応二年二月二日条)、延文元年の経家の行為の裏に同家門に対する幕府の強い影響力を想定するのはすこぶる容易なことであろう。なお、至徳四年三月道嗣が没したのち、その遺跡は足利義満に「申置」かれた(『実冬公記』同一七日条)。

(ロ) 一条家門

一条家門の分裂は他と比べてややおくれ、延文二年二月に当主経通との不和がもとで子内嗣が南朝に参じたことに始まる（『公卿補任』・『尊卑分脈』）。後光厳天皇の経通に対するおぼえは悪く、洞院実夏の執奏によって厳刑を免れるということもあったほど（『園太暦』文和四年四月一六日条）。その経通も貞治四年三月に没したので、家門は子房経にうけつがれた。さらに房経が貞治五年一二月に二〇歳の若さで没すると、子息なきため二条良基の末子経嗣を房経の舎弟と号して家督を相続させることとなったが（「吉田家日次記」同二五日条）、このとき経嗣に対して下された後光厳天皇の安堵綸旨にそえて、これを保証した将軍足利義詮の自筆状（おそらく一見状か）が付されたことに注意せねばなるまい。こうして一条家門は「二条（良基）殿毎事御扶持」(69)という状況になったが、その実質は背後の幕府の力によって支えられていたと言ってよい。

（八）　西園寺家門

先に示した表にみるように、西園寺家は最も早く武家の執奏とかかわりを持った家であるが、この家にはそれなりの理由があった。西園寺家は次に述べる洞院家と共に、南北朝期において最も激しい族内抗争を展開した家である。西園寺家は前述のとおり、鎌倉幕府下で関東申次の職務を通して強大な権勢を築き上げた家門であるが、一族の抗争は実衡ののち子公宗・公重兄弟の間で開始された。

即ち、建武新政の行手に色濃いかげりがみえ始めた建武二年六月、公宗は廷臣とはかり後伏見上皇を擁立しようとしたとして捕えられる事件が発生した。この事件は公重の通報によって発覚したが、実はその背後に潜在する、大覚寺統の治世の下に沈淪していた持明院統廷臣の不満と、西園寺家内部における公宗―公重の惣庶の対立が誘因となって起ったものとみられる。同月中に西園寺家門は後醍醐天皇の綸旨によって公重に安堵され（建武二年六月二七日後醍醐天皇綸旨、『早稲大学所蔵文書』(上)、翌月公宗の山城国鳥羽殿領以下三二ケ所は収公され、公重に付された。

建武政府の崩壊はこの公重に下された綸旨を反故にした。室町幕府はなおも北朝に居坐った公重をよそに嫡流の実俊（公宗の遺子）の成長にことさらの期待をかけていたので、西園寺家の中心的地位を占めつつも公重の立場には微妙なものがあった。「御教書類」(70)に収める次の二通の文書はこの間の事情をよく伝えている。

①家門事、被仰合武家候之処、可為　勅裁之由令申候之間、其沙汰候、可令存知給之旨、内々被仰下候也、恐々謹言、

(建武三)十二月八日　(勧修寺)経顕

西園寺中納言(公重)殿

②

追啓、故大納言(西園寺公宗)遺息可令扶持給之由、同被仰下候也、

家門事、如故可令管領給者、院御気色如此、仍執啓如件、

建武三年十二月八日　参議判(資明)

謹上　西園寺中納言(公重)殿

①は伝奏勧修寺経顕奉書。文面より察すれば、公重は従来どおりの家門管領を希望したが、朝廷より幕府へ仰せあわせたところ「可為　勅裁」との返答を得たので②の勅裁が下されたことを公重に内々に報知せしめたもの。建武三年の時点で家門のことについて幕府の意向をきいている事実自体、西園寺家門への幕府の影響力の大きさを示唆している。②は公重に対して家門管領を安堵する光厳上皇院宣。特に追而書にみるように、公宗の遺息実俊を扶持せよという条件

が付いている点に注目すべきである。また他の史料からみても、この公重の家門管領には少なからざる限定が付いていたと思われるふしがある。(71) さらに正平六年（観応二）一〇月に正平一統が成ったのち、公重に実俊の家門が移っている事実をみれば、(72) 公重の家門は一旦彼の手を放れて実俊に帰していたものと考えられる。しかし三たび公重に安堵された家門も正平一統が破れると再びゆれ動いた。関係史料を掲出しておく。

①『園太暦』観応三年九月八日条

（前略）又語、竹林院前内府(公重)所領備前国鳥取庄・能登国一青庄・伊与国宇摩庄等、被下安堵綸旨、鳥羽事被下綸旨於西園寺中納言(実俊)、是等皆武家所申行云々者、

②「西園寺家文書」後光厳天皇綸旨

山城国鳥羽殿領事、停方々違乱、可令全管領給者、天気如此、仍言上如件、親顕謹言、

文和二年七月廿六日　　権右少弁(平親顕)（花押）

進上　西園寺中納言(実俊)殿

③同右

竹林院前内府(西園寺公重)所領以下事、可令管領給、天気如此、仍言上如件、親顕謹言、

文和二年十一月卅日　　右少弁(平親顕)（花押）

進上　左衛門督(西園寺実俊)殿

①②により、幕府の奏請によって公重所領備前国鳥取荘以下の三荘を公重に安堵し、さらに鳥羽殿領を実俊に付する旨の綸旨が下されたことが知られるが（表十三の1）、公重は翌文和二年九月竹林院第を売り払って、辺土に没落した（『園太暦』同月二三日条参照）[新補注13]。公重は没落し、翌一〇月には実俊が武家執奏に補された（本書四七七頁註(23)参照）。こうして公重との抗争に打ち勝った実俊は家門を掌中に収め、続けて③にみるように公重の所領はことごとく実俊の管領に帰した。ここに西園寺家における家督実俊の地位は安定するに至った[新補注14]。

（二） 洞院家門

洞院家は西園寺公経の子実雄に始まる。つまり西園寺家の庶流である。この家には南北朝前半期、公賢が出て、北朝の重鎮として公武に通じた安定的地位を占めていたが、この家門の動揺はこの公賢が没した（延文五年四月）直後に起こった。その底流となっていたのは「観応年中南北混乱之時分」（『愚管記』貞治七年三月六日条）、つまり正平一統に際して南朝に祗候していた公賢の異母弟実守の嫡流に対する反目であった（『公卿補任』によれば実守は観応二年一二月に南朝へ参じたとされている）。公賢の没後、子実夏との間で家門をめぐって争ったのはこの実守である。南朝祗候の実守は常に洞院家の家門をねらっていた。延文五年四月の公賢の没はこうした実守に登場のための好機を与えることとなった。

まず一ヵ月後の延文五年五月、時の右大臣近衛道嗣は公賢の没後、洞院家門は実守へ、左馬寮及び丹波国の知行は実夏へ付されるらしいとの風聞を耳にしたが（『愚管記』延文五年五月一七日条）、続いて翌六月には左馬寮と丹波国は両人で切半されるとの勅裁を伝聞している（同書、延文五年六月二五日条）。叔父実守の攻勢の前に押され気味の実夏はここに至って幕府へ執奏を依頼した。『愚管記』延文五年九月一三日条に、

伝聞、洞院大納言実夏卿可為家督之由、一昨日武家執奏云々、

とある。この武家執奏はたちどころにその威力をあらわし、同二九日には洞院家門を実夏に付す旨の勅裁が下された。洞院家門と武家執奏とのかかわりはこうして開始された。

以降、表十三にみるように、幕府は洞院家門について数度執奏を行っている。貞治六年六月、実夏が没すると当然その遺跡相続が問題化したが、嫡子公定は「自先年之比義絶」されており、また子息公頼は前月に没していたため、遺跡は「七歳小童」の相続するところとなった（『後愚昧記』貞治六年六月一日条）。かかる状況のなかで、延文五年の家督争いに敗れた実守はその後再び南朝に参じていたが（『愚管記』貞治七年三月六日条）、「洞院故内府公実夏跡微弱」、つまり後継ぎがあまりにも幼少だからという理由で家門を競望するために、貞治六年八月下旬ころより南朝を出奔し入洛していた（『師守記』貞治六年九月一四日条）。こうした実守の行動は「南北之往来頗非忠貞之儀乎」と近衛道嗣の顰蹙を買った。

南北朝期、洞院家門に対する武家執奏の最後の事例は応安三年のもので、洞院公定を家督に据え家門を嗣がせるための申し入れであった。これを受けて北朝は翌応安四年正月一九日に勅裁を下した（『愚管記』応安四年正月一九日条、『後愚昧記』同月二一日条。なお、執奏が応安三年になされたとみなしたのは前者の記事中に「旧年武家執奏云々」とあることによる）。

以上公家家門や遺跡に対する執奏の実態をいくつかの家に即してみてきたが、これらのほか「故吉田前内府（定房）遺跡」(73)・「平黄門家門」(74)・「大炊御門家門」(75)なども動揺した家門の例としてあげることができる。しかしそれらはいずれも院評定や文殿庭中など王朝側の訴訟機関によって取り扱われており、史料の上で追う限り幕府の関与を認めえない。元来この種の事柄は王朝の所轄に属する性格のものであったから、通常王朝によってその処置が施されたが、当事者間の対立が王朝の調停能力を超える程の厳しさであったとき、武家執奏の介入する余地が生じたといえるのではないか。

表十三にみる如く、家門・家督に対する武家執奏の事例はさほど多いとはいえないが、南北朝末期における幕府と公

家家門との新しい関係を象徴するものとして次の事実は注目されよう。永徳三年三月一一日、権大納言三条西公時が卒去したとき、その遺跡のことについては「無動転之様、可被相計之旨、付万里小路中納言（嗣房）令達左府（足利義満）」（『後愚昧記』同日条）との風評が立った。そこには遺跡の相続について公家の議を経ることなく、直ちに将軍の力にすがろうとする意識がはたらいているといわねばなるまい。こうした公家家門に対する幕府権力の浸透は応永元年にもなると将軍の口入によって公家領に奉行や年預を送りこむまでに深まった。[76]

4　官位・役職

皇室・将軍家との間の血縁関係（広橋兼綱の女崇賢門院仲子は後円融院の母、日野資教の姉業子は足利義満の妾）や多方面に亘る一門の活躍などを背景にして、南北朝末期、日野一門は得意の真只中にあった。その日野一門の兼宣は至徳四年の年頭にあたって「家門之栄昌、官位之昇進、云彼云是宜任所存之春也」との所感を書きしるしたが（『兼宣公記』至徳四年正月一日条、当時兼宣二三歳）、この若き兼宣の言葉に端的にあらわれているように、官位昇進は当時の公家たちにとって最大の関心事の一つであった。このため公家たちは幕府の権威を借りることによって官位昇進の望みを遂げようとしたのも当然のことであった。逆に幕府側からみれば、公家層を自らの側にひきつける最も有効な手段であったし、公家の人事権を実質的に掌握する方途としてもみすごしえないものがある。武家執奏のなかでもこの種の史料所見が最も多く検出される。以下、事例を表十四に整理しておく。なお官途推挙状をもってする武士の推挙については別途論じるので、次の表には含めていない（なお、この表中の16の事例は本来後掲表十七に含めるべきものであるが、17・23との関連にかんがみ便宜上ここに収めた）。

表十四　官位・役職（新補注15）（幕府の推挙・申請にかかる所見で、史料上明確な事例のみに限定。官途推挙状を除く）

	時期	執奏の内容	備考	典拠
1	暦応元年正月	幕府、民部丞貞重（大江貞重カ）巡爵ノ事ニツキ北朝ニ申シ入ル、コトアリ	「武家輩事、任先例可有其沙汰之由、武家申」	師守記　暦応二年八月十日条
2	康永三年四月	前宮内少輔丹波忠時ヲ施薬院使ニ任ゼントシ、武家ノ吹挙ヲ請フ。幕府之ヲ了承ス、		師守記　康永三年四月十三日条
3	康永四年八月（十六日）	北朝、「武家挙」ニヨリ、中原師茂ヲ丹後権守ニ任ズ、	「而此国無権守、仍以御状被伺申洞院左府之処、依武家挙、無左右被任、後日定被改任他国歟之由、有御返事」	師守記　康永四年八月十七日条
4	康永四年八月（十六日）	小除目。「多武家吹挙之輩也」「武家功人挙申之間、無力被任云々」	天龍寺造営ノ功者多シ	京都御所東山御文庫記録光明院宸記 園太暦　貞和元年八月十七日条
5	康永四年八月（廿五日）	北朝、「武家推挙」ニ依リ、前参議飛鳥井雅孝ヲ権中納言ニ任ズ、	「雅孝卿（納言）所望事、……武家執申上者、可有沙汰」「雅孝卿納言事有沙汰、六代中絶、然依武家挙任了」	公卿補任　貞和元年条 園太暦　康永四年八月廿四、廿六日条
6	康永四年八月（廿九日）	「師（高）兼任官今日中可有沙汰之由、武家頻申之」	廿九日ノ小除目ニテ刑部大輔ニ任ズ	園太暦　康永四年八月卅日条

7	観応二年八月	北朝、「武家推挙」ニヨリ、和気致成ヲ施薬院使ニ任ジ、同益成ニ院昇殿ヲ聴ス、	典薬頭和気嗣成、之ヲ歎キ、「近日公家勅許太不定、武家今度産管領賞、可推挙之旨歎愁申」	園太暦 観応二年八月十日条
8	観応二年十月	幕府、「宰相中将(足利義詮)男平産管領賞」トシテ、和気嗣成ノ仙籍(殿上人ノ資格)ノ事ヲ北朝ニ挙申スルコトヲ治定ス、		園太暦 観応二年十月二九日条
9	観応二年十月	北朝、武家執奏ニヨリ、資継王ノ神祇伯ヲ止ム、	職ヲ止メラルヽハ、南朝ニ接近セシタメナラン(園太暦、観応二年十一月廿六日条参照)	公卿補任 観応二年条
10	観応二年十一月	「近日武門推挙大少(小)事如雨脚云々」		園太暦 観応二年十一月五日条
11	観応三年七月	幕府、一同ノ法ヲ以テ、諸人ノ官位・所帯以下ノ事ヲ「観応儀」ニ復スベキコトヲ北朝ニ申シ入ル、		園太暦 観応三年七月十日条
12	文和四年十二月(廿七日)	小除目。「武家挙申」ニヨリテ、参議葉室長顕ヲ権中納言ニ任ズ、	「仍俄被行、上卿仲房卿、参議不参之間、頭右大弁経方朝臣参勤云々、大弁除目執筆近代出来歟」	園太暦 文和四年十二月廿八日条
13	延文三年二月	故足利直義贈位ノ事アリ、武家俄ニ申シ行フ、		愚管記 延文三年二月十二日条
14	延文三年三月	「武家所望」ニヨリ、故足利尊氏ニ左大臣ヲ贈ル、	延文三年三月三十日尊氏没、	神護寺交衆任日次第
15	延文三年八月(十三日)	北朝、「武家吹挙」ニヨリ、丹波良尚ヲ施薬院使ニ補ス、		典薬頭補任次第

16	延文三年九月（十二日）	幕府、関白二条良基ノ罷免ノコトヲ執奏ス、	南都合戦已下ノ事ニツキ、二条良基不義ノ風聞アルニヨル、	愚管記 延文三年九月十二日条 園太暦 同九月十一日条
17	延文三年十二月（廿六日）	「執柄（関白）事、今夜武家執奏云々」 （九条経教、「同月廿九日詔為関白氏長者」、〈公卿補任、延文三年条〉）	同年十一月十四日、近衛道嗣、関白ニ補セラレント欲シ幕府ノ吹挙ヲ求ム（愚管記、同日条）、然レドモ幕府、道嗣ヲ退ケ、九条経教ヲ推挙セシモノナラン、	愚管記 延文三年十二月廿六日
18	延文四年正月（廿六日）	北朝、「武家申請」ニヨリ、左馬頭足利基氏ヲ左兵衛督ニ任ズ、		愚管記 延文四年二月十八日条
19	延文四年二月（三日）	北朝、「武家申請」ニヨリ、宰相中将足利義詮ヲシテ武蔵守ヲ兼ネシム、		同右
20	貞治五年八月（廿九日）	北朝、「武家吹挙」ニヨリ、右大臣久我通相ヲ太政大臣ニ任ズ、	通相ハ「今年四十一歳、早進歟」	吉田家日次記 貞治五年八月廿九日条
21	貞治五年十一月（十六日）	幕府、前参議冷泉為秀ヲ権中納言ニ補サレンコトヲ北朝ニ吹挙ス、	同年十二月七日、為秀任権中納言（吉田家日次記、公卿補任）	冷泉家文書（貞治五年）十一月十六日足利義詮御内書
22	貞治六年四月（十三日）	北朝、幕府ノ推挙ニヨリ前権中納言一条実材ヲ権大納言ニ任ズ、 北朝、安居院行知ヲ参議ニ任ズ（武家ノ執奏ニヨルカ）、	一条家中絶ノ権大納言ヲ再興ス、 安居院家中絶ノ参議ヲ再興ス、	後愚昧記 貞治六年四月十三日条

23	貞治六年五月以前	「執柄（関白）事、最勝講以前武家奏聞」（関白二条良基ヲ罷メテ、鷹司冬通ニ替ヘントス）	二条良基ノ申延ニヨリ、遅引、同年八月廿七日関白宣下	師守記 貞治六年八月廿七日条頭書、廿九日条
24	貞治六年六月（廿九日）	北朝、幕府ノ推挙ニヨリ、前参議中山定宗ヲ権中納言ニ任ズ、 北朝、幕府ノ推挙ニヨリ、大納言今出川公直ヲ右大将ニ任ズ、	中山家中絶ノ納言ヲ再興ス、 公直ハ「西園寺三男（兼季）庶流」	後愚昧記 貞治六年六月廿九日条
25	貞治六年七月（十三日）	幕府、昨日、大麓（摂政ノ異称）ノコトニツキ、北朝ニ執奏ストノ風聞アリ、又イマダ武家執奏ニ及バズ、大都治定カトノ風聞モアリ	永徳二年四月十一日二条良基摂政トナルマデソノ所見ナシ、貞治六年ノ武家執奏ハ実現セザリシモノカ、	愚管記 貞治六年七月十三日条
26	貞治年間カ	幕府、浜名加賀権守入道ノ子息ヲ右京亮ニ任ゼラレンコトヲ北朝ニ申ス、	貞治六年ニ至レドモイマダ拝任セズ、	師守記 貞治六年八月十八日条
27	永和四年正月	幕府（細川頼之）、内々光済ヲ以テ、御子左為重ヲ参議ニ任セラレンコトヲ北朝ニ申ス、	同年正月十九日参議宣下	愚管記 永和四年正月十九日条
28	永和四年六月（三日）	北朝、「武家内々執奏」ニヨリ、大中臣親世ニ伊勢祭主・造宮司ノ事ヲ仰ス、		愚管記 永和四年六月三日条
29	永和四年八月	北朝、「武家執奏」ニヨリ、権中納言御子左為遠ヲ権大納言ニ任ズ、	「公兼（西園寺）・実冬（三条）等卿被超越了」	愚管記 永和四年八月廿八日条
30	永和四年十一月	「武家吹挙」ニヨリテ、佐々木・二階堂・中条三人ヲ検非違使トナス、	武家参内路頭行列	愚管記 永和四年十一月廿八日条

31	永和四年	（柳原忠光ノタメニ）「去年（永和四年）比、任槐事、武家奏聞之由有風聞歟」、	柳原忠光ノ没年条、	迎陽記 永和五年正月十九日条
32	永和五年二月（五日）	北朝、「武家執奏」ニヨリ、大覚寺寛尊法親王ヲ一品ニ叙ス、		愚管記 永和五年二月十六日条
33	康暦元年六月（三日）	北朝、「武家吹挙」ニヨリ、左大弁宰相日野資教ニ右衛門督ヲ兼ネシメ、マタ検非違使別当ニ補ス、（資教、永和四年三月「以武家挙達」テ、五位蔵人ヨリ蔵人頭ニ任ゼラル、『後愚昧記』同二七日条）	「近日任参議、可被補検非違使別当之由、武家可令吹挙云々」（愚管記、永和四年十二月二日条）任参議ハ永和四年十二月十三日、	愚管記 康暦元年六月四日条
34	康暦元年八月（廿四日）	准后（二条良基）再任ノコトニツキ、「武家執奏」、（関白就任ノコトヲイヘルモノナラン）	「武家執奏」アリトイヘドモ、左大臣（子息師嗣）理運タルニヨリ関白宣下アリ、「准后以後関白宣下不可有其例」ガソノ理由（愚管記、康暦元年八月廿五日条）	愚管記 康暦元年八月廿四日条
35	康暦元年九月（二日）	幕府、高辻長衡ヲ「大丞」（大弁）ニ任ゼラレンコトヲ北朝ニ「奏聞」ス、	同月四日宣下	愚管記 康暦元年九月十四日条
36	康暦元年十二月（八日）	小除目。北朝、「武家執奏」ニヨリ、宮内卿中山親雅ヲ蔵人頭ニ還補ス、		愚管記 康暦元年十二月八日条
37	康暦元年	安倍有世ノ昇殿ノコトニツキ「武家執奏」、	除夜宣下、「陰陽道之輩昇殿始例歟」	愚管記 康暦二年正月四日条

38	永徳元年五月（十日）	幕府、准后二条良基ノ任太政大臣ノコトニツキ、藤中納言ニ付シテ挙申ス、	「子息為関白時、父公任太政大臣、寛仁之例歟」	愚管記 永徳元年五月十日条
39	永徳元年七月（六日）	足利義満、広橋仲光ニ付シテ、再ビ花山院通定ノ任権大納言ニツキ申ストコロアリ、	七月廿三日任権大納言	後愚昧記 永徳元年七月六日条所収同日付足利義満書状
40	永徳二年四月（十九日）	北朝、「依武家執奏」リ、前権大納言万里小路仲房ヲ准大臣ニ任ズ、	「実音卿先日被宣下、為彼卿下﨟之由令欝之故歟」	後愚昧記 永徳二年四月十九日条
41	嘉慶二年十二月（卅日）	北朝、「自室町殿御執奏」ニヨリ、権中納言広橋仲光ヲ権大納言ニ任ズ、		兼宣公記 嘉慶二年十二月卅日条
42	康応元年正月（六日）	北朝、「自室町殿御執奏」ニヨリ、管領（斯波義将）・高倉永行・日野重光三人ノ一級ヲ進ム、	「重光避夕郎叙四品也、驚存者也」	兼宣公記 康応元年正月六日条

表をみれば明らかなように、官位・役職に関する武家執奏の対象者は一部の幕府上層の武士を除いてほとんどが公家にかかわるものである。このことによって、この種の武家執奏が公家からの要請を受けて幕府が朝廷に対してなしたものであること、つまり公家に対する天皇の叙任権への一定のかかわりであることが知られ、「家門之栄昌、官位之昇進」に腐心する公家たちの要望にこたえるものであったことがわかる。

では表十四の整理によって、幕府による推挙の対象となる官位、あるいは役職が時期的にみてどのような特色を持つか検討したい。おおまかに分けて考えるならば次の三期となるであろう。

第一期　足利尊氏・直義の時期（1～12）

この時期にはさしづめ丹波・中原・和気といった下流公家を施薬院使や丹波権守などのポストに推挙、あるいは昇殿のゆるしを得てやる程度にとどまり、5の前参議飛鳥井雅孝を権中納言に推挙した事例はむしろ特例というべきであろう。この特例は飛鳥井家が前代以来武家所縁の歌道家としての由緒と無関係ではあるまい。飛鳥井家の納言は永治元年没の忠教（権大納言）以来六代二百年余りの間中絶していたのであるから、納言再興にあたって雅孝は幕府の援助に対してこの上ない恩義をいだいたことであろう。雅孝が「武家恩顧輩」[77]の一人と称されたのはこのためである。

しかし、観応擾乱と正平一統を経て次第に実力を増強してきた幕府はその権勢をふまえて公家に対する発言権を飛躍的に強化したと思われる。11にみるように、観応三年幕府は一同の法をもって諸人の官位・所帯以下のことを「観応儀」に復すべきことを申し入れたが、この行為は南軍による京都の一時的制圧＝正平一統という歴史事実を否定し去ることを意味している。前年一〇月には南朝に転身した神祇伯資継王の職を停止すべく執奏した。こうして文和四年には、康永四年の飛鳥井雅孝同様、参議葉室長顕が権中納言に推挙された。

第二期　足利義詮の執政期（13〜26）

足利義詮は延文三年四月に没した父尊氏の跡を襲い、同年一二月に将軍宣下を受けた。義詮の執政期における執奏の特徴を一言でいえば、公家の高位・高官についての吹挙をさかんに行っていることである。まず義詮は将軍就任三ヶ月前の延文三年九月に、南都合戦にことよせ関白二条良基の罷免を執奏、将軍就任直後に再びこのことを持ち出し、ついに九条経教と交替させるのに成功した。この事例を嚆矢として、武家の執奏は参議・納言級についてはもとより、太政大臣・摂政・関白についてもしばしば、しかも極めてきびしい態度でもってなされるようになる。そのなかで、たとえば20の事例についてみれば、貞治五年武家の執奏によって、四一歳で太政大臣となった久我通相に対して「早進歟」との批判の声が出たことが知られるが、このことは武家執奏による推挙が必ずしも公家一般の通念にそったものではないということを示唆している。この義詮の公家に対する強硬姿勢は当該期における公武関係の性格を象徴している。

一方、22・24の事例にみるように、一条・安居院・中山などの公家の家において一旦中絶した官職を再興させるべく執奏したのもこの時期の顕著な特徴である（第一期には飛鳥井家の特例がある）。将軍のこのような恩顧が公家に、将軍に対する報恩の意識を生ぜしめ、ひいては家礼としての意識を形成させる上で有効であったことは否めまい。

第三期　足利義満の執政期（27〜42）

足利義満はその幼少期に管領細川頼之の輔佐を受けたが、永和初年あたりから自ら将軍としての権限を行使するようになった。従って義満の執政以前の、管領による将軍権力代行時代についてもふれておく必要があろう。管領細川頼之が将軍義満の全権限を代行したのはほぼ応安年間といってよいが、この期間管領がこの種の執奏をなした事例をみいだしえない。このことは頼之の管領時代の公武関係の性格をよく示していると共に、幕政を主管する頼之の施政方針を反映しているとみてよいであろう。

さて本題の足利義満の執政期についてみることにしよう。この時期については、将軍義満の施政に最も大きな影響力をもつ管領のポストに誰がついているかによって、二つに区分して考えてよさそうである。つまり細川頼之（27〜32）と斯波義将（33〜42）である。まず頼之の管領在任中についてみれば、参議・納言の執奏は認められるものの（31の任槐は風聞にすぎぬ）、全体としてはすこぶる控えめな執奏の仕方だといえよう。(78) この傾向はおそらく前代の頼之の将軍職代行時代の延長線上において考えてよかろう。一方、斯波義将の管領在任期に入ると様相は一変して、納言はもとより准大臣・准后・太政大臣にかかわる執奏の事例があらわれる。これはやはり幕府の方針転換と考える他はあるまい。このようなはっきりと性格の異なる対公家政策は当然ながら北朝の政治運営にも影響した。後円融天皇の親政下の永和年間に北朝の訴訟機関＝記録所が注進状を残すほどの動きを示していること、その記録所の審理をふまえて出された勅裁が康暦元年の斯波義将の管領就任とほぼ同時期に武家執奏によって取り消されたこと（第三章第四節参照）、西園寺家をとおした幕府への遵行移管の事例が義将登場の康暦元年以降ほどなく消滅していること（本章第一節の二参照）、これらのことがらはいずれもその具体的な徴証である。義将管領在任期の公家対策は頼之期のそれに比してはるかに強硬であったといえる。

また洛中支配に即していえば、33の事例にみるように、武家執奏によって武家所縁の日野資教（その姉業子は足利義満の妾。宮内庁書陵部所蔵『後愚昧記』永和二年八月一三日条）を検非違使別当に補したのも、斯波義将管領時代の洛中支配の性格の一端を示す事実として興味深い。なお、日野資教が康暦元年六月に検非違使別当となって以降、南北朝期を通じて日野氏出身者が代々別当に据えられている（別当未補の時期もある）。

一方、武士たちも公家たちと同様に官位を望んだ。この場合、手続きとしては「尊氏・義詮の征夷大将軍補任や、直義・基氏らの任左兵衛督等は、公家高官の除目と同様になされたが、一般武士の官途は、鎌倉時代におけるそれと同じく、幕府の推挙を経て、口宣案をもって勅許の宣旨が伝えられる原則が守られていた[79]」と考えられる。まず管見に及んだ、武士を対象とした官途推挙状を整理[80]（新補注16）しておく。

表十五　武士を対象とした官途推挙状（新補注17）

	年月日	官途	被推挙者	推挙者	推挙状の形式		典拠
1	観応2・4・13	修理亮	宇都宮氏綱	足利直義	袖判直状	Ⓐ	東福寺文書
2	正平6・11・15	廷尉	島津師久	足利義詮	直　状	Ⓑ	島津家文書
3	〃・12・21	右近将監	伊達景宗	足利尊氏	袖判直状	Ⓑ	伊達文書
4	正平7・2・25	弾正忠	松井助宗	〃	袖判直状	Ⓑ	蠹簡集残篇
5	観応3・3・12	周防守	島津忠兼	〃	直　状	Ⓑ	島津家文書
6	〃	靫負尉	島津忠親	〃	〃	Ⓑ	〃
7	〃・7・24	山城権守	鶴岡八幡宮神主（大伴時国）	〃	〃	Ⓑ	相州文書
8	〃・9・27	刑部大輔	大友氏時	足利義詮	〃	Ⓐ	大友文書
9	文和2・3・8	靫負尉	岡本重親	足利尊氏	〃	Ⓑ	秋田藩採集文書
10	〃・3・27	左衛門尉	栗栖国実	足利義詮	〃	Ⓑ	湯橋文書
11	〃・7・16	右京亮	島津佐忠	足利尊氏	〃	Ⓐ	下野島津家文書
12	〃・9・9	靫負尉	設楽十郎	〃	〃	Ⓑ	蠹簡集残篇
13	文和3・8・20	名国司	河野対馬六郎	足利義詮	〃	Ⓑ	豫陽河野家譜
14	延文1・12・3	叙　留	島津師久	「御　判」	〃	Ⓑ	薩藩旧記
15	延文2・9・25	任　遷	相良定頼	足利義詮	〃	Ⓑ	相良家文書
16	康安1・8・10	讃岐守	相馬胤頼	〃	〃	Ⓑ	相馬文書
17	貞治4・12・27	権少外記	布施善太	〃	袖判直状	Ⓑ	師守記貞治6・8・30条裏書
18	応安4・2・6	下野権守	田原豊前三郎	細川頼之	奉　書	Ⓑ	荒巻文書
19	永和1・12・3	名国司	小早河弾正左衛門尉	〃	〃	Ⓑ	小早川家文書
20	永和2・7・20	〃	田原下野権守	足利義満	袖判直状	Ⓑ	田原文書

推挙状の形式は二つに大別される。これを表ではⒶ・Ⓑで示した（むろん18・19は管領奉書であるから、書止文言は奉書形

式「依仰執達如件」をとる)。ⒶⒷの具体事例を一つずつあげておく。

Ⓐ島津大隅弥三郎佐忠右京亮所望事、所挙申公家也、早可存其旨之状如件、
　文和弐年七月十六日　（足利尊氏）（花押）　(81)

Ⓑ靫負尉所望事、所挙申公家也、早可存其旨状如件、
　文和二年九月九日　（足利尊氏）（花押）
　　設楽十郎殿　(82)

残存事例についていえば、正式な充所を備えるⒷ形式の推挙状が圧倒的に多い。また推挙者についていえば、当初は幕府政局の変動を反映して必ずしも同一人ではなかったが、足利義詮の執政期たる延文年間以降は義詮（義詮の将軍宣下は延文三年一二月）→職制上将軍の代行者たる管領細川頼之→将軍足利義満の順序で、しかも同一人が行っている。つまり幕府体制の安定化に伴い、官途推挙権は将軍の専掌するところとなったのである。

これらの官途推挙の具体的な手続きについてはほとんど知ることができないが、『師守記』貞治六年八月三〇日条裏にしるされた次の三点の文書に注目したい。

① 将軍家（足利義詮）判
権少外記所望事、可令申　公家之状如件、
　貞治三年十二月廿七日
　　布施善太殿

②銘内大臣（西園寺実俊）

三善康冬権少外記所望事、武家免状副姓名注文如斯、可令申沙汰給之状如件、

二月廿日　内大臣実俊公御判

頭左京大夫殿(平行知)

③上卿右衛門督忠光卿

貞治五年二月廿一日　宣旨

三善康冬

宜任権少外記

蔵人頭左京大夫平行知奉

この三点の文書の相互関係を知るために、『師守記』同月二九日条の記事を示そう。

今日善覚向布施弾正大夫資連宿所之処、子息康□(冬カ)拝任権少外記事、武家免状　宣下、口宣・西園寺施行等見申之間、写留被返了、

これによってみれば、①は「武家免状」、つまり将軍足利義詮の官途推挙状、②は①を朝廷に伝達するための内大臣西園寺実俊の施行状、③は口宣であることがわかる。また②によって、このような推挙状も西園寺実俊のもとを経由していることが知られるが、このことは推挙をめぐる公武交渉のしくみを示している点で重要である。①の推挙状は、それが発されて二ヵ月もたたぬうちに③の口宣をひき出すほどの力を持っていたことにも注意してよい。

5　寺官・社官・僧位

では幕府の執奏は寺社に対してはどのようにかかわったか。結論から先に言えば、幕府は公家に対するのと同様な手

続きで、そのトップレベルの人事に容喙することによって影響力を及ぼしていった。関係史料を整理する。

表十六 寺官・社官・僧位（新補注18）

	時期	執奏の内容	備考	典拠
1	観応元年十二月	北朝、「武家申状」ニヨリ、賀茂社司近久ヲ還補ス、		園太暦 観応元年十二月廿八日条
2	延文元年三月（二日）	「武家執奏」ニヨリ、空巌和尚禅師号宣下アリ（覚満禅師）、		師守記 延文元年三月二日条
3	延文二年以前	幕府、西寺別当職ノ事ニツキ重々沙汰ヲ経、小田知春ヲ使者トシテ両度北朝ニ執奏ス、	「重々経沙汰」トハ勅許ヲ得タコトヲ意味スルカ	東寺文書乙 延文二年閏七月日西寺別当深源申状
4	延文四年九月（十二日）	北朝、「武家奏聞」ニヨリ、法印慈昭ヲ北野社別当ニ還補ス、	慈昭ノ執奏依頼ハ延文二年後七月（曼殊院文書）	園太暦 延文四年九月十二日条
5	貞治六年七月（廿二日）	幕府、田中常清ヲ石清水八幡宮別当ニ補セラレンコトヲ北朝ニ執奏ス、	同年七月廿八日宣下	石清水文書三
6	応安元年十月	維摩会探題ノ事ニツキ、「武家時宜」トシテ、長懐僧都ヲ改メ、隆円僧都ニ替フ、		後愚昧記 応安元年十月条
		北朝、「武家所存」ニヨリ、興福寺々務権僧正頼乗ヲ僧正ニ任ズ、		山門嗷訴記
7	応安三年十二月（廿九日）	北朝、「武家執奏」ニヨリ、前大僧正良瑜ヲ大僧正ノ上ニ班ス、		後愚昧記 応安四年正月廿一日条

8	永和三年八月（廿六日）	北朝、「武家執奏」ニヨリ、大覚寺寛尊法親王ヲ天王寺別当トナス、	「東寺門流為彼別当事絶久乎」	愚管記 永和三年八月廿六日条 門葉記五十三
9	永和五年二月	北朝、「武家奏聞」ニ依リ、二品大覚寺宮寛尊法親王ヲ一品ニ叙ス、	「法親王一品例邂逅也」、大覚寺宮ノ一品例ハ先規ナシトイヘドモ、「今度武家執奏不及是非」、	迎陽記 永和五年二月五日条
10	康暦二年五月（廿四日）	「武家奏聞」ニ依リ、円浄和尚禅師号宣下アリ（仏通禅師）、	円浄ハ五山十刹ヲ経ズ、	迎陽記 康暦二年五月廿四日条
11	永徳元年カ	祇園社々僧能禅ノ罪科ニヨリ、幕府、大政所別当職并社内白山社ノ管領ヲ顕豪ニ付セラレンコトヲ奏ス、	武家奉行松田丹後守貞秀、執筆子息美作守、永徳元年十二月十八日、顕豪ニ綸旨下ル、	『八坂神社文書』上、一一一六号文書「大政所別当職所見文書案」

一見するところ最も多いのは、大寺社の別当人事にかかるもので、西寺・北野社・石清水八幡宮・天王寺などの別当が武家執奏によって補任された事例である。また禅師号の宣下や僧職の班位にかかるものもみられる。6は厳密な意味での武家執奏の事例とはいえないが、それに準ずるものとして掲出しておいた。特に大寺社の別当職補任は宣旨によってなされていたから（たとえば5の備考欄を参照）、かかる武家執奏は天皇の寺社官の人事権に対する容喙といえる。

表にあげた事例のうち、5と8について少し掘り下げてみよう。まず5は次の史料をふまえている[83]。

田中法印常清申石清水□□□（八幡宮）別当職事、宜為聖断之旨、可申入西園寺右大臣（実俊）家矣、

貞治六年七月廿二日、将軍家御執奏也、御使中条兵庫頭（光威）入道云々、

次の二点に注目したい。一つは、幕府は当宮別当人事について「宜為聖断」としながらもその実、常清の補任は既決事項であったこと、いま一つは、このときの執奏も西園寺実俊を経由していることである。

次に8は、永和三年八月、武家の執奏により東寺門流より寛尊法親王を天王寺別当に補したものである。このときの近衛道嗣の「東寺門流為彼別当事絶久乎」という言葉にあらわれているように、この種の執奏にも、先にみた公家の家の参議・納言再興と同様、長い間続いてきた旧慣を突き崩すような一面があったことが知られる（9・10も併考せよ）。おそらく幕府はこのような措置を通じて、既成の王朝体制のわくぐみを一定度くずし、新たに将軍を中心とした公武統一体制の構築をもくろんでいたのではあるまいか。

6　出仕停止・罷免・赦免

幕府は執奏を通じて公家の出仕停止・官職罷免・赦免にも大きな発言権を持った。このことは公家のみならず、神職・僧侶にも及んでいる。この面での武家執奏も彼らを将軍の下にひきよせる意味で大きな効果があったとみられる。例によって関係史料を整理する。

表十七　出仕停止・罷免・赦免

	時期	執奏の内容	備考	典拠
1	観応元年十二月	北朝、「武家申状」ニヨリ、賀茂社司近久ノ官ヲ解ク（尋デ又還補ス）、	「上下運命大略迫喉之時分欤」（洞院公賢の述懐）	園太暦 観応元年十二月廿八日条
2	文和四年	北朝、「武家奏聞」ニヨリ、右大弁・参議坊城俊冬ノ出仕ヲ停ム、	料所ノ事ニツキテノ、三宝院賢俊トノ確執ニ因ル	園太暦 文和四年十月廿七日、十二月八日条
3	延文二年	去年、賀茂社神主国久、勅勘ヲ蒙リテ職ヲ罷ム、幕府ノ執奏ニヨリ五月八日之ヲ復ス、	去年ノ勅勘ハ氏人トノ喧嘩ニヨル、	園太暦 延文二年五月十六日条

4	延文三年	北朝、「武家執奏」ニヨリ、前右大弁宰相坊城俊冬ヲ勅免、		愚管記 延文三年八月廿六日条
5	応安八年	去年南都訴訟ニヨリ配流サレシ平行知・三宝院光済・覚王院宋縁及ビ赤松両輩ノ帰京ヲ許ス、コノコト「武家執奏」ニヨル、		師守記 応安七年十一月五日条 愚管記 応安八年正月十七日条
6	永和五年閏四月(二日)	武家内々申シ入ル、ニヨリ、役送雲客等五人、召名ヲ止メラル、	中山親雅(頭中将) 園基明(中将) 山科教藤(少将) 万里小路頼房(蔵人権右少弁) 広橋兼宣(兵衛佐)	愚管記 永和五年閏四月二日条
7	永和五年六月(一日)	武家内々申シ入ル、ニヨリ、山科教藤・広橋兼宣勅免、		愚管記 永和五年六月一日条
8	永和五年七月(十七日)	武家内々申シ入ル、ニヨリ、万里小路頼房勅免、		愚管記 永和五年七月十七日条

まず公家についてみれば、管見の限り、出仕停止の執奏を被ったのは大弁・参議クラスを含めてこれ以下の公家であり、赦免についても同様である。一方神職・僧侶の場合では、賀茂社司・神主の任免、および三宝院光済・覚王院宋縁の帰京許可に関するものである。光済・宋縁は南都の嗷訴によって配流されていたのであるが、前述のように光済は「権勢公家・武家通達、富貴万福」と、また宋縁は「武蔵守(細川)頼之無双之知音」と評されたごとく、(84)幕府と密接な関係をとり結んでいたため、幕府による帰還奏請がなされたものであろう。

また賀茂社の場合について付言しよう。まず観応元年一二月、社司近久が「武家申状」によって改替され再び還補されたことは、前太政大臣洞院公賢を「上下運命大略迫喉之時分歟」と嘆かせたが、文和元年四月になると次のような記事をみいだすことができる（『園太暦』文和元年四月一日条）。

伝聞、賀茂社務定久得替、前神主員平補之、是武家沙汰歟、如此祠官非勅裁之条新儀歟、神慮如何、

特に注意すべきは賀茂社務の交替が「武家沙汰」であり、「非勅裁」であった点である。もとより伝聞であるから真偽の程は定かでない。もし真実だとすれば、おそらく武家執奏を介さない、幕府独自による任免と考えられ、まさに「新儀」といえよう。しかし、延文元年には賀茂社神主国久は氏人との喧嘩をとがめられ、勅裁によって職を召されたが、翌年武家執奏によって還補されるという事実もあるので、賀茂社神官の補任権を幕府が完全掌握したとみることはできない。しかし幕府の力が深く及んでいることは動かぬ事実だといってよい。

7　践祚・即位・立坊・立親王

皇位に対する幕府のかかわりは公武関係の中核的部分をなしている。幕府の皇位継承への関与の仕方は鎌倉幕府の場合と比してかなり趣を異にし、概していえばより積極性を増している。足利尊氏と持明院統皇室との本格的なかかわりは、建武三年二月三宝院賢俊を介して光厳上皇を奉載したことに始まるが[85]、この事実が南北朝全期を通じて幕府に対する北朝の性格を基本的に規定したといえる。いま、そのようなことを具体的に検討するため、幕府の践祚・即位・立坊・立親王に対するかかわりの事例を整理しておく。

表十八　践祚・即位・立坊・立親王（新補注19）

	時期	執奏の内容	備考	典拠
1	建武三年八月（十五日）	「新帝（光明天皇）践祚、武家申行之」		建武三年以来記
2	貞和四年八月（廿八日）	足利直義参内シテ、東宮（益仁親王、後ノ崇光天皇）践祚・親王（直仁親王）立坊等ノ事ヲ申ス、	益仁親王ノ践祚、及ビ直仁親王ノ立坊ハ、貞和四年十月廿七日	園太暦 貞和四年八月廿八、卅日条
3	貞和五年二月（廿六日）	幕府、崇光天皇ノ即位ニツキ申シ入ル、コトアリ、	即位ハ貞和五年十二月廿六日	園太暦 貞和五年二月廿六日条
4	観応三年八月（十七日）	皇位ノ事ニツキ武家沙汰ヲ申ス、「武命之厳密」ニヨリ、広義門院ノ難渋ヲ押サヘテ、三宮（弥仁親王）ヲ践祚セシム（後光厳天皇）、		園太暦 文和元年六月五、十九、廿三日、七月一、十七日条 椿葉記
5	貞治元年九月（九日）	北朝、「武家執奏」ニヨリ、権僧正深守（邦良親王の子）ヲ法親王トナス		愚管記 貞治元年九月九日条頭書

建武三年六月、西下ののち再び京都を奪還した足利尊氏は光厳上皇を奉じて入京、同八月には同上皇の手によって光明天皇が立てられたが、その内実は「建武三年以来記」がしるすように、「武家申行之」ところであった。また2・3の事例にみるように、幕府が崇光天皇の践祚・即位、直仁親王の立坊にかかわりを持ったのも前述の朝幕関係の延長上において考えてよい。さらに正平一統の決裂後、後光厳天皇の践祚が幕府の主導の下になされたことも、幕府の皇位への関与を一層深化させることとなった。

応安三年八月、後光厳天皇の譲位問題がもちあがると、その後継者の決定、つまり誰を立坊させるかについて北朝内部での対立が生起した。後光厳天皇は皇子緒仁（一三歳）を、また同天皇の兄崇光上皇は皇子栄仁親王(86)(新補注20)（『系図纂要』によって計算すれば二〇歳。「後光厳院御記」応安三年九月二四日条に「長大親王」とみゆ）を各々推したので、あたかも鎌倉時代の大覚寺・持明院両統の対立のごとき様相を呈した。この立坊問題は「宜在武家執奏」として幕府に持ちこまれた。時の将軍は一三歳の足利義満であったが、政務の実質は管領細川頼之が担当していた。幕府も慎重な態度をみせたのであるが、結局、立坊のことは「可為聖断」「武家更難申是非」という幕府の返事を得た後光厳天皇が崇光上皇の主張を退けるのに成功した（「後光厳院御記」）。こうして皇子緒仁は応安四年三月一五日より九ケ日の間に着袴・立親王・元服の儀をすませ、同二三日に践祚のはこびとなった。後円融天皇である。この応安度の立坊問題において注意すべきは、北朝内部の皇位継承について幕府が鎌倉期以来の「可為聖断」という原則を踏襲していることである。むろん管領細川頼之の施政方針や幕府内の諸事情も考慮されねばならないが、少なくともこの段階では、幕府は皇位の決定権まで掌握しているとはいえない。

永徳二年四月、後円融天皇は在位十二年にして後小松天皇と交替したが、すでに「今度は伏見殿(崇光上皇)より御微望を出さるゝにをよば」（『椿葉記』）ぬ状況となっていた。言い方を換えれば、幕府体制の確立は皇統内部にこうした問題の起こる余地をなくしてしまったのである。

8　改　元

改元が本来的に朝廷の所轄するところであったことはいうまでもない。しかし、すでに鎌倉期に幕府は朝廷の改元定における元号の文字選定に少なからざる影響力を及ぼしており、現に「延慶」は鎌倉幕府の要請をうけて改元されたものである。(87) 南北朝期に入ってからの北朝の改元を室町幕府との関係でみてゆけば、義満の治世以前において幕府の意志で改元させた明確な事例を一つだけ探し出すことができる。「文和」改元である。『園太暦』観応三年九月八日条に、

入夜頭弁仲房朝臣(万里小路)来、条々有勅問、一改元事、忩可有沙汰之旨、武家執申之、仍今月中可有沙汰、代始即位以前改元邂逅歟、

とみえ、また同二七日条には、

今日改元定也、即位已前改元不打任事也、而忩可有沙汰之旨、武家申之、剰及催促、

とあることからみれば、室町幕府が後光厳天皇の即位(文和二年一二月二七日)以前であるにもかかわらず改元を要請したことが知られる。こうして観応三年は文和元年と改められた。

また幕府が新元号の使用をやめて旧元号の使用を要請した事例は二つある。一つは、延元元年五月、九州より攻めのぼり東寺に入った足利尊氏が後醍醐との対峙の姿勢を構えるに際して、光厳上皇に対し「延元」をやめて「建武」を用いんことを「申行」ったこと(『続史愚抄』延元元年五月二九日条)、いま一つは、正平一統の決裂後、幕府は北朝に対して「諸人官位・所帯以下」を「観応儀」に復さんことを申し入れたが、その中に年号(正平)を観応に復す一項が含まれていたこと(『園太暦』正平七年七月一〇日条)。このような特定年号の不使用については、すでに鎌倉末期、後醍醐天皇が定めた「元弘」を鎌倉幕府が用いなかったという先蹤がある。(88)

これらの例から察せられるように、南北朝期室町幕府の改元への関心は鎌倉幕府のそれと大差ないといえよう。『続史愚抄』暦応元年九月四日条に、

去月廿八日改元事、自仙洞未被仰武家、因至昨武家猶用建武号、此日武家初聞此事尋申公家、自今日用暦応号云、

とみえている。建武五年八月二八日に暦応と改元されたことが幕府に伝達されず、数日後このことを聞いた幕府が公家に尋ねてはじめて知ったというのであるから、初期室町幕府がさほど改元に関心を払っていたとは思えない。この点については特に義満以降の時期に即して検討せねばならない(新補注21)。

9　勅撰集

幕府の執奏は勅撰集の撰進にまで及んだ。このことは天皇の命の下に勅撰集を撰進するという長い間の伝統を大きく変更させるものであると同時に、政治・軍事的な面において実力をたくわえてきた幕府の、和歌をとおした文化面への関心の高まりを示している。そのような事例を左に整理しておく（このうち2のみは他と比べてやや異質）。

表十九　勅撰集の撰進

	時期	執奏の内容	備考	典拠
1	延文元年	北朝、足利尊氏ノ奏請ニヨリ、御子左為定ニ勅撰集（新千載集）ノ撰進ヲ命ズ、	「今度事、併武家執奏之故候也」（園太暦、延文元年六月十二日条）	園太暦　延文元年六月八日条
2	延文二年	北朝、佐々木導誉ノ執奏ニヨリ関白二条良基撰集ノ菟玖波集ヲ勅撰ニ准ズ、		園太暦　延文二年閏七月十一日条
3	貞治二年	北朝、「武家執奏」ニヨリ、権中納言御子左為明ニ勅撰集（新拾遺集）ノ撰進ヲ命ズ、		後愚昧記　貞治二年三月十九日条
4	永和元年	北朝、「武辺内々有申旨」ルニヨリ、権中納言御子左為遠ニ勅撰集（永和百首）ノ撰進ヲ命ズ、	奉勅撰ノ事ハ六月廿六日	愚管記　永和元年七月二日条　公卿補任　永和元年条

5	永徳元年	北朝、「武家執奏之故」ヲ以テ、権中納言御子左為重ニ勅撰集ノ撰進ヲ命ズ、	新後拾遺和歌集 新規ノ撰集デナク、為遠ノ仕事ノ仕上ゲ	愚管記 永徳元年十月廿九日条

南北朝時代の歌壇史の総合的研究としては、井上宗雄氏の名著『中世歌壇史の研究南北朝期』があり、政治と歌壇のかかわりあいが実に克明に描き出されている。(89) 南北朝歌壇史の詳細は同書に譲ることにして、ここでは、延文元年の『新千載集』撰集の下命以来、勅撰集の撰集の主導権が朝廷より幕府へ移ったこと、これに伴い歌壇の覇者の地位が幕府の推挙をうけることによって決定付けられるようになったこと、以上の二点を確認しておきたい。ちなみに、他の案件についての執奏との関連でいえば、延文年間に入ってからのかかる幕府の歌壇支配の確立は、すでにみた官位や家門などの執奏事例を通してみた幕府支配権の飛躍的強化の文化面における一つのあらわれであったといえる。観応擾乱後、幕府文書のなかで将軍の御判御教書の占める比重が格段に重くなる事実は将軍権力の大幅な伸長を意味するが、この文書発給の上にあらわれた政治体制の変化は以上のような公武関係の諸側面に大きな影響を及ぼしている。(新補注22)

10　その他

以上、史料所見の比較的多い武家執奏のいくつかの側面について個別にその実態をみてきたが、上掲項目に含まれない執奏について若干補足することとしたい。

（イ）　行幸

幕府はたびたび天皇・上皇の臨幸・遷御を申し入れ、主導した。(90) これはおそらく戦乱に伴う居所の変転に随伴するものであろう。すでに観応二年には「近来行幸武家進止」（『園太暦』観応二年七月二一日条）といわれるまでになった。

（ロ） 遷宮

貞和五年三月二八日、武家の申沙汰により新日吉社遷宮が行われたこと（『園太暦』）、貞治三年二月一六日、伊勢太神宮遷宮が武家の「厳密沙汰」により決行されたこと（『師守記』貞治三年二月二〇日条裏書）、応安四年七月、幕府が外殿御正体等遷座のことを奏聞したこと（『愚管記』応安四年七月九日条）などによって、幕府がこのような大社の遷宮に大きなかかわりをもっていたことが知られるのであり、幕府が王朝の祭祀権の重要部分を担っていることが推察される。

（ハ） 祈禱

諸寺社に命じて国家的な祈禱をあげさせる権限は本来的に公家に属していたが、やがて武家に移ることとなった。室町時代における祈禱をめぐる公武関係に着目され、注目すべき研究成果をあげた富田正弘氏はこのことにふれ「ほぼ応安から永和ごろに、実質的に武家の手に帰したと考えられる[91]」とされた。

では、武家が祈禱のことにかかわることはいつから始まり、どのように推移したか、また特に武家執奏との関係はいかに。富田氏は「五壇法は少なくとも康永四年までは、確実に公家権力の手によって行われていた」が、貞和二年九月「足利直義が武家としてはじめて五壇法を主宰して以後、ほとんど武家の修法となった[92]」ことを指摘されている。つまり貞和元年あたりに所轄権を移動させた何らかのきっかけがあったろうことは容易に推察できる。次に示す事実は以上の観点から注目される。貞和元年半ばすぎ頃、咳病が大流行した。「殞命之輩」もでるありさまで、光厳上皇自身も同年九月「咳病興盛」のため長講堂供花始行を延引せざるをえなかった（『園太暦』貞和元年九月二日条）。このようななかで、幕府は「天下病事御祈事」につき朝廷に対し「内々申」し入れた事実が知られる（同一九日条）。幕府の祈禱へのかかわりはこれを嚆矢として頻繁になされたものと思われる。翌一〇月には、武家が「天下泰平祈禱事」につき「別申」

したため、仁王経法を懃行することとなった（同書、同年一〇月一〇日条）。また同年五月、根本中堂の常灯消滅に際し、告文を中堂に献ずることになったとき、その方法について公家側で論議がおこった。このとき洞院公賢は「総天下御祈禱、尤雖可為公家御沙汰候、中古以来院中御世務之時、院中御沙汰勿論候乎」と勅答した。まさにこの時点までは、公家の意識の上でもまた事実の上でも、天下祈禱は公家の主導の下に行うという原則が貫かれていたわけで、先の五壇法に即しての富田氏の意見はこのことによっても確かめられる。このような状況の中でみれば、同年九月の武家の申し出はいかにも唐突の感を免がれない。しかし武家にとっては、これは突破口をひらくための勇断であった。貞和三年八月には武家の「申行」にもとづき「紀州合戦御祈」として根本中堂において七仏薬師法を修し（『園太暦』・『師守記』同年九月二九日条）、また貞治六年には延暦寺横川法師が天下の乱を夢想したことを契機に、幕府は諸寺に対し一万部大般若経の転読を命ずるという「希代事」（『師守記』同四月二七日条裏頭書）をやってのけた。幕府が当時の戦時状況を背景として、祈禱に対する所轄権を獲得していった様子が端的にあらわれているといえよう。[新補注23]

五　武家執奏の効力

幕府の執奏が大変強い力を持ったことは、先にみた個々の執奏の実例に明らかである。やや蛇足の感なきにしもあらずではあるが、いま少しこの武家執奏の効力という一点にしぼって、補足的な説明をしておこう。すでに伊藤喜良氏は、南北朝期、武家側の裁許の有効性が評価されて「公家が理に任せて裁決しても、武家の執奏があればしかたがないとする」[93]現実的な思考・意識が強くなってくることを指摘されたが、まさにこのことも武家執奏の効力の強さに起因している。この武家による執奏の強さの程度をまのあたりに窺うことのできる事例を三つあげておこう。

①貞治三年四月に醍醐寺僧徒が同寺住人江左衛門入道を処罰したことに端を発した抗争を理由に、幕府は三門跡の同寺管領を停むべきことを奏した。「自武家執奏之間、公家又不及御糺明之沙汰、可止門跡之管領之由、被仰下座主僧正光済云々」とはこの武家執奏に対する朝廷の態度を示すものである。朝廷は自力による調査をせず、幕府の申し入れをそのまま受け入れている（「三宝院文書」十七。なお伊藤氏論文三一〜三二頁、本書四二九頁参照）。

②貴布祢河堺をめぐる賀茂社と鞍馬寺との相論において、王朝の訴訟機関たる記録所の注進（永和二年一一月）を経て、永和五年正月に鞍馬寺が勝訴し、安堵の綸旨を得たが、賀茂社が幕府に訴えたため、幕府は賀茂社支持の執奏を行った。ここで前の勅裁はくつがえされ、半年あまり後の康暦元年九月賀茂社に対して綸旨が下された。その賀茂神主あての綸旨には「彼寺(鞍馬寺)捧官符正文越訴申之趣、非無謂之間、雖被裁許鞍馬寺、武家執奏上者、如元可被管領」としるされ、武家執奏の故に前判決をくつがえさざるをえなかった朝廷の苦衷のほどをのぞかせている[94]（「瀬多文書」。なお伊藤氏論文三二頁、本書二九三〜八頁参照）。

③永徳元年八月、前内大臣三条公忠は家門の困窮を足利義満に訴え、四条坊門町以東地一町を獲得しようとした。このとき義満は「京都地事、公家御計也」とうけあわぬ態度を示しつつも、公忠の強い懇願に押されて「三条前(公忠)内府申敷地事、折紙献之、無相違之様、可有申御沙汰」という内容の執奏をなした。これに対して朝廷側は「所詮京都地事、為公家御沙汰之処、不及申入之、以武家令執奏之条、奇怪之至也」と反発した。京都地に対する武家執奏をめぐる後円融天皇と三条公忠との間でのやりとりのなかで特に注目されるのは、同天皇側からの公忠への返事のなかに「執奏之下、無沙汰者、可為公家御咎也」なる一文がみいだせることである。武家執奏を受け入れなければ公家の咎というのであるから、事ここに極まれりの感がする。しかし、後円融天皇の立腹や公忠の女

上﨟厳子の処遇に対する配慮もあって、結局この一件は公忠が所望をとりさげるということで落着した。ちなみにこの事件においては、公忠の京都地所望を執奏する義満の書状が、西園寺実俊を介さず伝奏・万里小路嗣房に付されたことも、案件の伝達経路を考える上で注意される。

以上の事例によって武家執奏の強力さは容易に理解されよう。ただ②および③のように、武家の執奏は動かすことのできぬものとする認識が定着し、これに背けば「公家御咎」だという段階にまで到達するのは、幕府の対公家姿勢からみて、おそらく康暦年間以降と考えてよいであろう。このような意識は室町幕府体制の確立過程を窺うための一指標となる。特に②については、前にも述べたように、王朝の訴訟機関の審理をふまえた勅裁が、武家の執奏によっていともたやすくくつがえされるという事態は、王朝の訴訟制度の衰滅に拍車をかけたといってよい。武家執奏の強い実効力が室町幕府権力の拡充に支えられていたことはいうまでもあるまい。

六　朝廷に対する幕府の経済的援助

南北朝時代に限らず、広く中世の朝幕関係を考えるとき、みのがすことができないのが朝廷に対する幕府の経済的援助である。幕府の公家に対する種々の発言の内容についてはすでにその個々について検討してきたところであるが、経済的援助はまさにその背景としての意味をもっている。本項では南北朝時代における、そのような援助をとおした朝幕関係の一面を考えてみることにしたい。まず例にならって史料所見の整理を行う。

表二十 朝廷に対する幕府の経済的援助

	時期	内容	典拠
1	建武四年	幕府、光明天皇即位料足ヲ進ム、	園太暦 貞和五年二月廿一日条
2	貞和四年四月	後伏見院十三回忌ニアタリ、幕府、三万疋ヲ進ム、	園太暦 貞和四年四月二日条
3	貞和五年二月	崇光天皇即位料足二十七万疋ノ調達ヲ幕府ニ依頼スレドモ、幕府、天下静謐ノ上ハ、公家トシテ御沙汰アルベキヲ奏ス、	園太暦 貞和五年二月廿一日条
		即位料足ノ事ニツキ、三宝院賢俊ヲ介シテ幕府ニ申シ入ル、幕府、二十万疋ニツキ領状ヲ申ス、	園太暦 貞和五年二月廿五日条
	貞和五年十二月	幕府、二十万疋ヲ究済ス、	園太暦 貞和五年十二月十三日条
		幕府、用途一万疋ヲ進ム、	園太暦 貞和五年十二月十六日条
4	観応元年十月	幕府、御禊行幸供奉料トシテ、二条良基・一条経通ニ各々一万疋、洞院実夏ニ五千疋ヲ進ム、	園太暦 観応元年十月十五日条
5	観応二年正月	直義、北朝供御ノ料トシテ、銭三万疋ヲ献ズ、	園太暦 観応二年正月十九日条
6	文和元年	幕府、後光厳天皇践祚料トシテ三十万疋ヲ進ム、	後光厳院御記 応安三年九月四日条

7	文和四年正月	北朝、御直衣ヲ調進スベキコトヲ、幕府ニ命ズ、是日、幕府、駿河正税一万疋、酒一献、小袖二重ヲ献ズ、	賢俊僧正日記 文和四年正月一日条
8	貞治三年	光厳院ノ崩御ニ際シ、幕府七万疋ヲ進ム、諒闇ノ儀五万疋、二万疋ハ天龍寺以下ニ施入、	愚管記 応安七年二月廿一日条
9	応安四年十一月	幕府、後円融天皇即位ノ料足ヲ沙汰シ進ムルコトヲ執奏ス、	愚管記 応安四年十一月廿二日裏書
10	応安四年	幕府、後光厳天皇譲位料トシテ四十万疋ヲ進ム（コノ内、十万疋ハ皇居及ビ柳原忠光宿所ノ修理費）	後円融院御記 永徳二年二月三日条
11	応安七年二月	後光厳院ノ崩御ニ際シ、幕府、貞治ノ例ニ任セ、七万疋ヲ進ム、	愚管記 応安七年二月廿一日条
12	応安七年三月	柳原御所ニ於テ、後光厳院御四十日御法事ヲ行ハル、幕府、会料トシテ一万疋ヲ進ム、	後鏡二 曼荼羅供見聞略記応安七年三月十八日条
13	永和元年十月	幕府、御禊行幸料足三十万疋ノ内六万疋ヲ進ム、	愚管記 永和元年十月十七日条
14	永和四年十月	彗星御祈ニヨリ公家五壇法ヲ修ス、供料ハ武家沙汰、	愚管記 永和四年十月十五日条
15	永徳二年二月	後円融天皇譲位料トシテ、三十万疋沙汰スベキコトヲ幕府ニ諮ル、	後円融院御記 永徳二年二月三日条

16	永徳二年二月	幕府、譲国要脚二万疋ヲ進ム、	後円融院御記 永徳二年二月十九日条

応安三年九月、譲位の意志を固めた後光厳天皇は「権勢公家・武家通達」した三宝院光済を介して「重事可為当年歟否事」「禁裏料所事」「料足事」「御所事」「可渡進御領事」、以上五ヶ条に亘る重要案件について幕府に諮問し、各事項のための具体的な準備作業に入った。そのなかで、同天皇はかかる幕府への依存姿勢について「公家衰微之余、近代毎事仮武家之力、已非一代二代事」と嘆息したが（「後光厳院御記」応安三年九月四日条）、すでにこれより先、貞和四年一〇月に践祚した崇光天皇は「弘安嘉躅」（伏見院の例）に任せ、翌年三月即位を期したのであったが、この時も料足二七万疋については朝家凋弊により、近来の風儀に任せて幕府に対して「訪進」むべきことを依頼したといういきさつもある（「崇光院貞和御即位記」貞和五年一二月二六日条）。このような事例に象徴される、北朝の幕府に対する経済面での依存状況は表二十の諸事例を一見すれば充分推察することができよう。

さて表二十にみるように、幕府が北朝に進めた料足のうち、比較的多額なものは譲位・即位のためのものであるが、他に諒闇や諸法事などをとりおこなう費用の調達についても幕府に依存している。しかし幕府も朝廷からの出費要請に対して無限定に応じたのではない。貞和五年、崇光天皇の即位に際して、幕府は当初惣用二七万疋を公家として沙汰すべきことを申し入れたこと（のち二〇万疋を幕府が提供するところまで妥協。表二十の3の事例）、文和元年、陽禄門院藤原秀子（崇光・後光厳両院の母）の崩に際して、幕府はこれを天下諒闇として扱わないことを主張したこと（『園太暦』文和元年一二月三日条）などはその例証である。

以上を要するに、北朝は当初より王朝政権として挙行すべき諸儀式・行事の費用を調達するために充分な財政的基礎をもっておらず、幕府に依存するより他に方法はなかったとみられる。従って、幕府の拒否・難渋や納入の遅引によって、所定の費用があつめられなかったとき、当該の儀式・行事は延引、あるいは中止のやむなきに至ったことはいうまでもない。先にみた幕府の公家に対する強い発言力を支えた主柱の一つは、このような経済面における大幅な援助であったといえよう。

では、幕府はそのような費用をどのようにして調達したのであろうか。さしあたりその方法には、洛中の土倉・酒屋などに対する課税、それに特定国や諸国を対象とする段銭・段米、の二つが考えられるであろう。

表二十に示した料足が各々どのようにして徴収されたかは必ずしも明らかでないが、一、二注目できるものもある。「後円融院御記」永徳二年二月三日条は践祚以来一一年目を迎えようとする後円融天皇の譲位をめぐる公武間の交渉を詳述しているが、この条にみえる「応安度四十万疋也」の文言によって、応安四年三月の後光厳天皇譲位の料足として幕府が四〇万疋を調達したことが知られる。また、『師守記』応安四年二月三〇日条に、

御譲国料足、為武家沙汰、懸洛中所々土蔵、一所別廿貫文、三ヶ日中可沙汰進之旨、各相触之由、今日聞之、

とみえ、後光厳天皇の譲位料足が武家沙汰として、洛中の土蔵(新補注24)に対し一所別二〇貫文の割合で賦課されたことが知られる(95)。むろん「為武家沙汰」の文言によって、当該料足の調達に幕府があたったことは自明であるが、この土蔵に対する課税の際、朝廷がどのようにかかわったかについても一言しておこう。「後光厳院御記」応安三年一〇月五日条には、新熊野において管領細川頼之と会談した三宝院光済から同院が受けた報告について記されているが、そのなかに、

立坊用途事、近日忽無沙汰進之途、土蔵ホ課役事、近年定法停止之間、為武家猶非無猶予、為公家被仰下者、可宛

催之条、不可有子細云々、

との、管領細川頼之の考え方が示されている。つまり、立坊用途については幕府もこれを捻出することができないので、もし近年の法では停止されている土蔵等に対する賦課の勅許を出すのであれば、幕府の側で催徴しようというのである。幕府による「土蔵ホ課役」催徴の法的根拠が勅許であった点に注目したい。土倉役などの賦課権は、この時点では朝廷にあったといいえる。

ではこのような土蔵・酒屋等に対する賦課権はいつごろ、どのようにして幕府の手に移ったのであろうか。叙述の順序が逆になるが、その完成を示すものが明徳四年一一月二六日の「洛中辺土散在土倉并酒屋役条々」(追加法一四六～一五〇条)であることに異論はあるまい。その間の状況を示すものとして次の室町幕府管領(斯波義将)奉書は注意されよう。

臨川寺領内土蔵・酒屋(各拾ヶ所注文在之)課役事、任官符・度々施行、向後所有免除也、早可被存知之状、依仰執達如件、

康暦二年五月十二日　　左衛門佐判(斯波義将)

当寺長老

(「臨川寺重書案文」乾)

この史料によって知られることは、康暦二年臨川寺領内の土蔵・酒屋がその課役免除を幕府によって保証されたこと、しかもそれは「官符・度々施行」に任せたものであったこと、である。本節の主題に即していえば、土蔵・酒屋役の免除権は康暦二年段階においてもなお朝廷に属し、課役の催徴を委任された幕府の関与の仕方はあくまでもその執行でしかなかったのである。では康暦二年以降どうなったかというと、現在筆者はこれを明らかにすることができない。しかし、段銭・棟別銭の免除保証についての幕府文書もこれと同じ形をとることから推測すれば(96)、幕府が土蔵・酒屋等に対

する賦課権・免除権を掌握するのは段銭の場合と同様に考えてよいのではあるまいか。

一方、段銭・段米についてはいかがであろうか。室町時代の段銭・段米についてはいくつかの研究成果があり、[97]いまそれらによりつつ段銭・段米をめぐる朝幕関係を概括すれば、大嘗会段米・即位段銭・造内裏段銭など朝廷用段銭については、

㈠室町幕府がその催徴に関与した段銭の最初は、暦応元年の大嘗会米であること。大嘗会米免除の朝廷文書は永和二年まで出されていること、

㈡即位段銭は文和度の後光厳天皇即位をもってその端緒が開かれ、諸国への賦課方式を採用したこと。それ以前の即位（貞和四年の崇光天皇の即位）の要脚はもっぱら幕府に依存し、幕府は地頭・御家人に対する賦課でもってこれをまかなったであろうこと、

㈢造内裏段銭については、その成立を貞治四年の造内裏段米とみることができること、[98]永徳二年には幕府が免除権を掌握したとみなせること、

また寺社関係段銭の代表格たる役夫工米についてみれば、

㈣役夫工米の徴収については、南北朝時代においても鎌倉時代同様、その課徴・免除権が朝廷に存し、少なくとも康暦二年まではそうであったこと、

㈤康暦以降朝廷側の役夫工米関係文書がみえなくなり、幕府側への催徴権移行が進行したと考えられること、

などのことがらをあげることができ（主として百瀬今朝雄氏の研究による）、さらに補足すれば、「段銭関係の事柄に将軍の権威が直接的にかつ明確に示されるのは更に降って至徳頃以後[99]」であることが指摘されている。しかし、役夫工米免除

に関する朝廷文書は太政官符、あるいは官宣旨の形で少なくとも嘉慶三年まで存在することを考慮すれば、(100) 幕府による段銭賦課権の完全掌握の時期は明徳年間頃と考えた方が無難のようである。要するに幕府の段銭賦課権は永徳・至徳年間を画期として明徳に入って完成したということができるのではあるまいか。朝廷の本来的諸権限のなかで比較的おそくまで朝廷の手に維持されたものの一つである。

七　おわりに

以上を要約すれば次のようになろう。

光厳上皇院政期は幕府側でいえば、ちょうど開幕より観応擾乱までの、いわば開創期に相当したが、幕府支配機構の不安定さは朝幕関係のあり方に直接的な影響を与えた。幕府は王朝政権の維持・存続を積極的に容認せざるを得ぬ状況にあり、また北朝はこのような武家側の事情を背景にして、公家訴訟制度を整備することができた。公武交渉の具体的側面についていえば、勅裁は幕府に伝達され、幕府の支配機構を通して執行された。このような遵行移管が円滑に遂行されるかぎり、幕府に擁された形の北朝の、王朝政権としての面目は一応保たれたといえる。勅裁を幕府に伝達する役割は西園寺氏の庶流、今出川兼季・同実尹、および院執権として上皇の信頼厚き勧修寺経顕が順次これを果たした。今出川氏・勧修寺氏の起用は鎌倉時代の関東申次西園寺氏の嫡流実俊の成長を待つまでの暫定的方式であったろうと推考した。彼らの発する勅裁伝達のための文書は、当時の書札礼をふまえてその時々の幕府側窓口へ遣わされたが、その窓口の変化は幕府政局における主導権の所在の変動を直接的に反映するものであった。また幕府が伝達された勅裁の遵行を行うための文書は基本的には引付頭人奉書が用いられた。その意味において、かかる勅裁の遵行は幕府のいわゆる統治権的支配権のわく内で処置されたということができる。

一方、幕府も朝廷に対して種々の申し入れ（執奏）を行った。公家の法廷において敗訴した一方当事者の訴をうけ、勅許を得た上で公家訴訟に一定の口入をすることもあったが、特に公家たちの官位所望の要請をうけた幕府の執奏の場合に明瞭なように、観応擾乱以前における幕府の朝廷に対する申し入れは比較的に控えめであったと考えられる。

次に後光厳天皇の親政期について述べる。同天皇の親政期は幕府の側でいえば、観応擾乱をきりぬけ、二代将軍足利義詮による幕府支配体制強化の時期に相当する。この時期、勅裁の遵行移管においては光厳院政期とかわるところはないが、特筆すべき事項が二つあった。一つは、西園寺実俊が正式に武家執奏に任ぜられ、公武交渉の要衝を司ったこと、いま一つは勅裁を幕府に伝達する文書の充所が将軍に確定したこと。この二つの事実は前代とはうってかわって足利義詮時代の公武関係が安定化したことを示している。一方、義詮は当該期、引付機構をおさえ、親裁権の拡充を強力に推しすすめたが、この政治的動向を反映して遵行のための武家文書も執事（管領）奉書・引付頭人奉書・将軍御判御教書などいくつかの様式をとったが、おおまかな傾向としては、管領の奉書へ収束する趨勢にあったとみてよい。

また、朝廷に対する幕府の申し入れについてみれば、前代に比して格段の深化が認められる。訴訟への介入はもとより、公家・寺家に対する所領・所職の安堵・給付・返付、公家の家門・家督に関する執奏を行い、ことに公家官位の任叙・罷免に関しては実に思いきった発言を行っている。勅撰集の撰進について幕府が執奏することを始めたのもこの時期からである。このような幕府の執奏は将軍権力の飛躍的伸長という背景をもつものとみてよい。

後光厳上皇の院政期は同様にみれば、義詮の没後、幼将軍足利義満を輔佐する管領細川頼之の将軍職代行時代にほぼ相当する。全体としての公武関係は親政期とかわりないが、西園寺実俊施行状の充所が幼少の足利義満であること、武家施行状が管領細川頼之の奉書をとる方式がさらに一般化したと思われること、直接的に管領奉書によって施行される院宣が少なからずみいだされること、などが注目される。この時期の公武交渉関係史料によっても、管領細川頼之が幕府権力の中枢を掌握したが、それはあくまでも将軍義満の輔佐役としてであって、これを逸脱するものでは決してなかったことを窺うことができる。

続いて後円融天皇親政期。この時期は康暦元年をもって前後二期に分けて考えたい。前期は将軍職代行の役目を終えつつあった細川頼之の管領時代、後期は後任の斯波義将の管領時代である。前期にあっては、交渉の方式や内容については後光厳上皇院政期とかわりないが、後期になると状況はかなりかわってくる。第一に西園寺実俊の施行状を介した遵行移管の事例が永徳年間を最後にみられなくなること、第二に幕府の公家・寺社対策が一段と厳しくなったこと。この時期に、王朝権力の主要部分は幕府によって接収されたとみられる。

最後に後円融上皇院政期。もはや従来の三文書一組の遵行移管の事例は一点たりともみられず、朝廷の裁許文書自体が極端に少なくなる。幕府による王朝政権の接収はこの時期実質的に終了したと考えられる。

武家執奏の効力についていえば、幕府権力の拡充に伴って強化され、やがて武家の執奏は動かせぬものだとする意識が生まれ、さらにこれに背けば公家の咎だという段階にまで到達するに至る。康暦年間あたりがその画期となったのではないかと推測した。

幕府の公家に対する強い発言力を支えたのは経済面における大幅な援助であったといえる。朝廷は譲位・即位をはじめ諸儀式の費用調達もままならぬ財政事情にあり、幕府は勅許を得たうえでそれら料足の催徴にあたることになったが、その課税対象は洛中の土蔵・酒屋であり、また諸国段銭・段米による場合もあった。この朝廷の許可を得て幕府が催徴にあたる方式もやがて変化し、幕府の専断事項に属することとなった。朝廷用の場合は永徳年間、寺社用の場合は明徳年間ごろ幕府はその賦課・免除権を完全掌握したものと思われる。

註

（1） 岩元修一氏「所務相論を通してみたる南北朝期の朝幕関係について―足利尊氏・義詮期を中心に―」（「九州史学」七二、昭和五六年一〇月）、「開創期の室町幕府政治史についての一考察―北朝との関係を中心に―」（「古文書研究」二〇、昭和五八年二月）。以下の記述においては前者をA、後者をBと称することとしたい。

（2） 岩元氏A論文二〇頁。

（3） 岩元氏B論文一三頁。

（4） 関係史料を集め、これを編年に並べることによって、ある事象の変遷をとらえようとする手法は、すぐれて即物的で確実な史料操作だといえるが、この手法が有効性を発揮するには、史料の収集が網羅的であることが前提となる。これが容易なことではない。また本節で扱おうとする文書には無年号のものが多く、その年次推定にも慎重さと厳密さが要求される。ちなみに、岩元氏からこの種の事例若干について教示を得た。

（5） 「島田文書」一康永三年一一月一七日足利直義裁許状は長講堂領筑前国志賀島に対する一色道猷の違乱にかかるものであるが、この裁許状の中に、㈠建武四年八月一〇日、㈡建武五年七月二六日、㈢暦応二年一二月二三日、㈣康永三年五月一〇日、以上四通の光厳上皇院宣が引用されている。いずれも「可被仰武家」の文言を持つことから公家施行を介して幕府へ伝達された勅裁だとみてよい。従って㈠が目下史料的に確認できる初見ということができる。また㈣は以下に示す表一の21の勅裁に相当するものである。しかも当該裁許状では㈣の引用文に「爰為飯尾左衛門入道覚民奉行、可沙汰居雑掌之由、被仰太宰少弐頼尚之処」と続いている。この飯尾覚民の活動はおそらく引付方の担当奉行としてのそれであろうから、㈣に対応する武家施行は引付頭人奉書であったろうと推測される。ちなみに覚民は、康永三年三月成立とされる五番制引付方番文および三方制内談方番文（「結城文書」一、『福島県史7』『白河市史5』）に載せられていない。おそらくは新加されたものならん。なお以下の表においては㈠〜㈣のごとき、現存文書でないものは一切これを収載しなかった。なお山口隼正氏『中世九州の政治社会構造』二一六頁参照。

（6） 表一の17、「法観寺文書」所収の院宣の日付の書式については、『大日本史料』第六編之六（九二〇頁）はこれを書下し年号としているが、史料編纂所の影写本を検するに、これは付年号である。従って、院宣が発給された当初、年号は記されていなかったのである。

（7） 岩元氏A論文では、同様の考証を行った結果として、兼季・実尹の活動期間を次のように示した（二三頁）。

兼季　建武三・八〜暦応元・一二

実尹　暦応二・一一〜同四・一二

のち同氏は、兼季の上限「建武三・八」を「建武四・九」と修正した（B論文三〇頁、注30）。岩元氏の考証のうち、実尹についての下限「暦応四・一二」はこれを採用することはできない。実尹の活動の下限を暦応四年一二月としたのは、同氏作成の表（2）B―8出雲神社文書、「暦応四」一二月九日光厳上皇院宣（右衛門督柳原資明奉・春宮権大夫〈今出川実尹〉充、本書表一の16参照）の年紀を、付年号どおりとみなしたからであるが、春宮権大夫今出川実尹は暦応四年三月一九日に正に転ずることから、付年号を採るわけにはゆかない。実尹の春宮権大夫在任期間、および柳原資明の右衛門督在任期間から考えて、この院宣の年紀は暦応元〜三年だと推定される。

（8） 岩元氏A論文二二頁、三〇頁注27。

（9） 「弘安礼節」によれば、大臣が「大外記・大夫史」に充てて書を遣わすとき奉書形式だと定められている。今出川兼季の場合についていえば、前右大臣が無位の幕府の執事高師直に対して文書を発給するわけであるので、右の事例に準じて奉書の形式をとったものと思われる。また実尹は大納言であったが、父の用いた書式をそのまま踏襲したものと推測される。ちなみに、鎌倉時代に関東申次西園寺家から六波羅探題へ充てる文書も同様の奉書形式である（註24参照）。また当時、日常的な書札礼として「弘安礼節」が用いられていたことについては、『師守記』康永三年五月二日条裏書、『園太暦』文和四年八月一八日条等を参照されたい。

（10） 岩元氏B論文一四〜一六頁。

（11） 岩元氏は勧修寺経顕の、確認できる活動期間として、康永三年五月―（観応二〜文和二）二月と考えたが、このうち下限については疑義がある。この下限は、「随心院文書」二月三〇日後光厳天皇綸旨（後掲表二の1）の年紀を観応二〜文和二年と推定したことによるが、この文書は後光厳天皇の綸旨なのであるから少なくとも践祚日の観応三年（文和元）八月一七日以降のものでなくてはならないし、また文和二年一〇月には西園寺実俊が正式に武家執奏としての活動を開始する事実を併考すれば、この綸旨の年紀は文和二年をおいてほかにない。『大日本史料』六編之一七、七二〇頁の係年のとおりである。万里小路仲房の左大弁在任の条件も満たしている。ちなみに、史料編纂所の影写本でこの綸旨をみれば、日付は「□月卅日」、充所は「勧修寺前□殿」程度しか読みとれない。また、表一の19の事例については、岩元氏はその上限たる可能性を幾分残しつつも、一応これを排したのであるが、同文書に収める、四月一四日東大寺別当挙状案（中御門宰相あて。「宰相」は前宰相の誤写ならん）との関連から考えて、あながち捨て去るべきものではない。同院宣の年紀はその付年号を度外視すれば、康永元年八月～貞和四年二月の間と推定され、付年号がこの範囲内に属する限り、その年紀表記は尊重さるべきものと考えられる。

(12)　岩元氏B論文一九頁。同氏は、幕府への施行状の充所が今出川家から勧修寺家へ変動したことを、公家から施行状を受ける幕府側人物の政治的動向と関連付けて理解しようとしているが、両者をあまり引きつけて考えるのはいかがなものか。この時期、幕府が公家人事を自由にできなかったことは、「武家所縁仁」（『園太暦』貞和元年八月二一日条）と目された日野資明が、貞和四年光明院の執権を「懇望」したとき許されなかった事実（『園太暦』貞和四年九月二九日条）に象徴的にあらわれている。今出川実尹の後任に勧修寺経顕が選ばれた理由は、やはり西園寺庶流に適任者がおらず、ために光厳上皇の院執権として院政機構の中枢的立場にいた経顕の選任となったもの、と考えるのが自然であろう。

(13)　岩元氏B論文一八頁にすでに表示してある。

(14)　足利直義の地位と権限を最も直接的にあらわす裁許状は、管見の限り八〇点を収集しえた。足利直義の裁許状についてはすでに先学により一覧表が作成され、その全貌を把握できるようになった。まず佐藤進一氏は「室町幕府開創期の官制体系」（『中世の法と国家』昭和三五年）所載の「直義発給下文・下知状目録」において六四点の裁許状を指摘されたが、「萩野文書」と「建内文書」に各々収められた貞和四年一二月二七日下知状は同一のものであること、「岩松家系附考拾遺」観応元年五月七日下知状、「東洋文庫所蔵 金蓮華院文書」観応元年五月一一日下知状、「久我家文書」観応二年六月一九日下知状の三点はいずれも足利義詮のものであること（前二者が足利義詮裁許状であることについては、小要博氏「足利義詮と下知状形式文書」「史路」創刊号、昭和五三年、参照）をふまえれば、佐藤氏の指摘された裁許状は全六〇点ということになる。さらに羽下徳彦氏は「足利直義の立場―その二、裁許状を通じて」（「史論」二六・二七集、昭和四八年、のち『中世日本の政治と史料』に収録）

所載の「足利直義裁許状一覧」において全七〇点を示されたが、この表では佐藤氏の目録のうちの三点（即ち、「熊谷家文書」暦応三年三月二七日付、「一乗院文書京大本十二」貞和二年一〇月二七日付、「神護寺文書前田本」貞和二年一二月一七日付）が欠落している。従って、佐藤・羽下両氏の指摘されたものを総合すれば、全七三点の足利直義裁許状が掲示されたことになる。筆者の収集では、さらに以下に示す七点を加えることができた。

①「関西学院大学図書館所蔵　東寺文書」暦応三年四月二一日裁許状（『古文書研究』一六において上島有氏が紹介）
②「宇佐到津文書」暦応四年五月一一日裁許状（『大分県史料』一―一七六頁、『南北朝遺文九州編』一六六四号）
③『九条家文書』五　康永三年一二月二七日裁許状（同書、一一〇頁）
④「中条家文書」康永四年六月七日裁許状（『奥山庄史料集』一一五頁）
⑤『広島大学所蔵猪熊文書』㈠　貞和二年閏九月二七日裁許状（同書、一三三頁）
⑥「反町茂雄所蔵文書」貞和三年四月七日裁許状（『岐阜県史史料編古代・中世四』一三二頁）
⑦石川県立郷土資料館蔵、貞和三年七月七日裁許状（浅香年木氏「いわゆる『観応擾乱』前夜の加賀」（『日本海文化』8、昭和五六年）にて紹介）

つまり、足利直義の裁許状は現時点で八〇点（初見は「石清水八幡宮記録」建武五年八月二七日付、終見は「若王寺神社文書」および「東寺百合文書」せ貞和五年閏六月二七日付）確認されることになる。貞和五年閏六月二七日付の最後の裁許状にみる署判の仕方は奥上署判という尊大な形式をとっており、当時の幕府内における直義の地位を直接的にあらわしている。このような権勢を掌握していた直義が同八月に失脚するのであるから、この事件はまさにクーデターというにふさわしい。

(15)　①②のことがらについては、羽下氏「足利直義の立場―その二、裁許状を通じて―」参照。

(16)　小川信氏『足利一門守護発展史の研究』吉川弘文館、昭和五五年、一八九～一九〇頁、二〇四頁注(14)参照。

(17)　ちなみに、袖判の初見たる「大徳寺文書四」康永三年九月一七日足利直義裁許状の紙継目裏には高師直の花押が据えられており、それは当該一件が高師直を頭人とする引付（内談）方において審議されたことを示す事実である。なお、裁許状の紙継目裏花押と引付頭人との関係については、上島有氏「室町幕府文書」（『日本古文書学講座』4）六七頁参照。

(18)　岩元氏は、当初以来の公家施行状の充所高師直が足利直義へと変化したことについて、

〈上略〉〈（将軍足利尊氏）―執事高師直〉のラインによって北朝は室町幕府と結ばれていたと考えることができよう。充所

の足利直義への変化は、〈(足利尊氏)—執事高師直〉と〈「北朝」—足利直義〉の二つのラインに北朝と室町幕府の関係が分裂してゆく可能性をはらんでいたと考えることができるのではなかろうか。このような考え方が認められるならば、小川信氏が指摘された康永三年の高師直の引付（内談）頭人としての活動再開は、これまでのところこの充所の変化と直接関連づけることはできないにしても、前述したような康永年間の室町幕府内部の分裂の可能性を想起すれば、そのような室町幕府内部の対立を一時的にせよおさえる妥協策とみることも可能であろう。

と述べている（B論文二八頁）。氏は前段において、公家施行状の充所の足利直義への変化が、〈(足利尊氏)—執事高師直〉と〈「北朝」—足利直義〉という二つのラインに公武関係が分裂する可能性をはらんだと考えたが、この理解の仕方はいかがなものか。氏の説く、朝幕関係が二つのラインに分裂する可能性ということ自体よく理解できないのであるが、公家施行状の充所における、高師直から足利直義への変化はつまるところ幕府の内訌の一つの結着として、幕府側における公武交渉の窓口、即ち幕政の実質的な担当者の地位に、高師直に代って足利直義がついたこと、朝廷はそのような公武交渉の窓口が変わったため、新しい窓口の方へ働きかけたこと、以上の二つの事実の反映にすぎないのであるから、あまり深く考える必要はあるまい。また、康永三年に高師直が引付（内談）頭人になったことの政治史的意義は氏の指摘のとおりであろう。

(19) 小要博氏「発給文書よりみたる足利義詮の地位と権限」（『法制史学』二八、昭和五一年）三九～四〇頁。

(20) この種の施行状が引付奉書である証拠としては、たとえば表一の2の事例において、建武四年一一月一九日沙弥某奉書をうけた、同年一二月二日讃岐守護細川顕氏遵行状に先の奉書を「去月十九日引付奉書」と表記している事実をあげることができる。またこの種の文書はその端書の表現によれば、「武家施行」「武家奉書」「武家御教書」と呼ばれたことも知られる。

(21) 足利直義と引付方・禅律方との関係については、佐藤氏「室町幕府開創期の官制体系」を参照。

(22) 先に19の公家施行状の充所は足利直義であろうと憶測したが、この解釈に立つならば15～18の事例の公家施行状はいずれも高師直あて、武家施行状は師直の施行になるもの、と考えてよいであろう。もっとも、もしこの時の高師直を引付頭人とみなしてしまうならば、その立場は別に特異ではなくなってしまう。

(23) 西園寺実俊を武家執奏に任ずる後光厳天皇綸旨は次のようなものである（『大日本史料』六編之一八）。

武家事、可令執奏給者、天気如此、仍上啓如件、
(文和二年)十月十九日　　右大弁俊冬(坊城)

謹上　（西園寺実俊）左衛門督殿

（柳原家記録一六三「西園寺文書」）

実俊は貞和元年三月、光厳上皇の褻行幸始に一一歳で初めて供奉したが、洞院公賢はこの実俊について「掌一流正統、相待成人竈居」と書きとめている（『園太暦』貞和元年三月一六日条）。将来を嘱望された実俊の、成人前の姿をよく伝えている（はたして実俊は『後愚昧記』貞治三年三月一四日条に収める、同日付宣命において「国之重臣、朝之良佐」としるされている）。

（24）関東申次とは鎌倉時代、京都の朝廷と鎌倉の幕府との連絡交渉にあたる任務である。このポストは鎌倉幕府の開創期より存在したが、承久の乱で勝利をおさめた幕府が寛元四年一〇月、九条家にかわって西園寺実氏を指名したことにより、同家嫡流の世襲・単独制という関東申次の骨格ができあがった。『葉黄記』によって、このとき関東より北条時頼の使者として得宗被官安藤光成が上洛し、西園寺実氏をこのポストに就けるべきことを伝えたことが知られる。
関東申次の役割を、最後の在任者となった西園寺公宗に例をとり、具体的にみておこう。まず、朝廷側からの関東への働きかけについて。

①「（端裏書）伊加（賀）黒田西（悪）党綸旨案文」

東大寺衆徒申、伊賀国黒田庄悪党覚舜・清高以下輩罪名事、武家状并使者申詞ホ　奏聞之処、件輩可処流刑之旨、可令仰遣武家之由、天気候也、仍執啓如件、

（嘉暦三年ヵ）十月十四日　　参議（平）惟継奉

謹上　（西園寺公宗）春宮大夫殿

（『東大寺文書』十）

②東大寺領伊賀国黒田庄悪党事、左大弁宰相（平惟継）奉書副具書如此、子細見状候歟之由、（西園寺公宗）春宮大夫殿可申之旨候也、恐々謹言、

（嘉暦三年ヵ）十一月九日　　沙弥観証奉

謹上　（金沢貞将）武蔵守殿

（『東南院文書』三）

①は「武家状并使者申詞ホ」を聞こしめし、関東申次西園寺公宗をして、黒田庄悪党等を流刑に処すべき旨を六波羅探題に伝達せしめた後醍醐天皇綸旨であり、②はこの綸旨をうけて、その旨を六波羅南方探題金沢貞将に伝達したもので、『大日本古文書　東

南院文書』三（三〇九頁）は「沙弥観証奉書案」なる文書名を付けているが、すでにみた今出川兼季・同実尹の事例と同じものである。奉書形式をとったのは充所が六波羅探題であったからであるが、先にみたように、今出川実尹のあとをうけた勧修寺経顕に至って直状形式の施行状が成立したのは、鎌倉期以来の公武交渉史上においても画期的ことがらといえよう。ちなみに②の奉者「沙弥観証」が今出川兼季・同実尹の施行状の奉者「沙弥宣証」の血縁者であることも容易に察知され、施行の文書形式の同一性をも併考すれば、南北朝初期の公武交渉のしくみは鎌倉期のそれを濃厚に受け継ぐものであったことが知られよう。

次に幕府より朝廷にむけての伝達についてみよう。『大日本古文書 東寺文書』二に次のような文書が収められている（五三六〜五三七頁）。

関東執奏事書案　嘉暦四年

大覚寺領条々

一　四辻宮雑掌申摂津国仲庄・筑前国植木庄事、

七条院御領三十八ヶ所者、四辻入道親王家御相伝之間、鑒御子孫之微弱、弘安三年以二十一ヶ所被避進　後宇多院（干時御在位）以残十七ヶ所、入道親王譲与御子孫、仍可有御扶持之由、勅約之条、度々院宣等分明也、而　旧院変御契約之旨、御混領十七ヶ所之際、雑掌就申巨細、両度被経　奏聞訖、所詮、彼両庄専依為十七ヶ所内、非　旧院御領之処、御寄附当寺之段、不可然歟、此上不及尋申二品親王家并万秋門院、如元可被返進四辻宮之由、可言上西園寺家（西園寺公宗）旨、宜被仰六波羅焉、

この「関東執奏事書案」は後宇多院政の性格を考える上でも興味深い内容を持っているが、ここでは摂津国仲庄・筑前国植木庄を四辻宮（尊雅王カ）に返進すべきことを後醍醐天皇の朝廷に申し入れたもので、伝達の経路についてみれば、鎌倉幕府→六波羅探題→西園寺家（公宗）→朝廷の順となっていることを確認するだけでよい。幕府より六波羅探題に移送された事書を朝廷に伝達することを求められた西園寺公宗の役割はまさしく関東申次としてのそれであること明白である。

以上の事実を総合すれば、関東申次は朝廷と六波羅探題の間に立って、朝廷・幕府間を相互に移送される事案の伝達業務にあたったことが知られる。こうした関東申次の性格は鎌倉時代の公武関係に規定されたものであったが、南北朝時代に入って幕府の在所が朝廷と同じ京都に移ったことをはじめとして、公武関係の枠組が大きく変動するに至り、従来の関東申次の役職は武家執奏なる称呼に変わることになった。従って関東申次と武家執奏の職名は各々鎌倉時代と南北朝時代の公武関係のあり方を象徴する職称ということもできよう（関東申次の行為を「関東執奏」と称したことは前掲史料の端書などによって知られる）。

ちなみに、鎌倉時代の関東申次として代表格たる西園寺実兼の評伝（『花園天皇宸記』元亨二年九月一〇日条）の中に、文才が少なかったことがしるされているが、実兼の玄孫実俊についても「此人無才過法歟、新詩人、可謂比興」なる同時代人の批評が残されており（『後愚昧記』貞治五年一〇月二一日条）、両者を比較すれば文芸史の上でも興味深いものがある（また、西園寺一門の今出川公直は「付和漢無才之仁」と評された。『後愚昧記』貞治六年六月二九日条）。

(25)　表二の14・19の綸旨はいずれも『大徳寺文書』一に収められているが、各々年紀の推定については一考を要する。

まず14の、五月二七日付、宮内卿（平）信兼奉、右大将（西園寺実俊）充綸旨の年紀について、『大日本古文書』の編者は「コノ文書ハ、貞治二年ヨリ同四年ニ至ルモノナルベシ」と推定した（同文書一―三六一頁）。その依拠するところは、平信兼が貞治二年四月二〇日に宮内卿に任ぜられ（『弁官補任』）、以来同四年八月一三日に参議に昇任するまで宮内卿に在職していた事実（ちなみに、宮内卿平信兼の奉ずる綸旨の実例は、『壬生家文書』貞治二年九月二六日付より「記録所文書・文殿注進状」（貞治四年）六月一日付まで全五点検出される）、および西園寺実俊の右大将在任期間が延文五年一一月一七日〜貞治六年正月一六日の間である事実と推察される。しかし、当該綸旨の年紀を推定するにはいま一つ、充所が西園寺実俊本人であることに着目せねばならない。つまり、本文にも述べるように、実俊充の綸旨は彼が内大臣となる貞治三年三月一四日以降家司民部大輔充を常例とする事実にかんがみれば、当該綸旨の年紀はこれ以前でなくてはならず、結論的にいえば貞治二年のものであることが判明する。

一方、19の、四月一日付、右中弁平行知奉、民部大輔充綸旨の年紀について、『大日本古文書』の編者は「貞治元年、若クハ同二年ノモノナルベシ」と推定したが（同文書一―九六頁）、平行知の右中弁在任期間から考えれば、康安元年〜貞治二年の間に限定されるが（『弁官補任』）、しかし充所が民部大輔であることが支障となる。少くともこの綸旨は貞治三年以降のものでなくてはならない。そこで考えられることは奉者平行知の「右中弁」は実は「左中弁」の誤写ではないかという疑問である。むしろその蓋然性は高いといえよう。こう考えることが許されるならば、平行知の左中弁在任は貞治二年四月二〇日〜同四年八月二七日の間であるので（『弁官補任』）、当該綸旨の年紀は貞治三〜四年と推定することができる。

なお、表二においてはそれらを推定の結果にもとづいて配列した。

(26)　後述する表三の6、「応安五」一二月二日後光厳上皇院宣（「山科家古文書」中）のみは例外で、「進上　西薗寺殿」となっている。これは前権大納言万里小路仲房が、前右大臣西園寺実俊に対して奉じた院宣であることによる。

(27)　岩元氏A論文二三頁。

(28)　註（19）所引小要氏論文四五〜四六頁、文和元年〜延文二年引付頭人奉書一覧表参照。

(29) 小川信氏『足利一門守護発展史の研究』(昭和五五年二月) 一九五〜一九七頁。
(30) 小川氏前掲書一九七頁。
(31) 同右一九八〜一九九頁、四一二〜四一四頁。
(32) 同右一九九〜二〇〇頁。
(33) 同右二〇二頁。
(34) 同右四一四〜四一六頁、引付(内談)頭人所見(自貞治二年八月至貞治六年一一月)。
(35) 羽下氏「室町幕府侍所考—その二、初期の機能—」(『論集室町政権』収録) 四三頁。もとは「中世の窓」13(昭和三八年)に所載。
(36) 小川氏前掲書二六〇頁。
(37) 同右二二五頁。
(38) 同右二五四〜二五六頁、引付(内談)頭人所見(自応安元年至永和三年)。
(39) このうち2・9・10の事例は三点一組の文書のうち武家施行状のみしか残していない。この場合、武家施行状の文言によって前二文書の存在を推測するわけであるが、ものによっては判断に苦しむ。たとえば10についてみれば、その文中に公家施行状の存在をうかがわせる表現をもちあわせていない。しかしこれは三点一組の文書の存在を確認できる表二の18の事例、「東寺百合文書」た貞治三年一二月一四日引付奉書と全く同一の形である。10には他二点の文書が元来伴ったと判断したのはこのためである。そこで一応の採否の基準としては、「任〇月〇日綸旨(院宣)」とか「任安堵綸旨」などといった文言を備えるものを捨て、単に「任綸旨(院宣)」とか「所被成院宣也」などの文言をもつものを拾うことにしてよいと思われる。この場合の勅裁は手続き文書としての性格が強いため(無年号である点を想起せよ)、武家施行状の中にさほどの意味を付されずして表記されたからであろう。
(40) この応安六年一二月一四日引付頭人奉書は仁木義尹の奉ずるところと考えられる(小川氏前掲書二五五頁)。また小川氏は、敢て臆測すると、頼之は単に従前の執事と異なって将軍家の権限をすべて代行する職に就いたため、幕府には他に執事に准ずるような職掌を兼ねる引付頭人が一名置かれ、それが応安元年には山名氏冬であり、応安三年以降は仁木義尹であって、この頭人のみが特に所務関係の訴訟を多く取り扱ったのではあるまいかと考えられる。

と述べておられ（同氏前掲書二五九頁）、この理解に立てば、仁木義尹はふつうの引付頭人以上の地位と権限を保持したものと考えられる。

(41) 註（17）所引上島氏論文六一頁。ちなみに「東寺百合文書」ヒ「貞和四」八月一一日足利直義院宣一見状の端書に「武家施行案」とある。

(42) 小川氏前掲書二三三頁。

(43) 同右二五四〜二五六頁、引付（内談）頭人所見（自応安元年至永和三年）、及び二六〇頁参照。永和四年以降の引付頭人奉書の所見について小川氏は斯波義将の管領在任期のものとして、①永徳元年五月一〇日（『小早川家文書』二）②永徳二年一二月二五日（「東寺百合文書」ヤ）③至徳二年一二月二六日（「八坂神社文書」四）の三例を指摘されている（同氏前掲書四七二〜四七三頁）。ちなみに本節で扱う南北朝合体前後の時期までを含めれば次の二例を挙げることができる。

年	頭人	典拠
明徳二	左兵衛佐（吉良俊氏）	八月一一日奉書、近江国押立保（『壬生家文書』三）
明徳三	左兵衛佐（〃カ）	一二月二三日奉書、越中国黒田・中村両保（書陵部「官務所領関係文書」）

(44) 小川氏前掲書二六〇頁。

(45) 同右四七四頁。

(46) このことを考える上で次の記事は注目される。『師守記』貞治六年八月九日条である。

今日家君以状尋問四条前中納言隆持卿云、被下武家院宣、伝奏被仰西園寺（実俊）歟、又執権勧修寺一品（経顕）直仰武家歟之趣也、勘付云、伝奏葉（マヽ）（長顕）前中納言・日野（時光）前中納言仰西園寺候、勧修寺一品執事別当候云々、

この記事は「院宣」（この場合、崇光上皇院宣）を武家へ遣す場合の方式について問いあわせたもので、後光厳天皇の親政下において崇光上皇の院宣も独自に武家へ伝達されえたことを示している。つまり、崇光上皇院宣も武家執奏西園寺実俊を経由する場合と院執権が直接に武家へあてる場合とが存在したのである。やや気がかりなのは、葉室長顕はこの時点では後光厳天皇

の伝奏と考えられないことである（『後愚昧記』貞治六年一一月二日条によれば、この日長顕の雑訴参加はみおくられ、『愚管記』応安元年五月二六日条によれば、長顕はこの日伝奏に加えられた）。崇光上皇の伝奏ということなのであろうか。また先の記事の「勧修寺一品執事別当候」の一文は、幕府に対して直接に仰すのは執権の任であり、執事ともなるとこれをなさない、という意味で述べられたものと解されるが、果して勧修寺経顕を崇光上皇の院司とみなすことができるか。「院司補任」（『皇室制度史料』太上天皇二）によれば、勧修寺経顕は光厳院・光明院の執権、応安四年三月からの後光厳上皇院政下では執事に昇格した。崇光院との関係でいえば、経顕は延文三年八月に同院別当となっている（『園太暦』同二八日条）。これが院執権であったかどうかはここだけからは知られないのであるが、『師守記』貞治三年五月二六日条裏書にのせられた、貞治三年一二月一七日崇光上皇院宣写の署判の個所に「勧修寺一品経顕卿 判 院執権云々」としるされているところがある。「院執権云々」の注記がいつ施されたか問題ではあるが、この記事によって勧修寺経顕が崇光上皇の執権であったことは一応認めてよいと思われる。おそらく経顕は貞治三年一二月以降同六年八月までの間に同上皇の執権から執事へと昇任したものと考えられる（大外記中原師茂がその事実を承知していない点からみれば、貞治六年八月をさほどさかのぼらぬ頃であろう）。岩元氏はA論文においてこの記事を引用し（二二一〜二二三頁）、「朝廷にX・Y二つのルート（Xは西園寺氏あるいはその一族今出川氏を経由するもの、Yはそれ以外の者〈勧修寺経顕〉を経由するもの＝筆者註）が存在したこと」をうかがえるものとしたが、これは崇光上皇院宣の伝達にかかるものであること、この場合の勧修寺経顕を通すルートは同氏のいうYルートに相当するものではないことから考えて、この記事をもって同氏の所論のようにみなすことはできない。

ちなみに先掲の『師守記』の記事にみた、武家に直接綸旨なり院宣なりをあてるケースについてふれておこう。当該記事の場合の武家とはいうまでもなく将軍のことである。以下、将軍に限らず、広く武士にあてられた綸旨・院宣をまとめて整理しておく。

	文書名	年月日	奉書	充所	内容	出典
1	光厳上皇院宣	(暦応2)10・5	(勧修寺)按察使経顕	(足利尊氏)鎌倉大納言	後醍醐院ノ菩提ニ資サンガタメ、亀山殿ヲ仏閣トナシ、武家ヲシテ造進セシム、	天竜寺造営記録
2	〃	暦応3・8・17	権大納言経顕	〃	暦応寺ニ丹波国弓削荘ヲ寄セテ、造営料所トナサシム、	〃
3	〃	康永4・6・15	経顕	〃	足利尊氏ノ奏請ニ依リ、七条坊門町及ビ西洞院ノ地ヲ六条八幡宮ニ寄進ス、	若宮八幡宮文書
4	後光厳天皇綸旨	(文和2)8・19	権右少弁(平)親顕	(足利義詮)鎌倉宰相中将	左京職領土民等ノ、日吉田ト号シテ、紀伊郡田地ノ所務ヲ押領スルヲ停メシム、	東寺百合文書ヨ
5	〃	(文和2)9・4	〃	〃	尾張国小弓荘ニオケル土岐高山伊賀守ノ濫妨ヲ停メシム、	海蔵院文書
6	〃	文和3・6・7	左中将	佐々木佐渡大夫判官入道(導誉)館	佐々木導誉ニ、相模国・上総国・下総国・近江国・上野国・下野国・越前国・伊予国等ノ所領ヲ安堵セシム、	佐々木文書
7	〃	(文和1〜貞治1)7・20	左大弁	鎌倉宰相中将	尾張国衙領英比北方ノ押領、熱田社領ノ年貢無沙汰ノコトニツキ忠広ニ下知セシム、	三宝院文書
8	〃	貞治3・8・20	権右中弁	荒木但馬守館	山城国相楽荘地頭職ヲ安堵セシム、	諸家系図纂
9	〃	「貞治4」8・3	(四条)左中将隆仲	(左カ)(斯波氏経)右京大夫	九州探題斯波氏経ヲシテ、岩田八郎ノ筑前国安楽寺領同国相田荘ヲ濫妨スルヲ停メシム、	大鳥居文書
10	〃	(貞治6)4・21	(万里小路)右大弁嗣房	(足利義詮)鎌倉前大納言	天龍寺造営ノコトニツキ、暦応・延文ノ例ニ任セ、幕府ヲシテ造進セシム、	天龍寺文書

これらは、中には8・9など若干たち入った検討を要するものも含まれてはいるが、ふつう将軍およびその確定者、まれに有力守護にあてられていることが知られる。また細川頼之が管領に就任して以降、この種の文書がみえなくなることも、管領制

の問題との関連で注意されよう。

(47) 越中国吉積荘内石塚・西吉江両村がどこの所領であったかについては、前掲の中原師茂挙状の存在によって、師茂が長官を務める大炊寮・穀倉院（「外記補任」）のいずれかだと考えられる。なお、橋本義彦氏『平安貴族社会の研究』二一七頁参照。

(48) ふつう、このような訴訟関係文書のなかで御教書といえば将軍の御判御教書、あるいは管領の奉ずる将軍家御教書を意味するのであるが、ここでは引付頭人奉書をさすと考えられる。『師守記』貞治三年九月一五日条参照。

(49) 引付会議における訴の披露の様相を示す記事をひとつあげておこう。『師守記』貞治三年九月八日条である。

今日武家引付有之、今川入道（範国）乎、今安保（丹波天田郡）下司職事、斎藤々内右衛門入道披露云々、

(50) 上杉重能がこのとき引付頭人であることについては、佐藤氏「室町幕府開創期の官制体系」四七〇頁参照。

(51) 石橋和義が引付頭人であったことについては、小要博氏「発給文書よりみたる足利義詮の地位と権限」四六頁参照。

(52) ここで是非ふれておかねばならないことがある。それは昭和五八年六月二六日、第十六回日本古文書学会大会（於立正大学）において上島有氏が「申詞・仰詞―古文書学的にみた南北朝期の朝幕関係―」の題目で研究報告をなされたことである。この報告がなされた時点ではすでに本書の「武家申詞」の部分の原稿はかき終えていたのであるが、若干の点で論旨にかかわっているので、同氏の発表要旨および配布資料に即して、以下言及したい。同氏はこの発表の中で、近年の南北朝期の朝幕関係についての研究が「幕府中心主義というか、幕府優位説とでもいうべき考え方」に立っている実情に疑問を投げかけ、朝幕間の文書の授受、とりわけ幕府より朝廷に差し出す「武家申詞」の礼式が極めて丁重であることをふまえて、この事例に端的にあらわれた「制度論すなわちたてまえ」の観点を朝幕関係論に欠落させてはならないことを主張された。長年古文書原本に接され、注目すべき諸見解を公にしてこられた古文書学の泰斗の研究発表であるだけに啓発されること多く、また氏の研究成果もわずか二十五分程度の発表時間に尽くせるものではないことは充分承知している。

「武家申詞」の事例を収集していた筆者にとって最もありがたかったのは、上島氏によって次の如き新しい事例が紹介されたことである。なお前掲表十にも収載させて頂いた（17・21）。

①

（端裏書）「武家申詞案」

東寺雑掌祐尊申寄検非違使俸禄并［石長］原給事、為御影堂造営中之上者、可被閣之歟、宜為　聖断之由、内々可申入矣、

（「東寺百合文書」よ百九十五）

②（端裏銘）
「勅答康厂二十一廿」
（嗣房）
万里小路殿執奏
東寺寄検非違使俸禄并瓱原給事、　奏聞之旨被聞食畢、御影堂造営中可被閣之矣、

（「東寺百合文書」御五）

③（押紙）
「鹿苑院殿御執　奏御事書　奉行松田丹後守貞秀永徳二五廿」
祇園社執行顕深僧都事、代々師職相承之間、執行職并六月番仕一公文以下所職所帯等事、就度々執奏被宣下畢、所詮不可有改動之由、重可被成下安堵　勅裁之旨、内々可申入矣、

（『増補八坂神社文書下巻二』三八号）

①および③は武家申詞、②は①に対する後円融天皇の仰詞、①～③の書式はいずれも折紙である。また①②の本文のみは「東寺百合文書」る函にも収まっており、この方が『大日本古文書』東寺文書之五（三六頁）において活字化されているが年紀不明であった。つまり今回の上島氏の報告のなかでこの「武家申詞」「仰詞」の年紀がはじめて明らかとなったわけである。さらに上島氏が紹介された、東寺僧禅仙の筆になる②の案文（「東寺百合文書」ヤ三十六）の端裏書に「武家奉行銘　勅答　康暦二　十一廿」としるされていることによって②の仰詞正文が武家の担当奉行のもとに遣わされ、その端裏に「勅答」なる銘が書き加えられたことが知られる。また③については、これが「武家申詞」の正文であることによって、「申詞」が口頭でなく、ちゃんとした文書にしたためられることを筆者ははじめて知ることができた。

「申詞・仰詞」について上島氏は次のように述べておられる（「研究発表要旨」六～七頁）。

　幕府→朝廷へ吹挙・口入する文書が日付のない折紙の申詞であり、それに対する返答が日付のない折紙の仰詞である。折紙の申詞には「内々可申入矣」という文言がみえるように、正面玄関から堂々と朝廷に奏上するというのではなく、武家伝奏に「内々」に院・天皇の意向を伺ってほしいというのである。これは略式であるが、きわめて丁重な書式である。そしてきわめて略式だから日付をいっさい省略したのである。

「武家申詞」の史料所見は表十に整理したとおりである。そのうちの多くは当時の公家の日記などに収められたもので、折

紙であったか否かまでは知ることができないが（表十の16・18・22には「折紙」という註記あり）、文言については原形どおりに記されている例が少なくない。先の上島氏の要約文に即していうならば次の二点について若干感想を述べてみたい。一つは、「武家申詞」が果して「内々」の申し入れだと断定できるか、ということ。上島氏のこの点についての見解は先に掲げた①および③の申詞がいずれも「内々可申入矣」なる書止文書をもつことに依拠していると思われるが、表十に示した事例のいくつかをみればわかるように、「可申入者也（矣）」（2・3・4・11）・「可申入候」（12）・「可申入西園寺（右大臣〔実俊〕）家矣」（14・15）などの書止文書をもち、必ずしも「内々」なる文言を備えるとは限らない。幕府より朝廷への申し入れの仕方は種々の状況に左右されるので、ことさら表玄関をさけ裏口よりなされたものと限定する必要はあるまいと思われる。二つめは、武家伝奏についてである。上島氏の言は特に②の仰詞にみえる万里小路嗣房に即して述べられたものと考えられるが、以前このような役割を果たしていたのは武家執奏であり、武家執奏→武家伝奏の変化がいかなる政治機構の変動に伴うものかについては一考を要しよう（この点については本章節二節において述べる）。

武家の執奏の個々については以下順次項目ごとに検討してゆくが、それらの執奏すべてが「申詞」の方式をとったか否か明らかでない。

末筆ながら、上島有氏の研究発表ならびに氏よりの御教示に啓発されることが多かったことに対し深謝の意を表したい。

(53) 佐藤進一氏『南北朝の動乱』（昭和四〇年、のち中公文庫）四二五～四二六頁。
(54) 『中世法制史料集第一巻鎌倉幕府法』一六四頁、および『中世政治社会思想（岩波・日本思想大系）』上、一二九～一三〇頁参照。
(55) 『日本の中世国家』（昭和五八年）一四九～一五〇頁。
(56) 『中世政治社会思想』上、四四三頁追加法補注264参照。
(57) 「東寺百合文書」る　建武三年九月八日光厳上皇院宣。
(58) 源城政好氏「東寺領上桂庄における領主権確立過程について」（『中世の権力と民衆』、昭和四五年）、伊藤喜良氏「室町幕府と武家執奏」（「日本史研究」一四五、昭和四九年、のち『日本中世の王権と権威』に収録）など。
(59) 註（58）所引伊藤論文三〇頁。
(60) その武家被官が関係しない事例として伊藤氏が挙げられたのは、貞和四年の能登国若山荘領家職をめぐる本所九条経教と領家日野時光との間の訴訟である（伊藤氏「室町幕府と武家執奏」三〇～三一頁参照）。しかし、この事例は、武家被官が関係した山城国上桂荘をめぐる事例と同様武家の執奏にあずかってはいるが、武家申詞に「若山荘領家職事、任道理可有聖断矣」とみえるように、幕府は公家側の自主的判断を尊重するということだけを伝えてきたにすぎず、ましてや先の上桂荘の場合のように一定の判断を示したのではなかった。幕府が両件を全く同じに扱うことができなかったことはこのことによって明らかであろう。

(61) 先掲の西寺別当深源申状には「暦応御執奏」なる文言がみえ、あたかも暦応年中に執奏が行われたかの如き印象を与えるが、これは正確でない。もっとも、摂津親秀が勅許を得るため暦応三年四月、菊亭家を訪れて奏聞を要請したこと自体を執奏というのであれば、つじつまがあわないこともないが（現にこの行為については「申請」と表記）、やはり武家執奏といえば、幕府側より北朝へ審理の結論を伝えたことをさすと考えた方が妥当であろう。

(62) 応安二年七月、幕府は山門の嗷訴をとどめるために南禅寺新造楼門の撤却をやむなく認め、これを聖断として処置すべきことを西園寺家に申し入れた（『後愚昧記』同二七日条、表十の15）が、一方、同じ時期に幕府は山門についての執奏を西園寺実俊を介さず、伝奏日野忠光に直接付したりもしている（同記、応安二年三月二八日条）。前者は鎌倉期以来の公武交渉の常道であるが、後者はのちに一般化する足利義満と伝奏との関係のさきがけともいえることがらである。

(63) 賢俊がのべる「為寺務之上」とは両人跡知行の正統性を主張したものと考えられるが、実は文和元年冬に隆舜が辞退して以来寺務は未補の状態であり、文和二年当時も同様であった。しかし、賢俊の寺務在任についてみれば、暦応三年一二月より貞和六年一一月までの約九年間（康永四年中に約一〇ケ月間の中断あり）という長期に亘っての寺務在任の実績をもっている（『東寺長者補任』第四）。先掲申状の中ですでに寺務を離れた賢俊が「為寺務」と自称したのはそのような実績に支えられてのことであろう。

(64) 『園太暦』文和四年六月二六日条に、

或云、今度収公諸人所領事、武家有執奏之旨云々、実否可尋、道誉（佐々木）向西園寺（実俊）云々、

とみえる。

(65) たとえば、応安五年、前内大臣三条公忠が前中納言洞院公定にたよって、一家困窮の実情を管領細川頼之に愁訴した事実（『後愚昧記』応安五年四月一四日条）によくあらわれている。

(66) 「忠光卿記」（日野忠光の日記、内閣文庫所蔵写本による）康安二年五月六日条に次の記事がある。

美濃・尾張両国本所領半済宛行土岐之由有其聞、此国々僅有其実、若為半済者可失拝趨羽翼、諸家定愁申歟、被立勅使別被仰下事ナムト有傍例者可申入、如何云々、予申ニ者、非濫妨違乱之儀、武家免許事為公家難被仰是非歟、其上傍例未承及、只先直可被歎仰歟者、誠有其謂云々、

この記事は公家側よりみた半済令の性格の一端を極めて雄弁に語ってくれる。要するところ、半済令の適用は武士の単なる「濫妨違乱」とは異なり、武家に対して合法性を与えたものである以上、公家としてとやかくその是非を論じうるものでなく、ただ幕府に対して嘆願するほかに手段はない、と述べている（佐藤進一氏『南北朝の動乱』四二六頁参照）。半済を免除してもらう方法が幕府への愁訴しかないとすれば、公家たちはおそらく競って幕府へ接近したであろうことは想像に難くない。『後愚昧記』永徳三年三月一一日条には三条西公時没の記事がかきしるされているが、そのなかに、彼一流衰微の状況にあって公時のみは「武家気色快然」にして、ために江州家領等の半済が止められ、「弥家門得潤色」た、とある。このような公家をとりまく諸事情が公家を幕府へ引きつける求心力として作用したことはいうまでもない。

(67) 公家各層におけるこの種の対立にはかなりきびしいものがあったらしい。

①名家万里小路仲房と座次を争った清華久我具通が、名家の輩はたとえ上首なりとも清華の下に着すべきだと主張した事実（『後愚昧記』康安元年七月二七日条）。

②名家勧修寺経顕の任大臣の風聞に接した清華三条公忠が、名家の輩の任大臣は過分だと意識した事実（同前、応安三年三月一六日条）。

③出家以前に一品を所望した四条隆蔭に対して、勧修寺経顕が「彼卿（謂隆蔭卿）依何功労可被許哉、指而無所募歟、就中彼家（四条）隆衡卿以後、雖望申之、遂不被許」と反論した事実（同書、貞治三年三月一四日条）。

④「君ノ不義ヲ諫メ、政ノ不善ヲ誡メラル、」「賢才輔佐ノ臣」として賞讃された勧修寺経顕と日野資明とが「必諍フ習」にして相互に威勢を競ったという『太平記』巻25の所伝。

①②は清華と名家との間の、また③④は同程度の家同士の場合である。

(68) 鷹司家門については『後愚昧記』永徳元年七月五日条参照。

(69) 『師守記』貞治六年四月二一日条。

(70) 勧修寺経雄氏所蔵、東京大学史料編纂所所蔵写本。

(71)　建武二年、公宗の跡をうけた公重は家門および家領のすべてを相伝したものと思われるが（「吉田文書」建武二年六月二七日後醍醐天皇綸旨、「阿波国徴古雑抄」巻四所収「西園寺家所蔵文書」建武二年七月一二日後醍醐天皇綸旨）、北朝下で再び家門を安堵された公重に相伝された家領は以前のとおりではなかったようである（「御教書類」建武四年八月二日光厳上皇院宣、康永二年三月一二日光厳上皇院宣）。
(72)　『園太暦目録』正平七年二月一三日、『園太暦』正平七年二月一五日条。
(73)　『園太暦』康永三年閏二月一日条。
(74)　『師守記』貞和五年九月四日条。
(75)　『師守記』暦応三年二月一日、二月六日、二月二四日、三月一四日条、『園太暦』観応二年一二月二三日条、
(76)　『兼宣卿記』によれば、応永元年一一月四日、足利義満の計いによって広橋兼宣が近衛家年預となっており、また同年一二月一九日には同様にして広橋仲光が近衛家領美濃国大井庄奉行となった。
(77)　『園太暦』貞和元年八月三〇日条所収「天龍寺供養日記」の中の「園太筆」の部分。
(78)　「吉田家日次記」応安四年一一月二二日条によれば、権大納言花山院兼定は管領細川頼之に頼り、前大納言菊亭公直の任大臣を阻止した事実が知られる。この事実も間接的な表現をとりながらも、幕府が公家の任免権に多大の影響力をもっていたことの証左といえる。細川頼之は兼定の肩をもちつつも、朝廷からの仰せ合わせに対してなかなか返答をしようとしなかった。このともすれば優柔不断ともみえる態度は頼之の公家への対応の基本原則に沿うものであるといえる。
(79)　二木謙一氏「室町幕府の官途・受領推挙」（『国学院大学紀要』第一九巻、昭和五六年）四五頁。
(80)　ここでは正式な推挙状のみに限定した。
(81)　「下野島津家文書」。
(82)　「蠹簡集残篇」。
(83)　『石清水文書』三 田中家文書（『大日本史料』第六編之二十八、二〇九頁）。
(84)　第三章第三節註（1）および（21）参照。
(85)　第三章第一節参照。
(86)　同皇子の名前の訓みについては「伏見宮御系譜」（『大日本史料』第六編之二十九、九八頁）に次のようにみえている。

(87) 所功氏『日本の年号』(昭和五二年)一四五〜一五三頁参照。同書ではふれられていないが、「正慶」も鎌倉幕府の意向を忖度して選ばれた元号である(『花園天皇宸記』元弘二年四月二八日条)。ちなみに「延慶」改元についての記事として、『園太暦』文和元年九月二七日条にも「延慶又就関東申行、有其沙汰」とある。

(88) 後醍醐天皇はいわゆる元弘の変ののちの元徳三年八月九日に「元徳」を改めて「元弘」としたが、幕府はこの新元号を用いなかった。「元弘日記裏書」に次のようにしるされている。

今年元弘元八月九日改元、同月大外記──注進関東之処、有改元詔書無改元記、仍関東不用新暦、用元徳暦、

(89) 特に同書第三編「南北朝中期の歌壇」、第四編「南北朝末期の歌壇」参照。

(90) 『続史愚抄』延文元年六月一五日条(足利尊氏、奏請して法皇・院・豊仁親王等を八幡より東寺軍営に移す)、『園太暦』貞和五年四月一二日条(武家、来廿八日の新日吉社遷宮に臨幸すべきことを申す)、同書、観応元年一二月二四日条(崇光天皇、幕府の奏請により持明院に行幸)、同書、観応二年正月一四日条(武家、崇光天皇の行幸につき申し入ることあり)。他に同書、観応二年三月四日、同七月二二日、文和二年七月二二日条、「賢俊僧正日記」文和四年二月二六日条参照。

(91) 「室町時代における祈禱と公武統一政権」(『中世日本の歴史像』所収、昭和五三年)三二五頁。

(92) 註(91)と同じ。

(93) 伊藤氏「室町幕府と武家執奏」四六〜四七頁。

(94) 祇園社執行僧都にあてられた、康暦元年一二月二九日後円融天皇綸旨の場合もこれと同様だと思われる。文中に「越前国杉前三ケ村事、武家　奏聞之上者、為社領当知行不可有相違」とみえる(「祇園社記」)。また、山城国上桂庄をめぐる相論の過程で、東寺が康永四年に幕府の力を借り、源氏女が暦応元年に得た安堵院宣をくつがえすことに成功したことについて、院執権勧修寺経顕は「於公家者任道理、先年雖被下院宣於敵方(源氏女)、依武家執奏、無是非被返付東寺云々」と述懐している(伊藤氏論文三〇頁参照)。この事例も②と同様の内容をもつ。

(95) ちなみに、土蔵一所別二〇貫文ずつ料足四〇万疋をあつめるには二百軒の土蔵が必要となる(一疋=一〇文で計算。なおこの換算については「花営三代記」応安四年一一月二日条、「吉田家日次記」応安四年一一月一六日条にみえる即位用途につ

いての記事参照)。つまり、これが応安四年当時の洛中の土蔵の総軒数と考えてよいのではあるまいか。

(96)「臨川寺重書案文」乾に次の文書が収められている。

臨川寺領諸国 注文在之 役夫工米以下恒例・臨時課役段銭・棟別等事、任官符・御教書之旨、固所被止催促也、以此趣可被下知庄主之状、依仰執達如件、

康暦二年六月八日　　左衛門佐(斯波義将)判

当寺長老

(97) 滝善成氏「段銭段米の研究」(『史苑』七巻二号、昭和七年)、阿部猛氏「段米・段銭の研究—主としてその起源および負担方式に関する仮説—」(『史潮』64・65合併号、昭和三三年)、百瀬今朝雄氏「段銭考」(『日本社会経済史研究中世編』所収、昭和四二年)、市原陽子氏「室町時代の段銭について—主として幕府段銭を中心に—」(Ⅰ)(Ⅱ)(『歴史学研究』四〇四、四〇五、昭和四九年)(新補注25)。

(98) 市原氏はこのときの諸国段米による造内裏計画が一旦立ち消えとなり、応永八年になって再び立案・着手されたことを指摘されている。なお次に示す、『太平記』巻三七の記事は貞治度の造内裏計画に先んじ、康安二年に形だけの里内裏修理がなされたことを示しているが、朝廷と幕府の関係をよく写し出している。

(上略)近日ハ聊ノ事モ公家ノ御計トシテハ難叶ケレバ、内裡修理ノ事、武家へ仰ラレタリケレ共、領掌ハ申サレナガラ、イツ道行ベシトモ見ヘザリケレバ……(康安二年)三月十三日ニ西園寺ノ旧宅へ還幸ナル、……爰ニテ今年ノ春ヲ送ラセ給ニ、兎角シテ諸寮ノ修理如形出来ケレバ、四月十九日ニ本ノ里内裏へ還幸ナル、

(99) 註(97)所引百瀬氏論文一二頁。

(100)「円覚寺文書」至徳元年七月五日太政官牒、同日付官宣旨、「鹿王院文書」至徳元年一一月三日太政官牒、同日付官宣旨、「覚園寺文書」至徳三年六月一五日官宣旨、「九条家文書」嘉慶二年五月二五日太政官牒、同日付官宣旨(なお嘉慶三年二月七日室町幕府管領斯波義将奉書はこれらを施行したもの)、「浄光明寺文書」嘉慶三年二月三日官宣旨。

第二節　足利義満政権と伝奏

一　はじめに

第一節においては、幕府による勅裁の遵行の仕方や朝廷に対する執奏の実例に即して、公武関係のあり様について具体的に検討した。そこで、公武の交渉は武家執奏のポストを仲介にして行われ、武家執奏が極めて重要な任務であることを知ることができた。武家執奏を介しての公武交渉は鎌倉時代以来の伝統をうけつぐもので、いわば鎌倉幕府以来の公武関係の発展形態と考えてよい。しかし、南北朝時代も末期になると、このような武家執奏を介した交渉の仕方に変化が生じてくる。武家執奏西園寺実俊の活動の明証は、管見の限り永徳年間にその跡を絶つことはすでに述べたが、これと前後して、幕府より朝廷へ申し入れを行う際、表にあらわれるのは伝奏・万里小路嗣房である。このような公武交渉における武家執奏西園寺家の退場は単に交渉の手続きの面での変化にとどまらず、室町幕府の支配体制の性格にまでかかわる問題といえる。

本節では武家執奏の役割が伝奏へ継承されるに至る道すじ、及びその背景をなす幕府支配体制の変化、などといったことについて述べてみたい。

二　武家執奏より「武家」伝奏へ

室町幕府の確立はふつう三代将軍足利義満の時期といわれるが、かりにこれを義満政権とよぶとすれば、義満政権の体制的特質をさぐる一つの鍵は伝奏の動向にあると思われる。伝奏は上皇の意をうけて奉書を発する廷臣であったが、後醍醐天皇の建武新政期に親政下でも置かれて以来、以降は親政・院政いずれにあっても伝奏が置かれ、政務の運営に重要な役割を果たした（第三章第一～四節）。このような廷臣としての伝奏が義満政権下では足利義満の意をうけて、奉書を発するという現象が生じる。このことは武家政権としての室町幕府と王朝政権との直接的かかわりを明示するものであり、義満政権の構造的特質の重要な一面を照らし出してくれる。このような視点に立って伝奏と義満政権との関係を究明した論稿として数篇を掲げることができるが[(1)]、論者によって見解はかなり異なっており、いまいっそうの議論の深化を期待せねばならぬ状況にある[(新補注1)]。

足利義満の意をうける伝奏の活躍は特に応永年間に入って本格的となる。しかし本節では南北朝末期の幕府と王朝との関係の検討に主眼を置くため、あえて応永年間に深入りすることを避けたい。そうすることにより、応永年間に焦点をあてた従来の研究に欠落しがちであった、初期段階での伝奏の動向、つまりどのようにして義満の意を奉ずる伝奏があらわれたか、についての知見を付加することができよう。

まず武家執奏と伝奏との職務上の連続性を次の史料によって考えよう。三宝院満済の日記『満済准后日記』正長二年三月九日条の一節である。

（上略）今夜御元服之後内裏へ沙金百両、御馬一疋被置御鞍、総鞦、御劒銀一腰可被進之也、応安元年鹿苑院殿（足利義満）御元服之時、此色々以西園寺（実俊）被進内裏也、然者今度之儀可為如此歟如何、次沙金御劒等ヲ応安ニハ内裏へ被進了、今度仙洞御座之間可為何様哉、此両条可計申入云々、予御返事、今度之御進物以西園寺可被進歟事、応安比マテハ西園寺未武家執奏也、仍執進歟、近年西園寺非武家執奏之儀、当御代已伝奏三人（万里小路大納言（時房）・勧修寺中納言（経成）・広橋中納言（親光））被定置上ハ、以彼三人之内可被進之条尤可宜候歟、（下略、傍線筆者）

この記事は、正長二（永享元）年三月九日の足利義教（当時義宣）の元服における、朝幕間の諸品の贈答についてしるしたものであるが、幕府より朝廷に対しては沙金・馬・剣が進められることになり、幕府はその方法について満済の意見をきいたのである。前掲史料の傍線部分に注目したい。満済の返答は、贈物進納の方法については、応安元年の足利義満の元服のときはいまだ西園寺実俊が武家執奏であったため、彼を介して贈物を内裏へ進めた先例が存するが、正長二年の今はもはや西園寺家は武家執奏でなく、当代には伝奏三人（万里小路時房・勧修寺経成・広橋親光）が「定置」れているので、彼ら三人のうちをもって進納すべきである、という内容であった。何よりも重要なことは、南北朝期の武家執奏が所轄していた朝廷・幕府相互の交渉のうち、幕府→朝廷における役割を正長年間に伝奏が行うものと認識されている事実である。このことによって、武家執奏の役割は伝奏によって担われるようになったものと考えてよいであろう。富田正弘氏は武家執奏と伝奏との関係について次のように述べておられる。

（上略）「武家」はこの「武家執奏」を通じて「武家」の意向を「公家」の伝奏に伝え、伝奏が奏聞（執奏）を経て、奉行をして「御教書」を発給させるというように、間接的に「公家」の政務を左右できたのである。しかし、室町殿の政務の確立は、このような「武家執奏」の存在を無意味にし、直接伝奏をもって、奉行や太政官を動かし、「御教書」や「官符」を発給することが可能になったのであり、伝奏から直接当事者に発する「奉書」は、室町殿の公家支配のもっとも有効な文書とさえなったのである。(2)

まことに的を得た指摘だと思われるが、いま少し具体的事実をもってその移行の過程を跡づける必要も感ぜられる。

そこで、武家執奏より伝奏への移行の様子とその支配機構上の意味を明らかにするために、次の三点について考えよう。㈠武家執奏はどのように消滅し、その役割はどうなったか。㈡将軍の意を奉ずる伝奏は朝廷の伝奏たちの中でいかなる位置を占めたか。㈢この伝奏は幕府―公家体制の上にどのような機能を果したか。以下順次検討する。

㈠

南北朝期における武家執奏の役割が公武の交渉の公家側窓口であったことについてはすでに各治世に即して述べたところである。正式の武家執奏として最も長期間に亘り、この役を務めたのは西園寺実俊であった。西園寺実俊の武家執奏としての活動を調べてみると、勅裁を武家に伝達するという朝廷→幕府の方向への関与は永徳年間までしか史料的に確認できない。彼は一方では幕府よりの諸種の申し入れを朝廷に伝達する役目を負っていたが、この面での実俊の関与は史料の字面にあらわれにくいため、いつまでかかわったかを確定することは困難である。しかし、永徳以降、たとえば同三年三月二八日の仙洞評定始（『後愚昧記』）において足利義満・万里小路仲房・同嗣房の名をみいだしえても、西園寺実俊の名をみいだせないことからもうかがわれるように、ほとんどその動向が不明であること[3]、およびこの前後から伝奏万里小路嗣房が武家よりの申詞を直接受理していること（詳しくは後述）などの点から考えて、武家執奏西園寺実俊は永徳年間を境として、武家執奏の任務を実質的に果さなくなっていたと思われる。使庁が洛中の敷地田畠の裁判権を保持していたことを示す最後の史料が永徳元年のものであることは前述したが、武家執奏の機能的衰退の側面からもこの時期が浮かびあがることは、この時期が幕府の支配機構にとって一つの重要な画期をなしたことを示すであろう（ちなみに足利義満が従来の武家様花押とは別に、「寺社本所以下」の公家方においては公家様花押を用い始めたのも永徳元年であることを想起せよ[4]）。武家の執奏はもはや西園寺家を仲介とせず、直接に天皇の側近たる伝奏に付されることができるようになったのである。いわば、室町幕府はここに鎌倉幕府以来の公武交渉の伝統的なわくぐみを取り払ったのである。

(二)

このような時、武家からの申詞を受理する伝奏として万里小路嗣房があらわれる。いまその周辺を探ってみよう。嗣房は仲房の子。応安三年八月、三〇歳のとき参議として公卿の仲間入りをし、同七年九月に権中納言に昇任した。朝廷における役職の面では、嗣房は康暦元年二月に後円融天皇の議奏に任ぜられ[5]、また同天皇の伝奏としては同年三月にはすでにその活動の跡を残しているなど[6]、後円融天皇の親政に重い地位を占めていた。

その万里小路嗣房が伝奏として特に幕府と接触しているのは次の事例においてである。

①康暦二年一一月、嗣房は伝奏として「東寺寄検非違使俸禄并琵原給事」にかかる武家申詞を幕府奉行人より受理し、これを奏聞した[7]。

②すでに述べたことであるが、永徳元年八月、前内大臣三条公忠が京都地一町を獲得するべく、足利義満の執奏を要請した。このときの義満の状は伝奏万里小路嗣房に付された(『後愚昧記』)。

③万里小路嗣房は、足利義満の春日社参に対する満寺の懇志を感謝する旨の奉書を、至徳二年八月三〇日に権右中弁平知輔に充てて発した[8](『歴代残闕日記』所収「春日権神主師盛記」)。

後円融天皇親政および同上皇院政についての個所(第三章第四節)でしるしたように、当時万里小路嗣房を含む勧修寺流藤原氏および日野流藤原氏の出身者を中心に少なからざる員数の伝奏が活動していたのであるから、義満よりの申し入れが特に万里小路嗣房を経由し、また義満の意をうけた奉書が特に彼によって発せられたのには、それなりの理由がなくてはならない。嗣房が武家よりの奏事を専ら受理したとするならば、彼はたとえ「武家」の名を冠していなくても、たとえば神宮伝奏などと並列される、[9]いわば実質的には「武家」伝奏とみなさざるをえまい。

さて、次には先に掲げた『満済准后日記』正長二年三月九日条にみえた、武家執奏西園寺実俊の役割の一部を担ったと推測した三人の伝奏、万里小路時房・勧修寺経成・広橋親光について、特に万里小路嗣房の伝奏としての機能との関係において検討せねばならない。まず時房は嗣房の子息であること、嗣房の伝奏としての活動時期と正長二年との間には四、五〇年の時間の懸隔があること、を念頭におこう。この三人の伝奏について、伊藤喜良氏は「武家伝奏であることは明らか」[10]とし、一方富田正弘氏は「伊藤氏のいう『武家伝奏』つまりここでいう『伝奏』は、南都伝奏・諸社寺伝奏と並列される概念ではなく、これらを包括する概念であろう」[11]とされた。両氏の見解の相違は、三人の伝奏の所轄対象が武家のみか、あるいは公武双方かの理解の仕方にかかっている。ここで考慮すべきは、伊藤氏が武家伝奏だとされたのは、『建内記』正長元年六月二日条にみえる三伝奏であること、また、この時点での三伝奏の担当についてみればいずれも特にこれを拝命していないことが知られる。ややくだって『建内記』をみてゆけば、正長元年九月に勧修寺経成が鴨社伝奏に、また同二年三月一一日に万里小路時房が南都伝奏に、同三〇日に広橋親光が石清水八幡宮伝奏に各々補任されたことも知られる。つまり正長元年六月の時点では三伝奏はいまだ事項別担当を命ぜられていないのであるから、一応富田氏のいわれる「包括する概念」とみるべきであろう。しかし、経成は鴨社伝奏になっていたけれども、時房・親光はいまだ担当を持っていない正長二年三月九日の時点（先の『満済准后日記』の記事）で、過去において武家執奏が行っていた幕府より朝廷への進物を、すでに武家よりの奏聞によって（『建内記』同年二月条参照）「定置」かれた三人の伝奏のうちで担当すべきだ、というのであるから、彼ら三伝奏は基本的には武家のことを担当する任務を与えられていたわけであり、これをもって「武家」伝奏と考えてよいのではないか。三人はこの役割を基礎としたうえで、やがて南都伝奏や石清水八幡宮伝奏を拝命したのであろう。ただ、正長段階の「武家」伝奏と、康暦～永徳段階のそれとは、その背後をなす幕府権力のあり方が相違するので、ただちに同一視することはできない。

このようなことをふまえて、万里小路嗣房の伝奏としての機能について考えれば、康暦～永徳段階における嗣房の「武家」伝奏が発展をとげた形態として、正長段階の子息時房、および経成・親光の「武家」伝奏を考えてよいのではあるまいか。南北朝末期、義満の朝廷への申し入れが、殊更万里小路嗣房のもとを経由したのは、彼に課された伝奏としての任務が以上のような性格を持ちあわせたためと考えてよい。

㈢

万里小路嗣房が南北朝末期に一点の、足利義満の意をうけた伝奏奉書(12)を残していることはすでに述べた。その内容は応永以降に頻繁に出された伝奏奉書のように公的なものではなく、義満個人の感謝の意を興福寺に伝えるという、いわば私的なものであった。たとえ義満の意をうけた伝奏奉書ではあっても、その発給する上での限定性は明瞭であり、伝奏奉書を介した公家支配というにはほどとおい。

しかしながら、公武関係は確実に変化していた。いま公武間の文書の動きをとおして、この変化を跡づけてみたい。まず次の史料に注目しよう。

①（端裏書）
「松田左衛門大夫自筆　永徳二九十八付進執権日野按察中納言（資康）家云々
武家御奏聞御事書案奉行松田丹後守貞秀、執筆松田左衛門大夫」
（端裏見返）
「御事書案」
祇園社僧都顕深申開発境内西門前北頬敷地事、目録進上之、自元厳重神領也、重為興隆、永代一円被付当社之

由、可被下　勅裁乎、次長日神供料所近江国成安保事、社家帯代々　綸旨之処、非分輩知行云々、所申無相違
者、同可被付之旨、可有御執　奏由、内々可申入矣、

（『八坂神社文書』下、一三三四号）

②重而御下知案此正文地方ニ有之
祇園社領境内敷地田畠等并旅所敷地高辻北烏丸東一保四町事、支証分明上、重令寄附也、早就師職相承、門弟可致
管領、而諸門跡口入甲乙人違乱、就中貞松庵理妙、弘福寺中堂寺住僧山徒等以下方々動企掠訴、令押妨之、成
其煩云々、太不可然、不日止彼妨、全神用、可致祈禱之精誠之状如件、
至徳二年十一月十三日　御判
（顕深）
宝寿院法印御房

（『八坂神社文書』下、一三三五号）

①は祇園社僧都顕深の請をうけて、永徳二年九月一八日、開発境内西門前北頬敷地および長日神供料所近江国成安保の安堵を朝廷に対して執奏した武家申詞。用紙は折紙である。端裏書によって、幕府の担当奉行が松田貞秀であること、彼が申詞を付した伝奏は院執権裏松（日野）資康であったことがわかる（ちなみに、資康は足利義満を院執事とする後円融上皇の院司の一人）。また②は足利義満御判御教書であるが、①の武家申詞に直接対応するものではない。②にみえる「祇園社領境内敷地田畠」は①の「開発境内西門前北頬敷地」をも包含すると思われることからみて、おそらく①をうけて後円融上皇の安堵院宣が下されたと考えられ、また②の端書に「重而御下知案」としるされていることから、のちに①

での対象地を含めた境内敷地田畠の安堵申請が幕府に対してなされたこと、初回の幕府の下知は叙用されず、重ねて至徳二年に②の将軍の御判御教書が出されたものと推察される。安堵権の所在に注意すべきである。ちなみに、②の端書にみえる「地方」とは洛中の敷地田畠に対する裁判権を行使した、いわゆる地方だと考えられ、この史料も地方の活動を窺うための貴重な一史料だといえる。

さらに嘉慶段階の公武関係は次の事実によって象徴される。関係史料を引用する。

③「(足利義満)公方御事書案文　嘉慶元九」

祇園社七月七日御節供神供事、依無其足令闕如云々、然者以社内冠者殿社幷誦経守、為永代興隆可被宛置彼要脚、於奉行職者、可門葉相承之由、可被仰付(宝寿院)顕深法印之旨、可申入(妙法院宮堯仁法親王)座主宮矣、

(『八坂神社文書』上、二〇四号)

④(押紙)令旨正文　妙法院　嘉慶元九

祇園社七月御節供事、以社内冠者殿社幷誦経守、永代被付其足由事、公方御事書被遣之、可令存知給之由、被仰下候也、恐々謹言、

九月廿日　(花押)

(宝寿院顕深)執行法印御房

(『八坂神社文書』上、二〇三号)

⑤「御教書案」

祇園社七月七日御節供神供要脚社内冠者殿社幷誦経守奉行職事、可有門葉相承之状、依仰執達如件、

嘉慶二年八月廿七日　　　　　　　　　　　　　　左衛門佐(斯波義将)御判

宝寿院律師御房

（『八坂神社文書』上、二〇六号）

③は、(イ)祇園社七月七日御節供神供の料として社内冠者殿社并誦経守を宛て置き、あわせて、(ロ)その奉行職の門葉相承を仰せつける旨を、天台座主妙法院宮堯仁法親王をして、祇園社宝寿院顕深に伝えしめたもので、『八坂神社文書』の編者は「室町幕府事書案」という文書名を付している（この名は端書の「公方御事書案」や④の文言中の「公方御事書」なる表現を採用したものと思われる）。また④は③をうけて発された天台座主妙法院宮堯仁法親王令旨案であるが、内容のうえでは(イ)のみにかかる。⑤は室町幕府管領斯波義将奉書、内容のうえでは(ロ)にかかる。しかるに③は書式のうえでは先に示した①の武家申詞に似てはいるが、「内々可申入矣」などの文言を持たず、上皇に対して奏聞するためのものとは考えられない。④の文言中で③は「公方御事書」と称され、顕深本人に遣わされていることなどからみて、③は天台座主にあてられた、足利義満の申し入れとしか考えられない。同様の文書は至徳二年にも認められる。(13) 従来室町幕府はこのような形で天台座主などの権門の長に対して文書を発することはさしてなかったのであるから、義満の公家に対する統制権の一層の強まりを感じとることができよう。

③〜⑤の文書においていま一つ注意すべきは、③の義満の申し入れ内容の(イ)(ロ)は各々伝達の経路を異にしていること、つまり(イ)は天台座主の令旨によって、一方(ロ)は幕府の管領奉書をもってなされた事実である。(ロ)が幕府文書を介して伝達されたのは「奉行職」などの人事権を幕府が掌握していたためであろうか。この史料によって室町幕府による権門制圧が着実に進行している様子がうかがわれるであろう。観応二年正月に足利尊氏が「江州三ヶ庄」のことにつき妙法院

宮に対して申し入れた時には、三宝院賢俊が尊氏の書状を「執進」め、事書は奉行人安威性遵が申した（『園太暦』同月九日条）。このことをふまえれば、当該期における天台座主などに対する申し入れも武家奉行人の手によってなされたであろうと推測される。

三　南北朝末期における室町殿と伝奏

足利義満の意をうけた伝奏奉書の残存数を指標として幕府の支配権の伸長をみるならば、その画期は応永初期、より限定的にいえば応永二年の義満の辞太政大臣・出家とみてよいであろう。特にこれより以降、義満の意を奉ずる伝奏奉書が頻出しており、義満と伝奏との関係は制度的な意味においても一層深まったとみられる。特に応永以降の伝奏の活動に主眼を置いた、伝奏の歴史的役割の評価には対立した二つの意見が出されているが(14)、本節ではそこまでふみこむことはせず、そのような伝奏と室町殿との関係がどのようにして形成されたか、特に南北朝末期に限って検討することとしたい。

まず第一に、永徳二年四月、後円融上皇院政の開始に伴って、左大臣足利義満は同院の院司の最上首たる院執事のポストに就いたこと。むろん武家として初めてのことである。このとき院別当に西園寺公永・日野資康の二名も名を連ねているが、この二人は同時に伝奏の任にもあった。従って院執事―院別当の職務上の上下関係は義満の下職たる二伝奏へ有形無形の影響力を及ぼしたと思われる。義満の院執事としての立場はのち彼が自らを院に擬せんとした際の最も強固な支柱であったと考えられる。

第二に、足利義満の幕府権力を背景とした、公家層に対する強い影響力である。武家執奏によって公家たちの官位などへの要望をかなえてやることで彼らの心に恩義の念をうえつけたことはすでに述べたが（四三七～四四六頁参照）、公家に代る政務の担当者としての足利義満に上層部をはじめ多くの公家が接近してゆくのはむしろ必然的とさえいえよう。たとえば康暦年間には万里小路嗣房はじめ伝奏クラスの公卿が室町殿における遊芸の催しに参仕したことは「迎陽記」に散見するところであり、また永徳三年七月には仙洞でいとなまれた御修法に公卿たちは参列せず、「武家近習日野一族、万里小路辺更不参仙洞」と後円融上皇の怒りにふれたこともある（『後愚昧記』同二九日条）。

このような事実をもって、当時の室町殿と公卿たちとの関係をみれば、「王朝貴族が義満政権の吏僚となって、その権力構成の一要素とな」[15]るための要件は整っていたといわねばなるまい。まさに「武家近習」の最先鋒ともいうべき伝奏・万里小路嗣房が康暦～永徳年間にかけて特に幕府よりの奏事を専ら受理するが如き行為をみせたのも、また義満の意をうけた伝奏奉書を発したのも（各々の具体的内容については四九七頁参照）、以上のような室町殿と公家たちとの緊密な関係を背景としていたのである。かくして、義満が人臣として最高の官位を極めたのち、応永二年六月出家することによって自らを法皇に擬したとき、義満の息のかかった伝奏たちは、室町殿の公家支配のための公的・制度的基盤としての役割を果たすこととなり、伝奏奉書の本格的発給という事態をむかえることができたと考えられるのではあるまいか。

四　聖　断

聖断とは治天の君の裁断のことである。この言葉は中世の文書・記録史料に散見するが、主として朝廷が案件を幕府の裁断に委ねようとするとき、これに対する不干渉の立場をとる幕府から「可為聖断」などといった表現をとってあらわれる。従って聖断という言葉を介して、王朝の所轄権を特に幕府との関係において考察することができる。このことは行論のうえで本節と直接的関係はもたないが、南北朝期、聖断に属する事項としてどのようなものがあったかということは公武関係の核心にかかわる。ひとまずいくつかの事実をつなぎあわせることによって当該期の聖断の範囲について述べたい。

㈠

まず第一は、幕府の本所領不介入主義にかかわることである。次に掲げる一申状は、内閣文庫所蔵「山科家古文書」下に収められる文書であるが、これを素材として検討しよう。

内蔵頭殿雑掌謹言上、
　欲早被経御　奏聞、被成　綸旨於武家、藤民部入道聖祐乍称帯地方管領預状、不及披見、押妨往古院町、責取作麦地子条、無其謂上者、厳密被停止彼違乱、任　綸旨被全御管領中御門以南西洞院以西敷地事、

副進
　一通　綸旨案文和五年三月十七日

右敷地者、為　後鳥羽院皇居高陽院殿旧跡、依為往古院町、代代為朝恩面々令拝領給畢、然間　当御代文和五年三月十七日内蔵頭殿為　朝恩御拝領当知行無相違之処、彼聖祐以当所称為石河入道買得跡之闕所、号有地方管領預状、可致知行之由、相触地百姓等之間、帯彼綸旨問答子細之処、不叙用其旨押妨下地責取彼地子之条、希代之所行也、縦一旦　朝恩之前給主雖致非分沽却、以往古厳重院町、争称彼跡可及違乱哉、　綸旨与預状対揚為之如何、加之、如武家御　奏聞者、本所進止職人等、雖現不忠、於彼跡者宜為　聖断云々、而諸国本所領職人等跡、猶以可為　聖断之由被定法之間、士卒等雖掠給之、本所訴申之時被返付畢、何況於　帝城以往之公領哉、凡依一旦押住輩之罪科、混彼跡、於被収公者、洛中公領之敷地更不可相残者欤、本所之衰微職而由斯者乎、然早被経御　奏聞、被成　綸旨

於武家、被停止聖祐非分違乱、被沙汰居雑掌於下地、全御管領、於責取地子者悉為被糺返、言上如件、

延文三年十一月　日

この文書はすでに小林保夫氏が室町幕府の京都支配に重要な役割を果たした地方についての研究のなかで紹介され、若干の説明をほどこされたものである。(16) 小林氏の指摘を参考にしつつ、本所領に対する王権のあり方を考えよう。

この申状によって、藤民部入道聖祐が地方管領の預状を得たと称し、山科家領中御門以南北洞院以西敷地の違乱に及んだため、山科家側は聖祐を相手どって朝廷に提訴したことが知られる。小林氏の指摘のとおり、この文書は室町幕府の一職制としての地方について重要な知見を与えるものであるが、ここでは立ち入らない。

この訴訟は、小林氏の指摘のように、当該敷地を「本所領職人等跡」とする山科家と、「石河入道買得跡之闕所」とする聖祐との、闕所地をめぐる争いを内容とするもので、各々の支証に即していえば、山科家の得た後光厳天皇綸旨と聖祐の得たと称する地方管領預状との「対揚」なのであった。つまりこの闕所地の処分権が朝幕いずれにあるかが最大の論点であった。山科家側は当該敷地が本所領たることを指摘し、「本所進止職人等、雖現不忠、於彼跡者宜為　聖断云々」という幕府の基本的方針、および「諸国本所領職人等跡、猶以可為　聖断」なる「定法」に説き及んだうえで、当敷地が「帝城以往之公領」たることを強調し、最後に「一旦押住輩之罪科」によって洛中の公領が闕所として収公されるようなことがあれば、それは「本所之衰微」の原因となってしまうことを訴えた。おそらくこの訴えは聞き入れられたものと思われる。従って、南北朝時代前期でも観応擾乱以降、特に官位の推挙などの面で幕府の執奏は俄然強さを増してきたが（第一節四参照）、本所領に対する幕府の関与は延文三年の時点でも以上みたような状況にあった。この幕府の本所領不介入の原則は鎌倉時代以来のもので、しかも、小林氏の指摘のように、また前にものべたように、少なくとも永

徳元年八月の足利義満の言葉「京都地事、公家御計也」（『後愚昧記』同月一二日条）までたどることができる。ちなみに、貞和四年、能登国若山荘領家職をめぐる本所九条家と領家日野家との間の訴訟において（『園太暦』・『九条家文書』）、勅問に応えた幕府が「任道理、可有聖断矣」と積極的な意見を述べなかったのも、幕府がこうした本所領不介入の原則に立ったからであろう(17)。

（二）

第二は、西国の堺相論についての幕府の不介入に関することである。「畿内近国并西国堺相論事」は「可令蒙聖断」き幕府の基本原則は貞永元年閏九月に発せられた追加法(18)以来のことである。その西国の地域的範囲は時代によって変遷があり、鎌倉時代には東方において、尾張のち三河を限りとしたことが明らかにされている(19)。南北朝時代においてもほぼこれを参考にしてよいと思われるが、『後愚昧記』応安三年九月一三日条に「東国駿河国以東」とあるのを東国の西限とみなすならば(20)、応安年間には西国の東限はさらに一国分拡がっていたことになる。

このようなことをふまえて次の『円覚寺文書』の足利直義御教書をみよう。

当寺領尾張国富田庄雑掌道朝申、萱野堺事、宜為　聖断也、可令存知給状如件、

□年十二月十九日　　左兵衛督（足利直義）（花押）

（宛名破損）

年紀が破損しているため、いつの文書かを確定することはできないが、足利直義の官途左兵衛督に注目すれば、少なくとも暦応元年〜貞和四年の間であることは知られる。さらに直義の花押の形状についてみれば、おそらく康永年間を含めてこれ以降だと思われる。「萱野堺事」が聖断とされたのは、これが西国堺相論に属したためである。また伊藤氏

が、臨川寺領加賀国大野荘雑掌と同国倉月荘地頭との相論を介して推定されたように、貞和二年の時点でも「本所相互間の境相論は聖断によるとする鎌倉以来の原則が存在していたこと[21]」も知られている。

このように考えてくると、ひとつ思いおこすことがある。後円融天皇親政期にただ一点残っている永和二年一一月の記録所注進状、およびこれをうけた永和五年正月の同天皇綸旨が、賀茂社と鞍馬寺との間であらそわれた「貴布祢河堺」についての内容、つまり堺相論に関するものであったことである。従ってこの一件は幕府が西国堺相論に介入しない立場を保った結果とも推察され、その立場が少なくとも永和年間までは維持されたであろうことも教えてくれる。さらに、幕府の執奏によって康暦元年九月、先の勅裁がくつがえされたことは、この時期に幕府自身が実質的に西国堺相論への不介入の原則を棄破する姿勢に転じたことを意味するであろう（いずれも国立国会図書館所蔵「瀬多文書」所収。なお、第三章第四節二参照）。

㈢

その他、当時の史料に「聖断」に属する事項としてあらわれるものについて補足しておこう。

①皇位継承

南北朝時代の北朝では、光明・崇光・後光厳・後円融・後小松の五天皇が順に皇位についたが、その践祚に対する幕府のかかわりについては本章第一節四においてすでに述べたところである。鎌倉幕府の皇位継承への関与の仕方は原則として不干渉主義であったと考えられるが、南北朝時代に入ると室町幕府はその政治的な目的のうえからも、これに積極的関心を示すに至った。ただ、幼将軍足利義満を輔佐した細川頼之の管領時代の応安三年、後光厳天皇の譲位問題がもちあがったとき同天皇および崇光院側より幕府に対して要望することがあったが、幕府は聖断たるべしと返答したことについてもすでに本章第一節四においてのべたところである。

②山門・南都の嗷訴

朝廷も幕府も山門や南都の嗷訴には大変手を焼いた。山門の嗷訴は幕府の手厚い保護を受ける禅宗に対する反発に起因するもので、貞和元年には「天龍寺供養勅願儀并御幸以下」を停止すべき申状を院に提出したが、(22)朝議は「只山門ノ訴申処如何アルヘキト、武家ヘ尋仰ラレ、其返事ニ就テ、聖断候ヘキカ」という左大臣二条良基の意見に一致、幕府も「非拠ノ嗷訴ヲ棄置レ、厳重ノ供養ヲ遂ラルヘシ」(23)と奏聞したことから知られるように、この一件の処置は聖断たるを旨としたことが窺われる。また南禅寺住持定山祖禅の『続正法論』に端を発した応安元年～二年の、延暦寺による南禅寺楼門撤却事件においても、最終的には聖断として楼門撤却を聴許することで決着をみたのである（『愚管記』応安二年七月一九日、二一日条、『後愚昧記』同二七日条参照。四一八頁表十の15）。しかし「宜為聖断」とは言っても文字どおり朝廷の判断を仰いだわけではなく、日吉七社神輿の帰坐のため「偏優　神威、可被撤却南禅寺新造之楼門」という幕府の実質的な決定事項を勅裁という形をとって山門に伝えしめたにすぎない。たてまえを重んずる当時にあっては、それもやはり聖断に属する事項であった。

次に南都についてみれば、目立ったものとしては、応安四年末におこった大乗院門主教信・一乗院門主実玄、および「耽一乗院之賄賂」った東寺一長者光済僧正・宋縁僧正の配流を求める嗷訴があげられるが（二六五～六頁参照）、この場合は先にみた山門の嗷訴とは内容が異なり、むしろ南都内部の権力争いがその基本的理由をなしている。教信・実玄の門跡管領停止は応安四年一二月五日後光厳上皇院宣によって決定し、同二三日に流人宣下が行われたが、幕府と親密な間柄にある光済・宋縁の場合は、幕府が両人の配流に強い難色を示したため、事態はたやすく解決しなかった。(24)しかし足かけ四年に亘る神木在洛に屈した幕府は、応安七年一一月ついに両人の配流を受諾、[25] ここに神木帰坐のみとおしが開けたのである。おそらく、幕府はこのときも先の南禅寺楼門撤却の場合と同様、聖断によって両人を流罪に処すことを奏聞したものと推察される。

以上の二例によってみれば、幕府の山門および南都の嗷訴へのかかわり方は間接的なものであり、直接的には聖断において処置すべきだという原則をふまえていたものと思われる。

③その他

二つをあげておこう。第一。貞治六年七月幕府が田中常清を石清水八幡宮別当職に補されんことを執奏したとき、「宜為聖断」なる文言を備えていたこと（『石清水文書』三）。むろんそうは言っても朝廷にこれを拒否する力はなかった（四五一頁参照）。また応安六年、石清水八幡宮祠官らによる同社務曾清の「非拠」についての訴えが、公家側で二問二答の訴陳をとげたのち「可為何様哉之由、被仰合武家之処、可為聖断」と返答してきたこと（二六八〜七頁参照）。以上の事実によってみれば、幕府は石清水八幡宮の内部抗争には裁断を下すことを控え、また別当人事についてもことさら聖断の形をとることを重視したことが知られる。

第二。康暦二年一二月、幕府は東寺雑掌祐尊の請いを受け、御影堂造営中たるのうえは、「寄検非違使俸禄并琵原給」を閣かれんことを朝廷に申し入れたが、このときも「宜為　聖断」の文言を付すのを忘れなかった（「東寺百合文書」ょ百九十五、本章第一節註（52）所引史料①②参照）。

以上二つのことによって、幕府の寺社権門に対する対応の仕方には慎重なものがあり、その擁するところの北朝の王権が有効に活用されたことが窺われるであろう。

五　おわりに

系譜的にみるとき、役職としての武家執奏が鎌倉期の関東申次の後身であることは明らかであろう。元来関東申次は東国政権たる鎌倉幕府が京都朝廷との交渉の窓口として設定したものであるから、南北朝時代にあって関東申次と同様の役割を果たす武家執奏は必然的に前代の遺制を背負っていた。王朝の所在地京都に拠を構えた室町幕府が鎌倉幕府の東国政権的性格を漸次払拭し、王朝政権を自らの掌中に収めようとしたとき、もはや武家執奏の任務は終わったものと考えられる。代わってあらわれるのは、足利義満の息のかかった伝奏であり、幕府奉行人はこの伝奏に申詞を付すことによって申し入れ事項を奏聞ルートの上にのせることができた。さらに義満が応永二年に出家して自らを法皇に擬したとき、義満に近仕する伝奏はかの伝奏奉書を本格的に発することができたと考えられる。この伝奏が室町殿の公家支配の上に果した役割は大きい。

註

(1) 伊藤喜良氏「応永初期における王朝勢力の動向―伝奏を中心として―」(『日本歴史』三〇七、昭和四八年)、富田正弘氏「中世東寺の祈禱文書について」(『古文書研究』一一、昭和五二年)、同氏「室町時代における祈禱と公武統一政権」(『中世日本の歴史像』所収、昭和五三年)、同氏「中世公家政治文書の再検討③」(『歴史公論』四巻一二号、昭和五三年)、小川信氏「伝奏の活動と義満政権」(同氏『足利一門守護発展史の研究』第三編第三章第三節、昭和五五年)、上島有氏「室町時代の幕府文書」(『日本古文書学講座』中世編Ｉ、昭和五五年)。

(2) 富田氏「中世公家政治文書の再検討③」一八八〜一八九頁。

(3) 西園寺実俊は貞治六年半ば頃、「数月所労」の状態におちいったこともある(『師守記』貞治六年九月一六日条)。あるいはこのような健康上の理由も遠因になっていたのかもしれぬ。

(4) 足利義満の二様の花押の使用については「吉田家日次記」永徳三年八月一五日条に、

抑 准后丞相（足利義満）（大臣の唐名）幕府之後、御判有二、寺社本所以下於公家方者被用公家方御判、至武家方事者元来被用武家方之御判也、

とみえ、公家様花押の使用は任内大臣（永徳元年六月二六日）以後であることが示されている。臼井信義氏『足利義満』（四一頁）、佐藤進一氏『足利義満』（一二二頁）などにおいても同様に説かれており、いまや定説化している。ちなみに、宮内庁書陵部所蔵「官務所領関係文書」（永徳元年）三月二九日足利義満自筆書状には義満の草名が認められるが、公家様花押使用のわずか三ヶ月前であるために、公家様花押の原型ともいえる形状を呈している。ちなみに、六代将軍足利義教の公家様花押（「公家御判」）への改判については、『満済准后日記』永享四年八月七日条にみえる。

（5）「迎陽記」永和五年二月九日条に、

早旦罷向万里小路亭、（万里小路仲房）先一品対面雑談、中納言（同嗣房）又対面数刻談雑事、黄門（嗣房）議奏事被仰之間賀之、宣房・藤房両卿例雖存之、凡父子相並事希代朝奨也、近則洞院公賢公・実世卿父子相並之由、厳君有仰、

とみえる。仲房・嗣房父子が相並んで議奏に任ぜられるのは「希代朝奨」だというのであるから、両人によせる後円融天皇の信頼には厚いものがあったとみられる。

（6）第三章第四節註（23）参照。

（7）第四章第一節註（52）所引①②の史料参照。

（8）小川氏『足利一門守護発展史の研究』七三四頁、註（5）において指摘されている。ちなみに、「春日権神主師盛記」（歴代残闕日記七〇）至徳二年八月二〇日条に収まるこの伝奏万里小路嗣房奉書案は次のようなものである。

室町殿御教書案

御社参事、被先敬信、不能儼儀之処、満寺沙汰鄭重（カ）、懇志至欤、就中延年風流希世壮観、匪啻遊僧之奇芸、則及舞童之妙伎、一場尽美万感多端、此ホ之次第殊可被達仰寺門之由、内々可申旨ゆ也、以此旨可令申入給、恐々謹言、

至徳二乙丑 八月卅日 （万里小路）嗣房

謹上 権右中弁殿（平知輔）

（9）伝奏の事項別担当制は鎌倉末期ころから始められたが、南北朝期に入って、北朝下ではどのような種類の伝奏が置かれた

であろうか。史料上所見の比較的多いのは、光厳上皇院政期と後光厳天皇親政期であるが、前者については第三章第一節註（45）において表示したので、ここでは後者について同様の整理をしておこう。

後光厳天皇親政下（文和元年～応安四年）の伝奏の担当

種類	人名	所見個所	出典
神事伝奏	四条隆蔭（辞）	貞治3・2・17条	師守記
〃	日野時光（任）	〃	〃
神宮伝奏	葉室長光	貞治3・9・11条	〃
賀茂社伝奏	〃（辞）	延文1・5・26条	園太暦
〃	中御門宣明（任）	〃	〃
賀茂祭伝奏	柳原忠光	貞治3・4・15条	師守記
〃	四条隆家（辞）	貞治6・4・15条	〃
〃	万里小路仲房（任）	〃	〃
諒闇伝奏	柳原忠光	貞治6・7・8条	〃

（10）伊藤氏「応永初期における王朝勢力の動向」七一頁。

（11）富田氏「室町時代における祈禱と公武統一政権」三二九頁。

（12）本節註（8）参照、

（13）『八坂神社文書』下、一二五五号として収める次のものである（第四章第一節の新補注11参照）。

（端裏書）
「武家事書案自妙法院庁務到来、至徳二十二廿三到来、庁務自筆」
祇園社宝寿院法印申境内事、就令裁許、被下宣旨了、敷地内西大門四条面以下所々御被官人等違乱云々、事実者無勿躰之儀也、有尋御沙汰、可被止其妨由、可申入座主宮（妙法院宮堯仁法親王）矣、

（14）富田氏と小川氏との意見の相違であるが、そのことについては小川氏『足利一門守護発展史の研究』七三一～七三二頁参

照。

（15）伊藤氏「応永初期における王朝勢力の動向」七七頁。

（16）小林氏「地方頭人考」（『史林』五八―五、昭和五〇年）。同氏の翻刻されたものにはわずかながら誤植が認められるため、本文においては原本によってこれを補訂して用いた。なお、この文書は一紙ものであるが、紙背右端中央部分に紙継目裏花押の左半分が認められる。従ってこの文書は数紙から成る申状の第一紙に相当し、本来このあとに、副進された綸旨案がはりつがれていたと考えられる。紙継目裏花押の存在はこの申状が担当奉行によって受理されたことを示している。またその主については形状のみからは判断できない。小林氏は「山科家古文書」四に収められる次の後光厳天皇綸旨をもって「山科家の主張が通」った支証とされている。

中御門油小路敷地、止方々違乱、可令全知行給之由、天気所ゆ也、仍執達如件、

延文四　四月廿八日　　左中弁時光（日野）

謹上　内蔵頭殿

しかし、ささやかな疑問をのべるとすれば、まず対象となっている敷地の所在表記が申状では「中御門以南西洞院以西」、綸旨では「中御門油小路」と相違しているのは何故かということもあるが、それ以上に気になるのは、「……然早被経御　奏聞、被成　綸旨於武家……」のような文言を備える申状の場合、これを受けた朝廷が発する勅裁（綸旨・院宣）は第一節二においても詳しく検討したように、武家執奏西園寺家に対してあてられるのがふつうであることである（たとえば、「東寺百合文書」セ、応安元年九月日東寺雑掌頼憲申状、および同文書数、（応安元年）一〇月一三日後光厳天皇綸旨との関係を参照。『大日本史料』六編之三十、一〇二〜一〇三頁）。従って両文書を直接的に結びつけるには若干の疑問があるといわねばなるまい。もし両文書の直接的関係が確実であるならば、日野時光が担当奉行だということになり、継目裏花押は彼のものということになる。この花押は先述のとおり左半分しか残存しないが、日野時光の他の確実な花押と比較した場合、よく似てはいる。しかし速断はさけたい。

（17）第四章第一節註（60）参照。また本所被官人の狼藉に対する処罰も聖断に属した（『園太暦』貞和元年四月二〇日条）。

（18）『中世法制史料集』第一巻、八一頁、追加法四二条。

（19）佐藤進一氏『鎌倉幕府訴訟制度の研究』二三五〜二四〇頁。
（20）この表現は「行算語云、去月十九日・廿日両日東国駿河国以東大風無比類」という文章の中にみえるものである。
（21）伊藤氏「室町幕府と武家執奏」三四頁。
（22）康永四年七月二〇日山門衆徒院参申詞（「康永四年山門申状」）。
（23）『太平記』二十四依山門嗷訴公卿僉議事
（24）以上「吉田家日次記」による。
（25）『師守記』応安七年一一月五日条。

むすび

以上四章一一節に亙ってのべたことがらをおおまかにまとめることをもってむすびとしたい。なお、各節はいちおう独立した論文の体裁をとっているので、各節の最後にはそれぞれ簡単なまとめを付しておいた。このため、それらとの重複はある程度やむをえない。以下、各節の相互関係に配慮して要約する。

中世の王朝政治の展開にとって後嵯峨院政の果たした役割は大きい。王朝の政治改革への意欲と鎌倉幕府の朝政不干渉政策は王朝の側に独自の訴訟制度の発展を促し、政治のしくみにおいてもほぼその形を整えさせることとなった。後嵯峨上皇の鎌倉幕府に対する過度の配慮は自らによる治天下の決定を憚らせ、ついには皇統の対立の事態を生む結果を招いた。持明院統・大覚寺統間の皇位をめぐる争いは公家・寺社界に深刻な影を落とし、鎌倉幕府も両統の調停者としての立場からこの問題に関与せざるをえなかった。その幕府による調停交渉のなかで最も世に知られているのは、いわゆる文保の和談であり、後世の歴史の展開に与えた影響はきわめて大きいといわねばならない。

文保元年四月より翌二年二月までの時間的幅を持つこの和談の経過は決して単純なものではなく、一時すこぶる難航したが、妥結に至る上で決定的役割を果たしたのは、後宇多法皇が持明院統の安泰を約した「後宇多院御契約」であった。後宇多法皇にとってこの約束事は自らの嫡孫に皇位を確保するための方便にすぎなかったので、和談の結果暫定的に皇位についた後醍醐天皇の立場はすこぶる限定されたものであった。しかし大覚寺統における後宇多法皇・春宮邦良親王の逝去は同天皇の周辺状況を一変させた。両統の迭立を大原則として容認する鎌倉幕府の存在は同天皇にとって「一代主」たる制約からの脱却をはばんでいたし、また時おり耳にする関東の政治的混乱についての情報は討幕の好機到来との意識を一層深めさせたに相違ない。

こうして後醍醐親政は、幕府との融和体制を基本とする持明院統、およびそれ以前の王朝政治が踏襲してきたものとはかなり異質な公武関係を展開することとなる。一方、持明院統はますます幕府との融和体制を促進させ、その支持母体としての幕府に強固な根をおろし、幕府もまたこの動きに呼応した。

公家におけるこうした対照的な二つの政治志向のうち前者は討幕を経ていわゆる建武新政―南朝につながり、また後者は室町幕府に擁立された北朝へと展開する。南北朝期における朝幕関係（北朝―室町幕府）のわくぐみがすでに鎌倉末期にほぼその形をととのえている事実は特に注意される（以上、第一章第一節）。

後醍醐天皇は元亨元年一二月、父後宇多法皇より政務を譲られて親政を開始した。いわゆる後醍醐天皇前期親政である。同天皇の政務に対する意欲はなみのものではなく、政治運営の実際においてもいくつかの新しい面がみられた。特に同親政の最も重要な制度的立脚基盤である記録所には、同天皇の信頼厚き近臣が結集した。その構成面での特徴は勧修寺流藤原諸家出身者が過半を占め、特に吉田定房・万里小路宣房の破格の昇進はこの一門と後醍醐親政との密接な関係を象徴的に示している。またその機能面についていえば、記録所の基本的機能は寺社権門間の所領をめぐる訴訟の審理・勘奏にあり、当該期の記録所もこの面での活動の跡を残しているが、後醍醐前期親政の記録所の特徴的といえる機能は、洛中の商業・流通統制の強化である。同親政は前述のような近臣を多く記録所に送りこみ、これを通して洛中支配の強化をはかることを一つの重要な眼目とした。このことは同時に天皇による諸権門の制圧を意味し、やがては鎌倉幕府の討伐にまで到達する必然性を内包していた。

中世は院政の時代といわれるように、上皇が治天下となるのがふつうであり、天皇親政の期間は大変みじかい。院政下にあっては記録所は機能しなかったので、鎌倉時代における記録所の存続期間は文殿のそれに比べて格段の差がある。しかし後醍醐天皇がその親政開始にあたって、伏見親政下において整備をみた記録所を再興し、これを親政の制度的基盤となしたことにはそれなりの意味があったといわねばなるまい。このことは建武新政の理念とも関係している。やはり、天皇による全国統治の形として本来的なのは院政でなく親政であるという意識の高まりと無関係ではあるまい。同天皇の前期親政はのちの建武新政の前提的位置を占めており、その政策なり政治理念についての理解は建武新政を考えるときの指針となる（以上、第一章第二節）。

元弘の乱において、反幕諸勢力は後醍醐天皇や護良親王の命を奉ずる形をとることによって広範囲に亘る討幕勢力として組織された。この勢力は立場・利害を異にする複数の武力集団の寄せ集めで、反幕というただ一つの共通点において結集しえていたのである。従って、幕府の滅亡後に成立した建武政権にとって、各々の利害関係が最も切実な形をとってあらわれる恩賞問題や土地をめぐる訴訟処理はいわば彼らの支持の行方を左右することがらでもあった。つまり公武一統を実現した建武政権の最重要課題は、天皇の徹底した親政体制のもとに公武両社会をいかに統一的に支配するかということであり、その支配機構の整備はこの課題に対処する方向でなされたといってよい。建武政権の性格を考える視点の一つはこの点にあり、以上の目標にむけて政策の上でどこまでたどりつくことができたかについての評価が建武政権の性格付けのための指標となろう。そこで、特に建武政権下における訴訟制度および同政権を構成する諸官衙についての検討を行うことにした。

建武政権の法制および人的構成を知るための史料として「建武記」（別名「建武年間記」）がある。その内容からして建武政権研究の根本史料というべきものである。まず、「建武記」の成立・伝来については、鎌倉時代以来の文筆系の幕府吏僚太田道大（時連）が南北朝初期に本書を編纂し、同家の零落後は同族の町野氏に相伝されたのではなかろうかと推測した。

「建武記」に収められた法令はそのほとんどが雑訴決断所についての規定である。雑訴決断所は政権下で最も重い役割を果たした行政機関であるから、これに関する条規に即しての検討は建武政権自体の政治過程をうかがうための有効な手段となりうる。そのような視点に立ち、新政の実態や機構整備の状況をめやすとしておおまかにみれば、次の三つの段階に分けられよう。

第一期は建武政権の成立（元弘三年六月）より同年いっぱいの時期。専制体制の樹立に心血を注いだ後醍醐天皇が所務濫妨の停止・当知行地安堵を基本方針にかかげ、記録所を制度的基盤としていわゆる綸旨万能の政治を行った時期である。充分な調査を尽くさぬままの迅速主義が先行したので誤判が続出、朝令暮改の政令は在地に混乱をひきおこした。

第二期は先にみたような施政の混乱を収拾するため雑訴決断所が本格的な活動をみせる時期、いちおう建武元年五月ごろまでを想定してみた。すでに建武元年三月以前に、たとえ綸旨を得ていても雑訴決断所の確認を得なければ国司・守護レベルでの遵行をなすことができないとする政令が下されており、そこには綸旨濫発に伴う混乱を収拾する決断所の役割の一つが明示されている。決断所の訴訟手続きは建武元年に入って急速に整備され、同年五月ごろには決断所機構がいちおうの確立をみたと考えられる。

第三期は以上述べた混乱収拾策が一定度の成果を収め、相対的な安定をとりつくろうことのできたそれ以降の時期である。しかし建武二年一一月、中先代の乱を機に鎌倉に下った足利尊氏が建武政権からの離脱を明確にしたとき、決断所機構に支えられていた建武政権の政治のしくみは急激にくずれたと考えられる(以上、第二章第一節)。

一方、建武政権を形づくる諸官衙についてみれば、また別の角度から建武政権の性格にせまることができる。以下順次述べる。

建武政権の中央官制の特徴は、後醍醐天皇の徹底した親政体制を支える基本線にそって編成されている点にあるが、そのなかで最も中枢的な地位を占める記録所にはとりわけ天皇の信任あつき側近層が集められた。構成メンバーからみたとき、建武政権の記録所は同天皇の前期親政期のそれの発展したものと考えてよい。その再設の時期は明確ではないが、元弘三年七月にはすでに活動を始めており、しかも庭中・越訴の二部門制を採用し、全国を区域分割して訴の受理日を定めるなど全国統治の姿勢を早期に整えていることが注目される。機能の面でいえば、記録所は当初寺社権門のみならず、地頭御家人層の所領問題をも取り扱わざるをえなかったが、地頭御家人層における訴訟件数の増加・複雑化に伴って雑訴決断所が開設されると、記録所は特に寺社権門を当事者とする訴訟機関たる性格を強めてくる。建武政権の記録所が持つもう一つの新しい側面は、その下級職員の構成にあらわれている。つまり中原・小槻・清原といった伝統的な公家側吏僚のほかに、伊賀兼光・小田時知・名和長年・楠木正成といった武家側の者が編入されている。伊賀・小田は旧六波羅探題の吏僚、名和・楠木は新政府樹立の殊勲者である。この現象は雑訴決断所の人的構成面に特に濃厚にあらわれている。

雑訴決断所は元弘三年九月ごろ「雑訴ノ沙汰ノ為」(『太平記』)に新設されたと考えられる。その新設の背景としては、とくに地頭御家人層を当事者とする所領訴訟が急激に増加し、王朝の訴訟制度=記録所がその処理能力を欠いた事情が想定される。決断所はこの要請に応じて開設されたのである。

決断所は開設後、翌建武元年八月までは四番制で運営された。この時期の決断所の構成内容を示すものが「比志島文書」に残された結番交名であり、総員は六〇名程度と考えられる。建武元年八月の大幅改編によって決断所は一挙に八番制、総員一〇七名の大所帯へ拡大した。八番制への改組は決断所運営のしくみの基本には変化をもたらさなかったが、上・中流廷臣を分番配置し、訴訟機関としての陣容を整備し権限を強化することによって、各番内部で評定を経たうえで最終的判決を下しえるシステムを成立させたことに最も大きな意義がある。こうして決断所は政府機関の枢要の地位に据えられてゆく。

決断所の構成員をその身分階層によって分類すれば、ⓐ上流廷臣（大納言以上）、ⓑ中流廷臣（中納言・参議）、ⓒ下流廷臣（Ⅰ弁官級廷臣、Ⅱ法曹吏僚）、ⓓ武家関係者、の四つに分けられる。このうちⓐⓑは天皇の近臣グループ、ⓒ―Ⅰは綸旨の奉者などとして活躍する天皇近仕グループ、ⓒ―Ⅱ、ⓓは実務担当の下級職員である。こうした決断所の構成メンバーの多様さは建武政権の現実への積極的な対応策のあらわれとみてよい。

次に機能の面について。雑訴とは主として土地関係の訴訟を意味している。雑訴決断所の発給文書としての牒や下文の内容もほぼこの範疇を出ていない。現存する雑訴決断所牒・同下文の内容に即して分類すれば、(イ)所務相論の裁許（主に寺社権門領に対する濫妨行為の停止）、(ロ)地頭御家人層の所領安堵、(ハ)綸旨の施行、(ニ)訴訟進行上の手続き（召喚・論所点置・事情聴取など）、の四つに分かれる。決断所の機能は(イ)(ロ)を基調とし、権限の拡大とともに(ハ)が付加された。(ニ)においては各国守護の役割に期すところが大きい。また(ハ)は前に述べたように、建武政権成立直後に乱発された天皇の綸旨を整理する目的をもつ。

恩賞方は建武政府が論功行賞を行うための審理機関と考えられる。恩賞方の関係史料は乏少であるため細かいことまで知ることはできないが、元弘三年八月にはすでに活動を開始していたこと、建武元年五月には武士を含む四番制一七名の職員からなる組織が成立したこと、恩賞方の職員は将士の軍忠状と各国守護の提出する闕所地注文をもとに、将士の軍忠の有無・深浅を審理したのち、結論を天皇に上奏、天皇はこの上奏に従って綸旨によって恩賞を下付したこと、などのことがらを推測することができる。政務系統の上からみて、恩賞方は記録所との関係が深く、あるいは記録所内部に設けられた一部局である可能性も高い。

窪所と武者所は京都の治安・警察機構であるが、その職務の性格上、武士によって構成された。設置の時期や当初の規模、両者の関係などほとんど不明であるが、乏少な残存史料から推測すれば、窪所は武者所に比べて規模が小さく、朝廷の特定の要所を警備したと思われること、武者所の任務は謀叛人の逮捕など洛中警衛を中心に畿内及び近国における反乱の鎮定にあったと思われること、「建武記」所収の延元元年四月の武者所結番交名はまさに新田色が濃厚であるが、武者所の構成は必ずしも当初よりそうであったとは限らないこと、などの点を指摘することができる。

建武政権の検非違使庁についても関係史料が少なくその実体を窺うことは困難であるが、使庁が王朝の根拠地京都の訴訟・検断・警察などの任務を管掌する以上、その運営の仕方は天皇の政治路線に沿い、これを支えるものであったはずである。その長官たる使別当の人事をみると、洞院実世ののちは勧修寺一門が三代連続してこのポストについており、天皇の意志は彼らをとおして使庁運営のうえに大いに反映されたと思われる。また建武政権の使庁は建武元年五月に徳政令を発布したことも特筆される（以上、第二章第二節）。

建武政権は建武二年一一月の足利尊氏の離脱をもって実質的には崩壊した。尊氏は元弘三年五月後醍醐天皇によって帝位を廃されていた光厳上皇の奉戴に成功し、同上皇の手によって建武三年八月一五日光明天皇が践祚、ここに室町幕府に支えられた北朝が成立した。政治のしくみや幕府との関係などの点からみれば、北朝の性格は建武政権の成立によって一時遮断された、鎌倉時代の王朝の伝統に直結するといってよい。鎌倉時代の王朝制度と北朝のそれとの比較は今後の課題であるが、その相違こそ南北朝時代における王朝制度の展開を意味し、また建武政権の諸機構との内的関係をも考える糸口となるであろう。

北朝政治は光厳上皇の院政に始まる。その治世一五年間はいわば北朝約六〇年のうちで最も政務の運営が活況を呈した時期であった。特に、公家法における手続き法の集成とされる「暦応雑訴法」の制定(暦応三年五月)はそのことを象徴している。訴訟制度の側面でいえば、雑訴沙汰・文殿・御前評定を三本の柱として、上皇の近臣たる伝奏を縦横に動かして官僚機構を掌握した。伝奏がほとんど評定衆を兼ねている事実は同院政機構の一つの特色といってよい。つまり伝奏は同時に王朝の最高議決機関のメンバーでもあったから、評定と伝奏の二つの任務は能率的かつ迅速に遂行されたと思われる。特に伝奏と文殿衆によって運営される文殿がよくその機能を発揮したことが光厳院政にとって一つの強固な支えとなった。(1) またこのような王朝の訴訟制度の発展は当該期の朝幕関係のあり方と密接な関係を持っていることもみのがしてはならない(以上、第三章第一節)。

観応擾乱以降、幕府の諸権限は将軍のもとへ収束され、足利二代将軍義詮による独裁制への足固めが進行した。この幕府権力の安定化は同時に公武関係を安定させる要因となった。正平一統の破綻後、室町幕府によって擁立された後光厳天皇が親政を開始したが、同天皇親政一八年半は訴訟制度の規模や所轄範囲の縮少など、光厳院政期と比べて政治運営の面では活気を減じたものであった。しかしこのことはあくまで相対的意味においてであって、後光厳親政期に全く政道が廃退したわけではない。延引・中止をくりかえしつつも、議定・雑訴沙汰・記録所沙汰は従来の方式にのっとり維持されているし、後光厳天皇も政道の刷新・興行に対し強い意欲を持ち続けたのである。同親政の人的構成に目をむければ、王朝の政務機構に強い地歩を築き上げていた勧修寺流藤原諸家出身者の占める比重が減じ、これに対し同天皇の縁戚日野一門の進出がめざましいことに気付くが、こうした人事面での変革も同天皇の政治運営の特質に根ざすものと思われる。また同親政の性格を考えるとき、持明院統皇室領の主要部分が兄崇光院に伝領されたため、同親政の経済基盤が弱かったこと、そのような内情を反映して、皇室内部に後光厳流と崇光流という二つの政治勢力が胚胎していたことも考慮に入れねばならないし、また特に対幕府関係の面でいえば、後光厳天皇の異例の践祚が大きな影を落としていることもみのがせない。(2) 王朝政権史上における同親政の位置について政治史的観点から端的にいえば、幕府権力の一元化を達成した幕府が王朝権力の吸収にのり出してくるという歴史的背景のもとで、後光厳親政は自らの力をふりしぼって政道の興行につとめ、王朝の政治的伝統を固守しようとしたと概括できよう(以上、第三章第二節)。

応安四年四月、皇位を後円融天皇に譲った後光厳上皇は院政を開始したが、同上皇の院政は約三年しか続かなかった。治世中、同上皇は親政時代以来の政務への意欲を失わず、応安四年九月には八ヶ条に亘る法を布告して政道の振興をはかった。「応安法」とよばれたこの法の内容は、光厳院政の所産たる「暦応雑訴法」や後伏見院政下で確認された「延慶法」の条規、それに応安四年当時の新事態への対処のための立法を含んでいるが、概していえば、従来の公家法の伝統を再認識し、幕府への依存を一層明確にさせたものといえよう。行政の機構も規模も縮少した。同時に訴訟制度を支えた合議の原理が弱体化し、代って特定公卿の意見を徴する勅問が重要な役割を果たすようにもなった。また同院政を支える評定衆や伝奏など枢要メンバーが多く同院の院司に編成されているのも同院政の特徴の一つである。このような院司構成が後円融院政下における執事足利義満の公家支配にとって好都合であったのも否定できない。要するに後光厳院政は、長期に亘る春日神木の在洛という異常事態のなかで、北朝が幕府の傘下に今まで以上に深入りすることによって、公家政治の維持を一定度はかろうとした時期ということができよう（以上、第三章第三節）。

後光厳院政をうけて応安七年から始まる後円融親政は約八ヶ年に亘るが、同親政期が足利義満の親裁権強化の時期に重なっていたこともあって、幕府による王朝権力の接収は格段のピッチで進行した。従来北朝の訴訟制度の中枢をなしてきた雑訴沙汰や記録所の活動もほとんど影をひそめ、議定にしても永和二年を最後として雑訴が議題にのぼらなくなり、勅問の制度によって当座の問題を処理するという事態をむかえた。しかしそれでも賀茂社と鞍馬寺との間の貴布祢河界をめぐる訴訟を永和二年に記録所が評議した事実は、もとより断片的事実にすぎないが、後円融親政下における王朝の伝統的訴訟機関がそのころある程度作動していた徴証とみるべきであろう。けれども、永和二年の記録所の注進状に依拠して下された永和五年の勅裁が幕府の介入によってまもなくくつがえされた事実に象徴されるように、斯波義将が細川頼之に替って幕府の管領に就任する康暦元年（永和五年三月二二日改元）より以降幕府の政策の強硬化に伴い、公武関係も大きな変貌をとげた。康暦―永徳年間は管領斯波義将に輔佐された将軍足利義満が王朝権力のおおよそを接収した時期といえる。しかしそのような状況にあっても特に京都に対する王朝の支配権はなお強く、永徳元年八月の時点で義満をして「京都地事、公家御計也」（『後愚昧記』）と言わしめたほどである。

後円融天皇は永徳二年四月、皇位を後小松天皇に譲り院政を開始した。明徳四年まで一一年間に亘る後円融院政の性格は「新院（後円融）は御治世なれども、天下の事は大樹（足利義満）執行はせ給ふ」（『椿葉記』）という一文に尽きているといってよい。義満は院執事となって院司・伝奏に強い影響力を持ち、また高位・高官を得て院評定始に主導的な地位を占めている事実から知られるように、もはや義満は王朝に対して外部からでなくまさに内部からこれを指揮できる立場に立ったのである。後円融上皇の院宣は一定の範囲に限って発給されてはいるが、たとえば嘉慶二年の足利義満の御判御教書が出されたのち、これを追認する後円融上皇の院宣が下されるというように（「理性院文書」）、勅裁の形骸化がめだってくるのもこの時期の特徴である。こうして幕府による王朝権力接収が完了した（以上、第三章第四節）。

検非違使庁（略して使庁）は王朝国家の本拠たる京都の治安・警察・裁判を所轄したが、使庁の発給文書の性格と伝達の経路から考えて、使庁のしくみは鎌倉後期にほぼ完成し、北朝へ継承されたと思われる。王朝の主たる訴訟機関には使庁と記録所（又は文殿）とがあり、その構成メンバーの重要部分を占める法曹吏僚についてみれば、中原・坂上・小槻・清原の各氏より出ており、しかも使庁の場合は中原・坂上両氏の出身者に限られている。このことは王朝の法曹吏僚がその立脚する制度的基盤によって大きく二つのグループを構成していたことを示しており、また建武新政下でうまれた雑訴決断所評定文の書式にも影響を与えた。二つのグループの間にはひややかな対立が生じ、時折表面化することもあった。

北朝の検非違使庁についていえば、光厳院政期をピークにその活動は活発さを減じていったが、洛中の行政に深く根をおろしていた使庁は王朝の他の制度より長い命脈を維持した。洛中の敷地田畠に対する裁判権行使の徴証は永徳元年で途絶え、至徳元年には侍所の関与が明確となるが、使庁は少なくとも至徳年間までは商業統制や謀書取り締り、および紛失証判についての権限を持っていた。幕府による使庁権限の接収過程については概略そのみちすじがすでに示されているが、(3)右のことは使庁の存立基盤の強さをあらためて痛感させる事実である。また使庁と侍所との所轄関係についていえば、両者の連携的な捜査手続きにうかがわれるように、相互の調和的業務遂行を経て、最終的には侍所の所轄へと収斂したと考えられる（以上、第三章第五節）。

第三章においては北朝政権の政務の実態を素描してみたが、それは室町幕府との間のどのような関係によって規定されたであろうか。

北朝より幕府に対しての交渉の主たるものは勅裁を幕府の力を借りることによって執行すること、つまり勅裁の遵行移管である。主として雑訴関係の勅裁は武力的執行機構を有しない北朝にとって幕府に執行の依頼をするより他に方法はなく、この行為自体は北朝と幕府との緊密な関係、および当該期幕府権力の性格を察知せしめる。この方式は鎌倉時代の公武交渉のしくみを踏襲したもので、北朝と幕府との関係は前代鎌倉時代の遺制を色濃く継承したものであった。そのような勅裁の遵行移管の事例は建武四年より永徳年間のものまでを確認することができたが、寺社権門より幕府への直接的提訴の増加傾向を併考する時、[4]かかる事例の漸減・消滅は訴訟の側面における公武関係の推移を最も直接的に明示している。永徳年間を最後にかかる事例がみい出せなくなることは幕府による王朝権力の接収の進展と表裏の関係にある。使庁の敷地田畠に対する裁判権行使の終見が永徳元年であること、文殿・記録所の機能がこの頃にはほとんど衰滅していたこと、[5]などを考慮に入れるならば、幕府による王朝権力接収過程において永徳年間が一つの画期をなしたであろうことは容易に推測できよう。

幕府による勅裁の遵行の仕方はおおよそ次のようである。まず勅裁たる綸旨・院宣が公武交渉の王朝側担当者に対して下され、旨はこの担当者の発する施行状によって幕府側に伝達された。幕府はこれを管国守護に命じて遵行させた。つまり幕府の遵行機構にのせたのである。その王朝側担当者を武家執奏といい、鎌倉時代の関東申次西園寺家の嫡流実俊がその任に当ったが、文和二年一〇月の実俊登場以前にあっては、西園寺家庶流の今出川兼季・実尹、勧修寺流藤原諸家の代表格たる勧修寺経顕の三者が順次この職務を専掌した。このポストが今出川兼季↓同実尹↓勧修寺経顕↓西園寺実俊と受けつがれるにつれ、公家施行状の書式の変化にもうかがわれるように、武家執奏の地位は確立していった。特に西園寺実俊が約三〇年間の長きに亘りこの地位にあったのも、公武関係の安定化をさし示すものに他ならない。

次に幕府側の窓口についてみれば観応擾乱が大きな節目となっている。つまり擾乱以前は幕府内部の主導権争いを反映して窓口も高師直↓足利直義、さらには足利義詮へと変転したが、擾乱ののちは将軍もしくは将軍就任が確実となった人物（具体的にいえば足利義詮、のち子義満）に固定した。この事実も、擾乱を契機にした、将軍を中心とする幕府体制の安定化が公武関係に好影響を与えたことを証している。義詮の没後、義満が幼少で幕府の主帥の地位に立ったときも公武交渉の武家側窓口にいささかの変動もなかった。

続けて武家施行状についていえば、幕府が受諾した勅裁の遵行をどのような形で行うかはもはや幕府内部の問題ではあったが、このことは幕府における支配権のありよう、具体的にいえば引付方の活動、およびこれと競合する関係となった将軍の親裁権強化の動き、さらに管領の職権の形成などについて考える重要な手がかりを提供している。つまり、おおざっぱにいえば、開幕以来武家施行は引付頭人奉書でもって行うのが通例であり、逆に引付制度の強固な基盤もそのような実績に裏付けられていたが、観応擾乱以降漸次将軍の親裁権の強化がはかられ、引付制度は危機にさらされることとなった。足利義詮期の武家施行のあり方をみれば、執事を介した将軍親裁権の強化の影響も幾分かは認められるが、引付頭人奉書による施行はなおも基本的には維持されており、引付制度の底力の強さを思い知らされる。しかし、義満の代の応安年間に入ると、管領細川頼之の奉書でもって武家施行をなすという傾向が急激に強まり、永和年間さらに斯波義将が管領となる康暦元年以降になるともはや管領奉書での施行事例しか残らないほど管領の関与が濃厚になっている。いつ管領制が成立したかについては目下いくつかの見解が存在するが、以上のような武家施行の専掌をも管領の職権事項とみなすならば、それは細川頼之に始まるとみるのが妥当であり、管領制の成立を細川頼之にひきよせて理解する考え方の一支証となろう。このように考えるならば、管領細川頼之は将軍の代行として朝廷との交渉にあたったのであるから、管領制の成立と公武関係の推移とが密接な関係にあったことも認めねばなるまい。

次に幕府から朝廷にむけての口入、いわゆる武家執奏についてみれば、幕府がどのようにして王朝権力と接触し、これを接収したかを具体的にうかがうことができる。武家執奏の内容は、寺社権門の訴訟をはじめ、所領・所職、公家や寺官・神官のポストにも及び、皇位や勅撰集の撰集などにも亘った。幕府による執奏は幕府権力の拡充とともに深化し、逆に公家は漸次往時の権限を手放していった。幕府による王朝権力の接収が推進されるうえで、この武家の執奏のもつ意味は大きいといわねばならない。一方幕府の朝廷に対する経済的援助が武家執奏の展開を容易にしたこともみおとせない。王朝が経済面でも幕府に依存せざるを得なかったことが武家の執奏の効力を保証したと言っても過言ではあるまい。こうして幕府権力の確立期ともいうべき康暦—永徳年間になると、武家の執奏は王朝にとって背くことのできぬものとする認識が形づくられるに至る。王朝権力の接収が調和的になされたのも、幕府の採用した重要な一手段たる執奏が形式的には王朝の体面を傷つけない交渉法であったためと考えられる。

先にみた、勅裁の遵行を幕府に移管する事例が永徳二年で途絶えることと、前述の武家執奏の実効力がほぼ同時期に極まることとは同じことがらの二様のあらわれといえよう。そのことがらとはいうまでもなく幕府による王朝の政治的権限の接収がほぼ終了したという事実にほかならない（以上、第四章第一節）。

こうして武家政権としての室町幕府は漸次変貌をとげ、公武統一政権としての形をととのえていった。そのことは当然ながら公武交渉の方式にも反映した。康暦―永徳年間ころより幕府の朝廷への申し入れは特定の伝奏を介して奏されることが始まる。前述のように永徳年間をもって武家執奏西園寺家の活動を史料的に認めえなくなるのは、武家執奏に代替する「武家」伝奏の登場と表裏の関係にある。つまり鎌倉時代以来の伝統的方式が閉却されたのは、武家政権としての室町幕府が鎌倉幕府以来の東国政権的性格を完全に払拭したことの証左とみたいがいかがであろうか。この「武家」伝奏は足利義満の公家に対する絶大な影響力のもとで成立したが、やがて南北朝合体後の義満による公家・寺社権門支配にとっての制度的基盤としての役割を果たした。つまり、義満にとって「武家」伝奏は公武統一政権を完成・維持するための重要な柱ともいうべきものである（以上、第四章第二節）。

註

(1) 光厳院政下における文殿の訴訟手続きのなかで注目されるのは、第三章第一節で詳しく述べたように、文殿衆の合議の結論たる文殿注進状（勘状）の裏面に一件の担当奉行である伝奏の花押が据えられていることである。この行為は単に訴訟手続き上の問題にとどまらず、文殿注進状の性格、および文殿の制度的評価にまで直接的にかかわってくる。一体このようなことがいつから始まったか詳しい調査を要するが、いまわかる範囲で述べるならば、①第一章第二節において表示した正応～永仁の間の五点の記録所注進状にこのような裏花押の有無を確認できない、②同節において表示した元亨～嘉暦の間の三点の記録所注進状のうち少なくとも元亨二年一〇月二四日付のもの（「瀬多文書」）には小槻匡遠の裏花押が認められる（但し匡遠は表の署名者中にみえず、どのような立場から花押を据えたかは要検討）、③第二章第二節において表示した元弘～建武の間の四通の雑訴決断所評定文のうち少なくとも建武元年一〇月一七日付のもの（「仁和寺文書」）には、当該評定文をうけて発された後醍醐天皇綸旨の奉者岡崎範国の裏花押を認めることができる（同節註(19)参照）、以上三つのことがらを指摘することは可能である。これらの事実を参考としつつ、先の光厳院政の文殿注進状の裏花押について推測すれば、このような方式が直接的には③より継承されたことが知られ、いわば建武政権の制度的遺産を北朝がうけついだ一例といえるのではあるまいか。なお、光厳院政以降の北朝でこの方式がどうなるかについては注進状（後光厳親政下で記録所注進状二、後円融親政下で同注進状一が確認される）正文が残

むすび

存しないと思われるため、これを明らかにすることはできないが、おそらくその終焉まで継承されたと考えてよいであろう。

（2）一体幕府にとって北朝（特にその主催者たる天皇・上皇）は何であったかという問題は決して簡単にかたづけられるものではない。いま一つだけ幕府の軍事面に即していえば、次のような具体的事例をあげることができる。（新補注1）

①足利尊氏は建武三年二月半ば、光厳上皇の擁立に成功したが、尊氏はこの時より同年八月にかけて新田義貞一味誅伐の軍勢を催促する根拠に光厳上皇の院宣を用いている。

②足利直義は貞和三年一二月より翌四年九月にかけて、光厳上皇の院宣を奉ずる形で南軍討伐のための軍勢を募っている。

③観応擾乱に際して、観応元年一一月足利尊氏は弟直義誅伐のため光厳上皇に院宣の下付を要請しこれを得た（『園太暦』同月一六・一七日条、「建武三年以来記」同月一九日条）。

④足利義詮は延文四年一一月、「鎮西宮（懐良親王）并菊池武光以下」九州南軍討伐のための後光厳天皇綸旨を獲得し、これによって軍事行動をおこさせようとした（『園太暦』延文四年一一月七日条、「大友文書」三、延文四年一一月一〇日足利義詮御判御教書）。

これらの事例から考えれば、北朝の天皇や院の皇室としての伝統的権威が幕府の軍事行動の正当性を保証する根拠となっていることは事実であろう。

（3）佐藤進一氏「室町幕府論」三〇〜四一頁（のち『日本中世史論集』に収録）。

（4）観応擾乱の際、王朝政務機構が麻痺して政治的空白におちいったことも、公家や寺社権門と幕府との直接的接触を促進したと考えられる。たとえば、延文四年六月、東寺雑掌頼憲は申状を幕府に提出し、飽間光泰の同寺領播磨国矢野荘例名内重藤十六名及び公文職を濫妨するのを停められんことを訴えたが、このときの副進文書に「一通　御判御教書案観応三年六月十日、御沙汰中絶之時分被成之」というものが含まれていた（「東寺百合文書」ル）。この御判御教書が足利義詮のそれであることは明らかである（尊氏は関東下向中）。この事例は擾乱の最中にあって、訴人が事実上幕府への提訴を余儀なくされた事情をよく物語るものといえよう。

（5）ちなみに、永享〜天文年間にあらわれる、室町幕府奉行人による意見制度が使庁・文殿・記録所などの公家裁判所の模倣だという指摘（石井良助氏『中世武家不動産訴訟法の研究』四九八頁、笠松宏至氏『日本中世法史論』八七頁参照）がここで想起される。意見制が公家より学びとられた制度的産物であるならば、このことも広義の公武交渉の重要な一事例ということができる。

収録論文初出一覧

第一章

第一節…「鎌倉後期政治史の一齣―皇位継承をめぐる朝幕関係―」（「日本歴史」四一〇号、昭和五十七年七月）

第二節…「後醍醐天皇前期親政期の記録所」（「九州史学」六六号、昭和五十四年九月）

第二章

第一節…「建武政権の法制―内閣文庫本「建武記」を素材として―」（「史淵」一一六、昭和五十四年三月）

第二節一…「建武政権の構成と機能(1)―雑訴決断所―」（「三浦古文化」二六、昭和五十四年一一月）

第二節二…「建武政権の構成と機能(2)―記録所・恩賞方・窪所・武者所・検非違使庁―」（「九州史学」六七、昭和五十四年一〇月）

第三章

第一節…「光厳上皇の院政について」（「九州史学」七三、昭和五十七年四月）

第二節～第五節……新稿

第四章……新稿

略系図（勧修寺流・日野流藤原氏、中原氏、小槻氏）

1　勧修寺流藤原氏諸家（『尊卑分脈』より）

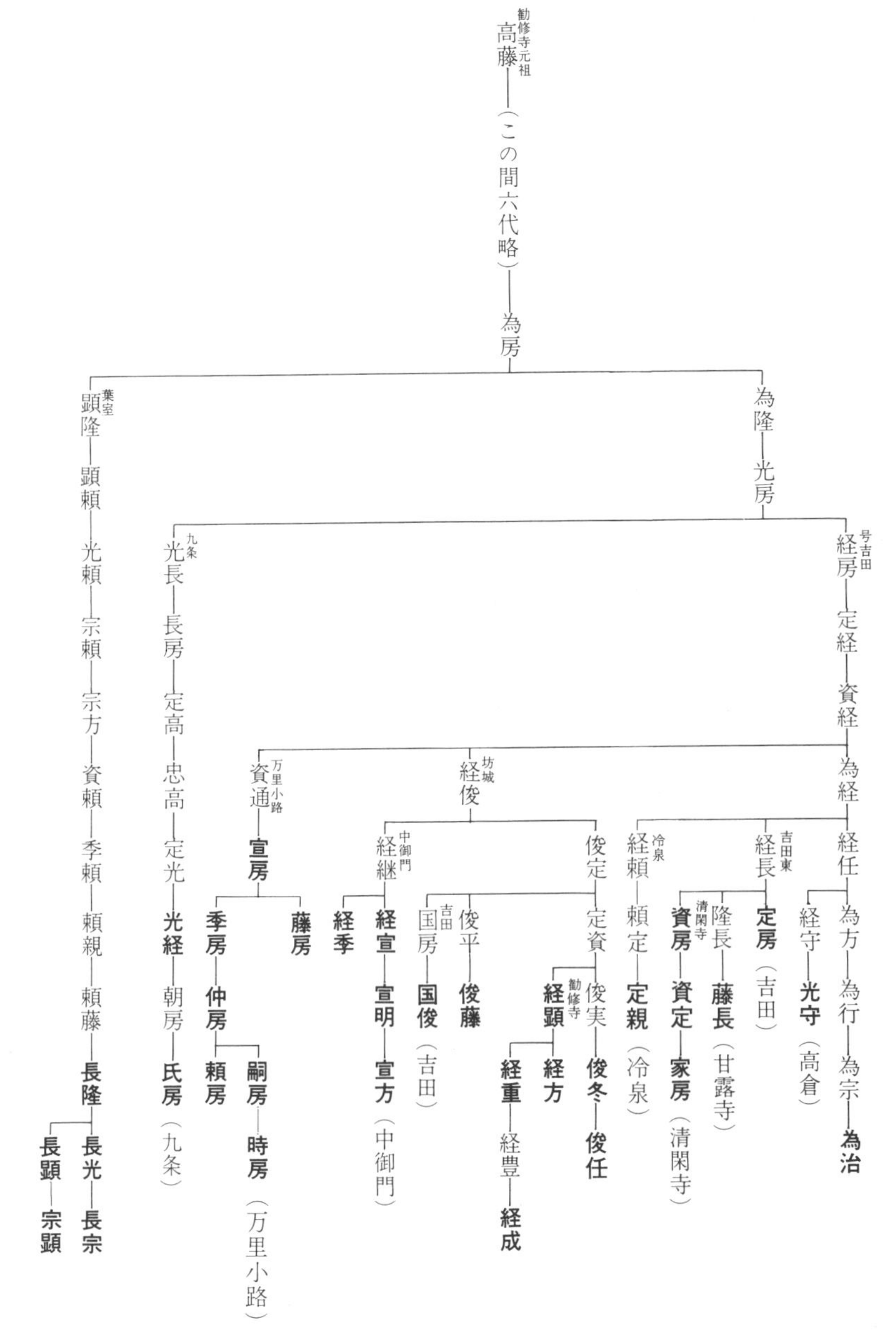

2　日野流藤原氏諸家（『尊卑分脈』より）

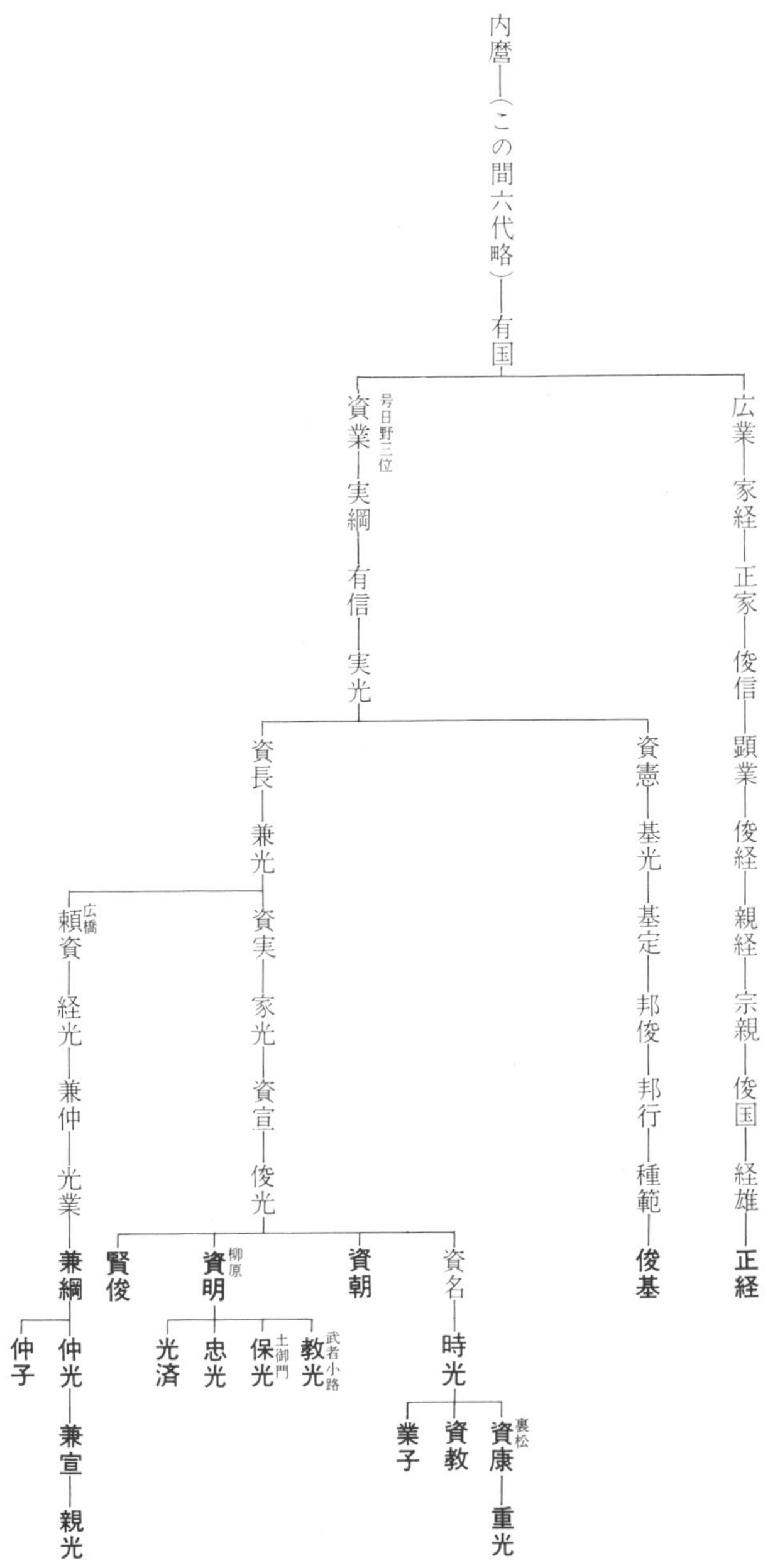

3　中原氏（今江広道氏「法家中原氏系図考証」〈『書陵部紀要』二七〉、『尊卑分脈』などより）

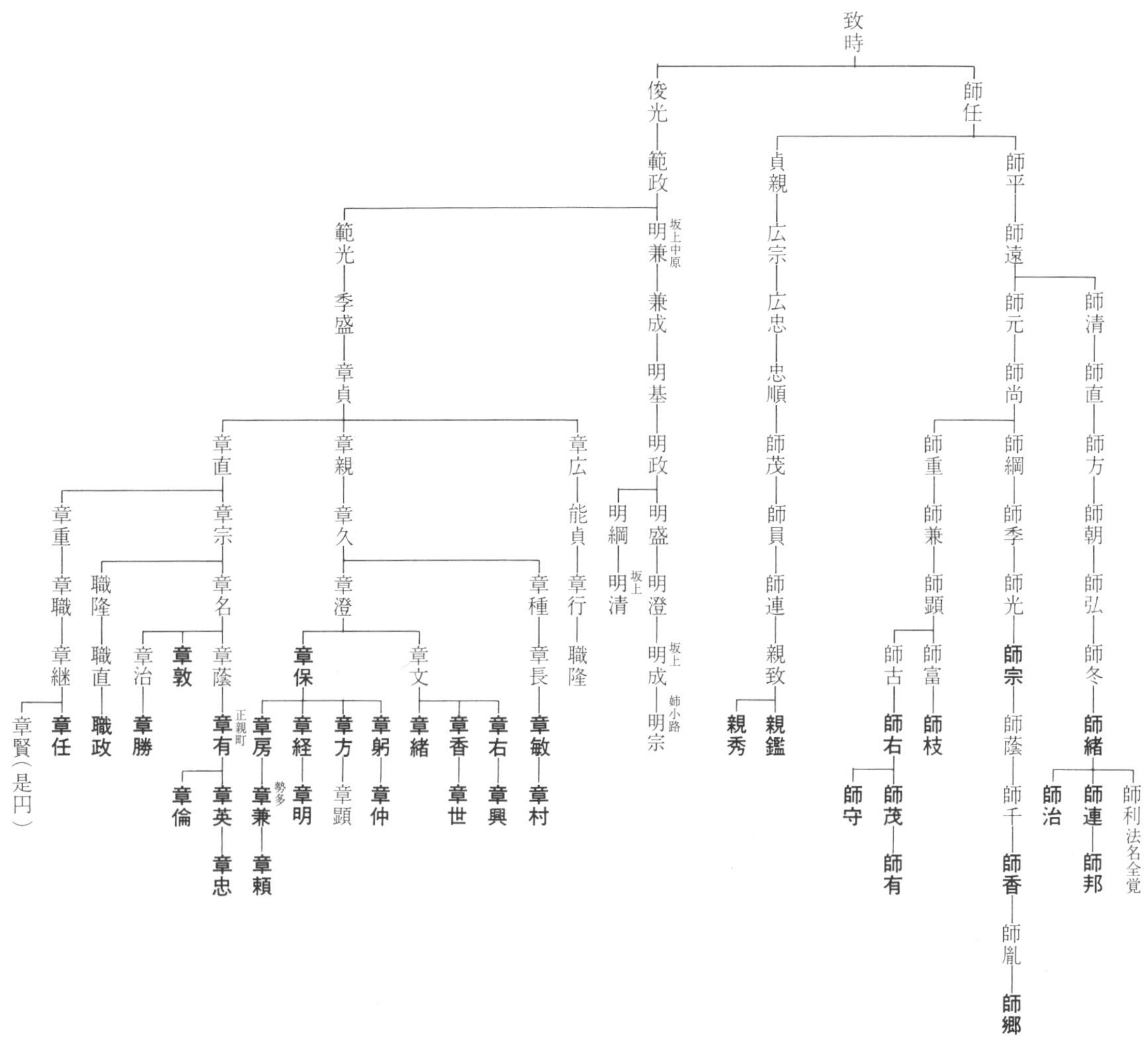

4　小槻氏（『尊卑分脈』より）

新補注

第一章第一節

新補注1（二頁）

「御事書并目安案」について「おそらく未紹介の史料と思われる」と記したが、すでに八代国治氏『国史叢説』（吉川弘文館、大正一四年）におさめられており（若干のコメントあり）、近年では『鎌倉遺文』第三九巻に三〇一四二号文書として収録されている。なお端裏書の「□月十六日」の「□」について、八代著書は「十」と読み（同書七七頁）、『鎌倉遺文』は「二ヵ」とするが、どちらかといえば「十」の方が妥当である。

新補注2（八頁）

「御事書并目安案」の正本を書いた人物を西園寺公宗と推測したが、筧雅博氏「道蘊・浄仙・城入道」（「三浦古文化」三八、昭和六〇年）は日野資明と指摘した。いまこれに従う。

新補注3（一六頁）

国立公文書館内閣文庫所蔵「按察大納言公敏卿記」（洞院公敏の日記。臨川書店『歴代残闕日記第一七冊』に収録されるが脱落あり）の文保二年二月条には、践祚（後宇多法皇の次男尊治の践祚）と立坊（後宇多の嫡孫邦良の立坊）の双方をかちとった後宇多法皇によって強力にリードされるこの時期の政治状況が克明に描かれている。

新補注4（一九頁）

「この愁訴をうけて関東が調停にのり出した形跡はない」と記したが、以下に述べるような理由で「この愁訴をうけて関東は一定の動きを見せているが、皇位の交替を申し入れた形跡はない」と改める。

筧雅博氏は新補注2論文において、「法隆寺記録」によって知られる嘉暦四年三月の東使二階堂道蘊の上洛をめぐる公武間の政治的関係に着目して、「嘉暦四年春における朝幕間の交渉の背景に、互いに入り組み錯綜する公武の人間関係が介在している」ことを考察した。そこでは、幕府の文筆系有力御家人二階堂道蘊、法勝寺執行浄仙、および城入道（安達時顕）円明という三人のキーマンの政治的立場をふまえることによって、後醍醐天皇の退位問題への対応の仕方が微妙に変わっていく政治過程を明らかにした。この嘉暦四年三月の二階堂道蘊の上洛は、前年の「御事書并目安」が直接的なきっかけであった可能性は高い。その意味では、幕府の重い腰を動かすうえで一定度の効果はあったといえよう。だがこの時の二階堂道蘊の上洛は、後醍醐天皇の退位を引き出さなかった。それどころか、この時の道蘊と後醍醐との接触は、両人の結びつきを緊密にしたものと考えられる。嘉暦四年春の道蘊の上洛はそのような政治的な意味を持っていたのである。

新補注5（二二頁）

研究文献として、佐藤厚子氏『中世の国家儀式——「建武年中行事」の世界——』（岩田書院、平成一五年）を加える。

第一章第二節

新補注1（二四頁）

この点については、藤原良章氏の批判がある。同「公家庭中の成立と奉行」（同『中世的思惟とその社会』第一部

第二節、吉川弘文館、平成九年)。

新補注2(二七頁)

この表に次の一例を追加する。

日野俊光	記録所勾当	正応五	正四位下・右中弁	『弁官補任』二 一三頁

新補注3(三〇頁)

元版の註(20)において「蔵人所の構成に四等官制の区分をあてはめると、三等官の判官には六位蔵人が相当しよう」としたが、蔵人所はいわゆる令外の官であるから、そもそも四等官制をあてはめることに問題があった。この「蔵人判官」が誰かは不明であるが、この場合、勘解由使の判官が蔵人を兼任したため「判官」の文字がおもてに出たものと考えられる(末松剛氏のご教示)。このことをふまえて、高倉光守に即して考えよう。光守は後醍醐天皇代の五位蔵人である(「職事補任」、『群書類従』第四輯所収)。他方、光守は「勘解由次官」として後醍醐天皇綸旨を発している。つまり、光守は勘解由使の次官であると同時に、後醍醐の五位蔵人であったことになる。このことをふまえて、先の「蔵人判官」について考えると、蔵人判官の身分は同じ蔵人でも五位蔵人のランクより一段下とみなければなるまい。そうなると、六位蔵人あたりを想定せざるをえない。

新補注4(三九頁)

網野善彦氏「元亨の神人公事停止令について――後醍醐親政初期の政策をめぐって――」(「年報中世史研究」2、昭和五二年。のち『悪党と海賊』〔法政大学出版局〕に収録)の理解に従い、註(49)を削除する。

新補注5(四三頁)

この文書は、のち『鎌倉遺文』第三八巻や『北野神社文書　筑波大学所蔵文書(上)』(史料纂集古文書編)に収録された。

新補注6(四九頁)

表Vに以下の一例を追加する。

元亨三年十月十二日	良慶僧都与幸勝丸相論越前(大野郡)国泉荘内鍬懸郷間事、	然者便補件□物於年々土貢遂結解、可被返付良慶僧都矣、	章敦・章房・章躬・章方・明清・秀清	奥田三角家旧蔵文書(『福井県史資料編2』)

新補注7(五〇頁)

暦応四年一二月日左衛門尉康種(童名玉熊丸)申状案(『大日本古文書　東寺文書二』八二九頁)は、左衛門尉康種が、山城国上桂荘質券文書を抑留する成尋房を北朝の検非違使庁に提訴し、文書の返却を求めるという内容のものであるが、この申状のなかに「……成尋抑留之間、去嘉暦二年於使庁訴申之処、為対馬判官重行之奉行、有御沙汰之処……」というくだりがある。ここにみえる「対馬判官重行」が、表Vの(10)の署名者のなかの重行その人である可能性は高い。

第二章第一節

新補注1(五九頁)

比較的近年の建武政権研究としては、村井章介氏「建武・室町政権と東アジア」(『講座日本史4』所収、東京大学出版会、昭和六〇年)、丸谷豊氏「後醍醐、関白を廃す――建武政権の政治理念――」(『史泉』六八、昭和六三年)、近藤成一氏「建武政権」（『古文書の語る日本史4』筑摩書房、平成二年）、吉原弘道氏「建武政権の安堵に関する一考察」（「古文書研究」四〇、平成七年）、美川圭氏「建武政権の前提としての公卿会議――「合議と専制」論をめぐって」（『日本国家の史的特質　古代・中世』所収、思文閣出版、平成九年）、伊藤喜良氏「建武政権試論――成立過程を中心に――」（「行政社会論集」一〇―四、平成一〇年。のち『中世国家と東国・奥羽』〈校倉書房〉に収録）、同『後醍醐天皇と建武政権』（新日本新書、平成一一年）、鈴木哲雄氏「建武徳政令と地域社会――下総香取社の情報収集――」（『相剋の中世』所収、東京堂出版、平成一二年）、村井章介氏「建武政権の所領政策」（『戦国織豊期の社会と儀礼』所収、吉川弘文館、平成一八年）、同「建武政権と室町幕府体制」（『新体系日本史1　国家史』所収、山川出版社、平成一八年）、甲斐玄洋氏「建武政権の太政官符発給――政権の理念と構想の一断面――」（「学習院史学」四五、平成一九年）などがある。

新補注2（五九頁）

「建武記」は『群書類従』第二五輯に一括して収録されている。また「建武記」に収められた年紀の異なる個々の史料は、『大日本史料』をはじめとした刊本史料の該当年次の個所に分載されている。そのような活字のテキストのなかでも、日本思想大系二二『中世政治社会思想・下』（岩波書店、昭和五六年）のなかの「建武新政の法」のグループに収められた関係史料は、多く「建武記」から採用されており、その厳密な校注を担当した笠松宏至・佐藤進一両氏による解説・補注とともに大変貴重である。

なお、「建武記」所収の記事のうち、建武政権を痛烈に批判した日本落書史上の傑作とされる「二条河原落書」も右記の『中世政治社会思想・下』に詳しい注付きで掲載されているが、この落書についてはそれなりの研究史があるので、その論文の外題のみ掲出しておく。

①多賀宗隼氏「二条河原落書」（「歴史と地理」二七六、山川出版社、昭和五三年）

②山下宏明氏「『太平記』とその状況――「自由狼藉の世界」と『徒然草』――」（同『軍記物語の方法』所収、有精堂出版株式会社、昭和五八年）

③佐藤和彦氏「京童ノ口ズサミ」（「歴史評論」四三九、校倉書房、昭和六一年）

④笠松宏至氏「二条河原落書の世界――後醍醐の政治――」（『日本中世史を見直す』所収、悠思社、平成六年）

⑤中島敦子・山本宮子氏「二条河原落書」（『悪党の中世』所収、岩田書院　平成一〇年）

⑥原美鈴氏「『二条河原落書』について」（『悪党と内乱』所収、岩田書院　平成一七年）

新補注3（六〇頁）

この奥書は『群書類従』第二五輯五〇五頁に収められる。以下に引用する。

右記者、問注所町野加賀守淳康、自二太田之流一相伝類跡也、而応仁兵乱之時預二置禅住坊之御倉一〈一條猪熊〉之処、於二彼文庫一少々散失云々、件一冊対馬守平数秀不慮而感得之間、令三懇望書二写之一、又山城朝議大夫判官政行朝臣依二所望一暫借之処、先祖有二所役之事一、他筆之記、尤大切、仍拘二惜之一、無レ力二于呵譴一而重遂二写功一耳、

朝散大夫

清原筑後守元定筆

新補注4（六三頁）

太田道大の略歴については「北条九代記」（『続群書類従』第二九輯上所収）永仁元年条に記事がある（四三四頁）。

新補注5（六三頁）

足利直義と太田道大との親密な関係についてはその徴証がある。「新後拾遺和歌集」巻第一七雑歌下に収められ

た以下の和歌である（角川書店『新編国歌大観』第一巻、七一八頁）。

道大（太田）法師やまひにわづらひ侍りけるに、泰山府君まつるべきよし申して、太刀などおくり
つかはしけるに、読みそへて侍りける　　左兵衛督直義（足利）

世のためにわれもいのればかぎりある　命なりともながらへやせん

詳しくは拙著『中世日本の政治と文化』（思文閣出版、平成一八年一〇月）三九三～三九四頁参照。

新補注6（八八頁）

この文書について、武末泰雄氏「雑訴決断所廻文について」（『南北朝遺文九州編』月報2、昭和五六年）が「形式面から廻文ないし廻文系列の文書として捉える」見方を提示した。

第二章第二節　一

新補注1（九一頁）

近年の雑訴決断所に関する研究として、小林保夫氏「『雑訴決断所牒』小考」（『堺女子短期大学紀要』一五、昭和五五年）、飯倉晴武氏「建武政権文書」（『日本古文書学講座』4、雄山閣出版、昭和五五年）、同「建武政権の所領安堵文書の変遷」（『法政史学』三二、昭和五五年）、同「後醍醐天皇と綸旨」『日本中世の政治と文化』所収、吉川弘文館、昭和五五年）、武末泰雄氏「雑訴決断所廻文について」（『南北朝遺文九州編』月報2、昭和五六年）、吉井功児氏「雑訴決断所職員ノートから」（『日本歴史』四五五、昭和六一年）、長又高夫氏「雑訴決断所機構に関する一考察――所轄事項と審理過程を中心に――」（『国学院大学大学院紀要』二二、平成三年）、阿部猛氏「大炊御門家領について」（『帝京史学』一二、平成九年）、阪田雄一氏「雑訴決断所と鎌倉将軍府」（『中世東国の政治構造』所収、岩田書院、平成

一九年）などをあげることができる。

新補注2（九二頁）

文永一〇年四月の亀山天皇の議定では「五箇条篇目」が取りあげられた（増補史料大成『吉続記』文永一〇年四月一日条）。そこでは、「神事」「仏事」「倹約事」「任官事」に加えて、「雑訴決断事」が議題にのぼっている。

新補注3（九二頁）

『吾妻鏡』における「雑訴」の用語は、文治二年にはすでにあらわれている（文治二年六月九日条。国史大系本第一―二二六頁）。

新補注4（九七頁）

「藤原宗成」を(d)のグループに入れていたが、吉井功児氏「雑訴決断所職員ノートから」（「日本歴史」四五五、昭和六一年）に従い(c)―Iのグループに移す。

新補注5（一〇〇頁）

これらのうち②と④との紙背には花押がある。このうち②の裏花押は、後醍醐近臣岡崎範国のもので（東京大学史料編纂所編『花押かがみ・七』七四～七五頁参照）、岡崎範国はこの評定文の結論を踏まえて出された建武元年一〇月一七日後醍醐天皇綸旨（「仁和寺文書」）の奉者となっている。

新補注6（一〇二頁）

その後の収集によって、断簡を含めて全一四二通を集めることができた。文書形式からみれば、一三四通が牒、八通が下文。充所からみれば、国衙あて五九通、守護所あて三四通、国衙并守護所あて三通（和泉〈二通〉・播磨、元版で四通としたのは誤り）、国上使あて二通（出雲・丹波）、その他三八通、不明六通である。

新補注7（一〇八頁）

この太政官符発給の政治・理念的な意味については、近年、甲斐玄洋氏「建武政権の太政官符発給——政権の理念と構想の一断面——」（『学習院史学』四五、平成一九年）において、後醍醐天皇による朝儀復興という視点から検討された。

第二章第二節　二

新補注1（一一八頁）

註(23)で「式部大丞」を菅公時ではないかとしたがこれは誤りで、史料纂集『師守記二』（一二〇頁）の記事により、その実名は藤原清藤と考えられる。

新補注2（一二二頁）

加えて、中原康綱が記録所寄人・雑訴決断所衆であったことについては、『康富記』宝徳三年一〇月二五日条（増補史料大成『康富記三』二九五頁）に明らかである。

新補注3（一二九頁）

本文の「以上の推測から」と「おそらく」の間に、「先に引用した元弘三年七月日申状自体は、当知行地安堵を申請するため同年八月三日に記録所にむけて提出されたものと理解されるが、これとほぼ同時に」の文言を補う。

新補注4（一二九頁）

武者所関係史料として、いま一つ、以下の記事を(c)と(d)の間に追加する。

（建武二年閏十月）同七日亥刻、大阿闍梨御参、扈従僧綱祐円法印、房官二人（祐範・良舜）連車、十楽院宮御同車云々、以武者所為御壇所、

(『大正新脩大蔵経図像十一』五六頁。同書五八頁にも「御壇所武者所」とみゆ〈ともに『門葉記』巻六〉)

新補注5(一三四頁)

近年、検非違使別当の補任状況と朝廷政治との関係を考察した中井裕子氏「検非違使別当の人事からみる鎌倉後期の朝廷」(『日本史研究』五二八、平成一八年)がある。

新補注6(一四三頁)

建武徳政令に関する近年の研究としては、その特質を地域社会との関係のなかで考察した鈴木哲雄氏「建武徳政令と地域社会——下総香取社の情報収集——」(佐藤和彦先生退官記念論文集『相剋の中世』所収、東京堂出版、平成一二年)がある。

第三章第一節

新補注1(一五六頁)

飯倉晴武氏『地獄を二度もみた天皇　光厳院』(吉川弘文館、平成一四年)を追加する。

新補注2(一五七頁)

「制法」は、すでに宮内庁書陵部編纂『皇室制度史料　太上天皇三』(吉川弘文館、昭和五五年)二二九~二三四頁におさめられており(但し、末尾の「使庁沙汰日」「諸保」「文殿衆」の記事を欠く)、近年では佐藤進一氏他編『中世法制史料集』第六巻(岩波書店、平成一七年)二四二~二四九頁に収録された。読みの相違についていえば、「一文殿御沙汰日」のなかの「伝奏」の文字の右下に注記された小文字を、前者は「或上卿」と読み、後者は「式部卿」と読む。いま前者を採る。

新補注3（一六一頁）

元版では（ロ）の「雑訴評定日」に登場する「関白殿（九条）」を一条経通とみたところに強引さがあった。関白家の「一条」を「九条」と書き誤ることはまずあり得まい。やはりここは「九条」を生かして九条道教とみるべきであろう。要するに、九条道教が関白に在任したのは『公卿補任二』によって暦応五年の正月二七日～一一月一二日の間であることが知られるので、この結番編成の時期はおおよそ暦応五年のころとみておくのが妥当であろう。そうなると、「勧修寺大納言」（経顕）や「平中納言」（宗経）など場合によっては正確には前職表記でなくてはならないケースが出てくるが、それはこうした結番編成のさいに生ずるタイムラグとみるほかあるまい。これに伴って、一八二頁註(11)の「関白」についての説明記事「この時期の関白は一条経通である」以下を削除し、「この関白は、暦応五年正月二七日から同年一一月一二日の間、関白に在任した九条道教と考えられる」と訂正する。

新補注4（一六五頁）

田沼睦氏「〈史料紹介〉南北朝内乱期の一訴状」（『月刊歴史』三四、昭和四六年）にふれるところがある。近年では、拙稿「法勝寺領美濃国船木荘只越郷をめぐる惣庶の対立と南北朝の争乱」（『福岡大学人文論叢』三八―二、平成一八年）、および拙著『戦争の日本史8　南北朝の動乱』（吉川弘文館、平成一九年）において、南北朝の動乱の開始の状況をよく示す史料として使用した。

新補注5（一七〇頁）

(e)にみえる出雲国横田荘については、杉山巌氏「光厳院政の展開と出雲国横田荘――東京大学史料編纂所所蔵『岩屋寺文書』を中心に――」（『東京大学史料編纂所研究紀要』一六、平成一八年）という専論がある。

新補注6（一七四頁）

この一覧表の6と7の間に、以下の一点を追加する。

暦応四・一一・四	按察大納言（中院通冬）雑掌与大金剛院宮（弘覚）庁相論山城国南池院事、	此上事須在時議矣、	中原章世・中原秀清・中原章有・坂上明成・小槻匡遠・中原師右	南池院文書（国立歴史民俗博物館所蔵田中穣氏旧蔵典籍古文書）

この文殿注進状の裏には花押がすえられている。この裏花押を平宗経の花押とみなすのは、当注進状を受けて出された康永二年七月二三日光厳上皇院宣（院宣を内大臣法印御房にあてて、山城国南池院を文殿勘状に任せて管領すべきことを大金剛院宮（弘覚）に申し入れしむ――「南池院文書」）の奉者の花押が平宗経のそれと認められることによる。平宗経の花押は、「薩藩旧記」建武元年一〇月八日雑訴決断所牒に署判を加えた「従三位平朝臣」（宗経）の個所にみえる（この雑訴決断所牒は、『国史大辞典』6、吉川弘文館、三八二頁に写真が掲載されている）。なお、「南池院文書」については、拙稿「〔史料紹介〕国立歴史民俗博物館所蔵『南池院文書』」（『七隈史学』二、平成一三年）参照。

新補注7（一八二頁）

本節新補注3参照。

第三章第二節

新補注1（二二三頁）

表四の7と8の間に、以下の一例を追加する。

延文4・3・28	天竜寺多宝院与妙法院相論相模国成田荘事、	『園太暦』六、二八四頁

新補注2（二三五頁）

註(8)の一覧表に、以下の一例を追加する。

薩摩	中納言法印御房（房玄）	薩摩国可令知行給候、恐々謹言、	島津家文書、貞和2・8・12治部権大輔某書状案、『南北朝遺文』九州編二二三一号

第三章第三節

新補注1（二五一頁）

この宮内庁書陵部所蔵「応安四年御定書」は岩波書店『中世法制史料集』第六巻、二五〇～二五一頁、および六〇六頁補注52に収められた。

新補注2（二五三頁）

本文で「いまだ活字化されていないとみうけられる」と書いたけれども、宮内庁書陵部編纂『皇室制度史料・太上天皇三』（吉川弘文館、昭和五五年）一九七～二〇〇頁に収録されている。また近年では『中世法制史料集』第六巻、二〇八～二一〇頁におさめられた。

新補注3（二五六頁）

本文では「『延慶法』の法文は存在しないが、その名称から推せば、伏見上皇の延慶年間に成立したと考えるのが妥当であろう」と書いたけれども、「『延慶法』とは延慶二年（一三〇九）三月に制定された雑訴法で、『京都御所東山御文庫記録・甲三〇八』におさめられている」と改める。よって、二七六頁註(12)の「従って」以下の文章を削除する。

新補注4（二五七頁）

「延慶法」については、拙著『鎌倉時代の朝幕関係』（思文閣出版、平成三年）三八二〜三八七頁を参照。

第三章第四節

新補注1（二八四頁）

図書寮叢刊『九条家歴世記録一』所収「後己心院殿御記」の同日条にも関連する記事がある。

新補注2（二九八頁）

他方、「花営三代記」（『群書類従』第二六輯所収）の康暦元年一一月一日条には、以下のような記事がある。これを補足する。

鞍馬住人等於貴船社参詣路次鎰取社前、与賀茂神人等確執、依之賀茂人打止鞍馬参詣人并通路之鞍馬住人等、取貴船社神宝以下、壊取在家、以後当社破壊顛倒刻、奉移当社於賀茂社畢、

新補注3（二九九頁）

永和二年九月□日記録所召次等申状案（図書寮叢刊『壬生家文書六』一五二八号文書）は、後円融天皇の代の記録所の召次等が、闕所となった春日高倉の敷地（口東西九丈五尺、奥南北十五丈）を俸禄として宛下されんことを請う内容のものである。この召次等による要請はすでに「文殿御沙汰の時分」、つまりおそらく後光厳上皇院政（応安

四年三月~同七年正月）の段階で出されていたが、御沙汰が停滞していまだ実現していない様子も知られる。この申状が「弥□抽奉公之忠」という文言で結ばれている点も注意されよう。ひるがえって訴訟機関としての記録所の運営状況を考えると、永和二年九月当時、記録所召次等が職務の報酬たる俸禄を要求しているのであるから、記録所の活動はいまだ持続していたと見なければなるまい。

第三章第四節 付

新補注1（三一三頁）

『師守記』康永四年二月一二日条にみえる「後白川（河）院已来、文殿開闔当家（中原家）相続例被書進」という文言は、中原家と文殿開闔というポストとの深い職務上の関係をうかがわせる。

第三章第五節

新補注1（三二六頁）

第三章第一節の新補注3参照。

新補注2（三三〇頁）

14は『近江愛智郡誌』第一巻（昭和五六年、弘文堂書店〈大津市〉復刊。もと昭和四年、滋賀県愛智郡教育会刊）に収載されている。

新補注3（三三五頁）

この表に、以下の八例を追加する。

(1)	建武四年七月二十八日　僧覚賀文書紛失状	左衛門権少尉中原朝臣（章世） 明法博士兼右衛門大尉中原朝臣（章有）	九条家文書三
(2)	暦応三年二月　日　雑掌沙弥光性文書紛失状	明法博士兼右衛門大尉尾張権介中原朝臣 左衛門権中尉中原朝臣 防鴨河判官左衛門中尉中原朝臣 大判事兼明法博士左衛門大尉坂上大宿禰	早稲田大学所蔵文書上
(3)	暦応三年六月　日　比丘尼観明文書紛失状	左衛門権少尉中原朝臣 （明法博士兼右衛門大尉尾張権介中原朝臣 左衛門大志中原 右衛門権少尉中原 大判事兼明法博士左衛門大尉坂上大宿禰 少判事兼左衛門少尉坂上	九条家文書三
(4)	暦応四年卯月二十五日　比丘尼如空文書紛失状	左衛門少尉中原朝臣 明法博士兼左衛門大尉尾張権介中原朝臣 大判事兼明法博士左衛門大尉坂上大宿禰	同右
(5)	暦応四年十二月十一日　不断光院如光文書紛失状（断簡）	防鴨河判官右衛門大尉中原朝臣 （以下欠）	同右
(6)	応安五年正月二十日　沙弥観教文書紛失状	少判事兼左衛門少尉坂上 大判事兼明法博士左衛門大尉坂上大宿禰（明宗） 右衛門大尉兼山城守中原朝臣（章頼）	大徳寺文書二
(7)	至徳二年四月　日　中原為景文書紛失状	右衛門大尉兼山城守中原朝臣（章頼） （大判事兼左衛門大尉坂上大宿禰（明宗） 左衛門少尉坂上大宿禰	大徳寺文書二

(8)	応永六年十月十日　三善景衡文書紛失状	防鴨河判官明法博士兼左衛門少尉尾張権介中原朝臣（章忠） 明法博士兼右衛門大尉尾張介中原朝臣（章弼） 大判事兼左衛門大尉山城守中原朝臣 防鴨河判官右衛門大尉中原朝臣 左衛門少尉坂上大宿禰	宝鏡寺文書二（『大日本史料』七編之四）

新補注4（三四七頁）

けれども前掲表にみるように、使庁官人による紛失証明の実例は(8)の応永六年一〇月のものまで認められるが、(8)の事例での対象地である「所々」とは、洛中の敷地のみならず摂津国や伊予国に所在する荘や村も含んでいるので、これらに一括して証判を加える官人たちの職権内容や役割は往時に比して大幅に変質していると考えられる。その変質が使庁と幕府との政治的な関係のなかで生起したであろうこともまた容易に推測される。

ちなみに、こうした紛失証判の行方を示唆する興味深い事例が「天竜寺文書」に残されている。それは、至徳四年六月に足利義満が証判を据えた「天竜寺領土貢注文一巻」が「応仁之乱」で紛失したため、天竜寺は文明一七年二月等持寺の一本を写し、同三月に足利義政がその写本に証判を据えている事例である。二つの注文の末尾にはそれぞれ当時の管領斯波義将と畠山政長の奉書が付されている（『大日本史料』八編之一七、一一九～一二九頁）。そこには、室町将軍の紛失証判への関与が濃厚にあらわれている。

新補注5（三五一頁）

なお、この「地方奉行」と「侍所」との関係を考えるうえで興味深い史料がある。至徳年間のころのものと考えられる「武家事書案（折紙）」（『八坂神社文書・下』一二五六号）は、四条町敷地の訴訟に関して山門が祇園社執行に命じて犬神人等を日野家雑掌の宿所へ強引に発向させるという風説に接した幕府が、これをとどめようとして「座主宮」（天台座主堯仁法親王）に申し入れた事書である。その中に以下のような文言がある。事書は、実力行使をやめて、事を穏便に済ますようにと説諭したうえで、次のように述べる。

……所詮、事子細於地方奉行可申候、若不承引、神人等下洛、如然張行出来者、可加治罰由、所仰侍所也、以此趣、云山門、云祇園、厳密可有御下知之旨、可申入座主宮（妙法院宮堯仁法親王）矣、　（傍点筆者）

これによってみれば、「地方奉行」はこのような事務を担当して紛争の処理にあたったこと、もし話し合いが決裂し武力沙汰におよんだような場合には「侍所」の出番となり、違法行為を武力で処罰したことが想定される。そのような意味で「地方」と「侍所」とは幕府の機関として役割のうえでは連携関係にあったものと考えられる。

新補注6（三五三頁）

使庁の紛失証判の実例が応永六年まで認められることは、すでに本節新補注3および4で指摘したとおりである。

第四章第一節

新補注1（三六七頁）

表一に、以下の二例を追加する。

(1)	（貞和5）7・29	（中御門）右大弁宗重	（経顕）勧修寺前大納言	旨ヲ武家ニ伝ヘテ、春日社領備前国上道郡荒野一所ヲ平井七郎入道以下ノ輩ノ濫妨スルヲ尋沙汰セシム	欠	欠	大宮文書一
	（康永1～観応1）12・7	（高階）大蔵卿雅仲	（経顕）勧修寺前大納言				

(2) 旨ヲ武家ニ伝ヘテ、新見貞直ノ備中国新見荘ニオケル押領ヲ止メ、雑掌ニ荘家ヲ渡付セシム	欠	欠	東寺百合文書ナ

新補注2（三七五頁）

光厳院と勧修寺経顕との関係については、「椿葉記」（『群書類従』第三輯）に「勧修寺故内府経顕公、光厳院の寵臣にてありし」とみえるように、両人の関係は緊密であったと考えられる。

新補注3（三七六頁）

もう一例をあげる。「東寺百合文書さ」所収の応安三年二月東寺陳状案に、「……観応二年六月十三日以二階堂信濃入道行珍、属勧修寺一品（経顕）于時武家執奏家被経御　奏聞之処、……」とみえる。

新補注4（三七六頁）

なお、足利直義の裁許状が、初期室町幕府の政治・訴訟体制の特質をうかがうことのできる重要な研究素材であることはいうまでもない。そのような視点から、近年、岩元修一氏「足利直義裁許状の再検討（一）（二）」（『宇部工業高等専門学校研究報告』第四〇、平成六年。同『初期室町幕府訴訟制度の研究』に収録、吉川弘文館、平成一九年）が発表された。現在確認されている足利直義裁許状の点数についていえば、先の八〇点に加えてさらに八点が新たに見いだされ、トータルでは八八点が確認済みである（岩元著書、二二七～二三一頁）。けれども、直義裁許状の初見と終見については、従来通りである。

新補注5（三八〇頁）

表二に、以下の六例を追加する。

(1)	(文和4)3・28	(清閑寺)勘解由次官資定	(実俊)西園寺大納言	冷泉為秀ノ訴ニ依リ、旨ヲ武家ニ伝ヘテ、遠江国小高下御厨ヲ勝田三河守并一族以下輩ノ濫妨スルヲ止メ、下地ヲ雑掌ニ沙汰居ヘシム	(文和4)4・11	西園寺実俊施行状	(足利義詮)鎌倉宰相中将	綸旨ヲ武家ニ施行セシム	欠				冷泉家時雨亭叢書51・冷泉家古文書
(2)	(延文1カ)6・7	(四条)左権中将隆家	(実俊)西園寺大納言	旨ヲ武家ニ伝ヘテ、臨川寺申ス寺領年貢運送諸関并兵士米以下ノ煩ヲ停止セシム	欠				欠				天竜寺文書
(3)	(延文6)3・24	(正親町)左権中将実綱	(西園寺実俊)右大将	旨ヲ武家ニ伝ヘテ、松尾社領摂津国山本荘ノ濫妨ヲ止メ、下地ヲ雑掌ニ沙汰居ヘシム	欠				欠				松尾大社文書
(4)	欠				欠				(貞治2)11・2	足利義詮御判御教書	(斯波氏経)修理大夫	「還補之綸旨」ヲ下サル、ニヨリ、鎮西管領斯波氏経ヲシテ、大隅国正八幡宮領等ヲ石清水八幡宮別当法印昇清雑掌ニ渡付セシム	石清水八幡宮旧記抄下（『松雲公採集遺編類纂』66）
(5)	(応安1)後6・13	(中御門)右中弁宣方	民部大輔	日吉社諸座神人酒麹売役ノコトニツキ、武家ヲシテ尋沙汰セシム	(応安1)後6・14	西園寺実俊施行状	(足利義満)左馬頭	綸旨ヲ武家ニ施行セシム	欠				小西康夫氏所蔵文書
	(貞治6～応安3)5・1	(万里小路)右大弁嗣房	民部大輔		(貞治6～応安3)5・1	西園寺実俊施行状	(足利義満)左馬頭						

(6)			造酒司ノ酒麴売役催促ニツキ、山徒円寿以下輩悪行狼藉ヲ致ス、ヨリテ造酒頭中原師邦ノ申状ヲ示シ、武家ヲシテ尋沙汰セシム	綸旨ヲ武家ニ施行セシム	欠	小西康夫氏所蔵文書

新補注6（三八九頁）

万里小路時房の日記『建内記』（大日本古記録）正長元年一月一九日条では、その様子が「鹿苑院殿（足利義満）小年（少）之御時、管領（細川頼之）毎事以奉書致沙汰了」と記されている。

新補注7（四〇二頁）

表五に、以下の一五例を追加する。

(1)	（応安7）9・3	（広橋）左少弁仲光	民部大輔	賀茂別雷社権禰宜男平ノ訴ニ依リ、深阿法師・若尾守景等ノ、同社領播磨三箇御厨ニ狼藉スルヲ停メシム	欠	欠	柳原家記録七七（『大日本史料』六編之四一）
(2)	（応安7）9・12	（広橋）左少弁仲光	民部大輔	旨ヲ武家ニ伝ヘテ、氏部彦九郎ノ鴨御祖社領山城国蓼倉郷ニ濫妨スルヲ停メシム	欠	欠	柳原家記録七七（『大日本史料』六編之四一）

	(3)	(4)	(5)	(6)
	10・23（応安7）	11・10（応安7）	11・28（応安7）	8・12（永和1）
	権右中弁仲光（広橋）	権右中弁仲光（広橋）	左中弁宣方（中御門）	権右中弁仲光
	民部大輔	民部大輔	欠（民部大輔）	民部大輔
	梶井宮承胤法親王ノ奏ニ依リ、旨ヲ武家ニ伝ヘテ、妙阿・津田左衛門次郎等ノ播磨国坂本荘東西両郷ニ濫妨スルヲ糺明セシム	日野資教ノ訴ニ依リ、旨ヲ武家ニ伝ヘテ、備後守護被官人等ノ同国河尻社領家職ヲ濫妨スルヲ停メ、下地ヲ資教雑掌ニ渡付セシム	興福寺学侶衆徒ノ訴ニ依リ、武家ニ仰セテ、鹽屋入道等ノ、春日社領山城国葛原新荘菊末・貞宗両名ヲ押妨スルヲ停メシム（下ノ西園寺実俊施行状ニ「宣方朝臣奉書」トアリ）	備中国雑掌ノ請ニ依リ、武家ヲシテ、同国大嘗会主基段米ノ徴収ヲ全ウセシム
	欠	欠	12・3（応安7） 西園寺実俊施行状 鎌倉宰相中将（足利義満） 綸旨ヲ武家ニ施行セシム（端書ニ「西園寺家施行」トアリ）	欠
	欠	欠	欠	欠
	柳原家記録七七（『大日本史料』六編之四一）	柳原家記録七七（『大日本史料』六編之四一）	東寺百合文書ホ（『大日本史料』六編之四一）	仲光卿記（『大日本史料』六編之四四）

(7)	(永和1)9・15	権右中弁仲光	民部大輔	神祇権大副吉田兼繁・散位同兼遠ノ請ニ依リ、武家ヲシテ、大嘗会主基抜穂使斎郡祭物ノコトヲ沙汰セシム	欠				欠	仲光卿記（『大日本史料』六編之四四）
(8)	(永和1)9・22	権右中弁仲光	民部大輔	神祇権大副吉田兼繁・散位同兼遠ノ請ニ依リ、武家ヲシテ、大嘗会主基抜穂使路次駅家警固ノコトヲ沙汰セシム	欠				欠	仲光卿記（『大日本史料』六編之四四）
(9)	(永和1)10・3	左中弁仲光	民部大輔	大嘗会主基抜穂使ノ請ニ依リ、武家ヲシテ、備中国原郷下村役斎郡用途ノ進済ヲ下知セシム	欠				欠	仲光卿記（『大日本史料』六編之四四）
(10)	(永和1)10・5	左中弁仲光	民部大輔	大嘗会主基抜穂使ノ請ニ依リ、武家ヲシテ、備中国斎郡宿館警固及ビ諸荘園催促ニツキ、守護・地頭等ノ違乱ヲ停止セシム	欠				欠	仲光卿記（『大日本史料』六編之四四）
(11)	(永和1)10・7	左中弁仲光	民部大輔	丹波国宮田荘大嘗会米免除ノコトニツキ、武家ニ仰遣ハス		(永和1)10・10	西園寺実俊施行状	鎌倉宰相中将(足利義満)	綸旨ヲ武家ニ施行セシム	欠	近衛家文書七

⑿	「永和2」4・1	(日野)右大弁資康	民部大輔	醍醐寺円光院領近江国柏原荘大嘗会米ノコトニツキ「光済僧正状」ヲ示シ、免除スベキコトヲ武家ニ仰遣ハス	「永和2」4・2	西園寺実俊施行状	(足利義満)鎌倉宰相中将	近江国柏原荘大嘗会米ノコトニツキ、旨ヲ武家ニ伝フ	欠	醍醐山上円光院文書上(国立歴史民俗博物館所蔵)
⒀	欠(下ノ西園寺実俊施行状ニ「(日野)資康朝臣奉書」トアリ)				(永和2)9・2	西園寺実俊施行状	(足利義満)鎌倉宰相中将	播磨国鵤荘大嘗会米ノ免除ノコトニツキ、旨ヲ武家ニ伝フ	欠	法隆寺衆分成敗曳附并諸証文写(『大日本史料』六編之四七)
⒁	(康暦2)3・17	(中山)左中将親雅	民部権(ママ)大輔	遠江国段別二疋ヲ東寺御影堂造営要脚ニ付クベキコトヲ武家ニ伝仰ス	欠				欠	東寺百合文書の
⒂	(永徳1)6・6	右少弁平知輔	民部大輔	東寺修理要脚トシテ越前国棟別銭一疋ヲ宛催シ、ソノ沙汰ヲ致スヤウ下知スベキコトヲ武家ニ仰セシム	欠				欠	東寺文書影写外(上島有氏編著『東寺文書聚英』)

新補注8(四一一頁)

表九について新たに追加した総計二三の事例を加えると以下のようになる。執事・管領の任免時点について修正したところがある(〇囲みは閏月)。

体制	事例数	内訳 年次	内訳 事例数	将軍	執事管領
光厳院政（15年）	35	建武4年	4		高師直
		暦応元年	4	•8/11 足利尊氏	
		〃 2年	3		
		〃 3年	3		
		〃 4年	2		
		康永2年	1		
		〃 3年	2		
		貞和元年	2		
		〃 2年	3		
		〃 4年	2		
		〃 5年	4		•閏6/15 高師直 •8/21
		観応元年	1		•2/26
		〃 2年	1		•10/21
		未確定	3		仁木頼章
後光厳親政（18年半）	43	文和2年	1		
		〃 3年	2		
		〃 4年	1		
		延文元年	2		
		〃 2年	3		
		〃 3年	1	•4/30 •12/8 足利義詮	•5/3
		〃 5年	2		10/9• 細川清氏
		〃 6年	1		斯波義将
		貞治2年	2		
		〃 3年	3		
		〃 5年	2		8/8•
		〃 6年	1	•12/7	11/25•
		応安元年	13	•12/30 足利義満	細川頼之
		〃 2年	1		
		〃 3年	1		
		未確定	7		
後光厳院政（3年）	10	応安4年	4		
		〃 5年	4		
		〃 6年	2		
後円融親政（8年）	25	応安7年	6		
		永和元年	6		
		〃 2年	3		
		〃 3年	1		
		康暦2年	3		康暦元④/14• 斯波義将 ／ 康暦元•④/28
		永徳元年	3		
		〃 2年	1		
		未確定	2		
		総計	113		

新補注9（四一二頁）

結論部分として四一二頁四行目から九行目にかけての、「そのおおまかな傾向とは」以下「推測するに難くない」の部分を次のように修正する。

そのおおまかな傾向とは、光厳院政より後円融親政に至る四六年間、大体年平均二、三例であったものが、後円融院政の時期になると突如事例そのものがみいだせなくなることである。つまり、どうやら後小松天皇への譲位、すなわち後円融院政の開始（永徳二年四月一一日）を契機にして、交渉の仕方に大きな変化がおきたと考えられる。しかもその変化の理由は、将軍足利義満の公武統一政権樹立への歩みと表裏一体の関係にあるところからみれば、幕府の支配体制の整備がこのような変化を引き起こしたであろうことを推測するに難くない。

新補注10（四一六頁）

表十に、以下の一例を追加する。

延文3・1・25	近江国香荘事	小田知春（「鎌倉大納言（足利尊氏）使者」）	『早稲田大学所蔵文書』上巻三七七号・足利尊氏使者申詞

新補注11（四二〇頁）

「園太暦」延文三年八月二八日条によると、同年八月二五日、幕府は南都のことについて、後光厳天皇の朝廷に二ケ条の申し入れを行っている（史料の表現では「南都事　延文二（三カ）八月廿五日奏聞云々」とあり、『園太暦・巻六』一八二～一八三頁）。この「奏聞」の仕方については具体的には知られないけれども、公家に対する武家の申し入れであることは動かない。

もう一つ付言しよう。それは幕府の権門への直接的な申し入れについてである。表十では幕府より朝廷への申し入れの事例に限って整理したが、当然のことながら、幕府の申し入れは朝廷のみならず、その外延というべき権門に対してもなされている。たとえば『八坂神社文書・下』（名著出版）一二五五号「武家事書案（折紙）」（原文は第四条第二節の註（13）〈五一三頁〉に掲載している）によると、至徳二年一二月、幕府は祇園社宝寿院法印の訴を受けて、境内敷地内での被官人等の乱妨を停止するよう「座主宮」（妙法院宮堯仁法親王）に申し入れている（同書一頁）。これは幕府から天台宗門のトップ天台座主への申し入れの事例である。こうした形で、朝廷の外延をなす諸権門に対しても幕府は直接的に申し入れを行っているのである（一二五六号の「武家事書案（折紙）」は年紀不明であるが、同時期の同様の事例）。それらの文書形式が折紙であった点も留意される。

新補注12（四二七頁）

表十二に、以下の二例を追加する。

暦応三年	武家ノ吹挙ニヨリ、丹波国弓削荘地頭職ヲ暦応寺ニ付ク	暦応三年八月十七日足利尊氏あて光厳上皇院宣（『天竜寺造営記録』）参照	蔭涼軒日録二（三七〇頁）
永徳二年	御即位行幸供奉ノ時、武家ノ執奏ニヨリ、元ノ如ク寄検非違使俸禄ヲ返付セラル	後小松天皇ノ即位ハ永徳二年十二月二十八日	東寺百合文書ゐ（永徳三年）四月日中原章忠書状案（『東寺文書之五』四八頁）

新補注13（四三五頁）

『園太暦』のこの日の条には、公重が没落した理由として、「竹林院前内府（公重）計略術尽く」とあり、実俊の代に移行しつつあった当時、公重が「計略術」をめぐらし、保身につとめていた様子がうかがえる。

新補注14（四三五頁）

しかし、九条忠基の日記「後己心院殿御記」（『図書寮叢刊　九条家歴世記録一』）永徳三年十一月九日条には「西園寺家門事、為武家猶有厳密沙汰云々、不知可否」という記事がみえ、西園寺家門のことについて将軍足利義満による「厳密沙汰」があったことが知られる。永徳三年というと、西園寺家の家督の伝統的な職務行為＝武家執奏はすでに消滅しており、足利義満は武家執奏の役割を終えた西園寺家門に対して厳しい処置をとっていることがわかる。

新補注15（四三八頁）

表十四に、以下の一例を追加する。

応安七年四月	「太閤（二条良基）政務、武家許諸事、大略御定（治カ）云々」		『洞院公定公記』（続史料大成）応安七年四月十日条

新補注16（四四六頁）

他方、もっと簡便な略式の推挙の方法もとられた。『史料纂集　入江文書一』に第一〇号文書として収められる「足利尊氏受領書出」は、

（花押）（足利尊氏）
豊前守貞広（田原）
観応二年正月廿四日

という簡単な様式のものであった。その他に、官途を申請する当人の申状に推挙者が証判を据えるだけのものも、特に観応年間には少なからず残存している。いまその実例を表示する。観応擾乱の混乱の中でとられた簡略方式とみたい。

〈表〉申請者の官途申状に推挙者が証判を据えた例

	年月日	官途	申請人	証判者	典拠
1	観応2・1	左衛門尉	佐々木奉幸	「御判」（足利尊氏カ）	集古文書（『後鑑』一）
2	観応2・2・12	左衛門尉	水野致国	足利尊氏	張州雑志抄（水野文書）
3	観応2・2・18	右衛門尉	波多野景綱	足利義詮	波多野貞雄所蔵文書（「三重県史研究」三で稲本紀昭氏が紹介）
4	観応2・2	隼人佑	椙原為憲	「御判」（「尊氏公」と注記あり）	萩藩閥閲録
5	観応3・3	右京亮	小林重郷	足利尊氏	小林家文書（「群馬県史研究」二九で紹介）
6	観応3・4・1	左兵衛尉	岡本親季	「花押」（足利尊氏カ）	秋田藩採集文書
7	観応3・4・1	掃部助	岡本隆弘	「花押」（足利尊氏カ）	秋田藩採集文書

加えて、幕府の最高主導者による武家官位の推挙は、こうした方法のほかに、たとえば観応二年一〇月に将軍足利尊氏が日野大納言（資明）にあてて書状を出し、畠山国清を正五位下に叙せられんことを推挙したこと（観応二年一〇月一八日足利尊氏書状〈「三宝院文書」〉、『大日本史料』六編之一五所収）から知られるように、将軍から朝廷の要人に内々に要請する方法もあった。

新補注17（四四七頁）

表十五に、以下の二例を追加する。

(1)	康永3・11・25	弾正忠	伊藤頼明	足利直義	直状	Ⓐ	萩藩閥閲録巻六六
(2)	貞和5・5・13	下野権守	三浦和田茂実	〃	袖判直状	Ⓐ	三浦和田文書

新補注18（四五〇頁）

表十六に、以下の五例を追加する。

(1)	建武四年三月（十三日）	北朝、四天王寺検校慈道法親王ヲ罷メ、尊氏ノ奏請ニ依リ、執行睿運ヲシテ寺務ヲ摂セシム	「依武家奏聞、検校未補之間、執行睿運法印、可寺務之由、被仰下之云々」	門葉記三（『大日本史料』六編之四）
(2)	文和元年ヵ	幕府、定清法印ヲ八幡宮検校職ニ補サレンコトヲ北朝ニ執奏ス	「使節粟飯原（あいはら）下総入道」	『石清水文書二』武家執奏状案、武家勅答案（五六七～五六八頁）
(3)	貞治二年	山門、武家ニ執申スノ間、七月二日、西勝坊教慶律師ヲ祇園目代ニ還補ス		祇園社記五（『増補続史料大成 八坂神社記録』三）
(4)	貞治二年	「足利家執奏」ニ依リ、弘賢ヲ僧正ニ任ズ	「弘賢大僧正（東西南院）私云、伊豆山別当、貞治二年依足利家執奏、任僧正、無幾転大僧―（正）」	鶴岡八幡宮寺社務次第（『鶴岡叢書第四輯鶴岡八幡宮寺諸職次第』）
(5)	貞治五年十二月	武家執奏ニ依リ、顕深僧都ヲ祇園執行ニ補ス		祇園社記五

新補注19（四五五頁）

表十七に、以下の一例を追加する。

永徳元年十二月（廿四日）	常磐井宮満仁親王（恒明親王の孫）、愛妾ヲ足利義満ニ遣シテ阿諛シ、ソノ挙申ヲ得テ、親王宣下アリ	「世上荒説云、彼満仁親王愛妾（号小少将）密々被遣大樹、被諂諛之故ニ武家挙申云々」	後愚昧記 永徳元年十二月二十四日条

新補注20（四五六頁）

飯倉晴武氏『地獄を二度も見た天皇　光厳院』（吉川弘文館、平成一四年）によると、「伏見宮御系譜」は明治初期の作成になるもので、これに「ヨシヒト」という振り仮名が付けられて「ヨシヒト」という訓が広まったけれども、正しくは「京都御所東山御文庫記録」のなかの「立親王次第」に「榮仁」の「榮」字に「ナカ　中也」と振り仮名がみえることをふまえて（『大日本史料』六編之二九、九六頁）、「ナカヒト」と訓むのが正しいと指摘されている（飯倉同書、二〇二頁）。

新補注21（四五八頁）

くだって、三代将軍足利義満の代において、「康暦」「嘉慶」「明徳」の元号が幕府の挙申によるものであったことは、今谷明氏によって指摘された（同氏『室町の王権――足利義満の王権簒奪計画――』中央公論社、平成二年、九七～九八頁）。

新補注22（四五九頁）

ちなみに、『後愚昧記』貞治六年三月二九日条には、「御製講師」の選任のさい公武の間に確執があったが、足利義詮は冷泉為秀を推挙したことが記されている（『後愚昧記一』一一〇頁）。歌壇に対する将軍の関与の一例である。

新補注23（四六一頁）

以下を追加する。

(二)　後醍醐天皇怨霊への対策

『玉英記抄』暦応三年三月一八日条には、「吉野院御霊任崇徳院例、可被奉勧請云々、武家執奏之、此間武将辺有光物云々」とある（増補続史料大成『玉英記抄』七九頁）。史料中の「吉野院」とは延元四年八月に吉野で没した後醍醐天皇、また「武将」とは足利尊氏のことである。つまり、この史料は、足利尊氏の周辺に光物が出現するなど怪異が起こり、それが後醍醐天皇のしわざとみなされたので、武家（幕府）は「吉野院」の怨霊を鎮めるために、保元の乱で敗北し讃岐に流された「崇徳院」の例に任せて（崇徳院の怨霊は強力に祟った）、その霊位を京都あたりの近辺に勧請するように北朝に「執奏」したものと考えられる。武家による執奏にはこうした後醍醐天皇怨霊への対策にかかわることも含まれていたのである。なお、後醍醐天皇の怨霊と幕府との関係については拙稿「後醍醐天皇——その怨霊と鎮魂、文学への影響——」（『中世日本の政治と文化』所収、思文閣出版、平成一八年一〇月）参照。

新補注24（四六七頁）

永原慶二氏は「管見記」の記事をふまえて、鎌倉末期に京都には三三五軒の土倉があったことを指摘している（同『体系日本の歴史6　内乱と民衆の世紀』一九四頁、小学館、昭和六三年）。

新補注25（四九二頁）

以下の論文を追加する。

①田沼睦氏「公田段銭と守護領国」（「書陵部紀要」一七、昭和四〇年）
②小林宏氏「室町時代の守護使不入権について」（「北大史学」一一、昭和四一年。のち有精堂『論集日本史5・室町政権』に収録）
③小林保夫氏「室町幕府における段銭制度の確立」（「日本史研究」一六七、昭和五一年）

第四章第二節

新補注1（四九四頁）

室町殿と伝奏の関係についての研究では、家永遵嗣氏『室町幕府将軍権力の研究』（東京大学日本史学研究叢書1、平成七年二月）が最新の研究成果である。さらに最近、徹底した学説史的整理をふまえて新たな伝奏研究の方向を提示した論文として、桃崎有一郎氏「室町殿の朝廷支配と伝奏論――〈公武統一政権〉論の再考に向けて――」（中世後期研究会編『室町・戦国期研究を読みなおす』所収、思文閣出版、平成一九年一〇月）が出された。

むすび

新補注1（五三二頁）

以下に次の三事例を追加する。

①明徳の乱のさい、後小松天皇の北朝は幕府のために「錦の御旗」を新調した（『看聞日記』永享一〇年九月一六日条、『看聞日記・下』五六九～五七〇頁）。他方、山名氏清が同様に南朝から「錦の御旗」を申し給わったことは『明徳記』にみえる（岩波文庫『明徳記』三七頁）。

②永享の乱のさい、将軍足利義教は鎌倉公方足利持氏討伐のために、永享一〇年八月二八日後花園天皇綸旨を得ている（「安保文書」、『神奈川県史三』九九三頁）。

③嘉吉の乱のさい、管領細川持之は赤松満祐討伐のために、嘉吉元年八月一日後花園天皇綸旨を得ている（『建内記四』三頁）。

あとがき（補訂あとがき）

日本中世史、とりわけ政治史・法制史をトータルに理解するためには、中世の公家政治の実態を究明することが不可欠であろうと考え、公武関係史に力点を置きつつ勉強を始めてから、もう十年の歳月が過ぎた。その出発は、昭和四十七年正月に提出した、建武政権についての学部卒業論文であったが、以降、室町幕府初期の政治史を研究課題として、いくつかの小論を草した。これまで、たとえば小川信氏の大著『足利一門守護発展史の研究』に代表される、幕府政治史関係の研究はめざましい進展を遂げたが、公家政治史、ないし公武関係史についての研究は着実な進展を刻しつつもこれに及ばなかった。公武関係史の表題を持つ本書の構成がいちじるしく公家に偏し、公武関係というにはバランスを欠く観を呈しているのは、以上のような今日の中世史研究の現状にかんがみ、その手薄な部分をできる限り補おうと努めたためである。

本書に収めた論文のうち、建武政権に関する数篇は先年刊行した『建武政権』（東京・教育社、昭和五十五年）を執筆するための柱となったものである。内容的にみて、本書の表題と最もよく適合しているのは第四章であり、著者の力点の一半もここにある。しかし幕府政治のあり方と密接な関係をもつ北朝であってみれば、北朝の政務の実態を究明することは、同時に幕府政治のあり方を間接的に調べることにもなるのであるから、第三章にしても表題にはずれる内容では決してないと考えている。

昭和五十五年四月、期せずして文部省に奉職することとなった。若輩の身にとって、馴染まない異郷・東京での生活は容易ではないが、史料を閲覧・収集する上では至便であった。特に南北朝末期の史料については、日頃多大の恩恵をこうむっている『大日本史料』第六編の刊行が目下応安六年までであるため、この時点以降の時期に属する関係史料の収集には苦労した。検索渉猟に不備あらんことをひそかに危惧している。本書は私にとってはいわば学窓を出て以来の十年次レポートである。これをふまえて、さらに新たな課題にたちむかいたいと思う。なお、本書所収の論稿のうち、第三章一〜三節は昭和五十六年度の、四節は同五十八年度の科学研究費補助金（奨励研究B）による研究にかかることを付記しておきたい。

思い起こせば、本書をなすまでに多くの先生方、先輩たちの恩恵に浴した。就中、恩師川添昭二先生には学部学生時代以来、本当にお世話になった。本書がその学恩にいささかでも報いうる体のものであれば、著者のよろこびこれにすぎるものはない。御多忙をきわめておられるさなか、その先生から本書の序文を頂くことができたのは嬉しい限りである。また大学に入学して国史学の講筵に列させて頂いて以来、公私両面にわたる御厚情を賜わってきた田村圓澄・山口宗之両先生に心より感謝したい。一方、職場においては、机を並べさせて頂き、常々大いなる学問的刺激を与えて下さっている時野谷滋先生に御礼を申し述べたく思う。同窓の瀬野精一郎・正木喜三郎・山口隼正三先生、同僚の嵐義人氏はなにかと力になって下さった。心より感謝したい。

史料の収集にあたっては、貴重な古文書・古記録の閲覧・翻刻を許可せられた東京大学史料編纂所・宮内庁書陵部・国立公文書館内閣文庫・東洋文庫・国立国会図書館に対し、深甚の謝意を表したい。東洋文庫の御厚意により、同文庫所蔵「制法」の写真を口絵として巻頭を飾ることができた。書陵部の橋本義彦・飯倉晴武・今江広道三先生、福尾正彦氏の御厚意も忘れがたい。なお、既発表論文の転載については、吉川弘文館および三浦古文化研究会の御許可を頂いた。あわせて御礼を申し上げる。最後になったが、文献出版・栗田治美氏は本書の刊行を快諾された。栗田氏のいつもながらのあたたかい御支援には深く感謝している。

(補訂あとがき)

本書を刊行したのは、昭和五十九年六月。今から四半世紀まえのことであった。刊行元は文献出版という名の、もう今はない小さな出版社で、同社の社長栗田治美氏のご厚意によって刊行が実現した。発行部数は六〇〇部ぐらいだったと記憶する。私にとっては初めての論文集であった。本書の元版には、巻頭に学生時代よりお世話になった恩師川添昭二先生の心温まる「序文」がある(当時、先生は学生部長の激職にあった)。これを再録する。

序文

九州大学文学部教授　川添昭二

中世史研究の中核的問題として国家史の体系化があることは、何人も認めるところである。例えば宗教史など、一見国家史と近縁でないかのようにみられがちの分野であるが、現在の研究状況は、従来の、狭義のテオロギーを超克し、広く国家と宗教の形で国家史の体系化を担っているといえよう。そのような意味で、いわゆる政治史・法制史研究が国家史研究の中心的役割を果たしていることはいうまでもない。

中世の国家権力が朝廷=公家と幕府の相依関係によって形成されていることは論をまたない。その認識は自明のことでありながら、従来の研究は幕府中心に傾いており、朝廷＝公家に薄かったことも、また周知のとおりである。本書は、端的にいって、中世史研究の基本面におけるこの偏を正すべく、朝廷＝公家政治史に比重をかけながら、公武関係史の形で鎌倉末南北朝期政治史の総体的・体系的把握を試みたものである。

本書は、鎌倉後期の朝幕関係・後醍醐天皇前期親政から説きおこし、建武政権の法制と構成・機能についての委曲を尽くし、つづいて南北朝期北朝公家政権の権力構造を初めて体系的に明らかにし、北朝と室町幕府との公武交渉を諸側面から徹底的に考察し、足利義満政権の完成に至るまでの政治史を詳論している。全四章各節それぞれに適切な要約が付けられ、最後に全体のまとめがなされていて、浩瀚な本書の要旨が整然と理解出来るように配慮されているので、ここで内容のいちいちについて冗説する必要はない。

「はしがき」を始め各章各節つまり本書全体のどこをとっても、研究史の整理はあますところなく、関係史料の博捜はまさに淵底を尽くすの観がある。新見に満ち、構想は大きく、かつ野心的である。考証適確、論断明快、文章は簡古にして雄勁、しかも叙述の興味深いこと巻を措かしめないものがある。

本書は、中世政治史の研究を志す者が、研究達成の理想としてひとしく願っていたものを、現実に、しかも見事な成果として提供したものといえよう。画期的著作として学界の大きな収穫である。所論のこまかな点については、もとより種々の論議が出てこよう。政治史・法制史に限定しても残された問題はある。しかし本書が、今後の、鎌倉末南北朝期政治史・法制史研究の道標として、中世国家史研究の前進に資する貴重な基礎的作業として、長く研究者の座右に備えられるであろうことは疑いない。

著者は九州大学助手就任以来、文部省在勤の今日に至るまで、身心を労することの大きい激務の間、しかも学部卒業後十年余という期間で、このような労作をおおやけにすることとなった。顧みて感慨ひとしお深いものがあろう。著者が研究者としての第一段階を、確固たる体系をもった大作で画することが出来たことを、著者と共に学んできた者として、心から祝福する。その健さと執念と成果に対して讃嘆するとともに、自愛を祈らずにはおられない。

本書は刊行の後、博士学位請求論文として九州大学に提出され（主査は川添昭二教授、副査は藤野保・中村質両教授）、審査を経て、翌昭和六十年六月十七日付けで文学博士（論文）の学位記が授与された（乙第六六号）。しばらくして、本書に対して、当時国學院大学教授であった小川信先生の厳しくも温情のこもった書評をいただき（『史学雑誌』第九五巻七号、昭和六十一年七月）、本書は幸いにもわりと好意的に学界に受け入れられたように思う。

本書は、日本中世、とりわけ南北朝時代の公武関係を取り扱ったものであるが、本書を刊行したのち、私の関心は、それに先行する鎌倉時代の公武関係に移っていった（『鎌倉時代の朝幕関係』思文閣出版、平成三年六月）。

本書刊行ののちも、本書に収録すべきデータの収集には極力こころがけた。近年の各種資史料の刊行はめざましい。たとえば、『大日本史料』第六編（南北朝時代）の刊行についてみると、本書元版を刊行した昭和五十九年段階で第三十九冊（応安六年）までであったのが、平成二十年のいまでは第四十七冊（永和二年）までに及んでいる。くわえて古記録類の刊行も急速にすすんだ。

もとより遺漏もあったが、その結果、かなりの追加すべき事例が見つかり、私としては、それらの追加とそれらの事例をふまえての本文の修正をひそかに心に念じていた。しかも、この書物はかなり前から絶版で、古書業界ではかなりの高値をつけているという事情もあった。どのように補訂したかについては、「例言」で述べているとおりである。

巻頭口絵の「制法」については、現在の所蔵機関である国立歴史民俗博物館から掲載の許可を頂いた。あつく御礼を申し上げたい。

再刊にあたっては、長年にわたってご厚意をいただいている思文閣出版、とりわけ本書の編集を親身にお世話いただいた原宏一氏に深甚の謝意を表したい。

平成二十年六月二十八日

著者　しるす

索　　引

〈凡　　例〉

1. 本索引は，原則として本文所出の事項を拾い，これを並べて作成したものである。従って，引用史料・一覧表および註における事項については，これを拾っていないので，適宜本文とあわせて参照されたい。
2. 本索引において掲出する事項は比較的重要と思われるものに限定した。
3. 人名索引中の女性名については便宜上音よみに従って配列した。
4. ことさら頻出する固有名詞については，これを省略した。

索　　引

Ⅰ 件　　名

あ 行

か 行

さ　行

た　行

な　行

は　行

ま　行

や　行

ら　行

索　　引

Ⅱ 人　　名

あ 行

か　行

さ　行

た　行

な　行

は　行

ま　行

や　行

ら　行

わ　行

索　引

Ⅲ　地名・荘園名・寺社名

あ　行

か　行

さ　行

た　行

な　行

は　行

ま　行

や　行

ら　行

わ　行

索　引

Ⅳ　史料名・書名

さ 行

た 行

な 行

は 行

ま 行

や 行

ら 行

◆著者略歴◆

森　茂暁（もり・しげあき）

1949年　長崎県生まれ
1972年　九州大学文学部国史学科卒業
1975年　九州大学大学院文学研究科博士課程を中途退学し九州大学文学部助手となる
1985年　文学博士（九州大学）
1997年　山口大学人文学部教授より福岡大学人文学部教授に移り現在に至る

〔主要著書〕
『建武政権』（教育社，1980年）
『南北朝期公武関係史の研究』（文献出版，1984年）
『皇子たちの南北朝』（中央公論社，1988年／のち同書名で中公文庫）
『鎌倉時代の朝幕関係』（思文閣出版，1991年）
『太平記の群像』（角川書店，1991年）
『佐々木導誉』（吉川弘文館，1994年）
『闇の歴史、後南朝』（角川書店，1997年）
『後醍醐天皇』（中央公論新社，2000年）
『満　済』（ミネルヴァ書房，2004年）
『南朝全史』（講談社，2005年）
『中世日本の政治と文化』（思文閣出版，2006年）
『戦争の日本史8　南北朝の動乱』（吉川弘文館，2007年）

増補（ぞうほ）改訂（かいてい）南北朝期公武関係史の研究（なんぼくちょうきこうぶかんけいしのけんきゅう）

2008（平成20）年7月25日発行

定価：本体9,000円（税別）

著　者　森　茂暁
発行者　田中周二
発行所　株式会社　思文閣出版
〒606-8203　京都市左京区田中関田町2-7
電話　075-751-1781（代表）

印　刷
製　本　亜細亜印刷株式会社

ISBN978-4-7842-1416-7　C3021

中世日本の政治と文化　思文閣史学叢書　　森茂暁著

鎌倉時代から室町時代にかけて、現存している古文書や、政治と深く関わった宗教者から、「中世日本」とはどのような時代だったのかをひもとき、文芸作品からのアプローチをも試みる。

● A5判・480頁／定価9,450円　ISBN4-7842-1324-4

南都寺院文書の世界　　勝山清次編

東大寺宝珠院（法華堂文書・宝珠院文書）と興福寺一乗院坊官二条家（一乗院文書・一乗院御用日記）に伝来した文書の３年間に渡る調査・研究の成果をまとめる。

● A5判・350頁／定価6,090円　ISBN978-4-7842-1369-6

東寺宝物の成立過程の研究　　新見康子著

南北朝時代の寺誌である『東宝記』や東寺百合文書にみられる宝物目録などの豊富な史料をもとに、東寺に残る文化財の伝来過程を具体的に体系化した一書。

● A5判・口絵4頁、本文634頁／定価12,600円　ISBN978-4-7842-1368-9

室町・戦国期研究を読みなおす　　中世後期研究会編

踏まえる、拓く――若手研究者が提示する研究の過去・現在・未来

● A5判・408頁／定価4,830円　ISBN978-4-7842-1371-9

公家と武家シリーズ　【全５冊完結】

前近代社会において大きな力をもった公家（貴族）および武家という固有の階層に焦点を合わせ、それらの身分・秩序の形式や職能の持つ意味、役割を浮かび上がらせる。国際日本文化研究センターで行われた共同研究シリーズ。

● A5判・平均490頁

公家と武家　その比較文明史的考察　　村井康彦編

● 444 頁／定価8,190円　ISBN4-7842-0891-7

公家と武家 Ⅱ　「家」の比較文明史的考察　　笠谷和比古編

● 530 頁／定価9,870円　ISBN4-7842-1019-9

公家と武家 Ⅲ　王権と儀礼の比較文明史的考察　　笠谷和比古編

● 458 頁／定価8,190円　ISBN4-7842-1322-8

公家と武家 Ⅳ　官僚制と封建制の比較文明史的考察　　笠谷和比古編

● 544 頁／定価8,925円　ISBN978-4-7842-1389-4

国際シンポジウム 公家と武家の比較文明史　　笠谷和比古編

● 490 頁／定価8,400円　ISBN4-7842-1256-6

（表示価格は5%税込）